Deutsches Schiffahrtsarchiv 15 · 1992

Das DEUTSCHE SCHIFFAHRTSARCHIV ist die wissenschaftliche Zeitschrift des Deutschen Schiffahrtsmuseums. Es erscheint seit 1975, ab 1980 jährlich. Ein Gesamtinhaltsverzeichnis der Bände 1 bis 11 ist bei der Redaktion erhältlich.

Redaktion: Dr. Uwe Schnall, Ursula Feldkamp, M.A.

Manuskripte und Anfragen an die Redaktion: Deutsches Schiffahrtsmuseum, Van-Ronzelen-Straße, D-2850 Bremerhaven. Für unverlangt eingesandte Manuskripte kann die Gewähr des Abdrucks nicht gegeben werden.

Deutsches Schiffahrtsarchiv 15 · 1992

ERNST **KABEL** VERLAG

»Columbus' Entdeckungsfahrt: Die Meuterei an Bord«. Historistische Geschichtsklitterung aus »Das Buch für Alle«, ca. 1892. (Archiv DSM)

Redaktion und Layout: Dr. Uwe Schnall, Ursula Feldkamp, M.A.

© 1992, Deutsches Schiffahrtsmuseum, Bremerhaven
Verlag: Ernst Kabel Verlag GmbH, Sportallee 54B, D-2000 Hamburg 63

Satz und Repro: Der Satz-Partner, Wiefelstede-Metjendorf
Farblithographie: Niemann Scanrepro, Oldenburg
Druck und Bindung: Ernst Kabel Druck, Hamburg
ISBN 3-8225-0221-9, ISSN 0343-3668

Stimmen

Zu den Banden des Ozeanischen Meeres, die mit so mächtigen Ketten geschlossen waren, gab ER dir den Schlüssel. *Christoph Columbus*

Er war ein Mann von kräftiger Gestalt und mit wohlgefügten Gliedmaßen, rötlich, von scharfsinnigem und lebendigem Geist, ein wenig zu schnell aufbrausend, doch gleichwohl bescheiden, was sich vor allem daran zeigt, daß er von all den entdeckten Ländern und Meeren nicht ein einziges mit seinem eigenen Namen benannt hat, wie es Entdecker sonst gewöhnlich tun. *»Leeven en daden der Doorluchtighste Zee-Helden«, 1676*

Kolumbus' Größe besteht nicht darin, daß er angekommen, sondern darin, daß er losgefahren ist. *Victor Hugo*

Heil Dir Columbus, sei gepriesen,
Sei hochgelobt in Ewigkeit!
Du hast uns einen Weg gewiesen,
Der uns aus harter Dienstbarkeit
Erretten kann, wenn man es wagt
Und seinem Vaterland entsagt. *»Lied aus Amerika«, Mitte 19. Jh.*

Auch Christoph Kolumbus kannte einfach nur sein Schiff, und das war alles. Er kannte seine Männer, er kannte sich selbst und er kannte seinen verzehrenden Glauben an jene Vision, die ihn über unbekannte Gewässer zog, hin zu einem neuen Land, das der ganzen Menschheit Hoffnung und Versprechen bedeuten würde. *Luis Marden*

Gott, Gold und Glorie – das war also der Stoff, aus dem die Träume dieses Mannes waren, und das waren auch die Beweggründe für die Millionen, die ihm folgen sollten. *Kirkpatrick Sale*

Er war ohne Frage der beste Seemann seiner Zeit. *Robert H. Fuson*

INHALTSVERZEICHNIS

REISEN UND ENTDECKUNGEN
Wolfgang Köberer: Wo landete Columbus in der »Neuen Welt«? 9
Ekhart Berckenhagen: Gilgamesch, Noah und die Sintflut 43
Ananda Abeydeera: Die Reise des Johannes von Marignola nach Ceylon. Ein Beitrag zum UNESCO-Projekt »Seidenstraßen: Straßen des Dialogs« 55

SCHIFFSARCHÄOLOGIE
Per Hoffmann: Die Mittelalter-Flotte des Deutschen Schiffahrtsmuseums. Anstoß zur Entwicklung moderner Konservierungsverfahren 69
Christer Westerdahl: Verkehrstechnik auf Binnenwasserstraßen in Rußland zur Wikingerzeit 83

SEESCHIFFAHRT
Heinz Burmester †: Die deutsche Seglerflotte in und nach dem Krieg 1914–1918 ... 105
Ursula Feldkamp und Uwe Schnall: Kapitän Heinz W. Burmester, 1909–1991 (mit Verzeichnis der Veröffentlichungen) 123
Frank Broeze: Albert Ballin, the Hamburg-America Line and Hamburg. Structure and Strategy in the German Shipping Industry (1886–1914) 135
Karl-Heinz Haupt: Auf Großer Fahrt in den zwanziger Jahren. Die Reiseerlebnisse des Kurt Duncker † 159

SCHIFFBAU
Harald Hückstädt: »Neptun« und die Wende. Teil I 175

FISCHEREI UND WALFANG
Uwe Schnall: Der Kampf um die »Gabe Gottes«. Auseinandersetzungen über gestrandete Wale in Nordeuropa zur Wikingerzeit 209
Gerth Schmidt und Eckhardt Kaiser: Bilder einer Fangfahrt mit dem Krabbenkutter an der Wurster Küste 223

NAVIGATION
Albrecht Sauer: Die Bedeutung der Küste in der Navigation des Spätmittelalters ... 249
Burchard Scheper: Die frühe Carlsburg, die Seeinvasion von 1675 und Wangerooger Lotsen 279
Gottfried Loeck: Preussen's See-Atlas. Der späte Beginn preußischer Seekartographie 289

VOLKSKUNDE
Heinrich Stettner: Seemannsbekleidung aus sechs Jahrhunderten. Eine kommentierte Bildquellen-Auswahl für etwa 1250 bis 1800 315
Wolfgang Rudolph: Schiffervolkskunst im Stromrevier zwischen Oder und Elbe. Teil 3: Schiffervereinsfahnen 341
Wolfgang Steusloff: ... Inseipt, afrasiert un rin na't Küben! Linientaufen auf deutschen Schiffen von der Mitte des 19. bis zur Mitte des 20. Jahrhunderts 359
Peter Kuckuk: Schiffstaufen, ein maritimes Ritual. Stapellauffeierlichkeiten bei Kriegsschiffen im Wilhelminischen Zeitalter 389

Deutsches Schiffahrtsmuseum – Jahresbericht 1991 411

REISEN UND ENTDECKUNGEN

WO LANDETE COLUMBUS IN DER »NEUEN WELT«?

Von Wolfgang Köberer

I. Das Landfall-Problem

Kaum ein Ereignis des ausgehenden Jahrtausends hat solche Spuren hinterlassen wie die erste Reise des Columbus und seine »Entdeckung« Amerikas.[1] Für die »Neue Welt« und ihre eingeborenen Völker folgte schon bald auf die Entdeckung durch die Europäer die fast vollständige Auslöschung ihrer Kultur und die weitgehende Ausrottung ihrer Menschen. In Europa dagegen setzten die in den nächsten Jahrzehnten und Jahrhunderten in Amerika geraubten und erpreßten Reichtümer eine wirtschaftliche Dynamik frei, die – einhergehend mit der von dem erweiterten Weltbild ausgehenden Anregung für Phantasie, Forschungsdrang und Unternehmungsgeist, aber auch für schieres Abenteurertum – die Dominanz der westeuropäischen Kultur und Wirtschaft für den Rest des Jahrtausends begründete.

Bei kaum einem anderen Ereignis solcher Tragweite ist aber immer noch umstritten, wo es eigentlich stattgefunden hat: Die Frage etwa, wo die Bastille stand, erregt ebensowenig die Gemüter, wie der Ort, an dem die amerikanische Unabhängigkeitserklärung verfaßt wurde. Das Problem dagegen, an welcher Stelle Columbus in der »Neuen Welt« nach seiner Atlantiküberquerung zum ersten Mal seinen Fuß auf festes Land setzte, ist nicht nur ungeklärt, es löste auch – je näher sein 500. Jubiläum rückte – immer heftigere Debatten aus.[2]

Nun kommt der Beantwortung dieser Frage – trotz des in der jüngsten Zeit zunehmenden Interesses[3] – keine gesteigerte Bedeutung für die Geschichtsschreibung insofern zu, als die weitere Entdeckung, Eroberung und Besiedelung des amerikanischen Kontinents, ja selbst des karibischen Raumes, völlig unabhängig vom Ort des ersten Landfalls stattgefunden hat. Wüßte man sicher, wo Columbus zum ersten Mal die westliche Hälfte der Erde betreten hat, so würde dies kein weiteres Faktum der Geschichte Amerikas erklären oder verstehbar machen. Und trotzdem übt die Aufgabe, die Insel, auf die er als erste in der »Neuen Welt« seinen Fuß setzte, unter den annähernd 700 Inseln der Bahamas herauszufinden und zu identifizieren, seit weit über 100 Jahren eine Faszination aus, die einige der eminentesten Geographen dieser Zeit dazu gebracht hat, sich ihr mit Akribie und – manchmal etwas überbordender – Phantasie zu widmen.

Die Schwierigkeit, den Ort des ersten Landfalls mit Sicherheit zu identifizieren, geht allerdings schon auf Columbus selbst zurück. Nachdem er in den frühen Morgenstunden des 12. Oktober 1492 die Insel betreten hatte, die er »San Salvador« taufte, die von den Eingeborenen aber »Guanahani« genannt wurde, blieb er nämlich nur wenige Tage und segelte dann in Richtung Südwesten weiter, um dort *Gold und Edelsteine zu suchen*.[4] Denn er hatte sehr schnell beim – recht erfolglosen – Tauschhandel mit den Eingeborenen der Insel herausgefunden, daß es, wenn man die Insel im Süden umrundete, auf einer anderen Insel einen König geben sollte, der sogar Gefäße aus Gold besaß.[5] Auch bei seinen nächsten Reisen hat er dann nicht mehr die Insel San Salvador angelaufen, weil sie offenbar für seine Pläne ohne Bedeutung war. Schon bei der zweiten Reise steuerte er wesentlich weiter südlich, obwohl er kaum sicher sein konnte, dort ebenfalls Land zu finden. Der ihm von der ersten Reise bekannte Landfall in der »Neuen Welt« war aber anscheinend so unattraktiv, daß er lieber eine ungewisse neue Route wählte. Die Insel des ersten Landfalls unverwechselbar anzugeben, lag ihm offensichtlich ebenso fern, wie ihm dort nicht eingefallen war, etwa ein wiederauffindbares Zeichen zu errichten.[6]

Auch für die Seefahrer der folgenden Jahrhunderte waren die Inseln der Bahamas weitgehend bedeutungslos, so daß wir wenig über sie erfahren. Sie hatten eine so geringe ökonomische und politische Bedeutung, daß Spanier, Engländer, Franzosen und Holländer sie lange Zeit links liegen ließen. Sie zu durchsegeln war gefährlich wegen der durchgehenden Untiefe von der »Little Bahama Bank« bis zur »Crooked Island Passage« und der daran anschließenden Inseln und Untiefen bis zur »Silver Bank«. Wollte man nach Cuba oder zum Festland, so segelte man nach Haiti und dann durch die »Windward Passage«; der Rückweg führte dann durch die »Floridastraße« nach Norden, bis das Schiff in den Bereich der Westwinde kam. Einzig für Piraten und andere Freigeister[7], die mit ihren kleinen und flachgehenden Schiffen in den unzähligen Buchten leicht Unterschlupf finden konnten, war dies ein ideales Revier, was alle anderen Seeleute natürlich noch weiter von diesem Seegebiet abschreckte.

Das alles hatte zur Folge, daß auch die Kartographie der Bahamas in den auf die Entdeckung folgenden Jahrhunderten kaum Aufschluß darüber gibt, welche Insel als »Guanahani« anzusehen ist. Der weitverbreitete See-Atlas der Van Keulens, die »Nieuwe Groote Ligtende Zee-Fakkel«, bringt in seinem dritten Teil von 1728 zwar eine »Nieuwe en Naeukeurige Afteekening van't CANAAL van BAHAMA ...«, die auch die Bahamas selbst zeigt, jedoch fehlt für diese Karte die ansonsten den Karten zugeordnete Segelanweisung mit Vertonungen der Inseln bzw. Küsten.[8] Auf dieser Karte findet sich allerdings neben »Cat Island« die Legende: *Catt I. of I. Salvador of Guanahani of Cuzalan ontdeckt 1492*. Wie wenig es sich hier aber um eine verläßliche Information über die Lage und Identität der Inseln handelt, kann man daran ersehen, daß rund 30 Meilen nordwestlich der Nordspitze von Cat Island eine weitere Insel mit Namen »El Siguateo« verzeichnet ist, an einer Stelle also, wo die Wassertiefe nach heutigen Karten in weitem Umkreis mehr als viereinhalbtausend Meter beträgt.

Die Karte der van Keulens scheint jedoch eines der ersten weiter verbreiteten Dokumente zu sein, die sich der Frage nach Columbus' erstem Landfall widmen.[9] Wenige Jahre später erschien der erste Band der Arbeit »The Natural History of Carolina« des englischen Naturforschers Catesby, der über Cat Island schrieb: *Cat Island ... wurde früher Salvador oder Guanahani genannt und ist deshalb bemerkenswert, weil es das erste Land war, das Christ. Kolumbus in America entdeckte.*[10] Weder Catesby noch John Knox, der nächste Schriftsteller, der Cat Island zum »San Salvador« des Columbus erklärte[11], gab eine Erklärung für diese Ansicht, so daß wir nur vermuten können, daß sie zu der Behauptung wahrscheinlich durch eine entsprechende Legende einer See- oder Landkarte gekommen sind.

Ebensowenig wie diese beiden Autoren gab der erste Vertreter der heute seit längerer Zeit vorherrschenden Theorie – nämlich, daß Watling Island mit dem »San Salvador« des Columbus zu identifizieren sei –, der Spanier Muñoz, in seiner »Historia del Nuevo Mundo« (1793) eine Begründung für seine Ansicht. Das ist auch wenig verwunderlich insofern, als es für eine begründete Darlegung, warum eine bestimmte Insel als »San Salvador« anzusehen sei, vor allem an einem fehlte, nämlich an historischen Quellen, die als Beleg für das eine oder andere Argument heranzuziehen wären. Dies änderte sich erst, als Martín Fernández de Navarrete, der erste große spanische Geographie- und Navigationshistoriker, das Logbuch des Columbus in der Form, wie es auf uns überkommen ist – in der Abschrift von Bartolomeo de Las Casas – herausgab. Dies war der Ausgangspunkt einer Debatte, die in den letzten 160 Jahren an Intensität und Breite der Argumente immer mehr zugenommen hat und zum 500. Jubiläum einen Höhepunkt erreicht hat.

Im Laufe dieser Debatte ist so gut wie jede größere Insel der vordersten Kette der Bahamas als erster Landfall des Columbus vorgeschlagen worden, von den Turks Islands (Navarrete[12], Gibbs[13]), Cat Island (Irving[14], Mackenzie[15], Montlezun[16], Humboldt[17]), Watling Island (Becher[18], Murdock[19], Gould[20], Morrison[21]), über Mayaguana (Varnhagen[22]), Samana (Fox[23], Fuson[24], Judge und Marden[25]), Conception Cay (Gould[26]), Caicos (Verhoog[27]) und den Plana Cays (Didiez Burgos[28]) bis zu Egg Island an der Nordspitze von Eleuthera (Molander[29]). Die Diskussion füllt tausende von Seiten[30]; sie ist an anderer Stelle bereits ausführlich dargestellt worden.[31]

Eines der Probleme dieser Diskussion war neben der – auch bei anderen wissenschaftlichen Streitfragen verbreiteten – Selektivität, mit der bestimmte Tatsachen zur Untermauerung der jeweils eigenen Theorie benutzt und andere ausgeblendet wurden[32], der Mangel an methodologischer Überlegung dahingehend, welche Tragfähigkeit bestimmte Fakten und Argumente überhaupt haben und als wie sicher die Schlüsse aus den benutzten Quellen eingeschätzt werden konnten. Läßt man sich aber auf solche methodologischen Überlegungen ein, so zeigt sich, daß man zwar keine überraschend neuen Erkenntnisse gewinnt, daß aber die heute überwiegend vertretene Ansicht, Watling Island sei das »San Salvador« des Columbus, mit methodisch besseren Argumenten zu vertreten ist, als man dies für andere Inseln sagen könnte.

II. Die Lösungsversuche

Da Columbus kein sichtbares Zeichen seiner Landung errichtet hat, das eine direkte Identifikation einer heutigen Insel mit »San Salvador/Guanahani« erlauben würde, muß eine solche Beziehung auf eine andere Weise hergestellt werden; dafür gibt es im Prinzip vier verschiedene Strategien[33]:
1. Rekonstruktive Koppelnavigation vom Ausgangspunkt der ersten Reise (Gomera) nach San Salvador.
2. Rekonstruktive Koppelnavigation von San Salvador nach dem nächsten sicher bestimmbaren Punkt (d.h. der kubanischen Küste).
3. Vergleich der Morphologie heutiger Inseln mit den Angaben des Columbus.
4. Externe (d.h. nicht auf Columbus zurückgehende) Evidenz bzw. Tradition.

Jede Methode hat ihre eigene Plausibilität, wobei allerdings einige Autoren über der Plausibilität ihres Verfahrens deren problematische Aspekte übersehen zu haben scheinen – vor allem dann, wenn sie beweisen wollten, daß eine bestimmte Insel »San Salvador/Guanahani« ist.[34]

Im folgenden will ich dagegen erst die Tragfähigkeit der einzelnen Methoden diskutieren, um dann zu sehen, was sich daraus für die Ermittlung des Landfalls ergibt.

1. Koppelnavigation Gomera – San Salvador

Von allen Methoden, den Landfall des Columbus zu bestimmen, ist dies diejenige, die – für Laien und Seeleute – augenscheinlich die größte Plausibilität besitzt: Will man wissen, wo jemand angelangt ist, so muß man nur seine Reise vom Ausgangspunkt aus genau verfolgen.[35]

Ein solches Vorgehen wird aber auch vom vorhandenen Material nahegelegt, da das »Bordbuch« des Columbus für jeden Tag der Reise bis zum ersten Landfall Eintragungen über zurückgelegte Distanzen und Kurse enthält. Es heißt beispielsweise im Eintrag für Sonntag, den 23. September 1492: *Er steuerte Nordwest und zeitweise Nordnordwest und zeitweise auf seinem Kurs, der West war, und sie legten nicht mehr als 27 Leguen zurück*[36], wobei an anderen Tagen noch weit ausführlichere Angaben – auch zu Beobachtungen des Meeres und seiner Beschaffenheit und Fauna – vorhanden sind.[37]

Einige Autoren haben nun versucht, aus den Angaben des »Bordbuch« die Route der ersten Reise und insbesondere den Landfall zu rekonstruieren – mit durchaus unterschiedlichen Ergebnissen: Der Navigator der »Harvard Columbus Expedition« von 1940, John McElroy, kam in seinem Aufsatz »The Ocean Navigation of Columbus on his First Voyage« zu dem Ergebnis: *... die Daten im Bordbuch ... beweisen nach meiner Überzeugung, daß San Salvador (= Watling Island) etwas südlich seines Zentrums recht voraus und in etwa 6 Meilen Entfernung in einer Position von etwa 24 Grad Nord 74 Grad 20 Minuten West in Sicht kam ...*[38] Damit gelangte er zu der gleichen Schlußfolgerung wie der Leiter der Expedition, S.E. Morison, der vielleicht der bekannteste Vertreter der »Watling Island«-Theorie in unserem Jahrhundert ist.[39]

McElroy rekonstruierte den Kurs der Flotte des Columbus mit Hilfe einer simplen Koppelnavigation; er nahm die Angaben der täglichen Kurse und Distanzen aus dem »Bordbuch« und errechnete daraus einen Gißort für jeden Tag und schließlich auch für den Tag des Landfalls. Genau dies aber – so der Einwand seiner Kritiker, die eine andere Insel favorisieren – läßt wesentliche Faktoren außer Betracht, nämlich die Strömung und die eventuelle Mißweisung des Kompaß.[40] Andere Autoren haben deshalb versucht, diese Komponenten der Koppelnavigation ebenfalls zu berücksichtigen; dies führte sie dann u.a. nach Samana[41] und Caicos[42]; aber auch nach Watling Island.[43]

Alle Versuche, die erste Reise des Columbus »nachzukoppeln«, stehen aber vor einer Reihe von Problemen, denen die Vertreter dieses Ansatzes nicht oder nur unvollkommen Rechnung tragen, sofern sie sie überhaupt erkennen. Das erste – vielleicht schwerste – besteht darin, daß für eine genaue Koppelnavigation eine zuverlässige Distanzmessung vonnöten ist. Ob Columbus wirklich der von Morison und McElroy hochgelobte Meister der Koppelnavigation war[44] oder nicht, auch er hatte keine Instrumente zur Fahrtmessung.[45] Seine Schätzungen der pro Tag zurückgelegten Strecken sind daher mit einer gehörigen Portion Unsicherheit behaftet.

Selbst wenn seine Eintragungen, wieviel »Leguen« die Flotte pro Tag zurückgelegt hatte, jedoch unzweifelhaft richtig wären, bliebe die weitere Unsicherheit, welche Entfernung mit einer »Legue« bezeichnet war, m.a.W. wieviel Seemeilen einer »Legue« entsprechen, bestehen. Die Versuche, die »Legue des Columbus« zu bestimmen, sind nämlich mindestens ebenso zahlreich wie die Inseln seines ersten Landfalls. Selbst wenn man klassische Zirkelschlüsse wie den von McElroy[46] vermeidet, der zwar eine Länge der »Legue« angibt, die mit der tatsächlichen Entfernung von Gomera nach Watling Island nicht in Übereinstimmung zu bringen ist, dies aber so erklärt, daß Columbus seine Fahrt konsistent um 9% überschätzt habe, und damit den Koppelort des Landfalls wieder mit Watling Island in Übereinstimmung bringt[47], ergeben sich schwer zu beseitigende Diskrepanzen zwischen den Angaben des »Bordbuchs« und der Realität.

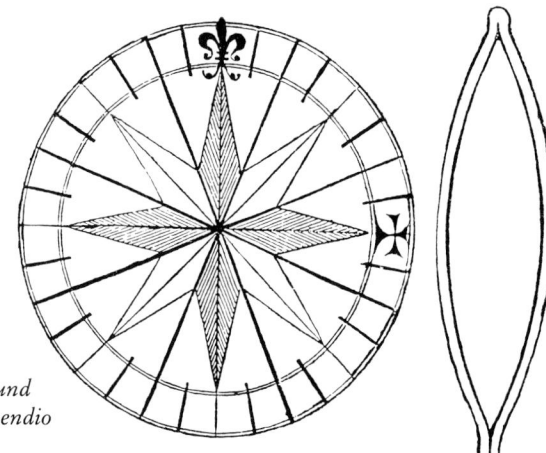

Abb. 1 *Illustration von Kompaßrose und Kompaßnadel aus Cortes, »Breve compendio de la sphera ...« (1551).*

So passen etwa die »Leguen« für die Überfahrt mit den in »Leguen« ausgedrückten Distanzen an den Küsten der »Neuen Welt«, so weit sie nachvollziehbar sind, kaum zusammen. Morison wollte dies damit erklären, daß Columbus für Entfernungen auf See eine »See-Legue« und für Entfernungen an Küsten eine »Land-Legue« benutzt habe[48] – ohne anzugeben, weshalb er diesen Unterschied gemacht haben sollte, obwohl er sich doch zweifellos auch bei der Erkundung von Küsten an Bord eines Schiffes befunden hatte. Die weitere Diskrepanz zwischen den Entfernungen, die Columbus selbst zugrundelegte, und denjenigen, die er nach seinem »Bordbuch« seiner Mannschaft bekanntgab[49], wurde lange Zeit damit begründet, daß er damit seine Mannschaft über die bereits zurückgelegte Entfernung zur Heimat täuschen wollte. Kelley z. B. erklärt sie hingegen neuerdings damit, daß Columbus damit die zurückgelegte Distanz lediglich in zwei verschiedenen Maßen, nämlich einmal der spanischen »Legue«, an die seine Mannschaft gewöhnt war, und zum anderen in den genuesischen »Leguen«, an die er selbst gewohnt war, ausgedrückt hat.[50] Ob diese Ansicht tragfähig ist, wird erst weitere Forschung zeigen.[51]

Selbst wenn man die Länge der »Legue« auf einen bekannten und den Navigatoren dieses Zeitalters geläufigen Maßstab – etwa einen Breitengrad ($=17 \, ^1/_2$ bzw. $16 \, ^2/_3$ »Leguen« nach portugiesischer und spanischer Umrechnung im 15. und 16. Jahrhundert[52]) – bezieht, bleiben noch genügend Ungereimtheiten bei seinen Distanzangaben[53], die es zumindest schwermachen, sie als verläßliche Grundlage einer (rekonstruktiven) Koppelnavigation anzusehen.

Aber auch der anderen Komponente einer ordentlichen Koppelnavigation, nämlich einer brauchbaren Kursangabe, fehlt es bei der ersten Reise des Columbus an Verläßlichkeit. Dabei kann völlig auf sich beruhen, welchen Einfluß Strömung und Abdrift auf den Kurs der Flotte gehabt haben[54], weil noch nicht einmal der im »Bordbuch« verzeichnete Steuerkurs einer Koppelnavigation ohne weiteres zugrundegelegt werden kann.

Zwei Faktoren spielen hierbei eine Rolle, deren Einfluß nicht in befriedigender Weise geklärt oder auch nur abgeschätzt werden kann: zum einen die Steuerfehler auf einer solchen Reise und zum anderen die Frage, ob es sich bei den von Columbus verzeichneten Kursen um Kompaßkurse und nicht etwa um rechtweisende Kurse handelte.

Für beide Aspekte ist von Bedeutung, daß – angesichts der Länge der Überfahrt von rund 3000 Seemeilen – auch kleinere Kursabweichungen große Unterschiede beim Landfall ausmachen können. Wie schon Gould hervorgehoben hat[55], besteht zwischen dem (Großkreis-) Kurs von Gomera zur nördlichsten Insel der Bahamas und zur südlichsten nur eine relativ geringe Differenz (Gould setzt sie mit 11 Grad an[56]). Wollte man nur die Mitte der Bahamas ansteuern, so bestünde deshalb schon bei wenigen Grad Kursabweichung eine reelle Chance, i r g e n d e i n e der Inseln in der vordersten Linie der Bahamas zu treffen.

Das »Bordbuch« enthält – wie es damals üblich war[57] – die Kursangaben nicht in Graden, sondern in Kompaßstrichen. Der weitaus überwiegende Teil der angegebenen Kurse stellt dabei eine Haupthimmelsrichtung (West) oder einen zwischen den Haupthimmelsrichtungen liegenden Kurs (Nordwest, Südwest, Westnordwest, Westsüdwest) dar.[58] Nur an drei Tagen wird überhaupt ein dazwischenliegender Kurs (West zu Nord, Nordwest zu Nord) erwähnt. Damit läßt das »Bordbuch« überhaupt nur eine Differenzierung der gesteuerten Kurse in Intervallen von mindestens 11°, wenn nicht 22,5° zu. Es ist aber unwahrscheinlich, daß diese Eintragungen nicht auf der damals üblichen verminderten Genauigkeit des Logbuchs beruhten und daß die Kurse tatsächlich präzise so – und nicht auch auf einem zwischen den vollen Strichen liegenden Kurs – gesteuert wurden.[59] Nicht zuletzt das »Bordbuch« legt Steuerfehler der Rudergänger eher nahe: In der Eintragung vom 9. September 1492 führt Columbus aus, daß seine Rudergänger schlecht gesteuert hätten und er sie dafür mehrfach schelten mußte.[60] An anderer Stelle heißt es, die Flotte habe an diesem Tag nur 13 »Leguen« zurückgelegt, davon einige auf Kurs und andere nicht (21. September 1492) und auch, er sei *mehr oder weniger* nach West-Nordwesten gefahren (22. September 1492). All dies läßt darauf schließen, daß man die im »Bordbuch« verzeichneten Kurse keinesfalls als exakte Angabe, welcher Kurs tatsächlich gesteuert wurde, mißverstehen darf.

Schließlich liegt die letzte Fehlerquelle, nämlich der Einfluß der magnetischen Mißweisung, völlig im Dunkeln. Weder kann nämlich ihr wahrer Wert zur damaligen Zeit hinlänglich verläßlich angegeben werden (auch wenn es dazu Schätzungen gibt[61]), noch läßt sich dem »Bordbuch« sicher entnehmen, ob und wie Columbus der magnetischen Mißweisung Rechnung getragen hat. Zwar gilt er als Entdecker der Verschiedenheit der örtlichen Mißweisung[62], dem »Bordbuch« ist dies aber allerhöchstens indirekt zu entnehmen. An den dafür herangezogenen Stellen spricht Columbus nämlich nur davon, daß seine Leute bei der Überprüfung der Kompasse am Nordstern festgestellt hatten, daß ihre Nordrichtung von der Peilung des Nordsterns erkennbar abwich (sie »nordosteten« bzw. »nordwesteten«). Er habe diese Differenz dann mit der Bewegung des Polarsterns um den Himmelspol selbst erklärt, um ihnen zu versichern, daß die Kompasse selbst in Ordnung seien (Eintragung vom 17. und 30. September 1492).

Daß Columbus das Phänomen der magnetischen Mißweisung kannte, ist allerdings nicht unwahrscheinlich, da es vermutlich schon um die Mitte des 15. Jahrhunderts entdeckt wurde.[63] In der praktischen Navigation wurde ihm nun damit Rechnung getragen, daß die Kompaßmacher die Kompaßnadel nicht exakt in der Nord-Süd-Richtung der Kompaßrose befestigten, sondern um den Betrag der lokalen Abweichung verschoben.[64] Der Kompaß zeigte dann an seinem Herstellungsort rechtweisend Nord, wie man durch Gestirnsbeobachtungen leicht überprüfen konnte. Je nachdem bezeichnete man deshalb den Kompaß nach seinem Herstellungsort z. B. als »flämische« oder »genuesische Bussole«.

Wie man sich vorstellen kann, funktionierte diese Lösung nur so lange zufriedenstellend, als man sich des Kompasses in einem Gebiet bediente, dessen Mißweisung von der seines Herstellungsortes nicht allzusehr abwich. Möglicherweise hatte Columbus auch aus diesem Grunde bei seiner zweiten Reise sowohl »flämische« als auch »genuesische Bussolen« an Bord, um die unerklärlichen (durch die unbekannte örtliche Veränderung der Mißweisung bedingten) Anzeige»fehler« der Kompasse auszugleichen.[65]

Die bei der Herstellung der Kompasse bereits eingebaute »Korrektur« der Mißweisung hat allerdings für unsere Fragestellung die Konsequenz, daß eine Korrektur der im »Bordbuch« angegebenen Kurse für die Mißweisung, wie sie etwa McElroy[66] und Marden[67] anbringen, überflüssig ist und damit nur den zu vermutenden Kurs verfälscht.

Letzten Endes wird aber auch ein weiteres gravierendes Problem, das sich aus der beschriebenen Technik der Kompaßherstellung zur damaligen Zeit mit der »Korrektur« der Mißweisung durch Verschiebung der Kompaßnadel unter der Kompaßrose ergibt, nicht zu lösen sein: Es ist wenig wahrscheinlich, daß die Nadel, selbst wenn der Kompaß auf die im Atlantik vorherrschende Mißweisung »eingestellt« gewesen wäre, exakt so auf der Rückseite der Kompaßrose angebracht war, daß eine kleine Verschiebung keinen systematischen Fehler in die »Nachkoppelung« einbringen würde. Auch wenn man annähme, daß Columbus über portugiesische »Bussolen« verfügte – die ja aufgrund der Entdeckungsfahrten der Portugiesen in der zweiten Hälfte des 15. Jahrhunderts für die mittlere atlantische Mißweisung konstruiert sein konnten –, könnte man nur vermuten, daß der Kompaßmacher so sorgfältig gearbeitet hatte, daß die Nadel nicht ein wenig verschoben war. Ein systematischer Kursfehler von nur einem halben Grad, für den es nur einer winzigen Verdrehung der Kompaßnadel bedarf, würde den Landfall aber schon fast 30 Meilen – und das heißt bei den Bahamas: von einer Insel zur anderen – in Nord-Süd-Richtung verlegen.

Damit ist wohl hinreichend deutlich geworden, daß eine »Nachkoppelung« der nautischen Angaben des »Bordbuchs« von Gomera zur Insel des Landfalls allenfalls eine navigatorische Übung ist, aber so gut wie keine brauchbaren Indizien für den Landfall des Columbus auf seiner ersten Reise liefert.

2. Koppelnavigation San Salvador – Cuba

Wie die Angaben des »Bordbuchs« zur Ausreise von Gomera bis zum Landfall, so haben auch die Eintragungen über den Weg, den die Flotte von »San Salvador/Guanahani« aus verfolgte, eine eigene Tradition des »Beweises« begründet, welche Insel mit dem Landfall identifiziert werden muß.

Auch hier gibt es aber – nach mehr als anderthalb Jahrhunderten intensiver Diskussion – keinen Konsens, wie man sich die Route der Flotte des Columbus durch die Bahamas vorzustellen hat. Einigkeit besteht lediglich darin, daß Columbus, nachdem er »Guanahani«, »Santa Maria de la Concepción«, »Fernandina«, »Isabela« und die »Islas de Arena« besucht hatte, schließlich Kuba erreichte und seine Nordküste vollständig erforschte. Wie jedoch die Route verlief, und wo sie ihren Anfang nahm, darüber hat fast jeder zweite Forscher, der sich dieser Methode bediente, eine andere Ansicht: War zu Anfang der Diskussion noch Cat Island – vielleicht wegen der älteren Überlieferung – zumeist Ausgangspunkt[68], daneben auch Turks Island[69], so hat mittlerweile fast jede der größeren Inseln an der Atlantikseite der Bahamas einen Autor gefunden, der sie als das »San Salvador/Guanahani« des Columbus ansieht.[70]

Die Zahl der dabei ausgetauschten Argumente verbietet es, diese Diskussion auch nur annähernd an dieser Stelle zu resümieren. Jede Route weist aber einige Schwachstellen auf, die von den Vertretern einer anderen Route mit mehr oder weniger Aufwand nachgewiesen werden. Für die Anhänger von Watling Island ist z.B. ein Punkt, der kaum mit dieser Insel als Landfall in Verbindung gebracht werden kann, daß Columbus – nach seinem »Bordbuch« – in Richtung der zweiten Insel, »Santa Maria de la Concepción«, *viele Inseln* gesehen haben will, was von Watling Island aus nicht möglich erscheint. Andere Routen haben Probleme mit den im »Bordbuch« angegebenen Entfernungen zwischen den Inseln, mit ihrer Größe, der Richtung ihrer Küsten etc.[71]

Diesen Schwierigkeiten liegt vor allem eines zugrunde, nämlich das Problem, daß zumindest im Augenblick keine authentische und widerspruchsfreie Fassung des »Bordbuchs« des Columbus vorliegt, die für eine Rekonstruktion der Route durch die Bahamas zugrundegelegt werden könnte.

Nach der Rückkehr von der ersten Reise überreichte Columbus Königin Isabela sein »Diario«, die eine Kopie davon anfertigen und diese Columbus kurz vor seiner zweiten Reise zukommen ließ.[72] Die Spuren des Originals verlieren sich nach dem Tod Isabelas; es wurde auch seitdem nicht mehr aufgefunden. Die Kopie blieb offensichtlich im Besitz des Columbus und ging nach seinem Tode wie weitere Manuskripte und Karten an seinen ältesten Sohn Diego und, als dieser im Jahre 1526 verstarb, an dessen Sohn Luis, den späteren Herzog von Veragua.

Dieser Enkel des Columbus scheint einen – nach damaligen Maßstäben – recht liederlichen Lebenswandel geführt zu haben, zu dessen Finanzierung alles, auch sein Erbe an kostbaren Handschriften und Karten, gerade recht zu kommen schien, als er im Jahre 1549 darauf zugreifen konnte. Die Bibliothek von Columbus' Sohn Ferdinand, eine der besten Bibliotheken Spaniens, schmolz in seinem Besitz innerhalb weniger Jahre auf nur ein Sechstel ihres Bestandes zusammen; die Bücher hatte Luis verkauft, um flüssig zu bleiben. Im Jahre 1554 scheint die Kopie des »Bordbuchs« noch in seinem Besitz gewesen zu sein, da er damals eine Erlaubnis erhielt, es zu veröffentlichen. Diese Veröffentlichung unterblieb aber, was wohl heißt, daß die Kopie bald darauf verkauft wurde. Seitdem ist auch dieses Manuskript verschollen.

Bevor die Bibliothek auseinandergerissen und die Kopie des »Bordbuchs« verkauft wurde, hatte aber Bartolomeo de Las Casas Zugang dazu gehabt. Heute kann man nur darüber spekulieren, wann und auf welchen Wegen dies geschah, er muß sie jedenfalls in Händen gehabt haben, bevor er im Jahre 1527 mit der Niederschrift seiner »Historia de las Indias« begann. Aus dem »Bordbuch« fertigte er einen handschriftlichen Auszug, den er »El libro de la primera navegacion« (Das Buch der ersten Reise) nannte (Abb. 2). Diese Handschrift entdeckte Navarrete im Jahre 1790 in der Bibliothek des Herzogs del Infantado und veröffentlichte sie im Jahre 1825. Sie ist die Grundlage aller Versuche, den Landfall des Columbus – sei es von Gomera aus oder durch »Rückwärtskoppeln« von Kuba aus – zu ermitteln.

Die Ergebnisse dieser Versuche können mithin allemal nur so verläßlich sein wie dieses Dokument selbst. Alle Fehler, die sich – ausgehend von der sinnlichen Wahrnehmung der niedergeschriebenen Fakten über die Niederschrift selbst, die Kopie und dann das Exzerpt des Las Casas, nicht zuletzt auch durch die Transkription in modernes Spanisch und evtl. eine Übersetzung in die Sprache des jeweiligen Autors – eingeschlichen haben, wirken sich damit auf die Rekonstruktion der Route aus. Dies ist – vorsichtig formuliert – keine besonders ermutigende Voraussetzung, wenn man die Triftigkeit einer vorgeschlagenen Route an einzelnen Fakten des »Bordbuchs« erweisen bzw. eine andere Route an ebenfalls isolierten Eintragungen scheitern lassen will. Dies sei an einigen Beispielen illustriert[73]:

Die Schwierigkeiten, die Aussagen des »Bordbuchs« in Fakten, die mit der heutigen Realität verglichen werden können, zu übersetzen, beginnen schon bei dem, was Columbus – vorausgesetzt dies seien seine eigenen Worte – selbst niederschreibt. In der Eintragung vom 14. Oktober 1492 sagt er z.B. über die Insel »San Salvador/Guanahani«: *Zwischen dem Riff und der Küste gab es genug Tiefe und Hafen für alle Schiffe der Christenheit (... y entremedias queda hondo, y puerto para cuantas naos hay en toda la christianidad ...).* Ist dies als Beschreibung der Größe einer Bucht zu nehmen, wie Morison meint, der damit auch gleich Graham's Harbour an der Nordspitze von Watling Island wiederzuerkennen glaubt?[74] Und wie groß hat man sich dann diese Bucht vorzustellen? Wie wahrscheinlich ist es, daß Columbus im Hochgefühl seiner Entdeckung und in dem Bestreben, sie auch in jeder Beziehung als außerordentlich wichtig erscheinen zu lassen, ein wenig – oder auch viel – übertrieben hat?[75] Wie haltbar ist dann eine Theorie über den Landfall, die von einer weiträumigen Ankerbucht auf der ersten Insel ausgeht? Augenscheinlich sind wir dabei allein auf Vermutungen angewiesen.

Auch die Terminologie des »Bordbuchs« für die Bezeichnung von Inseln ist weder konsistent noch interpretationssicher. Das Wort »Insel« etwa erscheint Dutzende von Malen im

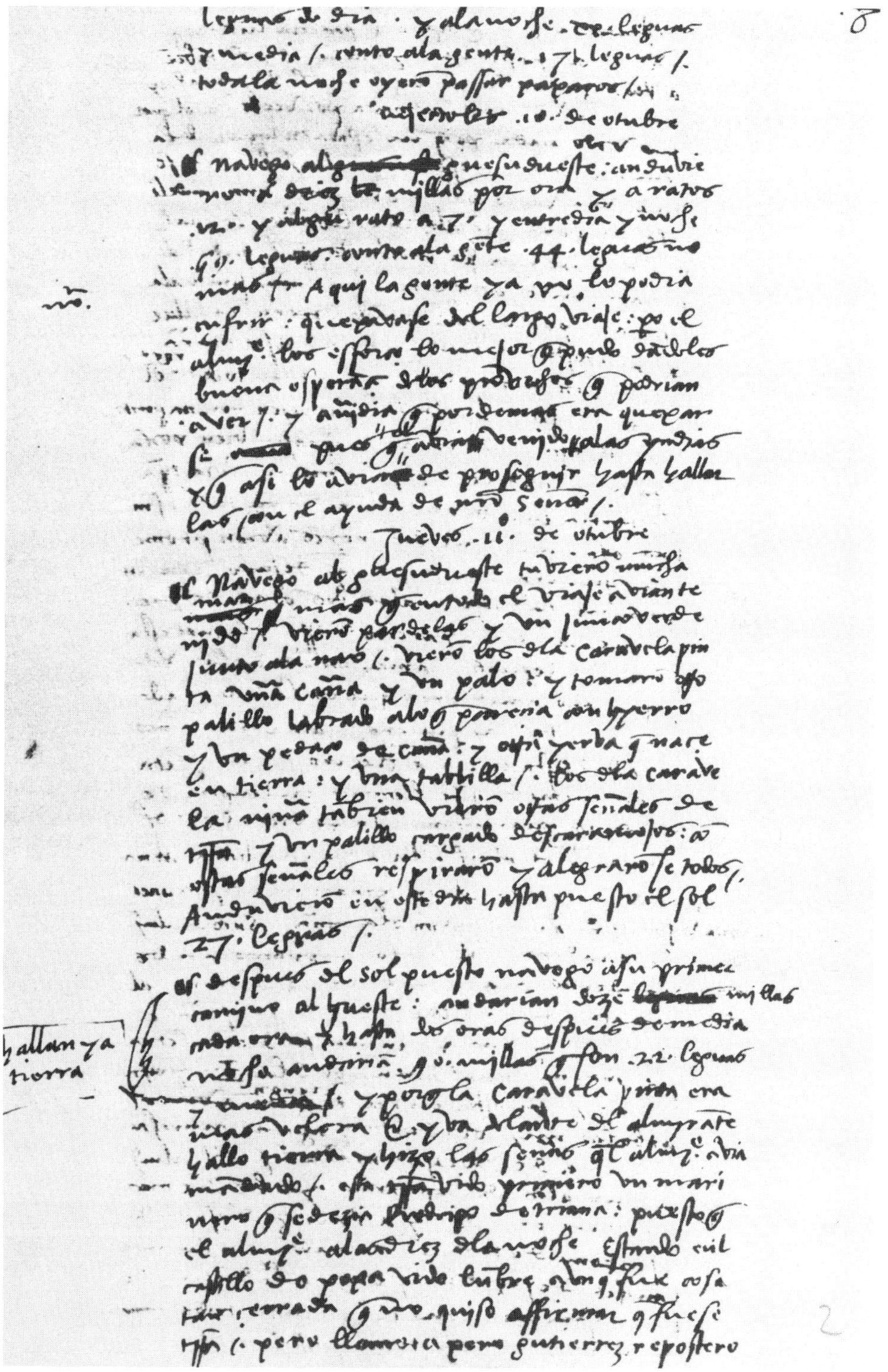

Abb. 2 Beschreibung des Landfalls in der Abschrift des »Bordbuchs« durch Las Casas: »hallan la tierra«.

»Bordbuch« in den vier verschiedenen Formen, die die spanische Sprache dafür bereithält: »isla«, »islote«, »isleo« und »isleta«. Die verschiedenen Formen bezeichnen unter anderem auch die verschiedene Größe von Inseln, ohne daß es dafür jedoch objektive Maßstäbe gäbe.[76] Je nachdem, wie es zu ihrer Theorie paßte, haben die verschiedenen Autoren dann dem jeweils verwendeten Wort den entsprechenden Größenbegriff zugrundegelegt.[77]

Unklar ist auch, wie viele Fehler sich bereits bei der ersten Kopie des »Bordbuchs«, die von Königin Isabela angeordnet wurde, eingeschlichen haben. Daß die uns erhaltene Handschrift auf die Kopie – und nicht auf das Original – zurückgeht, läßt sich bereits daraus schließen, daß Las Casas in Marginalien seines Textes mehrfach Aussagen im Text des »Bordbuchs« als *unmöglich* bezeichnet und schließlich am Rand der Eintragung für den 13. Januar 1493 einen Fehler des Kopisten anmerkt: *por falta del mal escribano, que lo treslado.*[78] Einige dieser Fehler hat Las Casas – wie gesagt – selbst bereits bemerkt, andere mögen ihm unbemerkt geblieben sein.

Aber auch seine eigenen Fehler bei der Kopie und dem Exzerpt sind unabschätzbar; das gilt insbesondere für Richtungsangaben. Einige Textstellen, in denen die generelle Richtung einer Küste angegeben ist, machen nach ihrem Wortlaut keinen erkennbaren Sinn.[79] Zieht man aber in Betracht, daß die spanischen Vokabeln für Osten und Westen, insbesondere in zusammengesetzten Himmelsrichtungen sich teilweise nur durch einen Buchstaben unterscheiden (»sursudueste« = Süd-Südwest vs. »sursueste« = Süd-Südost), so liegt eine Erklärung dieser Ungereimtheiten durch Schreibfehler nahe. Wie kann man aber nun sicher sein, daß bei den übrigen Richtungsangaben, bei denen ein Schreibfehler nicht durch den Kontext nahegelegt wird, die Übertragung durch den Kopisten, aber auch durch Las Casas wirklich dem Original entspricht? Dies gilt umso mehr, als Las Casas sicherlich die Richtungsangaben nicht anhand von Karten etc. überprüfen konnte.

Dazu kommt, daß – wie sich aus einem Vergleich von Original-Handschriften des Kolumbus und deren Transkription durch Las Casas ergibt – dieser Schwierigkeiten mit dem Vokabular von Columbus hatte, das sich aus seiner genuesischen Herkunft ergab.[80] Es ist deshalb nicht ausgeschlossen, daß er auch bei dem Exzerpt des »Bordbuchs« stillschweigend Formulierungen »korrigiert« hat, die für das Verständnis einzelner Textstellen entscheidend sein könnten. Schließlich läßt aber selbst das – seit kurzem in einem sehr guten Faksimile vorliegende – Original der Handschrift des Las Casas einigen Raum für sinnverändernde Deutungen der erkennbaren Zeichen.[81]

Nimmt man dies alles zusammen, so bestehen auch an der Verläßlichkeit der nautischen Angaben des »Bordbuchs« in seiner uns überlieferten Fassung so erhebliche Zweifel, daß man eine Rekonstruktion des Kurses von »San Salvador/Guanahani« nach Kuba als äußerst vorläufig bezeichnen muß und die Schlüsse daraus auf die Insel des Landfalls allenfalls als möglich, keinesfalls aber als zwingend betrachten darf.

3. Vergleich der Beschreibung von Guanahani mit der Morphologie heutiger Inseln

Es fragt sich allerdings, ob die Skepsis, die man den nautischen Daten des »Bordbuchs« entgegenbringen muß, weil nur zutreffende Angaben für eine Rekonstruktion brauchbar sein können, auch auf andere Angaben des »Bordbuchs« übertragen werden muß. Es ist nämlich weniger wahrscheinlich, daß ein Kopist eine allgemeine Beschreibung in Begriffen, die ihm geläufig sind, mißversteht oder falsch abschreibt, als nautische Ausdrücke.

Die Beschreibung Guanahanis liegt im »Bordbuch« zudem nicht in einer Zusammenfassung durch Las Casas vor, was sich daraus ergibt, daß er explizit angibt, das nunmehr folgende seien die eigenen Worte des Admirals.[82] Obwohl man natürlich nicht absolut sicher sein kann, liegt daneben der Schluß nahe, daß Las Casas und die Kopisten den Text des ursprünglichen »Bordbuchs«, soweit die Insel des ersten Landfalls betroffen ist, wegen der Bedeutung dieses Ereignisses auch ohne Kürzungen wiedergegeben haben. Was ergibt sich nun daraus?

Die Insel, so sagt das »Bordbuch« an einer Stelle[83], ist recht groß und sehr flach; sie hat sehr grüne Bäume, viele Gewässer und einen großen See[84] in der Mitte. Sie hat keine Berge und ist so grün, daß es eine Freude ist, sie anzuschauen.[85] Diese Angaben werden noch durch weitere Angaben des »Bordbuchs« ergänzt: Die Küste, an der sich Columbus am Morgen des 14. Oktober 1492 befand, verlief – wenn kein Fehler in der Abschrift vorliegt – nordnordöstlich[86]; bei der Erkundungsfahrt in dieser Richtung entlang der Küste stieß Columbus auf ein Riff, das sich um die ganze Insel zog und hinter dem Platz *für alle Schiffe der Christenheit* war.[87] Dieser Hafen war zwar teilweise untief, aber dafür absolut ruhig. Columbus sah auch eine Halbinsel, die für eine Festung geeignet war, weil man sie innerhalb von zwei Tagen vom Land abtrennen konnte.

Die Angabe, Guanahani sei sehr flach, trifft nun unter den Hauptkandidaten Cat Island, Watling Island, Mayaguana, Samana und Grand Turk auf alle Inseln zu; was die Größe der Insel anbetrifft, so muß man allerdings feststellen, daß Grand Turk deutlich kleiner ist als die anderen Inseln, so daß schon fraglich ist, was hier »recht groß« bedeutet. Im Vergleich zu – Columbus bekannten – Inseln wie Korsika oder Teneriffa waren nämlich alle Inseln der Bahamas nicht »recht groß«, sondern eher klein. Einen Anhaltspunkt für die wahre Größe von Guanahani könnte aber die Erkundungsfahrt in nordnordöstlicher Richtung enthalten: Verschiedentlich wurde nämlich argumentiert, daß es unmöglich sei, diese Fahrt bis zur Nordspitze von Watling Island (als der in diesem Jahrhundert als Landfall des Columbus favorisierten Insel) in beiden Richtungen in einem Ruderboot in dem Zeitraum bis zur Abfahrt von San Salvador zu machen.[88] Wie weit diese Fahrt war, hängt allerdings davon ab, wo Columbus sich am Morgen befand; zudem ist dem »Bordbuch« nicht eindeutig zu entnehmen, daß die Fahrt tatsächlich nur mit den Booten durchgeführt wurde. Ein praktischer Versuch[89] hat zudem gezeigt, daß es doch möglich wäre, die Strecke von der möglichen Landungsstelle bis zur Nordspitze der Insel (Graham's Harbour) und zurück zu rudern.

Unergiebig ist auch die Angabe des Columbus über das Riff, das Guanahani umgab: Zum einen war dieses Riff möglicherweise in den letzten 500 Jahren erheblichen Veränderungen unterworfen[90], zum anderen ist die Angabe im »Bordbuch«, die Insel sei von einem Riff vollständig umgeben[91], kaum wörtlich zu nehmen: Wenn sich das Riff auch auf der Ostseite der Insel befand, wird Columbus dort nicht – auf Legerwall – am Morgen des 12. Oktober geankert haben. Wahrscheinlich befand er sich deshalb auch zu Beginn der Erkundungsfahrt auf der Westseite der Insel. Das »Bordbuch« sagt – außer der Absicht, auch die Ostseite zu erkunden[92] – nichts darüber, ob die Luvseite von Guanahani tatsächlich erforscht wurde, so daß es wenig plausibel erscheint, daß die Insel insgesamt umfahren wurde und sich dabei zeigte, daß sie vollständig von einem Riff umgeben war. Wenn die Angaben über ein Riff zutreffen, so scheiden jedoch Cat Island und Mayaguana (ebenso wie Egg Island[93]) aus.

Den Hafen, in dem *alle Schiffe der Christenheit* Platz finden könnten, haben – was kaum überrascht – alle Befürworter einer bestimmten Insel identifizieren können: Wer Watling Island favorisiert, hat ihn in Graham's Harbour gesehen[94], Molander, der Egg Island bei Eleuthera als Landfall ansieht, meint, er sei bei Royal Island zu finden[95], und auch die Verfechter von Samana erkennen eine Bucht, die Columbus' Beschreibung entspricht.[96] Ungeachtet der Frage, über wie viele Schiffe »die Christenheit« nach der Vorstellung des Columbus verfügte und wieviel Platz diese in einem Hafen / einer Bucht wohl einnehmen würden – mit anderen Worten, wie sehr Columbus im Hochgefühl seiner Entdeckung und im Bedürfnis, seinen Majestäten die Vorzüge seiner Entdeckung zu schildern, bei seiner Schilderung weit ausgegriffen hat – läßt der Text des »Bordbuchs« aber nicht klar erkennen, ob das weitere Kriterium, das zur Identifikation dieses Hafens / dieser Bucht herangezogen wird, nämlich die Halbinsel, aus der man binnen zwei Tagen eine Insel machen kann, um darauf ein Fort zu bauen, überhaupt von Columbus damit in Verbindung gebracht wird. Die Beschreibung der Halbinsel gehört nämlich nicht zur Beschreibung der Bucht, sondern sie folgt erst auf die Beteuerung des Columbus, daß er sich für seine Majestäten bemüht habe, alles zu sehen und auch zu erkunden, wo man eine Festung errichten könne.[97] Obwohl es naheliegt, eine solche Festung in der Nähe einer geschützten Reede anzulegen, ist der Wortlaut des »Bordbuchs« insoweit nicht zwingend.

Gelegentlich wurden auch die Angaben des »Bordbuchs« über die Bevölkerung Guanahanis als Indiz gegen eine bestimmte Insel angeführt. Power hat etwa gemeint, aus der Tatsache, daß Columbus auf Guanahani nur junge Männer angetroffen habe, schließen zu können, daß Watling Island als Landfall ausgeschlossen werden muß, weil es dort – wie sich nach Ausgrabungen ergeben hat – regelrechte Siedlungen gab.[98] Dafür gibt das »Bordbuch« allerdings nichts her: Es spricht vielmehr davon, daß die Erkundungsfahrt Richtung Nordnordosten auch dazu diente, die Siedlungen zu sehen.[99] Zudem erwähnt es auch mehrfach die Frauen der Insel *(vinieron muchos y muchas mujeres)*, so daß kein Zweifel daran bestehen kann, daß es sich bei den von Columbus erwähnten Siedlungen um Behausungen mit einer permanenten Bevölkerung gehandelt haben muß. Wenn die Angabe von Power stimmt, daß auf Grand Turk archäologisch keine Anzeichen einer dauernden Besiedlung gefunden wurden, so kann dies in Verbindung mit dem »Bordbuch« überhaupt nur bedeuten, daß Grand Turk als Landfallinsel ausscheidet.

Insgesamt gesehen können somit die Angaben der uns überlieferten Fassung des »Bordbuchs«, soweit sie nur eine reine Beschreibung der Verhältnisse um und auf Guanahani enthalten, ebenfalls keine verläßliche Basis für die Beantwortung der Frage, wo der Landfall des Columbus stattgefunden hat, abgeben.

4. Externe Evidenz zur Identifikation von Guanahani

Läßt also das »Bordbuch« in seiner auf uns überkommenen Gestalt – doppelt fragwürdig durch Schreibfehler eines (bzw. mehrerer) Kopisten und die Resümierung durch Las Casas – keine sicheren Folgerungen zu, so könnten jedoch von Columbus unabhängige Quellen die Identifizierung einer Insel als Guanahani erlauben.

a) Archäologische Funde
Die konkreteste Verknüpfung einer Insel mit dem Landfall stellt sich dabei – nach dem ersten Anschein – über archäologische Funde her. Die Spuren der von den spanischen Fremdlingen mitgebrachten und den Eingeborenen im Austausch überreichten Artefakte können über Jahrhunderte die Anwesenheit der Spanier dokumentieren, wobei durch die Tatsache, daß schon wenige Jahrzehnte nach der Entdeckung die eingeborene Population ausgerottet und verschleppt war, sogar der Zeitraum, in dem die aus Europa stammenden Funde dorthin gelangten, stark eingeschränkt wird.

Es verwundert deshalb nicht, daß in der Diskussion um die Identifizierung Guanahanis archäologische Untersuchungen eine bedeutende Rolle spielen. Auffällig ist dabei, daß unter den wahrscheinlichsten Inseln des Landfalls allein Watling Island bedeutende Funde aufzuweisen hat.[100] Die dort gefundenen Gegenstände europäischen Ursprungs können – wie Laboruntersuchungen gezeigt haben[101] – eindeutig der Zeit von Columbus' erster Reise zugeordnet werden. Es handelt sich auch um Dinge, die Columbus und seine Leute nach den Angaben des »Bordbuchs« den Eingeborenen gegeben hatten, nämlich Glasperlen und (schadhafte) Keramik sowie Münzen geringen Werts.[102]

Daß aber auch aus diesem – sogar wortwörtlich greifbaren – Beweismaterial nur mit Vorsicht Schlüsse gezogen werden können, zeigt – ironischerweise – das »Bordbuch« selbst: In der Eintragung vom 15. Oktober berichtet Columbus, daß er auf der Passage von Santa Maria nach Fernandina einen Eingeborenen in einem Einbaum traf, der in einem Körbchen eine Glasperlenkette und zwei »blancas«, spanisches Kleingeld, bei sich hatte. Columbus schloß daraus, daß dieser von San Salvador kam; wir müssen daraus schließen, daß die von ihm mitgebrachten Artefakte nicht allein auf Guanahani gefunden werden könnten. Wenn überhaupt lassen sich deshalb nur aus der A b w e s e n h e i t von archäologischen Funden Schlüsse der Art ziehen, daß es wenig wahrscheinlich ist, daß auf der Insel des ersten Landfalls keine spanischen Artefakte aus der Zeit des Columbus zu finden sind. Aus dem V o r h a n d e n s e i n entsprechender Fundstücke direkt auf die Identität von Guanahani zu schließen, ist dagegen kaum vertretbar.[103]

b) Kartographische Quellen
Wenn schon archäologische Funde nicht die Identität Guanahanis preisgeben, so wäre zu überlegen, ob nicht zeitgenössische Karten zur Identifizierung dienen können. Dies ist jedoch problematischer, als man zunächst meint: Zwar ist möglicherweise von der ersten Reise eine Zeichnung der Nordküste von Hispaniola erhalten[104], jedoch keine Karte der Bahamas. Einer der Teilnehmer an der ersten Reise des Columbus, Juan de la Cosa[105], hat allerdings schon wenige Jahre danach[106] eine Karte gezeichnet, auf der Guanahani abgebildet ist (Abb.3). Könnte man die auf ihr verzeichneten Inseln ihren Gegenstücken in der Realität zuordnen, so wäre die Frage des Landfalls zu lösen.[107]

Erstaunlicherweise trägt auf dieser Karte keine der Inseln der Bahamas den Namen, den Columbus ihr auf der ersten Reise gegeben hat, sondern alle – einschließlich Guanahani – einen Namen in der Sprache der Eingeborenen. Ein Vergleich mit dem »Bordbuch« ist deshalb bei ihr ebensowenig möglich wie bei anderen Karten, die in den folgenden Jahren und Jahrzehnten das Gebiet der Bahamas abbilden.[108] Dadurch wird die Aufgabe der Identifizierung der Insel des ersten Landfalls insofern kompliziert, als man nicht in einem ersten Schritt die Lage der anderen Inseln (Santa Maria, Fernandina, Isabela, Islas de Arena) relativ zueinander und zu Guanahani auf dieser Karte überprüfen und dann in einem zweiten Schritt aus der kartographischen Übereinstimmung mit den heutigen Inseln Guanahani identifizieren kann.

Zwar hätte auch eine Verwendung der von Columbus vorgegebenen Namen der Inseln nicht die Möglichkeit ausgeschlossen, daß der Kartenzeichner die falsche Insel als Guanahani bezeichnet, der Vergleich der Zeichnung sowohl mit den realen Inseln als auch mit den Angaben des »Bordbuchs« hätte aber einen Fehler eher auffällig werden lassen als die Verwendung der Inselnamen der Eingeborenen.

Daß die Namen der Inseln, so wie sie sich auf der La Cosa-Karte (wie im übrigen auch auf anderen Karten) finden, nur mit allergrößter Vorsicht zur Identifizierung der Landfall-Insel verwendet werden dürfen, läßt sich auch recht einfach zeigen:

Die La Cosa-Karte zeigt von den Bahamas rund 20 bis 30 Inseln, von denen 10 einen Namen tragen. Eine dieser namentlich benannten Inseln ist Guanahani, eine andere Samana. Man könnte daraus den Schluß ziehen, daß zum einen das heutige Samana Cay eindeutig nicht das Guanahani des Columbus gewesen sein könne, weil Samana auf der Karte des Juan de la Cosa eben eindeutig als eine separate Insel zu erkennen sei, und zum zweiten, daß deshalb Watling Island der Ort des Landfalls sein müsse. Nun liegt »Samana« auf der Karte aber eindeutig südlich in der Nähe von »Guanahani« und nicht wie das heutige Samana südöstlich in einiger Entfernung von Watling Island. Entweder ist also das »Samana« der La Cosa-Karte nicht identisch mit dem heutigen Samana Cay, denn nördlich dieser Insel gibt es keine andere Insel, oder die Karte gibt die Lage der Inseln nicht richtig wieder. Oder – dies ist eine weitere Möglichkeit – sie irrt bezüglich der Namen beider Inseln.

Die Versuche, eine als »Guanahani« auf einer frühen Karte bezeichnete Insel zu identifizieren, laufen deshalb regelmäßig auf einen Zirkelschluß hinaus: Man identifiziert eine der »Guanahani« benachbarten Inseln mit einer anderen Insel, z.B. Mayaguana und vergleicht dann die Lage auf der Karte mit der Realität.[109] Je nachdem, von welcher Insel man ausgeht, gelangt man dann zum gewünschten »Guanahani« und davon zurück zur Bestätigung, daß die als Referenz genommene weitere Insel auch richtig identifiziert wurde. Diese erste Identifizierung irgendeiner Insel tragfähig zu begründen, wird aber in der Regel nicht einmal versucht.[110]

Mit Modifikationen lassen sich die gleichen Probleme auch bei den anderen einschlägigen Karten des Entdeckungszeitalters zeigen, wobei die Reichweite von Schlüssen, die man aus der Darstellung der Bahamas in der einen oder anderen Karte ziehen kann, umso geringer wird, je klarer ist, daß der Kartenzeichner auf keine eigenen Unterlagen bei der Wiedergabe der Inseln zurückgreifen konnte. Der Versuch, verschiedene »Traditionen« bei der Wiedergabe der »Lucayos« in den Karten des Entdeckungszeitalters nachzuweisen[111], kann deshalb allenfalls zum Beweis dienen, daß ein späterer Kartenzeichner Anleihen bei einer früheren Karte gemacht hat[112]; wenn diese ältere Karte fehlerhaft ist, kann auch der Umstand, daß sie als Vorbild für weitere Karten gedient hat, daran nichts ändern. Erst der umgekehrte Nachweis, nämlich daß zwei Karten aus verschiedenen »Traditionen«, womöglich auf der Basis verschiedener Berichte, ähnliche Abbildungen der Lage der Inseln der Bahamas zueinander aufweisen, könnte als Indiz dafür genommen werden, daß sie eine annähernd zutreffende Abbildung der damaligen Verhältnisse enthalten. Eine solche Übereinstimmung auf frühen Karten unterschiedlicher Provenienz hat sich bisher allerdings nicht finden lassen. Die Karten des Entdeckungszeitalters, die auf die La Cosa-Karte zeitlich folgen, zeigen vielmehr eine bemerkenswerte Variabilität, sowohl was die Anordnung, die Anzahl und auch die Namen der Bahamas angeht.[113]

Die uneinheitliche Darstellung der Bahamas sollte allerdings nur den verwundern, der annimmt, daß die Karten des Entdeckungszeitalters die geographische Realität in der Präzision abbilden sollten, die wir selbstverständlich bei einer heutigen Karte erwarten. Das wäre eine fehlerhafte Übertragung unseres heutigen Begriffs der Karte auf das Entdeckungszeitalter: Schon von der Funktion her unterschieden sich die bis heute erhaltenen Karten dieser Zeit von einer heutigen Karte. Sie sollten nämlich ihren Anwendern, den Fürsten und Kaufleuten ein B i l d der Welt geben und keine konforme Abbildung.

Das läßt sich nicht zuletzt besonders gut an der Wiedergabe von Inseln auf den Karten des 15., 16. und 17. Jahrhunderts zeigen. Ihre Küstenlinien sind zum einen in hohem Maße stilisiert, zum anderen ist ihre Größe häufig übertrieben.[114] Augenscheinlich lag den Kartenzeichnern dabei nicht so sehr daran, dem Betrachter die genaue Küstenlinie zu zeigen – zumal diese Information wohl völlig ohne praktische Bedeutung war – als daran, zu zeigen, daß es diese Insel überhaupt gab. Ihre Größe richtete sich dann häufig eher nach ihrer politischen Bedeutung bzw. Wichtigkeit für den Handel als nach der geographischen Realität.[115]

Es gibt nun keinen plausiblen Grund für die Annahme, daß die Darstellung von Inseln und Inselgruppen bei den Karten, auf denen der neuentdeckte Erdteil gezeigt wurde, auf einmal anders sein sollte. Sie waren genausowenig wie die früheren Weltkarten dafür bestimmt, als Grundlage für die Navigation zu dienen.[116] Dafür waren sie auch angesichts des Darstellungsmaßstabs völlig ungeeignet. Vergegenwärtigt man sich, daß etwa der Teil der La Cosa-Karte, aus dem man Schlüsse auf die Lage von »Guanahani« ziehen wollte, nur ca. 10 Quadratzentimeter groß ist, so liegt auf der Hand, daß die Darstellung der Bahamas wahrscheinlich mehr dem Umstand, wo der Kartenzeichner sein Zeicheninstrument jeweils auf dem Pergament ansetzte, zu verdanken ist, als der geographischen Realität dieser Inselgruppe. Wenn man nun

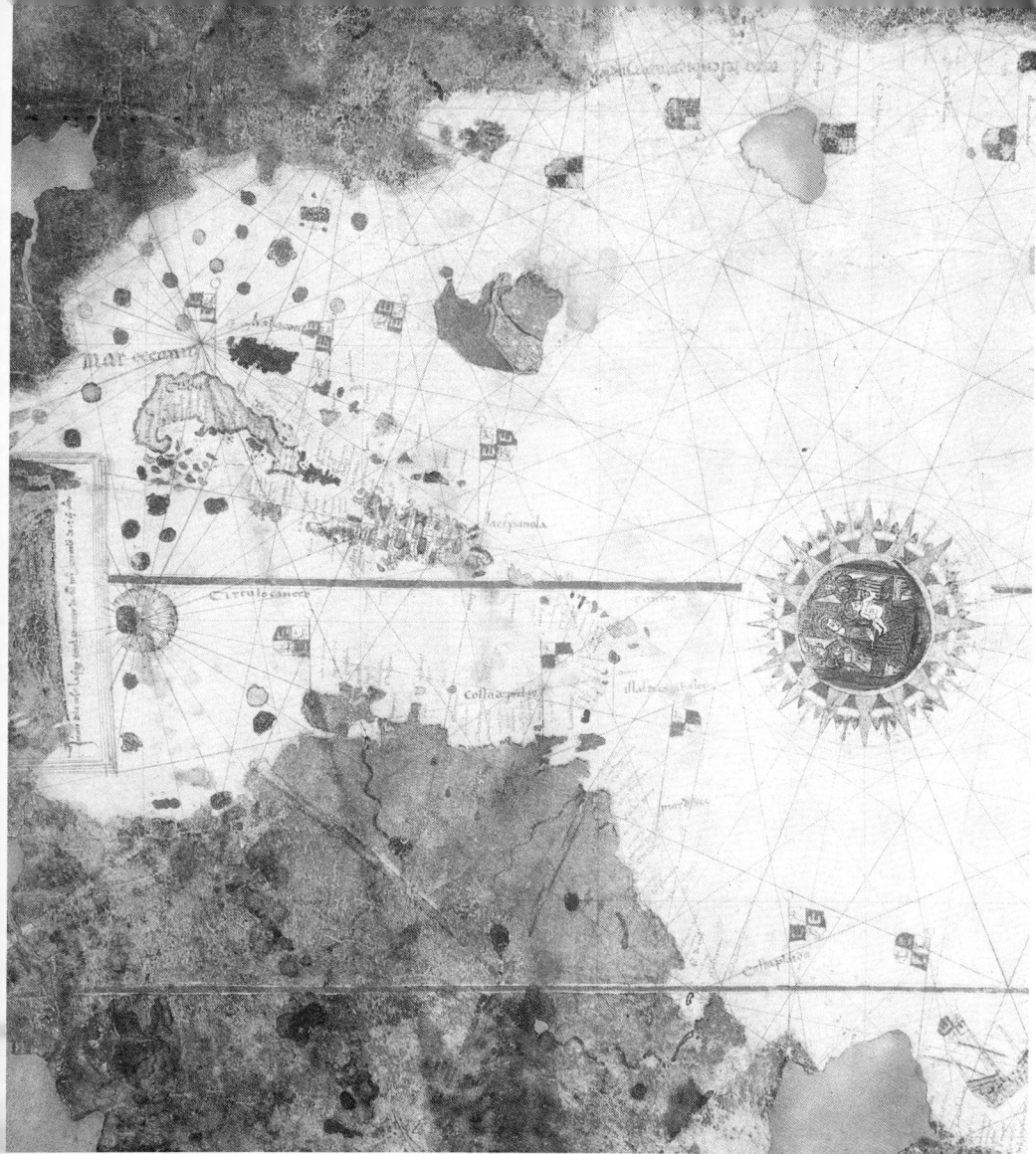

Abb. 3 *Westliche Hälfte (Ausschnitt) der Karte des Juan de La Cosa mit dem amerikanischen Kontinent und der Karibik.*

– wie manche Autoren[117] – solche winzigen Ausschnitte so weit vergrößert, daß sie eine Druckseite füllen, macht man nicht nur die Legenden und Namen lesbarer, man suggeriert vor allem eine Detailgenauigkeit, die dem betreffenden Kartenausschnitt überhaupt nicht zukommen kann.

Schließlich wäre auch – was bei allen mir bekannten Arbeiten fehlt, die aus Karten des Entdeckungszeitalters die Identität von Guanahani herleiten wollen – für eine jede Karte, die die Bahamas zeigt, die Probe aufs Exempel der Darstellungstreue in der Weise zu machen, daß man die Genauigkeit der Darstellung anderer, lange bekannter Weltgegenden und Inselgruppen auf der gleichen Karte überprüft. Denn welches Vertrauen kann man in die Darstellung der »Lucayos« auf der La Cosa-Karte, der Caveri-Karte oder der Karte von Diego Ribeiro von 1529 haben, wenn diese gleichzeitig die Deutsche Bucht, die Britischen Inseln oder selbst die Balearen im Detail unzutreffend wiedergeben.[118]

Die Möglichkeit, aus der Darstellung der »Lucayos« auf Karten des Entdeckungszeitalters sichere Schlüsse auf die Insel des ersten Landfalls zu ziehen, erscheint damit im Ergebnis ebenso fragwürdig, wie die anderen bisher erörterten Methoden.

c) Segelanweisungen
Es gibt allerdings eine weitere Gruppe von Dokumenten, die – ohne Rekurs auf das »Bordbuch« des Columbus – ein eigenes Bild der Bahamas nach 1492 geben: die zeitgenössischen Reise- und Routenbeschreibungen. Sie lassen sich grob in drei Kategorien unterscheiden: geographische Kompendien nach Art der »Isolarien« (Inselbücher), geographische Informationen in zeitgenössischen Texten heterogenen Ursprungs (z.B. in Form von Zeugenaussagen historischer Rechtsstreitigkeiten) und Segelanweisungen.

Geographische Kompendien in Form der »Inselbücher«, die es schon vor der Entdeckung Amerikas in gedruckter Form gab[119], sind auch aus der ersten Hälfte des 16. Jahrhunderts überliefert. Im Druck erhalten sind uns vor allem Benedetto Bordones »Libro ... de tutte l'isole del mondo« (Venedig 1528) und Fernàndez de Encisos »Suma de geographia« (Sevilla 1519). Von diesen beiden Autoren erwähnt Bordone die Bahamas überhaupt nicht, während Enciso sie in einem Absatz aufführt[120], aber ohne auf einzelne Inseln einzugehen.

Ein »Isolario« gleicher Art, das allerdings nie in Druck gegeben wurde – möglicherweise weil es aufgrund seiner Detailinformationen für die spanische Krone und ihre Verwaltung der amerikanischen Kolonien zu wertvoll war, um es durch den Druck anderen Nationen preiszugeben – ist das »Islario general de todas las islas del mundo« des Alonso de Santa Cruz. Es ist in mindestens vier Handschriften in Madrid, Sevilla, Wien und Besançon erhalten und in diesem Jahrhundert mehrmals herausgegeben worden.[121]

Dieses Werk ist insofern für unsere Fragestellung interessant, als es in seinem vierten Teil neben einem Kapitel über die »Lucayos« auch Detailkarten enthält, auf denen die Bahamas in wesentlich größerem Maßstab als auf den zeitgenössischen Weltkarten abgebildet sind.[122] (Abb. 5 und 6). Die Karte, die den westlichen Teil der Bahamas mit der Halbinsel Florida wiedergibt, zeigt an ihrem östlichen Rand auch ein »Guanahani« sowie südwestlich dieser Insel ein »Samana« (Abb. 5). Vergleicht man Größe und Lage der abgebildeten Inseln mit einer heutigen Karte, so ergeben sich folgende Zuordnungen der wichtigsten abgebildeten Inseln auf dieser und der östlich angrenzenden Karte (Abb. 6):

Bimini	= Bimini	Yabaq	= Acklins Island
Bahama	= Bahama	Guanahun	= Little Inagua
Yucayoneque	= Great Abaco	Mayaguana	= Mayaguana
Cigateo	= Eleuthera	Inagua	= Great Inagua
Guanima	= Cat Island	Tortuga	= Tortuga
Yuma	= Long Island	Caicos	= Caicos
Xumeto	= Crooked Island		

Dem »Guanahani« dieser Karte, das südöstlich von »Guanima« (= Cat Island) liegt, würde nun in der Realität am ehesten Watling Island entsprechen.

Es wäre allerdings auch bei diesen Karten höchst problematisch, sie als detailgetreues Abbild der geographischen Realität anzusehen. Auch wenn Alonso de Santa Cruz als Kosmograph an der Casa de la Contratacion[123] Zugang zu den Karten dieser Institution und damit zu den wahrscheinlich besten Unterlagen der Zeit hatte, so beruhten seine Karten doch nicht auf einer eigenen Aufnahme. Andere Karten des »Islario general«, etwa von Irland[124] oder der Westküste Frankreichs[125], auf denen also lang bekannte Teile der Erde abgebildet sind, geben gleichfalls Anlaß zu Zweifeln an der Genauigkeit der Wiedergabe im Detail.

Ihre Grundlage haben die uns interessierenden Karten des »Islario general« wie auch der dazugehörige Text vermutlich in einem Exemplar der dritten Gruppe von zeitgenössischen

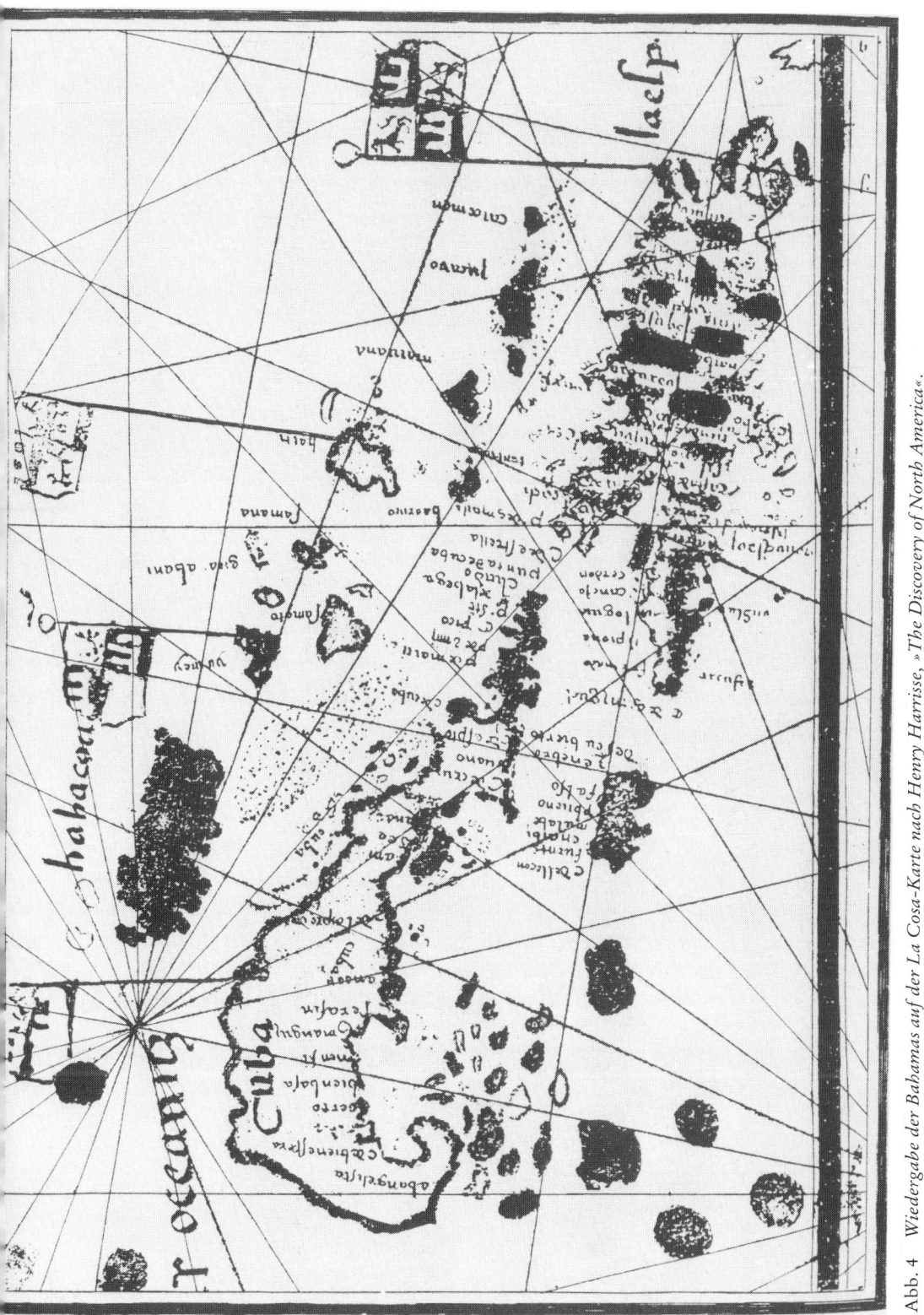

Abb. 4   Wiedergabe der Bahamas auf der La Cosa-Karte nach Henry Harrisse, »The Discovery of North America«.

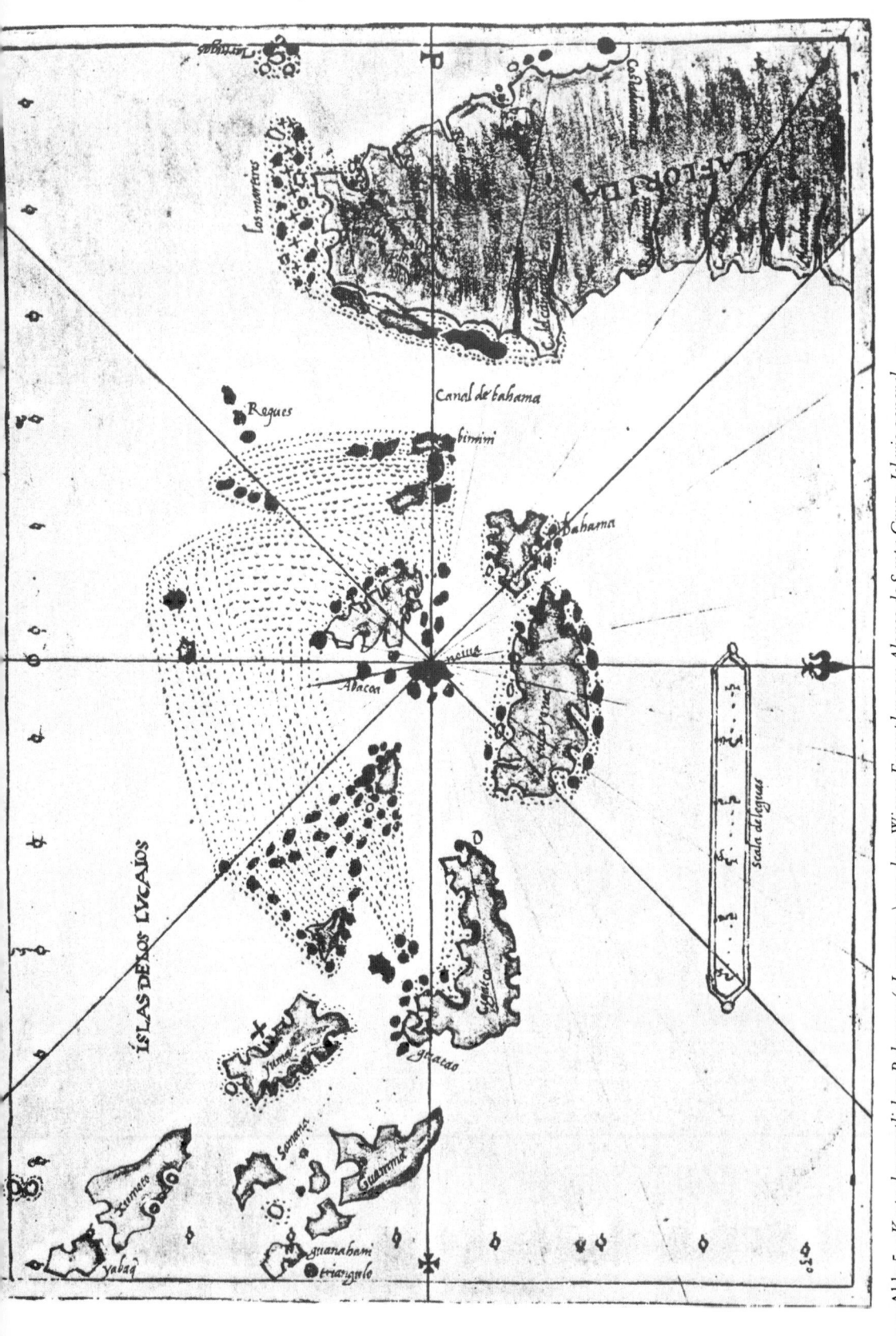

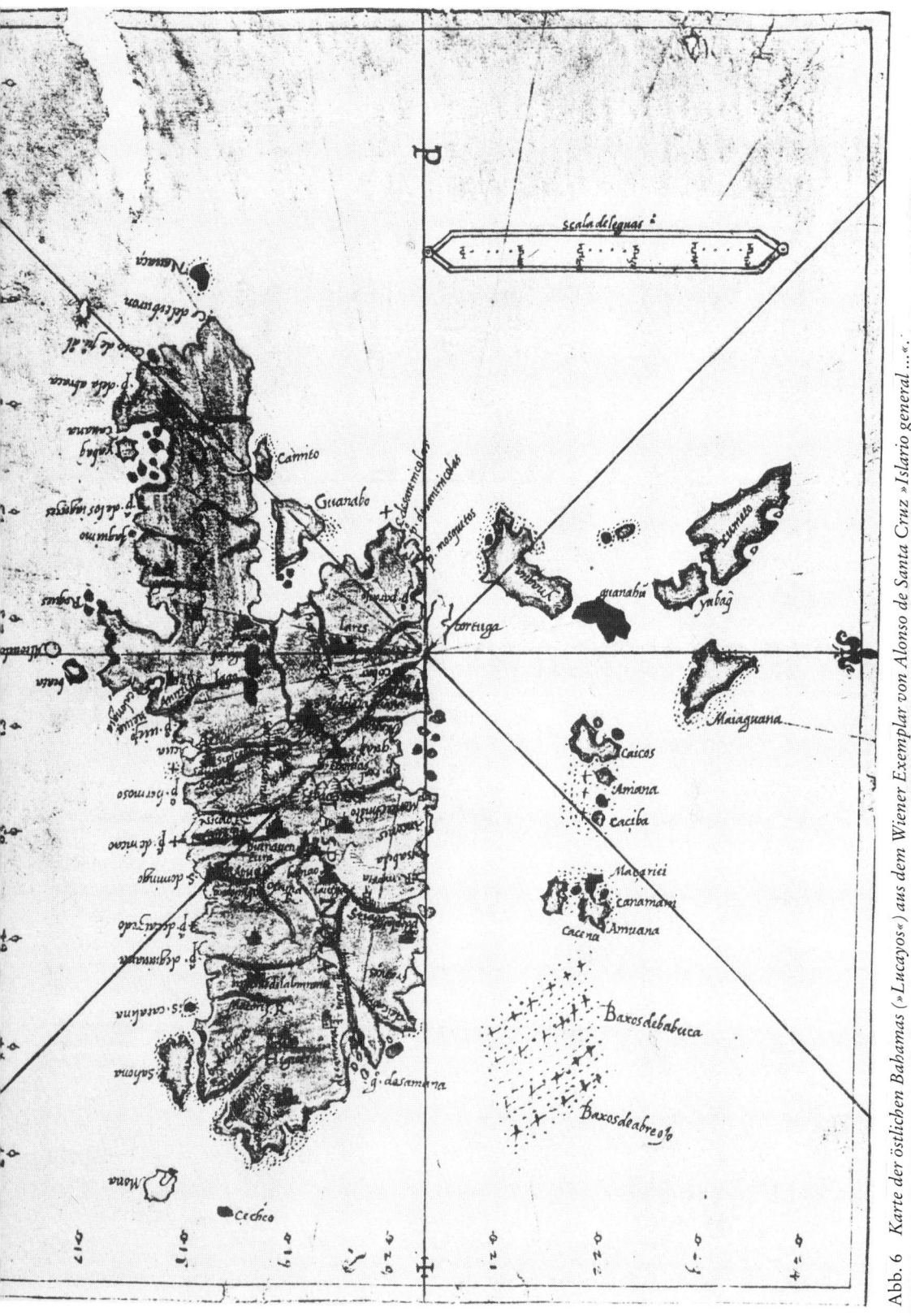

Abb. 6 Karte der östlichen Bahamas (»Lucayos«) aus dem Wiener Exemplar von Alonso de Santa Cruz »Islario general ...«.

Dokumenten, nämlich in einer Routenbeschreibung, einem »Roteiro«, wie sie im Mittelmeerraum[126] und in Nordeuropa[127] (als »Seebücher«) seit Jahrhunderten in der Navigation gebräuchlich waren. Aus dem Zeitalter der Entdeckungen sind uns nun ebenfalls eine Reihe von Routenbeschreibungen/Segelanweisungen überliefert – vor allem aus Portugal[128]; sie beschäftigen sich im wesentlichen mit den Routen in den Fernen Osten. Aber auch die Spanier erstellten solche Segelanweisungen, die allerdings ebensowenig wie ihre portugiesischen Gegenstücke zu ihrer Zeit gedruckt wurden.

Das (zur Zeit) älteste bekannte spanische Segelhandbuch für die Fahrt nach Westindien findet sich in dem vierten Buch der »Quatri Partitu en cosmographia practica ...« des Alonso de Chaves, eines weiteren »piloto mayor« der Casa de la Contratacion in Sevilla [129] (Abb. 7). Es enthält Segelanweisungen für die Überquerung des Atlantiks zu verschiedenen Zielen auf dem amerikanischen Kontinent, Küstenbeschreibungen für die Ostseite Nord- und Südamerikas und für die süd- und mittelamerikanische Pazifikküste und schließlich Routen von Amerika zurück nach Spanien. Es gibt aber auch in seinem siebten Kapitel eine ausführliche Beschreibung der Bahamas.

Dieses (Detail-)Segelhandbuch für die Bahamas stellt – neben verstreuten Informationen in Prozeßakten etc. – wahrscheinlich das früheste zeitgenössische Dokument dar, das von seiner Funktion her geeignet ist, zur Identifizierung von »Guanahani« zu dienen.[130] Wegen dieser Bedeutung gebe ich es im folgenden in vollständiger Übersetzung wieder:

Siebtes Kapitel
das von den Inseln der Lucayos handelt

1. *Untiefen von Abre el Ojo, in den Lucayos, die West- und Nordseite befinden sich auf $21^{3}/_{4}$ Grad.*

    Sie befinden sich im Osten der Untiefen von Babueca in einer Entfernung von 10 Leguen.

    Sie befinden sich im Nord-Nordosten von Puerto de la Plata, in einer Entfernung von 26 Leguen.

   Das, was wir angeführt haben, befindet sich an ihrer Westspitze, dort wo sich die Durchfahrt befindet. Diese Untiefen haben eine viereckige Gestalt, wobei zwei Ecken nach Osten und Westen und die anderen beiden nach Norden und Süden zeigen. Die Länge in Ost-West-Richtung beträgt 34 Leguen, und die Breite in Nord-Süd-Richtung 20 Leguen. Zwischen diesen Untiefen und den Untiefen von Babueca, wo sich Amuana befindet, gibt es eine Durchfahrt, die sich im Nord-Nordosten von Puerto de Plata befindet, dieser ist 10 Leguen breit. Diese Untiefen haben eine Wassertiefe von 1, 2 oder 3 »brazas« (Faden). Die Strömung geht nach Nord-Nordosten.

2. *Untiefen von Babueca, in den Lucayos, die auch die von Amuana genannt werden, liegen an ihrer Nordseite auf 22 Grad; auf der Südseite liegen sie auf $21^{1}/_{2}$ Grad.*

    Sie befinden sich im Westen der Untiefen von Abre Ojos, in einer Entfernung von 10 Leguen.

    Sie befinden sich im Osten der Riffe von Caicos, in einer Entfernung von 6 Leguen.

    Sie befinden sich im Nord-Nordwesten von Puerto de la Plata, in einer Entfernung von 20 Leguen.

    Sie befinden sich im Nord-Nordosten von Monte Cristo, in einer Entfernung von 20 Leguen.

   Die Durchfahrt dieser Untiefe befindet sich Nordwest zu Nord von Puerto de la Plata, in einer Entfernung von 30 Leguen. Diese Durchfahrt befindet sich Nordost zu Nord von

Puerto Real, in einer Entfernung von 28 Leguen. Diese Untiefen sind in Nord-Süd-Richtung 15 Leguen, in Ost-West-Richtung 10 Leguen lang. Im Norden dieser Untiefen ist eine Insel mit Namen Amuana und im Süden eine weitere mit Namen Cacenu. Außerdem befinden sich im Norden, westlich von Amuana, zwei weitere Inseln, von denen eine Canamanani und die andere Macariey heißt. Die Strömung geht nach Nord-Nordosten.

3. *Amuana, Insel in den Lucayos, befindet sich in den Untiefen von Babueca, auf ihrer Nordseite.*

4. *Canamanani, Insel in den Lucayos, befindet sich in den Untiefen von Babueca, auf ihrer Nordseite.*

5. *Macariey, Insel in den Lucayos, befindet sich in den Untiefen von Babueca, auf ihrer Nordseite.*

6. *Cacenu, Insel in den Lucayos, befindet sich im Süden der Untiefen von Babueca.*
   Bei diesen vier Inseln geht die Strömung nach Nord-Nordosten.

7. *Caicos, Inseln und Riffe der Lucayos, deren Südseite sich auf $21^{3}/_{4}$ Grad befindet.*
   Diejenige im Osten befindet sich westlich von Babueca, in einer Entfernung von 6 Leguen.
   Sie befinden sich im Norden von Puerto Real, in einer Entfernung von 24 Leguen.
   Die gleiche Insel Caicos, die sich im Westen dieser Untiefe befindet, liegt nord-nordwestlich von Puerto Real, in einer Entfernung von 30 Leguen.
   Sie befindet sich im Nordosten von Tortuga, in einer Entfernung von 26 Leguen.
   Sie befindet sich Nordost zu Ost von Ynagua, in einer Entfernung von 20 Leguen.
   In diesen Untiefen, an ihrer Westseite, befindet sich die Insel Caicos, und an ihrer Nordseite befinden sich zwei weitere Inselchen, und die weiter östliche heißt Quana und die andere heißt Aniana. Diese Untiefen und Inseln sind insgesamt von Osten nach Westen 16 Leguen und von Norden nach Süden 10 Leguen lang; sie sind auch sehr gefährlich. Die Strömung geht hier nach Nord-Nordost.

8. *Quana, Insel der Lucayos, befindet sich in den Riffen von Caicos, im Norden. Die Strömung geht hier nach Nordosten.*

9. *Aniana, Insel der Lucayos, befindet sich in den Riffen von Caicos, im Norden. Die Strömung geht hier nach Nordosten.*

10. *Caicos, Insel der Lucayos, befindet sich in den gleichnamigen Riffen, im Westen. Die Strömung geht hier nach Nordosten.*

11. *Inagua, Insel der Lucayos, befindet sich auf $21^{1}/_{4}$ Grad.*
    Sie befindet sich an ihrer Westseite im Norden von Kap San Nicolas, in einer Entfernung von 18 Leguen.
    Sie befindet sich im Nordosten von Kap Maici, in einer Entfernung von 18 Leguen.
    Sie befindet sich Südwest zu West von Caicos, in einer Entfernung von 18 Leguen.
    Diese Insel ist in nordöstlich-südwestlicher Richtung 18 Leguen lang, und ihre Breite ist 6 Leguen; die Nordseite macht einen Bogen, konkav nach Norden. An der Nordspitze befinden sich zwei Inselchen, die diese Spitze verlängern, und im Nord-Nordosten ist die erste 2 Leguen und die andere 4 Leguen entfernt. Es gibt noch mehr nördlich ihrer Westspitze, mehr als 14 Leguen, sie hat eine Untiefe und Riffe; bei dieser Insel gibt es einen Hafen an der Westseite und an besagter Spitze befindet sich nördlich nahebei eine Untiefe. Die Strömung geht hier nach Ost-Nordost.

12. *Maiaguana, Insel der Lucayos, der Norden befindet sich auf 23¹/₂ Grad.*
    Sie liegt im Nord-Nordosten von Ynagua, in einer Entfernung von 26 Leguen.
    Sie liegt im Nordosten von Yabaque, in einer Entfernung von 8 Leguen.
    Sie liegt im Nord-Nordosten von Caicos, in einer Entfernung von 15 Leguen.
    Sie liegt im Osten von Xumete, in einer Entfernung von 26 Leguen.
    Diese Insel ist fast dreieckig; ihre größte Länge beträgt 12 Leguen, von Nordwesten nach Südosten; und die Breite 5; fast ringsherum; am östlichen und am westlichen Ende sind Untiefen. Im Südwesten gibt es einen Hafen, und einen anderen im Nordwesten, mit einem Inselchen. Die Strömung geht hier nach Nordosten.

13. *Yabaque, Insel der Lucayos, befindet sich an der Nordseite auf 23 Grad.*
    Sie liegt im Südosten von Xumete, in einer Entfernung von 6 Leguen.
    Sie liegt im Südwesten von Maiaguana, in einer Entfernung von 11 Leguen.
    Sie liegt im Norden der Ostspitze von Inagua, in einer Entfernung von 14 Leguen.
    Die Länge der Insel verläuft von Nordwesten nach Südosten; sie hat einen Hafen an der Südwestseite. Sie ist ringsherum sauber. Die Strömung geht hier nach Nord-Nordosten.

14. *Xumete, Insel der Lucayos, befindet sich an der Nordseite auf 24 Grad.*
    Sie liegt im Südosten von Yuma, in einer Entfernung von 11 Leguen.
    Sie liegt im Nord-Nordosten von Ynagua, in einer Entfernung von 22 Leguen von der Ostseite.
    Sie liegt im Nordwesten von Yabaque, in einer Entfernung von 6 Leguen.
    Sie liegt im Norden der Westspitze von Ynagua, in einer Entfernung von 26 Leguen.
    Sie liegt im Süden von Samana, in einer Entfernung von 15 Leguen.
    Diese Insel ist fast dreieckig; ihre größte Länge beträgt 20 Leguen, von Nordwesten nach Südosten; ihre größte Breite befindet sich an der Südostseite und beträgt 10 Leguen; die Insel ist sauber und ohne Abhang. Die Strömung geht hier nach Nord-Nordosten.

15. *Samana, Insel der Lucayos, befindet sich an der Nordseite auf 25 Grad.*
    Sie liegt im Norden von Xumete, in einer Entfernung von 15 Leguen.
    Sie liegt im Osten von Yuma, in einer Entfernung von 12 Leguen.
    Sie liegt im Ost-Südwesten von Guanahani, in einer Entfernung von 8 Leguen.
    Diese Insel ist 8 Leguen lang, von Nordwesten nach Südosten, und 4 Leguen breit. Sie hat einen Hafen auf der Nordostseite und vor diesem ein Inselchen mit einer Untiefe. Hier geht die Strömung nach Nord-Nordosten.

16. *Guanahani, Insel der Lucayos, befindet sich auf der Nordseite auf 25 Grad.*
    Sie liegt im Südwesten von Guanima, in einer Entfernung von 14 Leguen.
    Sie liegt im Nord-Nordwesten von Maiaguana, in einer Entfernung von 27 Leguen.
    Sie liegt im Ost-Nordosten von Samana, in einer Entfernung von 8 Leguen.
    Diese Insel hat in nordwestlich-südöstlicher Richtung eine Länge von 8 Leguen, in nordöstlich-südwestlicher Richtung von 4 Leguen.
    Sie hat einen Hafen auf der Nordostseite, und davor die Inselchen, die »el Triangulo« (das Dreieck, W. K.) heißen. Sie ist rundherum sauber, und diese Insel gleicht Samana. Dies ist die Insel, die als erste gefunden wurde, als dies (West-, W. K.) Indien entdeckt wurde. Hier geht die Strömung nach Nord-Nordosten.

17. *Guatao, Insel der Lucayos, ist eine kleine Insel, die sich im Südosten von Cigateo, an ihrer Spitze, befindet; sie hat an ihrer Südseite drei nahe beieinanderliegende Inselchen, und zwischen ihr und Cigateo gibt es eine Durchfahrt. Es ist eine kleine Insel, die nur 4 Leguen mißt. Die Strömung geht hier nach Nord-Nordosten.*

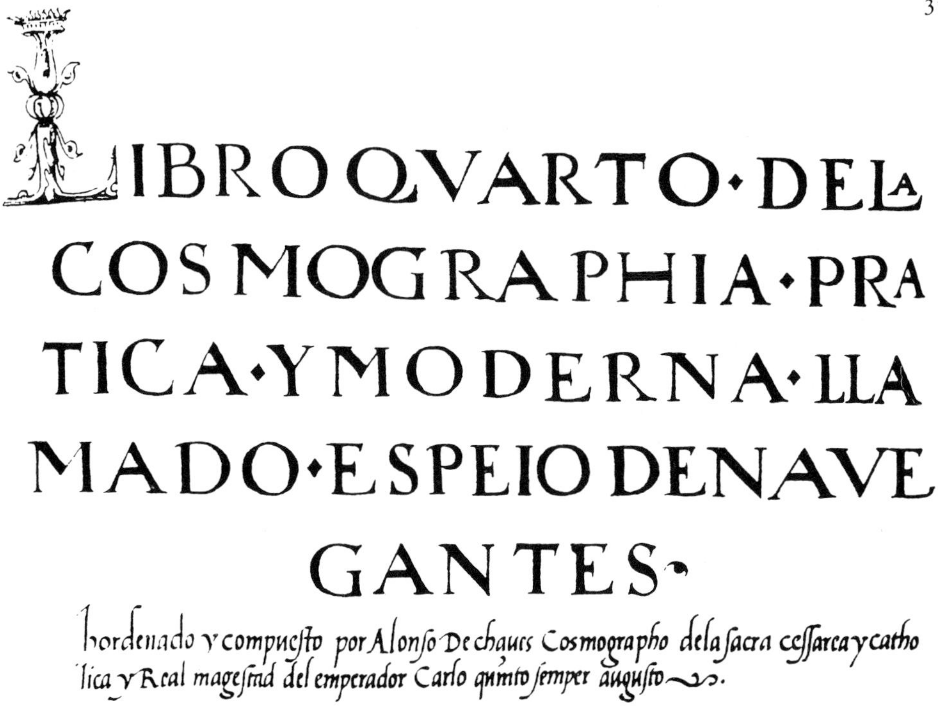

LIBRO QVARTO·DELA COSMOGRAPHIA·PRA TICA·Y MODERNA·LLA MADO·ESPEIO DE NAVE GANTES·

hordenado y compuesto por Alonso De chaues Cosmographo dela sacra cessarea y catholica y Real magestad del emperador Carlo quinto semper augusto.

Abb. 7   Titelseite des »libro quarto« des »Espejo de navegantes« von Alonso de Chaves.

18. Cigateo, Insel der Lucayos, befindet sich im Norden auf 27 $^1/_3$ Grad.
    Sie befindet sich im West-Nordwesten von Guanima, in einer Entfernung von 10 Leguen.
    Sie befindet sich im Norden von Yuma, in einer Entfernung von 13 Leguen.
    Sie befindet sich im Ost-Südosten von Yucaioneque, in einer Entfernung von 12 Leguen.
    Sie befindet sich im Ost-Nordosten von Abacoa, in einer Entfernung von 36 Leguen.
    Diese Insel ist eine der größten, die es in den Lucayos gibt; sie erstreckt sich fast genau in Ost-West-Richtung über 34 Leguen und über 10 Leguen Breite. An der Ostspitze in südlicher und südwestlicher Richtung springt eine große Spitze hervor, die der Insel eine sichelförmige Gestalt verleiht, und nahe dieser Spitze befindet sich Guateo, und weitere drei Inselchen liegen noch näher bei der Spitze. Diese Insel ist auf der ganzen Länge ihrer Südküste voller Untiefen und Riffe, sie bildet einige Buchten und an der Westspitze ist eine wie ein Hafen, in ihr sind zwei Inselchen, und an der Nordseite gibt es viele Buchten und Häfen, und diese Küste ist sauber. Die Strömung geht hier nach Nord-Nordosten.

19. Yucayoneque, Insel der Lucayos, befindet sich an der Nordseite auf 28 Grad.
    Sie befindet sich im West-Nordwesten von Cigateo, in einer Entfernung von 11 Leguen.
    Sie befindet sich im Ost-Nordosten von Bahama, in einer Entfernung von 4 Leguen.
    Sie befindet sich im Nord-Nordosten von Abacoa, in einer Entfernung von 22 Leguen.
    Dies ist die größte Insel der Lucayos und die nördlichste von allen; sie hat eine Länge, von Osten nach Westen, von 36 Leguen, und von Norden nach Süden, in der Mitte, von 15 Leguen; an der Westspitze läuft sie schmal aus und an der Ostspitze ist sie am breitesten, und im Südosten springt eine Landspitze vor. Die ganze Insel ist umgeben von Riffen und

Untiefen, außer an der Ostseite; sie hat ringsum viele Buchten und Ankerplätze. Die Strömung geht hier nach Nord-Nordosten.
Beachte, daß es zwischen all diesen Inseln der Lucayos stärkere Gezeiten und Strömungen gibt als anderswo, und die stärksten sind im Kanal von Bahama – sowohl Gezeiten wie Strömungen.

20. *Triángulo, Insel der Lucayos, sind drei kleine Inseln, die ein Dreieck formen im Nordosten von Guanahani, und von ihr 2 Leguen entfernt sind. Die Strömung geht hier nach Nordosten.*

21. *Guanima, Insel der Lucayos, liegt in ihrer Mitte auf 25 Grad.*
    Sie befindet sich im Nordosten von Yuma, in einer Entfernung von 10 Leguen.
    Sie befindet sich im Südosten von Cigateo, in einer Entfernung von höchstens 10 Leguen.
    Sie befindet sich im Nordwesten von Guanahani, in einer Entfernung von 14 Leguen.
    Diese Insel ist groß; sie hat eine Länge, von Norden nach Süden, von 24 Leguen, und eine Breite, von Osten nach Westen, von 8 Leguen. An der Westseite hat sie zwei große Buchten, die Häfen sind, und an der Südseite hat sie einen Hafen, und dem vorgelagert drei Inselchen, und auf der Südostseite noch eine große, und an der Nord- und der Nordostseite hat sie Untiefen. Die Strömung geht hier nach Nord-Nordosten.

22. *Yuma, Insel der Lucayos, liegt mit ihrer Westseite auf 25 Grad.*
    Sie befindet sich im Nordwesten von Xumete, in einer Entfernung von 10 Leguen.
    Sie befindet sich im Südwesten von Guanima, in einer Entfernung von 10 Leguen.
    Sie befindet sich im Süd-Südosten von Cigateo, in einer Entfernung von 12 Leguen.
    Diese Insel ist groß; sie mißt von Nordwesten nach Südosten 25 Leguen; sie hat an der Westseite eine große Bay oder Bucht, wo man ankern kann, und an der Nordwestseite einen Hafen, und sie ist an der Nordseite, der Nordostseite und der Südseite voller Untiefen und Inselchen. Die Strömung geht hier nach Nord-Nordosten.

23. *Guaratia, Insel der Lucayos, liegt im Norden auf $25^{1}/_{2}$ Grad.*
    Sie befindet sich im Westen von Yuma, in einer Entfernung von 11 Leguen.
    Sie befindet sich im Südwesten von Cigateo, in einer Entfernung von 18 Leguen.
    Die Länge dieser Insel ist von Osten nach Westen höchstens 12 Leguen. Sie ist dreieckig. Sie hat ringsherum viele Untiefen und Inselchen, die mit den Untiefen der Lucayos verbunden sind. Es ist eine sehr schmutzige und gefährliche Insel, und ohne Hafen oder Ankerplatz. Die Strömung geht hier nach Nord-Nordosten.

24. *Bahama, Insel der Lucayos, liegt mit der Nordseite auf $27^{1}/_{2}$ Grad.*
    Sie befindet sich im Nordosten der Ostspitze der Mártires, in einer Entfernung von 50 Leguen.
    Sie befindet sich im Osten des Kaps Cañaveral, in Florida, in einer Entfernung von 30 Leguen.
    Sie befindet sich im West-Südwesten von Yucaioneque, in einer Entfernung von 4 Leguen.
    Sie befindet sich im Nordwesten von Abacoa, in einer Entfernung von 15 Leguen.
    Sie befindet sich im Nordosten von Bimini, in einer Entfernung von 14 Leguen.
    Diese Insel liegt am weitesten westlich und nördlich von allen Inseln der Lucayos, sie hat eine Länge von Osten nach Westen von 14 Leguen, und von Norden nach Süden von 6 Leguen. An der Nordseite befinden sich einige Inselchen und Riffe, und nahe der Südseite sind einige Untiefen; an der Westseite ist ein Hafen; zwischen dieser Insel und den Untie-

fen der Lucayos gibt es einen Kanal, durch den Schiffe fahren können. Die Strömung geht hier nach Nord-Nordosten.

25. Abacoa, Insel der Lucayos, liegt im Norden auf 26 Grad.
Sie befindet sich im Süd-Südosten von Bahama, in einer Entfernung von 15 Leguen.
Sie befindet sich im Süd-Südwesten von Yucayoneque, in einer Entfernung von 22 Leguen.
Sie befindet sich im West-Südwesten von Cigateo, in einer Entfernung von 36 Leguen.
Die größte Ausdehnung hat diese Insel in Richtung Nordost-Südwest, sie beträgt 18 Leguen. Diese Insel ist ganz von den Untiefen der Lucayos eingeschlossen. Die Strömung geht hier nach Nordosten.

26. Bimini, Inseln der Lucayos, liegen an ihrer Nordseite auf 26 Grad.
Sie befinden sich im Osten von Florida, in einer Entfernung von 20 Leguen.
Sie befinden sich im Südwesten von Bahama, in einer Entfernung von 14 Leguen.
Diese Inseln von Bimini liegen von allen Inseln und Untiefen der Lucayos am weitesten westlich; es sind drei Inseln, die in Nord-Süd-Richtung liegen, sie sind klein, und an der Ostseite haben sie noch zwei Inseln, die ost-westlich angeordnet sind. An der Ostseite all dieser Inselchen und an der Südseite sind die Untiefen der Lucayos. Zwischen diesen Inselchen und Florida befindet sich der Kanal von Bahama. Die Strömung geht hier nach Nord-Nordosten.

27. Roques, Inselchen der Lucayos, sind drei auf 24$^1/_2$ Grad.
Sie befinden sich im Nordosten des Hafens von Matanzas, in einer Entfernung von 33 Leguen.
Sie befinden sich im Ost-Nordosten von La Habana, in einer Entfernung von 55 Leguen.
Sie liegen im Südwesten der Untiefen der Lucayos, ganz nahe bei ihnen, und zwischen diesen Inselchen und den Mártires befindet sich der Kanal von Bahama, der bei diesen Inselchen beginnt und nach Norden führt, an ihrer Westseite. Es sind drei kleine Inselchen, die von Nordosten nach Südwesten aneinandergereiht sind. Die Strömung geht hier nach Osten.

28. Untiefen der Lucayos, sie erstrecken sich von den Inseln von Bimini, an der West- und Nordseite, und von dort gehen sie herunter bis zu den Roques, was eine Strecke von 50 Meilen ergibt. Von den Roques verlaufen sie nach Südosten, über 30 Leguen, und von dort wenden sie sich nach Ost-Nordosten, über 70 Meilen, bis zur Insel Guaratia; von dort gehen sie nach Norden, über 20 Meilen; von dort wenden sie sich nach Westen, bis Bimini, über 85 Leguen weit, und auf halbem Wege bilden sie einen Absatz. Auf diese Weise haben sie zusammen die Form eines Schiffs, das Heck im Westen und der Bug im Osten und der Kiel im Süden. Überall in diesen Untiefen geht die Strömung nach Nord-Nordosten.

29. Der Kanal von Bahama hat an der Ostseite die ganzen Untiefen der Lucayos, von den Roques bis zur Insel Bahama, und an der Westseite liegt Florida, von den Mártires bis zum Kap Cañaveral, in Florida. Er erstreckt sich in der Länge von Nord-Nordosten nach Süd-Südwesten, von den Roques oder auch der Spitze der Mártires nach Bahama, über fast 60 Leguen; an der engsten Stelle zwischen Bimini und Florida ist er in Ost-West-Richtung 20 Leguen breit. Die Strömung geht hier nach Nord-Nordosten.
Um zur Einfahrt in den Kanal zu gelangen, wenn man von La Habana kommt, muß man 50 Leguen nach Nordosten fahren und von dort weitere 50 Leguen Nord zu Nordost steuern, und dann verläßt man den Kanal; wenn man von La Habana 44 Leguen nach Ost-

> Nordost fährt, muß man von dort 75 Leguen nach Norden fahren und verläßt dann den Kanal. Man kann ebenfalls 50 Leguen Nordost zu Ost steuern und von dort weitere 55 Leguen nach Norden fahren und dann den Kanal verlassen; um sicher zu sein, daß man den Kanal verlassen hat, muß man sich auf 28 Grad befinden, und dann kann man nach Osten fahren.
> Von Matanza aus fährt man 30 Leguen nach Nordosten, und von dort 60 Leguen nach Norden, und verläßt dann den Kanal.
> Von der Ostspitze der Mártires aus fährt man die ganze Strecke nach Nordosten, bis man Bimini und die Insel von Bahama sieht oder bis man sich auf 28 Grad befindet.

Was kann man nun dieser Segelanweisung entnehmen? Zum einen augenscheinlich, daß »Guanahani« nicht zu den Inseln am nordwestlichen und südöstlichen Ende der Bahamas gehörte. Es ist nach diesem Text deshalb ebenso unwahrscheinlich, daß die Turks oder Caicos Islands die Inseln des ersten Landfalls von Columbus sind, wie daß dieser an der Nordspitze von Eleuthera stattgefunden hat, weil »Guanahani« hier als Insel in der Mitte der »Lucayos« beschrieben wird. Auch Mayaguana kommt nach diesem Text nicht als Landfall in Betracht. Nicht nur daß diese Insel eigenständig und auch unter ihrem heutigen Namen aufgeführt wird, die Beschreibung und ihre Lage in der Kette der aufgezählten Inseln stimmt so stark mit den Realitäten überein, daß kein ernsthafter Zweifel an der Identität der Insel bestehen kann.

Zweifel bestehen allerdings, ob die Tatsache, daß Chaves ein »Samana« neben »Guanahani« aufführt, den Schluß aufnötigt, daß damit das heutige Samana gemeint ist, das damit für den Landfall des Columbus ausscheiden würde. Das »Samana« der »Quatri partitu ...« liegt nämlich in der Sequenz der aufgeführten Inseln gerade nicht an der Stelle, die ihm in der Realität zukommt. Hinzu kommt noch, daß – wenn man die oben aufgeführte und mit der Beschreibung von Chaves übereinstimmende – Identifizierung der Inseln vornimmt, das heutige Samana auch darin nicht ohne weiteres einen Platz hat. Zu denken gibt weiterhin, daß die Beschreibung von »Guanahani« und die von »Samana« weitgehend übereinstimmen. Nicht nur die Maße der Inseln stimmen überein, sondern auch ihr Küstenverlauf, die Lage eines Hafens und die Strömungsverhältnisse um die Insel.

Es ist deshalb nicht auszuschließen, daß die Beschreibung von »Guanahani« und »Samana« in Chaves' Text ein und dieselbe Insel betreffen, insbesondere dann, wenn es zutrifft, daß die Segelanweisung aus zwei verschiedenen Quellen kompiliert wurde, die sich möglicherweise an dieser Stelle überschnitten haben.[131] Aus diesem Grunde ist es aber auch ebensowenig wahrscheinlich, daß das heutige Samana mit dem dort beschriebenen »Samana« übereinstimmt, wie mit »Guanahani«. Denn die für diese Inseln angegebenen Küstenverläufe und Längen stimmen mit den heutigen Realitäten selbst dann nicht überein, wenn man eine magnetische Abweichung von rund 15°[132] für diese Zeit unterstellt: Samana ist eine schmale Insel, deren Nord- und Südküste (die die längsten Küsten sind) in Ost-West-Richtung verlaufen und nicht von Nordwesten nach Südosten, wie dies Chaves' Segelanweisung zu entnehmen ist.

Damit bleibt als ernsthafter Kandidat für die Insel des ersten Landfalls nach den Angaben von Chaves' Segelhandbuch von der Lage und Größe her vor allem Watling Island. Und es stellt sich weiterhin die Frage, wie verläßlich seine Angaben sind.

Einen interessanten Ansatz dafür hat Kelley[133] mit seiner mathematischen Überprüfung der internen Kohärenz und der Übereinstimmung der Informationen des Segelhandbuchs mit den heutigen Realitäten geliefert. Er hat versucht, aus Chaves' Angaben eine Karte der Bahamas zu konstruieren, die ihrerseits mit den zeitgenössischen Karten verglichen werden kann und Schlüsse auf die Identität einzelner Inseln – vor allem Guanahanis – zuläßt. So eindrucksvoll dieser Versuch auf den ersten Blick erscheint, vor allem wegen seiner mathematischen Präsumptionen, so fragwürdig stellt sich diese Vorgehensweise letztendlich dar. Dies sei an zwei Aspekten erläutert:

Kelley verwendet für die Konstruktion seiner Karte die Kurse, die in den »Quatri partitu ...« angegeben werden, um die Lage der einzelnen Inseln zu spezifizieren.[134] Dabei bleibt aber ungeklärt, zwischen welchen Punkten die dort angegebenen Kurse anzunehmen sind. Es wäre nämlich durchaus denkbar, daß ein Kurs von einer Insel zur nächsten nicht von dem nächstgelegenen Kap der einen Insel zur nächsten angegeben ist, sondern von einem Punkt in der Nähe der Küste der ersten Insel, in der sich ein Schiff befinden kann, zu einem Punkt in der Nähe der zweiten Insel. Wenn die beiden Inseln nahe genug beieinander liegen, wie dies in den Bahamas zumeist der Fall ist, können daraus erhebliche Kursdifferenzen entstehen, insbesondere wenn man nicht sagen kann, auf welcher Seite einer Insel die Strecke, die der Kurs angibt, endet.

Kelleys Vorgehensweise erscheint aber insbesondere dort fragwürdig, wo er sich statistischer Methoden bedient, um seine Hypothesen zu belegen. Zum Nachweis einer westlichen Abweichung der Kompaßnadel in einer Größenordnung von rund 14°, die er für seine Interpretation der zeitgenössischen Darstellung der Bahamas benötigt, ermittelt er beispielsweise aus den Abweichungen der (wie eben gesagt: fragwürdigen) Kurse des Segelhandbuchs zwischen einzelnen Inseln von den »wahren« Kursen (nach heutigen Karten) mit Hilfe einer linearen Regressionsrechnung die durchschnittliche damalige Abweichung von 13,8°.[134] Ein Blick auf die Verteilung der aus dem Segelhandbuch abgelesenen Kursfehler[135] zeigt allerdings, daß es angesichts der breiten Streuung der Fehler unsinnig ist, eine lineare Regressionsrechnung durchzuführen, weil eine Tendenz der Verteilung der Fehlerwerte eindeutig nicht erkennbar ist. Der von Kelley errechnete Wert der Abweichung hätte sich auch aus einem simplen arithmetischen Mittel ergeben, das allerdings wegen der breiten Streuung offensichtlich wenig aussagekräftig wäre.[136]

Die Plausibilität der Angaben in den »Quatri partitu ...« des Alonso de Chaves ergibt sich m.E. jedoch ohne den Rekurs auf elaborierte statistische Verfahren, die mit Hilfe von Computern durchgeführt werden müssen: Segelanweisungen in der hier vorliegenden Form waren nämlich das klassische Hilfsmittel der Navigation vom Mittelalter bis zur frühen Neuzeit. Sie wurden angefertigt von den Steuerleuten, die in einer bestimmten Weltgegend fuhren, und auch von ihnen weitergegeben bzw. kopiert. Sie waren deshalb in einem Maße praktisch, wie es Karten gar nicht sein konnten; nicht nur, weil Seeleute sich Karten gar nicht leisten konnten, sondern weil die Informationen in den Karten für die Steuerleute der damaligen Zeit gar nicht ausreichend waren.

Der Text Alonso de Chaves' entspricht nun uneingeschränkt dem Typus der zeitgenössischen Segelanweisungen; er enthält Kurse, Distanzen und Häfen. Aber nicht nur das, er enthält auch Strömungen, weswegen Kelleys Vermutung, die Angaben Chaves' könnten aus einer Karte entnommen sein[137], offensichtlich fehlgeht.[138] Wenn überhaupt, so konnten sich die spanischen Steuerleute, die nach Amerika fuhren, auf die in solchen »roteiros« enthaltenen Informationen verlassen. Dies macht ihre Verläßlichkeit auch für unsere Fragestellung aus.

Wo Columbus auf seiner ersten Reise in die »Neue Welt« gelandet ist, läßt sich danach auch nicht mit Sicherheit sagen. Das Dokument aber, das in der engsten Beziehung zu den vorrangigen und gewohnten Arbeitsunterlagen der Nautiker des Entdeckungszeitalters steht, weist nach Watling Island. Es ist die Aufgabe der Forschung der nächsten Zeit, dies anhand von anderen Dokumenten (Reise- und Rechenschaftsberichten, Prozeßunterlagen etc.) zu untermauern, bis sich eine authentische Fassung des »Bordbuchs« des Columbus findet.

Anmerkungen:
1. Zum Begriff der »Entdeckung« – auch der des Columbus –, vgl. Cortesão (1973), S. 23ff.
2. S. zuletzt die Berichte von De Vorsey/Parker (1986) und die Arbeiten in Gerace (1987a).
3. Vgl. als Beispiel für die Behandlung der Frage in der Tagespresse: Wertz (1990).
4. *Y así ir al Sudueste a buscar el oro y piedras preciosas*, Dunn/Kelley (1989), S. 70.
5. *Y por señas pude entender que yendo al Sur o volviendo la Isla por el Sur, que estaba allí un rey que tenía grandes vasos de ello, y tenía muy mucho.*, Dunn/Kelley (1989), S. 70.
6. Die Portugiesen errichteten auf ihren Entdeckungsfahrten entlang der afrikanischen Küste bereits früh Holzkreuze als Zeichen ihrer Besitzansprüche. Seit der Entdeckungsfahrt des Diego Cao (1482) nahmen sie auch steinerne Wappensäulen, sog. »Padrões« mit, die an markanten Punkten errichtet wurden. Eine dieser Säulen, die 1485 am Kreuzkap aufgestellt worden war, wurde 1893 von S.M.S. FALKE abtransportiert und befand sich bis zum Zweiten Weltkrieg im Museum für Meereskunde in Berlin (s. Röhr [1981], S. 41ff.), später im Museum der Deutschen Geschichte in Ostberlin (s. Schnall [1987], S. 194f., 216f.) und ist heute Exponat des Museums für Technik und Verkehr in Berlin.
7. Zum Piraten- und Freibeuterwesen des 16.–18. Jahrhunderts in der Karibik s. neben der zahlreichen eher folkloristischen Literatur: Bardelle (1986).
8. In dem ebenfalls weit verbreiteten See-Atlas von Roggeveen/Goos (1675) findet sich ein Absatz über die »Islands and Drithes which lies to northward Spagnola (=Haiti)«, der eine erstaunlich akkurate Beschreibung der Lage der Inseln zueinander von den Turks Islands, hier »Abrolhos de Babueca« genannt, bis Samana, hier auch als »Samana« bezeichnet, gibt; Roggeveen/Goos (1675), S. 33.
Der »English Pilot. The Fourth Book« von John Thornton (1689) enthält dagegen die wohl kennzeichnendste Passage in seinen Segelanweisungen zum Gebiet östlich des »Cape Florida«: *There are many other Islands, Shoals, Rocks, and broken Grounds in these parts, but we not having the true Course and Distance, nor the true Bearings, nor the true length of the Islands at present, thought good to forbear any farther Discourse of the said Bahama Islands, until we shall have a true Description of them.* Thornton (1689), S. 46.
9. Es gibt allerdings eine Reihe älterer Karten, die ebenfalls für eine der Inseln der Bahamas angeben, daß sie das San Salvador des Columbus seien, vgl. Gainer (1989), S. 63ff.; allerdings haben sie kaum die Verbreitung der Karten der van Keulens erreicht. Denkbar als Quelle für die van Keulensche Karte ist eine Karte von Joannes de Laet im Anhang zu dessen Buch »Nieuwe wereldt ofte beschrijvinghe van West-Indien« von 1625; s. dazu Fox (1882), zitiert bei Parker (1983), S. 12.
10. Catesby, zit. nach Parker (1983), S. 1.
11. S. ebd.
12. Navarrete (1825–37), Vol. 2, S. 1–197.
13. Gibbs (1846).
14. Irving (1828), Vol 3, S. 307ff.
15. S. ebd.
16. Montlezun (1828).
17. Humboldt (1836–39).
18. Becher (1856).
19. Murdock (1884).
20. Gould (1927).
21. Morison (1948), S. 223.
22. Varnhagen (1864).
23. Fox (1880).
24. Fuson (1989), S. 334ff.
25. Judge (1986), S. 567ff.; Marden (1986).
26. Gould (1943).
27. Verhoog (1947), (1983).
28. Didiez Burgos (1974).
29. Molander (1983).
30. Es gibt allein über 50 Arbeiten, die sich ausschließlich mit der Frage der Identifizierung von »Guanahani/San Salvador« beschäftigen, daneben noch unzählige Bemerkungen in weiteren Arbeiten zu Columbus, der Geographie seiner Zeit und der Entdeckungsgeschichte allgemein.
31. Parker (1983).
32. Vgl. die eingehende Kritik der Vorgehensweise Morisons bei Henige (1988).
33. Eine ähnliche Einteilung denkbarer Methoden wie die folgende findet sich schon bei Gould (1927), S. 409.

34 Vgl. Henige (1988), aber auch Parker (1983).
35 Aus diesem Grunde werden mit Sicherheit auch die Ozeanüberquerungen der Nachbauten der SANTA MARIA im Jubiläumsjahr 1992 versuchen, dem im »Bordbuch« niedergelegten Kurs des Columbus möglichst genau zu folgen. Je nachdem wo die Schiffe dann landen, wird einer staunenden Öffentlichkeit wohl der »unumstößliche Beweis« präsentiert werden, daß Columbus dort gelandet ist, wo seine Nachfolger zufällig angekommen sind.
36 *Navego al norueste y a las vezes a la cuarta del norte y a las vezes a su camino q era el gueste y andaria hasta .xxvii. leguas.* Dunn/Kelley (1989), S. 38.
37 Vergleicht man diese Teile des »Bordbuchs« mit anderen Schiffsjournalen der Entdeckungszeit – etwa Parmentier (1971) oder Markham (1878) –, die uns im Druck überliefert sind, so fällt auf, wie stark das »Bordbuch« diesem Muster entspricht: ein Indiz dafür, daß es sich in diesen Teilen wohl kaum um eine durch Las Casas redigierte Fassung handelt.
38 McElroy (1941), S. 216f.
39 Vgl. Morison (1948), S. 224ff.
40 Marden hat dies am pointiertesten formuliert: *Die Tatsache, daß diese Methode, nämlich den von Kolumbus im Logbuch verzeichneten Kursen und Distanzen zu folgen ohne Rücksicht auf Strom und Abdrift einen nach Watling bringt, beweist nach meiner Ansicht zwingend, daß es nicht das »San Salvador« des Entdeckers sein kann.* (Marden 1986, S. 575).
41 Ebd., S. 577.
42 Fuson und Treftz (1961).
43 S. die Arbeit von Richardson und Goldsmith (1987), zwei Mitarbeitern des ozeanographischen Instituts von Woods Hole.
44 McElroy (1941), S. 240, Morison (1941), S. 137; dagegen Taylor (1963), S. 185ff. und auch (1933), S. LXXXII: *Falls ein weiterer Beweis nötig ist, daß Kolumbus kein professioneller Seemann war, kann man ihn in seiner Behandlung der »Regel des Nordsterns« finden, die ein weiterer stereotyper Bestandteil der Ausbildung eines Steuermanns war.* Auch die kaum nachvollziehbaren Breitenangaben des Columbus sind Gegenstand ausgedehnter Untersuchungen gewesen, vgl. Magnaghi (1928) und Laguarda Trias (1963).
45 Die Logge soll zum ersten Mal in Bournes »Regiment for the sea« (1574) erwähnt worden sein; vgl. Breusing (1982), S. 161.
46 Diesen hat schon Dunn (1983), S. 38 angemerkt.
47 McElroy (1941), S. 214ff.
48 *Es ist dies der erste Fall unter zahlreichen andern, daß er, wenn er an einer Küste entlang segelte, eine Legua benutzte, die verschieden war von der 3,18 Seemeilen messenden Seelegua.* Morison (1948), S. 235.
49 Er gab z.B. am 10. September 1492 statt 60 Leguen nur 48 seiner Mannschaft bekannt: *porque no se ambrosase la gente si el viaje fuese largo*, vgl. Dunn/Kelley (1989), S. 28.
50 Kelley (1983), S. 104f.
51 Ich bezweifle allerdings, ob die von Kelley in seinen verschiedenen Arbeiten benutzten Computerberechnungen mehr beweisen, als daß man ein Ergebnis bekommt, wenn man einen Computer etwas berechnen läßt (»garbage in – garbage out«). Die – bei jeder statistischen Analyse grundlegenden – Fragen der Validität der gewonnenen Ergebnisse und der Reichweite der damit gewonnenen Erkenntnisse werden in den Arbeiten Kelleys leider nicht angesprochen.
52 Vgl. Albuquerque (1963), S. 111ff.
53 Vgl. Kelley (1983), S. 93ff.
54 Darauf legen allerdings eine Reihe von Autoren, z.B. Marden (1986), ihr Hauptaugenmerk.
55 Gould (1927), S. 410.
56 Tatsächlich beträgt der Großkreiskurs von Gomera (28° 5′N, 17° 45′W) zur südlichsten Insel, die als Landfall des Columbus in Betracht kommt (Salt Cay/Turks Islands = 21° 20′N, 71° 5′W), 274,5°, der zur nördlichsten (Nordspitze Eleutheras = 25° 35′N, 76° 35′W) 281,8°, so daß die Kursdifferenz allenfalls 8° beträgt.
57 Die gedruckte Literatur – allerdings aus späterer Zeit – bietet dafür einige Bespiele; s. z.B. Parmentier (1971), S. 5ff.; vgl. auch John Davis' »Traverse-booke« seiner dritten Reise zur Entdeckung der Nordwest-Passage, in: Markham (1878), S. 49ff.
58 In der Zeit bis zum Landfall: an 23 Tagen West, 1 Tag Nordwest, 2 Tage Südwest, 2 Tage Westsüdwest, 3 Tage Westnordwest, 2 Tage West zu Nord, 1 Tag Nordwest zu Nord; vgl. Dunn/Kelley (1989).
59 Daß die Aufzeichnung der während einer Wache gesteuerten Kurse nicht präziser war als ein Kom-

paßstrich, ergibt sich im übrigen daraus, daß die Steckbretter, auf denen die gesegelten Kurse und Distanzen markiert wurden (Pinnkompasse), nicht in kleinere Intervalle als einen Kompaßstrich unterteilt waren; vgl. Hill/Paget-Tomlinson (1958), S. 79f.

60 *Los marineros gobernaban mal, decayendo sobre la cuarta del Norueste y aún a la media partida; sobre lo cual les riñó el Almirante muchas veces.*
61 Allenthalben wird dafür Van Bemmelen (1899) und dessen im Anhang abgedruckte Isogonen-Karten angeführt.
62 Vgl. Wolkenhauer (1982).
63 Ebd., S. 120ff.
64 Cortés (1551) Kap.V, zit. bei Wolkenhauer (1982), S. 123.
65 Ebd., S. 129.
66 McElroy (1941), S. 213f.
67 Marden (1986), S. 576.
68 Irving (1828), Montlezun (1828), Humboldt (1836).
69 Navarrete (1828) und Gibbs (1846).
70 S. oben Anm. 18–29 und Parker (1983).
71 Vgl. dazu Parker (1983) und Gould (1927).
72 Nach Fuson (1983), dem auch die weitere Geschichte des »Bordbuchs« teilweise entnommen ist.
73 Vgl. zum folgenden insbesondere Fuson (1983) und Henige/Zamora (1989).
74 Morison (1948), S. 231, s.a. Stewart (1931).
75 Vgl. Henige (1988), S. 84.
76 Fuson (1983), S. 61.
77 Vgl. ebd.
78 Dunn/Kelley (1989), S. 328.
79 Vgl. etwa ebd., S. 87, Anm. 2.
80 Fuson (1983), S. 58.
81 Vgl. dazu den recht umfangreichen Fußnotenapparat bei Dunn/Kelley (1989).
82 *esto ... son palabras formales del almirante en su libro dsu primera navegacion;* vgl. Dunn/Kelley (1989), S. 64. Später heißt es: *todas son palabras del almirante;* ebd., S. 68.
83 Nach ebd., S. 70.
84 Im »Bordbuch« heißt es »laguna«, d.h. Lagune. Fuson (1989), S. 134, entnimmt dem, daß das von Columbus beschriebene große Gewässer zum Meer hin offen war, und sieht darin eine Bestätigung dafür, daß Samana das Guanahani des Columbus gewesen sein müsse. Ein Blick auf das im »National Geographic« (s. Judge [1986], S. 570f.) enthaltene Luftbild von Samana zeigt allerdings, daß Samana genausowenig wie Watling Island eine solche Lagune aufweist.
85 Fuson (1989, S. 134) enthält noch die Angabe, das Wetter sei wunderbar. Diese Aussage ist zwar sicherlich richtig, sie findet sich nur nicht im »Bordbuch« und wirft ein weiteres Licht auf den Umgang mit den Quellen, der es diesem Autor möglich machte, erst Caicos, dann Grand Turk und schließlich Samana als das Guanahani des Columbus anzusehen (s. Fuson 1989).
86 Die Erkundungsfahrt an diesem Morgen führte entlang der Küste in dieser Richtung: *fue al luego dla isla en el camino del nornordeste ...;* vgl. Dunn/Kelley (1989), S. 72.
87 Ebd., S. 74.
88 Vgl. Gerace (1987), S. 231.
89 Ebd.
90 Darauf weist schon Gould (1927, S. 412) hin. Eingehender hat sich damit Winter (1987) befaßt. Er meint, aufgrund von Gezeitenströmen, Wind und Wellen sowie einem Anstieg des Meeresspiegels in einer Größenordnung von bis zu 75 cm habe sich die Küstenlinie von »San Salvador« in jedem Falle stark verändern können.
91 *una grande restinga de piedras que cerca toda aquella isla al rededor;* vgl. Dunn/Kelley (1989), S. 74.
92 *para ver la otra parte que era de la parte del leste,* vgl. ebd., S. 72.
93 Für diese Insel als Landfall argumentiert allein Molander (1983, 1987).
94 Morison (1948), S. 231; Taviani (1987), S. 204; Obregon (1990), S. 90.
95 Molander (1985), S. 124.
96 S. Judge (1986), S. 570.
97 *porque supiese dar de todo relación a Vuestras Aletezas,* vgl. Dunn/Kelley (1989), S. 74.
98 Power (1983), S. 156.
99 *y tambien para ver las poblaçiones,* vgl. Dunn/Kelley (1989), S. 72.
100 Zu den Grabungen auf Watling Island s. Hoffmann (1987).

101 S. Brill (1987).
102 Vgl. Dunn/Kelley (1989), S. 65, 71.
103 Allenfalls ist eine Formulierung wie die von Hoffmann (1987, S. 244) zulässig: ... *wenn San Salvador (wo Hoffmann archäologische Funde gemacht hat; W.K.) da liegen würde, wo sich Samana Cay befindet, hätten wir keine Probleme. Wenn aber Samana Cay das wirkliche San Salvador ist, dann stellt sich das Problem, wie all die historischen Artefakte auf das heutige San Salvador (= Watling Island; W.K.) kommen.*
104 S. Bagrow (1951), S. 86, wo sie als *eigenhändige Zeichnung von Kolumbus* bezeichnet wird. Andere Autoren (z.B. Nebenzahl 1990, S. 26) sind etwas vorsichtiger.
105 Wobei noch darüber gestrittten wird, ob dies der Eigner und Navigator der SANTA MARIA (so Mollat et al. [1984], S. 212) oder ein Seemann gleichen Namens (so Klemp [1991]) war.
106 Zur Frage, ob die Karte, wie vorwiegend angenommen, im Jahre 1500 oder erst 1509 geschaffen wurde, vgl. Klemp (1991) und Gainer (1989), Anm. 5.
107 Dies hat bereits Gould (1927, S. 409) als Lösungsmöglichkeit angesprochen, wobei er allerdings schon feststellt, die La Cosa-Karte sei *beklagenswert ungenau im Detail* (S. 410).
108 Den besten Überblick über die einschlägigen Karten des Entdeckungszeitalters mit ausgezeichneten Abbildungen gibt Nebenzahl (1990). Daneben ist die Neuauflage von Kretschmer (1991) vor allem wegen der besseren Lesbarkeit der Namen – so diese richtig transkribiert wurden – brauchbar.
109 Dieses Verfahren wendet insbesonder Gainer (1989) an.
110 Gainer (1989), S. 50, sagt etwa bei der Betrachtung einer aus dem Jahre 1523 stammenden Karte: *Diese Karte zeigt Guanahani im Verhältnis zu zwei festen Punkten: dem zuvor genannten Guanima/Cat und der Insel die damals und heute Mayaguana ist.* Bei dieser apodiktischen Feststellung einer Übereinstimmung zwischen einer Insel auf der Karte und einer heutigen Insel ist es der Autorin anscheinend völlig entgangen, daß diese Karte – wie Abb. 3 ihres Aufsatzes zu entnehmen ist – nicht nur das von ihr (mit Watling Island zögerlich identifizierte) »Guanahani« aufweist, sondern auch ein »Guanahani«, das südsüdwestlich von »Mayaguana« und südsüdöstlich von »Sumete« liegt.
111 Das versucht u.a. auch Gainer (1989), bis hin zu Karten wie dem »Rotz-Atlas«.
112 Eine solche weitgehende Übereinstimmung der Darstellung bei gleichzeitig evident unzutreffender Wiedergabe der tatsächlichen Verhältnisse haben z.B. die sog. »Cantino-Karte« und die Karte des Nicolo di Caveri; vgl. dazu Nebenzahl (1990), S. 40.
113 Man vergleiche etwa die sog. Caveri (od. Canerio)-Karte von ca. 1502, auf der weder Guanahani noch Samana auftauchen und Bahama völlig falsch als »Babueca« bezeichnet wird, mit der Ribeiro-Karte von 1529, auf der »Guanahan« erscheint, nicht aber Samana. Beide Karten sind sowohl in der Neuausgabe von Kretschmer (1991) (als Tafel VIII, Nr. 1 resp. Tafel XV) als auch in Nebenzahl (1990) (als Tafel 13 resp. Tafel 29) abgebildet.
114 Vgl. Washburn (1989).
115 Vgl. ebd. und Gainer (1989), S. 44.
116 Diese Vermutung drängt sich aufgrund der dekorativen Elemente bei den meisten Portolankarten auf. Eine Ausnahme bilden im eigentlichen Zeitalter der Entdeckungen die Karten des Grazioso Benincasa; s. z.B. Tafel XVII und XVIII bei Almagià (1944) und Tafel 18 in Mollat et al. (1984).
117 Insbesondere Gainer (1989).
118 In allen drei Karten sind diese drei Bereiche entsprechend der Portolankartentradition gezeichnet; für die Deutsche Bucht vgl. Lang (1968), S. 5.
119 Z.B. das »Isolario« des Bartolommeo Dalli Sonetti, Venedig 1485 (Reprint Amsterdam 1972).
120 Enciso (1987), S. 220.
121 Zuletzt durch Mariano Cuesta (1983).
122 Die Karten von Amerika und der entsprechende Teil des »Islario general« wurden von v. Wieser (1908) separat herausgegeben; sie sind auch in der Ausgabe von Mariano Cuesta (1983) enthalten.
123 Vgl. dazu v. Wieser (1908), S. XIV.
124 Vgl. Mariano Cuesta (1983), Bd. I, S. 349.
125 S. Mariano Cuesta (1983), Bd. I, S. 401.
126 Als ältestes Exemplar wird dort der sog. »Compasso di Navigare« aus dem 13. Jahrhundert angesehen, vgl. Motzo (1947).
127 Zu den niederdeutschen »Seebüchern« s. Behrmann (1906), zu nordeuropäischen Segelanweisungen im übrigen s. Waters (1967).
128 Vgl. die Übersicht bei Fontoura da Costa (1939), S. 288ff. Eine Auswahl von Illustrationen aus einem »Roteiro« des Joao de Castro gibt Albuquerque (1988).
129 Zur Person Alonso de Chaves s. Castañeda Delgado et al. (1983), S. 15ff.

130 Darauf weist auch die Einleitung der Ausgabe von 1983 hin: ... *wir haben hier zum ersten Mal ein dokumentarisches Zeugnis, das es uns erlaubt, genau den Ort zu bestimmen, an dem Kolumbus in (West-)Indien an Land gegangen ist*, s. Castañeda Delgado et al. (1983), S. 57.
131 Vgl. Kelley (1990), S. 32ff.
132 Ebd., S. 30ff.
133 Ebd.
134 Ebd., S. 30ff.
135 Ebd., S. 32, Fig. 5.
136 Ähnlich willkürlich erscheint sein Versuch, die Fehler der Breitenangaben der Segelanweisung des Chaves in lineare Abhängigkeit von der Entfernung vom üblichen Landfall spanischer Seefahrer in Westindien zu bringen (Kelley 1990, S. 30ff.). Auch hier zeigt das Diagramm der Werte (ebd., S. 33, Fig. 6), daß das behauptete lineare Verhältnis eher auf der unterlegten mathematischen Gleichung basiert als auf der Beziehung der Werte untereinander. Es dürfte nicht schwerfallen, für andere mathematische Funktionen zu zeigen, daß sie den statistischen Zusammenhang der von Kelley angegebenen Daten genausogut, wenn nicht besser erklären, als die von ihm behauptete, aus der linearen Regression eruierte, lineare Beziehung.
137 Ebd., S. 34.
138 Im übrigen spricht auch mehr dafür, daß die frühen Seekarten (Portolankarten) aus Segelanweisungen entwickelt wurden, als für die gegenteilige Annahme; vgl. Lanman (1987).

Literatur:
Albuquerque, Luis Mendonca de (Hrsg.): O Livro de Marinharia de André Pires. Lissabon 1963.
Ders.(Hrsg.): Charts of the Rutters of India of Dom João de Castro. Lissabon 1988.
Almagià, Roberto: Monumenta Cartografica Vaticana, Vol. I, Planisferi, Carte Nautiche e affini. Vatikanstadt 1944 (Reprint Modena 1981).
Bagrow, Leo: Die Geschichte der Kartographie. Berlin 1951.
Bardelle, Frank: Freibeuter in der Karibischen See. Zur Entstehung und gesellschaftlichen Transformation einer historischen »Randbewegung«. München 1986.
Becher, A.B.: The Landfall of Columbus on His First Voyage to America. London 1856.
Behrmann, Walter: Über die niederdeutschen Seebücher des fünfzehnten und sechzehnten Jahrhunderts. Hamburg 1906 (Reprint Amsterdam 1978).
Breusing, Arthur: Die Catena a poppa bei Pigafetta und die Logge. In: Köberer, Wolfgang (Hrsg.): Das Rechte Fundament der Seefahrt. Hamburg 1982, S. 156–163.
Brill, Robert: Laboratory Studies of Some European Artifacts Excavated on San Salvador Island. In: Columbus and his world. Proceedings of the First San Salvador Conference. Ed. by Donald T. Gerace. Ft. Lauderdale 1987, S. 247–292.
Castañeda Delgado et al. (Hrsg.): Alonso de Chaves. Quatri partitu en cosmografia practica, y por otro nombre espejo de navegantes. Madrid 1983.
Cortesão, Armando: The Mystery of Vasco da Gama. Coimbra 1973.
Cuesta Domingo, Mariano: Alonso de Santa Cruz y su obra cosmográfica. Madrid 1983.
De Vorsey, L., und J. Parker: In the Wake of Columbus. Islands and Controversy. Detroit 1986.
Didiez Burgos, Ramón J.: Guanahani y Mayaguan. Santo Domingo 1974.
Dunn, Oliver: Columbus first landing place: the evidence of the journal. In: Terrae Incognitae, Vol. 15, 1983, S. 35–50.
Ders. und J.E. Kelley (Übers. u. Einl.): The ›Diario‹ of Christopher Columbus's First Voyage to America 1492–1493. Abstracted by Fray Bartolomé de las Casas. Norman (Oklahoma) 1989.
Enciso, Martin Fernandez de: Suma de Geographia. Madrid 1987.
Fontoura da Costa, Abel: A marinharia dos descobrimentos. Lissabon 1939.
Fox, Gustavus V.: An Attempt to Solve the Problem of the First Landing Place of Columbus in the New World. In: Report of the Superintendent of the U.S. Coast and Geodetic Survey, June 1880, Appendix 18, S. 346–417, 352.
Fuson, Robert H.: The ›Diario de Colon‹: A Legacy of Poor Transcription, Translation and Interpretation. In: Terrae Incognitae, Vol. 15, 1983, S. 51–75.
Ders. (Hrsg.): Das Logbuch des Christoph Columbus. Die authentischen Aufzeichnungen des großen Entdeckers. Bergisch Gladbach 1989.

Ders. und Walter H. Treftz: A theoretical reconstruction of the first atlantic crossing of Christopher Columbus. In: Proceedings of the Association of American Geographers, Vol. 8, 1976, S. 155–159.

Gainer, Kim Dian: The cartographic evidence for the Columbus landfall. In: Terrae Incognitae, Vol. 15 (1989), S. 43–68.

Gerace, Donald T.: Additional Comments Relating Watlings Island to Columbus' San Salvador. In: Columbus and his world. Proceedings of the First San Salvador Conference. Ed. by Donald T. Gerace. Ft. Lauderdale 1987, S. 231–232.

Ders. (Hrsg.) (1987a): Columbus And His world. Proceedings of the First San Salvador Conference. Ft. Lauderdale 1987.

Gibbs, George: Observations to show That the Grand Turk Island, and Not San Salvador, Was the First Spot on Which Columbus Landed in the New World. In: Proceedings of the New York Historical Society, 1846, S. 137–148.

Gould, Rupert T.: The Landfall of Columbus. An Old Problem Restated. In: The Geographical Journal, Vol. 69, May 1927, S. 403–429.

Ders. und G.H.T. Kimble: The Four Voyages of Columbus. In: The Geographical Journal, Vol. 101, 1943, S. 260–265.

Henige, David: Samuel Eliot Morison as translator and interpreter of Columbus' ›diario a bordo‹. In: Terrae Incognitae, Vol. 20, 1988, S. 69–88.

Ders. und Margarita Zamora: Text, Context, Intertext: Columbus' diario de a bordo as Palimpsest. In: The Americas, Vol. 46, 1989.

Hill, H.O., und E.W. Paget-Tomlinson: Instruments of Navigation. London 1958.

Hoffman, Charles: Archaeological Investigations at the Long Bay Site, San Salvador, Bahamas: In: Gerace, Donald T.: Columbus And His world. Proceedings of the First San Salvador Conference, Ft. Lauderdale 1987, S. 237–245.

Humboldt, Alexander von: Examen critique de l'histoire de la géographie du nouveau continent. Paris 1836–39.

Irving, Washington: A History of the Life and Voyages of Christopher Columbus. New York 1828.

Judge, Joseph, und James L. Stanfield: Where Columbus found the New World. In: National Geographic, Vol. 170, 1986, S. 566–572, 578–583, 586–599.

Kelley, James E.: In the wake of Columbus on a portolan chart. In: Terrae Incognitae, Vol. 15, 1983, S. 77–111.

Ders.: The Map of the Bahamas implied by Chaves's ›Derrotero‹. What is its relevance to the first landfall question? In: Imago Mundi, Vol. 42, 1990, S. 26–49.

Klemp, E.: Weltkarte des Juan de la Cosa. In: Kretschmer, Konrad: Die historischen Karten zur Entdeckung Amerikas: Atlas nach Konrad Kretschmer. Frankfurt am Main 1991, S. 29f.

Kretschmer, Konrad: Die historischen Karten zur Entdeckung Amerikas: Atlas nach Konrad Kretschmer. Frankfurt am Main 1991.

Laguarda Trias, Rolando A.: Elucidario de las latitudes colombinas. In: Boletin de la Real Sociedad Geográfico, Vol. 99. 1963, S. 181–245.

Lang, Arend W.: Seekarten der südlichen Nord- und Ostsee. Ihre Entwicklung von den Anfängen bis zum Ende des 18. Jahrhunderts. Hamburg 1968.

Lanman, Jonathan T.: On the Origin of Portolan Charts. Chicago 1987.

Magnaghi, Alberto: I presunti errori che vengano attribuiti a Colombo nella determinazione delle latitudini. In: Bolletino della Real Societa Geografica Italiana, Vol. 64, 1928, S. 459–494, 553–582.

Marden, Luis: The First Landfall of Columbus. In: National Geographic, Vol. 170, 1986, S. 572–577.

Markham, Albert Hastings: The Voyages and Works of John Davis the Navigator. London 1878.

McElroy, John W.: The Ocean Navigation of Columbus on his First Voyage. In: The American Neptune, Vol. 1, 1941, S. 209–240.

Molander, Arne B.: A new approach to the Columbus landfall. In: Terrae Incognitae, Vol. 15, 1983, S. 113–149.

Ders.: Egg Island is the Landfall of Columbus – A Literal Interpretation of His Journal. In: Gerace, Donald T. (Hrsg.): Columbus And His world. Proceedings of the First San Salvador Conference. Ft. Lauderdale 1987, S. 141–171.

Mollat du Jourdin et al.: Les Portulans. Cartes marines du XIIIe au XVIIe siècle. Fribourg 1984.

Montlezun, Baron de: Revue nautique du premier voyage de Christophe Colomb. In: Nouvelles annales des voyages et sciences géographiques, 2nd ser., Vols. 10, 12, 1828–1829, 10: S. 299–350.

Morison, Samuel Eliot: Columbus and Polaris. In: The American Neptune, Vol. 1, 1941, S. 6–25, S. 123–137.

Ders.: Admiral des Weltmeeres. Das Leben des Christoph Columbus. Bremen-Horn 1948.
Ders. (Ed.): Journals and Other Documents on the Life and Voyages of Christopher Columbus. New York 1963.
Motzo, Bacchisio R.: Il Compasso di Navigare. Cagliari 1947.
Murdock, J.B.: The Cruise of Columbus in the Bahamas 1492. In: Proceedings of the U.S. Naval Institute, April 1884, S. 449–486.
Navarrete, Martin Fernandez de: Coleccion de los viages y descubrimientos que hicieron por mar los españoles desde fines del siglo quince con varios documentos ineditos. Madrid 1825–1837.
Nebenzahl, Kenneth: Der Kolumbusatlas. Karten aus der Frühzeit der Entdeckungsreisen. Braunschweig 1990.
Obregón, Mauricio: Colón en el mar de los caribes. Bogotá 1990.
Parker, John: The Columbus landfall problem: a historical perspective. In: Terrae Incognitae, Vol. 15, 1983, S. 1–28.
Parmentier, Jean et Raoul: Le Discours de la Navigation. Genf 1971.
Power, Robert H.: The Discovery of Columbus' Island Passage to Cuba, October 12 – 27, 1492. In: Terrae Incognitae, Vol. 15, 1983, S. 151–172.
Richardson, Philip L., und Roger A. Goldsmith: The Columbus Landfall: Voyage Track Corrected for Winds and Currents. In: Oceanus, Vol. 30, Fall 1987, No. 3, S. 3–10.
Röhr, Albert: Bilder aus dem Museum für Meereskunde in Berlin 1906–1945. Bremerhaven 1981.
Roggeveen, Arend, und Pieter Goos: The Burning Fen. First Part. Amsterdam 1675. (Reprint Amsterdam 1971).
Schnall, Uwe: S.M.S. FALKE als Stationär vor Westafrika 1892/93. Der Reisebericht des Johannes Onno Friedrich Abels. In: Deutsches Schiffahrtsarchiv 10, 1987, S. 181–244.
Stewart, Glenn: San Salvador Island to Cuba. In: The Geographical Review, 1931, S. 124–130.
Taviani, Paolo Emilio: Why We Are Favorable for the Watling – San Salvador Landfall. In: Gerace, Donald T.: Columbus And His world. Proceedings of the First San Salvador Conference. Ft. Lauderdale 1987, S. 197–227.
Taylor, E.G.R.: Columbus and the World-Map. In: Jane, Cecil (Hrsg.): Select Documents Illustrating The Four Voyages of Columbus. Vol. II. London 1933, S. LXXVI–LXXXIV.
Dies.: Columbus the Navigator? In: Journal of the Institute of Navigation, Vol. 14, 1963, S. 185–194.
Thornton, John: The English Pilot. The Fourth Book. London 1689 (Reprint Amsterdam 1967).
Van Bemmelen: Die Abweichung der Magnetnadel. In: Supplement of Observations of the Royal Magnetical and Meteorological Observatory at Batavia, Vol. 21, Batavia 1899.
Varnhagen, Francisco Adolfo de: La verdadera Guanahani de Colon. In: Annales de la Universidade de Chile, Vol. 24, 1864, S. i–x, S. 1–20.
Verhoog, P.: Guanahani again. Amsterdam 1947.
Ders.: Columbus landed on Caicos. In: Terrae Incognitae, Vol. 15, 1983, S. 29–34.
Washburn, Wilcomb E.: The form of islands in fifteenth, sixteenth and seventeenth-century cartography. In: Pelletier, Monique (Hrsg.): Géographie du Monde au Moyen Age et à la Renaissance, Paris 1989, S. 201–206.
Waters, David Watkin: The Rutters of the Sea. New Haven and London 1967.
Wertz, Armin: Mit Niña in die Neue Welt. Elf Länder streiten sich im Vorfeld der 500-Jahr-Feier zur Entdeckung Amerikas. In: Frankfurter Rundschau vom 13.10.1990, S. Z B1.
Wieser, Franz R. von: Die Karten von Amerika in dem Islario General des Alonso de Santa Cruz. Innsbruck 1908.
Wolkenhauer, August: Der Schiffskompaß im 16. Jahrhundert und die Ausgleichung der magnetischen Deklination. In: Köberer, Wolfgang (Hrsg.): Das Rechte Fundament der Seefahrt. Hamburg 1982, S. 120–130.

Anschrift des Verfassers:
Wolfgang Köberer
Hammanstraße 10
D-6000 Frankfurt am Main

GILGAMESCH, NOAH UND DIE SINTFLUT

Von Ekhart Berckenhagen

Zwei aus antiker griechischer Dichtung und Philosophie bekannte »geflügelte Worte« mögen bedeutungsvoll am Anfang stehen: ἄριστον μὲν ὕδωρ – Wasser ist das Beste – von Pindar (um 522 – nach 446 v.Chr.) und Heraklits (ca. 550 – 480 v.Chr.) πάντα ῥεῖ – alles fließt, bewegt sich.

Griechenlands neuzeitlichen Freiheitskampf besang Wilhelm Müller (1794–1827), ein deutscher Dichter der Romantik. Wer kennt nicht dessen beliebtestes Lied? *Das Wandern ist des Müllers Lust ... Vom Wasser haben wir's gelernt, / Vom Wasser! / Das hat nicht Rast bei Tag und Nacht, / Ist stets auf Wanderschaft bedacht, / Das Wasser.*

Derselbe ironisch-heitere »Griechen-Müller« hinterließ uns auch »Noahs Arche«: ... *Und als die Welt aufs neue / In Baucheslust versank / Und in der Sündengräue / Beinahe ganz ertrank, / Blieb Noah doch am Leben, / Der Pflanzer edler Reben. / Er floh mit Weib und Kindern / Hui in sein größtes Faß. / Das schwamm hoch auf den Fluten / Und keines wurde naß. / So hat der Wein die Frommen / Dem Wassertod entnommen. / Und als die Fluten trocken, / da blieb das runde Haus / Auf einem Berge hocken / Und alle stiegen aus ...*

Als Gestalt der biblischen Urgeschichte, im Alten Testament 1. Mose 6–9 geschildert, war Noah, jener »Mann der Ruhe«, selbst Schöpfer des Weinbaus, zudem ein schamloser Trinker (1. Mose 9,21ff.). Nur aufgrund seiner Frömmigkeit gefiel es Gott, ihn zu ermahnen (1. Mose 6,13ff): *Alles Fleisches Ende ist vor mich gekommen; denn die Erde ist voll Frevels ...; und siehe da, ich will sie verderben ... Mache dir einen Kasten von Tannenholz und mache Kammern darin und verpiche sie mit Pech inwendig und auswendig. Und mache ihn also: Dreihundert Ellen sei die Länge [= 133 m], fünfzig Ellen sei die Weite [= 22 m] und dreißig Ellen die Höhe [13 m].*[1] *Ein Fenster sollst du daran machen obenan ... Die Tür sollst du mitten in eine Seite setzen. Und er soll drei Boden haben: einen unten, den anderen in der Mitte, den dritten in der Höhe. Denn siehe, ich will eine Sintflut mit Wasser kommen lassen auf Erden, zu verderben alles Fleisch, darin ein lebendiger Odem ist, unter dem Himmel. Alles, was auf Erden ist, soll untergehen. Aber mit dir will ich einen Bund aufrichten; und du sollst in den Kasten gehen mit deinen Söhnen, mit deinem Weibe und mit deiner Söhne Weibern. Und du sollst in den Kasten tun allerlei Tiere ... je ein Paar, ... daß sie lebendig ... bleiben bei dir ... Und Noah tat alles, was Gott ihm gebot ...*

So wurde nach jüdischer und christlicher Glaubensvorstellung die Arche zur Voraussetzung wie zum Mittel des Überlebens in einer gigantischen, klimatisch, seismisch, vulkanisch oder durch Eisschmelze bedingten Erdüberschwemmung, die dabei weltweit insofern war, als 250 andere Mythen und Religionstradierungen Ähnliches kennen. Ältestes Beispiel dafür ist die im Gilgamesch-Epos enthaltene sumerische Sintflutsage.

Um die Mitte des 3. vorchristlichen Jahrtausends konzipiert und im 19./18. Jahrhundert v.Chr. ausgeprägt, ist dieses Heldenepos, in dem man Gilgamesch (28./27. Jahrhundert v.Chr.) als Erbauer und König von Uruk am Euphrat in Südbabylonien samt seiner Taten würdigt, die früheste überkommene Dichtung der Welt.[2] In Ninive entdeckt, nun im British Museum zu London bewahrt, überliefern sie zwölf um 1250 v.Chr. datierbare Keilschrift-Tontafeln.

Abb. 1 *Noahs Arche-Bau, Wandmosaik im Dom zu Monreale bei Palermo, um 1180*

Auf Tafel X wird berichtet, wie Gilgamesch mit dem Wunsch, Unsterblichkeit zu gewinnen, über See fährt (= X,227: *... ich überschritt alle Meere*) und auf der Insel der Seligen seinen Ahnen Utnapischtim (sumerisch = Ziusudra; den babylonischen Noah) besucht. Von ihm, der einst in Schuruppak (= Fara am Euphrat) wohnte und Gott Ea (babylonisch; sumerisch = Enki, »Herr der Wassertiefe«) verehrt hatte, erfährt Gilgamesch den damaligen Götterbeschluß[3], worauf über alle Menschen eine Sintflut hereingebrochen war.

Rückblickend erzählt Utnapischtim in Tafel XI, was ihm göttliches Gebot seinerzeit auftrug: *Mann aus Schuruppak, Sohn des Ubaratutu[4], / reiße das Haus nieder, baue ein Schiff! / Laß den Reichtum sein und suche das Leben! / Gib Hab und Gut auf, rette das Leben! / Bringe hinein in das Schiff allerlei Lebenssamen! / Das Schiff, das du bauen sollst, / seine Maße sollen genau abgemessen sein. / Breite und Länge sollen einander entsprechen! / ... / Da ich* [Utnapischtim] *verstanden hatte, sprach ich zu Gott Ea, meinem Herrn: /*

›Siehe, mein Herr, wie du befohlen hast, / so werde ich's halten und tun!‹ / ... /

Am fünften Tag entwarf ich den Außenbau des Schiffes. / Ein ›Feld‹ [= 3528,5 m² oder 4465,6 m²] *war seine Grundfläche, / je zehnmal zwölf Ellen hoch waren seine Wände, / zehnmal zwölf Ellen im Geviert der Rand seines Daches. / Seinen Aufriß entwarf ich und stellte es dar! / ... / Sechs Boden* [= Stockwerke] *gab ich ihm; / neunfach teilte ich seinen Grundriß ein. / ›Wasserpflöcke‹[5] schlug ich ihm in seine Mitte. / ... / Das Schiff war am siebenten Tag fertig. / Schwierig war das Beladen des Schiffes! / ... / Alles, was ich hatte, lud ich auf, lud allerlei Lebenssamen hinein. / Meine gesamte Familie und Sippe brachte ich in das Schiff, / Getier des Feldes, Vieh des Feldes, / Leute vom Handwerk ließ ich hineinsteigen! / ... / Die* [mir gesetzte] *Frist kam! / ... / Das Wetter war fürchterlich. / Ich trat ins Schiff und verschloß die Tür. / ... / Das weite Land zerbrach wie ein Tontopf. / Einen ganzen Tag lang brauste der Südsturm. / Eilends wehte er und ließ die Berge ins Wasser untertauchen / ... / Sechs Tage und Nächte braust der Wind, die Flut, / tobt der Südsturm über das Land. / Als der siebente Tag kam, legte sich der Sturm, glättete sich die Flut, / die wie ein Kriegsheer gewütet hatte. / Ruhig und still wurde das Meer; der Orkan und die Flut hörten auf. / Ich schaute nach dem Wetter; es war still. / Alle Menschen waren zu Schlamm geworden. / Ebenflächig wie ein Dach war der Sumpf. / ... /*

Am Berge Nißir[6] legte das Schiff an. / Der Berg Nißir hielt das Schiff fest und ließ es nicht wanken. / Einen Tag, einen zweiten ... dritten ... vierten. / ... / fünften und sechsten Tag hielt der Berg Nißir das Schiff fest und ließ es nicht wanken. / Als der siebente Tag anbrach, ließ ich

Abb. 2   Bau der Arche Noahs, Steinrelief am Loggia-Portal der Sainte-Chapelle zu Paris, 1248

Abb. 3   Noah mit den Seinen in der aufgeschwommenen Arche, Steinrelief am Loggia-Portal der Pariser Sainte-Chapelle, 1248

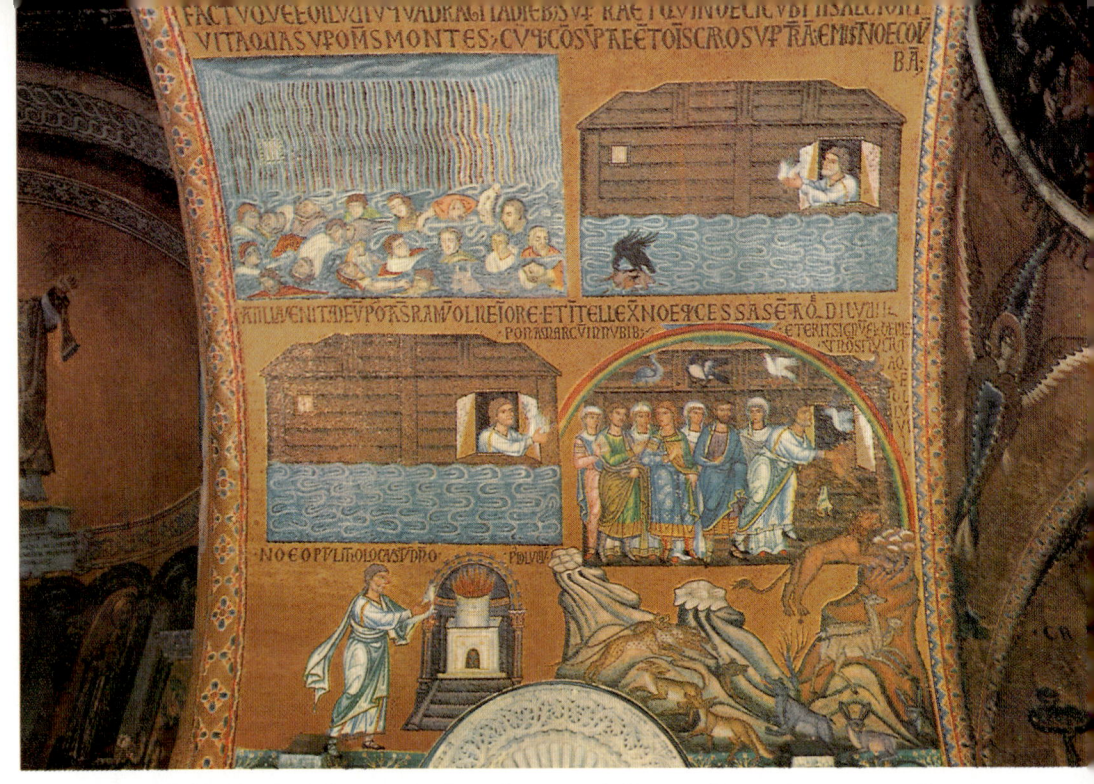

Abb. 4   *Sintflut-Mosaiken mit Noahs Arche, im Vorhallengewölbe von San Marco zu Venedig, um 1250*

eine Taube hinausfliegen. / Die Taube flog davon – und kam zurück; / ... / Eine Schwalbe ließ ich hinausfliegen ... kam zurück; / ... / Einen Raben ließ ich hinausfliegen; er flog davon. / Und er gewahrte, daß das Wasser sich senkte. / Er frißt, fliegt umher, krächzt und kommt nicht zurück. /

Da ließ ich [alles] nach den vier Wind[richtungen] hinausgehen und brachte ein Opfer dar. / Die Götter rochen den süßen Duft; / Die Götter scharten sich wie Fliegen über dem Opferer! / ...

Demnach hatte Utnapischtim jene weit über's Zweistromland hinaufdrängende, von Zyklonen hochgestaute Flut[7] mit seiner Arche – wie Noah – überlebt.

Dank C.L. Woolley's am südlichen Unterlauf des Euphrat, unweit der ursprünglichen Küstenlinie des Persischen Golfs, in Ur (Tell al Muqayyar) seit 1922 zwölfjährig durchgeführter Grabungen fanden sich dort nicht nur erstaunliche, um 2800 v.Chr. angelegte sumerische Königsgräber, sondern darunter auch – also noch tiefer gelegene – weitere Kulturhorizonte. Zwischen diesen hob sich eine drei Meter dicke Lehmschicht ab, welche nur von besagter Sintflut – um 4000 v.Chr. – herrühren konnte.

Ähnliche Schlammablagerungen fanden sich – wiederum ins 4. Jahrtausend v.Chr. weisend – in bzw. unter den amerikanisch-pakistanischen Grabungen der Industal-Hochkulturen zu Mohendjo-daro und Harappa sowie am Flußtal des Amu-Darja im Niederungsgebiet des Aralsees. Nur eine durch Scholleneinbruch der Erdkruste oder Ähnliches hervorgerufene Naturkatastrophe riesigen Ausmaßes konnte zu derartig vergleichbaren Phänomenen führen, welche ihrerseits solch' weite, bis ins Mittelmeer, nach australisch Ozeanien oder an die Küsten Amerikas[8] reichende Streuung von Flutsagen vielleicht erklärt.

Diodors, des griechischen, in Sizilien beheimateten Historikers zwischen 60 und 30 v.Chr. verfaßte vierzigbändige »Geschichts-Bibliothek« enthält einen weiteren – mit Dardanos (der sich auf zusammengenähten Schläuchen retten konnte) verbundenen – Sintflut-Bericht (im 5.

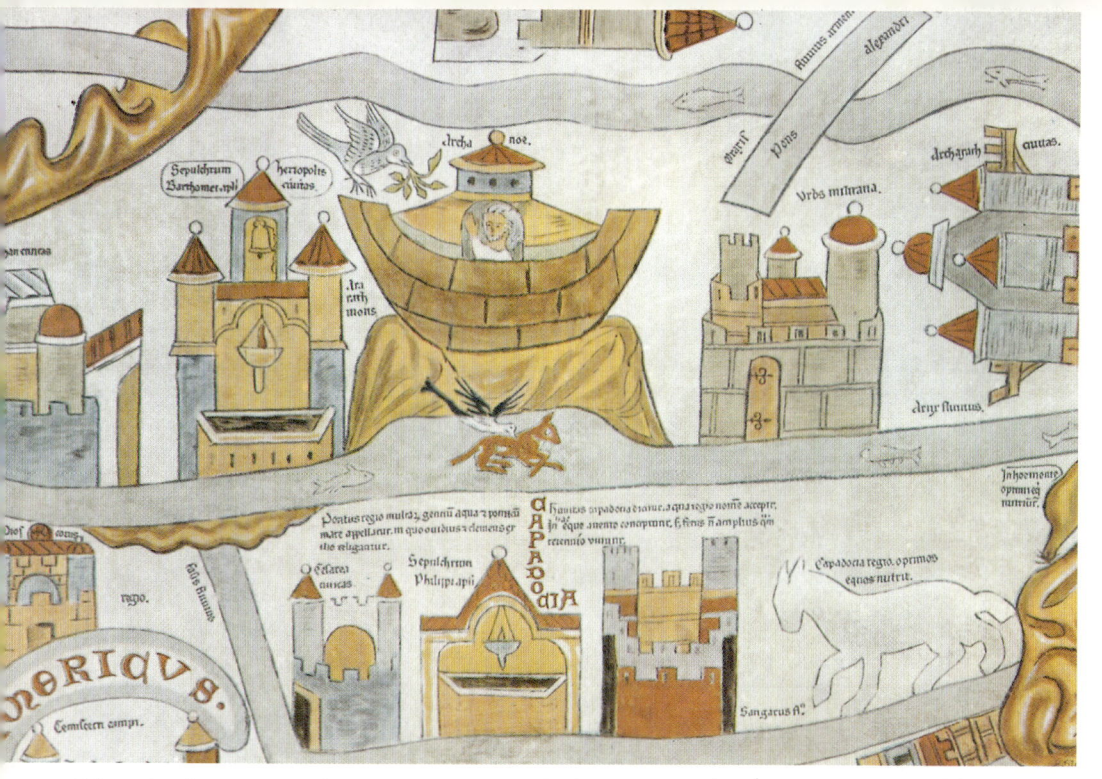

Abb. 5 Archa noe. Ararath mons. Ausschnitt aus der Ebstorfer Weltkarte, niederdeutsch, Mitte 13. Jahrhundert; Kriegsverlust. (Vgl. Abb. 6)

Buch, Kap. 47)[9]: *Die Samothraker selbst erzählen, daß noch vor der großen Flut, welche die anderen Völker heimgesucht hat, bei ihnen eine andere große Überschwemmung stattgefunden habe, welche damit begann, daß die Mündung bei den Kyaneen [= Bosporus] durchbrach und danach der Hellespont [= Dardanellen]. Bis dahin war nämlich der Pontos [= Schwarze Meer] ein See gewesen, war aber durch die einströmenden Flüsse so lang geschwellt worden, bis die Überfülle des Wassers einen gewaltigen Durchbruch in den Hellespont erzwang, wodurch ein großer Teil Asiens, soweit es am Meer liegt, überschwemmt, und ein nicht unbedeutendes Stück Ebene auf Samothrake in Meer verwandelt wurde. So erklärt es sich auch, daß in späteren Zeiten Fischer in ihren Netzen die Kapitäle steinerner Säulen emporgezogen haben, denn es wurden damals ganze Städte vom Meer verschlungen.*

In der Ägäis bleibend, ist ebenso an folgendes zu erinnern: Es war jener – von Aischylos dramatisch verarbeitete – Titan Prometheus, welcher den olympischen Göttern das Feuer stahl. Kulturbildend – schenkte er es den Menschen. Als diese darob – göttlichen Willens zufolge – sterben sollten, riet Prometheus seinem Sohn Deukalion, ein Schiff zu zimmern und sich samt Gattin zu verproviantieren. Was sich danach zutrug, schildert Ovid (43 v. – 17 n.Chr.), Dichter des weltstädtischen antiken Rom, im 1. Buch seiner in Hexametern abgefaßten »Metamorphosen«[10]: *... das Menschengeschlecht zu vernichten / Unter der Flut und rings Platzregen zu gießen vom Himmel. / Schleunig verschließt er [= Zeus] nun den Nord in des Äolus Höhlen, / Alle die Winde dazu, die jagen verhüllende Wolken, / Und läßt schnauben den Süd. Der aber mit triefenden Schwingen / Stürmt hinaus, pechschwarz umschattet das schreckliche Antlitz. / Schwer ist von Regen der Bart; Flut strömt vom graulichen Haupthaar; / ... / Jetzt ... / Tönt ein Gekrach, und gedrängt nun stürzen von oben die Güsse. / ... / Schon war zwischen der See und dem Land kein sichtbarer Abstand; / Alles umher war Meer, und das Meer war ohne Gestade. / ... / Über die Hügel ergoß sich des Meers unermeßliche Willkür, / Und an die obersten Höhn schlug brandend das neue Gewoge. / ... / Von der Aonier Volk* *trennt Phocis ätolische Fluren, / Fruchtbares Land, da es Land noch war, doch ein Teil von dem Meere / Dazumal und ein weites Gefild urplötzlicher Wasser. / ... / Wie Deucalion hier – denn das Übrige deckte die Meerflut – / Samt dem vermählten Weib anfuhr im gebrechlichen Nachen, / Beten sie an die Mächte des Bergs und corycische Nymphen / Und, die jetzt das Orakel besaß, die enthüllende Themis. / Nie war besser ein Mann als er und dem Rechten ergeb'ner; / Nie trug irgend ein Weib mehr Scheu als sie vor den Göttern. / Als nun Jupiter [= Zeus] sieht in Morästen versumpfen den Erdkreis / ... / Teilt er die Wolken und zeigt, da der Regen verscheucht von dem Nordwind, / Wieder dem Himmel die Erd' und wieder den Äther der Erde. / Nicht bleibt zürnend die See. Hinlegend die zackige Waffe / Glättet die Flut der Beherrscher des Meers, und den bläulichen Triton / Ruft er ... / ... in die tönende Muschel / Blasen den Gott und heim mit gegebenen Zeichen bescheiden / Wogen und Ströme zumal ... / Fallend verliert sich die Flut; auf scheinen zu tauchen die Hügel; / Schon hat Küsten das Meer ... / Boden ersteht, und es hebt sich das Land, wie die Wellen sich senken, / ... / Dastand wieder die Welt. Wie er leer sie sah und verlassen / Und das verödete Land in schauriges Schweigen versunken, / Sprach Deucalion so mit quellenden Tränen zu Pyrrha: ›Schwester und Ehegemahl, du einziges Weib auf der Erde, / Die mir verwandtes Geschlecht und vom Ahn die gemeinsame Herkunft, / Dann das Lager vereint, nun selber Gefahren vereinen: / Von den Gefilden zumal, die der Morgen bestrahlt und der Abend, / Sind wir beide das Volk. Das Übrige raffte die Meerflut‹.*

Wie im griechischen Mythos Deukalion und Pyrrha mit ihrem Nachen – gleich jenem Utnapischtim und Noah – die Sintflut überlebten, so pflanzten sie sich fort, indem sie Steine hinter sich warfen. Von alledem ist im (während des 7. Jahrhunderts entstandenen) Koran, zugleich Erkenntnis und Gesetz des Islam, Sure 11, Vers 38–43[11], nur noch ein ferner Abglanz geblieben:

Und geoffenbart ward Noah: ... / Und baue dir die Arche vor unsern Augen und nach unsrer Offenbarung, ... / Und er machte die Arche, ... / Und er sprach: ›Steiget in sie hinein. Im Namen Allahs sei ihre Fahrt und ihre Landung! ...‹ ...

Vom griechischen Begriff ἀρχή, dem Anfang – durch die Vorsokratiker als Weltbeginn, Urstoff, Urprinzip definiert – ausgehend, lebte die Arche (lateinisch *arca* = Kasten) fort. Denn sie schien nach göttlichem Plan gebaut worden zu sein.[12] Umso mehr beschäftigten ihre Form und Größe, ja ihr womögliches Erhaltensein Phantasie[13] und Forschung der Nachwelt. Besonders anschaulich sind unter den mittelalterlichen jene kasten- und schiffsförmigen Arche-Darstellungen in Palermo-Monreale (um 1180; Abb. 1), zu Paris (1248; Abb. 2, 3) sowie an Venedigs Marcus-Kirche (um 1250; Abb. 4). Zur Zeit der Entdeckung Amerikas durch Kolumbus bediente man sich sogar des in Nordeuropa vertrauten Karackentyps (1493; Abb. 7), und mit der im späten 17. Jahrhundert anhebenden Aufklärung setzten unterschiedlichste Rekonstruktionsversuche ein, darunter diejenigen des schottischen Kaufmanns Livern 1694. Sir Isaac Newton's (1643–1729) Arche-Berechnungen – von 184 m Länge, 26 m Breite, 15 m Höhe, mit 18230 Tonnen Leergewicht – dürften ihm offenbar nicht fremd gewesen sein. Eindrücke dieser und ähnlicher Arche-Formen führen jedenfalls die Abbildungen XXXVIIff. in Johann Jacob Scheuchzers »Physica Sacra« (der 1731–35 in Ulm achtbändig erschienenen, sogenannten »Kupferbibel«, welche als eine der frühesten deutschsprachigen Enzyklopädien gilt) vor Augen (Abb. 9, 10).

Zu den ursprünglichen Konstruktions-Voraussetzungen der frühgeschichtlichen Arche gehörten reichlich vorhandenes Holz und Bitumen (ein Erdölprodukt zum Abdichten). Beides fand sich – abgesehen vom Schilf im Zweistromland – auf der 40 km südlich des Schatt el-Arab (Zusammenfluß von Euphrat und Tigris) gelegenen, jetzt wieder Kuweit gehörenden Insel Failaka. Sie war einst nördlichster Außenposten des legendären Reiches Dilmun. Das hatte sein Zentrum auf der südlich gelegenen Bahrein-Insel und verkörperte (bis ins 8. vorchristliche Jahrhundert) insgesamt ein irdisches Paradies.[14] Dorthin war Gilgamesch über's Meer gefahren, um seinem – der Sintflut entronnenen – Ahnen Utnapischtim das Geheimnis ewigen Lebens abzulauschen.

Eigentümlich hartnäckig hält sich bis heute, obwohl im Gilgamesch-Epos ausdrücklich der Berg Nißir[6] als Arche-Landeplatz genannt wird, jene Vorstellung, ja »Gewißheit«, daß es vielmehr der vulkanische, 5165 m hohe, in ewiges Eis gehüllte Berg Ararat oder dessen Umgebung im armenischen Ararat-Hochland sei. So will 1984 beispielsweise die amerikanische Expedition von Marvin Steffins in 1585 m Höhe, auf der Südwestflanke des Ararat eine *deutlich sichtbare bootförmige Formation* ausgemacht haben (vgl. Der Tagesspiegel, Berlin vom 26.8.1984). Und 1987 legte Charles Berlitz (*1914 in New York) dann in »The Lost Ship of Noah – In Search of the Ark of Ararat« (= Die Suche nach der Arche Noah) entsprechende, sogar von Photographien und Zeichnungen gestützte vermeintliche Fundortspuren am Ararat und in der Akyaylakette, 17 km östlich des Ararat, in gut 1900 m Höhe auf der geographischen Position 39°26'4" nördlicher Breite und 44°15'3" östlicher Länge, vor. Dabei meinte er, daß es sich bei der gefundenen Arche um *ein Schiff aus Schilfrohr*[matten], *verkleidet mit einer pechartigen Substanz*, gehandelt hätte.

Es würde wohl recht uninteressant und eintönig in der Welt zugehen, wenn ein so nüchternes Gebilde wie die Wissenschaft an die Stelle dieser bunten schwärmerischen Vorstellungen träte, bekennt jener 1950 mit dem Literatur-Nobelpreis ausgezeichnete englische Philosoph Bertrand Russel (1872–1970) in seinen Betrachtungen »Zur Genealogie des Unsinns«.[15] Dort fährt er sarkastisch fort: *Vielleicht sollten wir uns freuen, daß es ... den südamerikanischen Jesuiten [gab], der sich absolut nicht zu erklären vermochte, wie das Faultier in der kurzen Zeit seit der Sintflut den weiten Weg vom Berge Ararat bis nach Peru hatte zurücklegen können – eine Leistung, die bei der schon sprichwörtlich langsamen Fortbewegung dieses Geschöpfes ans Wunderbare grenzte.*

Anmerkungen:
1 Laut Schiff und Zeit 6, 1977, S. 85; nach Wolfgang Rittmeister: Die Schiffsfibel. Mit Bildern von Alfred Mahlau. Leipzig 1936, S. 9 (= 138,75 m lang, 23,125 m breit und 11,33 m Tiefgang, geschätzte Wasserverdrängung ca. 30000 t).
2 Hugo Greßmann u.a.: Altorientalische Texte zum Alten Testament. (1909) 2. Aufl. Berlin-Leipzig 1926, S. 150ff., bes. S. 175ff.; Das Gilgamesch-Epos. Übers. und hrsg. v. Albert Schott. Leipzig 1934 (bzw. Stuttgart 1963), S. 86ff.; J.B. Pritchard: Ancient Near Eastern Texts. Princeton 1950, S. 93f.; Durch vier Jahrtausende Altvorderasiatischer Kultur. Kat. d. Vorderasiat. Museums Staatl. Museen zu Berlin 1956, S. 211ff.
3 Im Epos heißt es wörtlich, Tafel XI, 14: *Eine Sintflut zu machen, trieb die großen Götter ihr Herz*.
4 Dieser ist in der sumerischen Königsliste aufgeführt als einziger Herrscher von Schuruppak (ca. 30 km nordwestlich von Uruk gelegen).
5 Sie dienten anscheinend zur Stabilisierung des würfelförmigen Fahrzeugs, das bei einer Seitenlänge von ca. 60 m einen Rauminhalt von 216000 m³ gehabt haben dürfte.
6 Etwa 450 km nördlich von Schuruppak im Gebirgsmassiv des Tolkma-Dagh, östlich von Basian im Zagros-Gebirge bzw. zwischen unterem Zāb und Tigris.
7 Nach C.L. Woolley's Ansicht war in nordwestlicher Richtung des Persischen Golfs eine Fläche von 630 km Länge und 160 km Breite von der Überschwemmung betroffen; siehe auch Werner Keller: Und die Bibel hat doch recht. Forscher beweisen die historische Wahrheit. 1955 bzw. rororo-Ausgabe 1964, S. 32ff.; J.P. Lewis: A study of the interpretation of Noah and the flood in Jewish and Christian literature. Leiden 1968.
8 H. Usener: Die Sintflutsagen. 1899; A. Hohenberger: Die indische Flutsage und das Matsyapurana. 1930; Werner Müller: Die ältesten amerikanischen Sintflut-Erzählungen. 1930; Fr. Schmidtke: Arche.

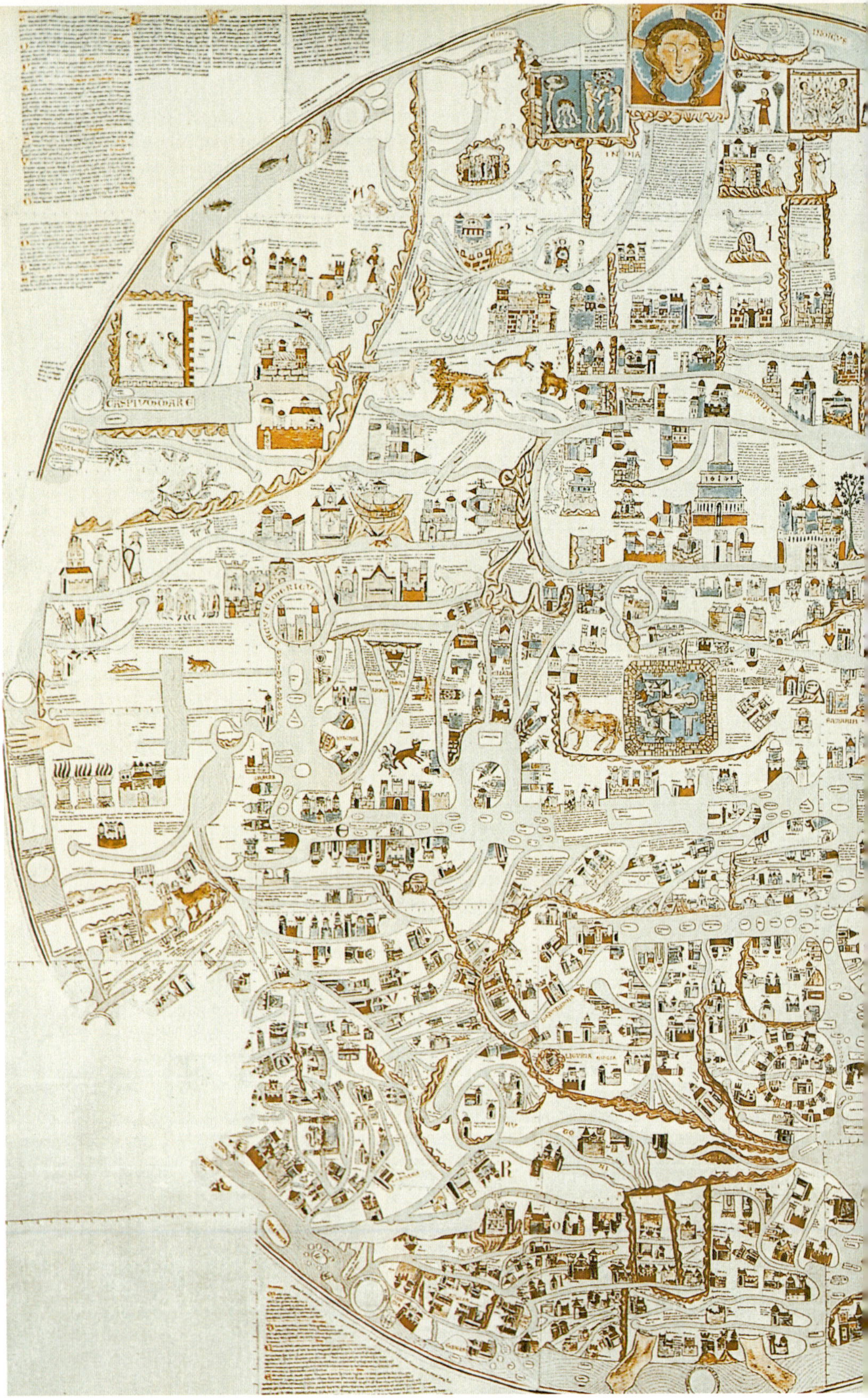

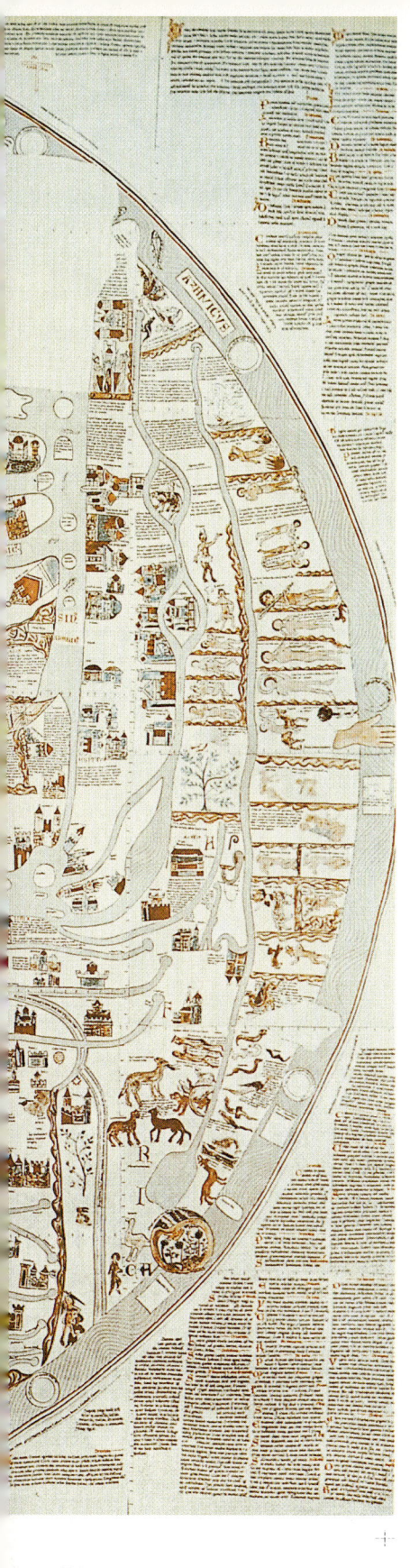

Abb. 6 Weltkarte, niedersächsisch, Mitte 13. Jahrhundert, aus Kloster Ebstorf, auf Pergament (zusammengefügt aus 30 Blättern von insgesamt 12,75 m² Größe), gezeichnet und koloriert; zuletzt Hannover, Kartensammlung des Historischen Vereins für Niedersachsen, Kriegsverlust. – Christus umfängt mit Händen und Füßen (= im Westen) den als Scheibe auf dem Wasser schwimmenden Erdkreis. In dessen Mitte Jerusalem, im Osten Asien, links darin die auf dem Berg Ararat gelandete Arche Noah. (Vgl. Abb. 5)

Abb. 7 Bau der »Archa Noe« in Form einer Karacke, Holzschnitt in: Hartmann Schedel, Buch der Chroniken, Nürnberg; Anton Koberger 1493, Blatt XI recto

Abb. 8 Noahs gelandete Arche mit acht der Sintflut entgangenen Menschen und den geretteten Tierpaaren, Gemälde von Frans Floris (1529–1570); London, im Kunsthandel der 1950er Jahre

Abb. 9 *Unterschiedliche Vorstellungen der Arche, von D.G. Heuman gestochene Tafel XL in: Johann Jacob Scheuchzers »Physica Sacra« (der achtbändigen, 1731–1735 in Ulm publizierten sogenannten Kupferbibel)*

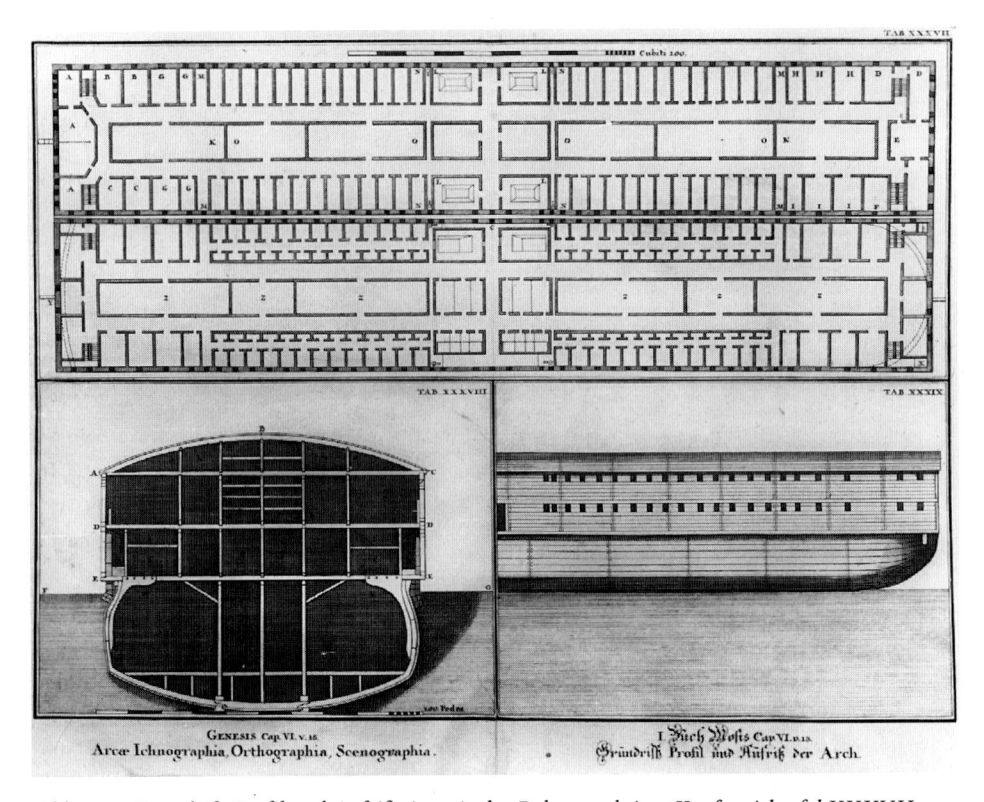

Abb. 10   *Grundriß, Profil und Aufriß einer Arche-Rekonstruktion, Kupferstichtafel XXXVII–XXXIX in J.J. Scheuchzers »Physica Sacra«, 1731*

    In: Reallexikon für Antike und Christentum. Bd. 1. Stuttgart 1950, Sp. 597: Der Kleine Pauly. Lexikon der Antike. 1979, Bd. 1, Sp. 1389, 1500; Bd. 4, Sp. 249 (= Ogygos).
9 Übersetzt von Adolf Wahrmund. Stuttgart 1869, S. 52.
10 Siehe Ovid: Metamorphosen. Übersetzt von Reinhart Suchier. München: Goldmann 1959, S. 16ff.
11 Der Koran. Aus dem Arabischen übertragen von Max Henning. Leipzig: Reclam (1901), S. 227.
12 Arvid Göttlicher (Schiffe im Rollsiegel des alten Orients. In: Schiff und Zeit 6, 1977, S. 71–78 mit 20 Abb.) vermag unter den Zweistromland-Rollsiegeln des 3. Jahrtausends v.Chr. kein Abbild der Arche nachzuweisen.
13 Vgl. A. Pigler: Barockthemen. Budapest-Berlin 1956, Bd. 1, S. 20–22 (72 Motive von Sintflut und Arche Noah), Bd. 2, S. 64 (sechs Bildbeispiele der Deukalionischen Flut); F.M. Feldhaus: Die Technik der Antike und des Mittelalters. Wildpark-Potsdam 1931, S. 99 (Arche-Bau-Wiedergabe in der Haggadah, zu Sarajewo); H. Fillitz: Das Mittelalter 1. = Propyläen Kunstgeschichte. Berlin 1990, Farbtafel I (= Noahs Arche, Pergamentmalerei 7. Jh., im Ashburnham-Pentateuch, Paris); R.W. Unger: The Art of Medieval Technology. Images of Noah the Shipbuilder. New Brunswick 1991.
14 J. Willeitner: Die Zerstörung des Paradieses. Auf der Insel Failaka vor Kuweit ... In: Frankfurter Allgemeine Zeitung vom 26.8.1991.
15 In: Der Monat 30, 1951, S. 563ff., bes. S. 582.

Anschrift des Verfassers:
Prof. Dr. Ekhart Berckenhagen
Meinsweg 33
D- 2408 Timmendorfer Strand

DIE REISE DES JOHANNES VON MARIGNOLA NACH CEYLON

Ein Beitrag zum UNESCO-Projekt
»Seidenstraßen: Straßen des Dialogs«

VON ANANDA ABEYDEERA

Zu Beginn des 13. Jahrhunderts beherrschte Venedig das östliche Mittelmeer und besaß ein echtes Kolonialreich. Seine wirtschaftliche Kraft ermöglichte ihm einen Zugang zum Nahen Osten und zum Schwarzen Meer, wo sich die wenigen, aber kostbaren Produkte aus Asien ansammelten. Die venezianischen Händler fanden dort Seide, Baumwolle und die für die feine Küche sowie für die damaligen Arzneien unentbehrlichen Gewürze (Pfeffer, Nelkenpfeffer, Ingwer, Gewürznelken, Zimt usw.), die sie ins Abendland transportierten. Doch Venedig suchte einen direkten Zugang zu all diesen Reichtümern.

Zu einer Zeit, in der die Kreuzritter vor dem Islam zurückwichen, erschienen die Mongolen als die idealen Verbündeten. Man glaubte nicht nur, daß die Mongolen bereit wären, sich bekehren zu lassen, sondern vielmehr, daß sie im Geheimen schon bekehrt wären. Nun wartete man auf eine Gelegenheit, diese Bekehrung offenbar zu machen. Aus dieser Illusion entwickelte sich der große Traum einer Allianz zwischen Mongolen und Christen, die den Islam mit einem Würgegriff umklammern und so zerstören oder ihn bekehren würde. Schließlich sollte der wahre Glaube über die ganze Erde herrschen.

Vor diesem Hintergrund des Handels und der Christianisierung begann Mitte des 12. Jahrhunderts die Ära der großen Reisen nach Asien. Zur Zeit des Konzils von Lyon (1245) verband Papst Innocenz IV. den Missionsgedanken mit der Kreuzzugsidee; die ersten Missionsreisen nach Asien – die des Johannes de Plano Carpini und des Wilhelm von Rubruck – öffneten die Wege dorthin und führten zu weiteren solchen Unternehmungen. Die Brüder Nicolo und Matteo Polo, von ihrer ersten Reise zurückgekehrt, um weitere Missionare zu erbitten, fuhren 1272 gemeinsam mit Marco nach China zurück und blieben dort zwanzig Jahre. Die ersten Missionen endeten mit Enttäuschungen. Nichtsdestoweniger blieb der Traum von der Bekehrung der Mongolen bestehen, und im 14. Jahrhundert folgten weitere Expeditionen. Im folgenden soll uns die Expedition eines Franziskaners, des Johannes von Marignola, genauer interessieren, und zwar seine Reise nach Seyllan. Der Bericht zeigt in mehr als einer Hinsicht sein besonderes Interesse an dieser Insel, in der er das ursprüngliche Bild des Paradieses sieht: ein schwer erreichbarer Ort, auf dem Gipfel eines Berges gelegen, der den Baum des Lebens und eine ganze Reihe merkwürdiger Pflanzen trägt.

Johannes von Marignola, Sproß einer toscanischen Adelsfamilie, wurde um 1290 in Marignola geboren, einem kleinen Dorf in der Nähe von Florenz. Einige Jahre nach seinem Eintritt in das Franziskanerkloster Santa Croce in Florenz wurde er Dozent an der Universität von Bologna, einer der ältesten Universitäten Europas. Als 1336 der Großkhan von Peking zwei Gesandte zu Papst Benedikt XII. schickte, um Missionare zu erbitten, brach Johannes von Marignola 1338, mit dem Titel »Legat des Papstes« versehen, mit den anderen Gesandten nach

Asien auf. Im Mai oder Juni 1342 traf er in Peking ein, und er blieb vier Jahre in China. Dann schiffte er sich nach Indien ein, blieb ein Jahr lang in Colombum (Quilon), dessen Bischofsstuhl nach dem Tod von Bruder Jordan Catalani von Séverac (1323)[1] unbesetzt geblieben war, und reiste weiter, um die Grabstätte des heiligen Thomas sowie das Reich der Königin von Saba zu besuchen. Auf dem Rückweg nach Indien wurde er das Opfer eines gewaltigen Sturmes, der ihn nach Seyllan verschlug. Dort blieb er vier Monate und kehrte dann 1353 über Palästina und Zypern nach Avignon zurück. Bald darauf holte der König von Böhmen Marignola als Kaplan an seinen Hof nach Prag. Gleichzeitig erhielt Johannes das Bistum von Bisignano in Calabrien.

Der böhmische König beauftragte ihn, die Geschichte Böhmens aufzuschreiben. Johannes verfaßte also eine Chronik und begann sie – wie es damals Brauch war – mit der Schöpfungsgeschichte. Diese Chronik wurde erstmals 1768 durch Pater Dobner in seinen »Monumenta Historica Bohemiae«[2] veröffentlicht. Etwa 50 Jahre später fand J.G. Meinert die Aufzeichnungen der Missionsreise, die Johannes von Marignola ziemlich verstreut in die Chronik eingeflochten hatte. Meinert nahm Einsicht in das ursprüngliche Manuskript, ordnete den Text Dobners neu, versah ihn mit einem Kommentar und veröffentlichte ihn im Jahre 1822 in deutscher Übersetzung.[3]

Das Hauptanliegen des Johannes von Marignola aber war eine Chronik, und er begann sie mit der Ankündigung seiner Absicht über die Einteilung in drei Bücher. Tatsächlich ist sein Werk in drei Teile getrennt, nämlich 1. Thearchos oder die Geschichte der Welt von der Schöpfung bis zum Turmbau von Babel, 2. Monarchos oder die Geschichte der Könige von Nimrod bis zu den Franken, den Germanen und dem Königreich Böhmen und 3. Ierarchos oder die Geschichte der Kirche von Melchisedech bis zu Moses Aaron, zur Begründung des Christentums, zum Papst von Rom und zu den Bischöfen von Böhmen.[4] Das ist der Inhalt des ersten Buches dieser Chronik, in dem Johannes der Versuchung nachgab, seine orientalischen Erinnerungen niederzuschreiben. Als er zur Beschreibung des Paradieses kam, schwankte er einen Augenblick zwischen dem Auftrag des Königs und dem Nutzen der Ablenkung. Aber er hielt beides für untrennbar und löste das Dilemma sehr einfach: *Aber jetzt wie es unser Thema erfordert und wie ich schätze, ist das gleichzeitig angenehm und erträglich für einige Leute, ich schlage vor, hier einen Bericht über Seyllan einzufügen, vorausgesetzt, er gefällt Ihrer Kaiserlichen Majestät, wenn es Ihnen nicht gefällt, brauchen Sie es nur zu streichen.*[5]

Auf diese Weise fügt Johannes von Marignola die Erzählung seiner Reise nach Seyllan in das erste Buch seiner Chronik ein. Er rief sich die Erinnerungen an seine Missionsfahrt ins Gedächtnis und beschrieb Seyllan, die Insel nahe dem Paradies. Im Gegensatz etwa zu Marco Polo, den auch die Realia um ihrer selbst willen interessierten und aus dessen Reisebericht demzufolge wichtige Einsichten in Schiffbau und Navigation der Chinesen im Mittelalter zu gewinnen sind, faßte Johannes von Marignola seine Erlebnisse im Sinne der mittelalterlichen Bedeutungslehre als Mosaiksteinchen der Heilsgeschichte auf, so daß für die tatsächliche Schiffahrt auf dem Indischen Ozean wenig aus seinem Bericht geschlossen werden kann. Sein Bericht ist aber insofern auch für Schiffahrtshistoriker interessant, als er viele zeittypische Züge aufweist.

Seyllan selbst ist natürlich ein geographisch faßbarer Ort, die Insel Sri Lanka im Indischen Ozean, die im Verlaufe ihrer Geschichte die verschiedensten Namen geführt hat. Im Sanskrit hieß die Insel nach ihren arischen Bewohnern *Simhala*, das heißt »Löwenwohnung«. Die Pali-Form dieses Namens war *Sihalam,* was im Chinesischen zu *Si-lan*[6] und im Arabischen zu *Saylân*[7] werden mußte. Marco Polo, der dort 1284, also ca. 65 Jahre vor Johannes von Marignola, landete, nannte sie schließlich *Seilan.*[8]

Die Szene von Johannes' Ankunft auf der Insel ist gewissermaßen ein Prolog, der die Prüfungen und Hindernisse beschreibt, die es zu überwinden galt, wollte man zu dieser Insel gelangen. Zunächst gerät er in einen gewaltigen Sturm, der mit einem infernalisch gefärbten Vokabular beschrieben wird: *Während eines Sturmes, der so heftig war, daß wir mehr als fünfzigmal bis in den Abgrund des Meeres versenkt wurden, und durch ein bloßes Wunder aus allen diesen Abentheuern mit dem Leben davon kamen, denn wir sahen das Meer brennen, feuerspeyende Drachen über uns herfliegen und viele Personen auf den anderen Junken im Vorübergehen tödten, während die unsrige durch die Kraft des Allerheiligsten, das ich bei mir trug, und durch die Verdienste der glorreichen Jungfrau und der heiligen Klara unversehrt blieb. Ich forderte alle Christen auf, Reue und Leid zu erwecken, und ergab mich, bloß auf das Heil der Seelen bedacht, in den göttlichen Willen, von dessen Gnade geführt, wir am Tage Kreuzerfindung (3ten Mai 1349) wohlbehalten in einem sichern Hafen in Seyllan, Pervily genannt, dem Paradiese gegenüber gelegen, ankamen.*[9]

Diese Fahrt, eine wegbereitende Reise, ist eine göttliche Mission. Johannes von Marignola hatte gar nicht vor, nach Seyllan zu fahren; er steuerte die Küste von Indien an, als ob ihn Gott dorthin geführt hätte. Die ihm auferlegten Prüfungen hatten den Zweck, Gott zu finden und sich selbst vor dem Betreten des heiligen Ortes zu reinigen. Die Selbstreinigung war nicht die einzige Prüfung; der Aufenthalt auf der Insel z.B. forderte die Besitzlosigkeit, das materielle Opfer. Auf Seyllan angekommen, fiel Johannes von Marignola in die Hände eines sarazenischen Piraten, der ihn seines ganzen Reichtums beraubte. Höflichkeit vorspielend, erleichterte der Eunuch und Pirat Coya Joan, Usurpator des Königreichs von Seyllan, den Franziskaner um 60000 Mark in Gold, Silber, Seide, goldenen Stoffen, wertvollen Steinen, Perlen, Kampher, Muskat, Myrrhe und Gewürzen. Gleichzeitig stahlen ihm Straßenräuber seinen schönen goldenen Gürtel von Saba. Da ihm alle Sachen nur auf Zeit weggenommen wurden, war er gezwungen, vier Monate auf Seyllan zu bleiben. Trotz dieser unangenehmen Erfahrungen auf Seyllan war Johannes von Marignola von dem, was er sah, fasziniert. Er scheint die Vorstellung gehabt zu haben, daß die Insel, wenn sie schon nicht das Paradies selbst war, diesem doch sehr nahe sein mußte.

Nun widmet er dem Paradies ein ganzes Kapitel, da es, wie er behauptet, existiere. Seine Vorstellung vom Paradies war die im Mittelalter übliche: *Es ist aber das Paradies ein von dem östlichen Ocean umschanzter Ort jenseits des kolumbinischen Indiens, dem Seyllanberge gegenüber, und um so viel höher als die ganze Erde, daß er, wie Johann Scotus beweist, bis an den Mondkreis reicht – ein Ort von allem Unfrieden gesondert, geschmückt mit jedem Reiz und ewiger Heitere, und mitten in demselben entspringt eine Quelle aus der Erde, die von Zeit zu Zeit das Paradies wässert, und alle Bäume desselben; denn es sind dort alle Bäume gepflanzt, welche die edelsten Früchte von wunderbarer Schönheit, Lieblichkeit und Wohlgeruch zur Speise des Menschen tragen. Jene Quelle entspringt oben auf einem Berge, und fällt in einen See, der bei den Philosophen Euphirattes heißt, und in ein anderes dichtes Wasser sich ergießt, hernach auf einer anderen Seite wieder hervorkommt, und sich in vier Flüsse teilt, die durch Seyllan strömen.*[10]

Jean Duns Scot (Johannes Duns Scotus), den Johannes von Marignola mit Hochachtung zitiert, wenn er von der Existenz des irdischen Paradieses spricht, war einer der größten Denker des Mittelalters, einer der Väter des Nominalismus. Er lebte von 1266 bis 1308 und absolvierte sein Studium der Theologie sowohl an der Universität Oxford als auch in Paris, wo er im Jahre 1305 den Doktortitel der Theologie verliehen bekam. Im letzten Jahr seines kurzen Lebens unterrichtete er am »Studium Generale« der Franziskaner in Köln. Duns Scot versuchte eine neue metaphysische Basis aus der natürlichen Theologie zu entwickeln, die seine Abhandlung über die Abhängigkeit der natürlichen Phänomene ablösen sollte. Der Scotismus wurde eine dominante Lehre im mittelalterlichen Denken, in dessen Umkreis Johannes von Marignola ebenso wie die jungen Franziskaner geformt wurden.

Das beweist die Anspielung auf Jean Duns Scot, mit der erklärt werden soll, wo sich das

Paradies befindet. Doch ist bei Scotus nicht von Ceylon die Rede, sondern von einer Passage aus der Abhandlung »Utrum paradisus sit locus conveniens habitationi humanæ«. In diesem Werk erwägt Jean Duns Scot die Möglichkeit, daß das Paradies bis an den Mond heranreichen könnte: *Der Herr sagt, daß das Paradies aufgrund seiner Größe den Umkreis des Mondes berührt; aber dieser Umkreis des Mondes wird von der Sphäre des Feuers berührt, es kann also nicht mit dem Aufenthaltsort des Menschen übereinstimmen. Außerdem ist das Paradies ein Ort, der höher liegt als die höchsten Berge von allen Bergen, denn die Wasser der Sintflut, die 15 Ellen über die Gipfel der Berge stiegen, konnten das Paradies nicht erreichen.*[11] Die Sintflut war Gegenstand zahlloser Interpretationen seitens der Theologen, und das Kapitel, das die Bibel der Sintflut widmet, bildet den Hintergrund der hier dargestellten Diskussionen. In der Heiligen Schrift heißt es: *Da kam die Sintflut vierzig Tage auf Erden, und die Wasser wuchsen und hoben den Kasten [= die Arche] auf und trugen ihn empor über die Erde. Also nahm das Gewässer überhand und wuchs sehr auf Erden, daß der Kasten auf dem Gewässer fuhr. Und das Gewässer nahm überhand und wuchs so sehr auf Erden, daß alle hohen Berge unter dem ganzen Himmel bedeckt wurden. Fünfzehn Ellen hoch ging das Gewässer über die Berge, die bedeckt wurden. Da ging alles Fleisch unter, das auf Erden kriecht ...*[12] Wir werden im folgenden sehen, an welcher Stelle Johannes von Marignola bestimmte Beobachtungen, die er auf Ceylon machte, an die bereits niedergeschriebenen Artikel über den christlichen Glauben anfügte.

Wie seine Zeitgenossen versuchte auch Johannes, die Flüsse des Paradieses zu lokalisieren. Auf seinen Reisen hatte er, wie er glaubte, alle vier Flüsse entdeckt; sie flossen zwar durch Seyllan, dennoch konnte er ihren Ursprung, ihre gemeinsame Quelle nicht finden. Gleichzeitig rief das Paradies natürlich die Erinnerung an den Sündenfall Adams und Evas wach: *Und sogleich hat ein Engel Adam am Arm ergriffen und ihn jenseits des Sees zum Berg Seyllan versetzt, wo ich vier Monate gewesen bin, und zufällig setzte Adam den rechten Fuß auf den Stein, der immer noch da liegt. Und sofort wurde durch ein göttliches Wunder die Form der Sohle seines Fußes in Marmor eingedrückt und hat bis heute überdauert. Es hat die Größe oder Länge zweieinhalb unserer Palmen (mehr vielleicht als die mittlere Elle von Prag), die ich nicht allein vermessen habe, sondern auch ein anderer spanischer Pilger, weil ja viele auf Wallfahrt zum Adamsberg gehen. Auf dem anderen Berg aber, ungefähr vier kleine Tagesreisen entfernt, war Eva auch durch einen Engel ausgesetzt worden. Und was die Geschichten jener Völker erzählen, widerspricht nicht der Heiligen Schrift; sie sind voneinander im Leid getrennt gewesen. Nach diesen Tagen führte der Engel Eva zu dem fast verzweifelnden Adam und hat sie getröstet.*[13]

Für Marignola war, wie für andere mittelalterliche Reisende, die Suche nach der Wiege der Menscheit ein bedeutender Aspekt seiner Reise. Doch galt es, diese Rückkehr zum Ursprung zu beglaubigen. Sie war nur möglich dank eines Eindringens in andere Ursprünge, die der Wörter: *Auf diesem sehr hohen Berg, der nach dem Paradiese vielleicht der höchste auf Erden ist, liegt, wie einige glauben, das Paradies, doch zu Unrecht, weil der Name dagegen spricht; denn er wird von den Einwohnern Zindanbaba genannt: Baba, das heißt Vater, und mama, das heißt in jeder Sprache der Welt Mutter, und Zindan ist dasselbe wie die Hölle: also ist Zindanbaba dasselbe wie die Hölle des Vaters, weil der Vater vom Paradies vertrieben, dort gleichsam in die Hölle versetzt wurde.*[14]

Worte haben also Ähnlichkeit mit den Dingen, auch hier, wo das Wort dazu dient, einen bestimmten Ort auszumachen. Das Wort selbst ist es, das ein Wiederaufleben des Ursprungs möglich macht. Trotzdem bleibt Johannes von Marignola zurückhaltend und vorsichtig. Es sei nicht wirklich die Hölle, sondern nur die Vorstellung von ihr, die Adam im Vergleich zum Paradies gehabt habe. Der Berg, den die Araber Gebel Sarandib/Serendib/Serändib oder Gebel al-Rahun nannten, spielt in der arabischen Mythologie eine wichtige Rolle. Zahlreiche

PIC D'ADAM

Abb. 1 *Der Adamsberg von See aus. (Aus: Corneille Le Brun: Voyages de Corneille le Brun par la Moscovie, en Perse et aux Indes Orientales. Amsterdam 1718)*

arabische Schriftsteller, unter ihnen Qazwînî[15], Mouffazal[16] und Ibn Khaldûn[17], haben Beschreibungen dieses Berges hinterlassen.

Die Darstellung Johannes' ist jener von Tabari vergleichbar, des großen islamischen Chronisten aus dem 9. Jahrhundert, und tatsächlich ist das Wort *Zindan*, welches Marignola verwendet, ein persisches Wort, das »Verließ« bedeutet. Dies könnte in Zusammenhang mit Tabaris Ausdruck »Gefängnis« stehen, den er in seiner »Chronik« verwendet: *Nun blieb Adam allein, und, wenn er aufrecht auf der Höhe des Berges von Serândib stand, ließ ihn seine Körperhöhe mit dem Kopf bis zum ersten Himmel reichen. Die Hitze der Sonne, die auf Adam schien, ließ alle seine Haare vom Kopf fallen. Am Anfang unterhielt sich Adam mit den Engeln des Himmels. Darauf schickte Gott Gabriel, der seine Schwingen über Adams Kopf hielt, und seine Körpergröße wurde um sechzig Ellen reduziert. Danach stand er auf, es war ihm nicht möglich, die Stimme der Engel zu hören, was bei ihm heftige Traurigkeit hervorrief. Er versenkte sich wieder ins Gebet und richtete seine Gebete an Gott. Im gleichen Moment kam Gabriel und sagte zu Adam: »Gott läßt dich grüßen und sagt dir: Ich habe aus der Welt ein Gefängnis für dich gemacht und habe deine Körpergröße verringert, damit du in einem Gefängnis bist.*[18]

Der Name »Serândib« kommt aus dem singhalesischen *Simhaladipa*, d.h. Löwenwohnungs-Insel und ist eigentlich der allgemeine arabische Name für Ceylon, wie al-Biruni (ca. 1100) sagt: *Singaldîb, welches wir Insel Sarandîb nennen.*[19] Der berühmte Reisende Ibn Battuta verwendet diesen Namen in seinem Reisebericht: *Der Berg Serendib ist einer der höchsten Berge der Welt. Wir erblickten ihn bereits vom Meer aus, obwohl zwischen ihm und uns noch eine Entfernung von neun Tagen lag. Als wir ihn bestiegen, sahen wir die Wolken unter uns, so daß wir bisweilen nicht in die Tiefe schauen konnten.*[20]

Auch wenn dieser Ort nicht das Paradies selbst ist, so ist er doch eine heilige Stätte, die Marignola tief bewegte. Tränen traten ihm in die Augen, als er diesen Berg der Zuflucht des ersten Menschen und auch das Sinnbild der Sünden der Menschheit erblickte. Marignola hatte seine sterbliche Hülle einer unwissenden Kreatur zurückgelassen, um in eine Welt einzutreten, in der die enträtselten Geheimnisse im geistlichen Licht glänzen: *Auch ist auf diesem hohen Berg der herausragende Gipfel wegen des Nebels selten zu sehen. Gott aber, unserer Thränen sich erbarmend, erhellte ihn eines Tages mit der Morgenröthe, und wir sahen ihn von hellen Flammen erleuchtet.*[21]

Wahrscheinlich hat sich Johannes von Marignola nicht bemüht, den Gipfel des Berges zu ersteigen. Stattdessen zog er es vor, die Aussicht auf den Gipfel festzuhalten, den er von weit unten erblickte. In seinem Versuch, die Tage der Genesis zu erforschen, entdeckte er weit unter dem Gipfel Elemente und Spuren, sichtbare Zeichen, die Zeugnis vom Aufenthalt Adams auf der Insel ablegen: *Auf dem Abhang* [dieses Berges] *ist eine sehr schöne Ebene und darauf der Ordnung nach: erstens die Fußspur Adams, zweitens eine sitzende Statue, die linke Hand auf den Knie ruhend, die Rechte erhoben und gegen Westen ausgestreckt. Ebenso sein Haus, das er mit seinen Händen gleichsam wie ein längliches viereckiges Grabmal, die Türe in der Mitte, von sehr großen Steinen, marmornen Tafeln, nicht gemauert, sondern aufgeschichtet hat.*[22]

Er hat vielleicht den Abdruck einer Fußspur gesehen, die man auf dem höchsten Gipfel des Berges findet. An den Fußwegen, die zum Gipfel führen, konnte man Obdach und Ruheplätze finden, die für reisemüde Pilger gedacht waren. Tempel an abgelegenen Orten luden die pilgernden Reisenden ein, sich von ihren Anstrengungen zu erholen, zu beten, zu meditieren, sich zur Entspannung zurückzuziehen. An einem solchen Ort in Palabaddala wurde bis 1654 ein reich verzierter Abdruck der heiligen Fußspur aufbewahrt, den damals eine Gruppe Niederländer besucht hat. Von dem, was sie beobachtet haben, hat Baldæus, ein niederländischer Missionar, der sich zu dieser Zeit auf der Insel aufhielt, folgendes aufgezeichnet: *Unsere Niederländer haben im Martio 1654 (mit Vergünstigung der Majestät) diesen Fus besichtiget. Die Priester zeigten ihnen eine guldene Blate von der Länge und Breite wie Adams Fus worauf unterschiedliche Figuren stunden welche sie sagten dass zuvor in dem Fus gestanden wären; nachdem sie aber von den Priestern in das Gold gegraben worden, solten die andern verschwunden seyn. Dieser Figuren waren in allem 68 welche ihnen erklärt und verdolmetschet wurden aus der Siamschen Priester Sprache.*[23]

Wahrscheinlich hat Marignola an diesem Orte die Fußspur und die Statue des Buddha gesehen, nach Meinung des frommen Missionars unbestreitbare Zeugnisse für die Tatsache, daß die Insel wirklich Adams Garten war. Was er selbst gesehen und von anderen gehört hatte, brachte ihn zur Überzeugung, daß dieser Ort der Garten Eden sei: *Auf dem selben Berg ist gegen das Paradies eine sehr große Quelle von gut zehn italienischen Meilen Umfang mit durchsichtigem Wasser, von der man sagt, daß sie von der Quelle des Paradieses herkomme und dort entspringe; was sie damit beweisen, daß aus der Tiefe unbekannte Blätter in großer Menge hervorkommen und Aloeholz und wertvolle Steine wie Karbunkel und Saphire und bestimmte heilbringende Früchte. Man sagt, daß jene Steinchen aus den Tränen Adams entstanden, was gänzlich falsch zu sein scheint.*[24]

Marignola, der fromme Franziskaner, nahm das nicht ernst und glaubte nicht an den zugeschriebenen Ursprung der Edelsteine. Überdies fand er diese schematische Beschreibung des Paradieses ein wenig langweilig und geschmacklos. Er wollte als einziger die Wahrheit über die Pflanzenwelt der Insel herausfinden. Daher vervollständigte er die Beschreibung durch das Bild eines köstlichen Gartens: *Adams Garten voll seltener Bäume und Früchte, die ich sonst nirgends gefunden, obwohl ich in Indien Bäume gesehen, die alle Monate bewunderungswürdige Früchte tragen. Die Musen, von den Einwohnern Feigen genannt. Die Muse*

LE PIC D'ADAM.
1. Empreinte du Pied d'Adam, sur le sommet de la Montagne.

ADAMS BERG.
1. Vertooning van Adams Voet, boven op den Berg.

Abb. 2 Der Adamsberg mit dem Fußabdruck Adams auf dem linken Gipfel. (Aus: François Valentijn: Oud en nieuw Oost-Indien. Amsterdam 1724. Paris, Bibliothèque nationale)

aber scheint mehr ein Gartengewächs zu seyn, als ein Baum; denn sie hat einen Stamm von der Dicke einer Eiche und so zart, daß ein starker Mann ihn mit dem Finger durchbohren könnte, und tropft beständig einen wässerigen Saft aus. Ihre schönen smaragdgrünen Blätter sind, mehr oder weniger, wohl zehn Ellen lang, und so breit, daß sie zu Tischtüchern, wiewohl nur bei einer Mahlzeit, dienen; auch werden neugeborene Kinder, nachdem man sie abgewaschen, und mit Salz, Aloe und Rosen eingebalsamt, darein ohne Binden gewickelt, und so in den Sand gelegt.[25]

Ein deutscher Reisender, Wolfgang Heydt, bestätigt: *Als ich mich gegen den Ausgang des 1736ten, und zu Anfang des 1737ten Jahrs mit unter der Suite des holländischen Ambassadeur Daniel Aggreens an dem Königlichen hof zu Candea auf der Insel Ceylon befunden, sind wir an statt der teller, als worauf wir speisen sollten, mit 5-6 oder auch mehr Stücken von dergleichen Blättern, die man uns auf die Beine legte, serviert oder verdienet worden. Wir speisten nur auf dem blossen Grund, worauf ein Mattgen gebreitet war, auf dieses legten die Singhalesen die Speisen, womit sie uns trachtirten, welche sie in Kurben herum getragen, und nach dem Rang ausgetheilt hatten.*[26]

Johannes von Marignola beschrieb Adams Garten weiter in minutiösen Details mit all seinen großartigen Bäumen: *Der Baum trägt nur auf dem Gipfel Früchte von der Länge eines großen Fingers, deren auf einem Stengel wohl drei hundert wachsen, die anfangs ungeniesbar, durch liegen zeitigen, und daher in den Häusern aufbewahrt werden, wo sie den trefflichsten Geruch und Geschmack bekommen. Ich habe mit eigenen Augen gesehen, daß man in den Baum keinen Querschnitt wo immer machen konnte, ohne daß an beiden Enden desselben die Gestalt eines gekreuzigten Menschen zu sehen war, als ob sie mit der Nadel ausgearbeitet wäre – und von diesem Baume waren die Feigenblätter, woraus Adam und Eva sich Schürzen zur Bedeckung ihrer Blöße gemacht!*[27] Ibn Battuta, Marignolas Zeitgenosse, hatte während seiner Pilgerfahrt etwas ähnlich Merkwürdiges in Ceylons Flora bemerkt. Der islamische Reisende hat den in gesprenkelten Kelchen der wilden Rhododendren von der Wildnis des Gipfels vom Adamsberg den Namen Gottes in Buchstaben geschrieben gelesen: *Auf ihm [Berg Serendib] gibt es eine Menge Bäume, die ihre Blätter nicht verlieren, vielfarbige Blumen und eine rote Rosenart von der Größe einer Hand. Man behauptet, daß auf dieser Rose sich eine Schrift zeigt, aus der der Name des allerhöchsten Gottes und der seiner Propheten herausgelesen werden kann.*[28]

Marignola setzt die Beschreibung der Bäume und Früchte in Adams Garten fort, die er in seinem Leben zuvor noch nie gesehen hatte. Der Nargilbaum, dessen Blätter ihn an die Dattelpalme erinnerten, ist in Wirklichkeit eine Kokospalme, die man in Hülle und Fülle auf der Insel findet: *Der Nargillus oder die Indische Nuß wächst auf einem Baume mit äußerst wohlschmeckender Rinde und hat sehr schöne Blätter, wie eine Palme, woraus Körbe und Maaße gemacht werden, und womit man die Häuser, nämlich die Dachbalken und Latten bedeckt. Aus dem Baste macht man Seile und aus der Schale Becher und andere Geschirre, auch Löffel gegen das Gift. In der Schale ist auf zwei Zoll ein Fleisch, das wie Mandeln schmeckt und gebrannt wird, um ein treffliches Mehl und Zucker daraus zu gewinnen; inwendig aber sprudelt ein milchiger Saft hervor, woraus der trefflichste Wein wird. Zwischen den Blättern der Nargillen wachsen lockere und trockene Fäden, wie eine Art groben Gewebes oder Netzes, und daraus machte Gott dem ersten Elternpaare – nicht Fell- sondern Faserkleider, so wie noch heut zu Tage für die Juden und Bauern, die Kamallen heißen und Last- oder Sänftenträger sind, Regenkleider daraus gemacht werden, die von diesen Kamallen, nicht von Kameelen den Namen haben; denn die Wolle des Kameels ist nur um etwas weniger fein als Seide, und in Seyllan gibt es keine Kameele, sondern nur unzählige Elephanten, die zwar sehr wild sind, aber doch selten einem Fremden etwas zu Leide tun. Ein dergleiches Kleid, wie auch Johannes der Täufer hatte, habe ich bis Florenz gebracht, und dort in der Sachristei der Minderen niedergelegt.*[29]

Der Amburan-Baum (singhalesisch *Amba*) erinnerte ihn sogleich an den Pfirsichbaum, den er von zu Hause kannte. Tatsächlich handelt es sich um einen Mango-Baum, der in zahlreichen Arten über die Inseln verstreut wächst. Der Brotfruchtbaum, den er *Ciakebaruhe* nennt, war für ihn besonders faszinierend und wurde deswegen in auffälliger Art und Weise beschrieben: *Der ungeheure Ciakebaruhe, ein wunderbarer Baum, von der Dicke einer Eiche, der auf Aesten Früchte von der Größe eines starken Lammes oder eines dreijährigen Kindes trägt. Ihre Schale ist hart wie unsere Fichtenrinde, wird mit der Weile geöffnet und hat inwendig ein Fleisch, das jede Art von Wohlgeschmack vereint, und so süß als Honig oder die beste italienische Melone ist, und enthält an fünfhundert Kastanien, die eben so schmecken, und gebraten, gar wohlschmeckend sind.*[30]

Der Vergleich der Brotfrucht mit einem großen Lamm oder mit einem dreijährigen Kind bringt den Leser heute zum Schmunzeln. Aber solche Vergleiche gab es in den Erzählungen der Reisenden sehr häufig, und manchmal neigten sie zu abenteuerlichen Übertreibungen. Von diesem Lamm in Pflanzenform, halb Tier, halb Pflanze, das im Caspien Gebirge wächst, gab auch Odorico von Pordenone, ein anderer mittelalterlicher Reisender, eine merkwürdige Beschreibung: *Croist pompons, [melons, courges] merveilleusement grans. Quant ilz sont meurs, on les euvre et y treuve on une bestelette de char vive, qui est telle comme un petit aignelet, et mengue on ces pompons et ces bestelettes.*[31]

Als Marignola bemerkte, daß einige Früchte wie Äpfel und Birnen, die in Europa heimisch sind, nicht auf der Insel vorkommen, war er darüber weniger erstaunt als über das Fehlen von Weintrauben, das er für gänzlich unwahrscheinlich hielt. Daher fragte er sich, wie man nur auf Wein verzichten könne, den unverzichtbaren, besten Teil der Gottesdienstfeierlichkeiten: *Andere Früchte erinnere ich mich nicht hier gesehen zu haben, weder Birnen noch Äpfel, noch Feigen oder Weinstöcke, außer, die bloß Blätter, die keine Trauben ansetzen. Doch ist an der Kirche des Heiligen Thomas* [zu Mirapolis] *ein sehr schöner, wiewohl kleiner Weinberg, der wenig Wein liefert und den ich gesehen. Man sagt nämlich, der Apostel habe auf seinen Wanderungen immer ein wenig Wein bei sich getragen, so wie auch ich (zum Gebrauch bei der Messe) durch zwei Jahre that, und als er ihm einst ausging, sei er von Engeln in das Paradies geführt worden, und habe sich von da Trauben mitgenommen, aus deren gesäten Kernen jener Weinberg hervorgewachsen. Melonen, Kürbisse, überhaupt eßbare Kräuter oder Küchengewächse habe ich nicht gesehen, außer ganze Wälder Basilikum.*[32] In dieser Tropenwelt bildet das Pflanzenreich das Hauptelement in Adams Garten.

Al-Mas'ûdî, der »Herodot der Araber«, hat in seiner Kulturgeschichte der Länder und Völker des 10. Jahrhunderts ebenfalls eine Liste von Pflanzen. Auf der Liste derjenigen Pflanzen, die Adam nach Seyllan mitgebracht haben soll, kommen auch Kokospalme *(cocos nucifera)* und Banane *(musa paradisiaca)* vor: *Als Adam aus dem Paradies hinausgeworfen wurde, nahm er einen Beutel Getreide mit sowie dreißig Zweige von Bäumen des Paradieses mit einer harten Schale: die Walnuß, die Mandel, die Lambertnuß – d.h. die Haselnuß, die Pistaziennuß, den Mohn, die Kastanie, den Granatapfel, die Kokosnuß, die Banane und die Eichel, zehn andere hatten einen Kern.*[33] Die Adamslegende war für die Mentalität der Menschen des Mittelalters im Westen sehr wichtig. Sie war auch in der arabischen Welt sehr verbreitet. Auf der Karte von Serendib des berühmten Geographen al-Idrisi wird der heilige Berg in beträchtlicher Größe dargestellt.[34] Auf der türkischen Weltkarte von al-Kachgari aus dem Jahr 1076 wird der äußerste Süden als Sarandib bezeichnet, worauf die beigefügte Randbemerkung Bezug nimmt: *Mahabat Adam 'aleihi asalam,* d.h. *Hier kam Adam hiernieder, über ihm sei der Friede.*[35]

Johannes von Marignola ist durchaus nicht der einzige mittelalterliche Schriftsteller, der die Verbindung dieses Berges mit ursprünglicher Vegetation und Mineralien erwähnt. Al-Mas'ûdî schreibt dazu: *Dann ließ Gott Adam nach Serendib [Eva nach Dschidda, Iblîs nach Baisâh und die Schlange nach Isfahan]. Adam kam herab nach Indien, zur Insel Serendib auf den Berg ar-Rahûn. Er trug ein Kleid aus paradiesischen Blättern, die er zusammengenäht hatte und die nun, als sie vertrockneten, von den Winden über Indien zerstreut wurden. Man sagt – Gott allein weiß, ob es wahr ist! – daß die Ursache für das Vorhandensein der verschiedenen Parfums in Indien in diesen Blättern liegt. Deshalb finden sich gerade in Indien Aloe, Nelken, Spezereien, Moschus und anderes mehr. Auf besagtem Berg leuchten Rubine und Diamanten.*[36] Ar-Rahûn ist die arabische Benennung für den singhalesischen Provinznamen Ruhuna, wo sich der Adams Peak, der Berg Adams, befindet.

Die Beschreibung der üppigen Vegetation diente Marignola als Ausschmückung, um einen Eindruck vom Leben Adams und Evas vermitteln zu können, welches der Reisende in der Person der buddhistischen Mönche widergespiegelt findet. Er fühlte sich diesen Mönchen, die ein tugendhaftes Leben führen und einen großen Sinn für Reinheit und Klarheit haben, sehr verbunden: *In ihrer Kleidung begnügen sie sich mit einer Tunika, wie die Franziskaner tragen, ohne Kapuze und Kragen, die sie, nach Art der Apostel, über die Schultern werfen; doch, obwohl sie übrigens oberhalb und unterhalb der Lenden nackt gehen, die Reinheit ihrer Sitten unterliegt keinem Zweifel. Sie tragen einen Stecken in der Hand, liegen im Sande und bewohnen Hütten von Palmblättern, worin sie nie etwas über Nacht aufbewahren, und die man nicht nur mit den Fingern zerstören könnte, sondern die auch in Wäldern zerstreut, voll Reichtümer sind; gleichwohl leben sie darin in der größten Sicherheit vor Dieben, es müßten denn fremde Bettler und Landstreicher sein. Ihre Reinlichkeit ist so groß, daß keiner ein Haus bewohnte, worin Jemand ausgespien, und sie entfernen sich sehr weit, um auszuspeien, was zwar selten geschieht, oder anderer Bedürfnisse halber.*[37]

Gleich den Franziskanern, die den verderblichen Einflüssen der Welt entsagen, praktizieren diese Möche Demut und absolute Armut, die für den Bettelstand Voraussetzung ist: *Sie essen nie Fleisch, weil auch Adam vor der Sündflut keines gegessen, sondern nur einmal des Tages, nie zweimal genießen sie etwas Reis, in Wasser gekocht, mit Nargillenmilch und Musen, und dieses Mahl erbetteln sie sich von den Großen des Landes, die es ihnen mit größter Ehrfurcht entgegenbringen, wenn sie, wie alle Morgen geschieht, feierlich gezogen kommen; ihr Trank ist nichts als Milch und Wasser [...] Alles das habe ich mit meinen Augen gesehen, und sie empfingen mich festlich, als ob ich aus ihrem Orden wäre.*[38] Diese buddhistischen Mönche lebten nicht in totaler Isolation und kapselten sich nicht von der Welt ab. Sie übten einen großen Einfluß auf die allgemeine Erziehung sowohl im geistigen Bereich als auch im weltlichen Teil des Lebens aus: *Sonst geben sich die Mönche mit dem Unterricht der Kinder ab, und lehren sie, Buchstaben zuerst mit dem Finger in den Sand und später mit eisernen Griffel auf Blätter eines gewissen Baumes, der Papyrus heißt, zeichnen.*[39]

Als Ergänzung zu diesen Beobachtungen des Reisenden Marignola auf dem Gebiet der Erziehung machte der Engländer Robert Knox, der im 17. Jahrhundert zwar als Gefangener, aber mit gewissen Privilegien ausgestattet, im Hügelland der Insel lebte, folgende Bemerkungen, die die obengenannten Beschreibungen weiter präzisieren: *Sie lernen auff Sande schreiben in dem sie selbigen an der Erden ausbreiten darnach mit der Hand eben machen und also mit den Fingern Buchstaben darein mahlen damit sie die Hand nach und nach ins Geschickte bringen. Sie schreiben nicht auff Papier denn von selbigem haben sie wenig oder nichts; sondern auff ein Talipot-Blatt mit einem eisernen Griffel womit die Schrifft darein gegraben wird. Wenn dieses Blat also beschrieben ist wird es nicht gefaltet oder zusammen gelegt sondern aufgerollet wie Seide-Band und kommet einiger massen dem Pergament gleich.*[40]

In seinem Bestreben, die verschiedenen Zivilisationen an die Bibelverse anzugliedern, führte der Westen die ganze Erdbevölkerung nach der Sintflut auf die Nachkommen Noahs zurück. Der biblische Text teilte die verschiedenen Gebiete der Erdkugel den drei Söhnen Noahs zu und begründete somit die historische Einheit der Welt. Marignola war überzeugt, in

Kontakt mit einer Bevölkerung zu sein, die die Offenbarung Gottes bereits kannte – zumal sie sich »Söhne Adams« nannte. Die Eingeborenen hätten (schon früher) begonnen, den (christlichen) Glauben zu praktizieren, doch die (christliche) Religion sei laufend verändert worden und schließlich in den abergläubischen Kulten untergegangen. Die ursprüngliche Botschaft sei in Vergessenheit geraten, der Sinn (des Glaubens) im Laufe der Jahrhunderte verlorengegangen. Sie wüßten keinen Gott mehr anzubeten: *Obgleich Ungläubige, führen sie doch einen wahrhaft heiligen Lebenswandel nach einer Religion, für deren Stifter sie den Erzvater Enoch, den Erfinder des Gebetes halten, und zu der sich auch die Brachmanen bekennen.*[41]

Marignola beschrieb nun die Verehrung des Baumes, an dessen Fuß Buddha die Wahrheitsoffenbarung erlebte. Der Sproß des Baumes *(ficus religiosa)*, der im dritten Jahrhundert vor Christus von Indien hierher kam, wurde in der ersten Hauptstadt, Anuradhapura, aufbewahrt. Die vielen jungen Pflanzen, die dorthin transportiert worden waren, wurden an verschiedenen Stellen Ceylons in den Gehöften der Tempel eingepflanzt: *In Ihrem Kloster stehen zwei, dem Blatte nach, von allen übrigen verschiedene, mit goldenen Kronen und Edelsteinen umgebene Bäume, vor denen Lichter brennen, und diese Bäume beten sie an – eine Abgötterei die sie durch Überlieferung von Adam überkommen zu haben wähnen, der, wie sie sagen, von dem Holze das künftige Heil erwartete.*[42]

Henri Yule übersetzt *In claustro sunt due arbores*[43] mit *In their cloister they have certain trees.*[44] Diese Interpretation übersieht ein wichtiges Indiz, nämlich daß Johannes von Marignola mit diesen *zwei Bäumen* den Baum der Erkenntnis und den Baum des Lebens zu meinen scheint, die das Leben Adams im Paradies sowie die Geschichte seines Falls kennzeichnen. Im Gegensatz dazu gibt es auf dem Grün eines buddhistischen Tempels in Ceylon tatsächlich nur *einen* Baum als Objekt der Verehrung, den *ficus religiosa*, der ein Symbol für die Erleuchtung Buddhas ist. Die Interpretation von Johannes von Marignola beruht auf dem letzten Vers des Psalms XCXVI der *versio antiqua*, auch *vetus italica*[45] genannt, die zu *regnabit* hinzufügt *a ligno*. *Regnabit* wird von einem franziskanischen Wandermönch mit *curabit* erklärt. Mit dieser Anspielung auf das Wohl der Menschheit durch das Holz des Kreuzes zeigte sich doch, daß dieser Kult die Spuren einer ersten Evangelisierung Ceylons trage.

Im Zentralmassiv der Insel, wo sich der Adamsberg befindet, gibt es einen dichten, buschigen, unberührten Wald, der alle Arten von Bäumen und Pflanzen, die man in den tropischen Ländern finden kann, aber auch, bis auf die Lärche, die Nadelhölzer der ganzen Welt enthält. Dieser Wald, der zu jeder Jahreszeit grün bleibt, bot den Augen des Johannes von Marignola ein zauberhaftes Schauspiel. Während er den Wald betrachtete, kam ihm ein Vers König Davids in Erinnerung. Er spielt darauf an, als er den Vers *Dicite in gentibus, quia Dominus regnabit in ligno* zitiert. In den Psalmen gibt es einen Satz, der zu jenen Beschwörungen des Waldes und der Landschaft hinführt, die sich an jedem Ort des Waldes, den der Wanderer im Geiste durchquert, mit Poesie füllen: *Verkündet es in den Völkern, daß es im* [oder: *durch den*] *Wald ist, daß der Herr der König ist.*

Daß der Himmel sich freue. Und daß die Erde frohlocke.
Daß das Meer sich entfessele. Bis in seine Tiefen.
Daß die Felder erzittern. Und alles, was sich darin befindet.
Daß die Bäume aus Holz Freudenschreie ausstoßen mögen.[46]

Der buddhistische Mönch Vedeha, der in einem Kloster in der Umgebung der Bergspitze Adams lebte, noch kurz bevor Johannes von Marignola dorthin kam, verfaßte eine Lobrede, die er diesem Berg widmete. Wir zitieren hier zwei Verse, die von der Freude, die ihm und später Johannes von Marignola die Herrlichkeit der Natur eingab, Zeugnis ablegen:

Der Berg überstrahlt die Kronen der Wälder,
Von verschiedensten dunklen Tönen, erfüllt von Leben;
Er eröffnet den Blick zu Linien von dunkelroten und gelblichen Knospen,
Er leuchtet wie ein hoher First.

Der Wald ist wie ein Plateau, wo die Vögel tanzen,
Wie ein Konzertsaal für die Sänger,
Wie ein Festsaal für die Tiere,
Der Wald selbst ist ein ständiges Fest, das die Freude in sich trägt.[47]

Johannes von Marignola stützte sich in der ganzen Länge seines Textes auf die Heilige Schrift, von der man nicht abweichen durfte. Dennoch hat er sich dem Beweis der Herkunft des Volkes auf Ceylon zugewandt und den Zweifel erfahren, selbst in Widerspruch zu den biblischen Texten zu geraten: *Unter ihre Überzeugungen gehört, daß die Sündflut nicht bis zu ihnen gereicht, und sie führen, nebst andern Beweisen, nicht nur Adams Haus, sondern auch ein gewisses, im Morgenlande häufiges, unstät lebendes Gesindel an, das ich gesehen.*[48] Der Autor kommt darauf in einem anderen Kapitel zurück: *Diese nennen sich Söhne Kains, und haben so verworfene, scheußliche und schreckhafte Gesichter, daß sich alles vor ihnen fürchtet, und niemand sie leiden mag; sie können sich nie über zwei Tage an einem Orte aufhalten; denn, wollten sie es, so fangen sie an zu stinken. Zwar lassen sie sich selten sehen, doch treiben sie Handel und führen Weiber und Kinder, ähnliche Frazengesichter, auf Eseln herum.*[49]

Solche Leute konnten seiner Meinung nach nicht in der Arche gewesen sein. Daß sie allerdings Söhne Kains waren, schien für Marignola möglich zu sein; er führte an, daß Kota an der Westküste Ceylons von Kain gegründet worden sei, bevor er nach Damas floh. Er sah keinen Widerspruch zur Heiligen Schrift: *Die am Fuße des Berges lebenden Mönche, die sich Söhne Adams nennen, von dem sie aber weder durch Kain noch durch Seth, sondern durch andere Söhne abstammen wollen, obwohl Kain nach ihrer Meinung zu Seyllan geboren worden, und die Stadt Kota, wo ich war, auf der Stelle der ersten, von Kain erbauten steht.*[50]

Wenn Johannes von Marignola den Einwohnern Ceylons auch eine Möglichkeit, das Seelenheil zu erreichen, zugestand, so schien es ihm schwer zu glauben, daß die Ureinwohner von Ceylon, die Veddhas[51], die sich ihm wie Dämonen präsentierten, eine Chance auf Erlösung haben sollten. Er war bereit zu glauben, daß sie von Kain abstammten und das Böse verkörperten. Das Christentum jedoch konnte nur bei den Besten der Eingeborenen aufscheinen, bei den Nachkommen Seths.

In diesen von der Vorsehung bestimmten Umständen führten die Nachforschungen, die Marignola anstellte, um die Grundlagen des wahren Glaubens zu finden, dank eines peinlich genauen Studiums der Heiligen Schrift zu folgendem Ergebnis: Aus eigener Anschauung kam er zu dem Schluß, daß die Insel seit der Zeit der Genesis Teil eines Heiligen Landes sei. Seine häufigen Anspielungen auf das Paradies und seine fast zwanghaft wiederholte Behauptung, der Garten Adams befinde sich auf der Insel, zeigen, wie intensiv diese Idee den Menschen des Mittelalters, den Marignola verkörpert, beschäftigen konnte. Bis dahin waren die Darstellungen des irdischen Paradieses nie mehr als der Entwurf eines »Inhaltsverzeichnisses« gewesen.

Das Bild der Spuren einer vergangenen Zeit, das uns Marignola schildert, ist eine exemplarische Illustration, reich an Details über das Paradies, die aus einem großen ethno-geographischen Interesse heraus entstanden. Damit steht Marignola im Gegensatz zu der im Mittelalter üblichen generischen Anschauungsweise. Diese Illustration bestärkt das mythische Bild der kartographischen Darstellung von Taprobane (antike Bezeichnung von Ceylon), das sich auf zahlreichen mittelalterlichen Weltkarten, wie auf denen von Ebstorf und Hereford, in der Nähe des Paradieses befindet. Der Berg Adams, wo sein Fuß eine Spur hinterlassen hat, versinnbildlich in einer Bergkette, die es erlaubt, den Gipfel zu erreichen, ist übrigens eingezeichnet auf der Weltkarte von 1459 des Camaldulenser-Mönches Fra Mauro von der Insel Murano bei Venedig.[52] Sie konkretisiert zugleich die ideologische Darstellung der Welt, an der die Insel einen integrativen Anteil hat, und versetzt Ceylon für die Menschen des Mittelalters in einen traumhaften Horizont.

Anmerkungen:
1. Cf.: Jourdain Catalini de Severac: Mirabilia descripta. Übersetzt von H. Cordier. Paris 1925; Mirabilia descripta: The Wonders of the East by Friar Jordanus. Aus dem Latein übersetzt von Henry Yule. London 1863, 67 S.
2. Chronicon Joannis Marignolae Florentini, Episcopi Bisinianensis. In: Monumenta Historica Bohemiæ nusquam antehac edita ... P. Gelasius Dobner. Prag 1768, Band II, S. 68–282.
3. Johannes von Marignola minderen Bruders und päpstlichen Legaten Reise in das Morgenland vom Jahre 1339–1353. Aus dem Latein übersetzt von J.C. Meinert. (= Abhandlungen der königlichen böhmischen Gesellschaft der Wissenschaften). Prag 1820, 107 S.
4. Relatio Fr. Iohannis de Marignolli. Hrsgg. von P. Anastasius van den Wyngaert O.F.M. In: Sinica Franciscana, Band I: Itinera et relationes fratrum minorum sæculi XII et XIV. Ad Claras Aquas, Florenz 1929, S. 524f.
5. Marignolli's Recollections of Eastern Travels. In: Henry Yule: Cathay and the Way Thither: being a Collection of Medieval Notices of China. London (Hakluyt Society) 1914, Band III, S. 220.
6. Cf. Chau Ju-Kua: His Work on the Chinese and Arab Trade in the twelfth and thirteenth Centuries, entitled Chu-Fan-chï. Übersetzt von Friedrich Hirth und W.W. Rockhill. New York 1966, S. 72.
7. Cf. Ibn Battuta: Voyages (mit arabischem Text). Übersetzt von C. Defrémery und B.R. Sanguinetti. Paris 1922, Band IV, S. 177.
8. Marco Polo: Recueil de voyage et de mémoires. Hrsgg. von Roux de la Rochelle. Band I. Paris 1824, S. 197; *Selan* und *Sylan* in: Der Mitteldeutsche Marco Polo nach der Admonter Handschrift. (= Deutsche Texte des Mittelalters. Hrsgg. von Horst von Tscharner) (= Abhandl. d. Preußischen Akademie der Wissenschaften, Band XL). Berlin, 1935, S. 58f.
9. J.C. Meinert (wie Anm. 3), S. 75–76. Der Name Pervilly stammt aus dem singhalesischen Beruvala. Das ist einer der kleinen Häfen Ceylons, ca. 40 Kilometer südlich von Colombo. Adams Peak liegt etwa 60 km östlich von Beruvala.
10. Ebd., S. 77f. Die Regenfülle erzeugt eine außerordentliche Zahl von Flüssen in Sri Lanka. Die vier größten entspringen am Adams Peak und heißen Mahaweliganga, Kelaniganga, Kaluganga und Walaweganga. Der von Marignola erwähnte Berg ist der 2241 Meter hohe Adams Peak.
11. Joannis Duns Scoti Opera Omnia. Paris 1893, Band XIII, Liv. II; S. 70.
12. 1. Mose 7, 17–21.
13. J.C. Meinert (wie Anm. 3), S. 80.
14. Ebd., S. 79f. Vgl.: *Auf dem Berg gibt es zwei Wege zum Fuß, den Weg des Baba und den der Mama, worunter die Eingeborenen Adam und Eva verstehen. Der Weg der Mama ist recht leicht, so daß ihn die Pilger für ihren Abstieg benutzen. Wer ihn aber zum Aufstieg begehen würde, hätte kein großes Ansehen über seine Pilgerfahrt zu erwarten. Der Weg des Baba hingegen ist beschwerlich.* Ibn Battuta: Reisen ans Ende der Welt: Das größte Abenteuer des Mittelalters 1325–1353. Hrsgg. von Hans D. Leicht. Stuttgart 1985, S. 201.
15. Cf. Qazwini: Le livre des merveilles du monde. Übersetzt von Henri Massé. Paris 1944, S. 12.
16. Cf. Mouffazal Ibn Abil-Fazail: Histoire des sultans mamlouks. Übersetzt von Marc Blochet. Paris 1929, S. 188f.
17. Cf. Ibn Khaldûn: Discours sur l'histoire universelle. Übersetzt von Vincent Monteil. Paris 1978, S. 739.
18. Tabari: Chronique. Übersetzt von Hermann Zotenberg. Paris 1980, Band I, S. 84.
19. Edward C. Sachau (Hrsg.): Al Beruni's India. Delhi 1964, S. 209.
20. Ibn Battuta (wie Anm. 14), S. 200.
21. J.C. Meinert (wie Anm. 3), S. 80.
22. Ebd., S. 80f.
23. Philipp Baldæus: *Wahrhaftige Ausführliche Beschreibung Der Berühmten Ost-Indischen Küsten Malabar und Coromandel als auch der Insel Zeylon samt dero angränssenden und untergehörigen Reichen Fürstentühmen, Ländern, Städten, vornehmsten Hafen, Gebäuden, Pagoden [...] alles getreutlich verfasset und ans Liecht gebracht durch Philippum Baldæum, weiland Diener des Göttl. Worts auf Zeylon.*

Unisso aber aus dem Niederländischen ins Hochteutsche mit Fleiss übergesetzt [...]. Amsterdam 1672, S. 147.
24 J.C. Meinert (wie Anm. 3), S. 80.
25 Ebd., S. 81.
26 Johann Wolffgang Heydt: *Allerneuester Geographisch- und Topographischer Schau-Platz von Africa und Ost-Indien oder Ausführliche und Wahrhafte Vorstellung und Beschreibung, von den Wichtigsten der Holländisch Ost-Indischen Compagnie in Africa und Asia zugehörigen Ländere, Küsten und Insulen in accuraten See und Land Karten*. Wilhelmsdorf 1744, S. 18.
27 J.C. Meinert (wie Anm. 3), S. 82. Der Vergleich mit der Reisebeschreibung Heydts ist sehr aufschlußreich: *Zu verwundern aber ist, dass die Natur auch dieser Frucht ein Bild und Zeugniss des Leidens und Sterbens unseres heylandes und Seeligmachers JESU Christi blicken lässet, denn wenn man selbige mit einem messer gleich, nicht aber die Länge, durch schneidet, so präsentiert sich selbiger recht Crucifix, an welchem ein Menschlich Bildnuss hanget? Es leiden daher die Portugiesen an ihrem Orthen, wo sie die Jurisdiction haben, nicht, dass man solche Frucht mit dem Messer durchschneiden solle, weilen sie es vor Sünde halten.* Heydt (wie Anm. 26), S. 18.
28 Ibn Battuta (wie Anm. 14), S. 200f.
29 J.C. Meinert (wie Anm. 3), S. 82f.
30 Ebd., S. 84.
31 Odoric de Pordenone: *Les voyages en Asie au XIVe siècle du bienheureux frère Odoric de Pordenone, religieux de Saint François*. Hrsgg. von H. Cordier. Paris 1891, S. 203.
32 J.C. Meinert (wie Anm. 3), S. 84f.
33 Masudi: *Bis zu den Grenzen der Erde: Auszüge aus dem Buch der Goldwäschen*. Hrsgg. von Gernot Rotter. Tübingen und Basel 1973, S. 19.
34 Cf. Konrad Miller: *Mappæ Arabicæ*. VI. Band: Idrisi-Atlas. Stuttgart 1927, Tafel 8.
35 Das Original befindet sich in der Nationalbibliothek Istanbul. Cf. Albert Hermann: Die älteste türkische Weltkarte (1076 n.Chr.). In: Imago mundi 1, 1935, S. 21–28.
36 Masudi (wie Anm. 33), S. 19.
37 J.C. Meinert (wie Anm. 3), S. 85f.
38 Ebd., S. 86f.
39 Ebd., S. 87.
40 Robert Knox: *Ceylanische Reise-Beschreibung oder historische Erzehlung von der in Ost Indien gelegenen Insel Ceylon und insonderheit deren Mittellandischen Gegend*. Leipzig 1689, S. 231.
41 J.C. Meinert (wie Anm. 3), S. 85.
42 Ebd., S. 86.
43 Relatio Fr. Iohannis de Marignolli (wie Anm. 4), S. 541.
44 Marignolli's Recollections of Eastern Travels (wie Anm. 5), S. 243.
45 *Bibliorum sacrorum latinæ versiones antiquæ seu vetus italica*. Reims 1713, Band II, S. 191.
46 Psalm 96, 11–12, nach Alfred Kuen: *Louanges pour notre temps: transcription rhythmée des psaumes*. Paris o.J., S. 172.
47 Vedeha Thera: *In Praise of Samantha (Samantakutavannana)*. Hrsgg. von Ann Appleby Hazelwood (Pali Text Society Series). London 1986, S. 86–89.
48 J.C. Meinert (wie Anm. 3), S. 86f.
49 Ebd., S. 87.
50 Ebd., S. 85.
51 *In dem bunten Gemisch von Völkerstämmen, welche die Insel Ceylon bewohnen, ist in der Betrachtung der Ethnographen schon seit langer Zeit ein Stamm besonders hervorgetreten, der der Weddas, weil er durch den niederen Stand seiner geistigen Entwickelung und durch die Mängel seiner körperlichen Bildung am meisten der Vermutung Raum bot, dass in ihm ein Rest der Urbevölkerung sich erhalten habe.* Virchow: Über die Weddas von Ceylon und ihre Beziehungen zu den Nachbarstämmen. In: William Goonetilleke: The Veddas (= The Orientalist). Februar 1884, S. 25.
52 Aufbewahrt in der Biblioteca Nazionale Marciana Venedig. Cf. Roberto Almagia und Tullia Gasparrini Leporace: Il Mappamondo di Fra Mauro. Rom 1956, S. 25–28.

Anschrift des Verfassers:
Dr. Ananda Abeydeera
79, Rue Notre Dame des Champs
F-75006 Paris
Frankreich

SCHIFFSARCHÄOLOGIE

DIE MITTELALTER-FLOTTE DES DEUTSCHEN SCHIFFAHRTSMUSEUMS
Anstoß zur Entwicklung moderner Konservierungsverfahren

Von Per Hoffmann

Mit der »Bremer Hanse-Kogge« von 1380 zog das Problem, wie man große Naßholzfunde konserviert, in das DSM ein. Jetzt konservieren wir eine ganze Flotte mittelalterlicher Wasserfahrzeuge. Im Laufe der Jahre mußten wir eine Reihe von Entscheidungen treffen, zum Teil auf unzureichender Wissensgrundlage. Unsere Erfahrungen – gute wie schlechte – haben zur Änderung des ursprünglichen Konservierungsprogrammes für die Kogge geführt. Sie haben auch unser Verständnis davon erweitert, wie die Stabilisierung von wassergesättigtem archäologischem Holz funktioniert. So ist es uns nun möglich, für andere Schiffsfunde maßgeschneiderte Konservierungsprogramme zu entwerfen.

Als die »Bremer Kogge« 1962 in der Weser auftauchte, erübrigte sich die erste Entscheidung, die in solchen Situationen getroffen werden muß: Wie sollen wir das Schiff bergen, als Ganzes oder in Teilen? Der Winter stand kurz bevor, und das Schiff mußte schnell aus dem Strom. Da die Eisennägel in der geklinkerten Außenhaut größtenteils durchgerostet waren, lösten sich die Planken von selbst voneinander. Es war unmöglich, das Schiff als Ganzes zu heben.

Die nassen Hölzer mit einem Holzschutzmittel in Folie einzuschweißen und erst einmal so zu lagern, war eine schlechte Entscheidung: Schimmelpilze wuchsen auf dem Holz, und auch in den Schläuchen fingen die Hölzer an auszutrocknen. So wurden die 30 Tonnen Schiffshölzer in große, mit Folie ausgekleidete Holzkisten in Wasser umgelagert, dem ein Borat-Holzschutzmittel zugesetzt war. 10 Jahre lang ging das gut.

Während dieser Zeit untersuchten Physiker und Chemiker an der Bundesforschungsanstalt für Forst- und Holzwirtschaft in Hamburg die Möglichkeiten, das wassergesättigte Kogge-Holz zu erhalten. Die Konservierung der WASA in Stockholm war noch in der Planungs- und Versuchsphase, und nur in Kopenhagen lief bereits die Konservierung der Wikingerschiffe aus dem Roskilde Fjord, der vier »Skuldelev-Schiffe«. Laborversuche mußten also Erfahrungen mit der Behandlung ganzer Schiffe ersetzen.

Der Einsatz von Polyethylenglykol (PEG) zur Stabilisierung von wassergesättigtem Holz war in jenen Tagen ein neuer und vielversprechender Ansatz. Aber die Meinungen gingen darüber auseinander, für welches PEG man sich entscheiden sollte. Es gab ein Dilemma: Hochmolekulares PEG (PEG 4000) würde stark abgebautes (zersetztes) Holz festigen und seine Schwindung weitgehend verhindern. Aber die großen Moleküle würden in weniger abgebautes Holz nur schwer eindringen können, in vielen Fällen überhaupt nicht. Niedermolekulares PEG (z.B. PEG 200) andererseits ist flüssig. Es stabilisiert stark abgebautes Holz nur unzureichend und verleiht ihm keine mechanische Festigkeit. Dafür würde dies PEG auch in wenig abgebautes Holz eindringen und es gegen Schwinden stabilisieren. Aber niedermolekulares PEG ist hygroskopisch, und man fürchtete, daß damit behandeltes Holz bei höherer Luftfeuchtigkeit anfangen würde zu tränen.

Die Hölzer der Skuldelev-Schiffe waren dünn und weich; PEG 4000 konnte in sie eindringen. Die Planken und Spanten, Decksbalken und Spills der Bremer Kogge waren erheblich dicker und auch weniger abgebaut. So empfahl man, als Kompromiß, für ihre Behandlung PEG 1000: eine feste Substanz aus Molekülen mittlerer Größe und mit mittlerer Hygroskopizität.

Als nächste Entscheidung stand an, ob die Schiffshölzer erst konserviert und dann zu einer Kogge zusammengefügt werden sollten; oder sollte man die Kogge aus den noch nassen Hölzern aufbauen und sie danach als Ganzes konservieren? Erste Erfahrungen aus Dänemark zeigten, daß während der Tränkung bei höherer Temperatur einige Hölzer sich irreversibel verwerfen konnten. Sie waren dann nicht mehr in den Schiffsverband einzubauen. In Bremen ließen sich die Politiker für das zweite Verfahren gewinnen, das sicherer, aber auch teurer werden würde.

Kein lebender Schiffbauer in Deutschland hatte jemals eine Kogge gebaut. Niemand hatte auch ein 45-Tonnen Schiff aus 2000 nassen, schweren, weichen und oft zerbrochenen Stücken Eichenholz zusammengefügt. Und wie würde man alles während des jahrelangen Aufbaus triefend naß halten? Der Wiederaufbau der Kogge wurde nicht nur zu einem Forschungsprojekt über mittelalterliche Schiffbau-Konstruktion – unsere Schiffbauer mußten Bauablauf und verwendete Technologie neu herausfinden –, sondern das Vorhaben entwickelte sich auch zu einer Art technischen Abenteuers. Eine Methode zur Verleimung gebrochener nasser Planken wurde entwickelt, und nach einigem Experimentieren stellte sich heraus, daß Holzdübel die besten Mittel waren, die weichen Hölzer fest und dauerhaft miteinander zu verbinden – wie vor 600 Jahren schon beim ersten Bau der Kogge. Nach sieben Jahren, meist hatten nur zwei bis drei Mann an der Kogge arbeiten können, bauten Techniker der Deggendorfer Werft ein Becken aus rostfreiem Stahl um die Kogge herum, und wir füllten es mit 800 000 Liter Wasser und PEG. Innerhalb von Tagen entwickelte sich ein reges mikrobielles Leben in der Flüssigkeit und verschleierte den Blick auf das Schiff. Dies war schlecht, da große Fenster im Becken sind und der Öffentlichkeit versprochen war, das Schiff während der voraussichtlich 20 bis 30 Jahre dauernden Konservierung sehen zu können. Schließlich bekamen wir die Mikroben einigermaßen in den Griff mit einer Kombination aus Flockungsmitteln, Filtern und gelegentlichen Zugaben eines umweltverträglichen Biozids – einer quaternären Ammoniumverbindung. Die Schwierigkeit bestand darin, daß die üblichen oxidierenden Mittel zur Bakterienbekämpfung – Chlorzugabe, UV-Bestrahlung, Ozonierung – das PEG zerstören würden, und daß wir andererseits auch nicht eines Tages mit 800 Tonnen giftiger Lösung dastehen wollten, die nicht entsorgt werden könnten.

Ein Jahr vor dem Bau des Beckens war ich an das DSM gekommen und »erbte« den Konservierungsplan, der nunmehr 15 Jahre alt war. Eine Reihe von Diskussionen mit »Naßholzkollegen« veranlaßte mich, mich für den Gebrauch von PEG 1500 statt PEG 1000 zu entscheiden, da alle fürchteten, auch PEG 1000 wäre noch zu hygroskopisch.

Abb. 1   Die Bremer Hanse-Kogge taucht 1962 bei Baggerarbeiten in der Weser auf. Photo: Focke-Museum Bremen

Abb. 2   Die Bremer Hanse-Kogge wird vor der Konservierung aus ihren wassergesättigten Hölzern wieder zusammengebaut. Holzdübel erwiesen sich als die beste Methode, die nassen Hölzer miteinander zu verbinden. Photo: G. Meierdierks, DSM

Abb. 3   Die Bremer Hanse-Kogge fertig zur Konservierung, 1979. Photo E. Laska, DSM

Abb. 4   Das um die Kogge herumgebaute Edelstahlbecken. Fenster gewähren einen Blick auf die Kogge während der langen Jahre der Konservierung. Photo: E. Laska, DSM

Die Unsicherheiten über den Gebrauch von PEG brachten mich dazu, eine Reihe systematischer Untersuchungen zu starten. Sie sollten Klarheit schaffen über den gesamten Fragenkomplex: Moleküle welcher Größe können in Eichenholz welchen Erhaltungszustandes eindringen? Welche Mengen an PEG sind nötig, um die verschiedenen Holzqualitäten bestmöglich zu stabilisieren? Wie beeinflussen die verschiedenen PEG in unterschiedlichen Mengen die Hygroskopizität der behandelten Hölzer? Wie sieht archäologisches Holz überhaupt aus auf der mikroskopischen und der ultrastrukturellen Ebene? Welche Veränderungen seiner chemischen Zusammensetzung hat es erfahren? Solche Untersuchungen dauern Jahre, weil

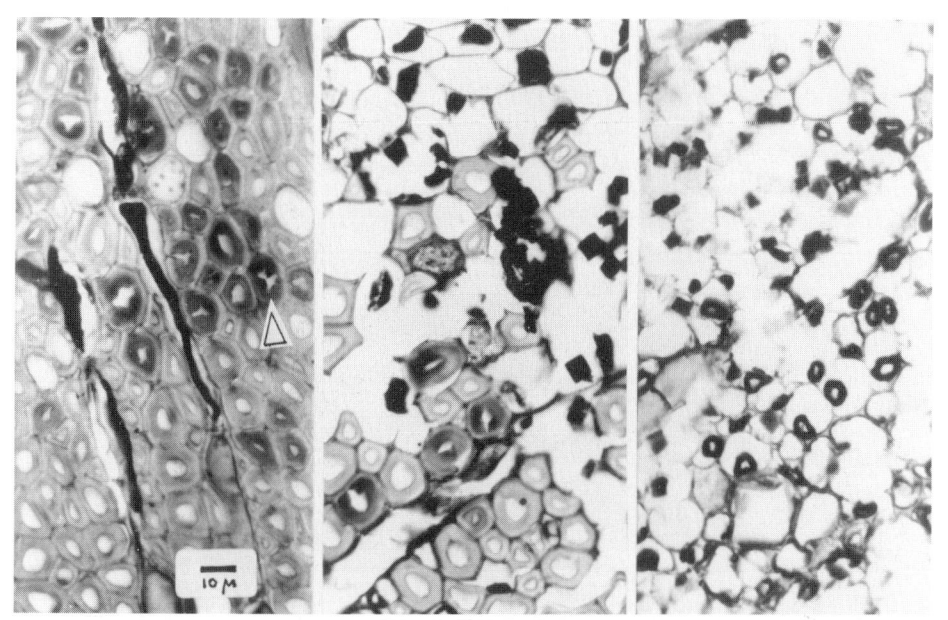

Abb. 5 *Mikroskopische Aufnahmen von Querschnitten aus archäologischem Naßholz in drei Stadien des Holzabbaus.*
Links: *wenig abgebaut; beginnender Abbau sichtbar an gequollenen Zellwänden mit dunklerer Färbung.*
Mitte: *»mittelmäßig abgebaut«; in diesem Stadium besteht das Holz aus einem Gemisch aus wenig und stark abgebauten Holzzellen.*
Rechts: *stark abgebaut; das zerbrechliche Gerüst aus dünnen Zellwandresten wird nur von dem es auffüllenden Wasser in Form gehalten.*

das Eindringen von PEG in wassergesättigtes Holz ein sehr langsamer Diffusionsprozeß ist (1–5).
Schließlich kamen einige sehr brauchbare Ergebnisse heraus:
– Kein einzelnes PEG kann alle Holzqualitäten gleichermaßen zufriedenstellend stabilisieren;
– wenig abgebautes Holz läßt sich am besten mit niedermolekularem, stark abgebautes Holz mit hochmolekularem PEG stabilisieren;
– Holz von scheinbar mittlerer Qualität läßt sich n i c h t optimal stabilisieren mit PEG mittlerer Molekülgröße (PEG 1000–1500). Ein solches Holz besteht in Wahrheit meist aus einem Gemisch wenig und stark abgebauter Holzzellen. Entsprechend wird es am besten mit niedermolekularem u n d hochmolekularem PEG stabilisiert;
– nieder- und hochmolekulares PEG wendet man am besten in zwei getrennten Bädern nacheinander an. Die Tränkung mit einer Mischung beider PEG führt zu einem mit einer klebrigen und hygroskopischen Paste gefüllten und bedeckten Holz;
– es gibt eine deutliche Abhängigkeit der für eine optimale Stabilisierung nötigen PEG-Menge vom Zustand des Holzes. Anhand dieser Beziehung kann man für Holz jeder Qualität feststellen, wann die Tränkebehandlung zu dem gewünschten Ergebnis geführt hat und die Behandlung beendet werden kann;
– Holz, das in einem Zwei-Stufen-Verfahren getränkt wurde, hat eine Hygroskopizität, die so niedrig ist, als wäre es nur mit hochmolekularem PEG behandelt. Es läuft nicht Gefahr,

Abb. 6 *Querschnitt eines archäologischen Eichenstammes, der zwei Bereiche mit deutlich unterschiedlichen Abbauzuständen enthält. Die Grenze zwischen stark abgebautem Holz (außen) und wenig abgebautem Holz (innen) ist markiert.*

naß zu werden bei relativen Luftfeuchten unter 75%. Normales Museumsklima hat 55 bis 65% Luftfeuchte.

In ihrer Gesamtheit ergeben die Versuchsergebnisse eine einleuchtende Hypothese darüber, wie die Dimensionsstabilisierung des Holzes auf der ultrastrukturellen Ebene abläuft: In wenig abgebautes Holz können nur die kleinen Moleküle niedermolekularen PEGs eindringen (z.B. PEG 200). Diese Moleküle diffundieren in die Zellwände des Holzes hinein und ersetzen einen Teil des in der Feinstruktur der Zellwand vorhandenen Quellungswassers. Trocknet das Holz, so bleibt das PEG in den Zellwänden und hält diese – und damit das gesamte Holz – in einem permanent gequollenen Zustand. Es tritt keine Schwindung auf.

In stark abgebautes Holz können die großen Moleküle hochmolekularer PEG eindringen (PEG 3000 oder 4000). Diese Moleküle diffundieren in die Zellhohlräume und in die aufgelockerten Reste der abgebauten Zellwände. Trocknet das Holz, so kristallisiert das feste PEG aus und füllt das abgebaute Holzgewebe wie ein inneres Korsett. Das Holz ist mechanisch gestärkt und gegen Schwindung abgeblockt.

Diese Ergebnisse wurden an Eichenholz gewonnen. Weitere Untersuchungen zeigten dann, daß sie auch für eine Reihe von Nadelhölzern (Koniferen) zutreffen (6, 7). Dabei sind generell kleinere Mengen an PEG ausreichend, um abgebaute Nadelhölzer hervorragend zu stabilisieren. Aufgrund der großen Vielfalt im anatomischen Aufbau von Laubhölzern (Diccotyledonen) muß man darauf gefaßt sein, daß archäologische Hölzer der verschiedenen Spezies auf eine stabilisierende Behandlung etwas unterschiedlich reagieren.

Die Ergebnisse der Laborversuche wurden bestätigt durch das Resultat der Behandlung einer Gruppe von Eichenhölzern verschiedener Herkunft mit PEG 1000, wie ursprünglich für die Kogge geplant: Die Dimensionsstabilisierung war ungenügend, und die Hölzer blieben auch im normalen Museumsklima feucht. Ihre Analyse zeigte dann, daß auch in fünf Jahren Tränkung das PEG in wenig abgebaute Hölzer nicht weiter als fünf Millimeter eingedrungen war (8).

Die Hölzer der Kogge bestehen – wie die meisten größeren archäologischen Hölzer – aus verschieden stark abgebauten Anteilen: Die äußeren Partien sind meist viel stärker abgebaut als die inneren Partien. Solche Hölzer sind Kandidaten für eine Zwei-Stufen-Behandlung, die alle vorkommenden Holzqualitäten stabilisiert.

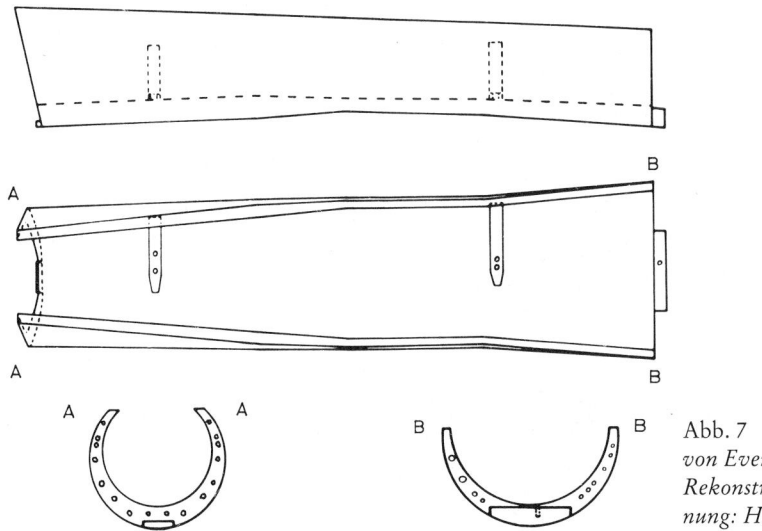

Abb. 7 *Lasteinbaum von Evensen, 6 m lang. Rekonstruktionszeichnung: H. Eggers, DSM*

1985 änderten wir das Konservierungsprogramm für die Kogge in ein Zwei-Stufen-Verfahren, in dem erst PEG 200 und danach PEG 3000 eingesetzt wird. Zur Zeit (April 92) schwimmt das Schiff in einer 30%igen Lösung von PEG 200, die noch auf 40% gebracht wird. Die zweite Behandlungsstufe soll 1994 beginnen, und in ihr wird die Endkonzentration des Tränkbades 70% PEG 3000 betragen. Während der zweiten Stufe müssen wir die PEG-Lösung auf 40° C erwärmen, damit sie flüssig bleibt.

Wir konservieren auch andere Schiffsfunde. Das DSM beherbergt die größte Sammlung mittelalterlicher Wasserfahrzeuge in Europa. Einige sind bereits konserviert, einige befinden sich gerade in der Behandlung, und ein sehr interessantes Wrack aus dem 13. Jahrhundert wird, während ich dies schreibe, gerade aus Bremen angeliefert (das »Schlachte«-Schiff), um bei uns – und für unsere Ausstellung – konserviert zu werden.

Aufbauend auf den Untersuchungen zur Entwicklung des Konservierungsprogramms für die Bremer Hanse-Kogge, konnten wir für jedes Schiff eine maßgeschneiderte Behandlung entwerfen, die seinen jeweiligen Erhaltungszustand berücksichtigt:

– Die Schale eines riesigen Lasten-Einbaums aus dem 11. Jahrhundert (6 m lang, 2 m Durchmesser, 10–20 cm Wandstärke) besteht aus nur wenig abgebautem Eichenholz – sie wurde in einem Bad mit PEG 200 behandelt.

– Für einen noch längeren, zu einem Ponton ausgehöhlten Eichenstamm (auf 1350 n.Chr. datiert) konnten wir kein Tränkbecken bauen. Wir besprühten ihn immer wieder mit reinem PEG 200, so lange er es aufsaugte. Das Ergebnis ist schwierig zu beurteilen. Auf jeden Fall konnten wir die Trocknung sehr verlangsamen und dadurch traten weniger Trockenspannungen auf und weniger Risse entstanden, als ohne Behandlung zu erwarten waren. Verzogen oder verwrungen hat sich der Stamm nicht.

– Die stark abgebauten Planken eines schmalen Flußbootes tränkten wir in einem beheizten Becken mit PEG 3000.

– Die dicken, aus verschiedenen Qualitäten bestehenden Hölzer eines kleinen »Oberländers« aus dem 13. bis 14. Jahrhundert, eines Bootstyps vom Rhein, haben eine Zwei-Stufen-Behandlung durchlaufen. Der Oberländer wird zur Zeit im Museum wieder zusammengebaut (9). Ein Teil der Rumpfschale hat sich im heißen Bad aufgrund verrutschter Lagerung etwas verbogen. Ein Vorteil der PEG-Behandlung ist nun, daß eine PEG-gefüllte Planke

Abb. 8 *Ein 8 m langer Schwimmkörper aus einem ausgehöhlten Eichenstamm wird zur Konservierung mit PEG 200 besprüht. Der Schwimmkörper hat vielleicht, in der Leine verankert, eine Wassermühle getragen.*

nach erneutem Erwärmen so weit biegsam wird, daß man sie in ihre alte Form zurückdrücken kann.
– Ein Lastschiff aus der Zeit Karls des Großen (auf 808 n.Chr. datiert) tauchte 1989 in einer Baugrube in Bremen auf. Wir konnten es in einer Länge von 12 Metern bergen und tauften es »Karl von Bremen«. Ursprünglich war es wohl etwa 15 bis 20 Meter lang und drei Meter breit. Nun wird es einem Zwei-Stufen-Verfahren mit PEG 200 und dann PEG 3000 unterzogen. Seine Hölzer sind zwar überwiegend stark abgebaut, in ihrem Innern haben sie aber immer noch einen Kern weniger abgebauten Holzes (10).

Die theoretischen Überlegungen hinter dem Gebrauch von zwei verschiedenen PEG, entweder einzeln oder beide nacheinander, zur Stabilisierung aller Erhaltungszustände von archäologischen Hölzern sind auch in anderen Labors bestätigt worden (11, 12). Immer häufiger wählen Kollegen Zwei-Stufen-Tränkungen zur Konservierung großer Naßholzobjekte wie Einbäume, Konstruktionshölzer und Schiffswracks (13). Das größte Objekt, das derzeit auf diese Weise behandelt wird, ist die MARY ROSE, Flaggschiff Heinrichs VIII. (14).

Stabilisierungsbehandlungen mit hochmolekularem PEG sind ziemlich teuer: Man braucht ein korrosionsfestes Becken mit Heizung sowie große Mengen PEG. Dann verschlingt das Heizen des Tränkbades über mehrere Jahre ebenfalls viel Geld.

Das Konservierungsprojekt für »Karl von Bremen« wird voraussichtlich 170 000 DM kosten, alles in allem, jedoch ohne Personalkosten. Die hohen Kosten wie auch das dunkle, wachsartige Aussehen PEG-getränkter Hölzer sind die Gründe, weshalb wir begonnen haben, einen zweiten Weg zur Konservierung großer Naßhölzer zu erkunden: Dimensionsstabilisierung mit Rübenzucker (Saccharose, engl. sucrose). Das Verfahren an sich ist nicht neu. Morgós und Mitarbeiter (15) haben 1987 eine Literaturübersicht der sporadischen Untersuchungen der vorangegangenen 85 Jahre zusammengetragen, welche stabilisierende Wirkung Zuckerlösungen auf Holz haben. In den letzten Jahren haben mehr und mehr Werk-

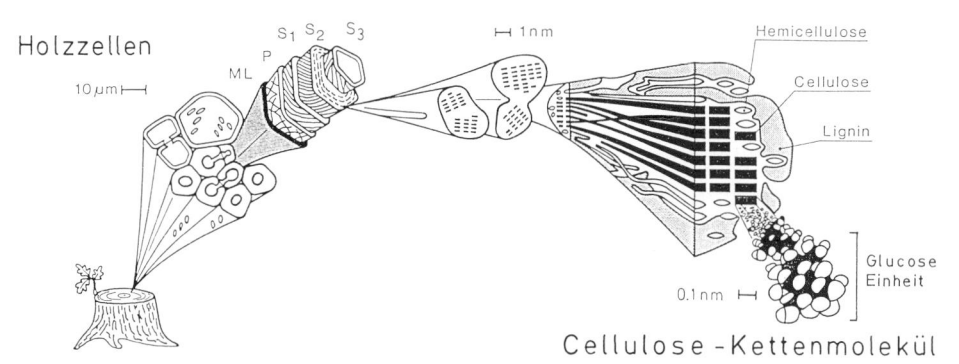

Abb. 9 *Sehr lange Cellulose-Molekülketten aus 10–15 000 Glucose-Einheiten lagern sich zu weitgehend kristallinen Strängen zusammen. Von kürzeren Kohlenhydrat-Ketten (Hemicellulosen) und Lignin – einem amorphen hochmolekularen Polymer – umgeben, bilden mehrere Cellulose-Stränge Fibrillen. Während des Wachstums der Zellen werden die Fibrillen in mehreren Schichten auf die Mittellamelle – sie trennt benachbarte Zellen voneinander – abgelagert (ML = Mittellamelle; P = Primärwand; S_1, S_2, S_3 = äußere, mittlere, innere Sekundärwand). Dies Prinzip gilt für alle Zellen. Die Dicke der einzelnen Zellwandschichten aber variiert in den verschiedenen Zellarten des Holzes. Innerhalb der Fibrillen und zwischen den Fibrillen gibt es kapillare Hohlräume und Spalten in den Zellwänden, die mit Wasser oder Luft gefüllt sind, oder sie werden während der Verkernung des Holzes mit sekundären Holzinhaltsstoffen gefüllt, wie Gerbstoffe, Farbstoffe und Substanzen, die das Holz haltbarer machen.*

stätten die Methode aufgegriffen, vor allem in Mittel- und Osteuropa (16, 17), aber auch in Italien und Jamaica.

Die Zuckermethode hat eine Reihe von Vorteilen:
- das behandelte Holz sieht natürlich aus, ist hell und trocken;
- die Imprägnierung kann bei Raumtemperatur erfolgen, Heizkosten entfallen;
- die Tränklösung ist nicht korrosiv. Jeder wasserdichte Behälter ist als Tränkwanne geeignet, ein Loch in der Erde, mit Folie ausgekleidet, genügt.
- Weniger Konservierungsmittel ist nötig, dazu ist Zucker billiger als PEG.

Die Gesamtkosten für eine Zuckerbehandlung sind nur halb so hoch wie für eine Zwei-Stufen-PEG-Tränkung desselben Objektes.

Es gibt aber auch einige Nachteile:
- Zuckergetränkte Hölzer werden nach dem Trocknen steif und spröde. Sind sie einmal getrocknet, kann man sie nicht biegen oder formen, wie es mit PEG-getränktem Holz nach erneutem Erwärmen geht. Ist eine Rückformung verbogener Hölzer nötig, so muß dies vor der Zuckertränkung oder direkt danach noch im nassen Zustand erfolgen.
- Das Hauptproblem, die Zuckermethode im großen Maßstab anzuwenden, ist die Notwendigkeit, ein Biozid – ein Gift – zu benutzen, um die Zuckerlösung vor einer Gärung, einem Angriff von Bakterien und niederen Pilzen zu schützen. Man muß ein Biozid wählen, das im Gebrauch wirksam ist, sich aber danach enfernen oder zerstören läßt. Erst dann kann man die gebrauchte Zuckerlösung in das Abwassersystem geben. Es bleibt aber immer der Umgang mit Gift und großen Mengen wenn auch nur sehr schwach gifthaltiger Zuckerlösungen.

Wie bei jeder Methode zur Konservierung von wassergesättigtem Holz muß man in Laboruntersuchungen herausfinden, wie die Zuckermethode sich bewährt bei verschiedenen Holz-

Abb. 10 Spätmittelalterlicher kleiner »Oberländer« von Krefeld, ein Flußschiff aus dem Rheingebiet. Vor der Konservierung. Photo: DSM

Abb. 11 Mittelgroßer »Oberländer« auf dem Rhein vor Köln. Ausschnitt aus einem Stich von Woensam, 1531

Abb. 12 *Karolingisches Lastschiff »Karl von Bremen« während der Ausgrabung in der Baugrube für einen Hotelbau. Photo: R. Fromm, Bremen*

arten und bei Holz in allen möglichen Erhaltungszuständen. Welches Maß an Dimensionsstabilisierung läßt sich erreichen? Wieviel Zucker muß man dazu in das Holz einbringen? Bisher scheint die Methode ganz gut zu sein für Eichenholz, Kiefer und Fichte. Sehr stark abgebautes Holz, besonders von Laubholzarten, scheint schwieriger zu stabilisieren als weniger abgebautes Holz. Zur Zeit untersuchen eine Reihe von Wissenschaftlern in mehreren europäischen Labors im Rahmen eines am DSM entworfenen internationalen Forschungsprojektes die Anwendbarkeit der Zuckermethode auf ein breites Spektrum in Europa häufig vorkommender archäologischer Holzarten. Ein Kollege untersucht dabei, ob zuckergetränktes Holz Ameisen und Termiten anlockt und wenn ja, wie man das verhindern kann.

Das Deutsche Schiffahrtsmuseum hat bereits mit gutem Erfolg die Bodenpartie eines Einbaumes aus der Völkerwanderungszeit mit Zucker konserviert. Ein 18 Meter langer mittelalterlicher Frachtsegler vom Bodensee (»Lastschiff von Immenstaad«) und das Wrack eines spätmittelalterlichen Fischerbootes aus Bremen (»Beck's Schiff«) werden zur Zeit unter unserer Anleitung mit Zucker behandelt. Das gerade eingelieferte, oben erwähnte »Schlachte-Schiff« aus Bremen werden wir ebenfalls mit Zucker stabilisieren. Als Biozid wollen wir »Kathon CG« einsetzen, ein Produkt der Fa. Rohm & Haas, USA, das als Konservierungsmittel für Cremes, Shampoos und andere Kosmetika entwickelt wurde. Seine Wirkstoffe kann

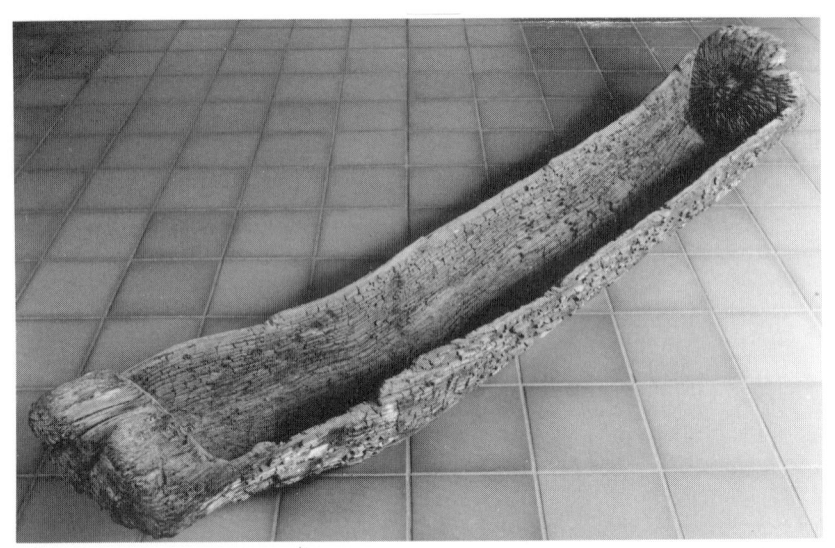

Abb. 13 *Kleiner mittelalterlicher Einbaum, Teil einer Floßfähre vom Main. Ohne Konservierung getrocknet, ca. 1910. Photo: E. Laska, DSM*

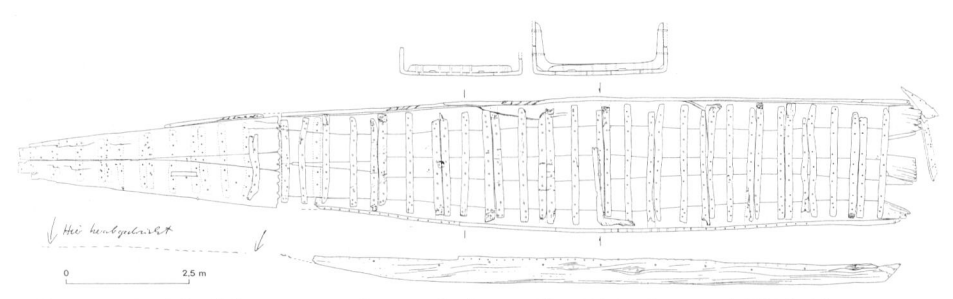

Abb. 14 *Mittelalterlicher Lastensegler vom Bodensee. Um 1334 gebaut und 1990 bei Immenstaad aus dem Ufer ausgegraben. Zeichnung der Fundlage: M. Kinsky, Landesdenkmalamt Baden-Württemberg*

man durch die Zugabe einer Bisulphit-Lösung zerstören, die entstehenden Abbau-Produkte sind in der Natur häufig vorkommende, einfache organische Substanzen. Sie sind entweder leicht biologisch weiter abbaubar, oder sie können von Pflanzen und Tieren direkt wiederverwertet werden.

Eine mit Bisulphit versetzte, ehemals biozidhaltige Zuckerlösung kann man in jedes Abwassersystem entsorgen.

Haben wir erst für die verschiedenen Holzarten und Qualitäten die optimalen Behandlungsbedingungen herausgefunden, wird die Zuckermethode eine wertvolle Alternative zu den gut entwickelten PEG-Methoden sein. Jede Methode hat ihre Vorteile, und der kompetente Konservator großer Naßholzobjekte muß sie alle beherrschen und wird sie nach den jeweilgen Erfordernissen einsetzen.

Die Mittelalterflotte des DSM

»Karl von Bremen« – Flußschiff, gebaut um 808 n.Chr., gefunden 1989 in Bremen,[1]
Lasteinbaum von Evensen – gebaut im 11. Jahrhundert, geborgen 1980 aus der Leine bei Evensen,
Schiff von der Schlachte – Heckpartie einer Kogge aus dem frühen 13. Jahrhundert, gefunden 1991 in Bremen,
Oberländer von Krefeld – kleines Flußschiff aus dem 7. oder dem 13./14. Jahrhundert, gefunden 1973 in Krefeld,[2]
Mühlen-Schwimmkörper – großer Ponton, gebaut um 1350 n.Chr., gefunden 1983 in der Leine bei Mandelsloh,
Bremer Hanse-Kogge – große Kogge, gebaut 1380 n.Chr., gefunden 1962 in Bremen,
Flußboot von Bremen – sogenannte »Eke« aus dem 8. Jahrhundert, gefunden 1963 in Bremen,
Einbaum von Aschaffenburg – kleiner Ponton einer Floßfähre, gebaut 2. Hälfte des 14. Jahrhunderts, gefunden 1908 im Main,
zwei Einbaumfragmente – Pontons von Floßfähren – der eine angefertigt um 1400, gefunden um 1910 in der Weser bei Minden; die Fähren gehören nicht zusammen,
Einbaumfragment von Hameln – kleiner Ponton einer Floßfähre, angefertigt um 1460, geborgen aus der Weser.

1 Ich danke Herrn Prof. H.D. Schulz, Fachbereich Geowissenschaften der Universität Bremen, für die 14C-Datierungen der meisten hier aufgeführten Schiffsfunde.
2 Für dieses Schiff liegen zwei Datierungen vor: eine 14C-Datierung weist das Holz des Schiffskörpers in das 7.–8. Jahrhundert. Im Innern des Schiffes wurden blau-graue Scherben mit noch scharfen Bruchkanten gefunden. Diese Keramik ist typisch für das 13. und 14. Jahrhundert, und die scharfen Kanten deuten darauf hin, daß sie in den Oberländer geraten sind, ohne vorher oder nachher im Fluß herumgerollt worden zu sein. In Ermangelung anderer Anhaltspunkte würde ein Archäologe das Schiff also auf diese indirekte Weise in das 13./14. Jahrhundert datieren. Die direkte Datierung des Holzes ist natürlich aussagekräftiger.

Literatur:
1 Hoffmann, P.: Chemical wood analysis as a means of characterizing archaeological wood. In: Proc. ICOM Waterlogged Wood Working Group Conference, Ottawa, D.W. Grattan and J.C. McCawley eds., 1982, S. 73–83.
2 Ders.: On the stabilization of waterlogged oakwood with PEG. Molecular size versus degree of degradation. In: Proc. 2nd ICOM Waterlogged Wood Working Group Conference, Grenoble, 1984, S. 95–115.
3 Ders.: On the stabilization of waterlogged oakwood with PEG. II. Designing a two-step treatment for multi-quality timbers. In: Studies in Conservation 31, 1986, S. 103–113.
4 Ders.: On the stabilization of waterlogged oakwood with PEG. III. Testing the oligomers. In: Holzforschung 42, 1988, S. 289–294.
5 Ders.: und M.A. Jones: Structure and degradation process for waterlogged archaeological wood. In: Archaeological Wood, Properties, Chemistry, and Preservation, R.M. Rowell and R.J. Barbour eds., = Advances in Chemistry Series 225, Washington DC, 1990, S. 35–65.
6 Ders.: Zur Restaurierung mittelalterlicher Daubengefäße mit Polyethylenglykol. In: Arbeitsblätter für Restauratoren, 1984, S. 98–111.
7 Ders.: On the stabilization of waterlogged softwoods with Polyethylene Glycol (PEG). Four species from China and Korea. In: Holzforschung 44, 1990, S. 87–93.

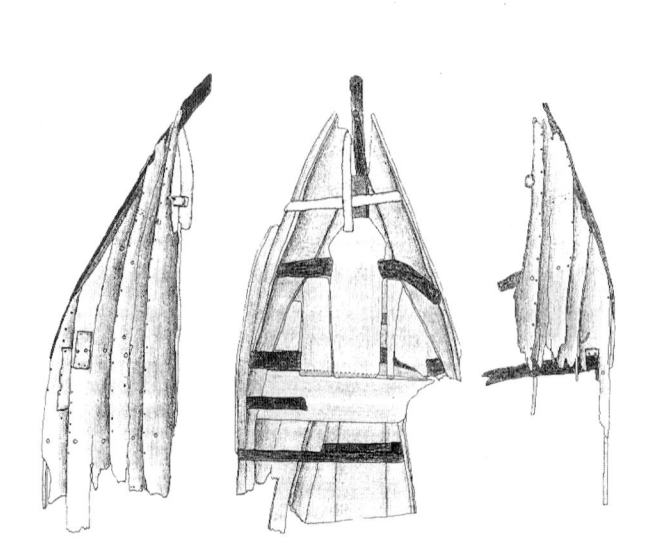

Abb. 15 *Bugpartie eines spätmittelalterlichen kleinen Schiffes, vielleicht eines Fischerbootes. Um oder nach 1489 gebaut und 1989 in Bremen gefunden. Zeichnung: Ch. v. Fick, Der Landesarchäologe Bremen*

8 Ders.: A rapid method for the detection of polyethylene glycols (PEG) in wood. In: Studies in Conservation 28, 1983, S. 189–193; auch: Zwei einfache Methoden zum Nachweis von Polyethylenglykol im Holz. In: Deutsches Schiffahrtsarchiv 8, 1985, S. 95–100.

9 Ders.: A waterlogged medieval river craft from the Rhine stabilized in a two-step polyethylene glycol treatment. In: Preprints 9th Triennial Meeting of the ICOM Committee for Conservation, Dresden, 1990, S. 229–233.

10 Ders.: und D. Ellmers, Ein Frachter aus der Zeit Karls des Großen. In: Bremer Archäologische Blätter, Neue Folge, 1991, S. 33–37.

11 Young, G.S., und I.N.M. Wainwright: Polyethylene glycol treatments for waterlogged wood at the cell level. In: Proc. ICOM Waterlogged Wood Working Group Conference, Ottawa, D.W. Grattan and J.C. McCawley eds., 1982, S. 107–116.

12 Young, G.S., und R. Sims: Microscopical determination of polyethylene glycol in treated wood – the effect of distribution on dimensional stabilization. In: Proc. ICOM Working Groups on Wet Organic Archaeological Materials and Metals Conference, Fremantle, J.D. MacLeod ed., 1989, S. 109–140.

13 Hoffmann, P., K.-N. Choi und Y.-H. Kim 1991, The 14th-century Shinan Ship-Progress in conservation, IJNA 20, 1, S. 59–64.

14 Jones, M.A. und M.H. Rule, 1991, Preserving the wreck of the MARY ROSE, Proc. 4th ICOM Group on Wet Organic Archaeological Materials Conference, Bremerhaven, P. Hoffmann ed., S. 25–48.

15 Morgós, A., L. Glattfelder-McQuirk und E. Gondár, 1987, The cheapest method for conservation of waterlogged wood: The use of unheated sucrose solutions. Preprints 8th Triennial Meeting of the ICOM Committee for Conservation, Sydney, S. 313–319.

16 Cott, J., und A. Unger: Resultate einer Naßholzkonservierung mit Zucker. In: Restauro 6, 1991, S. 392–397.

17 Wieczorek, K., K. Tomaszewski und K. Wroblewska, 1991, The conservation of waterlogged wood from excavation at Pultusk – the comparison of different treatment methods. Proc. 4th ICOM Group on Wet Organic Archaeological Materials Conference, P. Hoffmann ed., S. 281–315.

Anschrift des Verfassers:
Dr. Per Hoffmann
Deutsches Schiffahrtsmuseum
D-2850 Bremerhaven

VERKEHRSTECHNIK AUF BINNENWASSERSTRASSEN IN RUSSLAND ZUR WIKINGERZEIT

VON CHRISTER WESTERDAHL

Einleitung

Kaiser Konstantins VII. Schilderung der im Winter durchgeführten Fahrten der Rus (griech. Ῥῶς) zu den untergebenen Völkern (russ. *poljudie* = »beim Volke«, zu Zeiten Haralds des Harten in norröner Sprache *polutasvarf* – »Runden-, Herumgehen«) ist im Vergleich zu seiner Schilderung des Weges durch die Dnjepr-Stromschnellen stets vernachlässigt worden. Das ist nicht weiter verwunderlich, da sich auch Konstantins Interesse auf die Fahrt der Rus in seine eigene Hauptstadt konzentriert.

Doch in all ihrer Kürze ist die Textpassage über die inneren Verhältnisse im Reiche der Rus eine ungewöhnlich wertvolle Quelle. Wir sehen hier nämlich den Entstehungsprozeß des russischen Staates. Zwischen den knappen Zeilen können wir die vier Grundbedingungen für eine Staatsgründung erahnen: 1. Steuerwesen, 2. Delegieren von Autorität/Machtausübung, 3. regionale Produktion, 4. Wege- und Verkehrssystem.[1] Innerhalb des Machtbereichs wird eine Art *hirđ* (= Gefolgschaft, russ. *drusjina*) unterhalten, der der Fürst gewisse Befugnisse übertragen hat; wenigstens sammeln ihre Anführer verschiedenartige Produkte ein – eine Art von Besteuerung. – Hierzu gehören sicherlich Pelzwerk, Sklaven, Wachs, Honig, d.h. solche Waren, die später unter zentraler Führung nach Konstantinopel gebracht werden. Aus mehreren Gründen ist das Winterhalbjahr für diesen Auftrag die geeignetste Zeit, zumindest was das Pelzwerk betrifft; aber es wird auch berichtet, daß die Stämme an den Oberläufen der Nebenflüsse im Winter Boote bauen und liefern, um so die umfangreichen Transporte auf den weitverzweigten Gewässersystemen überhaupt erst zu ermöglichen. Sobald das Eis aufbricht, fährt man flußabwärts nach Kiew, der Metropole und Sammelstelle, wo der Staat – der Fürst – bereits sein unbestrittenes Oberzentrum besitzt.

Wir erhalten obendrein eine hervorragende Beschreibung der Boote selbst. Unter Heranziehung ethnologischer Parallelen, besonders aus Nordskandinavien, verstehen wir leichter, wie ein solches Verkehrssystem in subarktischem Gebiet und in weitestgehend weglosem Land funktionierte. Auffallend ist überdies, daß eine fast gleichzeitige Quelle (ca. 900 n.Chr.) aus dieser Region, der Bericht Óttars an König Alfred den Großen von Anglia, eine Besteuerung der Samen erwähnt (»Lappenschatz«), die an *polutasvarf* erinnert. Später wird sie von nordischer Seite aus »Finnenfahrt« genannt. Diese Finnenfahrt spiegelt mit großer Wahrscheinlichkeit einen Aspekt der norwegischen – und vermutlich auch schwedischen – Staatsbildung wider. Über die Konkurrenten der Nordleute, die Kvänen, berichtet Óttar, daß sie in kleinen, sehr leichten Booten führen, die zwischen den Seen über Land getragen würden. Diese Schilderung zeigt in bezug auf Funktion und Handhabung der Boote große Übereinstimmung mit Rußland. Bootsfunde aus beiden Gebieten bekräftigen die konstruktiven Parallelen, ebenso wie später historische Quellen (z.B. Olaus Magnus), lokale Topographie und Ortsnamen.

Das Projekt KRAMPMACKEN

Forsch hat der schwedische Archäologieprofessor Erik Nylén vor einigen Jahren seine Fahrt zum verlockenden Istanbul durchgeführt. Mannhafte Gotländer schleppten das Schiff KRAMPMACKEN viele Meilen durch die Karpaten. Schuld an diesem Umweg war die Kleinkariertheit der damaligen sowjetischen Behörden und nicht der bewußte Vorsatz, es sich so schwer wie möglich zu machen. Das Projekt KRAMPMACKEN war sicher ein ungewöhnlich konkreter Versuch experimenteller Archäologie, das darüber hinaus ungewöhnlich lesbar in Buchform geschildert worden ist.[2] Überdies wurde durch wirksame Public Relation das öffentliche Interesse an dem Projekt enorm gefördert, so daß zweifellos jetzt auch dem gemeinen Mann in Schweden für die östlichen Verbindungen zur Wikingerzeit (und früher!) die Augen geöffnet worden sind, ein Feld, das lange brachgelegen hatte.

Es scheint – merkwürdig genug –, daß sich in Skandinavien immer noch vor allem die Dänen für die historischen Quellen interessieren. Auf schwedischer Seite war Norrbacks Übersetzung der »Nestorchronik« der letzte Beitrag; sie erschien 1914. In Dänemark hat man 1983 mit beträchtlichem Erfolg ein wesentlich umfangreicheres Buch desselben Inhalts zu mäßigem Preis herausgeben können.[3] Bekanntlich war es auch ein dänischer Wissenschaftler, Vilhelm Thomsen, der bereits 1877 das erste und in mancherlei Hinsicht noch heute gültige Standardwerk über die Rus publiziert hat: »The Relations between Ancient Russia and Scandinavia and the Origin of the Russian State«, Oxford 1877; eine schwedische Übersetzung erschien 1882. Nicht weniger wichtig war das Wirken des kenntnisreichen A. Stender-Petersen.[4] Diese Forschungssituation ist umso bemerkenswerter, wenn man die Bedeutung in Betracht zieht, die nahezu alle Forscher gerade den schwedischen Rus beimessen, und da in allererster Linie dem Rurik der Nestorchronik. Es ist wenig überzeugend, wenn jetzt versucht wird, den früher für einen Schweden gehaltenen Rurik mit dem bekannten dänischen Condottiere Hrörekr (Rorek) zu identifizieren, der aus königlichem Geschlechte stammte und im Dienste des fränkischen Königs Friesland gehalten hatte. Vor diesem Hintergrund wäre es an und für sich angemessen gewesen, ihn (und eventuell seine zwei »Brüder«, die die Nestorchronik erwähnt) für das Jahr 862 wegen der wahrscheinlich slawisch-finnischen Koalition als bekannte Persönlichkeit für den Druck der nordischen Wikinger auf Rußland beizuziehen. Stattdessen soll Rorek 867 aus dem Frankenreich vertrieben worden sein, ist allerdings einige Jahre später wieder in Friesland. Zwischen 873 und 882 soll er im Westen gestorben sein.[5] Ein russischer Rurik müßte ja logischerweise in Rußland geblieben sein. Nicht einmal die Namen seiner bekannten Brüder stimmen; doch das nur nebenbei.

Ein dendrochronologisch auf 842–855 datierter Zerstörungshorizont in Staraja Ladoga kann u.U. in historischen Bezug zu Rimberts Angaben über einen Angriff auf Birka im Mälarsee im Jahre 852 gesetzt werden, da der vertriebene schwedische Kronprätendent Anund seine ihm alliierten Dänen überreden kann, zu einem Ort zu ziehen, der weit entfernt im Land der Slawen liege – *i finibus Slavorum*. Dieser Ort wurde dann von der dänischen Flotte erobert, die aus 21 Schiffen bestand.[6] Der Nestorchronik zufolge wurden Rurik und seine Brüder 862/863 herbeigerufen. In der Zeit danach ist in Nordrußland eine bemerkenswerte Stabilität zu verzeichnen. Die Anwesenheit des wahrscheinlich schwedischen Rurik und seiner Schutzmannschaft hat deutlich abschreckend gewirkt, genau so, wie es beabsichtigt war. Aber die skandinavischen Unternehmungen gen Osten sind ja vermutlich immer »joint ventures« gewesen, deren Krieger sich aus ganz Skandinavien rekrutierten.

Hier soll nun auf eine andere historische Quelle aufmerksam gemacht werden, die in ganz besonderem Maße die Verkehrstechnik im Osten betrifft, die aber offenbar im Zusammenhang mit dem Abenteuer KRAMPMACKEN völlig in den Hintergrund gerückt ist. Dafür kann man sicherlich nicht den fehlenden Übersetzereifer speziell in Schweden verantwortlich

Abb. 1   KRAMPMACKEN *unter Segel auf der Donau. (Aus E. Nylén, 1987)*

machen, aber es ist bezeichnend, daß diese wichtigste Quelle für das tatsächliche Verfahren der Rus beim Verkehr auf den russischen Strömen hin zum Schwarzen Meer und nach Konstantinopel nur in einer modernen englischen Übersetzung zugänglich ist. In Schweden scheint diese Quelle lediglich in Hinsicht auf die skandinavischen, wahrscheinlich schwedischen Ortsnamen der Dnjepr-Stromschnellen wissenschaftliche Aufmerksamkeit geweckt zu haben.[7] Diese Namen werden gleichzeitig in ihrer slawischen Form tradiert, was besonders überrascht, wenn man bedenkt, welche Konsequenzen der Nachweis wenigstens eines skandinavischen Gewährsmanns für die Darstellung hat, auch für den Rest des Textes.

Das Vorbild

Zunächst sollen der Konstruktion der KRAMPMACKEN einige Worte gewidmet werden, denn diese Schiffskonstruktion ist relevant für die Verkehrstechnik in wegelosem Land und ebenso für das archäologische Experiment als solches. Ausgangspunkt für experimentelle Bootsarchäologie sollte sein, daß von dem betreffenden originalen Fahrzeug mindestens so viel erhalten ist, daß man es mit einiger Sicherheit rekonstruieren kann. Einige grundlegende Regeln für eine wissenschaftlich abgesicherte Rekonstruktion hat Séan McGrail schon 1974 formuliert.[8] In jedem Fall sollten 50 bis 60 Prozent des Schiffsholzes erhalten sein, zumindest von einer Seite, und dazu eine repräsentative Auswahl von allen Teilen des Schiffes. Nyléns KRAMPMACKEN wurde nach dem Vorbild des »Bulverketbootes« gebaut, zwar – wie es sich schließlich gehört – ein gotländischer Fund, aber doch vom Beginn des Mittelalters, wahrscheinlich aus der Zeit kurz vor 1200. Nach Björn Varenius' schiffstechnischer Analyse dieses

Fundes[9] handelt es sich offenbar um ein Fahrzeug mit holzvernagelten Planken. Wir glauben aber heute mit Sicherheit sagen zu können, daß die holzgenagelten Fahrzeuge der Wikingerzeit und des frühen Mittelalters nur dem westslawischen (wendischen) Gebiet an der südlichen Ostsee zugehören.[10] Findet man solche Schiffe außerhalb dieses Gebiets, müssen die Funde demzufolge als Zeichen westslawischer Anwesenheit aufgefaßt werden, was dann auch noch auf andere Weise belegt werden müßte.[11] Seit dem erstaunlichen Fund einer slawischen Schiffswerft auf Falster in Dänemark sind mehrere andere Funde von holzgenagelten Schiffsteilen ans Licht gekommen, u.a. in archäologischen Schichten in Sigtuna in Schweden.

Konstruktionsmäßig weist das Bulverketboot übrigens nach Varenius die größten Übereinstimmungen mit einem der wikingerzeitlichen (10. Jh.) Funde von Danzig-Ohra (Gdańsk-Orunia)[12] auf – mit den durch die jeweilige Größe und Funktion bedingten Unterschieden. Dies Gebiet war ja nun einer der slawischen Kernbereiche. Ist das Bulverketboot daher vielleicht gar völlig slawischen Ursprungs? Wäre man noch kühner, könnte man ganz erstaunliche Schlüsse daraus ziehen, daß ein Boot slawischer Bauart über eine Meile landeinwärts auf Gotland gefunden wird, in einem See mit gewaltigen Befestigungen aus Holz, einzigartig in ganz Skandinavien. Zwar sind vor kurzem auf Südgotland in einem anderen See, dem Mjölhatteträsk, ähnliche Konstruktionsdetails gefunden worden; aber mit größter Sicherheit gibt es zu diesen Seebefestigungen nur in östlichen Gebieten Parallelen, im Wendischen (inklusive Polen), im Baltischen (Lettland) und im Finnisch-Ugrischen (Süd-Estland). Das übrige Fundmaterial kann ebenfalls östlicher Provenienz zugeschrieben werden, und es hat im Gegensatz zu früheren Auffassungen in das frühe Mittelalter datiert werden können.[13] Ich habe also 1985 mit meinen Bemerkungen über die Funktion Bulverkets und die Bedeutung der holzgenagelten Boote den Nagel auf den Kopf getroffen.[14] Seither hat der Unterwasserarchäologe Johan Rönnby die Befestigung dendrochronologisch auf ca. 1120 datieren können, was die späte Datierung stützt, die ich ihr habe geben wollen.[15] Auch andere Verfahren, wie die C14-Methode, weisen auf die Mitte des 12. Jahrhunderts. Die mögliche Zeitspanne reicht dabei bis zum Beginn des 13. Jahrhunderts. Das aber ist die Zeit der Hochblüte der slawischen Seeräuber auf der Ostsee, besonders jener, die auf Rügen und in Pommern ihre Basis haben, samt der späteren Hochkonjunktur für die Bewohner Ösels und die Kuren. Die Situation Mitte des 12. Jahrhunderts schildert Saxo Grammaticus für Dänemark in sehr düsteren Farben, selbst wenn man annimmt, daß er in dieser Hinsicht zu Übertreibungen neigt, weil er seine erlösenden Helden in desto hellerem Glanze strahlen lassen will. Doch auch andere Quellen sprechen von weitgestreuten Heerzügen in Dänemark und ferner vom geglückten Überfall auf Konungahella, den wichtigsten Handelsplatz Norwegens, im Jahre 1135. Ferner hat vorläufig festgestellt werden können, daß die Befestigung wahrscheinlich nur eine kurze Zeitspanne ihrem Zweck diente, denn sie versank im Kalkschlamm; sie ist ausgebleicht. Das widerspricht früheren Auffassungen von mehreren Baustadien.

Das Holz des Bulverketbootes selbst war durch die Konservierung weitgehend kontaminiert, weshalb die C14-Analyse, die den Eindruck einer späten Datierung um 1200 erweckte, auf Skepsis stieß. Stattdessen hat man die bautechnische Verwandtschaft des Bootes mit wikingerzeitlichen Fahrzeugen insgesamt hervorgehoben. Dabei darf man aber nicht vergessen, daß das Bulverketboot nur ein kleines Ruderboot ist, mit ganz anderen Voraussetzungen als große Ruderschiffe mit Rahsegel. Schließlich haben Bauernboote dieser Größe bis in weit spätere Zeiten noch sehr altertümliche Züge gehabt.

Eignet sich unter diesen Voraussetzungen eigentlich ein frühmittelalterliches Bootsmodell, noch dazu aus einer fremden Bautradition, als Illustrationsmaterial für die Ostfahrten der Gotländer zur Wikingerzeit?

Außerdem war so außerordentlich wenig vom Bulverketboot erhalten, daß es unumgänglich war, das neue Boot im Prinzip »nach dem Gefühl« zu konstruieren, mit unseren moder-

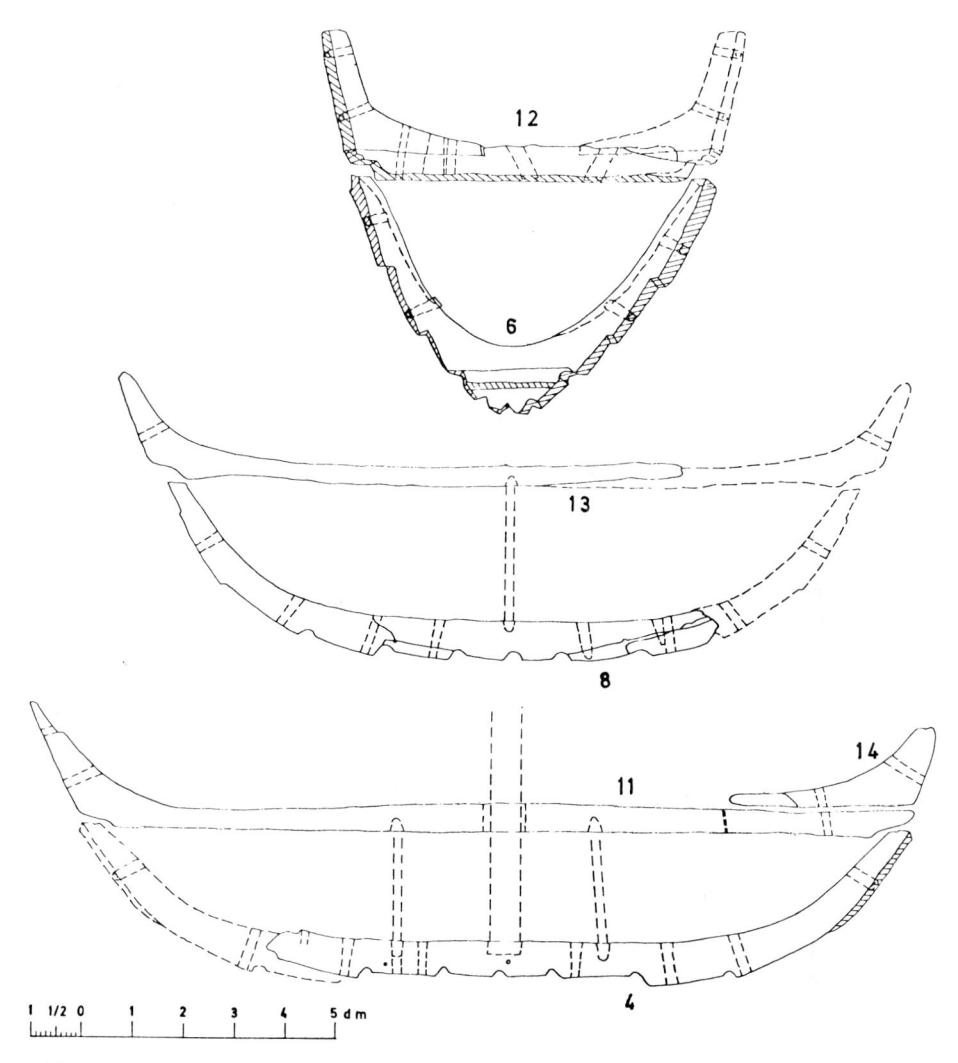

Abb. 2 *Bulverketboot, Gotland. Rekonstruktionszeichnung der Bodenwrangen 4, 6 und 8 sowie der Querhölzer 11–13.*

nen Vorstellungen darüber, wie ein solches Boot auszusehen hätte. Das Gemisch wurde noch weiter verwässert durch die Kenntnis gotländischer Gebrauchsboote wesentlich späterer Zeit. Und endlich wurden für den Bau moderne Bootsbauer engagiert, mit ihren heutigen technologischen Traditionen. Damit hatte man gegen alle grundlegenden Regeln verstoßen, die – wie oben gesagt – Séan McGrail in seinem wichtigen Werk über den Bau einer Replik eines kleinen Bootes vom Gokstadfund – des Färings, dessen Original übrigens gut erhalten ist – erarbeitet hatte.

Das Resultat war nicht unbedingt ein schlechtes Seeschiff. Aber der Name KRAMPMACKEN, ein liebevoller gotländischer Spottname, wurde augenblicklich akzeptiert, was zweifellos für Humor und gute Stimmung bei der Projektleitung spricht.

Die Kritik, die hier am Bau der KRAMPMACKEN selbst und seinen Grundlagen geübt wird, ist meilenweit entfernt von den säuerlichen Kritikern, die sich über Erik Nyléns handfeste

Methoden und allgemeine Abenteuerlust mokieren. Solches Verhalten scheint meist auf Mißgunst der Betreffenden zu beruhen und deren Unvermögen, die eigenen Forschungsergebnisse der Öffentlichkeit vorzuführen.

Nun kann man natürlich die Frage stellen, ob es denn wirklich so wichtig gewesen wäre, das richtige Boot zu bauen. Die Zielsetzung war ja, ein Boot von angemessener Größe für den Flußverkehr und das Über-Land-Schleppen in Osteuropa zu erproben. Die Erfahrungen aus dem Umgang mit Boot und Gelände könnten dennoch wichtig sein. Überdies waren keine Bauernboote verfügbar, so daß nur übrig blieb, ein neues zu bauen.

So könnte man gewiß argumentieren. Aber die Experimente in bezug auf die Segel- und Rudereigenschaften des Bootes, die in den Berichten geschildert werden, zeigen deutlich, daß man jedenfalls glaubte, mit dem Nachbau eines wikingerzeitlichen Wasserfahrzeugs umzugehen. Denn warum sollte man sich sonst vom wissenschaftlichen Standpunkt her für das Experiment interessieren? Wie die Segeleigenschaften der KRAMPMACKEN mit den Rudereigenschaften verglichen wurden, ist mir immer noch ein Rätsel. Mir kommt sie eher wie ein (zu klein geratener) Mischling vor, bei dem keine der bisher gewonnenen schiffsarchäologischen Erfahrungen verwertet worden ist. Ich als Schwede muß hier betonen, daß alle Nachbauten, die in Vikingeskibshallen in Roskilde, Dänemark, entstanden sind, ein ganz anderes Qualitätsniveau erreichen. Nicht nur in ihrem Interesse für die historischen Quellen und in deren Beherrschung sind die dänischen Forscher klar überlegen.

Die Voraussetzungen

Ernster ist jedoch der nächste Einwand, der praktisch die Grundvoraussetzung für die Fahrt der KRAMPMACKEN trifft. Für den ganzen Weg nach Miklagard – Byzanz – wurde möglicherweise gar nicht ein und dasselbe Schiff benutzt! Das Bild schweißtriefender Wikinger, die das Gokstadschiff kilometerlang über die Schleppstrecken in Rußland zerren, ist sicher schon durch Erik Nyléns Annahme einer etwas wahrscheinlicheren Schiffsgröße verblichen. Nyléns Annahme gründet sich teilweise auf die Abbildungen auf gotländischen Bildsteinen, so daß sie zweifellos ein gewisses Heimatrecht auf Gotland hat. Über diese außergewöhnlichen Bilder hat Nylén selbst eine verdienstvolle Arbeit publiziert. Außerdem wissen wir, daß das Handelsschiff der Ostsee generell kleiner war als das der Nordsee. Im »Gutalag«, dem Gesetz der Göten, wird in § 36 ein *Caup schip* im 14. Jahrhundert als ein Fahrzeug mit 13 Spanten und drei Querbalken bezeichnet. Das dürfte ungefähr übereinstimmen mit dem, was in norrönen Quellen *austrfararknǫrr* genannt wird. Skuldelev III, das kleine Handelsschiff, hat zehn Spanten und zwei Stevenschotte; der mittlere Spantabstand beträgt 94 cm. Die Gesamtlänge dürfte demnach ca. 13,5 m betragen haben, die Breite ca. 3,2 m. Da der durchschnittliche Spantabstand sich bei geklinkerten Schiffen im Laufe des Mittelalters bis zur Hälfte des wikingerzeitlichen Maßes verringerte, kann die Entsprechung des 14. Jahrhunderts zur *austrfararknǫrr* kaum länger als 14 m gewesen sein.[17] KRAMPMACKEN ist nur 8 m lang und hat neun Spanten. Ich will nun keinesfalls behaupten, daß überwiegend Schiffe der Größe von Skuldelev III – deren wissenschaftlicher Nachbau übrigens ROAR EGE heißt – auf Newa, Wolga, Dnjepr oder Don geschleppt worden seien, doch selbstverständlich müßten in Skandinavien gebaute und in Rußland gebrauchte Fahrzeuge mindestens einmal ganz bis ins Innere Rußlands gekommen sein. Möglicherweise läßt sich das an Bootsgräbern mit Funden von Eisennieten belegen[18] oder aus Ibn Fadlans berühmtem Bericht über die Bestattung eines russischen Häuptlings in einem Schiff am Ufer der Wolga; von diesem Fahrzeug kennt man allerdings weder Größe noch Konstruktion, doch handelt es sich nicht um ein größeres Exemplar. Überdies können solche Schiffe auch in Rußland gebaut worden sein, aber in nordischer Bau-

Abb. 3   ROAR EGE *während des Baus.*

tradition. In Nowgorod hat man, wie bereits gesagt, nicht eine Spur skandinavischer Schiffe gefunden, obwohl man doch gerade dahin leicht von der Ostsee hätte gelangen können, ohne die großen Probleme, die mit der Befahrung der inneren Flußsysteme verbunden waren.

Hingegen hat man Klinkernägel und Holzfragmente kleinerer Wasserfahrzeuge gefunden und, worauf Korhonen aufmerksam gemacht hat[19], Steventeile in Flügelform. Solche Stevenformen sind indes auch in Skandinavien nicht ganz unbekannt. Ferner ist zu bemerken, daß die einheimisch russische Bootstechnologie relativ wenig von den Fahrzeugen der Neuankömmlinge beeinflußt worden ist – ein starker Kontrast zu Westeuropa, wo nicht nur die nordische Klinkertechnik, sondern auch eine Reihe von Konstruktionsdetails kopiert wurden. In Nordrußland gibt es immer noch Schalen-, Skelett- und Kraweeltechniken.[20] Sicher sind die letzteren in historischer Zeit eingeführt worden, aber es zeigt sich daran auch, daß die skandinavische Bauweise – Klinkerung und Schalenbau – nicht selbstverständlich als überlegen für die Anforderungen an russische Inlandsboote aufgefaßt wurde.

In diesem Zusammenhang sollte man zuvörderst das System der russischen festen Handelsstationen betrachten, mit den neueren Grabfunden, die auf skandinavischen Ursprung deuten. Skandinavier hatten demnach die Kontrolle an den Übergängen von Fluß zu Fluß oder an den Kreuzungspunkten von verschiedenen Gewässersystemen, über gerade die Stellen also, wo man hat umladen oder das Boot wechseln können. Den Sachverhalt, daß die Kontrolle über diese Übergangsbereiche oder Paßstellen durch die gesamte bekannte russische Geschichte hindurch ein entscheidender Faktor gewesen ist, hat besonders der amerikanische Historiker Robert Kerner herausgearbeitet.[21] In hohem Maße gilt das für Smolensk mit dem riesigen Gräberfeld von Gnezdovo, wo sowohl die Schleppstrecke von der südlichen Düna (lett. Daugava) als auch der Fluß Lovat von Nowgorod her in den Dnjepr münden. Die Frage ist, ob das nicht genau die Absicht bei der Anlage war. Darüber hinaus muß man annehmen, daß diese Stationen einen Hintergrund im eigenen Verkehrssystem der Slawen hatten, jedenfalls eher als in einer neu eingeführten Technik.

Eine Fahrt nach Miklagard dürfte demnach ein mehrjähriges Unternehmen gewesen sein. Zu der kleinen Menge Ladung, die eventuell von den neu angekommenen Rus nach Rußland mitgebracht worden war, wurden im Verlaufe mehrerer Jahre weitere Waren gehäuft, die im Dienst der Fürsten der Rus beziehungsweise auf Handelsstationen angesammelt wurden. Dieser Dienst wurde in Gruppen ausgeübt, die man vermutlich am besten als räuberische Steuer- oder Handelskompanien bezeichnet; die Grenzen zwischen den Funktionen sind fließend und beruhen zum Teil auf dem Grad der Kontrolle und der internen Organisation. Wenn sich die Gelegenheit ergab und die Menge der Waren hinreichend groß war, organisierte der Kopf der Kompanie, also der Fürst, einen Zug oder eine Handelsexpedition zum Schwarzen Meer, oftmals sogar bis Konstantinopel. Man fuhr wegen der Gefahren an den Flußufern fast ausschließlich in Konvois. Dies Verfahren setzt nicht notwendigerweise einen regulären Frachtschiffs- oder Passagierverkehr voraus; man hat jedoch nicht ein und dasselbe Schiff auf dem ganzen Weg von Skandinavien nach Konstantinopel verwendet!

Die meisten Rus wohnten offenbar ständig in Rußland und glichen sich schnell der einheimischen Bevölkerung an, besonders wenn die Neuankömmlinge junge, ungebundene Männer waren, die sich am Ort verheirateten. Wenn nicht ständig hinreichende Zufuhr von Skandinavien nachkam, befand man sich überdies in einem – grob gesehen – slawischen Milieu. Die Bevölkerungszahl in Skandinavien war ja im Vergleich zu der Rußlands verschwindend klein. Der Nachschub an Menschen kam also sicherlich nur in kleinen Mengen, es sei denn, daß die Fürsten der Rus während kriegerischer Verwicklungen bei Fürsten oder ihren Verwandten im Norden um zusätzliche Hilfe baten. Selbständige skandinavische Wikingerzüge nach Osten hat es möglicherweise nie gegeben.

Verkehrsgeographische und schiffsarchäologische Aspekte

Der Sprachwissenschaftler Olavi Korhonen von der Universität Umeå hat in seiner Abhandlung »Samisk-finska båttermer och ortnamnselement och deras slaviska bakgrund. En studie i mellanspråklig ordgeografi och mellanfolklig kulturhistoria« (1982)[22] die Verhältnisse analysiert, die prägend sind in bezug auf die Bootstermini und deren sachlichen Hintergrund. Wie schon erwähnt, wurden z.B. in Nowgorod keine Spuren von Wasserfahrzeugen spezifisch skandinavischen Typs gefunden. Was man hingegen gefunden hat, sind Reste großer und kleiner Einbäume. Korhonen weist nun u.a. darauf hin, daß die Bautradition der interessanten gespreizten Espenboote (finn. *haapio*, zu *haapa* »Espe«; dann allmählich in veränderter Bedeutung »kleines geklinkertes Flußboot, vgl. schwed. *håp*) vermutlich via Rußland in die finnisch-ugrische Region gelangt ist.

Der Austausch von Termini und Bootstypen ist aber auch den umgekehrten Weg gegangen. Erinnern wir uns, daß der Kernbezirk der finnisch-ugrisch sprechenden Region bereits in Rußland liegt. Ferner wissen wir, daß verschiedene andere Impulse in der Wikingerzeit und in

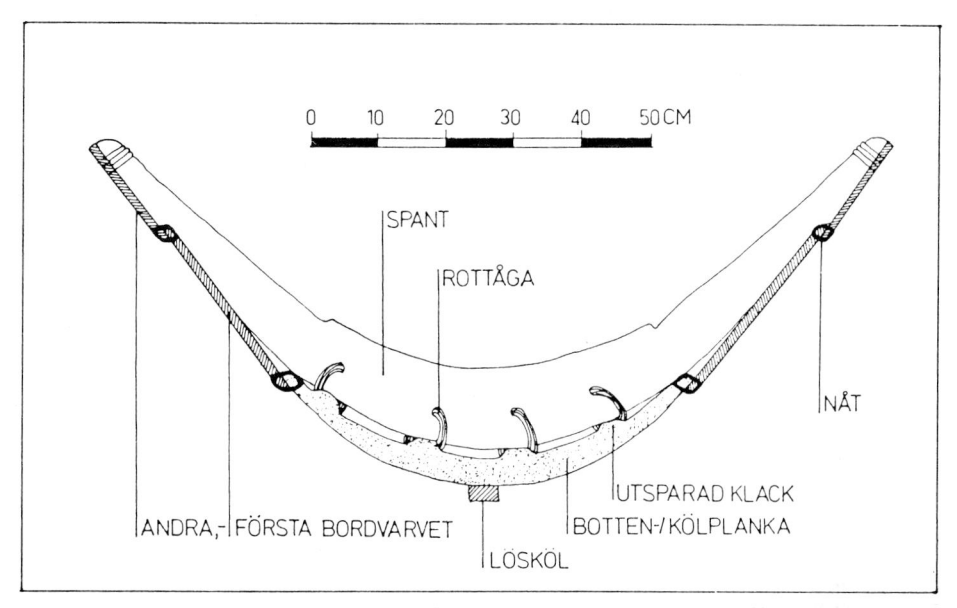

Abb. 4 *Schematischer Querschnitt durch das Mekrijärviboot. (Nach Forsell, 1983)*

der jüngeren Eisenzeit von Osten nach Skandinavien gekommen sind; z.B. wird unsere spezifische Form der Holzbaukunst aus Rußland übernommen worden sein. Gleiches gilt vermutlich für die finnische Sauna. In Norwegen kennen wir ganz konkret Haralds des Harten Wirken als Innovator nach seinem Aufenthalt in Rußland und seiner Zeit als Hauptmann der Wäringergarde in Konstantinopel in der Mitte des 11. Jahrhunderts. Die russischen Einflüsse auf das heutige Finnland und weiter westwärts dürften denselben Hintergrund haben wie der Austausch der skandinavischen Rus.

Anfangs lagen also die hauptsächlichen maritimen Einfallstore in die riesigen russischen Gebiete auf finnisch-ugrischem Territorium, ob man nun über die Newa-Mündung, also über das schon genannte Staraja Ladoga (nord. *Aldeigjuborg*) in die Region kam oder gar noch weiter im Norden. Verschiedene ostseefinnische Völker wie die Finnen und nahverwandte Stämme wie die Tjuden (russ. Name für die Esten) nahmen selbst am Handel nach Rußland und Miklagard teil. Schon früh stellten sie einen Teil der Wäringergarde in Konstantinopel und auch der Gefolgschaften der Fürsten der Rus. Wahrscheinlich waren sie sogar von den ältesten Zeiten an in die Rus integriert. Die Zusammenarbeit zwischen Schweden und Finnen dürfte auf diese Zeit zurückgehen und später im frühen Mittelalter zu einer gemeinsamen Staatsbildung geführt haben. Darüber darf man natürlich nicht die zweite wichtige Route über die südliche Dvina (Düna, Daugava) vergessen, die im baltischen (lettischen) Gebiet beginnt.

Noch eine weitere wichtige natürliche Gegebenheit teilt ein größeres fennoskandisches Gebiet mit Nordrußland: Verkehrsgeographisch gesehen ist das Innere Fennoskandias Teil eines großen, weithin weglosen Gebietes in Nordeuropa. Verbindungswege auf dem Wasser sind hier für jeden Verkehr grundlegend gewesen. Wasserscheiden sind die entscheidenden Transit- und Übergangsstellen, wo man sein Boot tauschte oder von wo aus man sein Fahrzeug trug, schleppte oder zog. Für die vorgeschichtliche Zeit ist dieser gebrochene Verkehr auch in Teilen Südskandinaviens belegt. Der Linguist Bengt Hesselman hat 1930 in einer Studie besonders auf die schwedischen Ortsnamenelemente *Bor-*, *Ed-* und *Drag-* hingewiesen, die sich auf das Tragen bzw. Über-Land-Ziehen oder -Schleppen von Booten beziehen.[23]

Abb. 5 und 6 *Rusischer (karelischer) Bootstransport über Land. (Nach Olaus Magnus, 1555)*

Welche Bootstypen auf solchen Verkehrswegen gebraucht wurden, zeigen mit aller wünschenswerten Deutlichkeit die Bootsgräberfelder in Mittelschweden, besonders die Funde von Valsgärde nahe Uppsala und Tuna in Badelunda. Sie leiten zu der Vermutung, daß die Verbindungstechniken und Größen der Boote ursprünglich nicht ohne Bedeutung für die Handhabung waren. Bemerkenswert ist weiter, daß hier sowohl geklinkerte als auch genähte Boote belegt sind, selbst wenn die letztere Gruppe bislang nur durch einen sicheren Fund vertreten ist, nämlich Tuna Nr. 75. Das genähte Tuna-Boot aus der Zeit um 800 n.Chr. ist im übrigen auf einem aus einem Baum gehauenen Kiel konstruiert, vom selben Typ also wie die weit später belegten finnischen Inlandsboote, z.B. das wohl aus dem 17. Jahrhundert stammende Mekrijärviboot.[24]

Wie man nach einer Wegstrecke auf dem Wasser weiter verfuhr, illustriert noch der schwedische Erzbischof und Geograph Olaus Magnus im 16. Jahrhundert gerade in Hinsicht auf Russen oder Karelier. Im Jahre 1519 hatte er auf dem Markt von Torneå im innersten Winkel des Bottnischen Meerbusens Männer getroffen, die auf diese Weise über die finnischen Seesysteme reisten.[25] Das Muster, wie man in diesem Gebiet vorankommen kann, war noch in jüngerer Zeit bei den Waldsamen und agrarischen Neusiedlern im Innern Nordfennoskandias lebendig. Ferner hat der Sprachforscher Karl-Hampus Dahlstedt auf die reich ausgebildeten Ortsnamenglieder aufmerksam gemacht, die in der schwedischen Lappmark auf Übergangsstellen an Stromschnellen und Wasserscheiden hinweisen: *ed, mårka, luspe, hovde* usw.[26] Gleich vielfältige Termini für ebendiesen Sachverhalt gibt es im Finnischen[27], wo selbst die Grundworte für »reisen«, *matka* und *taival (taipal/e/),* im Grunde zunächst einen Verkehr über Land zwischen zwei Gewässern meinen, besonders an Stromschnellen und Wasserscheiden. Das schwedische *mårka* und das finnische *muotka* stammen übrigens beide aus dem samischen *muor'hke,* das die gleiche Bedeutung hat.[28] Abermals zeigt dieses Gebiet seinen Wert in einem größeren Zusammenhang durch die immer noch lebendigen Relikte eines uralten Verkehrssystems, das vorzeiten wesentlich weiter verbreitet war.

Gleichzeitig darf man jedoch nicht vergessen, daß ein grundlegender Unterschied darin besteht, ob man die Boote zieht oder trägt,
1. in einem relativ ebenen, tiefliegenden Gebiet mit Flüssen geringer Strömung, wie in Südskandinavien und auch großen Teilen Rußlands – das uns hier besonders interessiert –, und
2. bei Verkehren flußauf oder flußab, mit Stromschnellen und Wasserfällen, in einem Gewässersystem mit starken Niveauunterschieden. Unter anderem stellen sich dabei, wie oben schon angesprochen, unterschiedliche Anforderungen an Konstruktion und sogar Größe der Fahrzeuge.

Aber die grundlegenden Bedingungen für Verkehre in weglosem Land ändern sich nicht. Daher kann es kein Zufall sein, wenn die hier angesprochenen Gebiete diejenigen sind, in denen sich genähte Boote am längsten gehalten haben.

Ich habe versucht, diesen letzteren Sachverhalt durch Anknüpfung an den russischen Terminus *Zavoloshche* näher zu bestimmen. Er bezeichnet das große Landgebiet nördlich von Nordrußlands Hauptwasserscheide zwischen den Flüssen, die in das Schwarze Meer oder das Kaspische Meer fließen, und jenen, die zum Eismeer/Weißen Meer und Nordatlantik entwässern. Wörtlich bedeutet *Zavoloshche* »das Land auf der andern Seite der Schiffsschleppstrecke«, d.h. der Wasserscheide.[29] Während des Mittelalters war *Zavoloshche* ein Steuerverwaltungsbezirk *(koloni)* in der Ratsrepublik Nowgorod, an der nördlichen Dwina gelegen, die in das Weiße Meer fließt. Dieselbe Bezeichnung gilt aber auch für die fennoskandische Inlandszone. Hier kommt in deutlich höherem Grade als in Südskandinavien der erhebliche Unterschied zwischen den Verhältnissen im Sommer (schneefreier Boden und eisfreie, offene Gewässer) und im Winter (Schnee und eisbedeckte Wasserläufe) zum Tragen. Der Winter brachte in bezug auf die Fortbewegung große Erleichterungen mit sich. Der Verkehrsbedarf ins Inland nahm während des Winters eher zu, vor allem aus wirtschaftlichen Gründen, wegen der Jagd auf Pelztiere, die aus europäischer Sicht das einzige attraktive Produkt mit hohem Marktwert waren und oft die einzige Möglichkeit boten, an Bargeld zu kommen. Regionalökonomisch war daneben zur selben Zeit, besonders im Spätherbst/Frühwinter, die Jagd auf Tiere sehr wichtig, die zum Verzehr geeignet waren. Dafür hat man in subarktischem Klima ein amphibisches Verkehrsverfahren entwickelt, in dem abwechselnd Rentierschlitten und andere Schneefahrzeuge verwendet wurden. Der Rentierschlitten hat offenbar in einem kleinen Boot binnenländischen Typs sein Vorbild, das – nach dem Fund von Soukolojärvi in Nordschweden zu urteilen – genäht gewesen ist.[30] Dieselbe Doppeldeutigkeit findet man übrigens im germanischen Wort *kane,* das sowohl »kleines Boot« als auch »Schlitten« bedeuten kann. Dies Wort nun liegt möglicherweise etymologisch dem nordischen Namen für Kiew, *Könugard,* zugrunde; doch gibt es auch andere Erklärungen.[31] Im Lichte dessen, was wir bereits über das russische Verkehrswesen und seine Wasserfahrzeuge angeführt haben, ist das sicher nicht nur vom etymologisch-linguistischen Gesichtspunkt aus ein interessanter Sachverhalt. Unsere wichtigste Quelle nennt ausdrücklich Kiew (wenn auch unter anderem

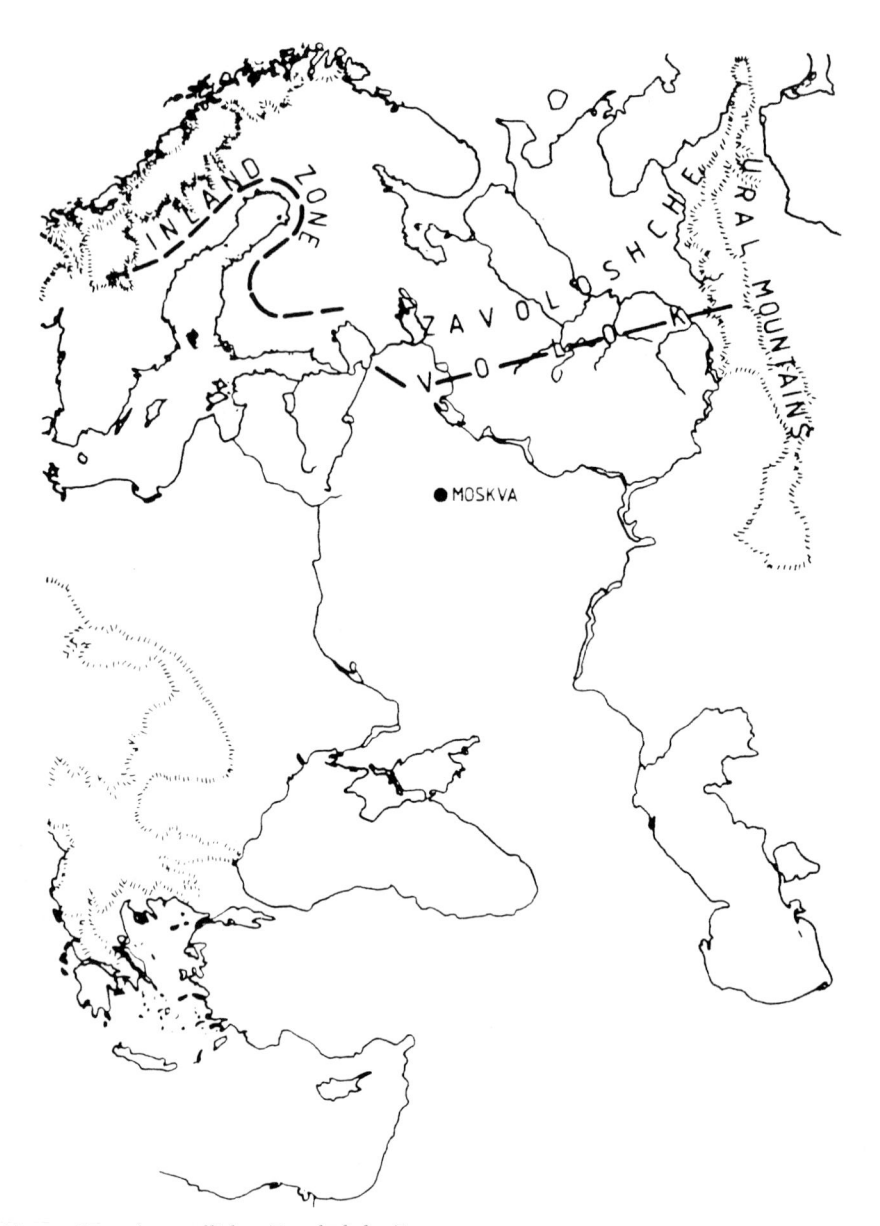

Abb. 7 *Karte der nördlichen Zavoloshche-Zone.*

Namen, *Sambates;* eventuell auch nordischen Ursprungs, zu *Sandbakki?)* als Zentrum für die seinerzeitigen Bootstypen.

Die Verkehrsverhältnisse, die ich hier herausgearbeitet habe, können im großen und ganzen für die gesamte Zeit vorausgesetzt werden, in der Menschen unter subarktischem Klima in diesem Gebiet gelebt haben. Schon sehr früh in prähistorischer Zeit haben Kontakte die gesamte eurasische *Zavoloshche*-Zone verbunden. Das belegt z.B. der frühneolithische Fund eines Schlittenfragments in Finnland: Er besteht aus einer Zirbelkiefer, die nachweislich aus dem Ural stammt.[32] Sicher kann man in diesem Fall auch an die Möglichkeit denken, daß der

Schlitten aus Treibholz gebaut worden ist, das aus dem Ural über die Barents-See nach Finnland gedriftet war; aber die Holzressourcen Finnlands dürften auch ohne solche Treibholznutzung unerschöpflich gewesen sein. Im übrigen gibt es natürlich noch eine Reihe anderer Kulturelemente, die Fennoskandia mit dem nordöstlichen Rußland verbinden. Teilweise knüpfen sie an die Theorie des norwegischen Sozialanthropologen Gutorm Gjessing über einen arktischen Kulturkreis an.

Jemandem, der mit einem Verkehrssystem vertraut ist, das in etwa dem russischen entspricht, fällt die Anpassung daran nach einer relativ kurzen Seereise bedeutend leichter als anderen Konkurrenten. Die großen Seensysteme und Flüsse Fennoskandias sind am ehesten mit den gewaltigen Flußsystemen im Innern Rußlands zu vergleichen. Hier gab es außer dem großen *Volok* im Norden auch ein Gebiet im Westen, um die Valdai-Höhen herum, in dem die in verschiedene Richtungen entwässernden Quellen der Flüsse reiche Möglichkeiten zu Verbindungen einerseits mit der Ostsee und andererseits mit dem Schwarzen Meer sowie schließlich über das Flußsystem der Wolga sogar mit dem Kaspischen Meer boten.³³ Von hier stammt

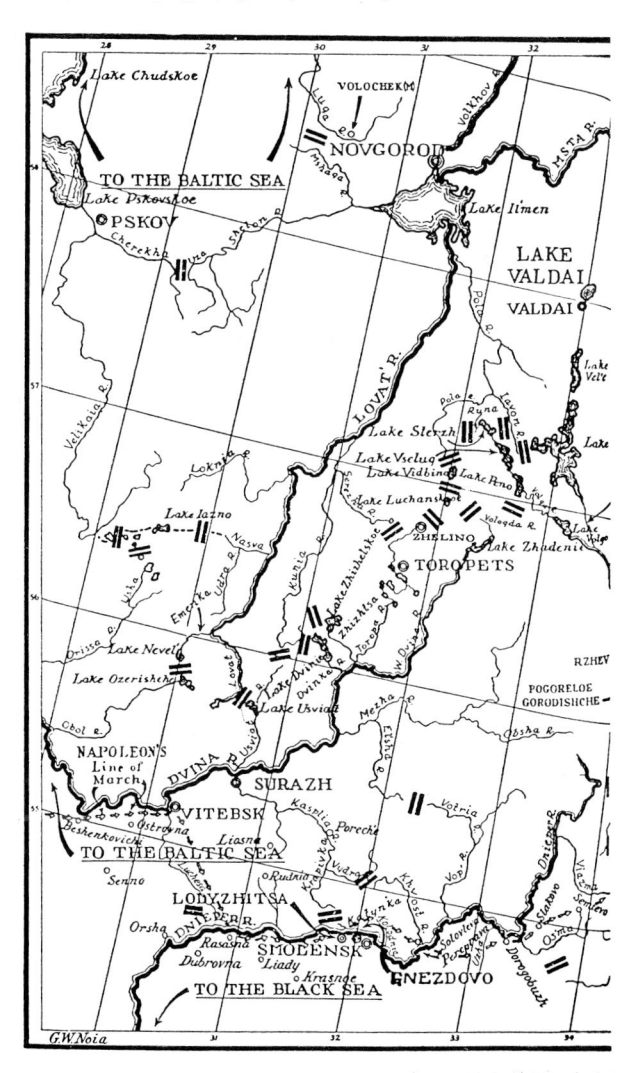

Abb. 8 *Das große Volok-Gebiet am Valdai. (Nach Kerner, 1946)*
= *Schleppstrecken*

übrigens ein Teil des schon früh exportierten russischen Flintsteins, der z.B. in Nordschweden gefunden wurde.[34] Ein südlicherer Weg führte über Njemen/Pripjet zum Dnjepr und zum Dnjestr. Diesen also hat Erik Nylén zu einem späteren Zeitpunkt im Sinne gehabt. In den beiden Übergangszonen liegen die wichtigsten Transitstellen für die Verkehrsgeographie im Innern Rußlands, und hier befinden sich auch, wie oben bereits gesagt, einige der wichtigsten Stützpunkte der Waräger.[35]

Aus dem Folgenden scheint aber auch hervorzugehen, daß es zwischen den Gebieten an den Oberläufen der Nebenflüsse und den Hauptadern der großen Ströme einen Zusammenhang in Hinsicht auf die Bootstypen gegeben hat. In diesem gesamten Bereich hat die Bevölkerung noch bis zum Ende des 19. Jahrhunderts genähte Boote benutzt, größere und kleinere und von einer teilweise verblüffend großen Typenvielfalt, wobei einzelne Typen wiederum zum Teil regionalen Verkehrszonen entsprachen.[36] Einige Fahrzeugtypen waren sogar nur für eine einzige Fahrt flußabwärts gedacht. Genähte oder vielleicht eher gebundene Fahrzeuge haben nämlich den großen Vorteil, daß man die Verbindungen leichter lösen kann als bei genagelten oder genieteten Booten, wenn man aus unterschiedlichen Gründen größere Boote in Einzelteilen tragen oder wenn man Bauteile auswechseln muß. Es erleichterte auch das Auseinandernehmen, wenn man – wie in historischer Zeit gut bezeugt – das Bootsholz am Ende der Fahrt verkaufen wollte.[37] Die Anpassung an eine solche Verfahrensweise ist unleugbar am ehesten in einem Gebiet weit stromauf in einem Flußsystem zu erwarten, wo man die Boote über einen *Volok* tragen mußte. Wie wir im folgenden noch sehen werden, kann man zu dem Schluß kommen, daß aus diesen Gebieten an den Oberläufen der Flüsse die meisten jener Boote stammten, mit denen die Waräger zum Schwarzen Meer fuhren.

Um zum Anfang zurückzukehren: Die unbefriedigende Diskussion über die Verkehrsverhältnisse auf den Binnenwasserstraßen Rußlands hat unter mangelnder Aufmerksamkeit für die historischen Quellen gelitten. Aber selbst die realen archäologischen Bootsfunde und Bootsbautraditionen sind weitgehend übersehen worden. Mitunter waren schließlich auch die Übersetzungen – so überhaupt vorhanden – ausgesprochen fehlerhaft. Das gilt in besonderem Maße in bezug auf die Boote; denn hier wären für die Übersetzung grundlegende Kenntnisse über Boote, Bootsbau und Verkehrsgeographie nötig gewesen.

Unsere wichtigste Quelle in diesem Zusammenhang ist Kaiser Konstantins VII. Prophyrogennetos' »De administrando imperio« aus der Mitte des 10. Jahrhunderts. In R.H.J. Jenkins' englischer Übersetzung nach der Ausgabe von Moravcsik[38], aus der weiter unten übersetzt wird, ist z.B. das griechische μονόξυλον (plural μονόξυλα) wiedergegeben worden mit »einbordiges (einplankiges) Schiff«. Monoxylon bedeutet jedoch wörtlich »Einbaum, einbäumiges Boot«, und in dieser Bedeutung wird das Wort noch heute in den romanischen Sprachen verwendet. Es bedeutet also ein Wasserfahrzeug, das aus einem einzigen Baumstamm ausgehöhlt ist, wie schwedisch »stockbåt« oder eben deutsch »Einbaum«.[39] Korhonen verwendet ganz korrekt den Terminus »enstammiga båtar«.[40] Vor dem Hintergrund von Bootsfunden in Rußland ist dies der einzig angemessene Ausgangspunkt. Es geht aus der Bezeichnung zwar nicht hervor, ob es sich um Stämme der Espe handelt, die wir weiter oben schon als traditionelles russisches Bootsbaumaterial erwähnt haben (was wiederum aus dem finnisch-ugrischen Bereich von den Nordleuten bis hin nach Niederdeutschland in Wort und Sache »Esping« – in späterer Zeit »Schiffsboot«, »kleineres Boot« – übernommen worden ist); aber dies ist doch sehr wahrscheinlich. Dafür gibt es zumindest ein Beispiel aus Nowgorod. Natürlich haben auch andere Baumarten verwendet werden können, doch ist neben anderem gerade die Klärung dieses Punktes wegen des Mangels adäquat dokumentierter Funde sehr mühsam. »Einbordige Schiffe« jedenfalls bedeutet Schiffe mit nur einem Bord, also einem Plankengang pro Schiffsseite (Setzbord, Spritzbord).

Jenkins' Übersetzung ist demnach völlig irreführend, was für den weiteren Zusammenhang

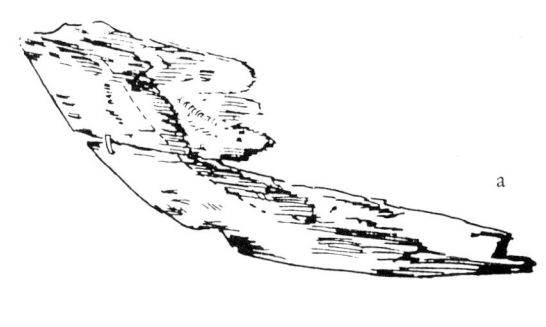

Abb. 9 Bootsfragmente aus Nowgorod. (Nach Korhonen, 1982). a Vordersteven mit ausgehöhltem, festgenähtem Aufsatz – b Dasselbe, Draufsicht – c Teil einer Bordwand mit Ausklinkungen, an denen die Spanten mit Bast befestigt wurden – d Aleškovskijs Rekonstruktion des Bootes.

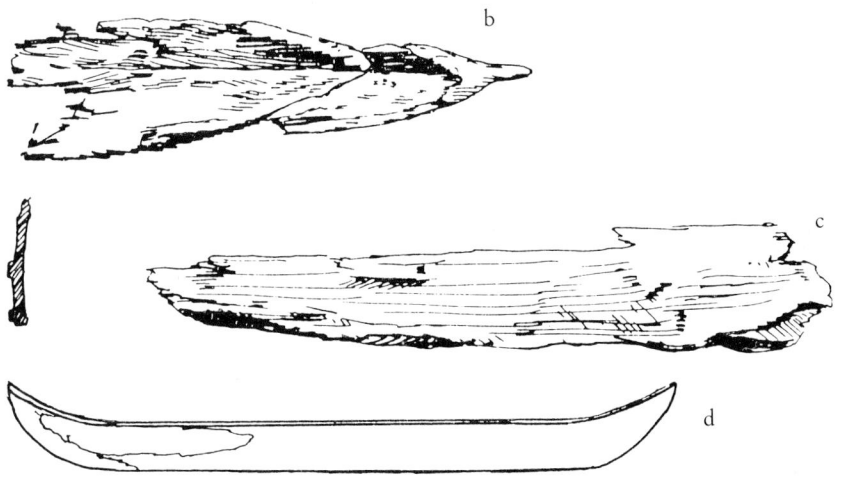

ernste Konsequenzen hat. Sicher kann man ohne weiteres einsehen, daß der ausgehöhlte Baumstamm – genetisch betrachtet – als erstes externes Bauteil ein Setzbord erhielt. Geht man aber davon aus, daß sich dies Setzbord bereits am ursprünglichen Fahrzeug befand, nimmt sich die weitere Beschreibung des Aufbaus der Boote in Konstantins Text sehr merkwürdig aus. Korhonen, der das Verdienst hat, jüngst auf diesen Sachverhalt aufmerksam gemacht zu haben, tendiert nun allerdings dazu, in dem Terminus σκαλμός des griechischen Originals eine Art zusätzliches, pflugähnliches Stevenbord zu sehen. So etwas ist im Fund von Nowgorod belegt, allerdings eher als flügelförmiger Steven, der also von Anfang an zur Konstruktion gehörte. Solche Steven gibt es z.B. auch im Schiffsfund von Skuldelev in Dänemark. Daß σκαλμός/σκαρμός in diesem Zusammenhang keinesfalls »(natürliche) Dolle«, »Ruderloch«, »Rojepforte« meinen kann, was es im Griechischen eigentlich bedeutet, ist offensichtlich. Hier haben wir wahrscheinlich ein Beispiel dafür vor uns, daß der skandinavische Gewährsmann ein nordisches Wort verwendet hat, der Schreiber des Kaisers jedoch wegen der Lautgleichheit gedacht hat, das griechische mit der zugehörigen Bedeutung sei gemeint gewesen. Daß Konstantin sowohl einen skandinavischen als auch einen slawischen Gewährsmann befragt hat, geht aus den in beiden Sprachen überlieferten Namen für die Dnjepr-Stromschnellen hervor. Das wahrscheinliche nordische Wort *skarm/skalm*, das etymologisch buchstäblich »etwas Gegabeltes, Verzweigtes« bedeutet, ergibt nach Korhonens Deutung einen guten Sinn. (Man könnte sogar an das Wort *skärm* = »Schirm«, »Schutz« als Ursprung denken, nicht zuletzt in Hinblick auf die durch treffsichere petschenegische Bogenschützen drohende Gefahr.) Am wahrscheinlichsten aber dürfte es das Setzbord meinen. Möglicher Anlaß, die Aufmerksamkeit auf den Unterschied zwischen dem Bootsboden selbst, der aus einem ausgehöhlten Baumstamm besteht, und den mit Sicherheit gebeilten Bohlen zu richten, die wohl das Oberteil der Bordwände bilden, mag der Umstand gewesen sein, daß die Boote ohne diese zusätzlichen Planken wohl kaum funktionstüchtig waren. Bei Jenkins/Moravscik zeigt sich das in ihrer Deutung des Begriffes μονόξυλον. (Sie übersetzen den Passus so, daß die Slawen ihre Boote zusammensetzen und sie beim Aufbrechen des Eises die Flüsse hinabbringen. Ich übersetze hingegen mit Korhonen »und wenn sie sie (=die Boote) in Ordnung gebracht haben ...« usw., eine sprachlich durchaus korrekte Deutung.) Das Wort *skarm* hat später im Schwedischen sogar die Bedeutung »Brett«, allerdings in einem speziellen Sinn (»Buchdeckel [aus Holz]«, auch »Kante«, »Rahmen«, Handgriff eines Gerätes usw.). Im Niederdeutschen ist »Schalm« Bezeichnung für ein dünnes Brett, *scalm* im älteren Hochdeutschen auch Bezeichnung für ein Boot.[41] Das griechische σκαρμός dürfte hier folglich den ganzen Plankengang meinen, eben das deutsche »Setzbord«.[42]

Im übrigen ist die Bedeutung des Textes völlig klar. Die in Rußland wohnenden Rus, eventuell mit Verstärkung aus Skandinavien, kaufen im Frühjahr von den untergebenen Stämmen in den Flußtälern Boote auf, die jene im Winter gebaut haben. Dann versehen die Rus selber in Kiew die Boote mit der notwendigen Ausrüstung, u.a. mit den Setzborden, die sie von ihren alten Einbäumen nehmen. Selbst noch in viel späterer Zeit sind die russischen Flußboote an der Seeküste mit Setzborden versehen worden.[43] Man nehme den Text über das hinzu, was die Waräger mit ihren Booten beim Eintritt in das Schwarze Meer machten, selbst wenn hier der Übergang vom Rudern zum Segeln gemeint ist!

Das Muster, das wir hier vor uns haben, muß als genetisches Stadium in der Gesamtentwicklung des Plankenbootes betrachtet werden. Aber aus verschiedenen Gründen ist der Einbaumkiel, das Rückgrat der Konstruktion, im finnischen und russischen Gebiet bis weit in die Neuzeit ein funktionelles und jeweils den Veränderungen angepaßtes Relikt geblieben. Möglicherweise ist diese Konstruktionsweise kleinerer Boote erneut von skandinavischen Häuptlingsgeschlechtern übernommen worden (vgl. die Bootsfunde von Tuna, Årby u.a.). Als quasi natürliche Zutaten treten hier das traditionelle Vernähen der Planken und das Verzurren der Spanten hinzu. Leider werden diese Techniken in Kaiser Konstantins Text nicht ausdrücklich genannt. Besonders die finnische Vernähtechnik zwischen den Planken, der einfache Heftstich (finn. *nide*), wäre für ein schnelles Lösen der Teile geeignet.[44] Bei den ausgehöhlten Steventeilen aus Nowgorod ist diese Technik angewendet worden, was zumindest zeigt, daß sie im Innern Rußlands nicht völlig unbekannt war. Selbst wenn Spuren von Nähtechnik im Bootsbau, meist jedoch mit laufendem Saum, sich sogar in südskandinavischem Gebiet finden – zu dieser Zeit meist bei Reparaturen –, bedeutet dieses Verfahren in einem solchen Fall, und auch in anderer Hinsicht, eine fast völlige Anpassung an ein russisches Verkehrssystem; es ist keine Weiterführung eines einheimisch skandinavischen Systems. In diesem Lichte wird selbst eine Fahrt über den Landrücken zum Kaukasus und weiter zum Kaspischen Meer, wie sie Ingvar der Weitgereiste nach Mats Larssons Vorstellungen durchgeführt haben soll, recht glaubhaft.[45]

Auf diese Fahrzeuge laden die Rus die erhaltenen Naturalabgaben und verfrachten sie nach Kiew und wohl auch anderen Orten, zusammen mit den Sklaven, die ebenfalls als Handelsware verkauft werden sollen. Danach fahren sie den Dnjepr hinab, bedroht u.a. von den wilden Petschenegen, die Frans G. Bengtsson in seinem berühmten Roman »Röde Orm« Patzinaken nennt. Die spätere Überlieferung von gefährdeten Flußpassagen zwischen Kosaken bei den Dnjepr-Stromschnellen wird übrigens sehr eindrucksvoll in einem Werk aus dem 17. Jahrhundert beschrieben, das Ole Crumlin-Pedersen kürzlich wieder ans Licht gezogen hat.[46] Die Parallelen werden noch weiter vermehrt durch das Auftreten der Tartaren in diesem Gebiet, die so zu späten Nachfahren der Petschenegen werden. In der wikingerzeitlichen Dar-

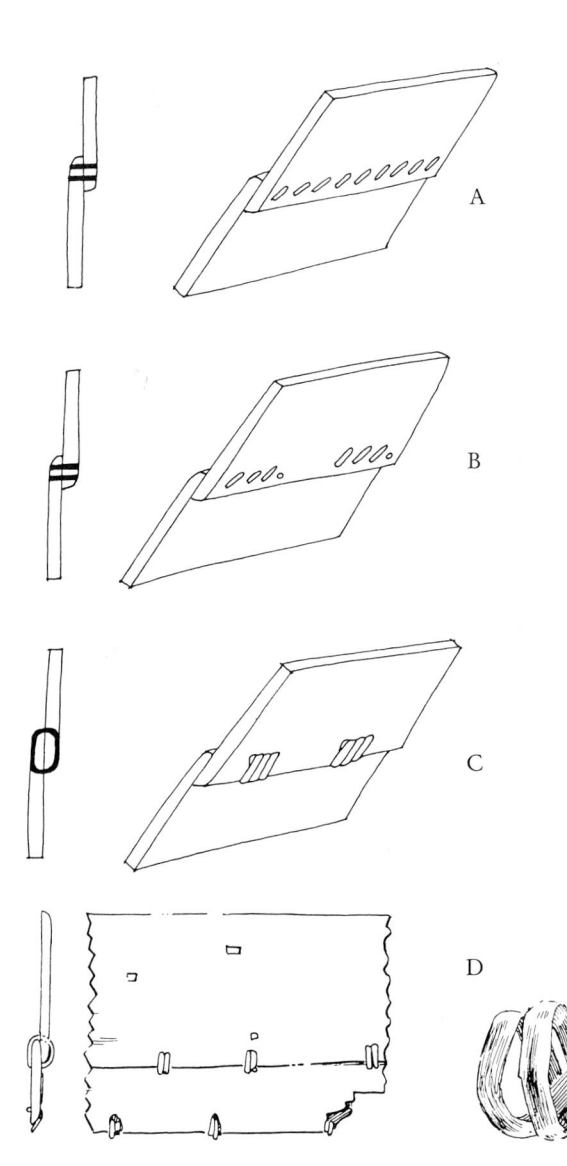

Abb. 10 *Nähtechnik mit Heftstich an Booten. (Nach Korhonen, 1982, und Forsell, 1983). A lappisch – B karelisch-rusisch – C finnisch (Mekrijärviboot) – D finnisch (Keuruufund).*

stellung werden die Namen der berühmten Stromschnellen gleichzeitig in nordischer und slawischer Sprache überliefert.[47]

In älterer Literatur, z.B. bei Prokop, werden Einbäume erwähnt, die bis zu dreißig Mann aufnehmen können. Die in unserem Zusammenhang gemeinten Monoxyla waren jedoch erheblich kleiner, vor allem dann, wenn sie aus Espenstämmen gefertigt waren. Dennoch sollten sie eine umfangreiche Ladung aus Waren wie Honig, Wachs, Häuten, Pelzen und Sklaven tragen können, die sämtlich in unseren Quellen genannt werden. Es müssen imponierende Flotten gewesen sein, die dnjeprabwärts nach Konstantinopel fuhren. Vielleicht erklärt dies die angeblich gewaltige Menge von Schiffen, welche der Nestorchronik zufolge die Rus bei ihrem Angriff auf Konstantinopel einsetzten. Wenn die Nestorchronik für das Jahr 941 n.Chr. allerdings von einer Zahl bis zu 10 000 Schiffen spricht[48], so ist das sicher eine Übertreibung, hervorgerufen durch den überwältigenden – und exotischen – Eindruck, den eine solche Flotte der Rus gemacht haben muß. Die Nestorchronik überliefert auch einige andere Details, z.B. daß beim Angriff Olegs (Helges) im Jahre 907 die Rus Segel von Seide, die Slawen hingegen solche aus Nesseltuch gebraucht hätten; über die Konstruktion von Booten verrät sie jedoch nichts.

Zum Abschluß sei noch eine kurze Bemerkung gestattet, um einem möglichen Mißverständnis vorzubeugen. In den Flotten gab es natürlich eine große Anzahl slawisch sprechender Rus. Sie sind schon bei den ersten Unternehmungen dabeigewesen, nach den Namen derjenigen Personen zu urteilen, die für die Seite der Rus als Garanten für das Handelsabkommen mit Byzanz stehen. Im Laufe der Zeit nahm die Zahl der slawischen Personennamen sogar noch zu.[49] Der nordische Einschlag ist jedoch zu der Zeit, mit der wir uns im folgenden befassen, der Mitte des 10. Jahrhunderts, sehr stark. Man beachte, daß die nordischen Rus oft zwei Namen getragen haben, einen nordischen und einen slawischen.

Der folgende Text stammt also von Kaiser Konstantinos VII. Porphyrogennetos (905–959), der ein gebildeter Mann war, aber als schwacher Kaiser gilt.[50] In seinem Werk »De administrando imperio« haben wir zur Zeit die einzige Quelle für die Fahrten der Rus in Rußland. Besonders wichtig als historische Quelle ist sie, weil es sich um eine zeitgenössische Darstellung handelt. Den Sprachformen nach zu urteilen, hatte Konstantinos wenigstens zwei mit den Verhältnissen vertraute Gewährsleute, von denen der eine nordisch, der andere slawisch sprach. Vielleicht traten beide in die Leibwache des Kaisers ein, die sogenannte Wäringergarde. Seit dem Vertrag Kaiser Basilios' II. mit den Rus im Jahre 911 hatten sie das Recht, in unbegrenzter Zahl in den Dienst des Kaisers zu treten, als φαραγγοὶ πελεκοφοροί, wäringische Axtträger.[51]

Über die Fahrt der Rus in Einbäumen (Monoxyla) von Rußland nach Konstantinopel

Die Einbäume, die vom äußeren Rußland nach Konstantinopel herunterkommen, sind aus Nowgorod, wo Svjatoslav, der Sohn des Igor, Fürst von Rußland, seinen Sitz hat, und andere aus der Stadt Smolensk und von Teljutza und Tjernigov und von Busegrad.

All diese kommen den Fluß Dnjepr herab und sammeln sich bei der Stadt Kiew, auch Sambatas genannt. Ihre slawischen Tributpflichtigen, die sogenannten Krivitjen und Lenzanen und die restlichen slawischen Gebiete, hacken während des Winters in ihren Bergen Einbäume (μονόξυλα), und wenn sie sie in Ordnung gebracht haben, bringen sie diese, wenn der Frühling kommt und das Eis aufbricht, zu den nahegelegenen Seen. Und da diese Seen in den Fluß Dnjepr entwässern, kommen sie auf diesem Weg auf diesen Fluß und kommen nach Kiew, um sie ausrüsten zu lassen (εἰς τὴν ἐξάρτισιν), und verkaufen sie an die Rus. Die Rus kaufen nur diese Rümpfe (σκαφίδια) und fügen Remen (πέλλας) und Plankengänge (Setzborde; σκαρμοῦς) und andere Ausrüstungsgegenstände von ihren alten Einbäumen hinzu, die sie auseinandernehmen (μονόξυλα καταλύοντες), und so rüsten sie sie aus.

Im Juni ziehen sie den Fluß Dnjepr hinunter und kommen nach Viticev, ein Ort, der den Rus steuerpflichtig ist, und dort sammeln sie sich zwei oder drei Tage lang, und wenn alle Einbäume versammelt sind, fahren sie los und kommen den genannten Fluß Dnjepr herunter. Als erstes kommen sie zu der ersten Stromschnelle, die Essoupí heißt, was sowohl in rusischer als auch in slawischer Sprache »schlaf nicht!« bedeutet; die Stromschnelle selbst ist so schmal wie die Breite des Polofeldes (in Byzanz). In ihrer Mitte sind hohe und steile Felsen, die wie Inseln aussehen. Wenn das Wasser sie erreicht und überspült, verursacht es im Stürzen ein lautes und erschreckendes Geräusch. Deshalb wagen die Rus es nicht, zwischen ihnen hindurch zu fahren, sondern legen vorher am Ufer an, wo sie die Männer an Land setzen, während sie die Ladung auf den Einbäumen lassen. Dann legen sie ihre Kleidung vollständig ab (führen die Boote im Wasser?) *und tasten mit den Füßen vor, um nicht über die Steine zu stolpern. –*

Dies führen sie aus, indem einige am Vorsteven, andere in der Mitte des Bootes und wieder andere am Heck sind, die mit Stangen staken, und auf diese sehr vorsichtige Art kommen sie durch die erste Stromschnelle, indem sie sich ganz am Ufer halten. Wenn sie diese Stromschnelle passiert haben, nehmen sie die, welche am Land waren, wieder an Bord, fahren weiter und kommen zur zweiten Stromschnelle, die auf rusisch Ulvoursi und auf slawisch Ostrovouniprach heißt, was »Stromschnelleninsel« bedeutet. Diese ist wie die erste, schwierig und unpassierbar (mit der Mannschaft im Boot?). *Abermals setzen sie die Menschen an Land und geleiten die Boote hindurch, wie beim ersten Mal. In gleicher Weise passieren sie auch die dritte Stromschnelle, Gellandri genannt, was auf slawisch »Stromschnellengetöse« bedeutet, und später die vierte, die große, die auf rusisch Aeifor und auf slawisch Neasit genannt wird, weil Pelikane in den Felsen der Stromschnelle nisten. An dieser Stromschnelle fahren alle mit dem Bug voran ans Ufer, und die zur Wache eingeteilten Leute steigen aus, und diese Männer gehen davon und halten aufmerksam Ausschau nach den Petschenegen. Die übrigen nehmen ihre Waren aus den Einbäumen und führen die Sklaven in ihren Ketten über das Festland, ungefähr sechs Meilen weit, bis sie die Stromschnellen passiert haben. Nachher transportieren sie ihre Boote, teils ziehend, teils auf den Schultern tragend, an den Stromschnellen vorbei, setzen sie wieder in den Fluß, laden ihre Waren wieder ein, steigen selbst ein und fahren weiter. Wenn sie zur fünften Stromschnelle kommen, die auf rusisch Varouforos und auf slawisch Voulniprach heißt, weil sie einen großen See bildet, leiten sie ihre Einbäume am Ufer entlang daran vorbei, wie bei der ersten und zweiten Stromschnelle, und kommen dann zur sechsten Stromschnelle, auf rusisch Leanti und auf slawisch Veroutzi genannt, was »Kochen des Wassers« bedeutet; sie wird auf gleiche Weise passiert. Von hier fahren sie alsdann zur siebten Stromschnelle, die auf rusisch Stroukoun und auf slawisch Naprezi heißt, was »die kleine Stromschnelle« bedeutet. Sie wird bei der Furt Krarion erreicht, wo die Krimbewohner nach Rußland hinüberwechseln und die Petschenegen auf die Krim. Diese Furt ist so groß wie das Hippodrom* (in Byzanz) *und ist dort, wo die Freunde der Petschenegen das Ganze überwachen, so hoch, daß ein Pfeil die unten Passierenden leicht treffen kann.* (Dieser Passus lautet in wörtlicher Übersetzung recht merkwürdig, so daß ich mir diese Deutung erlaubt habe. Chr. W.) *Folgerichtig pflegen die Petschenegen die Rus genau an dieser Stelle zu überfallen.*

Nach dem Passieren dieser Stelle erreichen sie eine Insel, die St. Gregor genannt wird, auf welcher sie ihre Opfer darbringen, weil dort eine riesige Eiche steht; und sie opfern lebende Hähne. Rund herum stecken manche Pfeile in den Boden, und andere opfern auch Brote und Fleisch und was gerade jeder hat, wie es die herrschende Sitte bei ihnen ist. Sie werfen auch Lose um die Hähne, ob sie sie schlachten oder aufessen oder am Leben lassen sollen. Von dieser Insel an haben die Rus bis zum Fluß Selinas nichts mehr von den Petschenegen zu befürchten. So fahren sie denn von hier ab und fahren vier Tage, bis sie zu dem See kommen, der die Mündung des Flusses (Dnjepr) *bildet, wo die Insel St. Aitherios liegt. Auf dieser Insel verweilen sie zwei oder drei Tage. Hier rüsten sie ihre Einbäume mit dem Zubehör aus, das nun notwendig wird, wie Segel, Masten und Remen* (Καὶ πάλιν τὰ αὐτῶν μονόξυλα, εἰς ὅσας ἂν λίπωνται χρείας, περιποιοῦνται, τά τε ἄρμενα καὶ τὰ κατάρτια καὶ τὰ αὐχένια, ἅπερ ἐπιφέρονται.) *Da dieser See – wie gesagt – die Mündung des Flusse ist, der ins Meer fließt, und St. Aitherios im Meer liegt, kommen sie nun zum Fluß Dnjestr, und hier ruhen sie wieder aus, wenn sie sicher hierher gelangt sind. Wenn aber das Wetter guten Fahrwind gibt, segeln sie aufs Meer hinaus und kommen zum Fluß Aspos. Nachdem sie hier in gleicher Weise wie vorher gerastet haben, fahren sie erneut los und kommen zum Selinas, dem so genannten Zweig der Donau. Und bis sie diesseits des Selinas sind, halten die Petschenegen* (an Land) *mit ihnen Schritt.*

Wenn es nun passieren sollte, daß das Meer einen Einbaum ans Ufer wirft, fahren alle an

Land, um den Petschenegen gemeinsam entgegenstehen zu können. Aber nach dem Selinas haben sie nichts mehr zu befürchten, sondern kommen in das Land Bulgarien und in die Donaumündung. Von der Donau fahren sie weiter zum Konopas und vom Konopas nach Constantia und von Constantia zum Flusse Varna, und von der Varna kommen sie zum Flusse Ditzina, alles in Bulgarien. Von der Ditzina erreichen sie das Gebiet Mesembria, und dort ist ihre Reise schließlich zu Ende, die von so viel Mühe und Schrecken, Schwierigkeiten und Gefahren begleitet ist.[52]

Anmerkungen:
1. z.B. nach dem Archäologen Bruce Trigger. – Für den Gesamtkomplex der Ostfahrten nenne ich hier nur: Holger Arbman: Svear i österviking. Stockholm 1955; ders.: Vikingarna. Stockholm 1962; Hilda R. Ellis Davidson: The Viking Road to Byzantium. London 1976.
2. Erik Nylén: I österled. Med vikingaskepp mot Miklagård. I: Uppströms genom Polen. (RAGU) Visby 1983; ders.: Vikingaskepp mot Miklagård. Krampmacken i österled. Borås 1987.
3. Nestors krønike. Beretningen om de Svundne År. Oversat og kommenteret af Gunnar O. Svane. Højbjerg: Wormianum 1983.
4. z.B. Adolf Stender-Petersen: Varangica. Århus 1953.
5. Erling Albrechtsen: Vikingerne i Franken. 1976, 2. Aufl. Odense 1981, S. 146ff.
6. Quellen des 9. und 11. Jahrhunderts zur Geschichte der hamburgischen Kirche und des Reiches. (= Ausgewählte Quellen zur deutschen Geschichte des Mittelalters. Freiherr vom Stein-Gedächtnisausgabe, Band XI). Darmstadt 1978, S. 62f.; A. Kirpičnikov: Det gamle Ladoga. In: Skalk 1988, Heft 3, S. 18-24.
7. K.O. Falk: Dnjeprforsarnas namn i kejsar Konstantin Porfyrogennetos' De Administrando Imperio. Lund 1951.
8. Séan McGrail: The Building and Trials of the Replica of an Ancient Boat: The Gokstad Faering I-II. (= National Maritime Museum Greenwich. Maritime Monographs and Reports no. 11). London 1974.
9. Björn Varenius: Bulverketbåten – ett gammalt fynd i ny belysning. (= SSHM rapport nr. 11). Stockholm 1979.
10. Ole Crumlin-Pedersen: Das Haithabu-Schiff. (= Berichte und Studien der Ausgrabungen in Haithabu, Band 3). Kiel 1969; Przemyslaw Smolarek: Studia nad szkutnictwem Pomorza Gdańskiego X-XIII. (= Prace Muzeum Morskiego w Gdańsku, Tom III). Gdańsk 1969.
11. Jan Skamby Madsen: Et skibsværft fra sen vikingetid / tidlig middelalder ved Fribrødreå på Falster. In: Hikuin 10, (Højbjerg) 1984.
12. Otto Lienau: Die Bootsfunde von Danzig-Ohra aus der Wikingerzeit.(= Quellen und Darstellungen zur Geschichte Westpreußens, Band 17). Danzig 1934.
13. Mündliche Mitteilung von Lena Thunmark-Nylén an den Verf.
14. Christer Westerdahl: Holznägel und Geschichte. In: Deutsches Schiffahrtsarchiv 8, 1985, S. 7-42.
15. Johan Rönnby: Bulverket. Undervattensarkeologiska undersökningar 1989. In: Gotländskt Arkiv 1989, S. 57-66.
16. C.J. Schlyter: Gotlands-Lagen. (= Samling af Sweriges Gamla Lagar VII). Lund 1852, S. 76; Å. Holmbäck, E. Wessén (Hrsg.): Skånelagen och Gutalagen. (= Svenska landskapslagar 4). Stockholm 1943, S. 232f.
17. Detlev Ellmers: Frühmittelalterliche Handelsschiffahrt in Mittel- und Nordeuropa. (= Schriften des Deutschen Schiffahrtsmuseums 3 / Offa-Bücher 28). 1972. 2. Aufl. Neumünster 1984, S. 47.
18. Zu Gnezdovo vgl. Michael Müller-Wille: Bestattung im Boot. Studien zu einer nordeuropäischen Grabsitte. (= Offa-Bücher 25/26). Neumünster 1968/69, S. 108, 133-149.
19. Olavi Korhonen: Samisk-finska båttermer och deras slaviska ursprung. En studie i mellanspråklig ordgeografi och mellanfolklig kulturhistoria. (= Skrifter utg. av Dialekt-, Ortnamns- och Folkeminnesarkivet i Umeå, Serie A, Dialekter nr. 3). Umeå 1982.
20. Wolfgang Rudolph: Skeppsbyggnadsmetodernas urgamla kulturgränser. In: G. Björklund et al. (Hrsg.): Bottnisk Kontakt III, (Jakobstad) 1987.
21. Robert J. Kerner: The Urge to the Sea. The Course of Russian History. The role of rivers, portages, ostrogs, monasteries, furs. Berkeley/Los Angeles 1946.
22. Vgl. Anm. 19.

23 Bengt Hesselman: Långheden och Hälsingskogen. Namnstudier kring en gammal färdväg. In: Namn och Bygd 1930, S. 1-53; ders.: Från Marathon till Långheden. Studier över väst- och djurnamn. Uppsala 1925; zu den *Bor*-Namen vgl. auch Gusten Widmark: Ordet bor som appellativ och ortnamnelement. In: Namn och Bygd 1957, S. 43-99.
24 Henry Forssell: Fynden av sydda båtar i Finland. (= Skärgårdsmuseets i Pernå skrifter 1). Helsingfors 1983.
25 Olaus Magnus: Historia de gentibus septentrionalibus. Rom 1555 (Historia om de nordiska folken. 1951, bis jetzt letzter Druck Östervåla 1976).
26 Karl Hampus Dahlstedt: Det svenska Vilhelminamålet 1 A-B. Uppsala/Kopenhagen 1950. – Hier Karte 13 in 1 B.
27 Erik Wahlberg: Ackjefyndet från Soukolojärvi. In: Norrbotten, (Luleå) 1956, S. 80-92.
28 Ebd.; Björn Collinder: Ordbok till Sveriges lapska ortnamn. Uppsala 1964.
29 Lateinisch *regio trans jugum* = »Schleppstrecke« = russisch *volok*, dazu die Verben *perevolakivat'* und *peretaskivat'*. – Vgl. dazu Kerner (wie Anm. 21), S. 15 Anm. – Das Wort *volok* hat Entsprechungen in anderen slawischen Sprachen, allerdings mit etwas abweichender Bedeutung: das polnische *włóka* beinhaltet auch die Strecke für das Schleppen von Schiffen auf Flüssen.
30 E. Wahlberg (wie Anm. 27); Ernst Manker: Skogslapparna i Sverige. (= Nordiska Museet, Acta lapponica XVIII). Stockholm 1968, S. 213f.; Christer Westerdahl: »Et sätt som liknar them uti theres öfriga lefnadsart.« Om äldre samiskt båtbygge och samisk båthantering. (= Skrifter utg. av Johan Nordlandersällskapet nr. 11). Umeå 1987.
31 S. Rozniecki: Varægiske Minder i den russiske Helgedigtning. Kopenhagen 1914, S. 284 führt Kiew z.B. auf das russische *Kiyane gorod* zurück.
32 Ca. 4000 v.Chr. – Vgl. Ella Kivikoski: Finlands förhistoria. Stockholm 1964, S. 58.
33 R.J. Kerner (wie Anm. 21), S. 1ff., Karte 2.
34 Anders Huggert: Flint also Came from the East. A Contribution to the Knowledge of Upper Norrland's Prehistory. In: Papers in Northern Archaeology. Archaeology and Environment 2, (Umeå) 1984, S. 57-74.
35 R.J. Kerner (wie Anm. 21), Karte 3.
36 Boguslavskij 1890, zitiert nach Jerzy Litwin: Sewn craft of the 19th century in the European part of Russia. In: Séan McGrail, E. Kentley (Hrsg.): Sewn Planked Boats. (= BAR Int. Ser. 276). Oxford/Greenwich 1985, S. 253-268.
37 Mündliche Auskunft von Jerzy Litwin an den Verf.
38 Constantinus Porphyrogennetus De Administrando Imperio. Hrsgg. von Gy. Moravcsik, engl. Übersetzung von R.J.H. Jenkins. Budapest 1949, London 1962.
39 Vgl. Detlev Ellmers, Uwe Schnall: Einbaum. In: Hoops Reallexikon der Germanischen Altertumskunde. 2. Aufl. Bd. VI. Berlin 1986, S. 601-613; Uwe Schnall: Medieval Nomenclature of Logboats. In: Chr. Villain-Gandossi et al. (Hrsg.): Medieval Ships and the Birth of Technological Societies. I: Northern Europe. Malta 1989, S. 193-202.
40 O. Korhonen (wie Anm. 19), S. 181ff.
41 Svenska Akademiens Ordbok. Lund 1898 ff. s.v. ›skarm‹; Roger Wadström faßt im Ortsnamenmaterial »skalm« wie »snäcka« = »kleines Schiff« (zu ahd. »scalm«) auf (Ortnamni Bohuslän, 1983, S. 114f.).
42 D. Ellmers (wie Anm. 17), S. 90ff. und passim; Korhonen (wie Anm. 19), S. 185ff.
43 Mündliche Auskunft von Jerzy Litwin an den Verf.
44 H. Forssell (wie Anm. 24), S. 27, fig. 22.
45 Mats G. Larsson: Vart for Ingvar den vittfarne? In: Fornvännen 78, (Stockholm) 1983, S. 95-104; ders.: Ingvarstågets arkeologiska bakgrund. In: Fornvännen 81, 1986, S. 98-113.
46 G. de Beauplan: Description d'Ukraine. Rouen 1660. – Vgl. dazu Ole Crumlin-Pedersen: Schiffe und Schiffahrtswege im Ostseeraum während des 9.-12. Jahrhunderts. In: Oldenburg – Wolin – Staraja Ladoga – Kiev. Bericht der Römisch-Germanischen Kommission 69, 1988, S. 530-563; ders.: Vikingernes søvej til Byzans. Om betingelser for sejlads ad flodvejene fra Østersø til Sortehav. In: Ottende tværfaglige vikingesymposium, (Århus) 1989, S. 33-51.
47 K.O. Falk (wie Anm. 7).
48 Nestor krønike (wie Anm. 3), S. 48.
49 Vgl. ebd., wo der Handelsvertrag zitiert ist.
50 Für eine ausgewogenere Auffassung vgl. aber Arnold Toynbee: Constantine Porphyrogenitus and his World. London usw. 1973.
51 Sigfús Blöndal: The Varangians of Byzantium. Ed. by B.S. Benediktsson. Cambridge 1978, S. 22 und passim.

52 Constantinus Porphyrogennetus, ed. Gy. Moravcsik, K.J.H. Jenkins (wie Anm. 38), S. 56–63. – Der deutsche Text folgt hier teilweise den Ausschnitten, die bei Eric Graf Oxenstierna: Die Wikinger. Stuttgart 1959, S. 79ff. zitiert sind.

Aus dem Schwedischen übersetzt von Uwe Schnall

Anschrift des Verfassers:
Christer Westerdahl
Københavns Universitet
Institut for forhistorisk og klassisk Arkæologi
Vandkunsten 5
DK-1467 Kopenhagen K
Dänemark

SEESCHIFFAHRT

DIE DEUTSCHE SEGLERFLOTTE IN UND NACH DEM KRIEG 1914–1918

Von Heinz Burmester †

Die Segelschiffe von 1914 bis 1920

Obwohl schon bald nach der Jahrhundertwende das Ende der kommerziellen Segelschiffahrt vorauszusehen war, besaß Deutschland im Sommer 1914 noch eine stattliche Seglerflotte von rund 130 Rahseglern, deren Größe mindestens 1000 BRT betrug. Die meisten dieser Frachtsegler waren in den Jahren um 1890 in Großbritannien erbaut worden, das damals einen letzten großen Aufschwung im Bau von Großseglern aus Stahl erlebte. Allerdings war das Durchschnittsalter der deutschen Segler 1914 auf 20 Jahre angewachsen, weil seit dem Beginn des 20. Jahrhunderts kaum noch große Frachtsegler gebaut wurden. Die Schiffbauer und Reeder wußten inzwischen, daß die aus Stahl gebauten Schiffe nach 20 Jahren zu altern begannen und sich damit die laufenden Reparaturkosten erhöhten. Die Hamburger Segelschiffsreederei F. Laeisz, die wegen ihrer guten Schiffe berühmt war, pflegte ihre Segler zu verkaufen, wenn sie etwa 20 Jahre alt waren, und ersetzte sie durch Neubauten oder wesentlich jüngere Schiffe. So rigoros waren die anderen Reeder nicht, aber die meisten der deutschen Reeder konservierten ihre Segelschiffe gut und konnten sie damals auch noch gut bemannen, so daß die deutsche Seglerflotte recht leistungsfähig war; sie stellte einen Wirtschaftsfaktor dar, der nicht nur Gewinne einbrachte, sondern außerdem für die Heranbildung tüchtiger Seeleute von Nutzen war.

In den Jahren vor dem großen Krieg waren die meisten der deutschen Frachtsegler in der Fahrt nach und von den Häfen des Stillen Ozeans beschäftigt; bevorzugt waren die Hafenplätze Chiles, die das ganze Jahr hindurch Kohle ein- und Salpeter ausführten. Australien und die Westküste Nordamerikas waren ebenfalls für die deutschen Segelschiffe interessant, weil von dort Getreide, Holz und Kohle als Massengüter ausgeführt wurden. In den Jahren vor 1914 war die internationale Schiffahrt gut beschäftigt, auch die Segelschiffe profitierten seit 1911 von den gestiegenen Frachtraten.

Der Ausbruch des Krieges in den ersten Tagen des August 1914 legte die deutsche Schiffahrt lahm, abgesehen von kleinen Reisen in Nord- und Ostsee. Alle deutschen Schiffe, die in Häfen der Feindstaaten lagen oder dort nach Kriegsbeginn eintrafen, wurden festgehalten, bis ein Prisengericht die Eigentümer von Schiff und Ladung feststellte und danach sein Urteil fällte. In den meisten Fällen wurde das Schiff »condemned«, das heißt, es wurde konfisziert und konnte von der Admiralität verkauft werden. Auf diese Weise verlor die deutsche Seglerflotte in den ersten Kriegswochen zwölf Segler allein in den Häfen des britischen Empires; der letzte dieser Segler war die Viermastbark ERNST, die mit einer gemischten Ladung Hamburg am 18. Juli 1914 verlassen hatte und am 12. November in die Hafenbucht von Sydney einlief, ohne daß man an Bord wußte, daß seit mehr als drei Monaten das Vaterland in einen weltweiten Krieg verwickelt war.

Der »Sydney Morning Herald« berichtete unter der Überschrift:
IGNORANT OF THE WAR.
The last of the Sydney-bound German merchant vessels entered the Heads yesterday, her captain being ignorant of the outbreak of war. The vessel was the four-masted barque ERNST, *which had made a protracted voyage of 116 days from Hamburg, during which period those on board had been ignorant that war had been in progress on the Continent for the last three months. The appearance off the Heads of the German vessel created no surprise as a vessel answering her description had been sighted off the coast a few days ago. Preparations had been made to give her a fitting reception on her arrival, and care was taken to prevent those on board from learning the true position of affairs before she was safely anchored in the harbour. Those on board the tug, which took the vessel in tow, did not display any premature patriotism, and the pilot, who brought the vessel through the Heads, observed reticence. The* ERNST *was anchored in Watson's Bay to await medical inspection, and, at this stage, the naval officer and guard, who had been awaiting the* ERNST's *arrival, boarded the vessel, informed Captain Reinhold of the position of affairs, and hauled down the German flag. The captured vessel was afterwards taken up the harbour and anchored off Garden Island. The* ERNST *is a vessel of 2100 tons, and left Hamburg on July 18.*

Das Schiff wurde beschlagnahmt und die Besatzung in Internierungslager verbracht, wobei Kapitän und Offiziere von der Mannschaft getrennt wurden.

Die meisten deutschen Segler hatten beim Kriegsausbruch mehr Glück: Sie lagen in den ersten Tagen des August im Hafen eines neutralen Staates, oder sie erreichten einen solchen Hafen ohne Feindberührung in den folgenden Wochen oder Monaten. In den neutralen Häfen waren die deutschen Schiffe normalerweise sicher vor feindlichen Zugriffen, und bei irgendwelchen Schwierigkeiten konnten die Kapitäne mit der Unterstützung der deutschen Auslandsvertretung rechnen.

Bis zum 9. Oktober 1914 erreichten 57 deutsche Segler die chilenischen Hafenplätze und lagen dort fast unbehindert bis zum Kriegsende. Eine Gruppe von zwölf deutschen Segelschiffen verbrachte den Krieg in den mexikanischen Hoheitsgewässern des Golfs von Kalifornien vor Santa Rosalia.

Zu den Verlusten der deutschen Seglerflotte in den ersten Kriegsmonaten zählten 20 Schiffe, die auf See von feindlichen Kreuzern gekapert wurden. Die Royal Navy brachte 17 Segler in britische Häfen, wo sie von den Prisengerichten konfisziert wurden; französische Kriegsschiffe kaperten drei deutsche Segler. Die Mehrzahl dieser Segelschiffe wurde bei der Ansteuerung des Ärmelkanals aufgebracht. Im offenen Atlantik fingen die Briten zwei Schiffe, die sich auf der Ausreise befanden. Die Viermastbark WERNER VINNEN hatte, mit Kohlen für Antofagasta, noch am 1. August Cardiff verlassen und wurde am 16. September nach Sierra Leone eingebracht. Mit einer Kohlenladung für Port Nolloth war das Vollschiff HEINZ am 18. Juni von Cardiff in See gegangen; ein britischer Kreuzer brachte das Schiff im September nach Simons Bay, wo die Ladung gelöscht wurde.

Da die Segler keine Funkeinrichtung hatten, erfuhren die meisten nichts vom Kriegsausbruch, solange sie auf See waren, ausgenommen sie erhielten durch optische Signale einige

Abb. 1 *Vollschiff*
TONAWANDA *ex*
INDRA. *(Sammlung
Burmester/Archiv
DSM)*

dürftige Informationen von einem anderen Schiff, dem sie zufällig begegneten. In einigen Fällen konnte ein Kapitän aufgrund solcher Informationen den Kurs ändern und einen neutralen Hafen erreichen. Ein Beispiel dafür liefert das Vollschiff INDRA, das im Oktober 1914 mit einer Salpeterladung das Seegebiet vor dem Ärmelkanal erreichte und erst dort von anderen Schiffen vage Nachrichten von einem Krieg erhielt. Als der Kapitän abends den suchenden Scheinwerferstrahl eines Kriegsschiffes sah, ging er kurzentschlossen auf NW-lichen Kurs und segelte sein Schiff in einer strapaziösen Reise nach New York, das er am 8. November nach einer 150tägigen Fahrt von Chile erreichte. Die INDRA lag dort gut bis zum April 1917, als die USA Deutschland den Krieg erklärten und die INDRA beschlagnahmten; als TONAWANDA wurde sie in das amerikanische Schiffsregister eingetragen.

Die Kaperung der deutschen Segler bei der Einsteuerung in den Ärmelkanal zeigt der folgende Bericht von der Viermastbark PONAPE, die den chilenischen Hafenplatz Iquique mit einer Salpeterladung am 26. Juni verlassen hatte. Als der Segler die Reede verließ, war der Mord in Sarajevo noch nicht geschehen, keiner dachte an eine akute Kriegsgefahr. Die PONAPE, die der Reederei Laeisz gehörte, war ein guter Segler und hatte das Vollschiff INDRA, das den Salpeterhafen zwei Wochen früher verlassen hatte, schon im Südatlantik überholt. Am 23. August, als die PONAPE SW-lich der Kap-Verdischen-Inseln den NO-Passat erreicht hatte, wurde sie von dem modernen Royal-Mail-Dampfer DESNA überholt. Anscheinend hatten die beiden Schiffe die üblichen Signale getauscht; denn als der Dampfer am 2. September Liverpool erreichte, gab er dort die gewohnte »An Bord alles wohl«-Meldung ab. Der junge Kapitän Eckhardt erfuhr nichts vom Krieg und setzte seine Reise auf dem üblichen Seglerweg fort. Am 19. September erreichte er mit einem mäßigen westlichen Wind die Einfahrt in den Ärmelkanal und war sehr erstaunt, als sich der britische Panzerkreuzer MAJESTIC für die PONAPE interessierte. Er entzifferte auf der MAJESTIC das Signal »Drehen Sie sofort bei«. Ein Prisenkommando kam an Bord und befahl dem Kapitän, nach Falmouth zu segeln. Als der Wind gegen Abend einschlief, nahm die MAJESTIC, ein Linienschiff aus der Vor-Dreadnought-Zeit, die PONAPE in Schlepp und taute sie an Lizard vorbei in die Falmouth-Bucht. Es war ein ungewohnter Anblick, die zierliche Viermastbark hinter dem mächtigen Kriegsschiff. Die Lloyd's-

Signalstelle gab die Situation präzise weiter. Am 20. September vormittags ankerte PONAPE vor Falmouth, und an Lloyd's in London ging die Meldung: *German ship previously reported is* PONAPE *from Iquique, nitrate for Hamburg.*

Die Verhandlung vor dem Prisengericht fand am 30. November in London statt; in der Fachsprache hieß es im Spruch des Gerichtspräsidenten: *... I condemn the ship and order it to be sold, and adjourn all questions relating to the cargo.* Eigentümer der Ladung war ein Baron von Schröder, den der Präsident für einen Deutschen hielt, bis man ihm sagte, daß dieser Baron ein naturalisierter britischer Untertan war. Die Besatzung der PONAPE wurde im Lager Knokkaloe auf der Isle of Man interniert. Das Schiff schleppte man im Januar nach Liverpool, um dort seine Ladung zu löschen.

Schon am 8. August wurde im Ärmelkanal der Laeiszsegler PERKEO aufgebracht, die größte Viermastbark, die die Reederei je besessen hat, doch nur für kurze Zeit. Sie war am 16. Juli 1914 in New York gekauft worden und ging zwei Tage später auf die Reise nach Hamburg. Die Royal Navy eskortierte das Schiff nach London, wo es am 15. August eintraf. Das Prisengericht verfügte die Beschlagnahme und den Verkauf des Schiffes, das die norwegischen Käufer BELL nannten.

Weitere Segelschiffe, und natürlich auch Dampfer, wurden 1916 und 1917 in den Häfen und Gewässern der Länder beschlagnahmt, die ihre Neutralität zugunsten unserer Kriegsgegner aufgaben. Betroffen waren

        5 Segler in Portugal 1916
        7 Segler in USA   1917
        1 Segler in Brasilien 1917
        4 Segler in Peru   1917

Auf den zwölf Seglern, die im Golf von Kalifornien lagen, machte man sich keine Sorgen wegen einer Beschlagnahme, weil die Beziehungen zwischen Mexico und den USA so gespannt waren, daß Mexico keinem Druck der Vereinigten Staaten nachgeben würde. Alle zwölf Segler, die sich im Golf von Kalifornien bis zum 10. November angesammelt hatten, waren mit Koks und Kohle von Hamburg gekommen, um die französische Kupferhütte in Santa Rosalia zu versorgen.

Nach 1917 lagen noch 70 deutsche Frachtsegler in neutralen Gewässern und blieben bis zum Kriegsende in deutscher Hand; es waren 57 Schiffe in Chile, zwölf in Mexico und eins, die PAMIR, in den spanischen Gewässern der Kanarischen Inseln, wo sie, mit einer Salpeterladung, im Oktober 1914 Zuflucht gefunden hatte. Zu diesen 70 Schiffen kamen noch acht weitere hinzu, die in deutschen Häfen den Krieg verbrachten. Dabei sind die beiden großen Viermastbarken nicht mitgezählt, die während des Krieges von Blohm & Voss für die Reederei Laeisz gebaut wurden. Die POLA war im Oktober 1916 vom Stapel gelaufen und die PRIWALL im Juni 1917; letztere wurde laut Bielbrief am 28. März 1920 von der Bauwerft an die Reederei übergeben. Als die Kriegshandlungen im November 1918 durch den Waffenstillstand beendet wurden, blieben die deutschen Segelschiffe im Ausland zunächst auf ihren Liegeplätzen, aber sie wurden militärisch bewacht, um Sabotagehandlungen zu verhüten, und sie mußten die deutsche Flagge niederholen. Das veranlaßte die wenigen Seeleute, die während des Krieges an Bord geblieben waren, ihre sofortige Abmusterung und Heimschaffung nach § 74 der Seemannsordnung zu verlangen. Da die Machthaber keinen Ersatz für die notwendigen Besatzungen besorgen konnten, durften die Schiffe ihre schwarz-weiß-rote Nationalflagge bald wieder führen. In Versailles verhandelten die Siegermächte über den unrühmlichen Friedensvertrag, der am 28. Juni 1919 unterzeichnet wurde und mit der Ratifizierung am 10. Januar 1920 in Kraft trat. Bezüglich der deutschen Handelsflotte bestimmte der Vertrag, daß alle Schiffe von 1600 BRT aufwärts an die Siegermächte abgeliefert werden mußten, außerdem die Hälfte der Schiffe zwischen 1000 und 1600 BRT.

Abb. 2   *Viermastbark* PONAPE. *(Sammlung Neil Cormack)*

Noch bevor der Versailler Vertrag in Kraft trat, wurden einige deutsche Schiffe mit Erlaubnis des alliierten »Shipping Controllers« in Fahrt gesetzt, um wichtige Aufgaben zu erfüllen. Da war zum Beispiel die Viermastbark PAUL der Reederei Krabbenhöft & Bock, die 1919 nach

Abb. 3   PONAPE *im Sturm, 1935. (Sammlung Burmester/Archiv DSM)*

den USA segelte, um Schmieröl für die Hamburger Ölwerke Stern-Sonneborn heranzuschaffen. Von ihrer ersten Reise kehrte die PAUL, die einst WILLY RICKMERS hieß, wohlbehalten zurück, aber auf der zweiten Reise wurde sie im Winter auf dem Nordatlantik teilweise entmastet und lief Halifax als Nothafen an. Bei großer Kälte und unter schwierigen Bedingungen mußte die Besatzung die Reparaturen ohne fremde Hilfe ausführen; die deutschen Seeleute durften das Land nicht betreten, da der Versailler Vertrag noch nicht in Kraft war. Die Viermastbark TAMARA VI, ex LUCY VINNEN, wurde 1919 gebraucht, um russische Kriegsgefangene im Schlepp von Swinemünde nach Pillau zu fahren; das galt als deutsche Küstenschiffahrt, die seit dem 16. April 1919 wieder zugelassen war.

Als am 10. Januar 1920 der Versailler Vertrag in Kraft trat, standen der Reparations-Kommission noch 73 deutsche Großsegler zur Verteilung an die Siegermächte zur Verfügung. Im Juli 1919 waren die Segler PETSCHILI und JOHN in einem schweren Nordsturm an der chilenischen Küste gestrandet, so daß sie von der Liste gestrichen worden waren. Nicht auf der Liste standen auch die Segler HELIOS, OBOTRITA, KAISER und ANNA, deren Größe weniger als 1600 BRT betrug.

Für die Verteilung der Segler hatte die Reparations-Kommission folgenden Schlüssel festgelegt:

Für Frankreich	32 Segelschiffe
Für Italien	20 Segelschiffe
Für Großbritannien	18 Segelschiffe
Für Griechenland	2 Segelschiffe
Freistaat Danzig	1 Segler (PENANG)

Die nietneue Viermastbark POLA (s. oben) wurde Frankreich zugeteilt und im Oktober 1920 von Kapitän C. Brockhöft im Schlepp nach Dünkirchen gebracht; die Franzosen nannten das schöne Schiff RICHELIEU. Die Schmähungen des französischen Mobs, denen Kapt. Brockhöft in Dünkirchen ausgesetzt war, hat er sein Leben lang nicht vergessen können.

Als die Reparations-Kommission 1920 die Übergabe der Segelschiffe in die Wege leitete, ergab sich ein Problem. Die Siegermächte in Europa waren nicht bereit, die alternden Segelschiffe, die für ihre Reeder nicht sonderlich attraktiv waren, an der Westküste Südamerikas ohne Besatzung zu übernehmen. Die Segler waren sechs Jahre nicht in Fahrt gewesen und hatten unter Wasser einen dicken Muschelpanzer angesetzt. Tag für Tag waren sie der sengenden Sonne ausgesetzt gewesen, ohne daß man viel für ihre Konservierung hatte tun können. Die Klassenzertifikate waren abgelaufen, und schließlich waren manche Schiffe auf Geheiß der Reichsregierung von der eigenen Besatzung beschädigt worden, um sie für den Fall eines feindlichen Zugriffs unbrauchbar zu machen.

Zur Lösung des Problems fand im Frühjahr 1920 unter der Leitung der Reparations-Kommission eine Konferenz in London statt, an der auch deutsche Vertreter teilnahmen. Am meisten Schwierigkeiten machte die Mannschaftsfrage; denn während des langen Krieges hatten sich die deutschen Seeleute zum größten Teil davongemacht; die Kapitäne konnten oder wollten ihre Leute nicht so lange festhalten. Die deutschen Reeder hatten die Probleme vorausgesehen und sich schon 1919 zusammengeschlossen, um gemeinsam ihre Interessen zu vertreten. Sie hatten den »Seglerpool« gegründet und für die Durchsetzung rechtlicher Fragen die »Deutsche Segelschiff-Kontor GmbH«.

Die Reeder waren grundsätzlich bereit, die Segelschiffe in eigener Regie mit einer Salpeterladung nach Europa zu segeln und hofften, dabei auf ihre Kosten zu kommen, weil die Frachten auch nach Kriegsende noch recht hoch waren. Die Reparations-Kommission in London war mit dem Vorschlag der Reeder einverstanden, führte aber die abschließenden Verhandlungen mit der Reichsregierung, der die Reeder ihre Schiffe gegen eine Entschädigung hatten übereignen müssen.

Es gab allerdings Probleme mit der Schiffssicherheit; denn die Schiffe waren in Chile sechs Jahre gealtert, ihre Klassenzertifikate waren, wie schon erwähnt, abgelaufen. Experten besichtigten die Schiffe und stellten ihnen Fahrterlaubnisscheine für die Heimreise aus, wenn die verlangten Maßnahmen durchgeführt wurden, zum Beispiel Nieten erneuern, nur 90 Prozent der normalen Tragfähigkeit laden und anderes mehr.

Am 15. Mai 1920 wurden die Verhandlungen in London mit einem formellen »agreement« zwischen Reichsregierung und Reparations-Kommission abgeschlossen und unterschrieben. Darin war unter anderem festgelegt: *Die deutsche Regierung soll sich der deutschen Schiffseigner bedienen, um das Abkommen zu erfüllen; die Schiffseigner handeln ausschließlich als Beauftragte der deutschen Regierung. (...) Die deutschen Schiffseigner sollen auf ihre Kosten so viele der deutschen Segelschiffe instandsetzen, wie sie für machbar und einträglich halten, so daß die Kalkulation für eine jede Reise dem Eigner eine angemessene Verdienstspanne beläßt. Nach der Beladung der Schiffe sollen die Eigner sie unter deutscher Flagge nach einem Hafen in der Region »United Kingdom/Continent« expedieren, zwischen Dünkirchen und den dänischen Häfen, oder nach einem Mittelmeerhafen nicht östlich von Sizilien. In den Bestimmungshäfen sollen die Schiffe an die Siegermächte übergeben werden, und zwar in dem Zustand, in dem sie sich befanden; nur Seeschäden, die auf der Überführungsreise entstanden waren, sollen die bisherigen Eigner beseitigen lassen.*

Diese Bestimmungen wurden nur auf die in Chile liegenden Segelschiffe angewendet. Eine ähnliche Regelung für die zwölf Segler im Golf von Kalifornien wurde anfangs geplant, aber nicht verwirklicht, weil es ein Verlustgeschäft geworden wäre. Stattdessen wurden die zwölf Großsegler an Ort und Stelle von den Empfängern Großbritannien, Frankreich und Italien übernommen und so bald wie möglich an nordamerikanische Reeder an der Westküste verkauft. Die Reparations-Kommission teilte den USA keine Beuteschiffe zu, weil sie den Versailler Vertrag nicht unterschrieben hatten.

Trotz aller Schwierigkeiten gelang es, 47 Segler nach Instandsetzung und Beladung auf die Reise nach Europa zu bringen. Die meisten Reisen dauerten recht lange; es gab auch einige Havarien, manche Kapitäne wurden durch die Obstruktion ihrer Mannschaften bis an die Grenze ihrer Nervenkraft beansprucht. Als erstes Schiff war die kleine Bark HELIOS am 15. April 1920 von Taltal abgegangen, noch mit einer Vorkriegsmannschaft besetzt; sie brachte ihre Salpeterladung in 122 Tagen nach Danzig. Als nächstes Schiff folgte die große Viermastbark PARMA. Sie verließ Iquique am 18. Juli, ebenfalls noch vor Ankunft der LUCIE WOERMANN, und segelte 112 Tage bis Delfzijl. Ihre Salpeterladung hatte sie zu einem Teil bereits 1914 an Bord genommen.

Für die Segelschiffe in Chile erwies sich die Bemannung als das schwierigste Problem; es wurden etwa 1000 Mann gebraucht, möglichst segelschiffserfahrene, die von Deutschland nach Chile transportiert werden mußten. Obgleich es 1920 in Hamburg viele arbeitslose Seeleute gab, fand man nicht genügend geeignete Leute für die Segelschiffe. Aber die Zeit drängte, man nahm, was man kriegen konnte und musterte die Leute auf dem Hamburger Seemannsamt pauschal für die in Chile liegenden Segelschiffe. Etwa 800 Mann wurden mit dem Dampfer LUCIE WOERMANN und 200 mit der neuen Viermastbark PRIWALL im Sommer 1920 auf die Reise nach Chile geschickt. Es war viel übles Volk darunter; schon bei der Anmusterung hatte die Polizei eingreifen müssen. Trotzdem war es einigen Rabauken gelungen, ein paar Frauen an Bord zu schmuggeln. Während der Seereise hetzten die Rädelsführer die Leute immer wieder gegen die Schiffsleitung auf, so daß zeitweise die Disziplin zusammenbrach. Der Kapitän der PRIWALL wurde gezwungen, Montevideo anzulaufen. Er nahm dort die Hilfe der deutschen Botschaft in Anspruch. Nachdem 78 Mann mit Zustimmung der uruguayischen Regierung das Schiff verlassen hatten, setzte PRIWALL die Reise nach Chile fort. Von der LUCIE WOERMANN sprangen im Panama-Kanal mehr als 60 der angemusterten Passagiere über

Abb. 4 *Viermastbark* PRIWALL. *(Foto Hans Hartz/Archiv DSM)*

Bord; sie wollten in die USA, wurden aber von der Kanalpolizei daran gehindert. (Siehe den Bericht »LUCIE WOERMANN und die Salpetersegler« in Stallings maritimem Jahrbuch 1975/76).

Am 15. September erreichte LUCIE WOERMANN die Reede von Iquique, auf der noch fünf Segler lagen, deren Mannschaften ergänzt werden mußten. Als die chilenischen Behörden bei der Einklarierung der LUCIE WOERMANN merkten, daß es bei den Deutschen an Disziplin mangelte, ließen sie den Dampfer näher bei ihrem Kreuzer CHACABUCO ankern, der vorher schon einen Offizier und neun Mann auf die LUCIE WOERMANN geschickt hatte. Landgang wurde den deutschen Seeleuten verboten.

Aktivisten des kommunistischen Seemannsbundes verteilten Propagandamaterial in Deutsch und Englisch auf den auf der Reede liegenden Schiffen, so daß die chilenischen Amtspersonen unruhig wurden. Die Ausweisung der LUCIE WOERMANN aus den chilenischen Hoheitsgewässern konnte nur durch den deutschen Botschafter in Santiago verhindert werden. Der Dampfer besuchte auch die weiter südlich liegenden Salpeterhäfen, wo die widerspenstigen Seeleute unter militärischer Bewachung auf die für sie bestimmten Segelschiffe verbracht wurden. Die Segelschiffskapitäne waren nicht begeistert über den Nachschub aus der Heimat und waren froh, wenn ihnen noch ein paar Vorkriegsseeleute verblieben waren.

Ab September wurden die Abstände zwischen den Abfahrten kürzer, und in den letzten drei Monaten des Jahres 1920 wurden die übrigen Segelschiffe auf den Weg gebracht. Die beiden kürzesten Reisen machten die Viermastbarken HERZOGIN CECILIE und OLYMPIA mit 86 und

Abb. 5 *Viermastbark*
HERZOGIN CECILIE,
*1909. Postkarte
(Sammlung Burmester/
Archiv DSM)*

89 Tagen nach Ostende und Antwerpen. Jedoch zehn von den insgesamt 47 Schiffen brauchten mehr als 150 Tage bis zu ihrem Bestimmungshafen. Die lange Dauer der Reisen ist nicht nur auf die teilweise minderwertigen Mannschaften, sondern auch auf den schlechten Zustand der Schiffe und schließlich auch auf ungünstige Großwetterlagen zurückzuführen, in die die Mehrzahl der Schiffe hineingeriet. Letzteres passierte auch der neuen Viermastbark PRIWALL der Reederei F. Laeisz, die zur gleichen Zeit ihre erste Heimreise von Chile machte, für die sie 121 Tage brauchte. Der Reeder und sein Inspektor Boye Petersen waren sehr enttäuscht über die lange Reise ihres neuen Schiffes, so daß sie ihren Unmut auch den Kapitän fühlen ließen.

Außer den beiden Wracks der PETSCHILI und der JOHN blieben nach dem Beschluß der Reeder und im Einverständnis mit der Reparations-Kommission acht Segelschiffe in Chile liegen, weil sich die Rückführung gemäß dem »agreement« nicht gelohnt hätte; sie wurden in Chile den Siegermächten übergeben, die sie dort verkauften oder anderweitig verwendeten.

Das letzte der abzuliefernden Segelschiffe der Chileflotte war das Vollschiff MARIE, das am 26. Juni 1921 seinen Bestimmungshafen Venedig erreichte; es hatte wegen einer Reparatur Rio de Janeiro anlaufen müssen und deshalb 240 Tage für die Reise von Antofagasta nach Venedig gebraucht. Damit war die Überführung der abzuliefernden Schiffe von Chile nach Europa abgeschlossen; es war das traurige Ende der einst beachtlichen Segelschiffsflotte, die von deutschen Reedern im Kaiserreich geschaffen worden war. Auf den von Chile zurückgebrachten Seglern wurden die Salpeterladungen noch unter deutscher Regie gelöscht. War das Schiff leer und mit Ballast versehen, wurde es im Löschhafen an einen Regierungsvertreter des Empfängerlandes übergeben.

Da auf dem Frachtenmarkt eine langdauernde Flaute herrschte und Ladungen für Segelschiffe kaum angeboten wurden, ließen die Reeder der Siegermächte ihre als Reparation erhaltenen Segelschiffe im Löschhafen liegen, schickten einen Wachmann an Bord und warteten auf einen Käufer. Einige Schiffe brachte man schon bald an Abwrackwerften oder verwendete sie als Lagerschiffe.

Dem britischen »Shipping Controller« machte die wachsende Zahl der aufliegenden Beuteschiffe allmählich Sorgen; diese Institution war 1917 geschaffen worden, um den Einsatz der alliierten Handelsschiffe für kriegsbedingte Transportaufgaben besser zu koordinieren. Nach dem Kriegsende kümmerte sich der Shipping Controller um die Verwendung der Beuteschiffe, von denen natürlich die Dampfer bedeutend wichtiger waren als die Segler. Im Sommer 1921 war die Zahl der unbeschäftigten Beuteschiffe so gewachsen, daß der Shipping Controller den Verkauf an die ehemaligen deutschen Eigner freigab und mit einem Vorkaufsrecht anbot. Bei den Segelschiffen war der Verkauf einfacher, weil ihr Preis nicht viel höher war als der Schrottpreis, den man für das Schiff erzielen konnte. Es gab nur wenige Interessenten, die es mit den alten Seglern nochmal in der Frachtfahrt versuchen wollten. Dafür waren nur Reeder geeignet, die Erfahrungen mit Segelschiffen hatten und die Betriebskosten niedrig halten konnten, wie zum Beispiel Kapitän Gustaf Erikson von den finnischen Åland-Inseln.

Auch in Deutschland gab es in den ersten Nachkriegsjahren noch einige Reeder und Kaufleute, die am Kauf von Segelschiffen interessiert waren und mit Vorliebe nach den ehemals deutschen Seglern Ausschau hielten. Bei der raschen Geldentwertung im Nachkriegsdeutschland war für sie ein Segelschiff eine erschwingliche Kapitalanlage, und zwar ein Sachwert, der als Rendite Frachten in »harten« Devisen einbringen oder zum Abwracken verkauft werden konnte.

Ende 1920 brauchte man 75 Mark für einen US-Dollar,
Ende 1921 brauchte man 188 Mark für einen US-Dollar,
Ende 1922 brauchte man 7500 Mark, und bis Ende 1923 wurde die Mark wertlos und durch die stabile Rentenmark ersetzt, mit einer Dollarparität von 4,20 Rentenmark. Dadurch konnte und mußte auch im Reedereigeschäft wieder normal kalkuliert werden. Für die Seeleute war es ein großer Vorteil, denn nun bekamen sie am Ende der Reise das ausbezahlt, was sie wirklich verdient hatten, während sie vorher am Ende einer langen Segelschiffsreise mit Geld bezahlt wurden, das seit Abschluß des Heuervertrages viel an Wert verloren hatte. Von alten Seeleuten, die gern von früher erzählten, konnte man hören, daß die Heuer für eine lange und mühsame Segelschiffsreise kaum ausgereicht hätte, um die Straßenbahnfahrt vom Hafen nach Hause zu bezahlen.

Ein neuer Anfang nach dem Krieg?

1921 waren alle deutschen Segelschiffe über 1600 BRT an die Siegermächte abgeliefert und lagen größtenteils untätig in den Häfen, in denen sie ihre letzte Ladung gelöscht hatten. Die Kauffahrtei unter Segeln ging ihrem Ende entgegen, die meisten der noch vorhandenen Großsegler stammten aus dem vorigen Jahrhundert. Auf den deutschen Schiffswerften herrschte zwar Hochbetrieb, gebaut wurden aber nur Maschinenschiffe für eine neue deutsche Handelsflotte, mit der in wenigen Jahren ein Liniennetz wie in der Vorkriegszeit eingerichtet werden konnte. Die kommerzielle Segelschiffahrt hatte keine Zukunft mehr, die allerletzten Frachtsegler verschwanden um 1950 von der See.

Die wenigen Segelschiffe, die gleich nach dem Krieg gebaut wurden, waren eigentlich keine Segelschiffe, sondern »Motorsegler«, denn sie erhielten als zusätzlichen Antrieb Dieselmotoren und damit einen anderen Charakter als die reinen Windschiffe. Bauaufträge für große Motorsegler gab die Bremer Firma F.A. Vinnen & Co., die vor dem Kriege, unter der Firmenbezeichnung Bremer Stahlhof AG, ein ganzes Dutzend großer Rahsegler besessen hatte. F.A. Vinnen & Co. benutzte die vom Reich gezahlte Entschädigung, um bei der Krupp-Germania-Werft in Kiel 1921/22 eine große Viermastbark mit einem Motor von 500 PS und fünf große Fünfmastmotorschoner bauen zu lassen. Die waren etwa 1800 BRT groß, hatten Motoren von 350 PS und eine eigenartige Takelung insofern, als sie am ersten und dritten Mast je vier Rahen außer den Gaffelsegeln trugen. Einer dieser Schoner ging auf seiner ersten Ausreise an der englischen Südküste verloren. Die Viermastbark erhielt den Namen MAGDALENE VINNEN und wurde 1936 vom Norddeutschen Lloyd gekauft, um als Frachtschulschiff den Offiziersnachwuchs der großen Reederei auszubilden. Auch die Reederei F.A. Vinnen & Co. hatte auf ihren Fünfmastmotorschonern eine Anzahl Kadetten, deren Eltern Kostgeld für die Ausbildung zahlen mußten. Im Lauf der Jahre erging es den vier Fünfmastschonern wie den meisten Motorseglern: Der Motor wurde immer wichtiger, während die Segel manches Mal nur störend wirkten. Die Viermastbark, die als Schulschiff des Norddeutschen Lloyd den Namen KOMMODORE JOHNSON führte, machte da eine Ausnahme; sie brauchte ihren Motor als Lloydschulschiff weniger als vor dem Eignerwechsel.

1920 hatte die Krupp-Germania-Werft eine Serie von fünf mittelgroßen Motorseglern gebaut und sie als Dreimast-Rahschoner getakelt. Die 450 BRT großen Schiffe wurden von der Reederei Dönitz, Witt & Co. übernommen. 1922 gingen zwei dieser fünf Schoner in der Ostsee verloren, ein dritter namens BUCKAU vertauschte 1925 seine Takelage gegen zwei Flettner-Rotoren, die nicht das hielten, was Herr Flettner sich von ihnen versprochen hatte. Die übrigen beiden dieser fünf Schoner wurden bald verkauft; insgesamt gesehen, war es keine glückliche Serie, obgleich die Rahschoner schmuck aussahen, und es war auch keine glückliche Reederei. Der Firmenchef Friedrich Dönitz war Handelsschiffsoffizier und Reserveoffizier der Kriegsmarine gewesen; er war ein Bruder des späteren Großadmirals Karl Dönitz.

Hier soll aber weiterhin von den echten Windschiffen die Rede sein, für deren Antrieb nur die Segel zur Verfügung stehen; oft werden sie mit dem unpassenden Wort »Windjammer« bezeichnet. Von den Segelschiffsreedern der Vorkriegszeit war die renommierte Firma F. Laeisz die erste, die 1921 zielstrebig begann, die Segelschiffahrt nach Chile wieder in Gang zu bringen, um die Beziehungen und Organisationen, die sie dort für eine Linienschiffahrt aufgebaut hatte, wieder nutzen zu können. Den Anfang für den Liniendienst Hamburg – Valparaiso machte die neue Viermastbark PRIWALL, als sie Hamburg am 24. Juli 1920 verließ; sie hatte Ladung für Valparaiso an Bord und außerdem 200 Seeleute als Mannschaften für die seit 1914 in Chile liegenden Segelschiffe. Von dieser ersten Reise kehrte die PRIWALL im April 1921 mit 4700 Tonnen Salpeter nach Delfzijl zurück. Fast voll beladen trat sie am 1. Juli 1921 ihre nächste Reise nach Valparaiso an.

So weit, so gut, aber mit einem einzigen Segelschiff, das für eine Rundreise mindestens ein Dreivierteljahr brauchte, konnte man keine Linienfahrt über eine Distanz von mehr als 10000 Seemeilen betreiben. Also mußte man Schiffe dazu kaufen und möglichst solche, die den Anforderungen der Laeisz-Linie genügten: Sie sollten schnelle Reisen machen, und zwar westwärts um Kap Horn. 1921 verhandelte F. Laeisz in London mit der Maklerfirma Stelp & Leighton und konnte das Vollschiff PEIHO für 6100 £ zurückkaufen. Das Schiff lag in Delfzijl, am 20. Juli hatte man es in Hamburg und konnte mit den Instandsetzungsarbeiten für ein neues Klassenzertifikat des Germanischen Lloyd beginnen. Am 15. Oktober, dreieinhalb Monate nach der PRIWALL, trat PEIHO die Reise nach Valparaiso an. Nachdem die gemischte Ladung in Valparaiso gelöscht worden war, segelte das Vollschiff mit einer Partie Küstenladung von Valparaiso nordwärts nach Iquique und dann weiter nach Peru, um Guano nach Irland zu laden; denn die Salpeterfrachten von Iquique hatten 1922 einen Tiefpunkt erreicht.

Insgesamt gesehen war man bei der Reederei wohl mit der Chilefahrt zufrieden, wenn auch die Reisen und die Hafenliegezeiten etwas länger waren als vor dem Krieg. Der Leistungswille der Seeleute hatte durch den verlorenen Krieg und den sinkenden Geldwert gelitten. Die rapide Inflation der deutschen Mark veranlaßte die Seeleute, in Chile zu entweichen, um auf einem ausländischen Schiff besseres Geld zu verdienen. Erich Laeisz, der damalige Firmenchef, gab den einmal eingeschlagenen Weg nicht auf und setzte den Ankauf seiner früheren Segler fort. Nach dem Erwerb der PEIHO, die leider 1923 durch Strandung in der Kap-Horn-Region verloren ging, kaufte er noch die Schiffe:

Viermastbark PARMA	im Oktober 1921 in London für 10000 £
Viermastbark PASSAT	im Dezember 1921 in Paris für 13000 £
Vollschiff PINNAS	im Dezember 1921 in Paris für 3000 £
Viermastbark PEKING	im Januar 1923 in London für 13500 £
Viermastbark PAMIR	im Februar 1924 in Genua für 7000 £

PAMIR war der sechste Segler ihrer ehemaligen Schiffe, den die Reederei zurückkaufte. Einschließlich der PRIWALL besaß sie ab 1924 ein halbes Dutzend erstklassiger Segler, mit denen sich ein Liniendienst nach Chile durchführen ließ, der den Interessen der Ablader entgegenkam. Die Schiffe verließen Hamburg in Abständen von sechs bis acht Wochen mit gemischten Ladungen, die zum Teil in Chile gestapelt wurden, wie zum Beispiel Zement, Koks, Kreide. Auch Stückgüter waren meistens in der Ladung, deren Empfänger bereits bei der Übernahme in Hamburg feststanden. Außer Valparaiso liefen die Segler in der Regel zwei bis drei kleinere Häfen südlich von Valparaiso an, um Ladung zu löschen. Der Salpeterexport, früher das große Geschäft Chiles, erfolgte von den Hafenplätzen im Norden Chiles. Er hatte sich seit der Vorkriegszeit stark verringert, weil die Erfindung des Chemikers Haber, Stickstoff aus der Luft zu gewinnen, es seit dem Kriege ermöglichte, Stickstoffdünger in Europa synthetisch herzustellen.

Ähnlich wie in der Vorkriegszeit wurden die Laeiszsegler erstklassig instandgehalten und waren ab 1924 alle mit Funktelegraphie ausgerüstet. Verpflegt wurden die Mannschaften so gut, wie es auf langen Reisen ohne Kühlraum möglich war. Ein weiterer Vorteil für die Laeiszschiffe war, daß der Reederei in den 20er Jahren noch erfahrene Segelschiffskapitäne aus der Vorkriegszeit zur Verfügung standen. Unter diesen Umständen ging es noch ein paar Jahre aufwärts mit den Seglern der P-Line. Die Disziplin der Mannschaften verbesserte sich erheblich, nachdem eine Währungsreform Ende 1923 für einen stabilen Geldwert gesorgt hatte; die Anzahl der Desertionen im Ausland verringerte sich nicht unbeträchtlich.

1925 bestellte die Reederei F. Laeisz G.m.b.H. bei der Tecklenborg-Werft in Bremerhaven den Bau einer Viermastbark von ihrem bewährten Typ, immer noch ohne Hilfsantrieb. Sie erhielt den Namen PADUA und war der letzte große Frachtsegler, der je gebaut wurde. Als die PADUA 1926 in die Chilefahrt eingestellt wurde, besaß die Reederei Laeisz sieben Großsegler mit einem Durchschnittsalter von 15 Jahren, und außerdem zwei Dampfer für die Linienfahrt nach Chile.

Die PADUA war im Gegensatz zu den vorher für die Reederei gebauten Viermastern der Reederei mit einer zehn Meter längeren Poop konstruiert worden, in der 40 Kadetten für Ausbildungszwecke untergebracht wurden. Die Einstellung dieser Kadetten erfolgte für den Verein Hamburger Reeder, der Laeisz auch die Kosten für die Kadetten erstattete. Nach dem Vorbild der PADUA wurde 1926/27 auch auf den Viermastbarken PRIWALL, PEKING und PASSAT die Poop für die Aufnahme von Kadetten um zehn Meter verlängert. In den 20er Jahren, als

Abb. 6   Schulschiffkadetten. (Sammlung Burmester/Archiv DSM)

man die vier Laeisz-Segler für die Nachwuchs-Ausbildung heranzog, galt in Deutschland die Vorschrift, daß die angehenden Schiffsoffiziere für den Erwerb des Steuermannspatentes unter anderem eine Fahrzeit als Decksmann von mindestens 20 Monaten auf Segelschiffen nachweisen mußten.

Das Ende der Laeisz-Linie kündigte sich um 1930 an, nachdem ein Jahr zuvor das Vollschiff PINNAS bei Kap Horn durch Entmastung verlorengegangen war und sich in der internationalen Schiffahrt die ersten Anzeichen der großen Weltwirtschaftskrise bemerkbar machten. Für die Laeisz-Segler verringerte sich die Menge der ausgehenden Ladungen, die sie nach Chile bringen konnten, und die Salpeterfrachten für die Heimreisen, die auf weniger als 15 Schilling je Tonne sanken, deckten die Kosten nicht mehr. Erich Laeisz war gezwungen, Schritt für Schritt den Rückzug aus der Segelschiffahrt anzutreten. Im Oktober 1931 wurden die Viermastbarken PAMIR und PARMA verkauft, die beiden letzten Frachtsegler ohne Kadettenausbildung. Das bedeutete das Ende der kommerziellen Segelschiffahrt mit deutschen Großseglern. 1932 brachten PEKING und PASSAT noch je eine Salpeterladung nach Europa und wurden anschließend ebenfalls verkauft.

Keiner dieser vier Segler wurde verschrottet, sondern drei segelten weiter unter finnischer Flagge, und die PEKING wurde in London zu einem stationären Schulschiff hergerichtet. PRIWALL und PADUA, die beiden jüngsten Segler der Reederei, wurden nicht verkauft; aber ihre Hafenliegezeiten wurden gedehnt, und gelegentlich wurde eine Reise ohne Kadetten gemacht, da bei den vielen arbeitslosen Schiffsoffizieren eine ungedrosselte Ausbildung von Kadetten untunlich war.

Am 31. Oktober 1933 schickte der Reeder seine beiden letzten Segler PRIWALL und PADUA in Ballast auf eine Wettfahrt von Hamburg nach Australien. Es wurde ein hartes Rennen bis zum Spencer-Golf, das die PRIWALL unter Führung von Kapitän Robert Clauß mit einem Tag Vorsprung gewann. Die Reisedauer ab Hamburg betrug 67 und 68 Tage, vom Ausgang des Ärmelkanals waren es für beide Schiffe je vier Tage weniger. Das waren Rekordzeiten, die in der Schiffahrtswelt Aufsehen erregten, weil sie seit der Klipper-Ära nicht mehr erreicht worden waren. Es war, als hätten der Reeder und seine Besatzungen noch einmal zeigen wollen, daß die Bezeichnung »Flying P-Line« nicht zu Unrecht bestanden hatte. Beide Viermastbarken hatten bei diesem Rennen keine Kadetten an Bord; einschließlich des Kapitäns hatte die PPRIWALL eine Besatzung von 31 Mann, die PADUA von 32 Mann.

Von 1934 bis 1939 machten die beiden letzten P-Liner zusammengerechnet noch etwa ein Dutzend Reisen nach Chile und zurück, außerdem noch ein oder zwei Australienreisen. Die PRIWALL wurde durch den Zweiten Weltkrieg in Chile festgehalten und 1941 der chilenischen Marine übereignet, die ihr den Namen LAUTARO gab. PADUA verbrachte den Krieg in der Ostsee mit Übungsfahrten, soweit das möglich war. Nach dem Krieg mußte sie der Sowjetunion ausgeliefert werden; sie heißt jetzt KRUSENSTERN und dient noch heute als Schulschiff.

Von einem neuen Anfang der deutschen Segelschiffahrt konnte man allenfalls bei der Reederei Laeisz sprechen, die nach dem Krieg neben ihren sechs zurückgekauften Seglern auch zwei neugebaute Viermastbarken in Dienst stellte. Was die übrige deutsche Segelschiffahrt damals noch zu bieten hatte, war kein großartiges, sondern ein kümmerliches Bild.

Die von den Siegermächten zurückgekauften Schiffe waren in schlechtem Zustand, so daß es viele Havarien und Verluste gab. Die wenigen erfahrenen Segelschiffsreeder, die nach dem Krieg einige der alten Segelschiffe aufkauften und wieder auf große Fahrt schickten, gaben das Geschäft nach vier bis fünf Jahren wieder auf. Einige neu gegründete Firmen, deren Geschäftsleitungen vergeblich auf Gewinne in der Schiffahrt gehofft hatten, verkauften die Schiffe schon nach ein oder zwei Reisen wieder.

Den Höchstbestand an Rahseglern über 1000 BRT hatte die deutsche Nachkriegsflotte 1923 mit rund 30 Schiffen, wobei die drei Segler MAYOTTE, NAL und WINTERHUDE mitgezählt sind, die zeitweise im Freistaat Danzig registriert waren. Die 30 Segelschiffe hatten ein Durchschnittsalter von 26 Jahren, das heißt, daß einige Schiffe auch noch ein paar Jahre älter waren. Wenn auch diese Nachkriegsflotte deutscher Segelschiffe mit unserer Seglerflotte vor dem Kriege nicht zu vergleichen war, so sollte man nicht vergessen, daß diese alten Segler geholfen haben, die vielen arbeitslosen Seeleute unterzubringen und der seefahrtsbegeisterten Jugend Ausbildungsplätze zu bieten, auf denen sie nicht nur fachliche Kenntnisse erwarben, sondern auch eine charakterliche Erziehung durchmachten, die für Führungspositionen in der Handelsmarine nützlich war.

Der Hamburger Reeder H.H. Schmidt, der sein Geschäft seit 1897 betrieb und 1914 sechs Großsegler besaß, begann nach dem Krieg erneut mit einem gewissen Elan und kaufte 1922/23 fünf Segler in Frankreich. Einer davon war das Vollschiff MIMI, das ihm schon vor dem Krieg gehört hatte; die vier anderen Schiffe, zwei Vollschiffe und zwei Barken, waren 1901/02 mit staatlichen Subventionen in Frankreich gebaut worden. Diese Segler waren nicht so alt wie die meisten der in Großbritannien gebauten Segelschiffe, und sie schienen H.H. Schmidt besonders geeignet, um als Frachtschulschiffe verwendet zu werden, weil sie große Deckshäuser hatten, in denen man Kadetten unterbringen konnte. Mit Hilfe des Vereins Hamburger Reeder und des Deutschen Schulschiff-Vereins gelang es H.H. Schmidt, zunächst aus den beiden französischen Vollschiffen die Frachtschulschiffe HAMBURG und OLDENBURG zu machen.

Die erste Reise als Schulschiff machte die HAMBURG 1924 nach Pensacola und brachte von dort eine Ladung Holz nach Schottland. Es folgte eine lange Reise mit Holz von Schweden nach Tasmanien. Im April 1925 ging es mit einer Weizenladung von Melbourne heimwärts, aber die Heimreise mußte unterbrochen werden, als im Sturm östlich von Tasmanien der Ruderschaft brach. Der Schaden wurde in Sydney repariert. Schlimmer wurde es, als das Schiff

Abb. 7 Viermastbark PASSAT, 1933. (Foto H. Scheuffler, Sammlung Burmester/Archiv DSM)

seinen irischen Bestimmungshafen Cork ansteuerte und durch einen schweren Sturm gezwungen wurde, nach Dublin auszuweichen. Da kein Schlepper aus dem Hafen kam, versuchte Kapitän Volquardsen ohne fremde Hilfe einzulaufen, was leider mißlang. Das Schiff wurde schwer beschädigt, so daß es nach der Besichtigung im Dock kondemniert wurde. Die Besatzung war vollständig gerettet worden. Das Vollschiff OLDENBURG segelte als Frachtschulschiff unter der Regie von H.H. Schmidt bis Dezember 1927, meistens nach der Westküste Südamerikas, und wurde dann nach Bremen verkauft, wo unter der Führung des Norddeutschen Lloyd die »Seefahrt-Segelschiffsreederei GmbH« gegründet worden war. Dieselbe Reederei kaufte etwa zur gleichen Zeit auch die aus Frankreich stammende Bark LISBETH von H.H. Schmidt, nannte sie BREMEN und richtete sie ebenfalls als Frachtschulschiff ein. Der Reeder H.H. Schmidt, dessen Vollschiff BERTHA schon 1924 im Nordatlantik verschollen war, hatte seine Bark WILHELMINE, 1901 in Frankreich gebaut, 1926 zum Abwracken verkauft, nach einer sehr unglücklichen Weltreise, auf der die Bark zweimal einen Nothafen hatte anlaufen müssen. H.H. Schmidt löste seine Firma 1928 auf, nachdem er auch seine beiden kleinen Dampfer verkauft hatte.

Die Firma Krabbenhöft & Bock hatte ebenfalls schon vor dem Kriege Segelschiffe bereedert und begann damit 1922 erneut, doch nur in bescheidenem Rahmen. Von ihren Vorkriegsschiffen kaufte sie nur die Viermastbark PAUL wieder, die ehemals WILLY RICKMERS hieß. Während des Krieges hatte PAUL in Hamburg gelegen und durfte schon 1919/20 für die Stern-Sonneborn Oelwerke Reisen nach USA machen, um Mineralölprodukte nach Hamburg zu bringen. Krabbenhöft & Bock schickten das Schiff 1922 auf große Fahrt, ebenso die kleinere Bark CLAUS (ex CAMBUSDOON), die sie 1922 von Norwegen gekauft hatten. Die beiden Großsegler wurden 1925 zum Abwracken verkauft, die Firmeninhaber hielten die Zeit für gekommen, mit den Segelschiffen Schluß zu machen. Sie hatten auch zwei Motorsegler besessen, den Dreimast-Rahschoner ELBNIXE und die Barkentine ELBNYMPHE. Letztere ist 1925 vor der norwegischen Küste verschollen, die ELBNIXE wurde 1926 nach einer Havarie vor der Ostküste Südamerikas völlig wrack, so daß sie kondemniert und verkauft wurde. Danach gaben Krabbenhöft & Bock das Reedereigeschäft auf.

Die Hamburger Reederei Vinnen Gebrüder, die 1913 gegründet worden war und bei der Gelegenheit die sechs Segler der Reederei August Bolten übernommen hatte, regte sich ebenfalls nach dem Kriege wieder. Im Januar 1922 kaufte sie sich ihr bestes Schiff von Frankreich zurück; es war die Viermastbark GUSTAV, die während des Krieges in Chile gelegen hatte und im April 1921 mit einer Salpeterladung in Gent eintraf. Nachdem die Ladung unter deutscher Regie gelöscht worden war, wurde das Schiff der französischen Regierung übergeben. Es blieb in Gent liegen, da die französischen Reeder kein Interesse hatten; ihre eigenen Segelschiffe waren zum größten Teil ohne Beschäftigung, seitdem auf den französischen Segelschiffen der Acht-Stunden-Tag eingeführt worden war.

Vinnen Gebrüder stellten die GUSTAV nach gründlicher Überholung im April 1922 wieder in Dienst. Die Viermastbark machte bis 1927 eine Anzahl verhältnismäßig befriedigender Reisen und wurde anschließend an einen Kaufmann in Hamburg verkauft, der das Prestige eines Reeders brauchte, um in Hamburg Konsul eines lateinamerikanischen Landes zu werden. Ende 1923 kauften sich die Vinnen Gebrüder noch das Vollschiff GREIF, das zuvor eine Reise nach Australien als Frachtschulschiff für die Stettiner Dampfer Companie gemacht hatte. Die GREIF war 1892 in England gebaut worden und war bisher nicht als Schnellsegler aufgefallen; deshalb überraschte sie die Seeleute, als sie 1926 in der Rekordzeit von 69 Tagen – geführt von Kapitän Sietas – von Valencia nach Adelaide segelte. Im Herbst 1923 kaufte die Reederei aus norwegischen Händen die Bark AMASIS (ex SAXON), der sie den Namen ELFRIEDA gab. Die Bark machte drei große Reisen, zwei ausgehend mit Holzladungen nach Australien und die dritte mit Bohrgeräten für Ölfelder im südlichen Argentinien; bevor sie mit Getreide oder Salpeter zurückkehrte, machte sie Zwischenreisen mit Guano nach Neuseeland und Kohle nach Callao. 1928 wurde sie an den Deutschen Schulschiff-Verein verkauft. Unter dem Namen SCHULSCHIFF POMMERN trat die Bark nach entsprechendem Umbau noch 1928 ihre erste Ausbildungsreise nach den Kanarischen Inseln an. Auf der Heimreise ging sie in einem Wintersturm im Ärmelkanal verloren, nachdem der Bergungsschlepper HEROS die Besatzung abgeborgen hatte.

Gleich nach Kriegsende wurden in Hamburg die Nordische Handelsgesellschaft Hachfeld, Fischer GmbH und die Nordische Handels- und Reederei GmbH gegründet, die in enger Verbindung miteinander standen, so daß gelegentlich ein Schiff von der einen Firma zu der anderen wechselte. Eines ihrer ersten Schiffe war die kleine Bark TONI (ex REIHERSTIEG), deren Ablieferung nicht verlangt wurde, da sie kleiner als 1600 BRT war. 1922 wurde die Bark an eine

Partenreederei verkauft, deren Hauptanteilseigner Graf Otto von Bismarck hieß und ein Verwandter des »Eisernen Kanzlers« war. Die TONI machte ihre letzte Reise 1924 von Australien mit Weizen nach Irland und wurde anschließend abgewrackt. Die Nordische Handels- und Reederei GmbH kaufte viele Schiffe, kleine und große Segler sowie ein paar kleine Dampfer und nannte sie ab 1922 alle TAMARA mit einer Nummer dahinter. Die Nummernreihe reichte bis TAMARA XV. Es waren fünf Großsegler von mehr als 1000 BRT unter den TAMARAS, die jedoch 1925 allesamt von der See verschwunden waren. Im selben Jahr wurde die Nordische Handelsgesellschaft Hachfeld, Fischer GmbH aufgelöst.

Ähnlich verlief die Geschichte der Reederei Schröder, Hölken und Fischer, die auch gleich nach dem Krieg gegründet worden war und sich in den Inflationsjahren Segelschiffe und kleine Dampfer kaufte. Zuerst erwarb die Reederei vier Dreimastschoner, die von angesehenen Werften stammten und von denen keiner älter als acht Jahre war. Trotzdem wurden die Schoner nach kurzer Zeit wieder verkauft und durch fünf alte Rahsegler ersetzt. Bei vieren von ihnen handelte es sich um Rückkäufe ehemaliger deutscher Segler, nur die Bark HINSCHENFELDE hatte zuvor unter dänischer Flagge gesegelt. Die Reederei hatte ihren fünf Großseglern folgende Namen gegeben:

BARMEN	(ex NESAIA)	Vollschiff
FEHMARN	(ex CARLA)	Viermastbark
HINSCHENFELDE	(ex FINDANA)	Bark
LANDKIRCHEN	(ex GLÜCKSTADT)	Vollschiff
LEMKENHAFEN	(ex HERBERT)	Viermastbark

Die fünf Großsegler traten 1922 ihre erste große Reise für Schröder, Hölken und Fischer an, doch Ende 1924 besaß die Reederei keinen Segler mehr, die Schiffe waren alle verkauft, verschrottet oder verlorengegangen.

In den Jahren 1924 und 1925 begann die deutsche Seglerflotte der Nachkriegsjahre durch Verkäufe und auch durch einige Verluste auf See endgültig zu schrumpfen. Zu Beginn des Jahres 1926 hatte sich der Bestand an Großseglern unter der deutschen Flagge auf 15 Schiffe verringert, unter denen sich sechs Laeisz-Segler befanden. Zu den Schiffsverlusten der Jahre 1924/25 gehörten das Vollschiff BERTHA (verschollen), die Viermastbark LEMKENHAFEN (gekentert), das Vollschiff HAMBURG und die Bark BOHUS (gestrandet). Die beiden letztgenannten Segler waren Frachtschulschiffe, von der HAMBURG wurde die gesamte Besatzung abgeborgen, bei der Strandung der BOHUS verloren vier Mann ihr Leben. Die BOHUS war ein privates Schulschiff, wie es damals mehrere gab; sie verdienten die Bezeichnung »Schulschiff« kaum, denn sie unterschieden sich von den einfachen Frachtseglern nur dadurch, daß der Reeder überzählige Schiffsjungen und Leichtmatrosen anmusterte, die oft erhebliche Prämien zu zahlen hatten.

Die Frachtenmärkte, die unmittelbar vor dem Krieg den meisten Seglern Beschäftigung boten, waren nach dem Krieg nicht mehr so ergiebig, so daß die deutschen Segler nach dem Krieg gelegentlich ganz ungewöhnliche Reisen machten. Zum Beispiel segelte die Viermastbark TAMARA XV 1922 nach Südgeorgien, um in der Walfangstation Grytviken Walöl zu laden. Auf der Ausreise von Hamburg hatte sie 900 Tonnen Kohle, 12 500 Stück leere Fässer und 250 Tonnen Sandballast an Bord. Es war eine sehr interessante Reise, wie der Kapitän berichtet hat. Die Insel liegt auf der Breite von Kap Horn, aber 1000 Seemeilen östlicher. TAMARA XV lud dort 13 500 Fässer voll Tran, 400 tons Guano in Säcken und etliche Walbarten, die als Stauholz benutzt wurden. Als die TAMARA XV im September 1922 in Schiedam festmachte, stellte man fest, daß die Fässer teilweise leer waren, aber die Bilgen voll, und eine Menge Tran fand sich auch im Laderaum, ein böser Schmierkram! – Die Viermastbark GUSTAV, die 1926 eine Ladung schwedisches Holz in Australien gelöscht hatte, wurde von Adelaide nach Rarotonga (21° S, 158° W) auf den Cook-Inseln beordert, und von dort segelte sie nach Malden Island, um Guano zu laden. Die kleine Insel liegt etwa 1000 Seemeilen NNO-lich von Rarotonga, auf 4° Südbreite. GUSTAVs Guano-Ladung war für Auckland bestimmt. Die anschließende Heimreise machte die Viermastbark mit Getreide von Sydney nach Irland. Auch die Bark ELFRIEDA hatte schon 1925 Guano nach Auckland gebracht, den sie von den Neuen Hebriden geholt hatte. Für die Ladungsarbeiten auf Surprise Island hatte sie vorher auf Neu-Kaledonien 14 eingeborene Kanaken angeheuert. An diese romantisch anmutende Südseereise schloß sich 1926 die Heimreise an, mit Getreide von Australien nach Europa.

Schließlich ist noch zu erwähnen, daß einige der deutschen Nachkriegssegler auch den Panama-Kanal durchfahren haben, der vor dem Krieg noch nicht zur Verfügung stand. Die wenigen deutschen Schiffe, die sich in den 1920er Jahren durch den Kanal schleppen ließen, waren mit Guano-Ladungen von Peru nach der Ostküste der USA unterwegs. Der Panama-Kanal brachte Segelschiffen wenig Nutzen, da seine Ansteuerungsgebiete von ungünstigen Windverhältnissen beherrscht wurden.

KAPITÄN HEINZ W. BURMESTER
1909–1991

Von Ursula Feldkamp und Uwe Schnall

Am 26. Oktober 1991 starb einer der produktivsten und kenntnisreichsten Autoren zur Geschichte der Segelschiffahrt des 19. und 20. Jahrhunderts unserer Zeit, Kapt. Heinz Burmester, im Alter von 82 Jahren. Wir haben ihn nicht nur als langjährigen Mitarbeiter des Deutschen Schiffahrtsarchivs sehr geschätzt, sondern auch als liebenswerten Menschen, dem immer der Schalk im Nacken saß, der auch in der schlimmen Zeit seiner Krankheit nie seinen Humor verlor und dessen Besuche in unserer Redaktion immer gern gesehen waren.

Heinz Burmester hat dem Deutschen Schiffahrtsmuseum nicht nur seine umfangreiche und bedeutende Sammlung von Schiffsbildern und -fotos, darunter auch eine große Bildersammlung über Leben und Arbeit an Bord von Segelschiffen, überlassen, sondern auch seine Materialsammlung über die Großsegler vor und nach der Jahrhundertwende sowie seine umfangreiche Korrespondenz mit segelschiffserfahrenen Seeleuten aus aller Welt. Wir danken seiner Ehefrau, Anni Burmester, für die unbürokratische Überlassung des gesamten Bestandes und für ihr Vertrauen in die Redaktion. Ohne ihre Mithilfe hätte weder eine – hoffentlich einigermaßen vollständige – Bibliographie noch eine detaillierte Lebensbeschreibung Heinz Burmesters entstehen können.

Am 10. April 1909 wurde Heinz W. Burmester als Kind einer Lehrerfamilie in Altona-Neumühlen geboren. Der Vater, Wilhelm Burmester, war ein begeisterter Segler, dem Heinz schon als Kind gerne ans Wasser folgte, so daß die Liebe zur Seefahrt bereits früh auch in ihm geweckt wurde. Mit vierzehn Jahren, noch während der Schulzeit also, begann er, auf dem Yachtsegler BUNTE KUH Erfahrungen im Segeln und in Navigation zu sammeln. Es folgten Reisen auf FALKE und ALBATROS, die alle ins Seefahrtsbuch eingetragen wurden, denn für Heinz Burmester bestand kein Zweifel daran, daß er nach seiner Schulzeit zur See gehen würde, sehr zum Leidwesen seiner Eltern, die den begabten Schüler lieber studieren lassen wollten und alle erdenkliche List aufwendeten, dieses Ziel zu erreichen.

Als der sechzehnjährige Heinz einmal in den Ferien ausriß, um mit Hilfe seines Seefahrtsbuchs auf einem Segler anzuheuern, gelang es dem besorgten Vater, seinen Sprößling im Hafen aufzugreifen und wieder nach Hause zurückzubringen, jedoch erst, nachdem dieser dem Vater das Versprechen abgerungen hatte, ihn nach dem Abitur auf ein Segelschiff zu vermitteln.

Heinz Burmester bestand sein Abitur mit Bravour, begann Mathematik und Physik zu studieren, brach jedoch nach zwei Semestern das Studium ab, als ihm klar wurde, daß der Vater sein Versprechen nicht einlösen wollte. Er hatte ein Gespräch zwischen ihm und einer Nachbarin mitgehört und erfahren, daß sein Vater durch Kontakte ein Gesundheitszeugnis für Heinz arrangieren wollte, das die Seetauglichkeit seines Sohnes in Zweifel ziehen sollte. Heinz hatte sich aber inzwischen mit Ferienarbeit auf weiteren Seglern, der Galeaß ELISABETH DOROTHEA und dem Schoner mit Hilfsmotor OLGA, als Leichtmatrose bewährt und war nun von seinen Seefahrtsplänen nicht mehr abzubringen.

Unter Kapitän Robert Clauß, der den Beinamen »der Teufel« trug, weil er als Segelpresser galt und seine Mannschaft nicht gerade mit Samthandschuhen anfaßte, heuerte er im Jahre

1929 auf der legendären Viermastbark PAMIR an, um endlich eine wirklich weite lange Reise zu erleben, die außerdem um Kap Horn führen sollte. Als einziger aus der Mannschaft hielt er die gesamte Reise unter dem harten Kapitän aus, worauf er Zeit seines Lebens sehr stolz gewesen ist. Über das Gefühl, auf einem Großsegler zu arbeiten, äußerte er sich in seinem Aufsatz »Die Viermastbark PAMIR, ein Frachtsegler des 20. Jahrhunderts« folgendermaßen: *die Bindung der Segelschiffsleute an ihr Schiff, das sie mit eigener Kraft und Ausdauer um Kap Horn segelten, war und ist viel enger als heute die Beziehung zwischen den Maschinenschiffen und ihren Mannschaften. ›Segelschiffsleute sind oft fröhlich ohne jeden Grund‹, schrieb einst ein Mann, der als Passagier mit einem Segelschiff fuhr. Anscheinend konnte er nicht nachempfinden, welche Freude es jungen Menschen macht, sich in Situationen zu bewähren, die ihren ganzen Mut und ihre ganze Kraft erfordern. Und er konnte wohl auch nicht erkennen, daß es bei dem spartanischen Leben der Mannschaft nur kleiner Lichtblicke bedurfte, um ihr Grund zur Fröhlichkeit zu geben.* Zweimal umsegelte Heinz Burmester das berüchtigte Kap.

In den folgenden Jahren fuhr er auf verschiedenen Dampfern der Hamburg Süd und der Hapag. 1933 lernte er seine spätere Frau Anni kennen, auf einem Tanztee, wie sie selbst erzählte. Obwohl Heinz Burmester weder gern noch gut tanzte, muß ihn Anni derart beeindruckt haben, daß er sie mehrmals hintereinander aufforderte; und obwohl Anni, selbst eine brilliante Tänzerin, Mühe hatte, sich »den komischen Schritten« ihres Kavaliers »anzupassen«, verabredete sie sich mit dem »sonst ja ganz netten« Offizier. So begann eine fast 60 Jahre dauernde Beziehung.

Die Zeit nach der Machtergreifung Hitlers war für Heinz Burmester jedoch auch eine schwierige Periode. Fast alle Schiffsoffiziere gingen 1933 in die SA oder SS, und wenn sie nicht freiwillig gehen wollten, dann wurde es ihnen nahegelegt. Heinz Burmester, der keinerlei Ambitionen hatte, in die Nationalsozialistische Partei einzutreten, und der sich dem Auslandsverbot, dem SA-Offiziere unterlagen, nicht beugen wollte, fand einen Ausweg. Er trat dem »Stahlhelm« bei, dem 1918 gegründeten Bund der Frontsoldaten, der eine Parteizugehörigkeit nicht vorschrieb. Als diese Organisation im Juni 1933 aufgelöst wurde und alle Mitglieder automatisch in die SA und in die Partei übergeführt wurden, legte Burmester schriftlich eine Beschwerde ein, was ihn Kopf und Kragen hätte kosten können. Fürsprecher unter seinen Vorgesetzten stützten jedoch seine Bitte um Suspendierung von der obligatorischen Aufnahme in die Partei, indem sie bestätigten, daß er schon immer völlig unpolitisch gewesen sei. Er durfte daraufhin tatsächlich folgenlos sein Parteibuch zurückgeben, weiterhin das Privileg von Auslandsreisen genießen und blieb bis 1937 unbehelligt. Das mag ihn auch mit Stolz erfüllt haben, denn in seinem Aufsatz »Flaggenwechsel auf hoher See«, in dem es um die Ereignisse beim Aufheißen der Hakenkreuzflagge auf dem Motorschiff MILWAUKEE geht, erwähnt er den Umstand, daß er damals kein »Pg« gewesen sei.

Auf demselben Schiff hatte er 1935 als 25jähriger 3. Offizier eine Begegnung mit dem späteren Kapitän der ST. LOUIS, Gustav Schröder, der – damals 50 Jahre alt – berühmt wurde, weil er 1939 den Mut aufbrachte, sich seiner Reederei zu widersetzen, als sie von ihm verlangte, er solle 900 verzweifelte jüdische Emigranten, die in Havanna keine Aufnahme gefunden hatten, nach Deutschland zurückbringen. Die Persönlichkeit dieses kleinen und schmächtigen, aber sehr souveränen Kapitäns, der damals auf die MILWAUKEE kam, um mit dem wachhabenden 3. Offizier Burmester ein Schwätzchen zu halten, hat ihm so imponiert, daß er ihn immer als Vorbild empfunden hat. Schröder war nach seinem Dafürhalten ein idealer Kapitän, der *durch natürliche Vornehmheit und eine schier unbegrenzte Duldsamkeit geprägt* [war], *Eigenschaften, die ihn als »zu weich« erscheinen ließen. Nun, er glaubte, kraft anderer Qualitäten, die nicht marktgängig sind, auf Härte verzichten zu können,* schrieb Kapitän Römer in seinem Nachruf über ihn im »Albatros«, und Heinz Burmester fand seine Worte treffend genug, sie in seinem Aufsatz »Aus dem Leben des Hapag-Kapitäns Gustav Schröder« zu zitieren.

Abb. 8 *Heinz Burmester auf der* PAMIR, *1929. (Sammlung Burmester/Archiv DSM)*

Von März 1934 bis Oktober 1938 fuhr Heinz Burmester als 4., 3. und 2. Offizier für die Hamburg-Amerika Linie, und seine Kapitäne der Schiffe RESOLUTE, WESTERWALD und DUISBURG bescheinigten ihm in seinem Zeugnis, *dass er ein tüchtiger, fleissiger und durchaus*

Abb. 9 *Kapt. Heinz Burmester, 1986.*
(Archiv DSM)

zuverlässiger Offizier gewesen ist, der seinen Brückendienst mit großer Gewissenhaftigkeit versehen und die ihm übertragenen Arbeiten mit Energie und Umsicht verrichtet hat. In den ihm erteilten Zeugnissen wird ferner zum Ausdruck gebracht, daß er geistig sehr rege sei und für alle ihm übertragenen theoretischen und praktischen Arbeiten volles Interesse an den Tag gelegt habe.

Im Jahre 1937 heiratete Heinz Burmester seine Anni, wiederum gegen die Überzeugung seines Vaters, der seinen Sohn lieber an der Seite einer möglichst wohlhabenden Frau gesehen hätte. Heinz setzte sich auch hier erfolgreich zu Wehr, wenn auch diesmal mit Unterstützung der gesamten übrigen Familie, die seine Auserwählte durchaus schätzte. Anni und Heinz Burmester bekamen drei Kinder, 1938 Helga, 1941 Greta und 1943 Berend, und alle wurden, wie damals üblich, zuhause geboren, mit der geburtshelferischen Hospitanz des stolzen Vaters, der sich auf seine Fähigkeiten auf diesem Gebiet einiges eingebildet haben muß, denn er entließ die Hebamme nach der Geburt von Berend mit den Worten: *Nächstes Mal brauchen Sie nicht mehr zu kommen, dann kann ich das alleine.* Zu einer Umsetzung seines Talentes in die Praxis kam es dann aber nicht mehr.

Der Sohn Berend wurde nach Admiral Berend Karpfanger benannt, jedoch weniger zur Würdigung eines berühmten Kriegshelden als vielmehr zur Erinnerung an das verschollene Segelschulschiff ADMIRAL KARPFANGER, auf dessen Fahrt in die Katastrophe auch Heinz Burmester beinahe ein frühes Ende genommen hätte. Buchstäblich in letzter Minute änderte er wegen der Unberechenbarkeit von Dienstanweisungen seitens des 1. Offiziers, eines Angehörigen der Kriegsmarine, seine Pläne oder vielmehr die der Hapag, die ihn als 2. Offizier für die Reise dieses Schiffes vorgesehen hatte, die dann die letzte wurde. Nach dem Befehl der Schiffsleitung sollte Heinz Burmester, der gerade einen 24stündigen Dienst absolvierte hatte, entgegen früheren Absprachen im Hamburger Hafen bis zur Ausreise an Bord bleiben, was an sich schon schikanös war. Nicht genug damit, es wurde ihm auch noch verwehrt, Anni über seinen Verbleib Nachricht zu geben, woraufhin er so aufgebracht war, daß er sofort seine Koffer packte und bei der Hapag um Suspendierung von dieser Reise bat. Er argumentierte, es sei unverantwortlich und gefährlich, bei den sich abzeichnenden Differenzen zwischen 1. und 2. Offizier Kap Horn zu umfahren, und ließ sich auch durch die äußerst ungehaltene Reaktion seiner Reederei nicht umstimmen. Sie verurteilte ihn zum Wacheschieben im Hafen, eine Tätigkeit, die der eines 3. Offiziers entsprach, und als solcher wurde er auch bezahlt. Lange aber wollte die Reederei auf ihren erfahrenen und bewährten 2. Offizier wohl nicht verzichten, jedenfalls fuhr er vier Wochen später wieder als 2. Offizier und erwarb wenig später sein Kapitänspatent mit Auszeichnung.

Während seiner Dienstzeit als 2. Offizier bei der Hapag schrieb Heinz Burmester seine ersten Aufsätze über Nautik, die bei der Deutschen Seewarte starke Beachtung fanden und seine weitere Karriere nicht unwesentlich förderten. Er bemühte sich bereits seit 1936 um eine Position, die ihm mehr Familienleben erlaubte. Aber während seine Bewerbungen um Stellungen als Zeppelinführer und Lotse erfolglos blieben, brachten ihm seine Veröffentlichungen Glück. Sein alter Lehrer, Korvettenkapitän und derzeitiger Sachbearbeiter für alle Unterrichtsfragen an der Marineschule Flensburg-Mürwik, Robert Höpfner, las Burmesters Aufsatz »Versuche zur Bestimmung der Kimmtiefe mit Bordmitteln« im »Seewart«, und da er gerade ein paar »tüchtige Offiziere« als Navigationslehrer für die damals selbständige Steuermannsschule in Flensburg-Mürwik suchte, schrieb er ihm einen langen Brief. ... *Einmal weiß ich, daß Sie etwas können. Zum anderen haben sie mir derzeit selbst gesagt, Sie würden gegebenenfalls nicht abgeneigt sein, Naviagtionslehrer zu werden. Weiter möchte ich vermuten, daß der 2. Offizier H. Burmester, der kürzlich eine Veröffentlichung im Seewart hatte, mit ihnen personengleich ist, woraus ich entnehme, daß Sie sich mit den Dingen der Navigation auch unter den Anforderungen des Borddienstes einiges mehr beschäftigen, als es die Erfordernisse dieses Dienstes für den täglichen Gebrauch erfordern.*

Im Frühjahr 1939 nahm Heinz Burmester seine Lehrtätigkeit an der Steuermannsschule Flensburg-Mürwik auf. Während des ersten Kriegswinters wurde er auf einen Minensucher in der Nordsee abkommandiert, blieb aber im wesentlichen auch nach dem kriegsbedingten Umzug der Marineschule nach Gdingen in der Danziger Bucht, das damals Gotenhafen hieß, bei seiner Lehrtätigkeit, bis er am 19. März 1943 dem Reichskommissariat für Seeschiffahrt unterstellt und auf Abruf dienstverpflichtet wurde. Ein Belassungsantrag Burmesters wurde abschlägig beschieden. Seine Familie zog nach Lüchow, worüber er sehr froh war, weil ihm Gotenhafen als Wohnort zu exponiert und gefährlich erschien.

Den Neubeginn nach dem Kriege erlebte auch Heinz Burmester in Lüchow, und er versuchte zunächst, in der Hochseefischerei Fuß zu fassen. Bei dieser anstrengenden Arbeit zog er sich eine Krankheit zu, die wir heute als Allergie bezeichnen würden. Über ein halbes Jahr brauchte er, um sich davon zu erholen.

Nun galt es für den Kapitän auf großer Fahrt, Seeoffizier der Reserve und Navigationslehrer Burmester, sich völlig umzuorientieren. Keine seiner weitgefächerten Kenntnisse schien ihm eine berufliche Perspektive zu eröffnen. Kapitäne, Lotsen und Navigationslehrer waren angesichts der am Boden liegenden Schiffahrt nicht mehr gefragt, die Konkurrenz auf dem Arbeitsmarkt war groß, die Absagen auf seine zahlreichen Bewerbungen niederschmetternd. Schließlich besann sich der nunmehr 36jährige auf seine guten Englischkenntnisse und beschloß, sich bei der Völkerverständigung zwischen englischen Besatzungstruppen und Deutschen nützlich zu machen. Er unterrichtete Engländer in Deutsch und Deutsche in Englisch für Zigaretten und Schokolade, damals eine stabile »Währung«. Über diesen Weg erhielt er eine Stelle als Dolmetscher bei der Staatsanwaltschaft, die er bis zur Gründung des Deutschen Hydrographischen Instituts (DHI) in Hamburg im Jahre 1946 innehatte. In der nautischen Abteilung des DHI erhielt Heinz Burmester schließlich eine Lebensstellung, nachdem er sich, wie die anschließende Publikationsliste zeigt, bereits durch zahlreiche Veröffentlichungen als praxis- und theorieerfahrener Nautiker einen Namen gemacht hatte. Bis zu seiner Pensionierung war er Referent für Seehandbücher am DHI. Über sein dortiges Wirken schrieb Ernst Römer, ehemaliger Mentor Burmesters, anläßlich seines 60. Geburtstages in der Zeitschrift »HANSA«: *Burmester arbeitete an der Erneuerung des Seehandbuchwerkes mit erstaunlichem Verständnis und Geschick mit. Sein umfangreiches Fachwissen und das Bestreben, stets den Erkenntnissen der modernen Navigation aufgeschlossen gegenüberzustehen, trug zu der praktischen Bedeutung des deutschen Seehandbuchs in allen Schiffahrtsländern wesentlich bei.*

Bis zu seiner Pensionierung 1970 veröffentlichte Heinz Burmester eine Fülle von Artikeln über Navigation in vielen Fachzeitschriften. Danach widmete er sich wieder voll und ganz der Segelschiffahrt und seinen Forschungen zur Schiffahrtsgeschichte bis zum Zweiten Weltkrieg. Durch unzählige, international erschienene Aufsätze in Fachzeitschriften und durch Veröffentlichungen im Mitteilungsblatt der Cap Horniers, »Der Albatros«, dessen Schriftleiter er 1980/1981 war, wird er uns in Erinnerung bleiben, nicht zuletzt natürlich durch seine Bücher. Auch das »Deutsche Schiffahrtsarchiv« ist seit 1978 nur einmal ohne einen seiner in der ihm eigenen Manier geschriebenen, sehr persönlich gehaltenen Beiträge erschienen. Wer seine Artikel liest und Heinz Burmester kannte, hört automatisch auch seine Stimme. Langsam und bedächtig, das *r* dezent, jedoch im Zeitlupentempo deutlich rollend, und unüberhörbar hamburgisch akzentuiert, »ertönen« seine Geschichten über einzelne Großsegler, ihre Ladungen und Reisen, angereichert mit zahlreichen Anekdoten, erzählt mit dem unverwechselbaren Burmester'schen Humor. Da Heinz Burmester ein sehr umtriebiger Mensch gewesen ist, der ein ereignisreiches Leben geführt hat, gäbe es noch einiges anzumerken. Er war aber auch ein sehr bescheidener Mann, und so kommen wir nun zum Ende. Schließlich wollen wir ihn nicht beschämen.

Verzeichnis der Veröffentlichungen
Zusammengestellt von Ursula Feldkamp

Bei den im folgenden aufgelisteten Veröffentlichungen Heinz Burmesters habe ich auf die Aufnahme sehr kurzer Beiträge verzichtet. Auch seine redaktionellen Bearbeitungen von Manuskripten und Ankündigungen für den »Albatros«, seine Buchbesprechungen u.a.m. werden hier nicht erwähnt, und es war nicht möglich, seine Beiträge zu den Publikationen des Deutschen Hydrographischen Instituts zu ermitteln, da die entsprechenden Texte nicht signiert sind. Ich hoffe jedoch, alle wesentlichen Beiträge zur Navigation und Schiffahrtsgeschichte erfaßt zu haben. Sollten Leser weitere Publikationen Heinz Burmesters kennen, so bitten wir um Nachricht. In dem Falle würden wir in einer der nächsten Ausgaben des DSA eine Ergänzung dieser Bibliographie veröffentlichen.

E = Einzelveröffentlichung
A = Aufsatz oder Beitrag in einem Sammelband

1936	1. A: Heftige Fallwinde im Golf von Hagion Oros. In: Der Seewart, Nr. 6, 1936, S. 192.
1938	2. A: Versuche zur Bestimmung der Kimmtiefe mit Bordmitteln. In: Der Seewart, Nr. 12, 1938, S. 407–412.
1939	3. A: Nomogramm zur Bestimmung von Gestirnshöhen. In: Der Seewart, Nr. 5, 1939, S. 157f.

1943   4. A: Einige Bemerkungen zur Berechnung von Höhe und Azimut. In: Der Deutsche Seemann, Nr. 2, 1943, S. 18–22.
    5. A: Umgestaltung der F-Tafel? In: Der Deutsche Seemann, Nr. 4, 1943, S. 28–31.
    6. A: Über Kurssignale. In: Der Deutsche Seemann, Nr. 5/6, 1943, S. 22f.
1944   7. A: Astronomische Ortsbestimmung unabhängig von der Kimm. In: Der Deutsche Seemann, Nr. 1/2, 1944, S. 30–32.
    8. A: Die Verwendung von Nomogrammen in der Navigation. In: Der Deutsche Seemann, 1944.
1950   9. A: Auf dem Wege zur einheitlichen Bezeichnung der Fahrwasser und Untiefen. In: Deutsche Kleinschiffahrt, November 1950, S. 3–5.
1952   10. A: Die deutschen Seehandbücher. In: Hansa, Nr. 5, 1952, S. 212.
   11. A: Kompaßkontrollen auf Küstenschiffen. In: Deutsche Küstenschiffahrt, Juli 1952, S. 4f.
   12. A: Die Hafenanlagen Helgolands. In: Deutsche Küstenschiffahrt, September 1952, S. 7.
1953   13. A: Kampf und Untergang der französischen Flotte vor Oran. In: Ships and the Sea, Juli 1953.
   14. A: Technik und Navigation. In: Hansa, Nr. 3, 1953, S. 180f.
   15. A: Die neue Seestraßenordnung. In: Deutsche Küstenschiffahrt, Dezember 1953, S. 13.
   16. A: Gefährliche Ladungsgüter auf Seeschiffen. In: Die Wasserschutzpolizei, Nr. 11/12, 1953, S. 136–138.
   17. A: Auf dem Wege zur einheitlichen Bezeichnung der Fahrwasser und Untiefen. In: Der Seewart, Nr. 1, 1953, S. 1–3.
   18. A: Internationales Betonnungssystem. In: Der Seewart, Nr. 1, 1953, S. 27–29.
   19. A: Häfen am St. Lawrence Strom – Montreal. In: Der Seewart, Nr. 3, 1953, S. 21–24.
1954   20. A: Vorausberechnung von Gestirnshöhen. In: Der Seewart, Nr. 2, 1954, S. 73–77.
   21. A: Nomogramme zur Bestimmung des Fahrtfehlers. In: Der Seewart, Nr. 3, 1954, S. 107–111.
   22. A: Seemännische Ausbildung in Schweden. In: Der Seewart, Nr. 4, 1954, S. 132–134.
   23. A: Der Bunkerplatz Miri an der NW-Küste Borneos. In: Der Seewart, Nr. 4, 1954, S. 150f.
   24. A: Über die Genauigkeit von Abstandsbestimmungen durch Höhenwinkel. In: Der Seewart, Nr. 5, 1954, S. 161–166.
   25. A: Berichte über Lotungsergebnisse. In: Der Seewart, Nr. 5, 1954, S. 201–203.
   26. A: Die Umstellung der deutschen Betonnung. In: Deutsche Küstenschiffahrt, Januar 1954.
   27. A: Radar auf der Unterelbe. In: Hansa, Nr. 5, 1954, S. 251f.
1955   28. A: Bericht über eine Heimreise im SW-Monsun von Colombo nach Aden. In: Der Seewart, Nr. 1, 1955, S. 23–25.
   29. A: Die Betonnung in den holländischen Gewässern. In: Deutsche Küstenschiffahrt, Oktober 1955, S. 2–4.
   30. A: Funkverbreitung nautischer Nachrichten. In: Hansa, Nr. 39, 1955, S. 1759–1761.

1956	31.	A: Eisüberwachung im Nordatlantik. In: Hansa, Nr. 11, 1956, S. 491f.
1958	32.	A: Ladungsverteilung und Längsfestigkeit. In: Hansa, Nr. 4, 1958, S. 221f.
1960	33.	A: Radaranzeige von Eisbergen. In: Der Seewart, Nr. 6, 1960, S. 234–238.
1962	34.	A: Verbreitung nautischer Nachrichten. In: Der Seewart, Nr. 4, 1962, S. 140–143.
	35.	A: Gedanken über die Berichtigung der Seekarten und Handbücher. In: Die Kommandobrücke, Nr. 9, 1962, S. 271–273.
1964	36.	A: Einiges über Haie. In: Der Seewart, Nr. 6, 1964, S. 257–263.
1965	37.	A: Durch die Belle-Isle-Straße während der Eisperiode? In: Hansa, Nr. 4, 1965, S. 386–389.
	38.	A: Winterschiffahrt im St.-Lorenz-Golf. In: Die Kommandobrücke, Nr. 10, 1965, S. 304–308.
1966	39.	A: Die deutschen Seehandbücher. In: Die Kommandobrücke. Nr. 3, 1966, S. 69f.
1968	40.	A: Das deutsche Seebücherwerk heute. In: Hansa, Nr. 9, 1968, S. 735–737.
1973	41.	A: Die Leistungsfähigkeit der letzten Segelschiffe. In: Der Seewart, Nr. 5, 1973, S. 197–201.
1974	42.	E: Mit der PAMIR um Kap Horn. Die letzte Epoche der deutschen Frachtsegler. Mit einem Geleitwort des Cap Horniers Kapitän Gottfried Clausen. Oldenburg/Hamburg 1974. 220 Seiten. (2. Auflage 1978).
1975	43.	A: LUCIE WOERMANN und die Salpetersegler. In: Stallings maritimes Jahrbuch 1975/76, Oldenburg/Hamburg 1975, S. 28–47.
	44.	A: Wrack eines Großseglers bei Helgoland. In: Stallings maritimes Jahrbuch 1975/76, S. 116.
1976	45.	A: LUCIE WOERMANN och salpeterseglarna. In: Longitude 11, 1976, S. 64–77.
	46.	E: Segelschulschiffe rund Kap Horn. Die abenteuerlichen Lebenswege der Viermastbarken HERZOGIN CECILIE, HERZOGIN SOPHIE CHARLOTTE und L'AVENIR/ADMIRAL KARPFANGER. Oldenburg 1976. 173 Seiten.
1977	47.	A: Die Rückführung der deutschen Segler von Chile nach dem Ersten Weltkrieg. In: Der Albatros, Nr. 3, 1977, S. 62–66.
1978	48.	A: Två snabba skepp vid namn HEBE. In: Longitude, Nr. 14, 1978, S. 16–28.
	49.	A: Ein deutsches Seemannsschicksal. In: Der Albatros, Nr. 1, 1978, S. 10–15. Fortsetzung in Nr. 2/3, 1978, S. 146–151.
	50.	A: Die HEBE. Eine außerordentlich schnelle Viermastbark aus Hamburg. In: Hamburgische Geschichts- und Heimatblätter, Bd. 10, Nr. 4, Oktober 1978, S. 69–84.
	51.	A: Die Viermastbark PAMIR, ein Frachtsegler des 20. Jahrhunderts. In: Deutsches Schiffahrtsarchiv 2, 1978, S. 61–84.
1979	52.	A: Den stora kappseglingen PADUA versus PASSAT. In: Longitude, Nr. 17, 1979, S. 29–40.
	53.	A: Das Ende der PRIWALL. In: Der Albatros, Nr. 2/3, 1979, S. 134f.
	54.	A: Capt. Fred Klebingat 90 Jahre. In: Der Albatros, Nr. 4, 1979, S. 272f.
	55.	A: Verschollen seit März 1938. In: Der Seewart, Nr. 6, 1979, S. 274–287.
	56.	A/E: Drei schnelle Frachtsegler und ihre Zeit. In: Der Seewart Nr. 1–6, 1980, in 10 Teilen; dasselbe auch als Sonderdruck. Hamburg 1980. 103 Seiten.
	57.	A: Wieder mit dem Wind? In: Schiff & Hafen, Kommandobrücke, Nr. 10, 1979, S. 907–909.
1980	58.	A: Vor 25 Jahren. In: Der Albatros, Nr. 1, 1980, S. 1–4.

59. A: Unsere französischen Kameraden. In: Der Albatros, Nr. 1, 1980, S. 9–11.
60. A: Bei Helgoland gestrandet und gesunken. In: Der Albatros, Nr. 1, 1980, S. 12–16.
61. A: Kapitän Robert Clauss und das Dynaschiff. In: Der Albatros, Nr. 1, 1980, S. 16–19.
62. A: Friedrich Krages Weg zum Kapitän. In: Der Albatros, Nr. 1, 1980, S. 19–23. Fortsetzung in Nr. 2, 1980, S. 53–58 und Nr. 3, 1980, S. 81–85.
63. A: Zwei Seemannsgräber in Port Victoria. In: Der Albatros, Nr. 1, 1980, S. 33f.
64. A: Das Ende der Bark JANBAAS und der Tod des Kapitäns Abken. In: Der Albatros, Nr. 2, 1980, S. 47–50.
65. A: Die Meuterei auf der GUSTAV. In: Der Albatros, Nr. 2, 1980, S. 50–53.
66. A: Sjökapten Sten Lille †. In: Der Albatros, Nr. 2, 1980, S. 64f.
67. A: Sjökapten K.G. Sjögren †. In: Der Albatros, Nr. 2, 1980, S. 92.
68. A: Flaggenwechsel auf hoher See. In: Deutsches Schiffahrtsarchiv 3, 1980, S. 227–231.

1981
69. A: Die Viermastbark EUSEMERE/PINDOS. Was die Galionsfigur erzählen könnte. In: Jahrbuch des Altonaer Museums, 76. Band 18/19, 1980/81, S. 119–148.
70. A: Auf der HERZOGIN SOPHIE CHARLOTTE 1903/04. In: Deutsches Schiffahrtsarchiv 4, 1981, S. 71–92.
71. A: Mehr von der Galiot MARY ANN. In: Der Albatros, Nr. 1, 1981, S. 19–21.
72. A: 3000 Seemeilen westlich von Kap Hoorn. In: Der Albatros, Nr. 1, 1981, S. 22–24.
73. A: Sjökapten Helge Heikkinen – Das erste Opfer. In: Der Albatros, Nr. 2, 1981, S. 46–49.
74. A: Noch ein Wrack bei Helgoland. In: Der Albatros, Nr. 2, 1981, S. 49–52.
75. A: Old Sailors never die! In: Der Albatros, Nr. 2, 1981, S. 55.
76. A: Kulturpreis für Karl Kåhre. In: Der Albatros, Nr. 2, 1981, S. 60.
77. A: Graf Luckners Kaperkrieg. In: Der Albatros, Nr. 3, 1981, S. 69–74.
78. A: The WANDER BIRD Sails Again. In: Der Albatros, Nr. 3, 1981, S. 88.
79. A: Drei schnelle Frachtsegler und ihre Zeit. In: Der Albatros, Nr. 3, 1981, S. 92f.

1982
80. A: Kapitän Reinicke. In: Der Albatros, Nr. 1, 1982, S. 7.
81. A: Der Viermaster BEETHOVEN – ein unglückliches Schiff. In: Der Albatros, Nr. 1, 1982, S. 8–14.
82. A: PAMIR wollte nicht laufen. In: Der Albatros, Nr. 1, 1982, S. 20f.
83. A: Skolskepp förlorat. In: Longitude, Nr. 16, 1982, S. 4–15.
84. A: Alan Villiers, sjöman, författare. In: Longitude, Nr. 18, 1982, S. 68–79.
85. A: Alan Villiers ist gestorben. In: Der Albatros, Nr. 2, 1982, S. 33–38.
86. A: PADUA und PASSAT segeln um die Wette. In: Der Albatros, Nr. 3, 1982, S. 72–78.
87. A: Bei Kap Hoorn gestrandet. In: Der Albatros, Nr. 3, 1982, S. 78–80.
88. A: Captain Klebingat erzählt vom Einsegeln nach Port Taiohae. In: Der Albatros, Nr. 3, 1982, S. 83–89.
89. A: Rückblick auf die Beförderung von Auswanderern mit Segelschiffen. In: Beiträge zur deutschen Volks- und Altertumskunde, Nr. 21, 1982, S. 93–102.

90. E: Die Viermastbark LISBETH ex PENDRAGON CASTLE. Kauffahrtei unter Segel bis ins 20. Jahrhundert. (= Schriften des Deutschen Schiffahrtsmuseums, Bd. 15) Oldenburg 1982. 200 Seiten.

91. A: Die Hamburger Bark LIVINGSTONE und ihre Fahrten an der Chinaküste. In: Deutsches Schiffahrtsarchiv 5, 1982, S. 119–138.

92. A: Der Lloydkapitän Emil Zander (1869–1930). In: Der Seewart, Nr. 6, 1982, S. 201–213.

93. A: Mit der PAMIR um Kap Horn. In: Der Windjammer für Hamburg, Juli 1982, S. 3, Oktober, S. 3 u. weitere Folgen.

1983
94. A: Kapitän Meyer und die Godeffroysche Bark ELISABETH auf ihren letzten Südsee-Reisen. In: Deutsches Schiffahrtsarchiv 6, 1983, S. 65–90.

95. A: The Cicero Correspondent. In: Der Albatros, Nr. 1, 1983, S. 4–9.

96. A: Von eisernen Matrosen auf den hölzernen Schiffen. In: Der Albatros, Nr. 1, 1983, S. 17–21.

97. A: Ein Amrumer in New York erinnert sich. In: Der Albatros, Nr. 2. 1983, S. 43–50.

98. A: Pitcairn-Insulaner auf der ELFRIEDA. In: Der Albatros, Nr. 2, 1983, S. 56–59.

99. A: Geheiztes Logis. In: Der Albatros, Nr. 2, 1983, S. 60f.

100. A: Aus dem Leben eines Lloydkapitäns. In: Der Albatros, Nr. 3, 1983, S. 73–82.

101. A: Two Days on Alan Villiers' JOSEPH CONRAD in the Southern Pacific. In: Der Albatros, Nr, 3, 1983, S. 96.

102. A: Von der Viermastbark LISBETH. In: Der Albatros, Nr. 3, 1983, S. 97f.

103. A: Die Segelschiffe – von Ringelnatz. In: Der Albatros, Nr. 3, 1983, S. 86–88.

104. A: Tidningen i barkskeppet CICERO. In: Longitude, Nr. 19, 1983, S. 42–47.

105. A: Das Vollschiff FRITZ REUTER und andere Sloman-Segler brachten Auswanderer nach Neuseeland und Australien. In: Beiträge zur deutschen Volks- und Altertumskunde, Bd. 22, 1983, S. 75–122.

106. A: Eine Kieler Bark auf großer Fahrt. In: Schleswig-Holstein, Nr. 1, 1983, S. 4–9.

1984
107. A: Die Beschießung von Papeete durch deutsche Panzerkreuzer. Ein neutraler Bericht. In: Deutsches Schiffahrtsarchiv 7, 1984, S. 147–152.

108. A: Eine Kieler Bark auf großer Fahrt. ELISABETH. In: Der Albatros, Nr. 1, 1984, S. 11–17.

109. A: Hur bröderna Dahlström satte fart på OLYMPIA genom at förlänga masterna. In: Longitude, Nr. 20, 1984, S. 10–19.

1985
110. A: Wie die Dahlströms die OLYMPIA zum Laufen brachten. In: Der Albatros, Nr. 1, 1985, S. 1–8.

111. A: Fred Klebingat. In: Der Albatros, Nr. 2, 1985, S. 58–60.

112. A: Der Junge an der Reling. In: Der Albatros, Nr. 3, 1985, S. 73–77.

113. A: Vad vann Kapten Miethe på att ta den tänga omvägen runt Skottland med femmastbarken POTOSI. In: Longitude, Nr. 21, 1985, S. 12–23.

1986
114. E: (zusammen mit W. Kresse und U. Jarchow) Großsegler RICKMER RICKMERS. Seine wechselvolle Geschichte. Hamburg 1986. 179 Seiten.

115. A: Die letzten Segelschiffs-Reisen von der Westküste Nordamerikas. In: Deutsches Schiffahrtsarchiv 9, 1986, S. 135–166.

116. A: Segla med olja. In: Longitude, Nr. 22, 1986, S. 42–57.

117. E: The Ship FRITZ REUTER and other Sloman sailing vessels brought Migrants to

New Zealand and Australia. Queensland, 1986. 92 Seiten. Sonderdruck. Übersetzung von 104.

118. A: RICKMER RICKMERS und Karl Kortum. In: Der Albatros, Nr. 2, 1986, S. 54f.

119. A: Amoklauf in Newcastle NSW. In: Der Albatros, Nr. 1, 1986, S. 4–6.

120. A: Berliner Jungen auf der HERZOGIN SOPHIE CHARLOTTE. In: Der Albatros, Nr. 2, 1986, S. 37–41, Fortsetzung in Nr. 3, S. 77–81.

121. A: Ein deutsches Seemannsschicksal. In: Mecklenburg. Heimatzeitschrift für Mecklenburg und Vorpommern, Nr. 6, 1986, S. 5f.

1987 122. A: With a Camera round Cape Horn – Heinz Burmester tells the story of a little-known but dedicated early researcher. In: Seascape, Nr. 5, 1987, S. 26–28.

123. A: Mißglückter Besteckvergleich. In: Der Albatros, Nr. 1, 1987, S. 16f.

124. A: Schiffskatastrophe vor Vancouver 1915. In: Der Albatros, Nr. 3, 1987, S. 92f.

125. A: Segelschiffsreisen nach Santa Rosalia. In: Deutsches Schiffahrtsarchiv 10, 1987, S. 37–76.

126. A: An Atlantic Drama. The End of the first five-masted square-rigger. (Nach: Drei schnelle Frachtsegler, vgl. Nr. 54.) In: Seascape, Nr. 2, 1987, S. 35–37.

127. A: LUCIE WOERMANN and the nitrate sailors. Heinz Burmester begins the story of a little-known episode from the last days of trading sail. In: Seascape, Nr. 7, 1987, S. 30–32, Fortsetzung in Nr. 8, 1987, S. 26–28.

128. A: De sista resorna från Pacific Northwest. In: Longitude, Nr. 23, 1987, S. 2–15. Nach Nr. 113.

1988 129. A: Aus dem Tagebuch eines Schiffsjungen von 1914. In: Deutsches Schiffahrtsarchiv 11, 1988, S. 141–168.

130. A: Die Kehrseite der Medaille. In: Der Albatros, Nr. 3, 1988, S. 90–95.

131. A: Der Schiffszimmermann Hermann Nilson. In: Der Albatros, Nr. 2, 1988, S. 58f.

132. A: The MABEL RICKMERS Story. In: Longitude, Nr. 24, 1988, S. 2–20.

133. E: Weltumseglung unter Preußens Flagge. Die Königlich Preußische Seehandlung und ihre Schiffe. Hamburg 1988. 158 Seiten.

134. A: Wie das Vollschiff INDRA 1914 den feindlichen Kreuzern entkam. In: Der Albatros, Nr. 2, 1988, S. 41–44.

135. A: Faithful but forgotten. Captain Heinz Burmester tells the story of one of the last full-riggers under the Red Ensign. In: Seascape, Nr. 16, 1988, S. 7–9.

136. A: Elbsegler besuchten 1924 das Stettiner Haff. In: St.Y.C., Lübeck, Clubnachrichten, Dezember 1988, S. 11–14.

137. A: dass. erw. in: Nachrichten der Segler-Vereinigung Altona-Oevelgönne 67, 1990, Nr. 1, S. 14–21.

1989 138. A: Ein deutsches Vollschiff für die Fernostfahrt. In: Deutsches Schiffahrtsarchiv 12, 1989, S. 65–98.

139. A. Das Rennen PASSAT contra PADUA 1935. In: Der Albatros, Nr. 1, 1989, S. 1–5.

140. A: Ein Andenken an die Kap-Horn-Fahrt. In: Der Albatros, Nr. 1, 1989, S. 29f.

141. A: Der zwiespältige Lebenslauf des Vollschiffs OLINDA/CARDINA. In: Der Albatros, Nr. 2, 1989, S. 69–76.

142. A: Den olyckliga BEETHOVEN. In: Longitude, Nr. 25, 1989, S. 43–48.

1990 143. A: Aus dem Leben des Hapag-Kapitäns Gustav Schröder. In: Deutsches Schiffahrtsarchiv 13, 1990, S. 163–200.

144. A: Reisen deutscher Segelschiffe nach Fernost 1921–1925. In: Der Albatros, Nr. 3, 1990, S. 81–87. Fortsetzung in Nr. 1, 1991, S. 1–8.

1991 145. A: Drama vid Helgoland. In: Longitude, Nr. 26, 1991, S. 30–37.

146. A: Tysklands segelsjöfart under och efter första världskriget. In: Longitude, Nr. 26, 1991, S. 45–60.

147. E: Aus dem Leben des Kapitäns Gustav Schröder: Seine Seefahrtszeit von 1901–1940. Sonderdruck. Bremerhaven 1991, 36 Seiten.

148. Petroleumsegler. In: Deutsches Schiffahrtsarchiv 14, 1991, S. 79–98.

149. A: Ein Vollschiff aus Flensburg: FERDINAND FISCHER. In: Der Albatros, Nr. 36, 1991, S. 73–82.

1992 150. A: Die deutsche Seglerflotte in und nach dem Krieg 1914/18. In: Deutsches Schiffahrtsarchiv 15, 1992, S. 105–122.

Anschrift der Verfasser:
Ursula Feldkamp M.A.
Dr. Uwe Schnall
Deutsches Schiffahrtsmuseum
D-2850 Bremerhaven

ALBERT BALLIN, THE HAMBURG-AMERICA LINE AND HAMBURG

Structure and Strategy
in the German Shipping Industry (1886–1914)

By Frank Broeze

1. Introduction

The theme of this article is the transformation of the Hamburg-America Line (HAL; its official German name was Hamburg-Amerikanische Packetfahrt Actien-Gesellschaft, often abbreviated to Hapag)[1] from a purely North Atlantic shipping company into a global enterprise and, in particular, how the HAL's policies were shaped and executed by its leader, Albert Ballin. Ballin (1857–1918) was one of the most successful and remarkable personalities in international shipping and a highly prominent business leader in Wilhelmine Germany. Within a dozen years of his entering the HAL he made it the biggest shipping company of Germany and the world. He never ceased to intensify and expand its network of services so that the HAL in early 1914, with a share capital of 180,000,000 marks and debentures to the value of about 80,000,000 marks, possessed a fleet of over 1.3 million GRT. With the single exception of Australia, the company was active in all continents and oceans of the world.

Growth and concentration were the hallmark of the imperialist and social-darwinist era of modern capitalism.[2] Like in industry and banking ashore, at sea ever larger and more powerful companies arose. The merchant fleets of Great Britain, Germany, France, Japan and the other maritime nations were increasingly dominated by large liner companies and their leaders such as Ballin, Heinrich Wiegand (North German Lloyd), Thomas Sutherland (P & O), Inchcape (British India) or John Ellerman. Competition between the companies was extremely sharp, reflecting the social-darwinist "Zeitgeist", yet they virtually always combined forces in cartels or agreements, the so-called conferences.[3] In international shipping the Hamburg-America Line was the most extreme example of this convergence of power. Far more than Britain's traditional liner companies did in their homeports[4], the HAL dominated Hamburg. In 1886 the company had counted only 62,000 GRT or about 25% of the city's total steam tonnage. By 1914, however, its tonnage had grown to 1.35 million GRT which constituted over 50% of Hamburg's fleet.[5] The HAL had clearly distanced itself from the North German Lloyd of Bremen (983,000 GRT) which until 1897 had been Germany's largest shipping enterprise.[6] Not less important, a number of agreements and joint ventures linked the HAL with almost all other Hamburg liner companies and gave Ballin's company considerable power and influence on their affairs. Through common directorates with steamshipping companies as well as leading shipbroking firms an even greater concentration of power was achieved.[7] Finally, intimate connections existed between Ballin and other leaders of the HAL and the commercial and political élite of Hamburg. With justice, Rohrmann has stressed the importance of the "personal union" between the HAL and the local Chamber of Commerce (through Laeisz, Schinckel and others).[8]

As the HAL ruled Hamburg, so Albert Ballin ruled the HAL. Although he never held absolute power, also not after he was made "Generaldirektor" in 1899[9], he took all initiatives and made all decisions within the HAL relating to such strategic matters as, for example, the opening of new lines, the ordering of new tonnage, the increasing of the company's capital, the beginning and ending of rate wars, and especially the conduct of shipping diplomacy and concluding of agreements with his rivals. Ballin was not dominated or even pushed by the HAL's financiers and bankers; on the contrary, the latters' main representative, Max von Schinckel, was sometimes accused of being an impediment rather than a positive influence.[10]

A new assessment of the dramatic growth of the HAL and Ballin's leadership and strategy is long overdue, even if the company and Ballin have been the subject of a large number of monographs and biographical works. At least ten more or less original studies have been devoted to Ballin personally.[11] Although the most recent of these, by Cecil and Hauschild-Thiessen, are somewhat more critical in their appraisal than their predecessors, there is nevertheless a virtually unanimous and unqualified praise for Ballin's commercial conduct. (This specifically excludes his political activity, as far as that did not concern the HAL, and also his socio-industrial policies within the company.) As already was the case during his lifetime, the immense growth of the company is regarded as Ballin's greatest achievement. Not far behind, however, and often directly and organically linked to the former, these authors emphasise how Ballin acted *to limit competition in international shipping through the formation of joint ventures and cartels, so-called pools and conferences ... and to ensure that all p a r t i c i p a n t s* [my emphasis, F.B.] *could enjoy satisfactory results through rate fixing, delineation of spheres of influence and the sharing of profits.*[12]

Almost pure panegyrics are both early and, despite their many shortcomings, highly informative biographies by Ballin's former collaborators, Huldermann and Stubmann. But the opinion of Kurt Himer, before the Great War the leader of the HAL's propaganda bureau (the Literarische Büro), is fully representative of the consensus on Ballin in his role as *the great creator of international understanding in world shipping.*[13] As *the man of compromise*[14] and *the man who worked hard to foster friendly relations and to negotiate for mutually profitable agreements between competitors in world shipping*[15] Ballin appears as an apostle of international peace rather than as the ruthless protagonist of the interests of the HAL. It is true, Ballin's best friends did not deny that he could fight long and hard, but they insisted – and many historians with them – that that was no more than tactical play. In their view Ballin was a man of peace and a supporter of all German shipping interests. Often it is emphasised how Ballin, despite many and grave problems, succeeded in maintaining a tie of friendship with the North German Lloyd.

A totally different image arises as soon as one adopts another than Hamburg perspective. It is useful to remember that the conference system was not created by Ballin but originated in the 1870s in the trade of British India after the collapse of the Suez Canal steam mania. Also the foundations for the first continental North Atlantic conference, the Nordatlantischer Dampferlinien-Verband, were laid as early as 1885, before Ballin entered the HAL. But in Bremen[16] and, for example, the Netherlands[17] the HAL and the Hamburg shipping companies which were associated with it were not so much seen as friendly partners but rather as direct threats to the prosperity and even the very existence of their local shipping interests. But, equally importantly, also when one probes a bit further in Hamburg itself and looks beyond the propaganda which the HAL and its supporters churned out in great mass, serious cracks appear in the picture of consensus. Many in Hamburg already at the time knew that behind the scenes things were not quite as the HAL propaganda machine painted them.[18] Although it is, perhaps, understandable, that Hamburg shipping historians have taken little notice of extraneous critiques, it remains astonishing that so little attention has been paid to the views of Johannes Merck, Ballin's own financial director, Max von Schinckel, who as chairman of the Board of Control was Ballin's counterpart inside the HAL, or also other prominent Hamburg shipping personalities. Even if some, but by no means all, of these had ground to resent Ballin's policies, their opinions were often based on hard facts and can not be pushed aside as irrelevant. Indeed, Ballin's plans and manœuvres often caused considerable bitterness, opposition and criticism. In consequence, it may be questioned whether the growth and expansion of the HAL within Hamburg was as "natural" and friendly a process as the protagonists of the company and Ballin claimed.

In the revolutionary process, during which the HAL from 1897 was transformed from a North Atlantic into a general or global shipping company, three separate yet closely connected elements or spheres can be distinguished. First, there is the geographical expansion of the network of the HAL's services and the company's growing power within Hamburg vis-à-vis the city's other steam navigation companies; second, the fundamental rivalry with the North German Lloyd of Bremen; and, third, the relationship between the HAL and its foreign competitors, such as the Cunard and White Star Lines, the Royal Mail Group, the Koninklijke Hollandsche Lloyd, the various Italian companies or also the Austro-Americana of Trieste. This article will deal with the first sphere that of Ballin's position within Hamburg; essays on the other two themes can be found elsewhere.[19] It may be useful, however, first to outline the three main periods in which the Ballin era can be divided;

1. from 1886 to 1897, when the HAL after the merger with the Carr-Linie and under Ballins's leadership in its passenger department regained its strength but restricted its activities to the North Atlantic. Although by 1900 it was the world's biggest shipping company (620,000 GRT), the HAL still lagged far behind the Lloyd in the passenger trade;

2. from 1897 to 1910, when the HAL, since 1899 led by Ballin as "Generaldirektor", in quick tempo broke into a large number of new trading regions and, with the exception of Australia, served all continents (1910/11 fleet size: 1,020,000 GRT); and

3. from 1910 to the outbreak of war in July 1914, when the HAL, despite massive growth in virtually all directions (1913/14 fleet size, 1,360,000 GRT), through the construction of the giant IMPERATOR, VATERLAND and BISMARCK redirected the bulk of its investments to the traditional North Atlantic trade and, in so doing, raised significant questions about its true nature and even its very existence.

Although there were both general commercial crises and many localised economic problems throughout this period, the overall trend in imperial Germany's economy and, in particular, in that of her foreign trade and emigration was sharply upward. Ballin and the HAL worked within an almost uniquely positive economic climate and conjuncture.

2. *The Pattern of Expansion*

The first phase of expansion of the HAL after Ballin's entry in 1886 was characterised by a twin-barrelled policy of inner revitalisation and external security through mergers and agreements. Typically, Ballin's consolidation always contained the seeds of expansion. The "Peace" of 1886, which brought the merger between the HAL and the Carr-Linie and established Ballin as the leader of the HAL's passenger department, made an end to a disastrous competition between shipowners and brokers. All realised only too well that Hamburg, despite the city's superior location, had fallen far behind in the steam shipping trade with the USA which, moreover, in future years was capable of further great expansion. Within the HAL Ballin was welcomed and immediately accepted by the Board of Control and, especially its Chairman, Carl Laeisz. Such recognition by Hamburg's leading shipping identities was not only based on profound respect for Ballin's expertise in the passenger trade[20] but also reflected the desperate situation of the HAL. It is possible to discern how much the company's patrician leaders saw the need to bring about a change of generations which, in the process, also meant the introduction of modern technocracy. It is not unlikely that they also realised that, just when Bismarck's new imperial mail contracts (viz. to East Asia and Australia) had been given to the North German Lloyd, in their circles in Hamburg no man existed like H.H. Meier in Bremen who, in Arnold Otto Meyer's words, *possesses the fullest confidence of all his fellow citizens and who, thus supported and strengthened, could wield all power which such unity creates. Unity brings victory.*[21] Some, in assessing developments in Bremen, perhaps also looked forward and recognised that the model to be followed was that of the brilliant and non-patrician young director of the Lloyd, August Lohmann.[22] Thus they contrasted the vibrant young Ballin as the modern manager [Generaldirektor-typus][23] with the worn-out and unimaginative patrician, Adolph Godeffroy. Whatever the exact motives of Ballin's appointment, with him the "managerial revolution"[24] entered the HAL and Hamburg steam shipping.

It was also Laeisz who in 1888 made Ballin a director of the HAL and threw his full weight behind Ballin's policies. These included a significant new capital emission and, in 1892, the purchase of the Dampfschiff-Rhederei Hansa[25], of which Laeisz himself was the leader. This signified further rationalisation and concentration in Hamburg's American trade and, at the same time, definitive hegemony for the HAL which itself since Ballin's entry had opened new services to Baltimore, Philadelphia, New Orleans, Boston and Montreal. Also the seasonal winter services of the Hansa between the USA and the West Indies fitted tailor-made in the growing liner network of the HAL which since the early 1870s had included services from Hamburg to the Caribbean and Mexico. During these same years the Hamburg-Südamerikanische Dampfschifffahrts-Gesellschaft [Hamburg-Süd] and the newly-founded Deutsche Ost-Afrika Linie (DOAL), recognising the HAL's experience and *well-organised network of over 3,000 agencies and numerous general agencies,* transfered control over their passenger trade to it.[26] During the middle 1890s, when Hamburg's terrible cholera epidemic of 1892 exacerbated the effects of the general trade depression, the HAL already showed remarkable resilience on its complex North Atlantic network.[27]

The first major expansion of the HAL outside the North Atlantic, the opening to East Asia, was precipitated by the imminent expiration of the imperial mail contracts of 1885. Since the early 1870s the Hamburg-China trade was maintained by the Deutsche Dampfschiffs-Rhederei zu Hamburg, or Kingsin-Linie. In comparison with the imperial mail service of the Lloyd, however, the Kingsin Line had a much smaller fleet of inferior quality.[28] In the early 1890s the line had almost been annihilated by a failed attempt to open a second line, to the Dutch East Indies. By 1897 it was as unable as it had been in 1885 to challenge for at least a part of the new mail contract which, again, was to run for fifteen years, from 1 January 1900 to 31 December 1914. But before any initiative could arise to inject new finance into the Kingsin Line, which after all had a quarter of a century experience in East Asian waters, and thus make it a plausible contender Ballin intervened by announcing that the HAL itself would be interested in bidding for the contract. Ballin was driven by the desire to attack the Lloyd outside the North Atlantic in its second-most important field, where its director Heinrich Wiegand had just made an extensive and highly successful fact-finding mission which included the purchasing of two local British-owned shipping companies.[29] Unable to leave the field to others, Ballin was greatly assisted by the fact that the Kingsin Line's financial problems had led to severe differences of opinion which, in turn, virtually paralysed its Board of Directors. At the same time Ballin operated on the political scene in Berlin. Demonstrating his determination by actually beginning a HAL service to China, his double strategy bore fruit. Secretary of State Podbielski forced the leaders of the Lloyd to negotiate with Ballin and to reach an agreement in which the mail contract was divided between the two contestants.[30]

It needs to be observed that Ballin did not attack the Hamburg-based Deutsch-Australische Dampfschiff-Gesellschaft [DADG] and thus did not challenge the Lloyd in the Australian-Pacific mail contract. Strategically, Ballin was certainly right in preferring the Far East to Australia. Just at this time of social-darwinist enthusiasm for adventures overseas[31], all commercial and political attention was rivetted on China whose potential market was regarded as far more important than that of the far less populous Australian colonies. Even so, it is remarkable that Ballin soon afterwards agreed with both the Lloyd and Otto Harms, the managing director of the DADG, to keep the HAL away from Australian waters.[32] It is impossible to be certain about Ballin's motives in leaving the DADG alone.[33] Probably he was led by a mixture of considerations, including his documented respect for Harms (as he himself a technocrat born outside traditional Hamburg shipping circles)[34]; his respect for the strong and well-organized conference in the Australian trade[35]; his own role in the creation of the DADG which had directly led to his entry into the HAL's directorate[36]; his friendship with the late Jacob Meyer, the senior partner of DADG's freight brokers Knöhr & Burchard Nfl.; and, finally, the wish of the HAL's own Board of Control to stay away from the strong DADG. While the Australian trade did not seem capable of rapid expansion, the DADG had trump cards in its exclusive contracts for the shipment of dynamite to South Africa en route to Australian ports and its homeward lines from the Dutch East Indies.[37] In the final analysis, the HAL would not have found it easy to finance a double expansion into East Asia and Australia. Between 1897 and 1901 its capital was increased from 30 to 80 million marks and it also issued debentures to a value of 27.5 million marks. It was these enormous financial demands which had also induced Ballin to suspend the HAL's service to Bengal which he had acquired through the takeover of the sickly Hamburg-Calcutta Linie.[38]

It is well-known how the entry of the Rickmers-Linie of Bremen into the Hamburg-China trade gave Ballin the opportunity to force the hand of the Kingsin Line. When the North German Lloyd bought its ships, Ballin moved swiftly and, in turn, bought the Lloyd's Hamburg freight broker. Thus he was able to direct all Hamburg exports to the HAL, a tactical stroke of genius which made a deep impression in Hamburg.[39] The General Meeting of the Kingsin Line of 26 March 1898, two months after Ballin had sent his first ship to China, could do little else but to sell out to the HAL. In similar fashion, Ballin in February 1901 forced the expatriate German shipowner M. Jebsen to sell him his two mail steamers for the new HAL coastal service from Shanghai via Kiaochow to Tientsin. As had been the case with the Kingsin Line and the Lloyd itself, these aggressive acquisitions left severe scars in the relationship between Ballin and the victims of his expansionary policies.[40] The East Asian network was completed by the takeover of the ships of the Chinesische Küstenfahrt Gesellschaft, which was led by Ballin's friend and HAL Board of Control member Woldemar Nissen, and the opening of a new service from Hamburg to Vladivostok and Nikolaievsk. Typically, in the latter already two Hamburg firms operated but that was not sufficient to keep Ballin out.

If the Kingsin Line had been the weakest and least-respected of all Hamburg's overseas shipping companies, the reverse was true of the Hamburg-Süd which in 1900 came into Ballin's sights. Also this company had been founded in the "Gründerjahren" of the early 1870s but its services to Brazil and La Plata had been far more successful and profitable. Between 1886 and 1900 it had paid the highest dividends of all Hamburg shipping companies[41] and through its Directors and Board of Control it was as intimately linked to the Hamburg patriciate as the HAL itself.[42] Also here Ballin's attack was precipitated by a tactical opportunity, in this case a bitter fight between the Hamburg-Süd and newcomers A.C. de Freitas & Co.[43] But he was by no means motivated by short term circumstances or defensive considerations. Ballin wanted to enter the South American trade *mit Gewalt*[44], i.e. without tolerating any opposition and if necessary with force, and that with good reason as both passenger traffic and export volumes from South America rose rapidly. The high dividends of the Hamburg-Süd were the best proof that high profits could be made in the trade.

The traditional account of this episode revolves around the claim that the exhausting struggle with de Freitas induced the Hamburg-Süd to seek assistance from the HAL.[45] In this version Ballin bought the fleet of de Freitas, after which the Hamburg-Süd voluntarily offered a share of their trade to the HAL. Huldermann conceded that Ballin valued the South American trade so highly that he bought de Freitas' line and ships at an exorbitant price, uttering the famous phrase *I know but I want the business*. But he provided no details about the purchase contract with de Freitas and drew no conclusions from this remarkable frankness.[46] It is, however, possible to assess this episode in a totally different light. The buying of de Freitas' line gave Ballin a powerful instrument to force the Hamburg-Süd, which had been hurt but by no means badly damaged, to accept the HAL as partner in its trade.[47] Despite de Freitas' success in gaining the agency of the resourceful firm of Th. Wille & Co. in Rio de Janeiro and Santos and capturing a part of the Brazilian coffee exports[48], his line by the end of 1900 was virtually exhausted *[praktisch erledigt]*.[49] The Hamburg-Süd, in collaboration with its conference partner North German Lloyd, could easily have maintained its position and should have made an offer to de Freitas.[50] But when the company failed to act, Ballin saw his chance. After brief negotiations the Hamburg-Süd had to concede defeat. The powerplay and the surrender took place on the highest level:[51]

> The contract beweeen the HAL and Hamburg-Süd was an exclusive matter between Ballin and Carl Laeisz. The other members of the Board of Control and the directors of the Hamburg-Süd first knew of it, when the contract's draft was submitted to them *i n p r i n t*. [my emphasis, F.B.][52]

Johannes Merck, Ballin's financial director and intimate friend of Hamburg's patriciate, suggested a possible explanation for Laeisz' actions which stood in such stark contrast with his well-known affection for the Hamburg-Süd.[53] According to him, Ballin had already much earlier exerted pressure on the leaders of that company but without success. Finally he made Laeisz, who was depressed by the early death of his brilliant son C. Ferd., such a good offer for his shares that the latter gave up his resistance. Instead of preserving the independence of "his" Hamburg-Süd, Laeisz allowed his protégé Ballin to move in on it. There is a photograph of Laeisz and Ballin together on the deck of one of Laeisz' big sailing-ships which is symbolic for the succession of the generations which this transaction signified.[54] After the surrender of Laeisz the other leaders of the Hamburg-Süd had no other choice but to give in to Ballin's demands: a full one-third share for the HAL in Hamburg's Brazil and La Plata trades. Free will played no role in the conclusion of this agreement.

As Merck and von Schinckel, who was a member of the Board of Control of both HAL and Hamburg-Süd, have emphasised in their memoires, Ballin never took the pressure off the latter company, probably with the ultimate aim of incorporating it into the HAL.[55] In order to understand the dynamics of this continued rivalry it is vital to understand the nature of the companies' pooling arrangement. Although the tonnage to be employed in the trade was divided on a basis of 2/3 for the Hamburg-Süd and 1/3 for the HAL, the division of the joint venture's profits was made according to the current book value of the vessels employed by each company. Thus, to the disgust of the Hamburg-Süd leaders, the excessive price paid for de Freitas' ships worked to advantage of the HAL as they had to pay the HAL in 1902 and 1903 over 1.2 million marks in compensation. To add insult to injury Ballin already in June 1901 let the Hamburg-Süd officially know that his fleet was incapable of meeting the required standard of services to South America.⁵⁶ Until 1914 the HAL consistently employed well over 1/3 of the book value in the trade. After the top years 1902 and 1903, in which its participation amounted to no less than 43.08% and 40.17%, its share ranged from the lowest point of 33.95% in 1905 to 39.82% in 1910. But per voyage its vessels were far less profitable than those of the Hamburg-Süd and from 1904 to 1910 the HAL received further 1.6 million marks in compensation; had the companies not decided in 1904 to accept a maximum of 300,000 marks for these payments another 1.2 million marks had been due.⁵⁷ In early 1911 the maximum was lowered further to 200.000 marks.⁵⁸

Ballin also pressurised the Hamburg-Süd in his dealings with other companies. In 1902 he demanded a share for the HAL in the Brazilian coffee imports of Rotterdam, which until then had been the subject of an exclusive contract shared in equal parts by the Hamburg-Süd and North German Lloyd.⁵⁹ The Lloyd refused flatly to make any concessions without adequate compensation elsewhere and the Hamburg-Süd became the victim of this powerplay.

But henceforth the Hamburg-Süd was able to organise its defences, not in the least because the company strengthened itself through the election to its Board of Control of powerful men like Max von Schinckel, Adolph Woermann and "King" Richard Krogmann. Significant was that both von Schinckel, a "collector" of directorates, and Krogmann, who did not value such board memberships, were particularly keen to protect and assist the Hamburg-Süd.⁶⁰ Krogmann may well have been motivated by a desire to counter Ballin's aggressive policies, as he had been one of the leaders of the Kingsin Line, but he and von Schinckel evidently were also impressed with the opportunities in the South American trade and respect for the management of the Hamburg-Süd's capable director, Theodor Amsinck.⁶¹ Krogmann's son Carl Vincent, the later Nazi mayor of Hamburg, in his memoires testified from personal experience to the continued and bitter rivalry between HAL and Hamburg-Süd.⁶² After the initial shock, the latter gave as much as it got. When in 1909/1910 the original contract between the two companies was running out, the Hamburg-Süd did not, as many had expected, have to concede a further share in the trade to the HAL.⁶³

How bad the relationship between the two companies was, appears eloquently from a letter written by Ballin during this period. In it he referred to the *perfectly unintelligible behaviour* of the Hamburg-Süd's leadership whom he accused of being totally *removed from any commercial logic*.⁶⁴Very much to Ballin's chagrin, the Hamburg-Süd often took an active role and did not hesitate to expand their fleet with ever larger vessels. When, in 1912, the Hamburg-Süd ordered the CAP TRAFALGAR of almost 20,000 GRT, Ballin insisted that the Hamburg-Süd and HAL agree not to build ships exceeding the dimensions of that ship without a specific agreement.⁶⁵ But shortly later he himself ordered no less than three ships of c. 20,000 tons for the HAL's service.⁶⁶ Although ultimately intended to counter the four-ship SIERRA-class of the Lloyd, it was once again the Hamburg-Süd which became the direct target of Ballin's expansionary policies. The outbreak of war intervened before the HAL's new trio was completed and it was not until 1921 that the South American service could be resumed. Under all these circumstances one can understand Theodor Amsinck's profound irritation that Mathies, in his "Hamburgs Reederei", discussed the South American trade from 1900 primarily as a field of the HAL and dealt with the Hamburg-Süd by writing that all important issues had already been mentioned!⁶⁷

A third field which the HAL entered in 1900, was the west coast of South and Central America. This was the preserve of the Deutsche Dampfschiffahrts-Gesellschaft Kosmos, as so many others a product of the "Gründerzeit". During the boom of the late 1890s the Kosmos had increased its capital from 3 to 11 million marks and opened new services to Patagonia and California. Its results in 1899 had been most satisfactory *[recht erfreulich]* and after providing for 1.5 million marks in depreciation the company had paid a dividend of 11% (1898: 9%).⁶⁸ Ballin saw his chance, when the prospectus of a new company was circulated in Hamburg's shipping circles. Through the HAL and Kosmos he arranged for a payment of 500,000 marks to be made to its promoters, F.C. Bramslöw and C.W. Dahlström[69], and shortly afterwards it was announced that the Kosmos voluntarily had offered a share in its business to the HAL.[70] The agreement had been mediated through Kosmos director Wilhelm Volckens, who was a partner in the HAL's New York agency, Funch Edye & Co., and had in 1897 arranged the sale of Kirsten's Hamburg-Calcutta Line to the HAL. Merck believed that it was likely that Ballin had used Volckens to obtain inside information.[71] *In general*, he commented on this case, *Ballin had a fine nose for smelling if something stank in the neighbourhood and for creating an opportunity to become involved. Shipping brokers with inside information and who knew Ballin's nature, of course, were keen to bring it to his attention; after all, that was their business.*[72]

During the next years the HAL made an increasing number of steamers available to the joint service with the Kosmos and the line showed a steady growth. Somewhat surprisingly, Bremen did not respond to the HAL's expansion until 1905 with the Lloyd-related Roland Linie.[73] In the course of this bitter struggle Ballin was able to capitalise on his dominating position in Hamburg and establish the so-called Syndikats-Rhederei. This was a fighting company under the control of the HAL, which signed for 55% of its 6 million marks capital, but with the participation of all other major Hamburg steam shipping companies.[74] The confrontation ended with a compromise and a four-cornered joint-venture including the HAL, Kosmos, Roland Line and North German Lloyd. The imminent opening of the Panama Canal from 1912 brought considerable uncertainty and instability in the relationship between HAL and Kosmos. At one point even rumours circulated that the Kosmos would be merged into the HAL, but professional circles generally counted on the Kosmos having to make major concessions.[75] Also here the outbreak of war intervened before any specific steps could be taken.[76] As the Hamburg-Süd on the east coast, the Kosmos in its particular field was not so much a partner but rather a stepping stone for the HAL.

The first years after 1900 were overshadowed by the formation of the Morgan Trust and its aftermath[77], and a market depression in the freight market. When the economic climate improved, Ballin was initially preoccupied with his lucrative but politically highly sensitive coal contracts with the imperial Russian fleet.[78] But he also entered the east Siberian trade, forcing the HAL on a small group of local shipping brokers worked with chartered ships.[79] Services to the Far East were rationalised in a clever agreement with the Lloyd in which the latter, once again, took over the entire mail service and the prestige but the HAL kept the profitable freight lines. Soon afterwards, however, the peace was disturbed by the Roland Line's attack on the west coast of South America; soon afterwards Ballin countered by entering another two new areas: the Persian Gulf and Africa.

The imperial government by 1906 was increasingly keen to establish a German shipping presence in the Persian Gulf in order to possess a tangible and effective argument in their geopolitically crucial negotiations with Britain about the construction of the Baghdad railway.[80] Until that time British interests had enjoyed not just a monopoly of the river traffic in Iraq but also a dominating position in the steam shipping of the Gulf itself. Undisputed leader was the quasi-official British India Steam Navigation Company [BISN] under the leadership of one of the British Empire's leading businessmen, Sir James Mackay (1912: Lord Inchcape).[81] No direct service existed between Germany and the Gulf and, as the operations of BISN demonstrated, the Gulf trade was closely intertwined with that of the west coast of British India, another area where the HAL had no presence.

It is not known, whether the DDG Hansa of Bremen at that time considered taking up the Gulf trade; this company began its soon highly successful services not until after World War I.[82] But the Deutsche Ost-Afrika Linie, which often had its ships return to Hamburg from

Bombay and the Indian west coast, was keen to establish a line to Persia and Basra.[83] Its leaders probably were motivated by the desire to reduce the paralysing effects of their East African mail contract and branching out into a promising new area. As member of the Board of Control of the DOAL Ballin, however, could not fail to become aware of these plans and within a few months the HAL despatched its first steamer on the new route. Merck believed that Ballin's main motive was not to assist German trade in the region but to impress the imperial government in Berlin[84], but these two elements are inextricable interwoven. The service certainly was far from profitable (until 1913 it incurred losses of 2.5 million marks), and at one stage Ballin even considered the possibility of a state subsidy.[85] But precisely because the service was run at a loss and by the Hamburg-America Line many observers in Britain and elsewhere believed that it had profound political significance. The emir of Kuwait, by then a British protectorate, refused the HAL's local agents, Robert Wonckhaus & Co., to open an office in his town.[86] Much more than in his opening of the line to Arabia and Persia Ballin showed in the Africa trade how he was ruthlessly capable of exploiting the smallest tactical opportunities. For a long time the Hamburg-based Woermann Line had been the only German company in the trade. But after the conclusion of the Herero War in Southwest Africa (where both the HAL and the Lloyd had shared in the German government's charters) it was suddenly confronted by competition from the Hamburg-Bremer Afrika Linie. When the HABAL received support from the Lloyd, Ballin saw his chance. In presenting the Woermann Line as "unhealthy", the HAL announced that it had responded positively to a Woermann request for assistance.[87] In reality, however, the Woermann Line was not in trouble and had sufficient employment for its steamers.[88] As was repeatedly testified before the British Royal Commission into Shipping Rings, the Woermann Line had an excellent reputation with its British customers and was, whenever possible, preferred over its British rival Elder Dempster.[89]

Also after the Lloyd stepped in behind the HABAL Adolph Woermann did not need the HAL's support. He did not request it. It was, on the contrary, Ballin who went to Woermann. In the presence of Arnold Amsinck, the line's manager, Ballin declared that he could not allow the Lloyd to establish itself in a field where the HAL did not operate. His company could now not remain outside the African trade. As Amsinck later summarised it: *Woermann was simply raped. It was this* [rather than a dispute with the imperial government over chartering expenses] *which later rankled him so much*.[90] If Ballin's victory over Carl Laeisz and the Hamburg-Süd can to a certain extent still be regarded as a voluntary change of generations, such a view can not apply to the case of Woermann. It must also be emphasised that Mathies accepted Amsinck's version of events in his 1928 history of Hamburg shipping.[91] And it was with particular reference to this revised account that E. Wiskemann, in his review of Stubmann's biography of Ballin, argued that that book, as Huldermann's work a few years previously, contained less a critical biography than a hagiography of the HAL's former leader.[92]

The HAL's new Africa service was managed by the Woermann Line, clear evidence that its presence in African waters and power behind the scenes rather than managerial control were Ballin's highest priority. Through its participation in the Woermann Line the HAL also became part-owner in three other African companies: the DOAL, the Compagnie Maritime Belge which sailed between Belgium and the Congo and the Kameruner Schiffahrts-Gesellschaft, when, in due course, the interests of the Woermann Line were rationalised.[93] Although Ballin, ultimately, may have desired to bring the Woermann Line fully under his control,[94] the means of the HAL were insufficient for such a purpose and required for more important fields. When, in 1913, the Woermann Line increased its capital to 20 million marks, the new funds were entirely raised by the existing owners.[95] It was only during the Great War, under vastly different circumstances, that a new powerplay broke out in which Ballin, the Lloyd and Hugo Stinnes became involved in further attempts to control the Woermann Line.[96]

The continued competition between the Woermann Line and the two Bremen companies, after the HAL had intervened but before the agreement was signed, almost led to a serious rift between Ballin and his fellow Hamburg shipowners.[97] In order to attack the Lloyd in one of its other fields, Woermann proposed opening a new line to Australia. The only continent not served by the HAL, Australia in Hamburg "belonged to" the DADG. Thus the matter needed to be discussed at a special meeting of the Syndikats-Rhederei, the fighting instrument of the alliance of Hamburg shipowners, created by Ballin in 1905. A crucial element of that alliance was mutual respect by all companies for each other's field of operations. Without subtlety the DADG questioned the motives of the Woermann Line's choice of its battle field. The strong suspicion was voiced that Woermann was pushed by Ballin who might in this way find a back door for the HAL into the Australian trade. After a full and frank discussion no more was heard of the plan and soon peace was established in the African trade.

That Ballin did not hesitate to include Australia in his strategic perspectives became evident in 1913 when, once again, open warfare with the Lloyd had broken out. He announced the opening of a new line to Australia which did not touch Hamburg and Bremen, but originated from Stettin and sailed via Emden and Antwerp. Emden was being promoted strongly by the Prussian government and with the call at Antwerp this new service could have done real damage to the DADG. Although the Syndikats-Rhederei had been allowed to lapse in 1911/12, this meant breaking the understanding he had with the DADG, whom he forced to accept a new agreement.[98] In exchange for some compensation in East Asia, which was more onerous than profitable, the DADG had to accept the HAL as fellow participant in the Australian trade. No details about the agreement were given to the public.[99] The new service was given up when Ballin in early 1914 reached agreement with the Lloyd, but he specifically reserved the right to re-open it five years later.[100]

In 1914 came also the takeover of the Deutsche Levante-Linie [DLL] by the HAL. This was the end of a long story, in which a host of groups had struggled to gain control over the politically and economically important Levante trade. This mainly concerned Turkey but also Greece and Bulgaria. By contrast to the strongly-led Argo Line of Bremen, the Levante scene in Hamburg had more of a comic opera, in which the so-called princes' consortium [Fürstengruppe] had been a particularly disruptive element.[101] Although Ballin had followed developments at the DLL closely, it is difficult to see why just he and the HAL were bestplaced to take over the Levante Line when its own directors had revitalised the company (in 1913 it paid a record dividend of 10%). In the process he also pushed aside Rob.M. Sloman jr. Ballin planned to open a joint HAL-DLL service to the United States which, in view of the eastward shift of European emigration, had some potential for growth.[102] The literature is unanimous that he intended to let the DLL retain its own management, but the outbreak of war makes it impossible to form a definitive judgement. On balance, the evidence on Ballin's motives in breaking into the Levante trade remains ambiguous.

The picture of the HAL's expansion is, of course, not complete without considering its investments and daughter companies outside Hamburg. Several of these, such as the Compagnie Maritime Belge, have been mentioned, others include the Atlantic Fruit Company, the Austro-Americana (of Trieste), the Liverpool-based Gulf Transport Line, and the Ligure Brasiliana. But with these dimensions of the HAL one enters an entirely different arena than that of the Hamburg shipping scene which is the subject of this article. The outbreak of the Great War marked a sharp end to the often aggressive expansion of the HAL within Hamburg, although Ballin's thoughts never left the subject. Indeed, during the war he developed ideas about a gigantic trust in which all Hamburg shipping interests could be combined and prepared for the big struggle he expected once peace had been re-established.[103] Although nothing came from this, the 1920s were to witness a further concentration of power within Hamburg which seemed to give credibility to Ballin's vision. It was not until the aftermath of the Great Depression that the independence of companies in their individual fields, once again, was accepted as guiding principle.[104]

3. *The Dynamics of Expansion*

In about 17 years Ballin had made the HAL into the most complete global company in steam shipping. How must we evaluate the geographical expansion of the HAL, as opposed to its general growth in tonnage? The literature has not skirted the question. But it must be stressed that much of what has been written equates result with intention and that very little attempt has been made to critically analyse the methods used by Ballin. Especially works like those of Huldermann, Stubmann and also Murken, which have their origins in the HAL itself, must be read with caution. Representative of this genre is Kurt Himer, long-standing leader of the HAL's propaganda machine. He declared Ballin's policy to have been rational and unambiguous, observing that Ballin strove to establish a "universal foundation" aimed at giving the HAL a profitable solidity. In his view it was on the basis of this "wise insight" that Ballin became *the great mediator of international cooperation in world shipping.*[105] In sharp contrast to this "rationalist" theory stands the very personified opinion of Max von Schinckel who may have known Ballin better than any other:[106] *It was Ballin's dream to take over all other Hamburg shipping companies (and preferably also those of Bremen) and to merge them into the HAL, as he had done with the Kingsin Line, the de Freitas Line and finally also the Levante Line and partly also both African lines. Only too gladly he would also have swallowed the South American, Kosmos and Austral [DADG] Lines in order to bring e v e r y t h i n g under his sceptre.*

As these opposing views show, Ballin's policies can be interpreted very differently. In practice, both "commercial-rational" or objective and "personal-psychological" or subjective factors influenced Ballin's decisions; the historical problem is just to analyse the interrelationship between such diverse dynamics and to weigh the relative importance of each. Moreover, there is the problem of assessing which motives can be accepted as valid and which represent no more than rationalisations or justifications in hindsight. In other words, the historical problem is not just to isolate Ballin's influence on the development of the HAL, but also to investigate and assess the motives of his behaviour.

In order to understand the development of liner shipping in general and in Ballin's era in particular, it must be stressed that liner shipping possesses extremely strong autonomous dynamics.[107] To put it in a nutshell, liner shipping offers regular services between two ports, or groups of ports, of which the most important features (above all: frequency, dates of departure and arrival, identity and tonnage of ships) have been fixed and advertised beforehand. Besides its head office in its homeport, the company in each port either has a branch office or employs a local firm as agent to whom existing and potential shippers can turn in order to obtain information, book freight, etc. (The same applies to passenger traffic, although there can exist a far more complex network of agencies throughout each port's hinterland.) These offices and agencies are the pivotal nerve centres of overseas trade: they link the profound insights into the structure and requirements of overseas commerce and build up relations with both importers and exporters throughout their port's hinterland. It is because of this very centrality that, in Hamburg as in so many other port cities, shipping agents played such an outstanding role in the transition from sail to steam and the founding of new steamshipping companies.[108] As the latter took up their business it remained an important task of the agents, as experts on the spot, to inform their principals and to stimulate them into opening new feeder and trunk lines to support, complement and expand those already in existence.

Thus it is possible to observe a gradual expansion of the network of virtually all successful transatlantic companies. Most often their first line ran from their homeport in Europe to New York, but soon afterwards services to Baltimore, Boston, Philadelphia, etc. followed. At the same time agencies in the USA could play an active role in urging the opening of new lines to the West Indies which could be particularly attractive if the company already had a service from Europe to that area. Conversely, a strong presence in New York could, as Cunard showed in the 1850s, lead to setting up of cross trades with the Mediterranean. In the case of the HAL it was Ballin's experience in migrant traffic which led to the opening of new lines from Italy to the USA and, later, also South America. Thus, from the very beginning liner shipping is characterised by the continuous expansion and intensification of its network of services, especially during periods of strong economic growth.

The HAL was as much subject to these »structural« or »objective« forces as any other company. Part of its geographical expansion would also have come about without Ballin. Its West Indian service dated, as so many other Hamburg initiatives, from the early 1870s. In the North Atlantic one can easily observe a pattern of expansion as sketched in the previous paragraph, even if it soon became far more complex as also the Gulf of Mexico and Canada became involved. A similar development took place in the years after 1900 in East Asia: after the opening of the trunk line from Hamburg to China quickly followed coastal services, a secondary line to Siberia and, in due course, a transpacific service to the American west coast. The Dutch shipping companies based on the East Indies and the British Ocean Steamship Company followed very similar policies.[109]

Such "organic" or "structural" dynamics, however, can only explain regional growth and not the worldwide expansion of the HAL. To a certain extent one might rationalise the entry of the company into the Brazil and La Plata trades in this manner (if they are seen as emerging from the existing Genua-La Plata and Hamburg-North Brazil services and related to the passenger agency of the Hamburg-Süd held by the HAL), but this bore no relation to Ballin's real motives in the affair. It is even more unrealistic to see Ballin's thrusts into East Asia, the west coast of Latin America, the Persian Gulf or Africa in this light. The contrast with the growth pattern of, for example, the British companies P & O, British India, Elder Dempster and Ocean Steamship, or also the Dutch East Indian companies is self-evident.

For many observers at the time and later it was just the lack of functional linkages between the various fields of the HAL which provided the key to Ballin's thinking and distinguished him from his contemporaries in world shipping. Above all, they saw Ballin's policy as consciously aiming at a universalisation of the HAL in order to spread the risks of its large but until the late 1890s almost exclusively North Atlantic investments over possibly many fields in order to make the company less susceptible to crises [krisenfest]. Himer's already cited words point clearly in this direction. Especially the severe depression of the early 1890s, which the HAL felt particularly badly as it was also hurt by Hamburg's terrible cholera epidemic of 1892, is supposed to have shown Ballin the vulnerability of the HAL and, more in general, that of all companies operating in only one field.

Theoretically, this observation appears quite plausible, but I do not believe that one can draw the conclusions from it which so often have been drawn. First, it is evident that in the modern world economy cyclical crises occur which are not limited to one particular area. On the contrary, as the Baring crisis of 1892 or also the crises of 1902/03 and 1908 demonstrated, they were remarkably global in scope and influenced all parts of the company. Thus the annual report of the HAL for 1908 stated that during that year an average of 136,000 GRT had been laid up and identified the South American trade besides the North Atlantic as severely affected by the slump.[110] Investment risks were not so much spread as run in far more fields than previously – and that, of course, with a far higher nominal capital and company assets than before.

Between 1897 and 1907 the HAL issued new shares at a value of 95 million marks and in 1908 Ballin had to raise another 30 million marks in debenture stock. Local problems, as cholera in Hamburg, cattle plague in the Argentine, or a failure of the bean harvest in Manchuria, could occur everywhere. The financial results of the HAL were by no means "krisenfest" and its dividends clearly followed the general cyclical patterns of the world economy.

In fact, when it comes to profitability, there is no reason to believe that before the container revolution of the 1960s and 1970s the universal shipping company had any intrinsic advantages over smaller and more specialised enterprises. The evidence in Hamburg is unambiguous on this point. Between 1900 and 1913 the dividends paid by the specialist Hamburg-Süd, Kosmos, DADG and Bremen-based DDG Hansa were, on average, between two and three percent per year higher than those paid by the HAL.[111] By 1913 other financial indicators, such as gearing ratios and the level of reserves in proportion to share capital, showed the HAL to be far less successful than those four companies.[112]

At this point it must be stressed that at this time outside Germany no company existed with even vaguely a similar liner network to that of the HAL. Most British companies were active in only one field. The Australian lines of the P & O had emerged synergically from its Indian and Chinese services.[113] Only the White Star Line sailed to both North America and Australia.[114] The British Royal Mail group of 1911 was, as Ballin himself emphasised[115], a financial trust with very loose connections between the individual parts and it had nothing like the HAL's centralized administration and decision-making centre.[116] The Japanese Nippon Yusen Kaisha, from a totally different location within the world economy, operated services to India, Europe and Australia and the state-subsidised Messageries Maritimes (France) and Navigazione Generale Italiana had lines to Australia as well as Latin America. In all these cases political rather than commercial factors had led to such diversification. The only company which was truly comparable to the HAL was the North German Lloyd – as German as the HAL itself.

It would not be possible or useful to discuss here the full dynamics and extent of the rivalry between Lloyd and HAL,[117] but two aspects must be emphasised. The Lloyd was a global company even before Ballin joined the HAL and also in its case political forces had been very significant in shaping the growth of its liner network. The influence of politics can be observed on both the national-imperial and local level. When, in 1884/85, Bismarck and imperial Postmaster-General Heinrich von Stephan urged the introduction of subsidised mail services to East Asia and Australia they insisted that the two contracts be given to a single existing and experienced company.[118] It was in accordance with current conditions that, besides the Lloyd, no other company could claim to be a credible candidate for the contracts. Suddenly, the Lloyd sailed between four continents: Europe, the Americas, Asia and Oceania. Bismarck's intervention thus had enormous repercussions for the future of the Lloyd and the structure of German shipping. In all this the leaders of the Lloyd fully accepted the fact that the mail services were not particularly profitable and, in fact, had a negative influence on the financial results of the company; between 1890 and 1913 the dividends of the Lloyd annually averaged some two percent less than those of the HAL.[119] Transport-economically, Bremen was located so much less favourably than Hamburg that active overseas liner shipping was not just an economic enterprise in its own right but, perhaps even more importantly, also a vitally important means towards supporting and strengthening the economic life of its homeport.[120] During the early 1870s the Lloyd itself had taken up the trade to South America, as otherwise not sufficient capital could have been mobilised.[121] For this reason, too, the cooperation of the various shipping companies in Bremen was far more harmonious than in Hamburg. Equally, the Lloyd (and later also the DDG Hansa in its fields) was always determined to challenge, match or outflank the HAL. In this titanic struggle between the two giants of world shipping it was often difficult to distinguish between offensive and defensive moves.

Because of the exceptional circumstances of the 1880s the North German Lloyd occupied a unique position in world shipping. This was clearly recognised and accepted as such in professional circles. Ballin occasionally spoke disparagingly about the fragmentation [Parzellierung] of British shipping[122], but the specialisation of companies like the P & O, BISN, Royal Mail, Ocean Steamship, Glen Line, Cunard, etc., was seen as organisationally and entrepreneurially optimal. As, for example, Himer acknowledged and the companies' results clearly demonstrated, the specialised companies generally made higher profits and paid better dividends. The Hamburg-Süd and Kosmos represented this type in Germany and, as has already been indicated, their results (1890–1912: three percent p.a. higher than those of the HAL!) and financial strength were considerably higher than those of the HAL.[123] Correspondingly, the individual companies within the Morgan Trust and Royal Mail group maintained a virtually complete autonomy – as was the case with the Bremen specialist companies which had been founded with the active support of the Lloyd: Atlas-Linie, Roland-Linie and HABAL.[124]

The actual series of events through which Ballin built up the global network of the HAL makes it highly implausible that he was motivated by a policy designed to increase the financial security of his company. As the earlier section of this article has shown, his actions were above all driven by tactical opportunism. Moreover, he had very little regard for the price he paid for his expansion. It is true, that Ballin had a good feeling for the timing of when to break into a new trade route. Although world trade as a whole increased during his era, growth differed markedly from area to area.[125] Good strategic timing could result in over-proportional benefits. It was exactly in the years before 1900 that East Asia and Latin America created great expectations in commercial circles in Germany and all through western countries which regarded the conquest of overseas markets as existentially vital in their social-darwinist struggles for survival.[126] Although such hopes never found realisation in China, the meteoric growth of Brazilian coffee exports and the meat trade from La Plata gave credence to business optimism. It was also no coincidence that, whenever Ballin forced his way in through the purchasing of a rival to the established Hamburg company (as was the case with de Freitas or the Dahlström-Bramslöw project for the west coast traffic), the business climate was favourable – otherwise no such rival would have existed. Perhaps a similar optimism may have played a role in the case of the Levante Line, but certainly this did not apply to Africa and the Persian Gulf. The contrast with the Lloyd may one more time be stressed: with the possible exception of the Gulf, the expansion of the HAL always took place in areas where other Hamburg companies were already active.

Even if Ballin's opportunism contained more than a grain of justified optimism, his decisions were never inspired by any attempt to calculate costs and benefits. As his friend Max Warburg expressed it, Ballin was *more artist than accountant [mehr Künstler als Rechner]*.[127] Several of the HAL's new lines made good money, especially when conference agreements resulted in significant freight increases. Commenting on the agreement in the African trade Ballin put it rather crudely: *If three horses have to eat instead of one, more oats have to be put in the trough.*[128] Even so, the other services of the HAL hardly ever matched the profitability of its traditional trunk line to New York![129]

A final argument in favour of the universal liner company might be that its very size and network could result in economics of scale or rationalisation. With regard to organisation it has already been remarked that contemporary opinion preferred the smaller specialist company dedicated in its purpose, organisation and fleet to the specific requirements of its field. Within the HAL the various services were not integrated but remained in separate divisions. This was no more than realistic. Although, for example, both East Asia and La Plata were served by ships of 10,000 to 15,000 GRT, the commercial, geographical and climatological conditions of trade were so different that no degree of integration would have been beneficial. Merck's memoires show that the HAL possessed a large number of extremely competent and energetic directors and section chiefs who within their spheres were given a considerable amount of freedom.[130] Ultimately, however, all threads of power came together in Ballin's hands. He was undisputedly a genius in the passenger business, but could hardly be expected to be an expert in all the many trades served by the HAL. It is doubtful, whether he was always sufficiently informed when he made his decisions.[131] In consequence, the very advantage of specialised expertise could be blunted through over-centralisation of power.

In two aspects economics of scale might have occurred but, apparently, did not do so for the HAL: finance and new-building. Indeed, there is no evidence to show that the HAL raised new equity or debentures more easily or more cheaply than any other shipping company of good reputation in Hamburg. The Norddeutsche Bank was a great and continued supporter of the HAL, but Merck attacked the bank sharply for the manner in which it used its monopoly position to obtain excessive advantages.[132] At the time of the large new emissions around 1910 the HAL was able to break through this bondage, which had been quasi-confirmed through Schinckel's position on its Board of Control, and to carry out a much more flexible financial policy. But such liberty did not last long; by 1914 all large German banks had made a common front against which the HAL despite its size was powerless to act.[133]

It is equally difficult to see how the HAL could reap benefits from its enormous building programs. The Royal Mail group, which combined a large number of daughter companies active in quite different fields, was not capable of achieving significant results with such a policy after 1918.[134] Ballin did not even attempt to create such a policy. He gave all his orders on the open market, mostly competitively by tender, and if economics could have been achieved through the building of series, such advantages would have been available to specialist companies as well. Often, however, the ships of one class were distributed over several shipyards and cost a variety of prices.[135] Such a practice is certainly justified, as any service must be initiated with as homogeneous a group of ships as possible, but Ballin often interfered and changed individual ship's specifications during construction. The P-class vessels for the New York service indeed were an extremely successful example of such flexibility, but more often Ballin ordered ships individually.[136] His directors and section chiefs complained bitterly about his frequent alterations which, without exception, increased the ships' prices. An additional problem was that the rapid growth of the HAL led to ships being employed in other trade routes than for which they had originally been intended. The BLÜCHER and MOLTKE, for example, for many years sailed to New York, although they had been designed for the tropics. Alfred Jarcke, chief of the Brazil services, once quipped, when he learned of new ships being ordered for East Asia: *That's great, I'm sure I'll get them for Brazil.*[137]

Altogether Ballin proceeded *totally unbusiness-like* in placing orders.[138] The worst case was that of the IMPERATOR: the Board of Control agreed to build this ship on the basis of a sketch made by Ballin's private secretary Huldermann on the back of an envelope.[139] Instead of the estimated 25 million marks the ship ultimately cost 38 millions, and its sistership VATERLAND no less than 42 millions. Ballin's centralisation of power clearly showed the disadvantages of the global company: *Often there were no extensive consultations with the various sections or a calculation about the feasiblility of any project. We could have saved much money.*[140] Also von Schinckel referred later to the *general waste in the company's finances*, which Merck's meticulous supervision had not been able to prevent.[141] That people like Merck and von Schinckel had allowed such conditions to continue says much about the hold Ballin had over the HAL.

Financially, the HAL under Ballin on balance derived more disadvantages than advantages from its size. But for Ballin's arguments about the spreading of risks and/or economies of scale were never significant motives; at the most he used them after his decision had been made as justifications and rationalisations about what otherwise would certainly have been perceived in public as the disturbing growth of his company. There were indeed some observers who believed the greatest questions concerning the HAL were, whether such a *monstrous concentration ... was healthy* and what would happen to the company after Ballin's death.[142]

Having established the vital difference between what might have been the "structural" or "natural" growth of the HAL and the company's actual development, we can now turn to the more personal dynamics of Ballin's leadership. Above all, there was his desire to beat the North German Lloyd. As has already been suggested earlier, Ballin's thoughts were consumed by the wish to overtake to Lloyd where both companies were active, to break into trades where the Bremen company had gained a footing, and elsewhere to open services where the Lloyd was still absent.[143] The fundamental rivalry between HAL and Lloyd, consequence but increasingly also dynamic cause of the profound competition between Hamburg and Bremen, can be felt in all his moves and decisions.[144] It is certainly not dangerous to speculate that it was this which, more than anything else, was responsible for the fact that within the HAL and Hamburg as a whole Ballin's aggressive behaviour towards his fellow Hamburg shipowners was applauded or at least tolerated.[145] However this may be, it is hardly possible to underestimate the all-pervasive and existential struggle between the two Hanseatic cities or to add new insights to it; Kurt Nathan, who originated from neutral Magdeburg, has formulated its main elements most effectively and elegantly.[146] While Bremen needed the Lloyd to survive as a major economic centre, the very success of the Lloyd made that company both the example for and the major target of the HAL. The Lloyd's superiority over the HAL was never more pronounced than in the late 1880s. Indeed, the very reason for Ballin's entry into the HAL in 1886 was to end the debilitating rivalry between Hamburg's various shipping companies in the American trade which had allowed the Lloyd to take such a commanding lead and to enable the revitalised company to shift the balance again in favour of Hamburg.

No HAL director or Hamburg shipowner would ever have lost sight of the rivalry with Bremen, but it is extremely doubtful whether anyone but Ballin would have acted with the same aggression, ambition and excessive progapanda[147] and would have turned the HAL into the global company which he created. Ballin had no hesitation in attacking the Lloyd wherever that company showed the Bremen flag and to attack other Hamburg companies in the process. With the possible exception of the Kingsin Line all these sister companies were perfectly capable of looking after their own interests and none entered their joint ventures with the HAL out of enthusiasm or even free will. Without Ballin the HAL would have remained an Atlantic company.

In the final analysis, therefore, it is impossible to overlook Ballin's personal and deeply-seated lust for power, the "Ballinismus" as it was called on the Hamburg exchange. One can, ultimately, only speculate about the origins of this drive and the importance of Ballin's origins from outside the patrician establishment of Hamburg. Specifically, it can not be proved that Ballin ever consciously aimed to succeed C. Ferd. Laeisz and Adolph Woermann as the "greatest Hanseat", even if his funeral oration for the latter may suggest such ambitions.[148] However this may be, there is no doubt that Ballin fully identified his historical role with the growth of the company as is shown in a letter he wrote in 1901 about the establishment of a transpacific service. *The Hamburg-America Line will then circle the globe and perhaps this Pacific Line will be my swansong ...*[149] There is, indeed, no qualification in the famous and well-publicised motto Ballin gave the HAL and the challenge he set himself: *My field is the world [Mein Feld ist die Welt]*. I have little doubt that von Schinckel was right in believing that Ballin had no rational or finite objectives but, instead, aimed *to conquer the world*.[150] He was driven by nervous energy from within, not by any definable target in his economic environment. Only this can explain Ballin's expansionism, his vendetta against the Lloyd, and the continuous pressure which applied to his fellow shipowners in Hamburg. The telling phrase: *I know, but I want the business,* does not only relate to the South American business of the outsider de Freitas, but also to the entire establishment of Hamburg's overseas liner companies.

4. Conclusion

Without Ballin, his personal aims and ambitions, and the strategy he adopted to obtain his objectives the HAL would have remained a specialist North Atlantic company. In consequence, the position of the HAL within Hamburg and the structure of German liner shipping as a whole would have developed quite differently. Less intra-German rivalry would also have created less pressure for foreign shipping and, most probably, outside Germany less apprehension would have been felt about the fast-growing German liner companies. Ballin changed the mission and direction of the HAL in revolutionary fashion. His actions can only be understood by accepting that he was not a man of peace or compromise. During this period of growth and concentration in all branches of the modern world economy many small enterprises lost their independence, but the question remains to what extent their fate was an inevitable and impersonal part of a "natural" process of rationalisation and to what extent the result of the megalomania and power politics of the leading entrepreneurs. The development of the HAL demonstrates that personal and psychological facts indeed could play an extraordinarily powerful role, probably more so than rational commercial dynamics. In the historical record too often only the victors speak. Thus there was, and often still is, a sharp contrast between the images of peace and friendly cooperation created by the HAL's "Literarische Büro" and perpetuated by later historians and the harsh reality of pressure and violence with which Ballin confronted his Hamburg colleagues. But the more the HAL grew and was regarded as the embodiment of Hamburg's pride and strength, the less Hamburg's public was inclined to ask questions about the aims or methods of the company or to criticise its relatively low dividends.[151] Also within shipping circles and the HAL itself criticism remained muted and impotent. Even the critical Siegfried Heckscher and Johannes Merck himself, who at least once intended to resign, could not free themselves from the glamour of the HAL.[152] Ballin had made it into something far larger than a mere collection of ships and services: the Hamburg-America Line was the very essence of commercial Hamburg and it was a rare person who dared turn his back on it.[153]

This judgement should not imply that Ballin's dictatorial leadership of the HAL and his aggressive behaviour against his fellow Hanseatic shipowners had a negative influence on the economic growth of their cities. On the contrary, the rivalry and growth of all companies and the rough-and-tumble of shipping politics produced powerful stimuli to Germany's overseas trade, shipbuilding and many other forward and backward linkages. Inevitably, and indeed often intentionally, these had a significant and positive impact on the country's leading ports and port cities. Although the impact of the HAL's growth on Hamburg has never been analysed in specific terms, it is not too daring to suggest that it was felt throughout the city. Above all, it was symbolised by the company's new head office Ballin built on the Alsterdamm – now Ballindamm.

Notes:
* Here I wish to express my deep gratitude to the Alexander von Humboldt-Foundation. Without its financial support this study could never have been undertaken. I dedicate this article to the memory of Walter Kresse without whom I would never have travelled to Hamburg.
1. The legally established and full name of the company was never changed, but as Ballin did not like it and regarded "Hapag" as unelegant he introduced in 1898 the alternative "Hamburg-Amerika Linie". In this fashion he tried to match his Bremen rival, the North German Lloyd [Norddeutscher Lloyd], whose short name "Lloyd" was famous worldwide. Ballin's financial director, Johannes Merck, recounted that Ballin was chronically frustrated as he could not give his company a similary impressive and recognisable name (Staatsarchiv Hamburg [StA HH], Familienarchiv Merck, II 8, Johannes Merck, Konv. 2b, "Meine Erinnerungen an die Hamburg-Amerika Linie und an Albert Ballin 1896–1919" [1920], p. 142).
2. William O. Henderson: The Rise of German Industrial Power. 1834–1914. London 1975, part 3; Franz F. Wurm: Wirtschaft und Gesellschaft in Deutschland 1848–1948. Opladen 1975, ch. 2; Friedrich-Wilhelm Henning: Die Industrialisierung in Deutschland 1800 bis 1914. Paderborn 1976, pp 215–217.
3. Daniel Marx Jr.: International Shipping Cartels. Princeton 1953; B.M. Deakin & T. Seward: Shipping Conferences, A Study of their Origins, Development and Economic Practices. Cambridge 1973; K.A. Moore: The Early History of Freight Conferences. London 1981. Of special importance to Hamburg and the North Atlantic region is Erich Murken (a long-time Hamburg-America Line official): Die großen transatlantischen Linienreederei-Verbände, Pools und Interessengemeinschaften. Jena 1922. See also Frank Broeze: Albert Ballin, The Hamburg-Bremen Rivalry and the Dynamics of the Conference System. In: International Journal of Maritime History, vol. 3 (1991), pp. 1–32.
4. S.G. Sturmey: British Shipping and Foreign Competition. London 1962, ch. 14.
5. It is impossible to give a complete list of the extensive literature dealing with Hamburg shipping and the HAL during this period. Important titles are Christian Grotewold: Die deutsche Schiffahrt in Wirtschaft und Recht. Stuttgart 1914; Heinrich Flügel: Die deutschen Welthäfen Hamburg und Bremen. Jena 1914; Otto Mathies: Hamburgs Reederei 1814–1914. Hamburg 1924; Rolf Engelsing: Zur Geschichte der deutschen Handelsschiffahrt. In: Tradition, vol. 5 (1960), pp. 39–48; Friedrich Prüser: Hamburg-Bremer Schiffahrtswettbewerb in der Zeit der großen Segelschiffahrt und der Dampfer. In: Zeitschrift des Vereins für Hamburgische Geschichte [henceforth ZVHG], vol. 49/50 (1964), pp. 147–189; Lars U. Scholl: Struktur und Wandel in der deutschen Handelsschiffahrt 1815–1918. In: Scripta Mercaturae, vol. 18, no. 2 (1984), pp.30–60; and Walter Kresse: The Shipping Industry in Germany, 1850–1914. In: L.R. Fischer & G.E. Panting, eds.: Change and Adaptation in Maritime History. The North Atlantic Fleets in the nineteenth Century. St. John's 1985. For the HAL in particular see, besides the annual reports, also Kurt Himer: 75 Jahre Hamburg-Amerika Linie. 2 vols., Hamburg 1922; Hans J. Witthöft: HAPAG. Herford 1973; Otto J. Seiler: Einhundert Jahre Ostasienfahrt. Hamburg 1985, Einhundert Jahre Australienfahrt. Hamburg 1985, and Amerikafahrt. Hamburg 1990; and, of course, also the biographical studies on Ballin listed in n. 11.
6. The most important works on the Lloyd are Georg Bessell: 100 Jahre Norddeutscher Lloyd-Bremen 1957; Arnold Petzet: Heinrich Wiegand: Ein Lebensbild. Bremen 1932; Paul Neubaur: Die deutschen Reichspostdampferlinien nach Ostasien und Australien. Berlin 1906; H.J. Witthöft: Der Norddeutscher Lloyd. Herford 1973; and Seiler's three works mentioned under 5.
7. The best example of such combination of interests is the firm F. Laeisz which itself or through its various partners was actively interested in all major Hamburg steamshipping companies. Others were Woermann, Amsinck, A. Kirsten, Richard (Kaiser) Krogmann and A. Vorwerk. Ballin himself represented the HAL in many shipping and other companies, and as an individual held shares in several steamers. Even Max von Schinckel, the many-sided banker and long-standing Chairman of the HAL Board of Control [Aufsichtsratsvorsitzender] in 1881 had invested in all ships of the very Carr-Linie which Ballin in 1886 used to enter the HAL and take over its passenger department (StA HH, Schiffsregisteramt, vol. 6, nos. 1112, 1126, 1132, 1193, 1198, 1239, 1244, and 1298).
8. Elsabea Rohrmann: Max von Schinckel. Hamburg 1971, pp. 116–117. Of the 14 members of the HAL's Board of Control between 1886 and 1914 no less than eight, at one time or another, were elected to Hamburg's oligarchic city parliament [the Bürgerschaft], as was in 1907–1914 also the case with four other prominent officers of the company (Mummsen, Polis, Ecker, and Stubmann). See F.M: Wiegand: Die Notabeln. Untersuchungen zur Geschichte des Wahlrechts und der gewählten Bürgerschaft in Hamburg 1859–1919. Hamburg 1987, pp. 192–193 and 266–267. After Adolph Woermann's retirement, however, the HAL had no representative in the German Reichstag (StA HH, Familienarchiv

Versmann, ICX, Johannes Versmann, A 9, Tagebuch 1898–99, [p. 4], 8.1.1898). Since that day Hamburg only sent Social-democrats to Berlin.
9 In imitation of the Lloyd where Wiegand's leadership had thus been recognised.
10 Max von Schinckel: Vertrauliche Bemerkungen zu dem Buche "Albert Ballin" B. Huldermann, Albert Ballin. Berlin [1922] (StA HH), p. 2, and Lebenserinnerungen (privately printed), Hamburg [1929], pp. 269–272.
11 The most important biographies of Ballin are Bernhard Huldermann: Albert Ballin. Berlin 1922; Peter Franz Stubmann: Albert Ballin: Berlin 1926; Kaspar Pinette: Albert Ballin und die deutsche Politik. Hamburg 1938; Lamar Cecil: Albert Ballin. Hamburg 1969 (orig. in English, Princeton 1967); and Renate Hauschild-Thiessen: Ballin. In: Gerhard Ahrens & Hauschild-Thiessen, eds.: Die Reeder. Hamburg 1989. Valuable are also Adolf Goetz: Ballin, ein königlicher Kaufmann. Leipzig 1907; Eduard Rosenbaum: Albert Ballin. In: Qualität, 17.4.1922 (ms. copy in the Commerzbibliothek, Hamburg); Felix Pinner [= Frank Faßland]: Albert Ballin. In: Helden der Arbeit. Leipzig 1925, pp. 25–67; Morus [= Richard Lewinsohn]: Albert Ballin. In: Wie sie groß und reich wurden. Lebensbilder erfolgreicher Männer. Berlin 1927; Gottfried Klein: Albert Ballin. In: Neue Deutsche Biographie, vol. 1, Berlin 1953, pp. 561–562; and Eduard Rosenbaum: Albert Ballin: A Note on the Style of his Economic and Political Activities. In: Leo Baeck Institute for Jews from Germany (London), Year Book, vol. 3 (1958), pp. 257–299.
12 Klein: Ballin, p. 562. In principle, I have translated all quotations, but particularly telling phrases and expressions will also be given in the original German text.
13 Himer: 75 Jahre, vol. 2, p. 49.
14 Huldermann: Ballin, p. 384.
15 Cecil: Ballin, p. 93.
16 See, e.g., Weser Zeitung, 16.9.1905, Ein feindlicher Vorstoß ...?.
17 Maritieme Geschiedenis der Nederlanden, vol. 4, Bussum 1978, p. 213.
18 In this context it is instructive to compare Mathies' Hamburgs Reederei of 1924 with the abbreviated version of the same work which he published four years later (Hamburgs Seeschiffahrt und Seehandel. In: O. Mathies, H. Entholt & L. Leichtweiss, eds.: Die Hansestädte. Hamburg-Bremen-Lübeck. Gotha 1928, pp. 1–128). Since his original book had appeared, Mathies had received comments and background information from several leading shipping identities and he worked some of this material into his article. Mathies wrote summaries of these verbal or written communications in his own copy of Hamburgs Reederei (now in my collection) to which I shall refer repeatedly in the following. See also the privately printed review of Huldermann's biography of Ballin by Max von Schinckel: Vertrauliche Bemerkungen zu dem Buche "Albert Ballin" (StA HH) or also the latter's Lebenserinnerugen; the lengthy review by the arch-conservative Ernst Graf zu Reventlow. In: Der Reichswart, 21.1.1922 (copied in StA HH, Johannes Merck, Konv. 3, pp. 223–227); or also E. Wiskemann's review of Stubmann's Ballin. In: ZVHG, vol. 30 (1929), pp. 265–267.
19 See Broeze: Ballin and the Hamburg-Bremen Rivalry, and Albert Ballin and the Hamburg-America Line: commercial geopolitics and social-darwinism in international shipping before World War I, forthcoming.
20 The "Grand Old Man" of Hamburg shipping, Robt. M. Sloman jr., himself had insisted that the HAL took Ballin on board (Schöler: Ballin, p. 37).
21 StA HH, Familienarchiv Lorenz-Meyer, c. IX, Arnold Otto Meyer (1825–1913), d. 4 f, Meyer to J. Albers (partner in the prominent Bremen firm Fa. Joh. Lange Sohns Witwe & Co), 5.5.1885.
22 Pinner: Ballin, p. 107.
23 Morus: Ballin, p. 226.
24 Cf. Alfred D. Chandler, Jr.: The Visible Hand. The Managerial Revolution in American Business. Cambridge Mass.-London 1977, remains the classical text on the general phenomenon.
25 This company should, of course, not be confused with the much larger and more diversified DDG Hansa of Bremen.
26 StA HH, pamphlet: Hamburg-Amerika Linie. Auskunftsbuch über die Beförderung von Reisenden nach Süd-Amerika mit den Postdampfern der Hamburg-Südamerikanischen Dampfschifffahrtsgesellschaft. Hamburg 1898/99, p. 10.
27 It resumed paying dividends in 1895, one year before the Lloyd. Besides the many services from Hamburg the company's network also already included a line between Genua and New York and, later in the decade, a similarly emigrant-driven service between Genua and the La Plata region.
28 The founders of the line were the patrician trading houses of Wm. O'Swald & Co. and Wachsmuth & Krogmann.

29 Neubaur: Reichspostdampferlinien, pp. 85–92.
30 Versmann: Tagebuch, [pp. 7–10], 12.1.1898. Ballin added insult to injury by calling his first new ship for the Chinese mail service HAMBURG.
31 It may be remembered that Germany in late 1897 had occupied the port of Kiaochow with its Shantung hinterland and that in May 1898 the British Prime Minister Salisbury, in a speech to the Primrose League, made his famous reference to *living and dying empires* (C.J. Lowe: The Reluctant Imperialists. Vol. 1: British Foreign Policy 1878–1902. London 1967, p. 225).
32 Otto Harms: Deutsch-Australische Dampfschiff-Gesellschaft, Hamburg. Hamburg 1933, pp. 130–134.
33 The Hamburgische Börsenhalle, 8.12.1900, p. 2, reported that in London a rumour was circulating to the effect that Ballin was on the point of joining the Board of Control of the DADG; Ballin himself categorically denied such intentions (Ibid., 12.12.1900, p. 2).
34 This factor is, understandably, emphasised in sympathetic biographies as, for example, Stubmann: Ballin, pp. 141–142.
35 On this conference see Harms: DADG, ch. 8; B. Aagaard: Hamburg Commercially Considered. London 1899, p. 45, Paul Adler, John Bach: A Maritime History of Australia. West Melbourne 1976, ch. 8; and Great Britain: Royal Commission into Shipping Rings. vol. 4, London 1909, qq. 20489–669, testimony by Sir Thomas Sutherland, Chairman of the Peninsular & Oriental Steam Navigation Company.
36 Stubmann: Ballin, p. 142; see also StA HH, Familienarchiv Krogmann, A 2 a, R.C. Krogmann, Erinnerungen, pp. 6–7.
37 Harms: DADG, chs. 3 and 5; see also Neubaur: Reichspostdampferlinien, ch. 5.
38 Mathies: Hamburgs Reederei, p. 112. Significantly, the purchase of this line was made through the mediation of Wilhelm Volckens who, later, also provided the link between the HAL and the Kosmos Line. On the Hamburg-Calcutta Linie see Maria Möring: A. Kirsten, Hamburg. Hamburg 1952, pp. 93–103. From 1902 the HAL loaded again at Calcutta, in agreement with the Bremen-based DDG Hansa (see the agreement, dated 21.7.1902, with the Hansa and Lloyd in Hapag 2468).
39 Versmann, Tagebuch, [p. 4], 8.1.1898.
40 Ernst Hieke: Die Reederei M. Jebsen A.G. Apenrade. Hamburg 1953, pp. 95–98; and Engelsing: Deutsche Handelsschiffahrt, p. 44.
41 Handbuch der deutschen Aktien-Gesellschaften, 1913–1914, vol. 1, Berlin-Leipzig-Hamburg 1914, passim.
42 Herbert Wendt: Kurs Süd Amerika. Brücke zwischen zwei Kontinenten. Bielefeld 1958, and A. Simmig: Hamburg-Süd. Hamburg 1930.
43 On de Freitas see Aagaard: Hamburg, p. 42, and Wendt: Kurs Süd Amerika, p. 116. See also Mathies' copy of his Hamburgs Reederei, p. 106, and Börsenhalle, 5.3.1900, p. 2, and 29.3.1900, p. 1. De Freitas' massive entry into the South American trade (the firm had previously only been active in the Mediterranean) had two intriguing aspects: its Hamburg freight brokers were by no means fly-by-night operators but the prominent firms of Knöhr & Burchard Nfl. and Robt. M. Sloman jr., and the source of the considerable funds necessary for its new fleet was never made public. Ballin had at several instances previously dealt with de Freitas, but there is no evidence that he supported them behind the scenes.
44 This is how the brothers Theodor and Arnold Amsinck called it in their comments to Mathies (note in his copy of Hamburgs Reederei, p. 106).
45 See, e.g., Huldermann: Ballin, pp. 117–118. Stubmann's and Cecil's biographies, remarkably, are totally silent on the matter.
46 The terms of the purchase were never made public, but Huldermann conceded that the valuation of the ships had been made at the height of the Boer War boom and was based on prices which until 1914 were never seen again. (For the ships alone Ballin paid c. £ 700,000, or about 14 million marks.) What Huldermann, however, did not report was that de Freitas received (1) an additional 4 million marks for terminating their South American line and (2) a ten year appointment as the HAL's freight brokers for its new lines to Brazil and La Plata with a minimum net income per year of 150,000 marks. The text of the contract with de Freitas is in StA HH, Firmenarchiv Hapag 2469, file F.
47 Comments from T. and A. Amsinck, in Mathies' copy of Hamburg Reederei, p. 106.
48 Wendt: Kurs Süd Amerika, pp. 116–117.
49 Comments from T. and A. Amsinck, in Mathies' copy of Hamburg Reederei, p. 106.
50 Johannes Merck (Erinnerungen, p. 86) independently gave an identical assessment of the position of de Freitas as the Amsinck brothers did. He also judged that de Freitas was ripe for an offer *(gerade reif für solche Transaktionen)* and that it had been a grave mistake of the Hamburg-Süd not to grasp that opportunity.

51 T. and A. Amsinck, in Mathies' copy of Hamburg Reederei, p. 106. Copies of the definitive agreement between the companies, of 22/28.10.1901, can be found in the archives of the Hamburg-Süd, Hamburg, and in StA HH, Hapag 2450, file UV.
52 As Max von Schinckel (Lebenserinnerungen, p. 266) observed, Laeisz had a special affection for the Hamburg-Süd in which company he ruled without opposition *(absolut souverän und maßgebend)*.
53 Merck: Erinnerungen, p. 87.
54 Opp. p. 80 in Paul Rohrbach, ed.: FL. Die Geschichte einer Reederei. Hamburg 1954.
55 Merck: Erinnerungen, pp. 87–89; von Schinckel: Lebenserinnerungen, p. 270, and Vertrauliche Bemerkungen, p. 4.
56 Hapag 2450, minutes of meeting HAL-Hamburg-Süd, 15.6.1901.
57 Hapag 2451, file F, Murken's Exposé, 18.8.1915, esp. pp. 1–3 and appendices.
58 Ibid., file L, Hamburg-Süd to Ballin, 21.4.1911.
59 This passage is based on the correspondence and cables in StA HH, Familienarchiv Krogmann, Richard Krogmann, A 2 b, esp. Wiegand to Krogmann, 25.8.1902.
60 Von Schinckel: Lebenserinnerungen, p. 276; Harald Pohlmann: Richard C. Krogmann. Leben und Leistung eines hamburgischen Kaufmanns und Reeders. Hamburg 1986, p. 61.
61 Theodor's brother Arnold was the managing director of the Woermann Line. On the Amsincks, who stood at the heart of Hamburg's patriciate, see Maria Möring: Johannes Schuback & Söhne, 1757–1957. Hamburg 1957.
62 C.V. Krogmann: Bellevue. Die Welt von damals. Hamburg n.y., pp. 253–254.
63 Neue Hamburgische Zeitung, 10.9.1909.
64 Hapag 2450, file K, Ballin to Hamburg-Süd, 24.6.1909.
65 Ibid., file A, correspondence of 12, 16 and 18.9.1912.
66 Merck: Erinnerungen, p. 101; for technical details of these vessels, whose dimensions actually stayed within the limits of the 1912 agreement, see N.R.P. Bonsor: South Atlantic Seaway. Jersey 1983, p. 354.
67 Note in Mathies's copy of Hamburgs Reederei, p. 176.
68 Börsenhalle, 7.3.1900, p. 1.
69 Mathies' copy of Hamburgs Reederei, p. 104, information from Bramslöw.
70 A copy of the agreement between the HAL and Kosmos, dated 4.1.1901, is in Hapag 2725. From it appears that also A.C. de Freitas & Co. had been involved. One is left to wonder, whether they had played a similar role as in the Brazil- and La Plata trades and, even more speculatively, whether they had had some prior understanding with Ballin.
71 Merck: Erinnerungen, pp. 80–81. Mathies, who certainly can not be regarded as an enemy of Ballin's, accepted this explanation and copied it in his copy of Hamburgs Reederei, p. 110.
72 Merck: Erinnerungen, p. 81.
73 This episode was described in great detail in Adolf Goetz: 25 Jahre hamburgische Schiffahrtspolitik. Hamburg 1911, pp. 103–132.
74 The statutes of the company, dated 19.12.1905, are in Hapag 1605. The other participants were the Kosmos, DADG, DOAL, Hamburg-Süd and Woermann Line. A crucial element of the relationship between the various companies was respect for each other's field of operations.
75 Vossische Zeitung, 5.5.1913: Leo Jolles: "HAL". In: Der Tag [Berlin], 20.9.1913; and Neue Hamburger Zeitung, 7.11.1913.
76 At least in the Hamburg-USA west coasts trade. In order to participate in the USA domestic trades between east and west coast Ballin initiated the setting up of a fully-owned American company, the Transoceanic Shipping Company, with which he anticipated outflanking US cabotage restrictions. See Hapag 2419, file Sch; Hamburger Nachrichten, 12.3.1913; and Kölnische Volkszeitung, 15.4.1913.
77 The text of these agreements can be found in Hapag 2452.
78 See esp. Lamar Cecil: Coal for the Fleet that had to Die. In: American Historical Review, vol. 69 (1964), pp. 990–1005.
79 Hapag 2467. By purchasing a majority share in the Russian East Asiatic Company Ballin also entered the St. Petersburg-Siberia trade, but heavy losses made him give up that business a few years later.
80 Cecil: Ballin, pp. 79–91.
81 Stephanie Jones: Two Centuries of Overseas Trading. The Origins and Growth of the Inchcape Group. London 1986, ch. 3, and Trade and Shipping. Lord Inchcape 1852–1932. Manchester 1989; George Blake: B.I. Centenary 1856–1956. London 1956, chs. 4–9; Hector Bolitho: James Lyle Mackay, First Earl of Inchcape. London 1936; and Sturmey: British Shipping, pp. 365–368.
82 Hans Georg Prager: DDG Hansa. Herford 1976.

83 Communication by Arnold Amsinck, in Mathis' copy of Hamburgs Reederei, p. 106.
84 Merck: Erinnerungen, p. 89.
85 Cecil: Ballin, pp. 86–87.
86 A. de L. Rush, ed.: Records of Kuwait. London 1989, vol. 4, pp. 699–709.
87 This version was also given in Huldermann: Ballin, pp. 150–154, and Mathies: Hamburgs Reederei, pp. 182–184. The agreement between the HAL and the Woermann Line is in Hapag 2466, file WZ.
88 Arnold Amsinck's view in Mathies' own copy of Hamburgs Reederei, p. 182. Uniquely, to help cover up the truth the HAL-Woermann agreement included a preamble, in which the leaders of the Woermann Line explicitly acknowledged the need for a *full alliance with another large Hamburg company [Schutz- und Trutzbündnis mit einer anderen grossen hamburgischen Rhederei].*
89 Charlotte Leubuscher: The West African Trade. Leiden 1963, pp. 13–28; and Peter N. Davies: The Trade Makers. Elder Dempster in West Africa 1852–1972. London 1973, ch. 6.
90 In Mathies' copy of Hamburgs Reederei, p. 182. According to a letter from Amsinck to Merck (26.2.1925, in StA HH, Familienarchiv Merck, II 8, Konv. 5), Amsinck had also written marginal corrections in his copy of Huldermann's biography of Ballin.
91 Mathies: Hamburgs Seeschiffahrt, pp. 64–66.
92 ZVHG, vol. 30 (1929), p. 265.
93 Hapag 2466, 2413, 2418, and 45.
94 Von Schinckel: Lebenserinnerungen, p. 270, and Vertrauliche Bemerkungen, p. 4.
95 Arnold Amsinck, in Mathies' copy of Hamburgs Reederei, p. 185.
96 See Ballin's correspondence in Hapag 3732.
97 This paragraph is based on Huldermann's minutes of the meeting of the Syndikats-Rhederei, 28.8.1907, and the account by Otto Harms, the DADG's manager, of 27.8.1907, in Hapag 1188. There is no reference to it in Harms' printed history of the DADG.
98 See, for example, the Berliner Tageblatt, 21.10.1913; Kölnische Zeitung, 22.10.1913: and Vossische Zeitung, 25.10.1913.
99 See, e.g., the Neue Hamburger Zeitung, 10.3.1914.
100 In 1926, of course, the HAL fully acquired the DADG-Kosmos group; it was then that the yellow HAL funnel received its "Böger cap", the thin rings of red, white and black which had been the DADG colours.
101 For full details see Mathies: Hamburgs Reederei, pp. 186–196; see also Reinhart Schmelzkopf: Die Deutsche Levante-Linie 1890–1967. Teil I 1890–1920. Hamburg 1984, ch. 9.
102 Vossische Zeitung. 23.1.1914; see also the Berliner Actionair, 11.3.1914, on a contemplated passenger-freight service from Varna and Dedeagach (Alexandropolis).
103 See his memorandum in Hapag 1193 and the extensive correspondence in Hapag 3732.
104 Witthöft: HAPAG, pp. 77–80.
105 Himer: 75 Jahre HAL, vol. 2, pp. 48–49.
106 Von Schinckel: Vertrauliche Bemerkungen, p. 4.
107 This force can be observed implicitly in almost all company histories, but has as yet not been systematically investigated. I signalled it earlier in my chapter "Rederij" [shipowning] in Maritieme geschiedenis der Nederlanden, vol. 4, Bussum 1978, p. 174–175.
108 Cf. Mathies: Hamburgs Reederei, pp. 2 and 126–127; and, in the context of one particular trade, Frank Broeze: Distance tamed: steam navigation to Australia and New Zealand from its beginnings to the outbreak of the Great War. In: Journal of Transport History, vol. 10 (1989), pp. 8–13.
109 I.J. Brugmans: Tachtig jaar varen. Den Helder 1950, pp. 45–47; Francis E. Hyde: Blue Funnel. A History of Alfred Holt & Co of Liverpool 1865–1914. Liverpool 1957, pp. 126–133.
110 Cf. also Huldermann: Ballin, p. 161.
111 Handbuch der deutschen Aktien-Gesellschaften, 1913–1914, Berlin 1918, vol. 1, passim.
112 See the table Die grösseren Hamburger und Bremer Schiffahrts-Gesellschaften 1908/1913, in Hapag 2438.
113 Broeze: Distance tamed, pp. 4–13.
114 But this company did not use the highly successful strategy of the North German Lloyd to employ its second-class Atlantic tonnage during the winter season in the Australian trade and the volume of through-traffic from the USA to Australia via Britain was insignificant.
115 Cited in the Frankfurter Zeitung, 24.12.1911.
116 On the Royal Mail see Edwin Green & Michael Moss: A Business of National Importance. The Royal Mail Shipping Group. 1902–1937. London 1982. ch. 3.
117 See: Ballin and the Hamburg-Bremen Rivalry, and sources mentioned there.

118 Neubaur: Reichspostdampferlinien; Seiler: Ostasienfahrt; see also H.-U. Wehler: Bismarck und der Imperialismus. Cologne 1969, pp. 239–257.
119 Handbuch der deutschen Aktien-Gesellschaften, 1913–1914, pp. 705 and 740.
120 This theme is almost the "Leitmotiv" of Petzet's biography of Wiegand, whose son-in-law he was. See esp. ch. 6. Very similar observations can be made with regard to Amsterdam in its competitive relationship with Rotterdam.
121 Engelsing: Deutsche Handelsschiffahrt, pp. 43–44.
122 See, e.g., Neue Hamburger Zeitung, 29.4.1909. On the structure of the British shipping industry see Sturmey: British Shipping, pp. 381–382.
123 See, above, note 111.
124 Engelsing: Deutsche Handelsschiffahrt, p. 44.
125 See, e.g., the trade figures in the Statistisches Jahrbuch des deutschen Reiches. They show that between 1891 and 1913 German exports as a whole rose by 302%, but to the USA only by 200%. For East Asia the figure was 547%, for South America 567%, and for all German colonies no less than 1,400%. For the context of world trade and the world economy in this period see A.J. Latham: The International Economy and the Underdeveloped World 1865–1914. London 1978, and J. Foreman-Peck: A History of the World Economy. Brighton 1983.
126 See, e.g., Wolfgang J. Mommsen & Jürgen Osterhammel, eds.: Imperialism and After: Continuities and Discontinuities. London 1986.
127 Quoted in Stubmann: Ballin, p. 124; cf. also Pinner: Ballin, p. 110.
128 Arnold Amsinck, in Mathies' copy of Hamburgs Reederei, p. 184.
129 Merck, Erinnerungen, pp. 80, 83, 88, 89 and 95, based on his own financial reports over 1906–1913 (in StA HH, Familienarchiv Merck, II 8, Konv. 6).
130 Merck: Erinnerungen, pp. 10–12, 16–26, and 34–35. See also the highly informative reminiscences of one such HAL official, Max Landmann, on the West Indian conference in Hapag 363.
131 Merck: Erinnerungen, p. 176.
132 Ibid., pp. 28 and 125–126. Von Schinckel offered a spirited but not convincing defence against these claims in a letter to Merck (StA HH, Familienarchive Merck, II 8, Konv. 5); see also his Vertrauliche Bemerkungen, p. 3, and Lebenserinnerungen, p. 267.
133 StA HH, Familienarchiv Merck, II 8, Konv. 6, Berichte der Finanzabteilung der Hapag pro 1913, p. 2.
134 Green & Moss: Business of National Importance, ch. 4.
135 See, e.g., the list of ships on order per 1.1.1914 in StA HH, Familienarchiv Merck, II 8, Konv. 6, Berichte der Finanzabteilung der Hapag pro 1913.
136 Merck: Erinnerungen, pp. 92–98.
137 Ibid., p. 94.
138 Ibid., p. 96.
139 Ibid., pp. 108–109.
140 Ibid., pp. 97 and 141.
141 Brief an Merck, 10.2.1922, in StA HH, Familienarchiv Merck, II 8, konv. 5.
142 See, e.g., Ernst Graf zu Reventlow, in his review of Huldermann's Ballin. In: Der Reichswart, 21.1.1922, and Deutsche Tageszeitung [Berlin], 30.3.1912.
143 Cf. Mathies: Hamburgs Reederei, p. 6; Engelsing: Deutsche Handelsschiffahrt, p. 44; Prüser: Hamburg-Bremer Schiffahrtswettbewerb, pp. 182–183; and also Broeze: Ballin and the Hamburg-Bremen Rivalry.
144 It must remain an open question to what extent Ballin was motivated by a personal rivalry with his counterpart of the Lloyd, Wiegand. Interestingly, within a month after Wiegand's death a shareholder of the Lloyd referred to rumours of an imminent merger between the HAL and Lloyd (Hamburger Nachrichten, 26.4.1909).
145 See, e.g., the remarkable contradiction in von Schinckel: Lebenserinnerungen, p. 270.
146 Kurt Nathan: Der deutsche Schiffahrtskampf von 1913. Kiel 1935, esp. ch. 1.
147 It was generally conceded by HAL officials that it would have been better for the HAL, if victories had not been trumpeted so loudly. As Heckscher put it, *Lerne Eier legen, ohne zu gackern* (Schiffahrt-Zeitung, 12.4.1922).
148 Richard Krogmann regarded Laeisz, Woermann and Ballin as the three men who during his time had been the most powerful in Hamburg (StA HH, Familienarchiv Krogmann, Richard S. Krogmann, A 2 a, Erinnerungen, p. 22); cf. also Rosenbaum: Albert Ballin's Style, p. 261, n. 2. Arnold Otto Meyer, by contrast, did not see Ballin in this class as he wrote at the occasion of Laeisz' death (25.8.1900): *Who in Hamburg will be a second C. Ferd. Laeisz?* (StA HH, Familienarchiv Lorenz-Meyer, C IX, 3 a, Chronika, vol. 1, p. 139).

149 Letter to his friend, Dr. E. Francke, 30.3.1901, quoted in Stubmann: Ballin, p. 171.
150 Von Schinckel: Lebenserinnerungen, p. 270.
151 See, e.g., Hamburger Fremdenblatt, 30.3.1911, and Neue Hamburger Zeitung, 31.3.1913, reporting on the lack of questions asked at the Annual General Meetings of the HAL.
152 Merck: Erinnerungen, p. 25, and Merck to Ballin, 16.11.1908, in StA HH, Familienarchiv Merck, II 8, Konv. 5.
153 During Ballin's long reign no one challenged his supreme position within the HAL, but his most capable colleague, director Julius Thomann, was forced to resign in December 1915 after too much opposition and trespassing on Ballin's terrain (Merck: Erinnerungen, pp. 18–19, and Hapag 363, Max Landmann: Julius Thomann; p. 3). The full story of Ballin and the HAL as employer remains to be written, but very much the same conclusions would result from such investigations.

In the meantime a history of German passenger shipping was published. Unfortunately, the results of this study could not be incorporated in my paper. See Arnold Kludas: Die Geschichte der deutschen Passagierschiffahrt. Bd. 1–5, Hamburg 1986–1990.

Author's address:
Prof. Frank Broeze
Department of History
The University of Western Australia
Nedlands
W.A. 6009 Australien

AUF GROSSER FAHRT IN DEN ZWANZIGER JAHREN

Die Reiseerlebnisse des Kurt Duncker †

Vorgestellt von Karl-Heinz Haupt

Mein Vater, Kurt Duncker, dessen Seefahrtserlebnisse nachstehend wiedergegeben werden, wurde am 15. Juni 1906 bei Ueckermünde geboren. Während seiner Kindheit zogen seine Eltern nach Prerow, einem Badeort auf der Halbinsel Darß. Dort bot sich ihm jedoch keine berufliche Perspektive, so daß er sich gezwungen sah, zur See zu fahren. Als Seemann schlug er die Deckslaufbahn ein und brachte es bis zum Quartermeister, wie der Rudergänger auf Passagierschiffen genannt wurde. Später fand er Gelegenheit, sich in der Brandbekämpfung auf Schiffen ausbilden zu lassen. Mit dem Ende des Zweiten Weltkrieges endete auch seine Seefahrtszeit, und er nahm Arbeit an Land an.

Wir hörten meinem Vater begeistert zu, wenn er von seiner Seefahrtszeit erzählte, was er sehr gerne tat. Oft gesellten sich Badegäste dazu, über deren Aufmerksamkeit er sich immer ganz besonders freute. Manchmal hielt er in seinen Erzählungen inne, um sich zu vergewissern, ob die Fachausdrücke der Seemannssprache auch verstanden wurden.

Zuhörer waren es auch, die meinen Vater aufforderten, seine Erlebnisse niederzuschreiben, wovon er zunächst nichts wissen wollte. In den Jahren 1983 bis 1984 schrieb er dann doch und schickte die fertigen Teilabschnitte an meine Schwester Irmgard nach Stralsund, die seine Aufzeichnungen mit der Schreibmaschine abschrieb. Weil sie die Berichte ungeordnet erhielt, mußten sie nachträglich in eine chronologische Reihenfolge gebracht werden.

Als Kurt Duncker sein Manuskript beendet hatte, erhielten alle Familienmitglieder – und damit auch ich – ein Exemplar zu Weihnachten übersandt. So gelangte es an das Deutsche Schiffahrtsmuseum, wo ich als Schiffsmodellbauer und Restaurator beschäftigt bin.

Kurt Duncker starb am 14. September 1989 in Prerow. Ein Anker auf seinem Grabstein erinnert an seinen Seemannsberuf, wie es an der Küste immer noch Brauch ist.

Karl-Heinz Haupt

Meine Reiseerlebnisse

Am 8. August 1922 wurde ich auf dem Dampfer HALLE *angemustert – als Junge – Moses in der Seemannssprache. Kaum war ich an Bord, da rief jemand »Moses!« Da ich diesen Ausdruck nicht kannte, nahm ich an, daß jemand mit Vornamen gerufen wurde, und lachte. Da kam ein stämmiger Matrose auf mich zu, und schon hatte ich eine Ohrfeige eingefangen. Das war mein »Einstand« an Bord.*

Es gibt überhaupt viele eigenartige Ausdrücke an Bord, an die ich mich erst gewöhnen mußte. So bedeutet das Wort Back z.B. Tisch, Schüssel, und das Vorderschiff bis zum Steven heißt ebenfalls Back. Der Wohnraum – Logis. Die Schiffsglocke gibt die Uhrzeit an, jede halbe Stunde ein Schlag mehr. Eine halbe Stunde = 1 Glasen.

Zu meiner Arbeit als Moses gehörte es, das Geschirr abzuwaschen. Es stand jedoch nur ein Eimer zur Verfügung. Dieser diente ebenfalls dazu, das Essen (Suppe) zu holen, und der Eimer mußte immer peinlich sauber sein. Nun passierte es mir, daß ich abgewaschen hatte und auf dem Grund des Eimers eine silberne Gabel liegen geblieben war. Ich schüttete den Eimer mit dem Abwaschwasser über Bord, und die Gabel war weg. Hatte ich eine Angst!!! Wie viele Schläge würde ich bekommen? Am liebsten wäre ich über Bord gesprungen. Die Gabel gehörte dem Matrosen Hannes Mus. Ich ging zu ihm und erzählte, was mir passiert war. Da ich ihm gleich die Wahrheit gesagt hatte, bekam ich keine Prügel.

Wir fuhren die Australlinie, d.h. die Schiffe fuhren zur Java-Küste und nach Australien. Es war Inflationszeit, und meine Heuer betrug 1000,– Mark. Das Geld war wertlos, man konnte dafür so gut wie nichts kaufen. Im Grunde arbeiteten wir Seeleute nur für Essen und Trinken.

Wir gingen in 3 Wachen. Von 0.00 bis 4.00 Uhr, von 4.00 bis 8.00 Uhr und von 8.00 bis 12.00 Uhr usw.

Auf diesen Schiffen herrschte das Faustrecht. Die stärksten Matrosen und Heizer hatten die Macht an Bord. Unsere Vorgesetzten waren die Steuerleute oder Maschinisten. Die Maschinisten durften sich jedoch kaum im Heizraum sehen lassen. Schlägereien waren an der Tagesordnung.

So war der 4. Steuermann für die Ausgabe der Verpflegung verantwortlich und wurde von uns »Speckschneider« genannt. So erlebte ich, daß der 1. Maschinist in den Proviantraum kam und forderte, daß die Butter in einem anderem Raum gelagert werden solle. Es kam zu einer heftigen Auseinandersetzung zwischen dem 4. Steuermann und dem 1. Maschinisten, die mit einer Schlägerei endete. Nun forderte der 1. Maschinist vom Kapitän, diesen Vorfall ins Schiffstagebuch einzutragen. Darauf kamen der Kapitän und der 4. Steuermann in Streit, und der endete ebenfalls mit einer Schlägerei. Da untersagte der Kapitän dem 4. Steuermann, weiterhin auf der Brücke Wache zu gehen, und die Proviantausgabe wurde dem Schiffsarzt übertragen.

Einen Matrosen mochte ich auf dieser Reise sehr gerne. Eines Tages überraschte ich ihn dabei, wie er einen Revolver aus einem hohlen Tischbein nahm. Als Schweigegeld bekam ich einen Schilling.

Als diese lange Reise von Hamburg nach Australien und zurück beendet war, musterte die ganze Besatzung ab. Nur ich blieb an Bord und wurde zum Leichtmatrosen befördert.

Die 2. Reise auf der HALLE *ging nach Schweden, um Fußbodenbretter zu laden. Nach 5–6 Tagen Reisezeit fanden wir in einem Raum einen Werftarbeiter. Der Mann war bewußtlos, er hatte während dieser Tage nichts gegessen und getrunken. Später an der Java-Küste kaufte ein Matrose fünf Kakadus. Eines Tages blieb die Tür offen, und ein Kakadu entflog und stürzte im Hafenbecken ins Wasser. Obwohl es in diesen Gewässern viele Haie gab, sprang der Moses sofort hinterher und holte den Vogel aus dem Wasser. Die Schauerleute hörten auf zu arbeiten, bis der Junge wieder an Bord war.*

Auf einer Fahrt nach Australien umkreiste eine ganze Zeit ein Albatros unser Schiff. Dann flog er wohl zu niedrig, prallte gegen die Funkantenne und fiel tot an Deck.

An der Java-Küste sahen wir einen großen Vogel, der unser Schiff umkreiste. Als es dunkel wurde, setzte er sich auf das Lampenbrett unserer Topplampe. Ein Matrose kletterte hoch, fing den Vogel ein und steckte ihn in einen Sack. Es war ein großer Raubvogel. Nun mußte der Zimmermann eine Kiste bauen, die ihm zur Unterkunft wurde. Der Matrose fütterte den Vogel mit Fleisch und bekam ihn in kurzer Zeit zahm. Wenn der Matrose mit seinem Vogel auf

Abb. 1   Das KdF-Schiff ROBERT LEY im norwegischen Fjordland.

der Schulter zum Koch ging, gab es immer einen guten Happen. Abends ging der Matrose nun immer mit seinem Vogel auf der Schulter an Deck spazieren. Als wir in einem Hafen lagen (ich kann heute nach 62 Jahren nicht mehr sagen, wo es war), ging er wiederum mit dem Vogel an Deck. Zu seinem großen Erschrecken flog der Vogel auf die Pier, dort nahm ihn sofort ein Neger unter den Arm und verschwand im Gewühl des Hafens. Der Matrose lief sofort an Land, doch die Suche nach seinem Vogel blieb erfolglos.

So sah ich, der als Junge auch gerne geangelt hatte, einem Angler zu und erlebte, daß dieser eine Seeschlange angelte, ca. 60 bis 80 cm lang.

Auf der HALLE nahmen wir einmal zwei Schweine mit auf die Reise, um frisches Fleisch an Bord zu haben. An der Java-Küste wurde das erste Schwein geschlachtet. Nun bekamen die Mittschiffsgäste Leber und die Matrosen Gehacktes und Bratklops. Obwohl die Leber sowieso nicht für alle gereicht hätte, waren die Matrosen mit dieser Verteilung nicht einverstanden. Am Sonnabend darauf mußte ich die Schweinebucht reinigen. Das zweite Schwein wurde während dieser Zeit an Deck gelassen. Es war gegen 12.00 Uhr, als der 1. Offizier kam und befahl, das Schwein in die Bucht zu bringen und dann das Mittagessen einzunehmen. Das Schwein war jedoch nicht mehr da. Die anderen Matrosen hatten es in ihrem Zorn über Bord gejagt.

Im Vorderschiff gab es kein Frischwasser. Das Waschwasser mußte vom Achterdeck, kochendes oder heißes Wasser aus der Kombüse (Küche) geholt werden.

Anfang Dezember 1922 liefen wir in Hamburg ein. Wir machten in der Werft »Blohm und Voß« fest. Da unser Schiff mit Kühlräumen ausgestattet werden sollte, waren Umbauten erforderlich.

In dieser Zeit wurde der 1. Offizier Müller abgelöst, der neue 1. Offizier hieß Demmin. Ich durfte vor Weihnachten ein paar Tage nach Hause fahren, mußte jedoch auf Anordnung dieses *neuen 1. Offiziers am 24. 12. 1922 wieder an Bord sein! Wie selten ist ein Schiff Weihnachten im Heimathafen – und dann dieser sinnlose Befehl. 1943 kam dieser ehemalige 1. Offizier als Kapitän in Urlaubsvertretung auf die* ROBERT LEY. *Ich hatte als Feuerschutzmeister in der Hauptzentrale auf der Brücke Dienst. Es muß so um 19.30 Uhr gewesen sein, als Herr Demmin zu mir kam und sich vorstellte. Ich entgegnete ihm, daß wir uns bereits kennen würden, und zwar von der unangenehmen Seite her. Der alte Ärger wallte in mir auf, und ich sparte nicht mit Worten, als ich ihm sagte, daß er die Schuld daran trage, daß ich Weihnachten auf dem Schiff sein mußte, was gar nicht notwendig gewesen wäre. Anfangs wollte er alles abstreiten und guckte nicht schlecht, als ich ihm sagte, daß er zum 4. Offizier hätte degradiert werden müssen. Ich konnte ihm jedoch die ganzen Zusammenhänge lückenlos aufzählen, so auch, wie der vorhergehende 1. Offizier Müller als Kapitän auf den Passagierdampfer* MAGDALENA *kam. Dies Schiff war auf weichen Grund aufgelaufen, dadurch gab es keine Erschütterungen. Von Hamburg kamen Schlepper, sie brachten das Schiff jedoch nicht runter. Nun kam Hilfe aus Amerika. Das Schiff wurde »flott« gemacht und in die Werft Blohm und Voß gebracht. Es wurde umgebaut, ein Schornstein entfernt und lief anschließend unter dem Namen* IBERIA. *Der Kapitän Müller wurde zum Inspektor befördert. Als ich dies alles erzählte, staunte Kapitän Demmin und meinte »Sie wissen ja gut Bescheid.«*

Im weiteren Gespräch fragte ich nach seiner Familie. Ich kannte seine Frau, da sie auf der HALLE *mit an Bord war. Nun erfuhr ich von ihm, daß der eine Sohn auf einem U-Boot stationiert und zur See geblieben war, der andere Sohn stürzte mit einem Flugzeug ab. So waren sie beide alleine.*

Ein Heizerjunge hatte den Auftrag erhalten, zwei Eimer kochendes Wasser zu holen. Er stieg über den 40 bis 50 cm hohen Süll (Schwelle). Da er seine Schnürsenkel nicht zugemacht hatte, trat er darauf und stürzte. Dabei ergoß sich das kochende Wasser über seinen nackten Oberkörper. Mit schweren Brandverletzungen kam er ins Hospital (Krankenstation).

In Sydney/Australien luden wir Weizen. Ich besorgte mir – wie andere auch – einen Beutel voll. In Hamburg angekommen, wollte ich den Weizen zu Bekannten bringen, sie sollten ihn meiner Mutter schicken. Auf dem Weg vom Schiff in die Stadt ging anfangs alles gut. Als ich die Reeperbahn entlangging, hielt mich ein Polizist an und wollte mich mit zur Wache nehmen. Ich heulte und erzählte ihm, daß mein Vater im Krieg gefallen war und welch schwere Kindheit und Jugend ich hatte. Darauf hatte er Mitleid und ließ mich laufen. Damit hatte ich großes Glück. Bei einer Anzeige wäre mir sofort von der Reederei wegen Diebstahls gekündigt worden, und ich hätte kein Schiff wieder bekommen.

Der Matrose Radder bekam auf unserer acht Monate dauernden Reise Hamburg – Australien – Java – Hamburg keine Post. In Hamburg mußte ich die Briefe vom 1. Offizier holen, die im Heimathafen für uns angekommen waren. Radder hatte 20 Briefe von seiner Frau aus Rostock. Vielleicht hatte sie die Briefe nicht ausreichend frankiert, und sie waren durch die Post der Reederei zugeschickt worden. Nach dem 2. Weltkrieg – als ich bei der Baggerei in Rostock arbeitete – erfuhr ich, daß Radder in Warnemünde, Poststraße wohnte. Nach Feierabend besuchte ich ihn. Er konnte sich zuerst nicht an mich erinnern. Als ich ihm jedoch sagte, daß wir gemeinsam auf der HALLE *gefahren waren, da erinnerte er sich, und nun wurden gemeinsame Erlebnisse ausgetauscht. Er hatte Glück und fuhr von 1923 bis zum Kriegsausbruch auf einem Fährschiff der Linie Warnemünde – Dänemark.*

In der Arbeitslosenzeit fuhren Offiziere als Matrosen, es waren traurige Zeiten. So verließen viele Seeleute die Schiffe und blieben im Ausland. Im letzten Hafen, den wir in Australien anliefen, gingen auch von unserem Schiff vier Matrosen von Bord. Später traf ich einen dieser Matrosen in Hamburg in einem Tanzlokal.

Von unserem Kapitän erfuhren wir 1923 in Australien, daß die Inflation beendet sei und die Rentenmark eingeführt wurde.

Als Leichtmatrose bekam ich eine Heuer von 27,– Mark, die Matrosen erhielten 54,– Mark. Das Geld hatte nun wieder Wert, und wir konnten endlich etwas dafür kaufen. Später stieg die Heuer.

Am 8. 2. 1924 musterte ich auf der HALLE *ab. Ich traf den Leichtmatrosen, mit dem ich als Junge zusammen gefahren war. Er gab mir den Tip, bei der Hamburg-Süd anzumustern. Da er auch ein Schiff suchte, gingen wir beide zum Kontor. Er kam auf die* CAP POLONIO *– ein 20 000 t-Schiff – und ich auf die alte* SANTA FE. *Dort hatten wir einen Matrosen an Bord, der sehr gut Zither spielen konnte. Er war Bayer. Unser Schiff fuhr den Amazonenstrom hoch bis Mamus. Dort gab es keine richtigen Hafenanlagen, und unsere* SANTA FE *wurde an Palmen festgemacht. Wir luden Edelhölzer, lange dicke Stämme und Paranüsse.*

Der 1. Bootsmann dieses Schiffes kam aus meiner Heimat Wieck/Darß. Er war als junger Matrose von der Rah gefallen. Auf der untersten Rah stand gerade ein Matrose und hielt ihn geistesgegenwärtig fest. Wäre er an Deck gefallen, so hätte es für ihn den sicheren Tod bedeutet. Die Folge seines Sturzes war eine schiefe Schulter.

Der 2. Bootsmann aus Zingst (Raab war sein Name) war den Ersten Weltkrieg über in Spanien, da sein Schiff während des Kriegsausbruches in einem spanischen Hafen lag. In diesen Jahren hatte er sich in seiner Freizeit als Ringkämpfer betätigt.

Auf der langen Fahrt nach Südamerika fragten mich die Matrosen aus, ob ich schon mal betrunken gewesen wäre. Ich erwiderte, daß ich mir das nicht leisten könnte, da mein Vater im Krieg gefallen sei, und ich meiner Mutter mein ganzes Geld schicken würde. Nun ging es an Land. Von Bord aus hatten wir schon gesehen, daß wir direkt im Urwald angelegt hatten, und man hörte es auch am Geschrei der Affen und Papageien. Es gab dort einen kleinen Laden, wo auch Schnaps ausgeschenkt wurde. Dieser Schnaps nannte sich Kajaß und war so stark, daß er brannte, wenn man ein Streichholz daran hielt.

Nun machten mich die Matrosen so betrunken, daß ich weder gehen noch stehen konnte. Es war nur eine Knüppelleiter vorhanden, um auf's Schiff zu kommen. Kurz entschlossen wurde ich von den Matrosen wie eine Ladung ins Netz gelegt und an Bord gehievt. Dies hatte der 1. Offizier gesehen. Am anderen Tag ließ er mich aus Schikane bei sengender Sonne Eisenketten vom Achter- zum Vorderschiff schleppen. Da ich noch jung war, überstand ich diese Arbeit recht gut, zumal ich keine Kopfschmerzen hatte.

Als wir wieder in Hamburg waren und beim Mittagessen saßen, kam ein Mann an Bord und gab sich für einen Seemann aus. Er bat um ein Mittagessen (dies war so üblich), da er noch kein Schiff hatte. Er sagte, dies würde noch ca. 3 Wochen dauern. Beim Erzählen sprach er unseren jüngsten Matrosen an und meinte, sie wären schon zusammen gefahren. Unser Matrose verneinte dies. Doch, sagte der fremde Seemann, er wäre auf der SONTOR *gewesen, wo sie gemeinsam Bügeleisen gestohlen hätten. Nun meinte unser Matrose, ja. Darauf wies sich der Mann als Mitarbeiter der Kriminalpolizei aus und nahm den Matrosen mit. Er war nach dem Diebstahl 2 Jahre auf ausländischen Schiffen gefahren, und dies war seine Fahrt in die Heimat. Kameraden waren inzwischen bei weiteren Diebstählen gefaßt worden und hatten auch ihn verraten. Wir Leichtmatrosen staunten nicht schlecht. Der 1. Offizier forderte einen anderen Matrosen an, um die Besatzung wieder vollständig zu haben.*

Als ich auf der SANTA FE *abmusterte, kam ich auf den Passagierdampfer* ANTONIO DELFINO. *Dies Schiff hatte 14 000 t. Hier wurde ich zum Matrosen befördert. Danach fuhr ich auf dem 20 000-t-Passagierdampfer* CAP POLONIO, *dort waren mehrere Darßer Seeleute an Bord. Auf diesem Schiff ging es recht lustig zu, und es wurde viel Spaß getrieben. Auch das Essen war gut an Bord. Ich war damals 19 Jahre alt und hatte, wie alle jungen Männer, immer Hunger.*

Nachts bei der Deckwache hatte ich entdeckt, daß man vom obersten Deck durch das Oberlicht (Skylight genannt) in die Küche der 1. Klasse sehen konnte. Es führte eine eiserne Leiter hinunter. Was lagen dort für herrliche Bratenstücke, gekochter Schinken und andere Delikatessen, die einem das Wasser im Mund zusammenlaufen ließen. Wir hatten die Wache von 0.00 bis 4.00 Uhr, und diese Zeit wurde von uns genutzt! Der Koch mag nicht schlecht gestaunt haben, doch es hatte für uns keine Folgen.

Unser Kapitän hieß Rolin. Sein Bruder fuhr auch als Kapitän bei der HAPAG auf der BADEN. Beide Kapitäne fuhren auf der Südamerika-Linie. Nun ereignete es sich, daß sich die Brüder auf halber Strecke trafen. Die BADEN fuhr nach Europa und unser Schiff nach Südamerika und hatte zehn »blinde« Passagiere aus Spanien an Bord. Durch Funkspruch verständigten sich die Kapitäne, und es wurde von der CAP POLONIO ein Boot ausgesetzt mit den blinden Passagieren, die Matrosen ruderten zur BADEN und übergaben die Männer. So waren sie bald wieder in ihrer Heimat Spanien.

An Bord hatten wir einen »Rüberarbeiter« aus Buenos Aires mitgenommen. Dies waren Leute, die ausgewandert waren und wieder nach Deutschland wollten. Sie bekamen keine Heuer, arbeiteten an Bord und hatten die Überfahrt frei. Dieser Rüberarbeiter verriet einen Matrosen. Eine Nacht vor dem Einlaufen in Hamburg haben ihn die Matrosen zusammengeschlagen als Rache für den Verrat. Er hatte dabei einige Zähne eingebüßt und war so arg zugerichtet, daß er ins Hospital mußte. In Hamburg wurde er mit dem Krankenwagen abgeholt.

Von der CAP POLONIO kam ich auf den 14 000-t-Passagierdampfer CAP NORTE. Ich hatte die Wache von 4.00 bis 8.00 Uhr mit dem 1. Bootsmann zusammen. Als Ladung hatten wir unter anderem einige Kisten mit Schlangen. Die Kisten waren nur mit einem Holzstift verschlossen. Nun waren einige dieser Schlangen aus ihren Kisten entwichen – wie, konnte keiner feststellen – und krochen an Deck umher. Ich lief zum Achterdeck, wo die Matrosen arbeiteten, und nun wurden gemeinsam die Schlangen wieder eingefangen. Eine Arbeit, die uns allen nicht behagte, wie sich jeder denken kann.

In Rio de Janeiro ging ein reiches Ehepaar von Bord, um seinen Urlaub in dieser Stadt zu verleben. Wir fuhren weiter nach Buenos Aires, löschten unsere Ladung und nahmen neue an Bord. Wir legten auf der Rückfahrt wieder in Rio an, und es kam ein Zinksarg an Bord zur Überführung nach Hamburg. Die Frau des reichen Mannes war an einer Fischvergiftung gestorben.

Auf dieser Reise sprang während unserer Wache von 4.00 bis 8.00 Uhr ein Mann über Bord. Es wurde erzählt, daß er nervenkrank war.

Ein Matrose »liebte« einen anderen Matrosen, und nachts wurde er dabei vom Bootsmann überrascht, der ihm sagte, er solle weiter seiner Arbeit nachgehen. Der Matrose sprang ebenfalls über Bord, und da es Nacht war, bemerkte es keiner. Als der Bootsmann sein Fehlen feststellte, wurde es sofort dem Kapitän gemeldet. Dieser ließ jedoch nicht mehr nach ihm suchen. Es ging weiter auf Kurs nach Südamerika.

Ich wäre nicht arbeitslos geworden, wenn ich bei der Reederei Hamburg-Süd geblieben wäre. Doch als junger Mann wollte ich die Welt sehen. Ich ging zur HAPAG und kam auf den Frachtdampfer CUBA.

Die Matrosen waren gerade beim Mittagessen, als ich mich meldete. Mich sprach ein Matrose an, der nur ein halbes Ohr hatte. Später erfuhr ich, daß er mit französischen Seeleuten in eine Schlägerei verwickelt war und sie ihm mit einem Messer das halbe Ohr abgeschnitten hatten. Dieser Matrose – ein Ostpreuße – war mit Vorsicht zu genießen, wenn er betrunken war. Unseren Zimmermann wollte er z.B. mit einer Axt erschlagen.

Wir lagen in Hamburg, hatten Kaffee getrunken und der Bootsmann sagte »törn tau«, d.h. ran an die Arbeit! Er sagte, daß der Moses nicht an Bord sei, wer die Arbeit für ihn übernehmen wolle. Ich meldete mich, denn es war nicht viel zu tun. Kammern und Messe fegen, Geschirr abwaschen, Mittagessen holen usw., das waren die Hauptaufgaben.

An diesem Tag gab es Suppe und Falschen Hasen mit Gemüse. Da junge Leute viel essen, mußte ich Nachschlag holen. Unser eigentlicher Schiffskoch wurde während der Hafenliegezeit durch einen Koch von Land ersetzt. Dieser war recht faul und bequem. Er sagte zu mir, daß ich mir das Essen selber nehmen könne. Als ich die Sauce aus dem Kochtopf füllte, fischte ich eine Tabakspfeife mit heraus. Diese gehörte dem Koch, und er meinte nur »De Piep hew ick all lang söcht«.

Als ich die 2. Reise mit dem Frachtdampfer CUBA machte, liefen wir an einem Sonntag in Hamburg aus. Im Hafen durften ja keine Abfälle und Asche über Bord geworfen werden, so blieb dieser Unrat mittschiffs an Deck liegen und sollte in der Nordsee über Bord geworfen werden.

Nun sollte ich Schaufel und Besen holen, die sich auf dem Achterdeck in einer Luke befanden. Hier war vieles untergebracht – Ersatzleinen, Festmacherdraht und vieles mehr. Ich machte zwei Lukendeckel auf, damit etwas Licht in den Raum kam. Am Ende der Luke befand sich ein 1 m hoher Bordscher, darauf lagen viele Ballen Rapeltuch. Dies Rapeltuch diente dazu, die Ladungen von Säcken mit Kaffee, Zucker, Nüssen usw. zu markieren. Kam eine weitere Ladung von einer anderen Firma hinzu, wurde die bisherige Ladung mit diesem Rapeltuch abgedeckt und die neue Ladung darüber gestapelt.

Doch nun zu meinem Erlebnis zurück, ich wollte ja Schaufel und Besen holen. Am Ende des langen, schmalen Raumes war es recht dunkel, doch ich brauchte ja nur zugreifen, da alles an Bord seinen festen Platz hat. Also griff ich zu und zuckte sofort zurück, ich hatte etwas Lebendes angefaßt! Ich eilte sofort zum Bootsmann, er vermutete einen blinden Passagier, und es kam nicht nur einer, sondern gleich fünf Männer heraus. Diese wurden in Antwerpen an Land gebracht.

In Hamburg nahmen wir einen Zuchtbullen an Bord. Er war in einem Holzverschlag untergebracht. Ich übernahm freiwillig die Versorgung und Pflege des Tieres und brauchte dafür vormittags nicht an Deck zu arbeiten. Der Bulle wurde sehr zahm (wie meine Kuh, die ich Bali nannte). Nun liefen wir den Hafen von Tampico/Mexiko an, wo der Bulle an Land gebracht werden sollte. Wir waren beim Mittagessen, da kam der 1. Offizier zu mir und sagte, daß das Tier los sei. Es war folgendes passiert: Die Schauerleute hatten den Holzverschlag (Kiste) längs Deck gehievt, die Kiste überschlug sich, zerbrach, und der Bulle war frei. Dem Tier lief Blut aus der Nase, und es schnaufte wütend. Der Kapitän wollte den Bullen erschießen lassen. Der zukünftige Besitzer des Bullen – ein Farmer – stand mit seinem Lastwagen am Schiff und lamentierte. So fand ich die Situation an Deck vor. Das Tier tat mir leid. Ich holte den Eimer, aus dem ich den Bullen immer gefüttert hatte, füllte ihn mit Kartoffelschalen, und im Schutz der Winde ging ich nahe an das Tier heran. Als es den Eimer sah, ging es gleich darauf zu und fraß. Es gelang mir, ihm eine Leine um die Hörner zu legen. So war es gebändigt und konnte anschließend in einer Brok an Land gehievt werden.

Pfingsten lagen wir im Hafen von La Guaira im Norden Venezuelas und wollten eine Segelfahrt mit dem Arbeitsboot unternehmen. Alles wurde vorbereitet und klar gemacht. Das Boot ausgeräumt, auch die Raketenstöcke. Zum Glück blieb ein Besenstiel im Boot liegen, der später zu unserer Rettung beitrug. Da es ein Festtag war, nahmen wir Tee und Kuchen mit auf das Boot. Mit von der Partie waren der III. Offizier, zwei Offiziersanwärter (Matrosen) und ich. Gleich nach dem Mittagessen ging es los, und wir segelten bei günstigem Wind auf den Atlantik hinaus. Es war eine herrliche Fahrt. Als wir umkehren wollten, wurde es windstill, die Sonne ging unter, und es wurde schnell dunkel. Da es windstill war, kamen wir nicht mehr voran. Einen Dampfer erkannten wir an den Lichtern, er hatte aber einen anderen Kurs. Raketen abschießen, war unser erster Gedanke – die Raketenstöcke hatten wir aber ausgeräumt, sie lagen auf dem Bootsdeck unserer CUBA. So wurde der schon erwähnte Besenstiel gespalten und zurechtgemacht. Es funktionierte jedoch nicht, die Rakete flog nur 2 m hoch. Der nächste Stock wurde dünner geschnitzt, und nun klappte es, die Rakete flog hoch in den Himmel hinein. Die

Brückenbesatzung des Dampfers – ein Holländer – sah es, und das Schiff nahm Kurs auf uns. Wir wurden in Schlepp genommen und kamen wieder glücklich und wohlbehalten im Hafen an.

Mein nächstes Schiff war die GALICIA. *Im Hafen von Antwerpen wurden wir bei Schneetreiben gerammt. Das Leck im Schiff lag aber so hoch über der Wasserfläche, daß wir weiter nach Hamburg fahren konnten. Es war 1929, und wir hatten −24 °C, als wir in Hamburg einliefen.*

Die nächste Reise ging nach Tampico. Als wir dort im Hafen lagen, durften wir am Sonntag das Arbeitsboot nutzen, um einen Ausflug zu unternehmen. Essen und Trinken nahmen wir mit und ruderten mit ein paar Matrosen den Fluß herauf. Unterwegs legten wir an und gingen an Land. Wir kamen an einer Hütte vorbei, aus der ein Mexikaner kam und uns auf spanisch ansprach. Ein paar Brocken konnten wir auch, und so kam eine lustige Unterhaltung unter Zuhilfenahme von Händen und Füßen – wie man so sagt – zustande. Auf dem Gehöft stand ein gesatteltes Pferd, und der Mann bot uns an zu reiten. Einer von uns bestieg das Pferd und ritt um das Grundstück herum, das ging ganz gut. Es wollte jedoch keiner der nächste sein. So entschied ich mich, obwohl ich vom Reiten keine Ahnung hatte. Das Pferd nahm Kurs auf eine große Wiese, dahinter lag der Urwald, auf den das Pferd dann auch zusteuerte. Nun versuchte ich, es zum Umkehren zu bewegen, so wie es bei uns üblich ist. Ich zog an den Zügeln mal nach rechts – keine Reaktion, dann wieder links, das gleiche, und der Urwald war schon fast erreicht. Plötzlich bäumte sich das Pferd auf, und ich wäre fast aus dem Sattel gefallen. Dies hatte der Mexikaner gesehen und kam in Windeseile auf einem ungesattelten Pferd nachgeritten. Er ritt neben mir her und erklärte, wenn ich die Zügel nach rechts bzw. links über den Kopf des Pferdes werfe, nimmt es die gewünschte Richtung ein und die Zügel nach vorne über den Kopf des Pferdes bedeutet, daß es stehen bleiben soll. Nun klappte es auch, und es ging zurück. Vor dem Gehöft befand sich eine dichte Hecke. Das Pferd des Mexikaners sprang mit einem Satz darüber, mein Pferd sprang hinterher, und ich lag natürlich unten. Unter schallendem Gelächter wurde ich von meinen Kollegen empfangen.

Als die GALICIA *wieder auslief, bekamen wir sehr schlechtes Wetter, zum Glück kam die See von vorne. Der Bootsmann, ein Matrose und ein Leichtmatrose wollten eine Leine bergen. Es kam ein schwerer Brecher über Bord, und die Seeleute wurden zu Boden geschleudert und erlitten Verletzungen. Dem Bootsmann waren mehrere Rippen gebrochen, der Matrose hatte eine große Platzwunde am Kopf, und der Leichtmatrose war in Draht eingeklemmt. Wären die Wellen von der Seite gekommen, hätte es alle drei über Bord gespült. Im englischen Kanal wurden wir dann fast von einem anderen Dampfer gerammt, der von der Seite (!) auf uns zukam. Der II. Offizier Henke war ins Kartenhaus gegangen. Als er zurückkam, schrie er nur »hart Steuerbord!« So konnte der Zusammenstoß im letzten Augenblick verhindert werden. Die Wache vom Bootsmann stand schon an den Rettungsbooten bereit, um alles zum Verlassen des Schiffes klar zu machen.*

Dann fuhr ich auf dem Passagierdampfer RELIANCE. *In den Häfen von Havanna und Nassau angelten wir Haie. Dies war ein besonderes Erlebnis für unsere Passagiere. Sie beteiligten sich dann auch daran, die großen Fische aus dem Wasser zu ziehen. Die Haie wurden anschließend so aufgehängt, daß sie von den Passagieren und uns fotografiert werden konnten.*

Im Hafen von Havanna hatten zwei Kochmaaten die Uhrzeit des Auslaufens unseres Schiffes vergessen. Als sie im Hafen ankamen, war unser Schiff schon auf hoher See – Kurs New York. Ein anderer Passagierdampfer lief eine Stunde später in gleicher Richtung aus. Die beiden gingen auf dies Schiff und baten, bis New York mitgenommen zu werden. Dies klappte auch. Nach einiger Zeit überholte uns der andere Dampfer, und der Kapitän erhielt einen Funkspruch, daß seine Leute bei ihnen an Bord seien.

Die RELIANCE *war ein 20 000-BRT-Passagierdampfer, und meine ersten Reisen auf diesem*

Schiff waren Westindienfahrten. Danach machte ich Nordlandreisen – New York – Spitzbergen, entlang der ganzen norwegischen Küste, die mich sehr beeindruckte. Wir kamen in die Ostsee und fuhren direkt an meiner Heimat – Darßer Ort – vorbei bis Leningrad, von dort nach Kopenhagen und dann in unseren Heimathafen Hamburg. Wir wurden abgemustert,

Abb. 3   Die RELIANCE im Geirangerfjord.

weil viele Schiffe aufgelegt wurden. So mußte ich ein paar Monate »stempeln« gehen. Den Winter über machten wir dann Westindienreisen. Auf der RELIANCE wurde ich zum Steurer befördert und bekam monatlich 10,– Mark mehr Heuer und jährlich eine Treueprämie von 50,– Mark. Diese 50,– Mark Prämie bekamen alle Unteroffiziere (Deck und Maschine). Die Beförderung zum Steurer hieß für mich Brückendienst.

Auf diesem Schiff passierte folgendes: Das Signal »Mann über Bord« (1x lang und 7x kurz mit der Dampfpfeife) wurde gegeben. Es wurden sofort fünf Rettungsringe über Bord geworfen, doch trotz eifrigen Ausschauens keiner gesehen. Nun fuhr das Schiff zurück und manövrierte hin und her. Endlich, nach einer Stunde und 55 Minuten, wurde der Mann gesehen und konnte gerettet werden. Dieser junge Seemann hatte am Abend zuvor zuviel getrunken und bekam morgens den Befehl, zum Obersteward zu kommen. Seine Kollegen hatten ihn verraten, und vor Angst sprang er über Bord.

In New York nahmen wir einen jungen Seemann an Bord. Da er gut arbeitete, wurde er in Hamburg zum Matrosen befördert. Er muß jedoch wohl nervenkrank gewesen sein, denn eine Reise später, als wir in Hamburg ablegten und die Elbe 'runterfuhren, weckte ihn ein Matrose zum Dienst. Er sprang hoch und biß dem Matrosen ein Stück von der Nase ab und sprang anschließend über Bord. Nach kurzer Zeit war er gerettet und kam ins Hospital. Als der Mann von Bord ging, wurde er in Eisen gelegt (Handschellen), mit einem Motorboot in England an Land gebracht und den zuständigen Behörden übergeben.

Die erste Weltreise liefen wir südamerikanische Häfen an. Von dort ging es ums »Kap der guten Hoffnung«. (Da zwischen Italien und Äthiopien Krieg war, kamen wir nicht durch den Suez-Kanal.) Von dort ging es mit Kurs auf Ostasien – Bombay, Manila, Bangkok, China, Japan, Honolulu – weiter nach der Westküste Amerikas durch den Panama-Kanal über Havanna nach New York. Dann begannen die herrlichen Nordlandreisen. Im ganzen machte ich drei Weltreisen. Nach jeder 2. Weltreise folgte eine Nordlandreise. Die 1. von New York, die 2. von Hamburg aus.

Nach 10 Monaten musterte ich ab und blieb zwei Monate zu Hause. Dann ging es wieder nach Hamburg und von dort nach New York. Auf dieser Reise feierten wir Weihnachten vor Havanna.

Es muß ein Sommertag gewesen sein, als wir mit der RELIANCE in New York lagen. Gleich nach dem Mittagessen haben wir das Deck gewaschen. Nun erlebte ich etwas, was selten ein Seemann erlebt. Das damals größte und schnellste Schiff der Welt – die NORMANDIE – näherte sich dem Hafen. Viele kleine Segelboote fuhren zur Begrüßung der NORMANDIE entgegen. Wie viele Schlepper das Schiff an den Liegeplatz bugsierten, weiß ich nicht mehr. Unsere Brücke war 24 m hoch über dem Wasserspiegel, so war von dort aus alles gut zu sehen. Am Achtermast der NORMANDIE war ein großer dreieckiger Wimpel befestigt, blau mit gold umrandet, und in Goldschrift in der Mitte des Wimpels der Name des Schiffes zu lesen. Mein Kollege und ich zogen am nächsten Tag unsere guten Uniformen an und gingen auf die NORMANDIE (ohne Uniformen wären wir wohl nicht an Bord gekommen). Als erstes fiel mir auf, daß die Wände in der 1. Klasse nicht mit Farbe gestrichen, sondern mit Seidentapeten bespannt waren. Die Stühle an Deck waren alle rot gestrichen. Die Brücke durften wir auch besichtigen, alles kam mir im Gegensatz zu unserem Schiff sehr groß vor. Auf der Vorderkante des Promenadendecks war ein Bild. Darauf war in Naturgröße ein Boot zu sehen, in dem drei Seeleute waren, ein Matrose stand bis zu den Knien im Wasser und umarmte eine Eingeborene, die halb nackt war. Die Augen der Seeleute sprachen für sich, ihr Leben spielte sich doch überwiegend zwischen Himmel und Wasser ab.

Ein Matrose fuhr später auf dem Australdampfer FREIBURG. Auf diesem Schiff war eine halbe Meuterei ausgebrochen. Als das Schiff nach Hamburg kam, wurde die ganze Besatzung verhaftet und von der Polizei von Bord gebracht. Der Matrose gab einem Polizisten eine Karte mit einer Nachricht an seine Frau und seine fünfjährige Tochter zur Beförderung mit. Der Polizist hat wohl vergessen, die Karte einzustecken, so blieb die Familie ohne Nachricht über seinen Verbleib. Als der Matrose (Wöbsell) nach der Untersuchungshaft nach Hause kam, nahm ihn die Nachbarin in Empfang und machte ihm die traurige Mitteilung, daß Frau und Kind bereits beerdigt waren. Seine Frau hatte den Gashahn aufgedreht. Als ich 20 Jahre alt war, besuchte ich ihn, er war wieder verheiratet. Ich wurde dort sehr gut und freundlich aufgenommen und zum Mittagessen eingeladen. Danach gingen wir zwei Stunden spazieren, und so erfuhr ich von seinem harten Schicksal. Er fuhr nicht mehr zur See, der Pastor hatte ihm an Land eine Arbeitsstelle besorgt.

Auf meiner 2. Weltreise fuhren wir durch den Suez-Kanal. Da ich drei Jahre hintereinander diese langen Reisen von 10 Monaten machte, ging ich von Bord. Als ich zwei Tage zu Hause war, wurde ich verhaftet und verhört. Das Schiff RELIANCE war ausgebrannt, vermutlich Brandstiftung. Nun wurde der Täter gesucht, und da ich abgemustert hatte, gehörte ich zum Kreis der Verdächtigen. Ich konnte meine Unschuld beweisen.

Bei der HAPAG fuhren keine Feuerwehrleute, und der Brand auf der RELIANCE gab wohl den Anlaß, welche auszubilden. Es wurde ein Aufruf an Interessenten erlassen, ich meldete mich, und das war mein großes Glück. Doch zuvor noch einige Erlebnisse, die ich auf der RELIANCE hatte.

Auf unserer Westindienreise fuhren wir von New York nach Havanna. Morgens gegen 8.00 Uhr bekamen wir die Meldung, daß ein Taifun in vier Stunden Havanna erreichen würde. Da wir im Hafen lagen und nichts auf einen Taifun hindeutete, nahmen wir die Sache noch nicht so tragisch. Der I. Offizier ließ das Schiff mit noch mehr Leinen und Tauen an Land befestigen. Um 12.00 Uhr übernahm ich die Gangway-Wache. Eine halbe Stunde später brauste der Taifun über Havanna hinweg, es war die Hölle los. Der Poller, an dem unser Schiff mit den meisten Leinen befestigt war, brach ab, kurz danach brachen die Leinen des Vorderschiffes. Nun drehte das Schiff und nacheinander brachen auch alle Leinen des Achterschiffes.

Der Kapitän gab den Befehl, das Schiff in eine kleine Hafenbucht zu fahren. Dies klappte alles gut, und wir ließen beide Anker fallen. Nach einer Stunde war der Taifun vorüber, und es war völlig windstill. Das Schiff sollte in den Hafen zurück, und der erste Anker wurde gelichtet. Zu unserem großen Erstaunen sahen wir, daß am Anker eine kleine Lokomotive hing. Wir ließen den Anker so oft fallen und hievten ihn wieder hoch, bis sich die Lok vom Ankerflügel löste. Dies Manöver dauerte zwei Stunden. Nun wurde auch der 2. Anker gehievt, und wir konnten wieder auf unseren alten Liegeplatz fahren. Am nächsten Tag setzten wir unsere Westindien-Reise nach Haiti fort. In Haiti bekamen wir die berühmten Schlangenkämpfe zu sehen. Unsere weiteren Häfen waren Porto-Rio, Jamaika, Kingston usw.

Fünf Westindien-Reisen führten wir in einem Winterhalbjahr durch. Eine Reise dauerte ungefähr vier Wochen. Nach dem Winterhalbjahr folgte eine Nordlandreise. Dabei liefen wir auch Spitzbergen an. Wir fuhren von Norwegen bis Leningrad.

Die Passagierdampfer mußten ihren Gästen viel bieten. So hatten wir beispielsweise als besondere Attraktion eine Piratenhöhle an Bord. An einem bestimmten Tag nach der Mittagszeit von 12.00 bis 14.00 Uhr für die Passagiere 1. Kl. mußte ich die Piratenflagge auf dem Vordermast setzen. Als der Kapitän auf die Brücke kam und ins Ruderhaus ging, ertönte die Dampfpfeife 3x lang. Nun kamen von beiden Seiten die Piraten auf die Brücke. Es waren junge Frauen und Mädchen (Passagiere) mit Säbeln in der Hand und nahmen den Kapitän gefangen. Er wurde in Eisen (Handschellen) gelegt und in die Piratenhöhle gebracht. In dieser Höhle befand sich das Knochengerüst eines Menschen, an den Wänden hingen Totenköpfe, Beile und andere Mordwaffen. Nach zwei Stunden wurde die Piratenflagge eingezogen, und abends wurde ein großes Piratenfest gefeiert, bis in die späte Nacht hinein – allerdings nicht für die Besatzung!

Wir machten uns unseren Spaß daraus auf eigene Weise. Ein Matrose besorgte den Schlüssel für die Piratenhöhle, und um 22.00 Uhr trafen wir uns. Das Skelett wurde herausgeholt und vorsichtig an einer Ecke aufgebaut, um die der wachhabende Matrose kommen mußte. Wir versteckten uns in der Nähe. Es war fast dunkel, und schon hörten wir seine Schritte. Als er um die Ecke kam, stockte sein Schritt, und er lief aufschreiend davon. Unser Spaß war gelungen, und in Windeseile wurde das Skelett wieder an Ort und Stelle gebracht, bevor der wachhabende Offizier mit dem erschreckten Matrosen erschien.

In diesem Zusammenhang fällt mir ein, daß wir uns auf der CUBA *auch einen gehörigen Spaß erlaubten: Auf der Reise nach Westindien war ich als Tagelöhner eingesetzt und arbeitete täglich von 7.00 bis 17.00 Uhr, davon eine halbe Stunde Frühstückspause, eine Stunde Mittag und eine halbe Stunde Kaffeepause. Wir waren schon zwei Monate von Hamburg fort, und es war an einem Sonnabend kurz vor 17.00 Uhr. Ich arbeitete mit einem Hamburger Matrosen zusammen, wir beide verstanden uns sehr gut. Nun kamen wir auf den Gedanken, ob es wohl zu schaffen wäre, die Ruderstange festzuhalten. Es wurde um eine Flasche Bier gewettet.*

Die Ruderstange ging von der Brücke bis zur Rudermaschine. Wir waren junge, kräftige Leute, und es gelang uns, die Stange festzuhalten. Einer von uns guckte nach rechts und der andere nach links, ob auch keiner käme. Das Schiff kam vom Kurs ab und machte einen schönen Bogen. Mit einem Mal kam von oben (Bootsdeck) die Stimme unseres Kapitäns »nun laßt man die Ruderstange wieder los«. Bekamen wir einen Schreck! Am Montag früh, als wir zur Arbeit mußten, stand schon der I. Offizier beim Bootsmann. Der I. Offizier hieß Munkel, er sprach nun ein paar ernsthafte Worte mit uns. Als wir ihm erklärten, daß es sich um eine Wette gehandelt habe, war die Sache damit in Ordnung.

Meine schönsten Reisen machte ich auf der RELIANCE *und bekam ein schönes Stück von der Welt zu sehen. Wir liefen ja die verschiedensten Häfen aller Erdteile an. In Ostasien, Japan und China gefiel es mir sehr gut, auch Haiti und Bombay mit den Hahnen- und Schlangenkämpfen. In Honolulu sahen wir den Wellenreitern zu. Dort wurde auch gerade zu dem Zeit-*

Abb. 4   Rudergänger auf der BREMEN in den 1930er Jahren. (Archiv DSM)

punkt unseres Aufenthaltes die Schönheitskönigin gekrönt. Die Krönung dauerte zwei Stunden und war herrlich anzusehen.

So manches hätte ich gerne auf diesen Reisen gekauft, doch es fehlte an den nötigen Devisen. In Ostasien kaufte man sehr billig, in Australien war wiederum alles sehr teuer. Hinzu kamen die Zollgebühren in Deutschland. So kostete ein großer Korbstuhl einen Dollar, und in Hamburg kam eine Zollgebühr von 2,50 Mark hinzu.

1939 kam ich auf die ROBERT LEY, einen 27 000 t-Passagierdampfer. Auf diesem Schiff wurden Reisen »Kraft durch Freude« durchgeführt.

Wir lagen mit der ROBERT LEY im Hafen von Madeira. Ein Heizer war in seiner Freizeit an Land gewesen und kam betrunken zurück an Bord. An der Gangway fing er Streit mit den Fahrgästen an und wurde für sein Verhalten und zum Ausnüchtern eingesperrt. Ein Matrose stand vor der Tür. In diese Tür war kein Spion eingebaut, um nach dem Mann sehen zu können. Plötzlich schrie der Heizer »Feuer in der Zelle«. Danach drang auch Rauch aus den Türritzen. Darauf schlug der Matrose den Feuermelder ein. Wie ich schon schrieb, war ich Feuerlöschmeister auf diesem Schiff. Als wir zur Brandstelle kamen, brannte die Tür bereits, der Heizer war unter das in der Zelle befindliche Sofa gekrochen und schon bei unserem Eintreffen tot. Die Leiche wurde an Land gebracht und in Madeira beerdigt. Wie das Feuer in der Zelle entstanden war, konnten wir nicht ermitteln, sicher hatte der Heizer es in seiner Trunkenheit selbst gelegt.

Nach einem halben Jahr brach der Krieg aus. Da ich die Feuerwehrausbildung abgeschlossen hatte, gehörte ich zur Stammbesatzung und blieb an Bord. Der Rest der Besatzung wurde dienstverpflichtet.

Unser Schiff lag im Hafen von Pillau und wurde Wohnschiff für 2000 U-Boot-Schüler.

Abb. 5   ROBERT LEY *im Hafen von Pillau.*

Wir hatten dort einen Urlaubsanspruch von 2 x 16 Tage im Jahr. Da ich als einziger Feuerwehrmann zwei Kinder hatte, konnte ich Weihnachten Urlaub nehmen und nach Hause fahren.

Am 25.1.1945 lief unser Schiff mit über 1000 Flüchtlingen an Bord nach Swinemünde aus. Eines Nachts auf meinem Rundgang traf ich den Funker. Dieser erzählte mir, daß das 25 000 t-Schiff – die GUSTLOFF *– von einem Torpedo getroffen worden und gesunken wäre. Dies bedeutete U-Boote in der Ostsee. Nun gingen auch wir in Uniform schlafen.*

In Swinemünde wurde unser Schiff nicht angenommen, es ging weiter in Richtung Warnemünde. Vor Darßer Ort lagen wir eine Nacht vor Anker – wie gerne wäre ich ausgestiegen! Auch in Warnemünde nahm man unser Schiff nicht an, und als nächster Hafen wurde Flensburg angelaufen. Dort befand sich eine U-Boot-Station, und aus diesem Grunde ging es weiter nach Hamburg.

In Pillau hatten wir in Ruhe gelebt und nicht viel vom Krieg zu sehen bekommen. Wie traurig sah es dagegen in Hamburg aus, zerstörte Häuser, ganze Wohnviertel lagen in Schutt und Asche.

In der Nacht vom 8. zum 9.3.1945 war Fliegeralarm, und wir mußten das Schiff verlassen und Bunker aufsuchen. Unser Schiff wurde von einer Bombe getroffen und stand in kurzer Zeit in Flammen. Bei Bekannten fand ich Unterkunft. Am 28.6.1945 wurde ich abgemustert.

Übersicht über die von mir gemachten Fahrten nach Angaben der Seefahrtsbücher

8. 8.1922 – 18. 7.1923	als Schiffsjunge auf HALLE
	Niederlande – Indien – Hamburg – Australien; Heuer laut Tarif
19. 7.1923 – 8. 2.1924	als Leichtmatrose auf HALLE
	Hamburg – Australien – Niederlande – Indien; Heuer laut Tarif
27. 2.1924 – 14. 6.1924	als Leichtmatrose auf SANTA FE
	Hamburg – Ostküste Südamerika und zurück; Heuer 27 Mark pro Monat
19. 7.1924 – 21. 4.1925	als Leichtmatrose auf ANTONIO DELFINO
	Hamburg – Buenos Aires und zurück; Heuer 42 Mark pro Monat; 11.2.1925 Beförderung zum Matrosen
25. 4.1925 – 20. 8.1925	als Matrose auf CAP POLONIO
	Hamburg – Südamerika und zurück; Heuer 89 Mark pro Monat
21. 8.1925 – 19. 4.1926	als Matrose auf CAP POLONIO (neue Reise)
	Hamburg – Südamerika und zurück; Heuer 89 Mark pro Monat
2. 9.1926 – 7. 7.1927	als Matrose auf CAP NORTE
	Hamburg – Buenos Aires und zurück; Heuer 93 Mark pro Monat
2. 8.1927 – 10.10.1927	als Matrose auf ALEXANDRIA
	Hamburg – Mittelmeer und zurück; Heuer 100 Mark pro Monat
14.11.1927 – 20. 2.1928	als Matrose auf CUBA
	Hamburg – Westindien und zurück; Heuer 115 Mark pro Monat
21. 2.1928 – 5. 6.1928	als Matrose auf CUBA
	Hamburg – Westindien und zurück; Heuer 115 Mark pro Monat
5. 7.1928 – 23.10.1928	als Matrose auf HAMBURG
	Hamburg – New York und zurück; Heuer 115 Mark pro Monat
8.11.1928 – 8. 7.1929	als Matrose auf GALICIA
	Hamburg – Westindien – Mexiko und zurück; Heuer 125 Mark pro Monat
8. 8.1929 – 20.11.1929	als Matrose auf RELIANCE
	Hamburg – New York und zurück; Heuer 125 Mark pro Monat
6. 3.1930 – 25. 6.1930	als Matrose auf ARAGONIA
	Hamburg – Südamerika Ostküste und zurück; Heuer 132 Mark pro Monat
27.11.1930 – 30. 4.1931	als Matrose auf RELIANCE
	Hamburg – New York – Westindien und zurück; Heuer 132 Mark pro Monat
8. 6.1931 – 18. 9.1931	als Matrose auf RELIANCE
	Hamburg – New York – Nordland und zurück; Zahlenangaben über die Heuer liegen nicht vor
19. 9.1931 – 30. 9.1931	als Matrose auf MILWAUKEE
	New York – Hamburg
17.12.1931 – 19. 4.1932	als Matrose auf RELIANCE
	New York – Westindien
20. 4.1932 – 16. 5.1932	als Matrose auf MILWAUKEE
	New York – Hamburg

10.12.1932 – 29. 3.1933   als Matrose auf RELIANCE
                          New York – Westindien
24. 6.1933 – 13. 1.1934   als Steurer auf RELIANCE

Alle weiteren Angaben können nur noch aus meinem Gedächtnis entnommen werden, da mein letztes Seefahrtsbuch während eines Großbrandes auf der ROBERT LEY vernichtet wurde. Aus diesem Grunde liegen auch keine weiteren Angaben über genaue Routen und über die Heuer vor.

24.11.1936 – 16. 9.1937   als Steurer auf RELIANCE
15.11.1937 – 4. 8.1938   als Steurer auf RELIANCE
21. 3.1939 – 23. 6.1945   als Feuerwehrschutzmann auf ROBERT LEY

Mit diesen Zeilen möchte ich meinen Bericht über meine Erlebnisse während meiner Zeit auf See beenden. Ich hoffe, daß es Ihnen ein bißchen Freude bereitet hat, ihn zu lesen und verabschiede mich.
Ahoi!!!

SCHIFFBAU

»NEPTUN« UND DIE WENDE
Teil I

VON HARALD HÜCKSTÄDT

Als ich am 29. März 1990 in Rostock eintreffe, scheint sich im Vergleich zu früheren Rostock-Besuchen auf den ersten Blick nicht allzuviel verändert zu haben. Es »riecht« noch überall nach DDR, aber die Kontrolle bei der Einreise ist keine Kontrolle mehr gewesen, die Aufnahme und der Empfang in der Neptunwerft sind überaus freundlich, offen, herzlich. Und das Erstaunlichste – ohne die geringsten Probleme, ohne Erlaubnis von »oben«, war am nächsten Tag eine Werftbesichtigung möglich, sogar mit Fotoapparat. Etwas muß also doch anders geworden sein!

Der Anlaß meiner Reise ist das von der Werft ausgerichtete Symposium »140 Jahre Eisenschiffbau in Rostock«, auch ein Novum in der DDR. Bisher hatte man sich für Geschichte nur interessiert, wenn es die der Arbeiterklasse oder der Partei war. Eisenschiffbau hätte nicht die geringste Chance gehabt. Was also hat sich verändert?

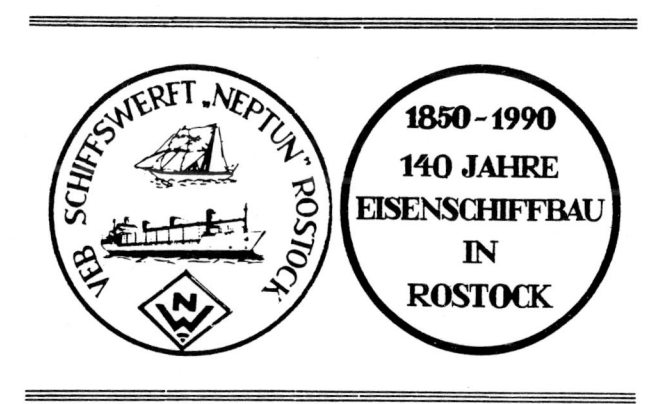

Die Neptunwerft und mit ihr das gesamte Kombinat Schiffbau der DDR standen auf einmal unvermittelt vor der Frage, wie sie sich einem internationalen Wettbewerb im überbesetzten Bereich Schiffbau stellen sollten. Da traf sich das obengenannte Jubiläum gut, zumal man auch noch im gleichen Jahr auf 100 Jahre Neptunwerft würde zurückblicken können. Die Gelegenheit, die eigene Firma nach 40 Jahren Stillschweigens der Öffentlichkeit vorzustellen und dabei auf die vollbrachten Leistungen hinweisen zu können, durfte nicht ungenutzt vorübergehen.

Indessen, wie sieht es wirklich aus? Was geht im Betrieb vor sich? Was denken die Mitarbeiter? Wie ist es mit den Arbeitsplätzen? Das alles ist in turbulenten, ja revolutionären Zeiten nicht so genau zu orten. Aber je mehr die Ereignisse in die Vergangenheit rücken, umso schwieriger wird es, sie noch richtig zu überblicken, zu werten, Wahrheit und Legende zu trennen. Versuchen wir deshalb, uns ein Bild von den letzten eineinhalb Jahren auf der Rostocker Neptunwerft zu machen. Quellen sollen das WERFTECHO, die Zeitung der Werft, und die Tagespresse sein. Zugegeben – die reine Wahrheit wird dabei auch nicht immer herausschauen. Dennoch soll der Versuch gewagt werden.

Um eine Vorstellung zu haben, wie sich das Unternehmen im Frühjahr 1990 selbst versteht, lassen wir den Text sprechen, mit dem die Neptunwerft im letzten Sammelprospekt des Kombinats Schiffbau vorgestellt wird:

Im Rahmen des Neubauprogramms nach 1945 baute die Werft zunächst 179 Logger, denen die großen Frachtschiffserien vom Typ KOLOMNA *(19),* ANDISHAN *(46),* ILRI/BARI *(20),* POVENEZ *(40),* PIONIER *(32),* ROSTOCK *(19) und* POSEIDON *(43) folgten. Daneben zeugen solche Erzeugnisse wie Forschungs-, Schul- und Spezial-Hebeschiffe für die Sowjetunion sowie drei Eisenbahnfähren für die Deutsche Reichsbahn vom Leistungsvermögen der Neptunwerft.*

Besonders hervorzuheben ist die Mehrzweck-Frachtschiffserie vom Typ NEPTUN, *von der im Zeitraum von 1970 bis 1985 53 Objekte für Auftraggeber aus 12 Ländern und der DDR geliefert wurden. Der Schiffstyp* NEPTUN *ist ein anschauliches Beispiel dafür, wie auf die veränderten Bedingungen des Weltmarktes, auf neue Umschlagtechnologien und auf unterschiedliche Vorschriften und Forderungen der wechselnden Auftraggeber reagiert wurde, ohne das Grundkonzept aufzugeben.*

Die Neptunwerft verfügt über einen leistungsfähigen Reparatursektor mit zwei Schwimmdocks für 8000 t bzw. 2700 t Tragfähigkeit, Slipanlagen und weitere technische Anlagen, wie z.B. Gerätesysteme für die mechanische Entrostung und Konservierung im Dock.

Der Text klingt nicht schlecht. Die Werft ist flexibel und hat sich keineswegs nur auf den Bau relativ einfacher Standardfrachtschiffe beschränkt.

Im WERFTECHO, der Werkszeitung der Neptunwerft, die bereits im 42. Jahrgang erscheint, wird am 19. Januar 1990 über die Zukunftsvorstellungen des Betriebes berichtet. Der Generaldirektor (des Kombinats Schiffbau), Jürgen Begemann, hatte am 10. Januar eine sog. Planinformation abgehalten und sagte bei dieser Gelegenheit:

Unsere Ausgangsposition für das neue Planjahr ist günstig. So gehört unser Kombinat Schiffbau zu den wenigen Kombinaten des Ministeriums für Maschinenbau, die die Produktionsleistung gehalten und den Plan erfüllt haben. Ich möchte mich bei allen für die positiven Aktivitäten und Vorschläge bedanken und auch bei denen bedanken, die gegenwärtig dabei sind, diese Vorschläge und Hinweise in die Praxis zu überführen, was ja nicht so einfach ist, wie sich schon in den ersten Wochen der Verwirklichung zeigt.

Der Planentwurf der Neptunwerft für 1990 wird unter den gegenwärtigen Bedingungen bis 31. Januar 1990 erarbeitet. Dazu gehen wir von den bisher abgestimmten uns 1990 zur Verfügung stehenden Arbeitskräften aus.

Man muß zwischen den Zeilen lesen, um herausfinden, daß hier nicht mehr alles so ist wie früher. Die Ereignisse der Wende, soweit sie die Arbeit auf der Werft betreffen, werden als positive *Aktivitäten und Vorschläge* bezeichnet, deren Verwirklichung *nicht so einfach* sei. Respekt vor dieser Formulierung! Auch die bald brandaktuell werdende Frage der Rationalisierung durch Arbeitskräfteabbau wird, etwas versteckt, bereits aufgegriffen. Man geht *von den bisher abgestimmten* Arbeitskräften aus, also wohl von denen, die man vorher hatte.

Abb. 2   *Die Neptunwerft im Nov. 1988 vom Kabutzenhof aus. Fünf Reparaturschiffe sind zu sehen, von links nach rechts:* MS EISENBERG *der DSR; ein Versorger der Volksmarine vom Typ* KÜHLUNG, *im Dock ein sowjetisches Trailerschiff der* KOMPOZITOR-*Klasse (auf der NW erbaut); ein Fahrzeug der Volksmarine und ein Fischereischiff. (Foto: Hückstädt)*

Im übrigen herrscht noch immer der Plan (an dessen Stelle ist ja zu diesem Zeitpunkt auch noch nichts anderes getreten), und der sieht vor, daß 1990 fünf Schiffe abgeliefert werden: für die Sowjetunion die Hebeschiffe Nr. 146, 147, 148 und der Bagger 117 sowie für Liberia das erste Schiff der neuen Serie MPC 900 (Multi Purpose Carrier) mit der Baunummer 461. Zum Stapellauf kommen in diesem Jahr: die MPC's Nr. 461, 462 und 463 und die beiden Bagger 118 und 120.

Und dann folgt noch eine Formulierung, die es nur hier geben kann: *Erste Bewährungsprobe wird ... der Stapellauf des MPC »Neptun 900« am 16. Februar sein. Für die Sicherung dieses Termins gilt es nun, alle Kräfte einzusetzen. Das muß ... unsere Ehre als Neptunwerft sein.*

Generaldirektor Begemann sorgt sich in diesen Tagen nicht nur um den Plan der Neptunwerft, sondern auch um die Zukunft der Stadt Rostock – er schlägt vor, sie in eine »Freie und Hansestadt Rostock« zu verwandeln. Welche Konsequenzen das Wort »frei« hat, ist ihm (und sicher auch anderen) dabei nicht ganz klar; man ist in diesen Tagen frei von allem und vielem, ja sogar von den Verkehrsregeln, wie die sprunghaft ansteigenden Unfallzahlen zeigen.

Aber die Planinformation ist für den Großteil der Neptunwerker vielleicht gar nicht so wichtig. Das werden »die da oben« schon richten. Im Klubhaus der Werft beginnt nämlich heute, am 19. Januar, das »Volksfest der Begegnung Rostock–Bremen«. Bremen ist bekanntermaßen die Partnerstadt Rostocks. *Nach dem mißglückten Willkommenswochenende,* schreibt das WERFTECHO[1], *das viele BRD-Bürger nach Wegfall des Visa- und Zwangsumtausches in unserer Stadt spontan zu erleben hofften, werden sie nun am 19. Januar von Tausenden erwartet.* Ein Volksfest ist geplant, welches die sonst um diese Zeit stattfindenden Faschingsveranstaltungen mit einbezieht. Das Volkstheater gibt zwei zusätzliche Vorstellungen, das Intime Theater ein Puppenspiel, mit freiem Eintritt für Bremer Bürger, und so geht es fort mit den Veranstaltungen.

Und schließlich findet an diesem Wochenende auch noch das 15. Rostocker Hallenturnier im Fußball statt (»Auf zum Hallenspektakel!«).

Doch das schönste Wochenende geht vorüber. In der Werft wird es vom 1. Februar an wieder eine betriebliche Gewerkschaftsleitung geben.[2] Schon im Januar waren Kontakte zwischen der IG-Metall in der Werft und der IG-Metall Bremen geknüpft worden, und man hatte beschlossen, vom 15. bis 18. Februar ein gemeinsames Seminar in einer Bremer Schulungsstätte abzuhalten. Vorgesehene Themen waren:

1. Aufbau, Ziele und Arbeitsweise der IG-Metall der BRD;
2. Grundzüge der Betriebsverfassung;
3. Grundzüge des Tarifrechts.

Eine Art Nachhilfeunterricht also, der dringend erforderlich ist, denn die Begriffe verwirren sich:

Was wollen wir: Betriebsrat oder Gewerkschaft? Überall steht diese Frage im Mittelpunkt der Diskussion. Dabei besteht jedoch große Unklarheit über die Aufgaben und Rechte der Betriebsräte in der BRD.[3]

Weltschiffbaubilanz 1989:

DDR gehört zu den zehn führenden Schiffbauländern

In der nunmehr vorliegenden Jahresübersicht des Lloyd's Register of Shipping London für das Jahr 1989 wird die gesamte Weltschiffbauleistung mit 1593 Schiffen und einer Vermessungstonnage von insgesamt 13 236 169 GT ausgewiesen. (Die Statistik erfaßt nur Schiffe mit eigenem Antrieb und einer Mindestvermessung über 100 GT).

Die zehn führenden Schiffbauländer der Welt sind danach:

	Anzahl der Schiffe	Vermessungs- tonnage	prozentualer Anteil
1. Japan	640	5 364 600	40,5
2. Südkorea	102	3 101 566	23,4
3. China	20	325 719	2,4
4. Taiwan	9	404 892	3,0
5. Jugoslawien	26	498 716	3,8
6. BRD	54	430 845	3,2
7. Dänemark	33	342 960	2,6
8. Italien	35	327 202	2,5
9. Rumänien	17	307 331	2,3
10. DDR	33	287 185	2,2

Bezogen auf die Erzeugnisgruppe **Fischereischiffe** belegt der DDR-Schiffbau den ersten Platz vor Finnland und Japan.

In der Position **Stückgut- und Mehrzweckfrachtschiffe** erreicht der DDR-Schiffbau hinter Japan den zweiten Platz, gefolgt von der VR China.

Anmerkung:

Die Neubauleistung der DDR-Werften, nach eigenen Angaben mit 37 Schiffen und 300 085 GT Bruttotonnage, liegt etwas höher als die von Lloyd's, da in deren Statistik nur seegehende Schiffe berücksichtigt werden.

Dieter Strobel

Abb. 3 *WERFTECHO vom 27. April 1990*

Erwin Kleba, 1. Stellvertreter des Generaldirektors des Kombinates Schiffbau:

Effektiver und flexibler

Auf vielfältige Kundenwünsche einstellen

Abb. 4   *WERFTECHO vom 30. März 1990*

Aber es gibt so vieles, was getan, geändert, gelernt werden muß. Da veröffentlicht das WERFTECHO[4] unter der Überschrift *JUNGFRÄULICH – DOCH SCHON SCHROTT* eine Geschichte von nagelneuen Blechen in Tonnenmengen, die im Schrottcontainer liegen. Sie stammen aus der Kühlmöbelproduktion. Eine dringende Nachfrage über diese scheinbare Verschwendung fördert folgende Kommentare zu Tage:

Es gibt den täglichen Kampf um Rest- und Nutzstücke-Verwertung, denn das von EKO [Eisenhüttenstadt] angelieferte Material bereitet einiges Kopfzerbrechen. Oberflächenfehler und Untertoleranz sind an der Tagesordnung. So setzt bereits bei den Kühlmöbelbauern die Gütekontrolle große Mengen außer Gefecht ...

Aus dem aus der Sowjetunion zur Zeit gelieferten Walzmaterial lassen sich keine einwandfreien Bleche walzen, ist zu erfahren ...

Die Feinblechschlosserei fordert mit Nachdruck, daß endlich bereits bei Materialeingang die Gütekontrolle erfolgt. Weil das nicht geschieht, kommt es häufig zu Zwangspausen in der Fließ- und Serienproduktion, weil an der Schere erst noch Platte für Platte geprüft und evtl. aussortiert werden muß. Das bedeutet sinkende Arbeitsproduktivität und Durchführung von Sonderschichten zum Aufholen eingetretener Lieferrückstände ...

Und noch an einer anderen Stelle drückt der Schuh: Die in Waggons ins Werftgelände transportierten Bleche lagern nach ihrem Eintreffen noch wochenlang im Plattenlager, wo sie jedem Wetter ausgesetzt sind und stark rosten. Das ist ein unhaltbarer Zustand!

In der Tat, da kann man nur zustimmen. Dinge dieser Art erfährt man jetzt öfter durch das WERFTECHO, was früher sicherlich nicht der Fall war. Überhaupt ist das Blatt zu einem Diskussionsforum für alle am Umbau der Werft beteiligten Gruppen geworden, für die Werksleitung ebenso wie für die Gewerkschaft und die Mitarbeiter.

Am 18. März findet die Wahl zur neuen Volkskammer statt. Die DDR hat jetzt endlich eine demokratisch gewählte Volksvertretung. Wer nun aber glaubt, damit habe sich alles zum Besseren gewendet, der sieht sich getäuscht. Die Chefs in den Betrieben sind noch immer die alten, die Denkweisen auch, äußerlich durch ein paar flotte Sprüche verbrämt.

Indessen ist die Zeit des Nur-Abwartens inzwischen doch vorbei. In Übereinstimmung mit dem zentralen Runden Tisch hat noch die Regierung der DDR unter Krenz am 1. März 1990 eine Verordnung erlassen, die vorsieht, daß alle Kombinate, Betriebe und Einrichtungen sowie wirtschaftsleitende Organe in Kapitalgesellschaften umzuwandeln sind, wobei *als konkrete Form Aktiengesellschaften oder die GmbH vorgesehen werden.*

Nun sind die Betriebe der DDR aber Volkseigene Betriebe und haben mithin keine Kapitalgeber oder Aktionäre. Bis zur Klärung jedes einzelnen Falles wird deshalb am 15. März 1990 die Institution der Treuhandanstalt geschaffen, welche die Verwaltung und Umwandlung des Volkseigenen Vermögens übernimmt. Im Beschluß der DDR heißt es weiter[5]:

Mit Wirkung vom 16. März 1990 sind die derzeitigen Leiter der Betriebe, Generaldirektoren und Betriebsdirektoren mit der Wahrnehmung der Aufgaben zur Umwandlung der volkseigenen Kombinate und Betriebe beauftragt.

Ob sich da nicht der Gedanke an den Bock aufdrängt, den man zum Gärtner gemacht hat?

Die gleiche Vorstellung haben wohl auch Vertreter der Mitarbeiterschaft, die im WERFT-ECHO[6] zu Wort kommen:

KOLLEGEN, SEID WACHSAM!

Was gestern noch richtig war, steht heute in Frage.

Zur Zeit ist die Situation in den Leitungsstrukturen der Gewerkschaft (und da kann man die IG-Metall nicht ausschließen) durch eine hochgradige Konzeptionslosigkeit gekennzeichnet. Während sich die Betriebs- und Kombinatsleitungen nicht zuletzt aufgrund des Wahlergebnisses vom 18. März sehr schnell mit Unterstützung westdeutscher Unternehmer- und Finanzberaterstellen neu profilieren (leider nicht mit neuen Gesichtern), treten wir Gewerkschafter auf der Stelle und erwarten die Dinge, die auf uns zukommen.

Und was wird auf uns zukommen, speziell auf uns in der Neptunwerft?

Herr Begemann, der auch in Zukunft unser Betriebsdirektor sein wird (bleibt die Frage: Durch wen legitimiert?), ist da sehr aktiv:

– *Am 6. April wird der Unternehmerverband Nord gegründet.*

– *Bis 30. Juni erfolgt durch die im Betrieb tätigen Unternehmensberatungen Hamburg und Wirtschaftsprüfung Bremen die Beschlußvorbereitung zur Gründung einer NW-Aktiengesellschaft.*

– *Diese AG soll ab 1. September arbeitsfähig wirksam werden.*

Propellerwelle für MPC „Neptun 900" (461)

Präzisionsarbeit mit schweren Brocken: Beim 1. MPC „Neptun 900" (461) wird hier von den Mitarbeitern des Kollektivs Ziemehl die Propellerwelle eingeführt. Konzentration und fachliches Können werden da verlangt. Schließlich geht es um Qualitätsarbeit. Text und Foto: Fiete Senk

Abb. 5 *WERFTECHO vom 6. April 1990*

Abb. 6   *Hier wächst Nr. 462 vom Typ MPC-900 heran* (PROSPERITY). *(Foto: Hückstädt, März 1990)*

– Struktur des Aufsichtsrats sichert das Mitbestimmungsrecht der Arbeitnehmer durch vier gewählte Vertreter (Vorschlag der Betriebsleitung).
  Das sind nur einige bekanntgewordene Fakten. UNBEKANNT BLEIBEN BISHER ALLE FRAGEN DER SOZIALEN ABSICHERUNG, z.B. eine Konzeption zur Sicherung der Arbeitsplätze.
  Nur zu deutlich spricht aus diesen Zeilen die Befürchtung, wieder im alten Stil über den Tisch gezogen zu werden, diesmal noch verstärkt durch das Gefühl der eigenen Unterlegenheit und Uninformiertheit. Mit im Bunde scheint dabei die westdeutsche Wirtschaft zu sein. Hier tritt latent bereits die Befürchtung auf, die später im Begriff des »Plattmachens« gipfelt.
  Der Generaldirektor sieht sich veranlaßt, öffentlich zu den drängenden Fragen Stellung zu nehmen. *KLARER KURS FÜR UNS IM SCHIFFBAU – GENERALDIREKTOR JÜRGEN BEGEMANN STELLT SICH NOCH EINMAL DER BELEGSCHAFT WÄHREND EINER FRAGESTUNDE – ES GIBT KEINEN ANLASS FÜR SOZIALE ÄNGSTE – MARKTLAGE STABIL.* So lautet der Aufmacher des Interviews.[7] Direktor Begemann erläutert, er habe
– Arbeitsgruppen zur inhaltlichen Vorbereitung der Umwandlung und Entflechtung des Kombinats und zur inhaltlichen Neuprofilierung und Strukturierung (Originalformulierung Begemann) berufen.
– Die Arbeitsgruppe zur Umwandlung des Kombinats werde von ihm persönlich geleitet.
– Alle Betriebe und Bereiche hätten sich dafür ausgesprochen, den jetzigen Kombinatsverband Schiffbau zu erhalten und in einer sog. Holding-Gesellschaft zusammenzufassen. Als Rechtsform halte man dabei eine Aktiengesellschaft für zweckmäßig, die evtl. den Namen »Deutsche Schiffbau- und Maschinenbau AG« erhalten werde.
– Für die Umsetzung dieser Beschlüsse schlage man vor, dies zum 1. Juni 1990 abzuschließen, d.h. vor der geplanten Wirtschafts- und Währungsunion. Der Grund für diesen Termin sei

unter anderem, daß die erforderliche Abschluß- und die anschließende Eröffnungsbilanz noch in Mark der DDR durchgeführt werden könne. Dabei hätte man die Möglichkeit, frühere Kredite, also sog. Altlasten, bei der Währungsunion zum Ausgleich bzw. zur Aussonderung vorzuschlagen.
– Man könne dann am Stichtag der Währungsunion mit umbewertetem Vermögen auftreten. Zu diesem Zweck sei seit einigen Wochen die Wirtschaftsprüfungs- und Steuerberatungsgesellschaft Fides und das Rechtsanwaltsbüro Scherzberg und Undritz für das Kombinat tätig.

Begemann erläutert dann die Struktur von Vorstand und Aufsichtsrat der neuen Aktiengesellschaft. Er erklärt, daß die Neptunwerft selbst unter Leitung des bisherigen Direktors für Produktion, Reinhard Straub, in eine Kapitalgesellschaft umgewandelt werde, die »Schiffswerft Neptun AG« heißen solle.

Zur Frage der Sicherheit der Arbeitsplätze sagt Begemann[8]:

Die wirtschaftlichen Interessen des Kombinats, jeder Werft und der Betriebe müssen in Übereinstimmung gebracht werden mit denen ihrer Belegschaft. Dabei steht die Sicherung der Arbeitsplätze vorne an.

Ein Gesundschrumpfen kommt für uns genauso wenig in Frage wie der Ausverkauf unserer Werften und Betriebe. Alle hier im Umlauf befindlichen Zahlen über angebliche Entlassungen entbehren jeglicher Grundlage. Das muß ich hier nochmals ganz deutlich erklären. ich wiederhole an dieser Stelle nochmals meine grundsätzliche Haltung zu dieser Problematik: Ich lehne es ab, Effektivität über Entlassungen zu erreichen. Dieser Weg steht für mich auch im Zusammenhang mit der Entflechtung des Stammbetriebes nicht zur Diskussion.

Das ist natürlich, was die Belegschaft hören will; ob sie es glaubt, ist eine andere Frage. Begemann schränkt allerdings ein, daß es im Rahmen von Umstrukturierungen zukünftig

Abb. 7 *Kennzeichnung eines Wahl-Lokals an Bord eines Schiffes. (Foto: Hückstädt, März 1990)*

Positionspapier

Am Mittwoch dieser Woche übergab Generaldirektor Jürgen Begemann auf einer Pressekonferenz den Medien das Positionspapier des Verbandes für Schiffbau und Meerestechnik zur „Stellung der deutschen Werften im internationalen Wettbewerb".

Das Positionspapier fußt auf einer gemeinsamen Analyse des deutschen Schiffbaus prognostiziert die Nachfrage im Weltschiffbau bis zum Jahre 2000, informiert über die Auslastung der Kapazitäten und stellt Selbsthilfemaßnahmen der Werften sowie staatliche Maßnahmen zur Zukunftssicherung der Werften vor. Es veranschaulicht zugleich die Notwendigkeit staatlicher wirtschaftspolitischer Regelungen.

Dieser Standpunkt wurde am 15. Mai auch den Regierungen der DDR und BRD zugeleitet.   Redaktion

Abb. 8 *WERFTECHO vom 18. Mai 1990*

Wie die Situation in der Reparaturabteilung **WRF** des Fischkombinates seit geraumer Zeit ist, darüber informierte Generaldirektor **Jürgen Begemann** auf der Belegschaftsversammlung vor Ostern im Klubhaus:

„**Aufgrund der Reduzierung der Fischerei-Flotte und des Rückganges von Reparaturen erklärte das Fischkombinat ohne vorherige Ankündigung, daß unsere Reparaturkapazität am Standort Marienehe nicht mehr benötigt wird. Anfallende Hafenreparaturen sollen künftig mit eigenen Kräften ausgeführt werden. Diesen Standpunkt des Fischkombinates, der für uns weitreichende Konsequenzen nach sich zieht, haben wir aus der Betriebszeitung des Fischkombinates zur Kenntnis genommen. Ich halte eine solche Arbeitsweise für untragbar, was ich auch dem GD des Fiko deutlich gesagt habe. Das bedeutet, daß die dort tätigen Kolleginnen und Kollegen schrittweise in diesem Jahr in die Hauptwerft überführt und sinnvoll in den Produktionsprozeß eingegliedert werden müssen.**

Abb. 9 *WERFT-ECHO vom 27. April 1990*

Abb. 10 BAGERMEYSTER GRUSCHIN *am Ausrüstungskai. (Foto: Hückstädt, März 1990)*

Abb. 11 *Hebeschiff* KIL 143 *an der Werft in Ausrüstung (über die Nr. besteht Unklarheit, da sie zwar an der Bordwand zu lesen ist, in der Ablieferungsliste aber nur 148 auftaucht). (Foto: Hückstädt, März 1990)*

auch nicht mehr benötigte Arbeitsplätze geben werde (das soll schneller kommen, als man denkt). Hier müßten Um- und Weiterbildungsmaßnahmen einsetzen sowie die vom Staat eingeräumten Möglichkeiten des Vorruhestandes genutzt werden. Aber solche Bemerkungen hört wohl nicht jeder.

Aus heutiger Sicht wissen wir, daß dies nichts als eine Beruhigungsrede ist, wobei die Frage offenbleibt, ob Begemann sie wider besseres Wissen hält. Immerhin existiert zu dieser Zeit die DDR noch, ist die Zukunft ungewiß.

Zu seinem Namensvorschlag für die neue Holding ist anzumerken, daß dies genau der Name der in den zwanziger Jahren von der AG-Weser in Bremen aus gegründeten DESCHIMAG ist, einer Gesellschaft, die damals neben anderen Werften auch die marode AG-Neptun aufkaufte, um sie stillzulegen. Nur um Haaresbreite entging sie diesem Schicksal. Erst Hinweise aus dem Mitarbeiterkreis machen Herrn Begemann auf diesen Mißgriff aufmerksam, dessen Omen einer Katastrophe gleichgekommen wäre. Durch Vertauschung der Begriffe »Schiffbau« und »Maschinenbau« bringt man die Sache mehr schlecht als recht in Ordnung.

Nun wird alles davon abhängen, ob der Betrieb in Zukunft gefüllte Auftragsbücher hat, um für alle Beschäftigten Arbeit zu beschaffen, von der Rentabilität nicht zu reden.

Klaus Woldtmann, Abteilungsleiter Schiffselektrik:
Nur Qualität und Termintreue sichern unsere Arbeitsplätze
Abb. 12

Helmut Eggers, Abteilung WFT:
Wir Takler halten Wort

Auch in schwierigen Situationen beim Bau von Schiffen — wie bei der Fertigstellung von Bagger 117 — halten wir Takler Wort und Termine. Unser Kollektiv hat schon immer klare Vorstellungen von der Arbeit und vom Schaffen von Werten gehabt. Wir meinen, gerade jetzt ist Leistung entscheidend.

Aus diesem Grunde konnte das Auftakeln der Eimerleiter des Baggers 117, die Vorbereitung zur Probefahrt, die Probefahrt selber sowie das Abtakeln der Eimerleiter in kürzester Zeit vollbracht werden.

Abb. 13

Direktor Reinhard Straub auf der Mai-Planinformation:
Zeitsoll ist erfüllt

Kräftig angepackt in den letzten Wochen haben die Mitarbeiter des Schiffsneubaus — und nicht nur sie! Was dabei herauskam, verkündete Reinhard Straub, Stellvertreter des GD und Direktor für Produktionsdurchführung, auf der Mai-Planinformation am 9. Mai in der Werftkantine: Der Plan im April wurde mit 119,7 Prozent erfüllt. Damit ist ein Jahresanteil von 32,8 Prozent geschafft. Erstmals wurde das Zeitsoll erfüllt!

Zweifellos ein Resultat zielstrebiger Arbeit in der Produktion und Produktionsvorbereitung, das Anerkennung verdient. Besonders der Schiffsneubau hat den Plan weit überboten. Lesen Sie auch Seite 4/5. Red.

Abb. 14

Gerade hier zeichnen sich jedoch schon zukünftige Probleme ab. Die Werft baut ja nicht nur neue Schiffe, sie hat auch einen großen Reparatursektor, dazu eine Reparaturzweigstelle in Gehlsdorf, die hauptsächlich für die Volksmarine arbeitet, und einen Reparaturstützpunkt im Fischkombinat in Marienehe. Bei den Reparaturauftraggebern, der Deutschen Seereederei, der Volksmarine und dem Fischkombinat, stehen aber ebenfalls große Veränderungen ins Haus. Die Seereederei wird sich in den nächsten Monaten von einem großen Teil ihrer veralteten Tonnage trennen (und gerade die ist ja besonders reparaturträchtig), die Volksmarine befindet sich in Auflösung, und das Fischkombinat sieht gleichfalls seinem Ende entgegen.

Und dann gibt es immer wieder Schwierigkeiten von der für die Planwirtschaft typischen Art, wo sich Neubauten vielleicht planen lassen, aber die Flexibilität bei plötzlich auftretenden, nicht eingeplanten Umständen einfach nicht vorhanden ist. Im Reparaturstützpunkt beim Fischkombinat sieht das so aus[9]:

Probleme mit der Termineinhaltung bei Schiffsreparaturen in der Zweigstelle Fischkombinat gibt es nach wie vor. Woran liegt das, wollten wir (die Zeitungsredaktion) wissen und fragten Hannes Rüdiger, Hauptabteilungsleiter Schiffsreparaturen:

*Das kann ich leicht beantworten (sagt dieser). Zum Beispiel müßten wir jetzt mit Hochdruck auf ROS 331 (*LUDWIG TUREK*) arbeiten. Das Schiff hat den Fertigstellungstermin 28. Mai.*

Wir können jedoch nicht arbeiten, weil die Neptunwerft einen enormen Verzug bei der Durchführung ihrer Schiffbauarbeiten hat. Hinzu kommt, daß das Schiff eine extrem lange Dockliegezeit in Anspruch genommen hat. Wir wissen also heute schon, daß der Termin nicht realisierbar ist und trotzdem können wir nicht darauf arbeiten. Das gilt für unsere eigene Werkstatt. Denn erst wenn die Werft mit ihrer Arbeit fertig ist, können wir mit den Elektrikern, Hydraulikern, der Baaderwerkstatt usw. einsteigen.

So ist in der letzten Zeit eine recht komplizierte Lage entstanden, weil wir einmal soviel Arbeit haben, daß wir viele Überstunden machen müßten und kurze Zeit später ist die Situation da, daß wir Arbeit suchen und für andere Bereiche, z.B. an Land, arbeiten müssen, weil wir, wie angeführt, auf ROS 331 nicht arbeiten können.

Im Rahmen der Umstellung ist entschieden, daß solche Großreparaturen wie bisher nicht mehr durchgeführt werden, weil sie ökonomisch nicht vertretbar sind.

Kann man die »objektiven« Schwierigkeiten der Werft eindringlicher schildern?

Greifen wir den Ereignissen etwas voraus und melden wir gleich an dieser Stelle, daß die Tage dieses Stützpunktes gezählt sind[10]:

Fischfang Rostock hat den Vertrag über die Nutzung seiner Anlagen durch die Neptunwerft im Territorium des Fischfang Rostock aufgekündigt und hält dies auch weiterhin aufrecht. Die Auftragssituation ist so, daß von uns nach der geplanten Ablieferung des Objektes 331 am 20. Juli nur noch am Objekt 333 [EHM WELK] Reparaturleistungen zu erbringen sind, die im August abgeschlossen werden.

Dementsprechend fordert Fischfang Rostock, daß die Neptunwerft den Reparaturstützpunkt ab September auflöst. Die Grundflächen und Kais werden vom Fischfang Rostock für die Neubildung von vier Betrieben benötigt, die aus dem ehemaligen Fischkombinat hervorgehen.

Aber auch im Zweigbetrieb in Gehlsdorf läuft nicht alles so, wie es sein soll, und auch hier sind es die kurzfristigen Veränderungen und Abweichungen vom Plan, die alles durcheinander bringen[11]:

Im Bereich IV-Gehlsdorf der Werft wird seit über zehn Jahren für den Schiffstyp 89 die Außenhaut-Unterwasser-Linie-Reparatur durchgeführt. Dafür wurde ein Festpreis vereinbart. Dabei wird das Schiff aufgeslipt und – als Hilfe für die Entrostung etc. – mit einer Stellage versehen.

Jeder, der an der Reparatur beteiligt ist, kennt Aufgabenbereich und die zeitliche Reihenfolge der Arbeiten. Durch dieses Zusammenspiel aller Beteiligten ergaben sich Möglichkeiten zur Einsparung an Arbeitszeit und Material. Es konnte somit nur durch witterungsbedingte Einflüsse zu Störungen im Reparaturablauf kommen.

Am 13. Juni wurde Objekt 89/104 aber im Dock aufgelegt! Zu diesem Zeitpunkt waren alle Aufträge geschrieben und das benötigte Material durch WRV errechnet. Jeder im Reparaturbereich Beschäftigte weiß, daß Dockkosten höher liegen als Slipkosten. Jetzt kommt zusätzlich die technologische Umsetzung der Aufträge durch WRRV. Laut dessen Aussage sind die errechneten Arbeitszeit- und Materialwerte kaum für die Hauptwerft nutzbar, da dort dieser Schiffstyp bisher nicht repariert wurde.

Es müssen Abdeckungen für spezielle Baugruppen erst gebaut werden, welche im Bereich 4 lange genutzt werden. Die Pallungen müssen im Dock extra angepaßt werden. Zusätzlich kommt eine Fremdfirma zur Entrostung der Außenhaut zum Einsatz. Diese Arbeiten werden aber nicht für ein Dankeschön und den normalen Werftlohn erledigt!

Für die Schiffbauer auf der Neptunwerft geht die Arbeit trotz aller Diskussionen und Ungewißheiten weiter.

Am 16. Februar 1990 läuft als erstes MPC-900-Schiff die Baunummer 491 vom Stapel und wird auf den Namen SERENITY getauft: Auftraggeber ist die Tucker International Maritime

So, wie's ist, wird's nicht mehr bleiben

Neue Maßstäbe, Wertvorstellungen, Wünsche / Herrscht Ruhe vor dem Sturm?

In den Protokollen der Kollektive zum „Plan '90" standen manche Themen schon zum soundsovielten Male auf dem Papier. Alle Jahre wieder. Das nervte. So wurden viele Forderungen Mitte 1989 entsprechend aggressiv aufgeschrieben oder in solcher Weise vorgetragen...

Monate sind seitdem vergangen. Alle bisherigen Maßstäbe, Wertvorstellungen und Wünsche bekommen andere Dimensionen, müssen neu durchdacht werden. Genau das haben wir vor. Diesmal geht es um die Kantinenversorgung, der wir in unserer Werft den Nerv fühlen wollen. Ein sehr sensibler Bereich in der Vergangenheit, wie wir wissen. Die nicht funktionierende Planwirtschaft hatte auch zu Deformierungen in Handel und Versorgung geführt. Und die gipfelt heute immer noch zum Teil in umfangreichen Warensortiments- und Dienstleistungslücken. Wir beobachten aber auch eine Abwartehaltung, das Verharren darin und weiteren Rückgang in der Attraktivität auf der Strecke Pausenangebot. Oder sehen wir uns der sogenannten Ruhe vor dem Sturm gegenüber, wenn der große Boom einsetzt und bundesdeutsche Anbieter uns mit leckerer Pausenversorgung zuschütten?

Abb. 15   WERFTECHO vom 11. Mai 1990

Wirtschaftsverbund mit großem Potential:
DMS und ihre 24 Unternehmen

Eine Konzernholding mit 24 Tochterunternehmen wurde — wie „Werftecho" vorige Woche berichtete — mit Wirkung vom 1. Juni 1990 gebildet.

Diese tritt in der Gesellschaftsform einer Aktiengesellschaft unter dem Namen Deutsche Maschinen- und Schiffbau AG mit 24 selbständigen GmbH auf dem nationalen und internationalen Markt auf.

Unsere Übersicht zeigt die 24 Tochterunternehmen der DMS:

1. Warnowwerft GmbH
2. Volkswerft GmbH
3. Mathias-Thesen-Werft GmbH
4. Schiffswerft „Neptun" GmbH
5. Peene-Werft GmbH
6. Dieselmotorenwerk Rostock GmbH
7. Kühlautomat Berlin GmbH
8. Maschinenbau Halberstadt GmbH
9. Schiffselektronik Rostock GmbH
10. KGW Schweriner Maschinenbau GmbH
11. Elbewerft Boizenburg GmbH
12. Gießerei und Maschinenbau Torgelow GmbH
13. Schiffswerft Rechlin GmbH
14. Isolier- und Klimatechnik Schiffbau GmbH
15. Dampfkesselbau Dresden-Übigau GmbH
16. Schiffsanlagenbau Barth GmbH
17. Roßlauer Schiffswerft GmbH
18. Informationssysteme und DV-Consulting GmbH Rostock
19. Schiffscommerz GmbH
20. Schiffswerft Oderberg GmbH
21. Ingenieurtechnik und Maschinenbau GmbH
22. Schiffbau-Versuchsanstalt Potsdam GmbH
23. Institut für Schiffbautechnik und Umweltschutz GmbH
24. Ingenieurzentrum Schiffbau GmbH

—red.—

Abb. 16   WERFTECHO vom 22. Juni 1990

Lohnzahlung für Juni 1990

Auf der Grundlage eines entsprechenden Ministerrats-Beschlusses ist für die Lohnzahlung nicht der Termin der Fälligkeit entscheidend, sondern der Zeitraum, in der die Leistung erbracht wurde.

Das heißt: Löhne, die vor dem 1. Juli 1990 erarbeitet wurden, sind als Abschlagszahlung vor Umstellung der Währung in Mark der DDR zu zahlen.

Zwischen der Betriebsgewerkschaftsleitung und der Geschäftsführung wurde vereinbart, einen Abschlag in Höhe von insgesamt 90 Prozent Nettoverdienst zu zahlen. Auf diese 90 Prozent wird der am 14. Juni 1990 gezahlte Abschlag angerechnet.

Kontoüberweisungen erfolgen zum 26. Juni 1990, Bargeldauszahlungen am 27. Juni 1990 ab 6.45 Uhr im Lohnbüro. Dieses Prinzip der Abschlagszahlung wird für die folgenden Monate beibehalten.

Veränderungen für die Gehaltszahlung sind nicht erforderlich, da für Angestellte schon immer eine Abschlagszahlung für den laufenden Monat erfolgte.

Geschäftsführung

Abb. 17   WERFTECHO vom 22. Juni 1990

Ltd. aus Monrovia, Liberia. Das Schiff verfügt über zwei Ladedecks sowie über 1038 TEU-Containerplätze und kann Stückgut, Getreide, Schüttgut oder größere Ladungsteile transportieren.[12] Als erster Bau einer neuen Schiffsserie ist dieser Stapellauf ein besonderes Ereignis.

Nach nur fünftägiger Probefahrt übernimmt am 27. April 1990 der sowjetische Auftraggeber den See-Eimerkettenschwimmbagger BAGERMEYSTER GRUSCHIN (Bagger 117). Der Flaggenwechsel muß allerdings um einige Tage aufgeschoben werden, weil Öl-Lecks am Oberturasgetriebe Sondermaßnahmen erforderlich machen. Die nicht gesicherte Anlieferung der Vortauwinde und der durch Leichtsinn und Mißachtung der Vorschriften beim Schweißen an Bord entstandene Brand im Stb-Eimerleiterwindenraum hatten die Einhaltung des Ablieferungstermins eigentlich unmöglich gemacht. Er wird aber dennoch geschafft.

Am Werftkai wächst unterdessen die riesige Aufbautensektion für den ersten MPC (Nr. 461) wie ein mehrstöckiges Gebäude heran. Daß dieser Aufbau zum vorgesehenen Termin am 26. Mai fertig wird, dafür setzen die Schiffbauer ihre Werftarbeiterehre ein.[13]

Vom 2. bis 25. April führt MS EICHENWALDE Havariereparaturen durch. Die Werft steht hier erstmals in internationaler Konkurrenz mit polnischen und westdeutschen Firmen. Das Neptun-Angebot liegt in Preis und Zeit 20% unter denen der Konkurrenz.[14] Ob dabei noch Geld verdient wird, vermerkt das WERFTECHO nicht.

Beim Hebeschiff Nr. 148 muß bis zum 18. Mai die Hauptschalttafel angeschlossen sein, während beim Bagger Nr. 118 die Eimerleiterwinden bis zum 26. Mai an Ort und Stelle sein sollen. Für den dritten MPC-Bau (Nr. 463) wird der Kiel-Doppelboden bis zum 30. Mai gestreckt.

Ende Mai macht der sowjetische Trailerfrachter NIKOLAI TSCHERNYSCHEWSKI am Reparaturkai fest; fast um die gleiche Zeit vervollständigt das Heckportal den Rumpf der Nr. 462 (MPC-900).[15] Daneben gibt es noch eine Anzahl weiterer Reparaturschiffe, die nicht einzeln aufgeführt werden sollen.

So geht das Arbeitsleben trotz drängender Probleme weiter, und die Werftleitung tut alles, um ein Gefühl ungebrochener Zuversicht und Kontinuität auszustrahlen. Das ist auch gut so, aber die Kontinuität ist die der alten Zeit – in den Köpfen sitzt noch immer das Prinzip »Masse statt Klasse«. Man meint immer noch, einen Plan zu erfüllen, mit hohen Produktionsstückzahlen irgend jemanden »versorgen« zu müssen. Die Zeit wird natürlich als wichtiger Faktor hervorgehoben, nie aber das Geld, welches verdient werden muß. Für die Löhne nämlich, hat Jürgen Begemann verkündet, besteht uneingeschränkte Sicherheit, denn die betreffenden Beträge seien für 1990 eingeplant und zugewiesen. Allein diese Äußerung zeigt, wie sehr das Denken noch in alten Schemata abläuft.

Auch der alte Stil der bestellten Mitarbeiteräußerungen und Selbstverpflichtungen steht noch in schönster Blüte, wie einige Ausschnitte des WERFTECHOS vom April 92 zeigen.

140 Jahre Eisenschiffbau in Rostock

Neptunwerft weltoffen und zukunftszugewandt

Hohe Ehre, Anerkennung

Von Reinhard Straub, Geschäftsführer Schiffswerft „Neptun" GmbH Rostock

Abb. 18   *WERFTECHO vom 29. Juni 1990*

Nicht mehr seinen alten Gang geht es hingegen im Bereich der Kantine und der Pausenversorgung, wie man das hier nennt, wo alles und jeder »betreut« oder »versorgt« wird und trotzdem alles quer läuft. Im WERFTECHO[16] bricht sich der Unmut der Mitarbeiter Bahn, werden viele neue Vorschläge gemacht *(So wie es ist, kann es nicht bleiben!)*:
Kiosk in Schiffbauhalle während der Mittagszeit öffnen! (Auskunft: Die Schließung steht im Zusammenhang mit dem Umbau der Halle).
Getränkeversorgung an Bord ist an warmen Tagen ein Problem! (Auskunft: Hygiene sperrte verunreinigte Thermophore. Neue Getränkestützpunkte in Arbeit, danach Aufstellung. Problematisch bleibt die Trinkbechersituation).
Ein Unding! – Kollegen arbeiten den ganzen Tag an Bord mit Eßbesteck in der Hosentasche, denn die Pause ist zu kurz, um Bestecke aus Umkleideschrank zu holen. (Auskunft: Ausleihdienst für Bestecke geht nicht. Es würden zwei Planstellen gebraucht. Alu-Besteckproduktion ist in der DDR eingestellt. Und überhaupt, man sieht nicht ein, daß Kollegen ihre eigenen Bestecke nicht mitbringen wollen. Schließlich machen es andere auch.
Man könnte Bände füllen mit all diesen Dingen, die immer wieder Zeit rauben und die Energien der Menschen im Vaterland der Werktätigen bis zur Erschöpfung strapazieren.
Zum Ausgleich finden auch in diesem Jahr in den Maitagen wieder die nunmehr 21. Betriebsfestspiele statt. *HÖHEPUNKT KULTURELL-SCHÖPFERISCHER INITIATIVEN UNSERER VOLKSKUNSTKOLLEKTIVE* – das ist das Motto. Dazu das Zitat[17]: *Der Tag des Werftarbeiters im Rostocker Zoo wurde für viele unserer Werftangehörigen zu dem erwarteten schönen Erlebnis...* Was macht da schon das Eßbesteck in der Hosentasche!
Doch der Ernst der Situation läßt sich nicht verdrängen. Am 16. Mai wird eine »Vereinbarung zur Gewährleistung der sozialen Sicherheit für die Angehörigen des VEB Schiffswerft Neptun, Stammbetrieb des KSR« zwischen dem Generaldirektor und der Betriebsgewerkschaftsleitung unterzeichnet.[18] Damit ist die Katze aus dem Sack.
Entlassungen werden nunmehr nicht mehr »abgelehnt«, wie einstmals von Jürgen Begemann zu hören, sondern es ist nur noch *das gemeinsame Bestreben von Unternehmensleitung und Gewerkschaft, möglichst* allen Werktätigen den Arbeitsplatz zu erhalten. Anschließend werden alle denkbaren Möglichkeiten von Umschulung, Umsetzung, Überbrückung, Frühpensionierung, Entlassung, Abfindung und dergl. geregelt. Die harten Tatsachen haben die Neptunwerft eingeholt.
Weiter geht es mit der Schaffung von Fakten, als nun am 1. Juni 1990 die schon angekündigte Konzernholding tatsächlich gegründet wird, die das bisherige Kombinat Schiffbau ersetzen soll. Die Holding bekommt den Status einer Aktiengesellschaft und heißt »Deutsche Maschinen- und Schiffbau AG«, während die Neptunwerft wie alle anderen ehemaligen Kombinatsbetriebe in Zukunft als GmbH firmieren wird.[19]
So richtig deutlich werden die neuen Verhältnisse aber erst am 1. Juli 1990, dem Tag der Wirtschafts- und Währungsunion. Hatte man bisher in einer Phase des Abwartens, auch des Hoffens gelebt, so kommen die Ereignisse jetzt mit elementarer Wucht auf die Menschen zu. Jetzt erst merkt so mancher, wie sein Leben sich schon geändert hat und noch weiter ändern wird. Von nun an spielt nicht mehr der Plan, sondern das Geld die bestimmende Rolle. Aber dieses Geld wird nicht mehr von irgendwoher zugewiesen, sondern muß verdient werden.
Im Moment allerdings herrscht noch Euphorie. Endlich »Westgeld«! Die Sparkasse richtet an verschiedenen Plätzen in der Werft zusätzliche Auszahlungsstellen ein, die ganz ungewohntes Tempo und ungewohnte Öffnungszeiten an den Tag legen: *Wir bitten, daß nicht unbedingt alle bereits um 8 Uhr erscheinen,* läßt sie bekanntgeben.[20]
Eine Veröffentlichung der Geschäftsleitung macht gleichzeitig deutlich, daß ein Lohnzahlungstermin Anfang Juli für den zurückliegenden Monat Juni 1990 keineswegs zur Auszahlung in D-Mark führt.[21] Ebensowenig kann man einen kleinen Trick durch Kaufen von Essen-

marken auf Vorrat gegen Mark der DDR landen – diese Essenmarken verlieren am Stichtag ihre Gültigkeit.

Noch ist das neue Geld nicht richtig in den Händen der Menschen warm geworden, da werden sie auch schon mit den neuen Steuerbestimmungen und Sozialversicherungsabzügen bekanntgemacht, ebenso natürlich mit Kindergeld, Wohngeld, Arbeitslosenunterstützung und all diesen Dingen. Mancher verbringt wohl damit mehr als eine schlaflose Nacht.

Doch es geht weiter – es erscheint eine »Information zur weiteren Finanzierung der in den BKV (Betriebskollektiv-Verträgen) vereinbarten Leistungen«.[22] Darin geht es fast nur um Kosteneinsparungen und Preiserhöhungen:
– Für Betriebsferienplätze steigen die bisherigen Preise um das Anderthalbfache.
– Die Unkostenbeiträge für das Betriebsferienlager verdoppeln sich.
– Für Kindergärten allerdings gilt die »Verordnung über die Aufrechterhaltung von Leistungen betrieblicher Kindergärten, polytechnischer und berufstechnischer Einrichtungen«, von der Regierung Modrow noch am 6. Juni 1990 auf den Weg gebracht. Das bedeutet an dieser Stelle wohl für den Moment keine Preissteigerung.
– Die Mieten für Wohnheime bleiben bis zum Jahresende unverändert (aber danach?).
– Für Finanzierung kultureller und sportlicher Einrichtungen sind ab 1. Juli 1990 keine Zuschüsse mehr möglich. Sie müssen sich selbst finanzieren. Evtl. Vermietung von Einrichtungen und Kostenreduzierung gehören dazu.
– Pro Werksessen wird Betriebsangehörigen ein Zuschuß von 1,50 D-Mark gewährt.

Was nützt es da schon, wenn das Werk in diesen Tagen das eingangs erwähnte Jubiläum von »140 Jahren Eisenschiffbau« begeht[23] und der Generaldirektor seiner Belegschaft gratuliert? Jetzt kommen auch andere Dinge an den Tag. Hatten die bisherigen Ereignisse sich mehr oder weniger in der Werft und in Rostock abgespielt, so nimmt nun mehr und mehr die auswärtige Presse von der Lage der ostdeutschen Werftindustrie Notiz. Und da erfährt man, daß die Neptunwerft ebenso wie die gesamte Werftindustrie in den letzten Monaten vor der Wirtschafts- und Währungsunion Aufträge nur so gescheffelt hat. Die Auftragsbücher sind für längere Zeit gefüllt.

Arbeit gibt es in Hülle und Fülle – Aufträge sichern Arbeitsplätze, schreibt das WERFT-ECHO am 20. Juli 1990. Das klingt vielen wie Musik in den Ohren – was macht die Ostseewerften auf einmal so attraktiv? Das Geheimnis ist schnell gelüftet[24]; die Angebote liegen im Preis rund 20% unter denen bundesdeutscher Werften. Kein Wunder, daß die Besteller zugreifen.

Der Haken daran ist, daß von einer Kostendeckung (von Gewinn ganz zu schweigen) bei diesen Aufträgen keine Rede sein kann. Die ostdeutschen Werften bauen Schiffe nicht billiger als die westdeutschen, im Gegenteil. Selbst Jürgen Begemann räumt eine um 30 bis 40% niedrigere Produktivität in der ehemaligen DDR ein.[25] Schon am 8. Juni[26] hat Reinhard Straub, der schon genannte Direktor Produktion und jetzige Neptun-Geschäftsführer, ebenfalls derartige Rückstände zugegeben: *Bis 1993 sind schrittweise solche materiell-technischen und organisatorischen Voraussetzungen zu schaffen, daß jeder an seinem Arbeitsplatz jeden Tag kontinuierlich acht Stunden arbeiten kann und muß.* Welch ein Ziel!

Doch zurück zu den Auftragsbüchern der Werften. Im Februar 1990 hatte Bundeskanzler Helmut Kohl erklärt, daß Bonn bereit sei, für bestehende Lieferverpflichtungen der DDR geradezustehen. Das war ein Signal in Richtung Sowjetunion gewesen, um dort Befürchtungen vor einer Wiedervereinigung zu zerstreuen. Die Werftenchefs der DDR legen die Kanzlerworte flugs so aus, als bezögen sie sich auf alle Aufträge, die die Werften, gleichgültig zu welchen Konditionen und von wem, vor dem Stichtag der Währungsunion in ihren Büchern haben. Die Differenz in der Kostendeckung fällt dabei natürlich dem Steuerzahler zur Last. Daß es so nicht gehen kann, ist klar. Wir kommen auf den Punkt noch einmal zurück.

Arbeit gibt es in Hülle und Fülle

Aufträge sichern Arbeitsplätze / 21 Schiffe bis 1993 liefern

Zu aktuellen Problemen unseres Werftgeschehens nahm Geschäftsführer Reinhard Straub auf der Juli-Planinformation am Mittwoch voriger Woche Stellung. Hier einige Auszüge:
● Zur Auftragssituation:

Es gibt wohl niemanden unter uns, dem nicht klar ist, daß die weitere Existenz unseres Betriebes ganz wesentlich von der Sicherung unseres Auftragsbestandes abhängt. Deshalb wurden von der Leitung in den zurückliegenden Wochen auch gewaltige Anstrengungen unternommen, um unsere Auftragssituation, insbesondere für den Schiffsneubau, zu verbessern. Auch wenn die westdeutschen Zeitungen uns jetzt beschimpfen, wir hätten diese Verträge zu niedrigen Preisen — unter Wert — abgeschlossen. Für uns ist es wichtig, daß wir mit diesen Aufträgen die Arbeitsplätze sichern.

Per 30. Juni befinden sich folgende Schiffe unter Vertrag:

1 Eimerkettenbagger 118 (Ablieferungstermin unter allen Umständen Dezember 1990)
1 Hebeschiff 148 (Übergabe erste Oktoberwoche)
12 MPC „Neptun 900" (461 Ablieferungstermin Oktober 1990; letzter MPC erstes Quartal 1994)

Wir müssen uns allerdings überlegen, ob wir den Durchlauf der Schiffe des Typs 461 nicht verkürzen, weil wir ja jeder ausrechnen kann, daß wir insbesondere im Jahr 1991 eine Durststrecke im Neubau zu überstehen haben.

Weiterhin sind sieben Containerzubringerschiffe des Typs CFV 600 (481) unter Vertrag. Das erste Schiff 481 ist zu liefern im ersten Quartal 1992 und das letzte im vierten Quartal 1993.

Damit haben wir bis Ende 1993 21 Schiffe auszuliefern.

Es kommt nun darauf an, daß wir die Arbeit richtig organisieren und daß

die Vorbereitung allseitig abgesichert wird. Niemand möge behaupten, wir haben keine Arbeit. Es gibt Arbeit in der Vorbereitung in Hülle und Fülle! Und es ist mit hoher Sorgfalt und mit hoher Qualität an den Vorbereitungsaufgaben durch die Erzeugnisentwicklung und die Materialwirtschaft zu arbeiten.

Durch weitere Sektionsfertigung für die Volkswerft Stralsund (Bereich WFS) soll ein Ausgleich im Schiffbau für den Bagger 120 realisiert werden.

Für die Schiffsreparatur konnten bis zum 30. Juni zusätzlich zu dem bisher durch Ausfall der Inlandaufträge reduzierten Programm Globalaufträge für sieben sowjetische Schiffe geordert werden, die insgesamt noch 1990 abgeliefert werden müssen. Sie machen auch die Mithilfe des Neubaus weitgehend erforderlich. Das erste Schiff kommt am 20. Juli.

Abb. 19   WERFTECHO vom 20. Juli 1990

Abb. 20   Warten – worauf? Dockbelegschaft im April 1991. (Foto: Hückstädt)

Nicht alle Mitarbeiter der Werft sind glücklich über die Veränderungen, die sich so massiv und in so kurzer Zeit ergeben haben. Im Hinterkopf noch die Tage der Wende, argwöhnen sie oftmals, nur wieder von finsteren Kräften betrogen zu werden. Am 6. Juni um 8 Uhr morgens findet in der Halle der Schiffsschlosserei ein Protestmeeting[27] statt:

Die Bedingungen sind noch härter geworden. Und wo wird angefangen? Wieder beim Arbeiter!

Die Produktionssteigerungsrate von 8,6% soll beibehalten werden. Inzwischen liegt sie bei 10%. Unsere Abteilung hat 6,5% abgerechnet. Mehr ist bei unseren konkreten Bedingungen nicht drin!

Wo sind denn die versprochenen Investitionen und die Gelder dafür hingekommen?

Ein wilder Streik ereignet sich am 4. Juli, kurz nach der Währungsunion. Hierzu nimmt Geschäftsführer Reinhard Straub Stellung[28]:

Über unser Verhältnis zur Gewerkschaft der IG-Metall:

Die Vertreter der Gewerkschaft mögen zur Kenntnis nehmen, daß wir alle Mitglied der IG-Metall sind und daß wir uns mit der Gewerkschaftsbewegung seit vielen Jahren tief verbunden fühlen. Als Leiter in diesem Betrieb, und dazu zählen alle Geschäftsführer, Direktoren, Bereichsleiter, Abteilungsleiter, Gruppenleiter und Meister, gehört es aber zu unseren Dienstpflichten, diesen Betrieb wirtschaftlich arbeiten zu lassen und unter den neuen Bedingungen der Marktwirtschaft für den Erhalt unserer traditionellen Werft, für die weitergehende Sicherung der Arbeitsplätze einzustehen.

Der Streik am 4. Juli war nicht legal, denn die Tarifverhandlungen hatten für unseren Raum Mecklenburg-Vorpommern noch gar nicht begonnen oder liefen zumindest auf zentraler Ebene.

Nach BRD-Gesetzgebung und Rechtsprechung – und wir haben die Gesetze der Bundesrepublik ja anzuwenden, also ist das Betriebsverfassungsgesetz gültig – ist jede Arbeitskampfform unzulässig und das von beiden Seiten: Streik von der Gewerkschaftsseite und Aussperrung von der Unternehmerseite.

Ich identifiziere mich, wie schon vor dem Streik gesagt, vom Grunde her mit den Forderungen der Gewerkschaft. Aber klar ist, daß die Arbeitsniederlegungen im Betrieb unser wirtschaftliches Ergebnis gefährden. Deshalb müssen wir solche Arbeitsniederlegungen verhindern.

Wie dünnhäutig man geworden ist, zeigt ein Vorfall in diesen Wochen, als zwei Vertretern der IG-Metall das Betreten des Werksgeländes (zu Recht) versagt wird, als sie unangemeldet an einer Betriebsratssitzung teilnehmen wollen.[29] Die Sache wird sofort in der regionalen Presse mit großem Aufmacher verbreitet, ein Gericht eingeschaltet. Dabei handelt es sich nur um ein allfälliges Kommunikationsproblem.

Aber die ganz großen Ereignisse sind jetzt vorbei. Ganz langsam kehrt so etwas wie Normalität in der Werft ein. Das WERFTECHO hat jetzt nicht mehr so oft wie in den vorangegangenen Wochen Meldungen politischer oder organisatorischer Art abzugeben. Am 10. August veröffentlicht die Zeitung noch einmal die Betriebsvereinbarung zur Vorruhestandsregelung und zu Abfindungen im Falle der Kündigung. Am 1. September werden 175 Lehrlinge in 14 Berufen eingestellt.[30]

Ansonsten befaßt man sich intensiver mit Fragen des Schiffbaus. Neben den Neubauten bringen etliche Reparaturschiffe eine Menge Arbeit. NICHT NUR MÄDCHEN – AUCH SCHIFFE SIND SCHÖN! – Das ist das Motto für den Stapellauf des zweiten MPC-900-Frachters, der am 27. Juli in die längst nicht mehr ganz blauen Fluten der Warnow gleitet.[31] Er wird auf den Namen PROSPERITY (= Wohlstand) getauft, und es ist fast, als habe man diesen Namen auf der Werft ausgesucht – als Programm sozusagen.

Dann geht es weiter mit Reparaturschiffen. So kommen an die Werft:
– der Schwergut-Transporter STACHANOWEZ KOTOW[32];
– der Kühltransporter OSTROW KOTLIN[33];
– das Trailerschiff KOMPOZITOR BORODIN[34], welches 1985 auf der Neptunwerft erbaut wurde;
– der Eimerkettenschwimmbagger GREIFSWALD der BBB.[35]

Schon am 9. Juli ist das Hebeschiff Nr. 147 nach seiner Übergabe an die Sowjetunion ausgelaufen. Nun führt vom 21. August an das Schwesterschiff Nr. 148 seine Probefahrten durch. Bis zum letzten Moment gibt es Probleme wegen der fehlenden Rettungsboote, die von der Schiffswerft Rechlin geliefert werden sollen.[36]

In der monatlichen Planinformation für August[37] wird bekanntgegeben, daß im Reperatursektor und in der Herstellung von Industriekühlschränken die bisher positive Auftragslage sich nicht länger so fortsetzt. Von drei Objekten abgesehen, hat die Volksmarine alle Reparaturaufträge anulliert; die Kühlschränke andererseits finden in Zukunft keine Abnehmer mehr. In beiden Bereichen ist Kurzarbeit angesagt.

Die Werft richtet ihr Augenmerk nun auch auf Möglichkeiten des allgemeinen Stahlbaus. Auf diesem Gebiet gibt es alte Traditionen aus früherer Zeit. So geschah z.B. der Wiederaufbau der Elbbrücke in Wittenberge nach dem letzten Krieg unter Mitwirkung der Neptunwerft. Wo der Schuh aber immer noch drückt, sagt Reinhard Straub in einem Interview[38]:

Frage: *Worin sehen Sie, Herr Straub, die Schwerpunkte in der Arbeit jedes Leiters?*

Antwort: *Um die Überlebenschance der Werft zu sichern, muß sich eine neue Denk- und Verhaltensweise bei allen Leitern und Mitarbeitern vollziehen.*
Gewinnerwirtschaftung muß Denken und Handeln jedes Mitarbeiters bestimmen.
Der Absatz muß hin zu den Kunden. Hier sind unsere Marktaktivitäten noch völlig unterentwickelt.
Insgesamt muß überall straffer und konsequenter geleitet werden.

Das ist deutlich. Aber in der Vergangenheit hat sich die Werft ja auch um Kunden nicht zu sorgen gehabt.

Werftleiter Straub kommt überhaupt nicht zur Ruhe; denn auch in der Arbeitsqualität sind immer wieder Mängel anzuprangern, die sich ein gewinnorientiertes Unternehmen nicht leisten kann[39]:

Reinhard Straub in der Monatsinformation August 1990:
Die Schwerpunkte liegen hier im Schiffbau und der Schweißerei. Bei der Abarbeitung der Sektionen für 463 traten erhebliche Mängel in der Vormontage bei WFA 1 auf, die zu umfangreichen Nacharbeiten führten.
Mängel in der Schweißqualität an den Montageplatten veranlaßten den Auftraggeber, einen erhöhten Röntgenumfang zu fordern. Mehr Qualität durch größere Sorgfalt ist bei der Vorbereitung der Schweißnähte und in der Schweißausführung erforderlich. Mängel wie nichtentfernte Schweißschlacke und -spritzer, einseitige Kehlnähte, Schweißporenketten oder Einbrandkerben sollten mit der Facharbeiterehre jedes Schweißers unvereinbar sein.

In der Presse wird bekannt, daß Eckart van Hooven, Vorstandsmitglied der Deutschen Bank, den Posten des Aufsichtsratsvorsitzenden der DMS übernehmen soll.[40] Vorsitzer des Vorstandes ist einstweilen noch Jürgen Begemann, der als Fachmann unverzichtbar erscheint. Ab Jahresende 1990 wird er dann auf Druck der Gewerkschaft durch Jürgen Krackow ersetzt.[41]

Noch im September wird der Bagger 118 auf den Namen LENINGRAD getauft. Mit diesem Schiff geht die Baggerserie der ostdeutschen Werftindustrie, die bei der Neptunwerft seit 1981 in Fortführung vorangegangener Bauten läuft, zu Ende. Ablieferungstermin ist der 21. Dezember 1990, doch noch im April des folgenden Jahres kann man das Schiff an der Werft sehen – die DMS hat es an die Kette gelegt, weil die Sowjetunion kein Geld hat, um es zu bezahlen. Dieses Problem betrifft jetzt nicht nur die Neptunwerft, sondern die gesamte Werftindustrie der DDR. Damit sind die vollen Auftragsbücher nur noch die Hälfte wert.

Am 3. Oktober 1990 ist es dann soweit, daß die Neptunwerft nicht mehr in der DDR, sondern ganz normal in Deutschland liegt. Das ist zwar ein Grund zur Freude, aber jetzt gelten auch die deutschen Spielregeln für mögliche Subventionen (und auch die EG-Richtlinien).

Die DMS hat inzwischen einen Aufsichtsrat gewählt, dem im Gegensatz zu sonstigen Aufsichtsräten quasi geschäftsleitende Funktionen zukommen; am 16. November hat er sich in Hamburg konstituiert. Vorsitzender ist, wie schon erwähnt, Eckart van Hooven von der Deutschen Bank. Auf der Pressekonferenz gibt Jürgen Begemann die Notwendigkeit von

Personalreduzierungen zu und nennt dafür eine Zahl von etwa 15 000 für die gesamte DMS, die jedoch nicht durch Kündigungen erzielt werden soll. Die Arbeiter in Rostock haben aber sicher noch seine Worte im Ohr, daß er persönlich Rationalisierung durch Stellenabbau ablehne.

Wie auch immer, was jetzt geschehen muß, kann nicht ohne ein Konzept stattfinden, welches die DMS der Treuhandanstalt vorzuschlagen hat, und dieses wiederum ist ohne die noch fehlende DMS-Eröffnungsbilanz und ohne genaue Kalkulationswerte nicht möglich.

Die DMS ist also am Zuge. Es beginnt nun ein großes Pokerspiel um die Zukunft der ostdeutschen Schiffbau-Industrie. An Akteuren fehlt es nicht, als da sind:

- die Geschäftsleitung der Werft;
- die DMS;
- die Treuhandanstalt;
- die Werftbelegschaft;
- die Hansestadt Rostock;
- die Landesregierung Mecklenburg-Vorpommern;
- die Bundesregierung;
- die deutschen Banken;
- die westdeutsche Werftindustrie (etwas verdeckt);
- die EG (im Hintergrund).

Jeder dieser Mitspieler hat seine eigenen Interessen. Werftleitung und Belegschaft bangen um die Arbeitsplätze, die Politiker um Wählerstimmen und die westdeutschen Werften fürchten unerwünschte Konkurrenz.

Ehe noch die DMS ihr Konzept fertig hat, wird die Kontroverse durch ein Gutachten eröffnet, für welches die Kreditanstalt für Wiederaufbau (KfW) in Frankfurt/M. zeichnet und das im Auftrag des Bundeswirtschaftsministeriums erstellt wurde.[42] Dieses Gutachten räumt schonungslos mit weit verbreiteten Wunschträumen und Heiligen Kühen auf. Es befaßt sich mit der technischen Ausstattung, der Produktivität und der zukünftigen möglichen Wettbewerbsfähigkeit der einzelnen Betriebe und kommt zu dem Schluß, daß von den fünf ehemaligen Werften (MTW, Warnow-Werft, Neptunwerft, Volkswerft Stralsund und Peenewerft Wolgast) nach Kapazitätserhöhung und Modernisierung zwei überflüssig sind. Eine davon ist die Neptunwerft, der zwar ein relativ hohes Know how, Flexibilität und Motivation der Mitarbeiter bescheinigt werden, doch sind ihre ungünstige Lage und vor allem die Nähe zur moderner ausgestatteten Warnow-Werft für das Urteil maßgebend.

Das Gutachten schlägt vor, die Vorzüge der Neptun-Belegschaft in die Nachbarwerft einzubringen und zu nutzen; wie das bei einer Addition der beiden Belegschaften gehen soll, sagt es nicht.

Die KfW-Studie setzt sich mit den laufend anfallenden Betriebsverlusten aller Werften auseinander und konstatiert, daß die Kosten die Erlöse bei weitem übersteigen. Dies liegt vor allem daran, daß die erzielten Ergebnisse für Sowjetaufträge durch den Wegfall des Transferrubel-Systems in etwa halbiert werden (von der Zahlungsunfähigkeit der SU ganz abgesehen), zum zweiten aber an den Dumpingpreisen, zu denen sich die Ostwerften kürzlich noch die Auftragsbücher gefüllt haben. Als Beispiel wird ein Containerschiff der Warnow-Werft angeführt, welches auf Dollarbasis für umgerechnet etwa 36 Mio. DM hereingenommen wurde, während der normale Marktpreis etwa bei 40–50 Mio. DM liegt. Die Selbstkosten der Warnow-Werft aber betragen 71 Mio. DM.

Eine solche Subventionierung von fast 50% ist natürlich undenkbar und in der EG nicht gestattet. Die Experten der Studie empfehlen dann auch dringend Nachverhandlungen über die Aufträge oder Stornierung. Gegenüber der Sowjetunion hat die DMS ohnehin ein

See-Eimerkettenschwimmbagger 118 „Leningrad" - der letzte dieses bewährten Typs aus der Neptunwerft für die UdSSR - befindet sich kurz vor der Übergabe. Wie Geschäftsführer Reinhard Straub auf der Dezember-Monatsinformation unterstrich, sollen am heutigen Freitag die Übergabe und am 21. Dezember der Flaggenwechsel sein. Um diese Termine zu halten, wurden von den betreffenden Gewerken und Abteilungen gemeinsam mit der Sowjetischen Bauaufsicht, der Schiffsbesatzung und den Kooperationspartnern in den letzten Tagen alle Anstrengungen unternommen, um die Restpunkte nach der Probefahrt in guter Qualität abzuarbeiten. „Am 20. November war dieses Spezialschiff in gutem Fertigungsstand auf Probefahrt gegangen, die bis zum 26. November durch die hohe Einsatzbereitschaft aller Beteiligten abgeschlossen werden konnte", wertete Reinhard Straub diese wichtige Etappe bei der Fertigstellung des letzten Baggers. Wir wünschen dem neuen Schiff und seiner Besatzung allzeit gute Fahrt sowie eine erfolgreiche Erfüllung aller Aufgaben!

Abb. 21 *Daraus wurde dann leider nichts, das Schiff blieb an der Kette liegen.* WERFTECHO *vom 14. Dezember 1990*

Gomolka ist sauer: Gutachten ist Rufmord

Regierungschef befürchtet Unruhe in der Bevölkerung

Hamburg/Rostock – Krisenstimmung in den Schiffswerften an der Küste Mecklenburg-Vorpommerns. Grund: Das Gutachten der bundeseigenen Kreditanstalt für Wiederaufbau (KfW) in Frankfurt, das die Schließung der Neptun Werft in Rostock und der Peene-Werft in Wolgast empfiehlt.

Abb. 22 *MORGENPOST MECKLENBURG vom 26. Januar 1991*

momentanes Auslieferungsverbot erlassen, dem ja auch der schon erwähnte Bagger LENINGRAD anheimgefallen ist. Kein Geld – kein Schiff!

Das Gutachten erzeugt einen Protest-Sturm von den verschiedensten Seiten *(RUFMORD – GOMOLKA IST SAUER – NEPTUNARBEITER WÜTEND – WIR HANDELN NACH EIGENEN ERKENNTNISSEN [DMS])*. Dabei ist hier nur deutlich ausgesprochen, wie die Lage tatsächlich ist. Welche Konsequenzen daraus zu ziehen sind, bleibt den Verantwortlichen überlassen.

Im Grunde gibt es nur zwei Positionen:
– einerseits: *Die betriebswirtschaftlichen Ergebnisse der vorliegenden Analysen gestatten eigentlich nur die Schlußfolgerung, zum Konkursrichter zu gehen und die Werften zu schließen*[43],
– oder andererseits: *wider besseres ökonomisches Wissen mindestens einen Teil der Arbeitsplätze und Werften auch mit hohen Subventionen zu erhalten, um schlimmste soziale und politische Folgen zu vermeiden.*

Keine Selbstaufgabe durch Werftbelegschaft

Unruhe und Empörung löste das sogenannte Expertengutachten der „Kreditanstalt für Wiederaufbau" aus. Danach soll den Schiffen der Neptunwerft das Wasser unter dem Kiel abgegraben werden. Einheitliche Zustimmung fand der von Detlef Schüler (links), Vorsitzender des Betriebsrates, verlesene Protest an den Aufsichtsrat der DMS. Die anschließende Demonstration der Werftbelegschaft dokumentierte eindrucksvoll, daß sie nicht zur Selbstaufgabe bereit ist.

Text: Red./Foto: Gudrun Bär

Die Neptun-Werft ist keine Konkursmasse

Abb. 23   *WERFTECHO vom Februar 1991*

Die Werftarbeiter reagieren auf das deutliche Aussprechen der nackten Tatsachen mit Arbeitsniederlegungen und Demonstrationen. *Tausende Beschäftigte der Rostocker Neptunwerft blockierten am Freitag für kurze Zeit eine der wichtigsten Verkehrsadern der Hansestadt ... Nach Auskunft von Detlef Schüler, Betriebsrat der Neptunwerft, habe man erst aus der Zeitung von einer ... entsprechenden Studie erfahren. Offensichtlich verhandle man bereits seit Wochen hinter dem Rücken der 5300 Arbeitnehmer.*[44]

Die MORGENPOST MECKLENBURG schreibt am 26. Januar 1991: *Die Stimmung der Leute reicht von Angst und Hoffnungslosigkeit bis zur lauten Wut. »Wenn die Pressemeldungen stimmen, gibt es nur eines: Diese Politik ist mit uns nicht zu machen«, stellt Detlef Schüler, Betriebsratsvorsitzender bei Neptun, klar.*

Jetzt wollen die mit uns Marktwirtschaft machen. Das heißt nichts anderes als: Es gibt keine Diskussion mehr, es wird das gemacht, was angewiesen wird. Ob dieses nun der Wirtschaft nützt oder nicht, zählt nicht.

Die meisten dieser sogenannten Genossen haben ganz schnell die Partei gewechselt, damit sie ihre Posten behalten konnten. Ich bin E-Schweißer auf der Neptunwerft. Wir hatten eine

Auftragsbestände der DMS-Werften

Werft	Anzahl/Schiffstyp	Bestimmungsland/ Auftraggeber	Order-Jahr	Durchschnittl. Auftragswert (Erlöse) Mill. DM	Durchschnittl. Kostendeckungsgrad in Prozent
Warnowwerft, Warnemünde	7 Lo/Ro-Schiffe 4 Containerschiffe „CS 1200" 4 Containerschiffe „CS 1200"	UdSSR Zypern Westdeutsche Reeder	1988 1988 3/90	62 a) 36 b) 36 b)	71 51
Mathias-Thesen-Werft, Wismar	6 „Kristall III"-Kühlschiffe 6 Containerschiffe „UCC 14 M" 4 Containerschiffe „MMC 900" 2 Containerschiffe „UCC 14 M" Optionen: 9 Paketholzfrachter 3 Kühlschiffe	UdSSR Zypern/Liberia Zypern/Liberia Zypern/Liberia UdSSR UdSSR	9/89 87–89 3/90 3/90 1/90 1/90	70 a) 30 b)	88 55
Schiffswerft „Neptun", Rostock	1 EKS-Bagger 11 Mehrzweck-Containerschiffe „MPC Neptun 900" 7 Feeder-Containerschiffe	UdSSR Großbritannien Westdeutsche Reeder	12/89 88–89 7/90	 38 b) 27	 59 73
Volkswerft Stralsund	3 Fischfabrikschiffe 12 Fischfabrikschiffe Optionen: 23 Fischfabrikschiffe	UdSSR UdSSR UdSSR	3/89 6/90 1/90	67 a)	85
Peenewerft, Wolgast	14 Kümos	Westdeutsche Reeder	3/90	9,8	75
Elbewerft, Boizenburg	5 Binnenfahrgastschiffe 1 Binnenfahrgastschiff Optionen: 9 Binnenfahrgastschiffe	UdSSR UdSSR UdSSR	3/87 1/90 1/90		
Roßlauer Schiffswerft, Roßlau	15 Kümos	Westdeutsche Reeder	6/90		
	102 Schiffe und 44 Optionen				

Basis ist noch ein Umrechnungskurs von 2,34 Mark pro Rubel. Die tatsächlichen Werte werden sich somit noch verschlechtern.
Zwei Drittel der Erlöse aus West-Aufträgen fallen in USA-Dollar an. Die Ergebnisse können sich daher noch verändern.

Abb. 24 *NORDDEUTSCHE ZEITUNG vom 25. Januar 1991*

Versammlung, auf der uns mitgeteilt wurde, daß sich alle Meister, Ingenieure usw. zum 1. Januar neu bewerben müßten. Sie sind die gleichen geblieben, mit denen wir nicht einverstanden sind.[45]

Das ist die wahre Stimmung der Arbeiter, die immer wieder befürchten, daß ihre bisherigen ungeliebten Bosse und der Westen gemeinsame Sache machen. Von der anderen Seite in der Kontroverse hört man eher Beschwichtigungen und Dementis; keiner möchte den Schwarzen Peter des »Arbeitsplatzvernichters« haben. Regierungschef Gomolka befürchtet Unruhen in der Bevölkerung und kommentiert: *Das Gutachten ist Rufmord.*[46]

Wie sag ich's meinem Kinde – dieses Problem bleibt letztlich an der DMS selbst hängen. Eckart van Hooven weigert sich, jetzt etwas zum Schicksal einer Werft zu äußern, weil dies unseriös wäre. *Wir brauchen auf dieses Gutachten überhaupt keine Rücksicht zu nehmen, sondern handeln nach unseren eigenen Erkenntnissen*, sagt er in der OSTSEEZEITUNG vom 26. Januar 1991. Dazu gehört, daß jetzt die Kosten-Nutzenrechnungen für die aquirierten Neubauten der Ostseewerften genau analysiert werden. Gewaltige Spannen zwischen Kosten und zu erwartenden Erlösen werden sichtbar. So kosten fünf Containerfeederschiffe für die Reederei Döhle, Oltmann, Baum & Co. in Hamburg 193,7 Mio. DM, während laut Vertrag nur 134,1 Mio. DM erlöst werden.[47] Bei einigen decken die abgeschlossenen Preise nicht einmal die Materialkosten; diese Bauten werden storniert, die übrigen nachverhandelt.

Abb. 25   MIKHAIL TSAREV *in der Ausrüstung. (Foto: Hückstädt, April 1991)*

Sogar unseriöse Machenschaften werden vermutet: *Die Einsetzung eines parlamentarischen Untersuchungsausschusses im Zusammenhang mit der Vergabe von Schiffbauaufträgen an westliche Firmen ... hat die SPD-Fraktion im Schweriner Landtag gestern gefordert. Klarheit verlangt die SPD z.B. darüber, welche Aktivitäten von welchen Personen der Treuhand und des ehemaligen Kombinats Schiffbau und seinen Nachfolgern vor dem 30. Juni 1990 entwickelt worden sind, um inzwischen als nicht kostendeckend erkannte sogenannte Ultimoaufträge zu erhalten und auszuführen.*

Ebenso müsse aufgeklärt werden, ob mit der Auftragsvergabe von sechs Containerschiffen durch die Deutsche Seereederei an westliche Unternehmen Schmiergelder gezahlt wurden.[48]

Auch das NEUE DEUTSCHLAND mischt bei den Pressestimmen mit, wenn auch seine Betrachtung vom 16./17. Februar 1991 eher zum Schmunzeln anregt: *Nachdem die Arbeiter ... sich den feudalen Purpurstaub von den Röcken geklopft hatten, gab es allerdings auch bei »August Neptun« manche Durststrecke.*

Kurioserweise waren dann gerade die vielzitierten 40 Jahre Mißwirtschaft die bisher erfolgreichsten des Schiffbaubetriebes. Die Bilanz ist zwar nicht immer aufgegangen [! – H.H.], *doch wurden hervorragende Schiffe gebaut.*

Jetzt steht Neptun mit seinen über 6000 Beschäftigten vor dem Aus. Es erhebt sich die Frage, auf welchen deutschen Werften nun künftig die gefragten Spezialschiffe gebaut werden sollen.

Auf der Werft wird dennoch weitergearbeitet. Am 5. Oktober 1990 ist Flaggenwechsel auf dem Hebeschiff KIL 168 (Nr. 148) für die Sowjetunion. Dies ist allerdings nur noch die äußere Zeremonie der Übergabe, die im rechtlichen Sinne schon vorher stattgefunden hat. Am 13. Oktober erhält die PROSPERITY, das zweite Schiff der MPC-900-Reihe, ihr Deckshaus und gewinnt nun langsam das Aussehen eines Schiffes. Das Fischereifahrzeug ALEXANDER VON HUMBOLDT und das sowjetische hydrometeorologische Forschungsschiff MIKHAIL SOMOV kommen zu Reparaturen an die Werft. Bei letzterem drängen die Termine besonders, soll es doch an einer Antarktis-Expedition teilnehmen. Etwas später gesellt sich das sowjetische

Darf „Werftecho" verstummen?

Betriebszeitung soll nach 42 Jahren zum 31. Dezember 1990 Erscheinen einstellen

Gemäß einer Entscheidung der Geschäftsführung der Schiffswerft „Neptun" GmbH soll das „Werftecho" sein Erscheinen zum 31. Dezember 1990 einstellen.
Begründung: Die Kosten sind in der gegenwärtigen Situation nicht tragbar.
Es ist seit 42 Jahren eine Tatsache, daß das „Werftecho" keinen Gewinn abwirft. Ein Fakt, der übrigens auch für Werkzeitungen in jedem alteingesessenen Unternehmen zutrifft.
Beim „Werftecho" beträgt seit einigen Jahren der Zuschuß 67 Pfennig für jedes der bisher 7000 Exemplare. Nun kann die Rechnung aus verschiedener Sicht aufgestellt werden. 67 Pfennig Zuschuß je Zeitung macht bei 7000 Exemplaren 4690 DM je Ausgabe und summiert sich bei 50 Ausgaben im Jahr auf 234 500 DM
Ein kräftiger Batzen Geld, den wohl keiner zum Fenster hinauswerfen will und für den es vielseitige Verwendungsmöglichkeiten gäbe.

Abb. 26   WERFTECHO vom 12. Oktober 1990

Fischereifabrikschiff MOONSUND dazu. Am 23. November läuft das dritte MPC-Schiff vom Stapel, die MIKHAIL TSAREV. Ihr Stapellaufname war noch RODESSA gewesen, nach den Häfen Rostock und Odessa, doch hat sich der ursprünglich vorgesehene Heimathafen Odessa geändert. Am 8. Dezember schließlich wird die SERENITY übergeben.

Auch vieles andere hat sich inzwischen ereignet. Die Beschäftigtenzahl der Werft ist bis zum Herbst 1990 um rund 1000 zurückgegangen und liegt jetzt bei etwa 5300. Das ist nicht auf einmal in einer spektakulären Einzelaktion geschehen, sondern durch die verschiedensten Einzelmaßnahmen. Dazu gehören auch Ausgliederungen von Betriebsteilen in andere Firmen oder als Verselbständigung, um die sogenannte »Fertigungstiefe« des Betriebes zu vermindern. Ein Beipiel ist die Abteilung Isolierung, die samt Mitarbeitern durch die KAEFER-Isoliertechnik übernommen wird.[49] Ein anderes Beispiel ist die Kantinenversorgung. Seit dem 2. Januar wird das Mittagessen von einer externen Firma JAGO-Service geliefert, mit der die Firmenleitung hinsichtlich Preis und Art des Essens einen Vertrag abgeschlossen hat.[50] So vermindert sich der Druck in der Kostenlage ein wenig und das ist auch dringend nötig, denn

„Werftecho" wird ein Informations-Blatt der Geschäftsführung

Attraktive Form und vielseitiger Inhalt

Abb. 27 WERFTECHO vom 2. November 1990

Abb. 28–31   *Die Titel der verschiedenen Werkzeitschriften im Berichtszeitraum*

nach Abarbeiten der Reparaturen kommen jetzt kaum noch Aufträge herein. Die Sowjetunion kann auch ihre Reparaturwünsche nicht bezahlen.

Selbst dem WERFTECHO geht es jetzt an den Kragen. Seine Auflage hat sich in den letzten 12 Monaten ständig vermindert, so daß die Kosten für die immer kleinere Auflage im Umfang von 8 Seiten nicht mehr aufzubringen sind. Daß das Blatt 10 Pf kostet, deckt den Aufwand nicht. Deshalb wird beschlossen, die Zeitung in der bisherigen Form ab Jahresende nicht mehr weiterzuführen. Sie war vom Konzept her bislang eine *unabhängige Werkszeitung, die sowohl Organ der Unternehmensführung als auch Organ der Belegschaft ist und bei journalistischer Eigenverantwortung diese beiderseitigen Interessen zum Wohle der Werft und ihrer Belegschaft umsetzt.*[51]

Vielleicht ist es weniger die Kostensituation als der unabhängige Charakter des Organs, der die Änderung bewirkt, denn unter gleichem Namen, aber mit verringertem Umfang wird es fortgesetzt, aber jetzt als Informationsblatt der Geschäftsführung. Dafür fällt der Preis von 10 Pf weg, die Information gibt es künftig gratis. Die Abbildungen zeigen in Form der Titelaufmachung noch einmal das kurze, aber bewegte Leben des WERTECHOS.

Neben diesen Sparmaßnahmen besinnt man sich, wie schon erwähnt, in zunehmendem Maße auf die Fähigkeiten der Werft, auch andere Stahlbauarbeiten als Schiffe auszuführen. Der erste größere Auftrag in dieser Richtung ist der Bau eines neuen Schleusentores für die Hamburger Schleuse Tatenberg, der im Zuge einer Ausschreibung vom November 1990 hereingeholt werden kann. Mitte März 1991 soll es fertig sein.[52]

Ein anderes Projekt ist die zweite Baustufe für den Kaufhausponton PLAZA im alten Hafen Rostock. Andere Möglichkeiten sieht man in der Lukendeckelproduktion als Zulieferer sowie im Bau eines Aschesilos für ein Kraftwerk in Wilhelmshaven.

Dies alles ist zwar nützlich, kann aber natürlich die Werft nicht über Wasser halten. Schiffsreparaturaufträge sucht man jetzt vergeblich, gerade das Nordseeinsel-Fährschiff WESTFALEN ist noch ein einzelner Kunde.[53]

Inzwischen wartet alles gebannt darauf, wie das Konzept der DMS aussehen wird, welches für Februar 1991 angekündigt ist. Als es am 8. Februar auf einer Pressekonferenz der Öffent-

Gesucht wird ein neuer Name!

NEPTUN–WARNOW WERFT GmbH

— Ausgabe der WERFTZEITUNG vom 11. Juli 1991 —

lichkeit bekannt gegeben wird, berichtet das WERFTECHO in seltsam unklarer Form darüber.[54] Was sich dann als Kern der Aussage herausstellt, hat vielfach Ähnlichkeit mit der so heftig kritisierten Studie der Kreditanstalt für Wiederaufbau. Es wird konstatiert, daß
- die vollen Auftragsbücher nicht zu Buche schlagen, weil die Kosten der zu bauenden Schiffe die Erlöse übersteigen,
- diese Aufträge entweder storniert oder nachverhandelt werden müssen,
- die Finanzierung an sich durchaus denkbarer Aufträge der Sowjetunion ungeklärt ist,
- daß aber trotz all dieser Umstände ein ernstzunehmender Schiffbau an der Ostseeküste erhalten bleiben soll,
- daß neben der Sanierung der Betriebe auch eine Schrumpfung erforderlich ist, da der Schiffbausektor in der DDR bisher in unsinniger Weise aufgebläht war,
- daß von derzeit etwa 47 000 Beschäftigten der DMS bis 1995 etwa die Hälfte freigestellt werden.

Jürgen Krackow sagt noch: *Wir müssen uns darauf einstellen, in einem noch nicht vorgesehenen und erlebten Umfang für die Menschen zu sorgen, die mit hoher Wahrscheinlichkeit in beachtlichen Größenordnungen freigesetzt werden.* Hatte jemand ernsthaft anderes erwartet? Das ist nun das Gegenteil von dem, was die Belegschaft erhofft hat. Auch der heute so gern gebrauchte Euphemismus »freisetzen« statt »entlassen« kann nicht verschleiern, daß vielen die Arbeitslosigkeit droht. Unklar ist im Moment nur noch, was nun konkret mit der Neptunwerft geschieht. Soll die Werft tatsächlich, wie in dem schon zitierten Gutachten empfohlen, völlig aufgelöst werden?

Aber dann wird deutlich, daß Neptun als Industriestandort erhalten bleibt. Der Schiffbau wird aber konzentriert, und da die Warnow-Werft die neueren und moderneren Anlagen hat, werden beide Werften mieinander verschmolzen. Schiffbau gibt es dann nur noch in Warne-

NEPTUN–WARNOW KURIER

Information der Geschäftsführung – 12. September 1991 –

Ausschreibung für Schleusentore ging an Neptunwerft

Neue Horizonte durch den Stahlwasserbau

In der Phase der Umstrukturierung der Werftindustrie im Osten Deutschlands sowie der Anpassung an marktwirtschaftlichen Bedingungen muß sich der Schiffbau durch die Diversifikation zusätzliche Standbeine schaffen.

Auch die Neptunwerft GmbH bemüht sich in jüngster Zeit verstärkt um Aufträge aus der freien Wirtschaft, um überzählige Fertigungskapazitäten besser auszulasten.

Ein Beispiel für erste Erfolge dieser Bemühungen ist die Erteilung eines Auftrages durch die Freie und Hansestadt Hamburg zur Neuanfertigung eines Schleusentores für eine Schleusenkammer im Hamburger Ortsteil Tatenberg.

Eine wichtige Bauphase bewältigen unsere Kollegen gemeinsam mit einer Hamburger Bergungsfirma mit der Demontage des alten Schleusentores. Am 1. April soll die Schleuse Tatenberg mit neuem Tor wieder funktionstüchtig sein. Foto: U. Simon

Abb. 32 *WERFTECHO vom Februar 1991*

münde, Neptun führt stattdessen Reparaturen und Stahlbau-Aufträge aus. So ähnlich hatte das KfW-Gutachten auch gelautet.

Diese Beschlüsse führen zu Kundgebungen und Protestveranstaltungen unter dem Motto »ARBEIT – UM HIER ZU LEBEN«.[55] Überlagert wird diese Situation von Warnstreiks und Blockaden, die höhere Einkommen und bessere Anpassung an die Westlöhne fordern.

Wieder beginnt eine Phase quälender Ungewißheit; diesmal geht es darum, wie es für die »freizusetzenden« Menschen weitergehen soll. Ministerpräsident Gomolka rechnet mit einem Überbrückungszeitraum von einem Jahr für das in Arbeit befindliche Strukturprogramm. Bis dahin müßten Arbeitsbeschaffungsmaßnahmen weiterhelfen, für welche seine Regierung in einem Sofortprogramm 100 Mio. DM bereitgestellt habe.[56]

Arbeitsbeschaffung wäre in der Tat eine wichtige Sache, denn viel geht da auf der Werft nicht mehr. Am 8. März 1991 läuft das vierte Schiff der MPC-Serie, die ALEKSANDR MARINESKO, vom Stapel.[57] Das ist der vorletzte Schiffsneubau bei Neptun, denn ab Nummer Sechs der Serie soll es bei der Warnow-Werft weitergehen, obwohl die Aufträge ursprünglich von Neptun beschafft und konstruiert worden sind. Wie mag es den Neptunarbeitern da zumute sein? Das ist überhaupt noch die Frage, wie sich die Belegschaften der beiden zwangsvereinigten Werften vertragen.

Die wollen die Werften zusammenlegen, damit sie uns plattmachen können und *Wir haben die Schiffe entwickelt und andere sollen sie jetzt bauen*, bekommt Arbeitsminister Blüm zu

Abb. 33 *Hier entsteht die 2. Ausbaustufe für den PLAZA-Kaufhausponton. (Foto: Hückstädt, April 1991)*

hören, als er Ende März die Werft besucht. Rezepte kann Blüm auch nicht bieten, wohl aber ein Programm für Arbeitsbeschaffungsmaßnahmen.

ABM – das ist jetzt das neue Zauberwort. Wie es gehen könnte, beschreibt das HAMBURGER ABENDBLATT[58]:

Mit Elan und Optimismus arbeiten die beiden Diplom-Ingenieure Helmut Witt und Rainer Krüger auf der Rostocker Neptunwerft an der Gründung einer Beschäftigungs- und Qualifizierungsgesellschaft Neptun GmbH. Zusammen mit 10 Mitarbeitern haben die beiden in den letzten Wochen Konzepte, Projekte und Bildungsprogramme entworfen; Betriebsgelände und -anlagen stehen schon bereit.

Die neue Gesellschaft könnte wie geplant zum 1. Juli starten. Rund 300 bis 500 ehemalige Neptun-Arbeiter kämen hier unter. Doch plötzlich ist ungewiß, ob all das jemals Wirklichkeit wird.

»Wir hängen zwischen zwei Mühlsteinen«, sagt Witt dem Abendblatt. Die DMS einschließlich ihrer Tochter, der Neptunwerft, betrachtet er dabei ebenso als Mühlstein wie die Treuhandanstalt in Berlin.

Erst vorige Woche hatte der Aufsichtsrat der DMS die Konzern-Betriebsvereinbarung zur verbindlichen Gründung solcher Beschäftigungsgesellschaften zum »unverzichtbaren Bestandteil des DMS-Unternehmenskonzeptes« erklärt. Wer im Stammwerk keine Beschäftigung mehr findet, soll nicht entlassen werden, sondern in eine Beschäftigungsgesellschaft wechseln, um der sonst drohenden Arbeitslosigkeit zu entgehen.

Doch die Treuhand wehrt sich dagegen, daß sich die Betriebe an Beschäftigungsgesellschaften beteiligen und sich so zu weiteren Leistungen verpflichten.

Der Umbau eines Wohnschiffes der Bundesmarine in ein Schulungsschiff, Umweltanlagen, Schiffsrecycling – eine Menge Pläne haben die beiden Ingenieure, wenn es wirklich losgeht. An Fachpersonal wird es ja nicht mangeln. Und es drängt, denn zum Halbjahresende läuft der tarifliche Kündigungsschutz vieler Werftmitarbeiter aus.

Aber im Moment bereitet erst einmal die Neptunwerft den Zusammenschluß mit der Warnow-Werft vor. Ein Drittel ihres Geländes will sie verkaufen, weil Verkleinerung das Gebot der Stunde ist.[59] An einen Industriepark für die Metall- und Baubranche denkt man dort, dazu auch an einen Kaufhauskomplex. Viele ehemalige Werftarbeiter könnten da neue Beschäftigung finden; und das ist dringend nötig, denn von den ursprünglich über 6000 Neptun-Arbeitsplätzen werden zum Jahresende 1991 nur noch 1416 übrig sein.

Doch ehe das alles Wirklichkeit werden kann, findet noch der letzte Stapellauf auf der traditionsreichen Werft statt, der vielen Augenzeugen, obgleich es ja eigentlich ein positives Ereignis ist, die Tränen in die Augen treibt. Mit der Baunummer 465 KAPITAN MOSHCHINSKY geht der Schiffsneubau auf der Neptunwerft am 29. Juni 1991 unwiderruflich zu Ende.

Abb. 34   ALEKSANDR MARINESKO *am Ausrüstungskai. (Foto: Hückstädt, April 1991)*

Abb. 35 *Taufe der* KAPITAN MOSHCHINSKY *am 29. Juni 1991. (Foto: Reinhard Kramer)*

Das „Aus" für den Schiffsneubau in der Neptunwerft
Letzter Stapellauf voller Trauer und Bitterkeit
Stilles Gedenken an traditionsreicher Stätte/1778 Schiffe in 140 Jahren

Abb. 36 *NORDDEUTSCHE NEUESTE NACHRICHTEN vom 1. Juli 1991*

Ab 1. Juli 1991 ist die Neptunwerft GmbH erloschen. Neu gegründet ist die Neptun-Warnow-Werft GmbH. Immerhin steht der Name »Neptun« an der Spitze dieses Namens. Ein gutes Omen für alle, die dort noch Arbeit haben. Neptun ist nicht tot!

*

Im April 1991 bin ich wieder in Rostock. Vom Kabutzenhof hat man eine gute Sicht warnowabwärts auf die Werftanlagen. Viel ist nicht zu sehen. Die Docks sind leer. ALEKSANDR MARINESKO liegt am Ausrüstungskai, links davon der Bagger LENINGRAD, der auf Bezahlung aus der Sowjetunion wartet. Und das ist alles.

Umhüllt von den Abgasschwaden des ständig zunehmenden Verkehrs steht neben mir das Standbild der »Revolutionären Matrosen«, vom respektlosen Volk die »Nackte Gewalt« genannt. Sie recken drohend die Fäuste in den Himmel.
Wird fortgesetzt.

Abb. 37 *Endzeitstimmung auf der Neptunwerft. Das Heck gehört zu* ALEKSANDR MARINESKO.
(Foto: Hückstädt, April 1991)

Anmerkungen:
1 WERFTECHO (im folgenden abgekürzt WE) vom 19. Januar 1990.
2 Ebd.
3 Ebd.
4 Ebd., vom 2. März 1990.
5 Ebd., vom 20. März 1990.
6 Ebd., vom 30. März 1990.
7 Ebd., vom 20. April 1990.
8 Ebd.
9 HOCHSEEFISCHER (Werkzeitung des VEB Fischfang Rostock) vom 27. März 1990.
10 Reinhard Straub (Direktor für Produktion) auf der Plan-Information im Juli (WE vom 20. Juli 1990).
11 WE vom 22. Juni 1990.
12 Ebd., vom 2. März 1990.
13 Ebd., vom 11. Mai 1990.
14 Ebd.
15 Ebd., vom 25. Mai 1990.
16 Ebd., vom 11. Mai 1990.
17 Ebd., vom 25. Mai 1990.
18 Ebd., vom 18. Mai 1990.
19 Ebd., vom 22. Juni 1990.
20 Ebd., vom 29. Juli 1990.
21 Ebd., vom 22. Juni 1990.
22 Ebd., vom 6. Juli 1990.
23 Ebd. Zu dem aus diesem Anlaß abgehaltenen Symposium ist ein Vortrags-Sammelband unter dem Titel »140 Jahre Eisenschiffbau in Rostock, 1850–1990« erschienen (Brandenburgisches Verlagshaus, Berlin 1991).
24 DER SPIEGEL 29/1990, S. 69.
25 Ebd.
26 WE vom 8. Juni 1990.
27 Ebd., vom 15. Juni 1990.
28 Ebd., vom 20. Juli 1990.
29 Ebd., vom 10. August 1990.
30 Ebd., vom 31. August 1990.
31 Ebd., vom 3. August 1990.
32 Ebd., vom 10. August 1990.
33 Ebd., vom 17. August 1990.
34 Ebd., vom 24. August 1990.
35 Ebd.
36 Ebd., vom 17. August 1990.
37 Ebd., vom 2. September 1990.
38 Ebd., vom 14. September 1990.
39 Ebd.
40 Ebd.
41 Zum Problem des Verbleibs der alten DDR-Manager in den Betrieben siehe DER SPIEGEL 27/1991; zu Jürgen Krackow ebd., 28/1991.
42 NORDDEUTSCHE ZEITUNG vom 25. Januar 1991.
43 Ministerpräsident Gomolka bei einem Besuch auf der Neptunwerft am 15. Februar 1991 (OSTSEE-ZEITUNG vom 16. Februar 1991). Es sei vermerkt, daß dieses Zitat aus dem Zusammenhang genommen ist und nicht Gomolkas wirkliche Meinung ausdrückt.
44 NEUES DEUTSCHLAND vom 26./27. Januar 1991.
45 MORGENPOST MECKLENBURG, Datum nicht bekannt.
46 Ebd., vom 26. Januar 1991.
47 NORDDEUTSCHE NEUESTE NACHRICHTEN vom 10. April 1991.
48 NORDDEUTSCHE ZEITUNG vom 7. März 1991.
49 WE vom 2. November 1990.
50 Ebd., vom 14. Dezember 1990.
51 Ebd., vom 12. Oktober 1990.

52 Ebd., Nr. 2/91.
53 Ebd., Nr. 3/91.
54 Ebd.
55 Ebd., Nr. 4/91.
56 Ebd.
57 Ebd., Nr. 5/91.
58 HAMBURGER ABENDBLATT vom 21. Juni 1991.
59 OSTSEE-ZEITUNG vom 22. Juni 1991.

Anschrift des Verfassers:
Dr. rer.nat. Harald Hückstädt
Gellertstraße 12
D-5090 Leverkusen 1

FISCHEREI UND WALFANG

DER KAMPF UM DIE »GABE GOTTES«

Auseinandersetzungen über gestrandete Wale in Nordeuropa zur Wikingerzeit

VON UWE SCHNALL

Joachim Münzing zum Sechzigsten

In der umfangreichen altnordischen Sagaliteratur finden sich verschiedentlich Hinweise auf gestrandete Wale und deren Verwertung durch die ortsansässigen Bauern. Einige Male entwickeln sich dabei Auseinandersetzungen, die im Sinne dieser Literaturgattung »sagawürdig« sind und vergleichsweise ausführlich dargestellt werden. Drei solcher auf Island geschehener Ereignisse sollen Ausgangspunkt der nachfolgenden Überlegungen sein.

Die Eyrbyggja saga, die vermutlich aus dem Beginn des 13. Jahrhunderts stammt, in deren Mittelpunkt aber Leben und Taten des Goden Snorri († 1031) stehen[1], berichtet u. a. von dessen letztlich siegreichem Kampf gegen den fehdesüchtigen Óspak aus Bitra, der *ständig ein Schiff vor der Küste hatte und allen Männern ihre Habe und ihr Strandgut raubte.*[2]

En frá því er sagt, at út frá Stiku, á milli ok Guðlaugshǫfða, hafði rennt upp reyðr mikil. Í hval þeim átti mest Snorri goði ok Sturla Þjóðreksson; Álfr inn litli ok enn fleiri bœndr áttu þar nǫkkut í. Menn fóru til þar um Bitruna ok skáru hvalinn eptir tilskipan Þóris ok Álfs. Ok er menn váru at hvalskurðinum, sá þeir, at skip reri handan um fjǫrðinn frá Eyri, ok kenndu, at þat var tólfæringr mikill, er Óspakr átti; lendu þeir þar við hvalinn ok gengu þar upp fimmtán menn alvápnaðir. Ok er Óspakr kom á land, gekk hann at hvalnum ok spyrr, hverir fyrir hvalnum réði; Þórir sagði, at hann réð fyrir þeim, er Sturla átti, en Álfr fyrir þeim, er hann átti, svá ok fyrir þeim, er Snorri goði átti, – »en þá ræðr hverr fyrir sínum hlut annarra bónda.« Óspakr spyrr, hvat þeir vildi fá honum af hvalnum. Þórir svarar: »Ekki vil ek fá þér af þeim hlut, er ek skal annask, en ek veit eigi, nema bœndr vili selja þann, er þeir eigu, eða hvat skal við gefa?« »Veiztu þat, Þórir,« sagði Óspakr, »at ek em eigi vanr at kaupa hval at yðr Bitrumǫnnum.« »Þess er mér þó ván,« segir Þórir, »at þú fáir engan ókeypis.« Hvalrinn lá í kǫs, sá er skorinn var, ok var engum skipt. Óspakr bað sína menn ganga til ok bera hvalinn út á skipit. Þeir, er við hvalinn váru, hǫfðu fátt vápna, nema øxar þær, er þeir skáru hvalinn með. En er Þórir sá, at þeir Óspakr gengu til hvalsins, hét hann á menn, at þeir skyldu eigi láta rænask; hljópu þeir þá til ǫðrum megin; gengu þeir þá frá inum óskorna hvalnum, ok varð Þórir skjótastr; sneri þegar Óspakr honum í móti ok laust hann með øxarhamri; kom hǫggit við eyrat ok fell hann þegar í óvit; en þeir, er honum váru næstir, tóku til hans ok kipptu honum at sér ok styrmðu yfir honum, meðan hann lá í óvitinu; en þá varð hvalrinn eigi variðr. Þá kom at Álfr inn litli ok bað þá eigi taka hvalinn. Óspakr mælti: »Far þú eigi til, Álfr,« segir hann, »þú hefir haus þunnan, en ek hefi øxi þunga; mun ferð þín verri en Þóris, ef þú gengr feti framar.« Þetta heilræði hafði Álfr, sem honum var kennt. Þeir Óspakr báru hvalinn á skipit ok hǫfðu þat gǫrt, áðr Þórir vitkaðisk; en er hann vissi, hvat títt var, ávítaði hann sína menn, at þeim tœkisk auvirðiliga, er þeir stóðu hjá, er sumir váru rœntir, en sumir barðir; hljóp Þórir þá upp. En Óspakr hafði þá flotat skipinu, ok létu frá landi, reru síðan vestr yfir fjǫrðinn til Eyrar ok stǫrfuðu fyrir sǫngum sínum.

Þeir Þórir skiptu hvalnum ok létu þat vera allra skaða, er upp var tekit, eptir því sem hverir áttu í hvalnum; fóru heim allir eptir þetta. Var nú fjándskapr mikill með þeim Þóri ok Óspaki. (Eyrb. s. cap. 7).

Nun wird erzählt, daß am Strand zwischen Stika und Guðlaugshǫfði ein großer Furchenwal angetrieben worden war. An diesem Wal hatten der Gode Snorri und Sturla Þjóðreksson die größten Anteile; doch Álf der Kleine und mehrere Bauern hatten auch Anteile daran. Die Männer zogen nun von Bitra dorthin und zerlegten den Wal nach den Anweisungen Þórirs und Álfs. Und als die Männer beim Zerlegen des Wales waren, sahen sie, daß ein Schiff von Eyri her über den Fjord gerudert wurde, und sie erkannten, daß es der große Zwölfruderer war, der Óspak gehörte. Er und die Seinen landeten beim Wal und gingen dort fünfzehn Mann hoch ans Ufer, vollbewaffnet. Und als Óspak ans Land kam, ging er zum Wal und fragte, wer darüber die Aufsicht habe; Þórir antwortete, daß er die Aufsicht über die Anteile habe, die Sturla besitze, und Álf über seine eigenen und über die, die dem Goden Snorri gehörten, – »jeder der Bauern aber nimmt seinen Anteil selbst wahr.« Óspak fragt, was sie ihm von dem Wale geben wollten. Þórir antwortet: »Von dem Anteil, über den ich zu wachen habe, werde ich nichts abgeben, und ich weiß nicht, ob die Bauern das verkaufen wollen, was ihnen gehört. Doch was willst du dafür geben?« »Du weißt, Þórir,« sagte Óspak, »daß ich nicht gewohnt bin, einen Wal von euch Leuten aus Bitra zu kaufen.« »Ich hoffe doch,« versetzt Þórir, »daß du ohne Kauf nichts erhalten sollst.« Der zerlegte Teil des Wales lag aufgeschichtet da, und er war noch nicht verteilt. Óspak befahl seinen Leuten, heranzutreten und den Wal auf sein Schiff zu bringen. Diejenigen, die beim Wale waren, hatten nur wenige Waffen, außer den Äxten, mit denen sie den Wal flensten. Als aber Þórir sah, daß Óspak und die Seinen zum Wale gingen, feuerte er seine Männer an, sie sollten den Raub nicht zulassen; da liefen sie zur anderen Seite; die von dem noch unzerteilten Wal eilten herbei, und Þórir war der schnellste; Óspak wandte sich ihm sofort entgegen und schlug ihn mit dem Axtrücken; der Hieb traf Þórir am Ohr, und er wurde sofort besinnungslos; die ihm aber zunächst standen, zogen ihn zu sich heran und bemühten sich um ihn, solange er in Ohnmacht lag; währenddessen aber blieb der Wal unverteidigt. Nun kam Álf der Kleine hinzu und verlangte, man solle den Wal dalassen. Óspak antwortete: »Komm ja nicht her, Álf; dünn ist dein Schädel, dick meine Axt! Dir geht es noch schlimmer als Þórir, tust du nur einen Schritt vorwärts.« Álf befolgte diesen heilsamen Rat, der ihm gegeben war. Óspak und seine Leute brachten den Wal aufs Schiff, und sie waren damit fertig, noch ehe Þórir aus seiner Ohnmacht erwachte; da dieser aber bemerkte, was vorgefallen war, ging er seine Leute hart an, daß sie sich unwürdig benommen hätten, als sie ruhig dagestanden hätten, während einige beraubt, andere fast erschlagen worden seien. Dann sprang Þórir auf. Óspak aber hatte das Schiff schon ins Wasser geschoben, und sie stießen vom Lande ab, ruderten westwärts über den Fjord nach Eyri und machten sich über ihren Fang her. [...] Þórir und die Seinen verteilten nun den Rest des Wales, und den geraubten Teil rechnete man allen zum Schaden, je nach dem Anteil, den jeder an dem Wale hatte; danach fuhren alle nach Hause. Seitdem bestand eine große Feindschaft zwischen Þórir und Óspak.[3]

Weniger handgreiflich, aber nicht minder gesetzwidrig verläuft eine Auseinandersetzung, die in der Hávarðar saga Ísfirðings geschildert wird[4]:

Þat er þessu næst at segja, at hvalr kømr í Ísafjǫrð, þar er Þorbjǫrn ok Hávarðr áttu reka at tveim megin. Var sú sǫgn þegar, at Hávarðr myndi eiga. Var þat in bezta reyðr. Hvárirtveggju *fóru til ok ætluðu at hafa lǫgmanns órskurð á. Kom þar fjǫlði manns saman. Þótti ǫllum sýnt, at Hávarðr myndi hvalinn eiga. Þorkell lǫgmaðr var þar kominn. Var hann þá at spurðr, hverr ætti. Þorkell svaraði ok heldr lágt: »Þeir eiga hval víst,« sagði hann. Þorbjǫrn gekk þá at honum með brugðit sverðit ok mælti: »Hverir þá, armi?« segir hann. Þorkell svaraði skjótt ok drap niðr hǫfðinu: »Þér, þér, víst,« segir hann. Þorbjǫrn gekk þá at með ójafnað sinn ok tók upp hvalinn allan. Fór Hávarðr heim ok undi illa við sinn hlut. Þótti ǫllum mǫnnum Þorbjǫrn enn nú hafa auðsýndan ójafnað sinn ok fullkominn ódrengskap.* (Háv. s. Ísf. cap. 39)

Nun ist als nächstes zu erzählen, daß ein Wal im Ísafjord angetrieben wurde, dort, wo Þorbjörn und Hávarð auf beiden Seiten des Fjords das Strandrecht hatten. Man sagte sofort, daß der Wal Hávarð gehöre. Es war ein prachtvoller Furchenwal. Beide gingen nun dorthin und kamen überein, es auf den Entscheid des Gesetzesmannes ankommen zu lassen. Viel Volks kam da zusammen. Alle hielten es für offensichtlich, daß der Wal dem Hávarð gehöre. Auch der Gesetzesmann Þorkell war gekommen. Er wurde gefragt, wem er gehöre. Þorkell antwortete, aber ziemlich leise: »Natürlich gehört der Wal ihnen.« Da ging Þorbjörn mit gezücktem Schwert auf ihn zu und fragte: »Wem, du Elender?« Þorkell antwortete schnell und ließ den Kopf hängen: »Dir, dir natürlich.« Þorbjörn ging nun mit seiner ganzen Unfairneß vor und nahm den ganzen Wal. Hávarð ging nach Hause und war mit seinem Anteil übel zufrieden. Alle waren sich darüber einig, daß Þorbjörn da wieder einmal seine Unfairneß und vollendete Gemeinheit gezeigt habe.[5]

Übrigens überlebte Þorbjörn seine Gewalttat ebensowenig wie Óspak die seine.

Höhepunkt dieser farbigen Schilderungen ist zweifellos eine Episode aus der Grettis saga Ásmundarsonar, der wohl berühmtesten sogenannten Ächtersaga, deren vorliegende Form vermutlich aus dem Beginn des 14. Jahrhunderts stammt.[6] In der zweiten Hälfte des 10. Jahrhunderts, erzählt die Saga, sei eine große, mehrjährige Hungersnot über Island gekommen. Kein Wunder also, daß besonders intensiv nach Nahrung Ausschau gehalten wurde.[7]

Um várit kom veðr mikit af norðri; þat helzk nær viku. Eptir veðrit kǫnnuðu menn reka sína. Þorsteinn hét maðr, er bjó á Reykjanesi; hann fann hval rekinn innan fram á nesinu, þar sem hét at Rifskerjum; þat var reyðr mikil. Hann sendi þegar mann til Flosa í Vík ok svá til næstu bæja. Einarr hét sá maðr, er bjó at Gjǫgri; hann var landseti Kaldbeklinga ok skyldi geyma reka þeira þeim megin fjarða. Hann varð varr við, at hvalrinn var rekinn; hann tók þegar skip sitt ok reri yfir um fjǫrðuna til Byrgisvíkr. Þaðan sendi hann mann í Kaldbak; ok er þetta spurði Þorgrímr ok þeir brœðr, bjuggusk þeir sem hvatast ok váru tólf á teinæringi; þeir Kolbeinssynir fóru ok með þeim, Ívarr ok Leifr, ok váru sex saman. Allir bœndr, þeir er við kómusk, fóru til hvalsins.

Nú er at segja frá Flosa, at hann sendi eptir frændum sínum norðr í Ingólfsfjǫrð ok Ófeigsfjǫrð ok eptir Óláfi Eyvindarsyni, er þá bjó at Drǫngum. Flosi kom fyrst ok þeir Víkrmenn; þeir tóku þegar til skurðar, ok var dreginn á land upp sá, er skorinn var; þeir váru nær tuttugu menn í fyrstu, en skjótt fjǫlgaðisk fólkit. Í því kómu Kaldbeklingar með fjǫgur skip. Þorgrímr veitti tilkall til hvalsins ok fyrirbauð Víkrmǫnnum skurð ok skipti ok brautflutning á hvalnum. Flosi bað hann sýna, ef Eiríkr hefði gefit Ǫnundi tréfót með ákveðnum orðum rekann, ella kvezk hann mundu vígi verja. Þorgrímr þóttisk liðfár ok réð því eigi til atgǫngu. Þá reri skip innan yfir fjǫrðu, ok sóttu knáliga róðrinn; þeir kómu at brátt. Þar var Svanr af Hóli ór Bjarnarfirði ok húskarlar hans; ok þegar hann kom, bað hann Þorgrím eigi láta ræna sik; en þeir váru áðr vinir miklir, ok bauð Svanr honum lið sitt. Þeir brœðr kváðusk þat þiggja mundu; lǫgðu þeir þá at rǫskliga. Þorgeirr flǫskubakr réð fyrst upp á hvalinn at húskǫrlum Flosa. Þorfinnr, er fyrr var getit, skar hvalinn; hann var fram við hǫfuðit ok stóð í spori, er hann hafði gǫrt sér. Þorgeirr mælti: »Þar fœri ek þér øxi þína.« Síðan hjó hann á hálsinn, svá at af tók hǫfuðit. Flosi var uppi á mǫlinni, er hann sá þetta; hann eggjaði þá sína menn til móttǫku. Nú berjask þeir lengi, ok veitti Kaldbeklingum betr; fáir menn hǫfðu þar vápn, nema øxar þær, er þeir skáru með hvalinn, ok skálmir. Hrukku Víkrmenn af hvalnum í fjǫruna. Austmenn hǫfđu vápn ok urđu skeinuhættir; Steinn stýrimađr hjó fót undan Ívari Kolbeinssyni, ein Leifr, bróđir Ívars, laust félaga Steins í hel međ hvalrifi. Þá var međ ǫllu barizk, því er til fekksk, ok fellu þar menn af hvárumtveggjum. Þessu næst kómu þeir Óláfr frá Drǫngum međ mǫrgum skipum; þeir veittu Flosa; urđu Kaldbeklingar þá bornir ofrliđi; þeir hǫfđu áđr hlađit skip sín. Svanr bađ þá ganga á skip sín; létu þeir þá berask fram at skipunum. Víkrmenn sóttu þá eptir; ok er Svanr var kominn at sjánum, hjó hann til Steins stýrimanns ok veitti honum mikinn áverka; síđan hljóp hann á skip sitt. Þorgrímr særđi Flosa miklu sári ok komsk viđ þat undan. Óláfr hjó til Ófeigs grettis ok særđi hann til ólífis. Þorgeirr þreif Ófeig í fang sér ok hljóp međ hann á skip; reru þeir Kaldbeklingar inn yfir fjǫrđu; skilđi þá međ þeim. Þetta var kveđit um fundinn:

> 7. *Hǫrđ frák heldr at yrđi*
> *hervǫpn at Rifskerjum,*
> *mest því margir lustu*
> *menn slyppir hvalklyppum;*
> *en malm-Gautar móti*
> *mjǫk fast hafa kastat,*
> *oss lízk ímun þessi*
> *óknyttin, þvestslyttum.* (Grettis s. cap. 12)

Im Frühjahr kam ein stürmischer Nordwind; der hielt fast eine Woche an. Nach dem Sturm suchten die Menschen ihre Strandabschnitte nach Treibgut ab. Þorstein hieß ein Mann, der auf Reykjanes wohnte; er fand einen gestrandeten Wal auf der Innenseite der Landspitze, dort, wo es Rifsker heißt; es war ein großer Furchenwal. Er schickte sogleich einen Mann zu Flosi nach Vík und dann zu den nächsten Gehöften. Einar hieß ein Mann, der auf Gjǫgr wohnte; er war ein Landsasse der Kaldbakleute und sollte auf Strandgut auf dieser Seite des Fjords achten. Er erfuhr, daß der Wal gestrandet war; er nahm sofort sein Boot und ruderte über den Fjord nach Byrgisvík. Von dort sandte er einen Mann nach Kaldbak; und als Þorgrím und seine Brüder das erfuhren, machten sie sich so schnell wie möglich fertig, es waren zwölf Mann auf einem Zehnruderer; Kolbeins Söhne, Ívar und Leif, fuhren auch mit, es waren sechs zusammen. Alle Bauern, die konnten, fuhren mit nach dem Wal.

Nun ist von Flosi zu sagen, daß er nach seinen Verwandten nördlich am Ingólfsfjord und am Ófeigsfjord schickte und nach Óláf Eyvindarson, der damals auf Drangar wohnte. Flosi und die Víkleute kamen als erste zum Wal; sie fingen sofort mit dem Flensen an, und was zerteilt war, wurde an Land geschafft; es waren zuerst etwa zwanzig Mann, aber bald kamen noch mehr hinzu. Nun kamen die Kaldbakleute mit vier Schiffen. Þorgrím erhob Anspruch auf den Wal und verbot den Víkleuten das Flensen, Zerteilen und Abtransportieren des Wals. Flosi forderte ihn auf, zu beweisen, daß Eirík deutlich und ausdrücklich dem Önund tréfot (Holzfuß) das Strandrecht übertragen habe, und sagte, er wolle es sonst zum Kampfe kommen lassen. Þorgrím glaubte zu wenig Männer bei sich zu haben, und griff deswegen nicht an. Da kam ein Schiff vom inneren Fjord herübergerudert, und sie legten sich mächtig in die Riemen; sie kamen schnell dort an. Es war Svan von Hól am Bjarnarfjord mit seinen Leuten; und als er angekommen war, forderte er Þorgrím auf, sich nicht berauben zu lassen; sie waren von früher sehr gute Freunde, und Svan bot ihm seinen Beistand an. Die Brüder erklärten, sie nähmen seine Hilfe an, und griffen nun schnell an. Þorgeir flǫskubakr (Flaschenrücken) kam als erster oben auf den Wal und griff Flosis Knechte an. Þorfinn, wie früher erwähnt, flenste den Wal; er war vorn am Kopf und stand in einer Vertiefung, die er sich gemacht hatte. Þorgeir sagte: »*Hier gebe ich dir deine Axt zurück.*« *Dann hieb er ihn so an den Hals, daß der Kopf abgetrennt wurde. Flosi stand auf einem Sand- und Steinhaufen, als er das sah; er feuerte seine Leute zum Widerstand an. Nun kämpften sie lange, und die Kaldbakleute hatten einige Vorteile; nur wenige der Leute hatten Waffen, außer den Äxten, mit denen sie den Wal zerteilten, und kurzen Messern. Die*

Víkleute zogen sich vom Wal auf den Strand zurück. Die Ostleute (= Norweger, Gastfreunde Flosis) *hatten Waffen und konnten gut Wunden schlagen; der Steuermann Stein hieb Ívar Kolbeinsson einen Fuß ab, aber Leif, Ívars Bruder, schlug einen Gefährten Steins mit einer Walrippe tot. Man schlug sich jetzt mit allem, was man kriegen konnte, und auf beiden Seiten fielen Leute. Dann kam Óláf von Drangar mit Gefolgsleuten auf vielen Schiffen; sie unterstützten Flosi; die Kaldbakleute waren nun zahlenmäßig unterlegen; sie hatten aber schon vorher ihre Schiffe beladen. Svan befahl dann, an Bord zu gehen; sie bewegten sich nach den Schiffen hin. Die Víkleute verfolgten sie; und als Svan ans Meer gekommen war, hieb er nach dem Steuermann Stein und versetzte ihm eine schwere Wunde; dann sprang er auf sein Schiff. Þorgrím fügte Flosi eine große Wunde zu und entrann ihm dann. Óláf hieb nach Ófeig Grettir und verwundete ihn tödlich. Þorgeir nahm Ófeig in seine Arme und sprang mit ihm aufs Schiff; dann ruderten die Kaldbakleute über den Fjord; und so schieden sie voneinander. Über den Kampf wurde folgendes gedichtet: Ich hörte, daß bei Rifsker Waffen ziemlich hart gebraucht wurden, denn viele waffenlose Männer schlugen sich heftig mit Walspeck; und die Erz-Gauten* (= Männer) *haben sich gegenseitig wütend mit glitschigem Walfleisch beworfen; uns scheint dieser Kampf wenig ehrenvoll.*[8]

Bei dem folgenden, schwierigen Rechtsverfahren, an dessen Ende Flosi viele Bußen zu zahlen hat, stellte sich heraus, daß die Eigentumsverhältnisse am Strand nicht eindeutig geklärt waren. Der Gesetzessprecher teilte sie daraufhin auf dem Alþing neu ein.

Die hier in extenso zitierten Quellen sind nicht die einzigen Sagas, in denen gestrandete Wale erwähnt werden, doch sind diese Darstellungen, wie oben gesagt, besonders farbig. Da die isländischen Sagas erst Generationen nach ihrer Entstehung bzw. nach den geschilderten Ereignissen aufs Pergament kamen, spielt seit jeher die Frage nach der Glaubwürdigkeit dieser Literatur in der Forschung eine überragende Rolle, eine Frage allerdings, die nicht pauschal beantwortet werden kann. Es gibt Sagas, deren historische Zuverlässigkeit recht groß zu sein scheint – dazu gehört z.B. die auch hier herangezogene Eyrbyggja saga –, während andere fast völlig fiktiv sind, wie z.B. die hier ebenfalls zitierte Hávarðar saga Ísfirðings. Das Problem der »Wahrheit« der Sagaliteratur kann hier aber vernachlässigt werden, da es in unserem Zusammenhang gleichgültig ist, ob die Ereignisse wirklich dem genannten Personal und der entsprechenden Zeit zuzuordnen sind oder nicht. In der Regel bestand kein Anlaß, Dinge des Alltags anders darzustellen, als sie waren, und da im folgenden der gesamte Zeitraum von Wikingerzeit und skandinavischem Mittelalter, also von ca. 800 bis ca. 1500 betrachtet werden soll, ist es ebenfalls ohne besondere Bedeutung, ob ein Ereignis in der Sagazeit spielte, also dem Zeitraum der Handlung (meist 10./11. Jahrhundert), oder in der sogenannten Schreibezeit, also der Zeit der Niederschrift (überwiegend 13./14. Jahrhundert). Die oben angeführten Darstellungen stimmen jedenfalls ausgezeichnet zu Belegen in der Sachliteratur, was ihre Glaubwürdigkeit in bezug auf die Aspekte, die im folgenden untersucht werden sollen, bestärkt.

Zunächst soll festgehalten werden, daß aus den drei zitierten Darstellungen sowohl eine Vertrautheit mit dem Nutzen des gestrandeten Tieres als auch mit der Technik des Zerlegens spricht. Beides ist nicht unbedingt selbstverständlich in einer Zeit, als für die gebildeten Schichten der Wal als nach der aristotelischen Tradition »monstrum marinum« eher ein mythenumwobenes Fabelwesen war, dessen Auftauchen bzw. Antreiben Vorzeichencharakter besaß und dessen Größe allein das Schlachten zu einem Problem werden ließ. Doch Nordeuropa nahm im Mittelalter in dieser Hinsicht eine Sonderstellung ein.[9] Für die nordeuropäischen Gebiete sind durch stein- und bronzezeitliche Felsbilder die Verwertung gestrandeter Wale und wohl auch der Fang zumindest von Kleinwalen bereits für vorgermanische Zeiten nachweisbar.[10] Archäologische Funde bis zum Mittelalter zeugen von einer extensiven Nutzung der Meeressäuger, und die Fülle des Materials läßt es kaum zu, nur an den Gebrauch gestrandeter Wale zu denken: Webebrettchen und Kämme, Dosen und Schildchen, Messergriffe und Spielsteine, um nur einige Gegenstände zu nennen, wurden aus Walbein, Walzähnen und -barten hergestellt.[11] Und schon im 9. Jahrhundert setzt die schriftliche Überlieferung ein, die den archäologischen Befund bestätigt und erweitert: Óttar, ein reicher helgeländischer (nordnorwegischer) Häuptling, der *von allen Nordleuten am nördlichsten wohnt* – wohl in der Höhe des Lofot –, berichtet dem anglischen König Alfred dem Großen um 890, daß er, als er einmal habe erkunden wollen, wie weit sich das Land nach Norden erstrecke – eine Forschungsreise, auf der er übrigens das Nordkap entdeckte –, die Jagdgründe der Walfänger passiert habe und auch wohl selber in zwei Tagen über sechzig Wale erlegte.[12] Dem König brachte Óttar als Geschenk kostbare Walroßzähne und Tauwerk aus Walroßhaut mit, und dieser wiederum war so beeindruckt von des Norwegers Erzählung, daß er sie in die seiner Orosius-Übersetzung vorgeschaltete »Geographie« aufnam. Der Norden selbst war zu dieser Zeit – von der Runenschrift abgesehen – noch schriftlos.

Es ist für Nordeuropa somit eine ununterbrochene Nutzung von Seesäugetieren vom Neolithikum bis ins Mittelalter hinein nachweisbar und Hochseewalfang zumindest von der Merowingerzeit an wahrscheinlich, von der Wikingerzeit an sogar unzweifelhaft zu belegen. Der Höhepunkt dieses Walfangs scheint um 1300 erreicht[13]; weit vorher allerdings ist er schon durch Nordleute weiter nach dem Süden vermittelt worden. Für das Jahr 872 berichten die Ulster-Annalen und vor 1085 der spanisch-arabische Gelehrte al-ʿUdhri über normannischen Walfang in der Irischen See; 1098 wird in der Normandie eine Gilde von *walmanni* erwähnt. Die Nordleute sind zu Lehrmeistern des Walfangs für das übrige Europa geworden.[14]

Im folgenden wird auf den aktiven Walfang der Nordleute im Mittelalter nicht weiter eingegangen; vielmehr sollen – auf die eingangs zitierten Sagastellen zurückgehend – zwei Aspekte der Verwertung gestrandeter Wale im Vordergrund stehen, die einander bedingen und beeinflussen: der juristische und der ökonomische. Ausgangspunkt der Auseinandersetzungen und Kämpfe ist jeweils, und sei es auch nur dem Scheine nach, eine Unklarheit in bezug auf das Strandrecht; denn auch die im Unrecht befindliche Partei beruft sich zunächst darauf, ihr stehe das Strandrecht an dem entsprechenden Ufer zu. Nun sind in der Tat gerade in Hinsicht auf das Antreiben von Wracks, und dazu gehören auch Wale, die gesetzlichen Vorschriften in Norwegen und später auch auf Island besonders kompliziert. Als Beispiele dienen im folgenden Paragraphen aus dem Gesetzgebungswerk des norwegischen Königs Magnus Hakonarson (1263–1280), der den Höhepunkt in der Vereinheitlichung und Kodifizierung der regional unterschiedlichen norwegischen Gesetze markiert, zwei große Gesetzeswerke schafft, das sogenannte »Landrecht« (1271–1274)[15] und das »Stadtrecht«, das 1276 in Bergen angenommen wurde.[16] Magnus, der wegen dieser Leistung den Beinamen *lagabœtir* (»Gesetzesverbesserer«) trägt, baute auf den Vorarbeiten seines Vaters Hakon Hakonarson (1240–1263) auf, der versucht hat, die verschiedenen mündlich tradierten Bezirksgesetze einander anzugleichen und zu allgemeiner Akzeptanz zu bringen. Diese beiden umfangreichen norwegischen Gesetzeswerke waren dann wiederum Vorlage für die sogenannte »Jónsbók«, das isländische Recht, das kurz nach König Magnus' Tod im Jahre 1280 auf der Insel angenommen wurde, nachdem der isländische Freistaat ja aufgehört hatte zu existieren.[17] In der »Jónsbók« wurden Vorschriften, die nur auf norwegische Verhältnisse paßten, fortgelassen, andere, speziell auf Island zugeschnittene aufgenommen. Natürlich hat auch das isländische Gewohnheitsrecht hie und da Eingang gefunden, beim Strandrecht z.B. durch die Aufnahme des sogenannten Vorstrandes.

Die Bedeutung, die dem Wal als Beutetier zugemessen wird, zeigt sich nun schon darin, daß in König Magnus' »Landrecht« im Buch über die Landpacht (*Lanzleigubolkr*) drei Absätze über die Elchjagd, vier über die Hirschjagd, sieben über Wolf und Bär, aber 19(!) über Jagd und Auffinden von Walen und deren gerechte Verteilung handeln. Genaue Vorschriften werden gemacht, wieviel in den verschiedenen Fällen der Finder zu beanspruchen hat und von welcher Stelle des Körpers der Finderspeck geschnitten werden soll, wieviel dem Land- und Strandrechtsbesitzer zukommt, wieviel dem König oder der Allmende usw. Dabei kommt es auch auf die Größe des angetriebenen Tieres an. § 64.1 lautet zum Beispiel: *Hauldr er einfyndr at huall eđa haulldi betri mađr .XVIII. allna langum eđa skemra. [...] En halfu skemri hualr er einfyndr huerium manni annara. – Ein Odalsbonde oder ein besserer Mann als ein Odalsbonde ist alleinberechtigter Finder eines Wales, der achtzehn Ellen lang ist oder kürzer ... Aber bei einem halb so langen Wal ist jeder andere Mann alleinberechtigter Finder.*[18]

§ 64.5 zeigt, daß die Angelegenheit aber nicht so einfach ist, wie man nach Absatz 1 vermuten könnte: *Nu rekr hual a land manz, huart sem rekr innan garđz eđa vttan, þa a konungr halfan en landsdrottin halfan, vttan finnanda spik, huart sem hualr er meiri eđa minni. – Nun treibt ein Wal an das Land eines Mannes an, entweder innerhalb des Gutzaunes oder außerhalb, da gehört dem König die Hälfte und dem Landeigentümer die Hälfte, ausgenommen den Finderspeck, einerlei ob der Wal größer oder kleiner ist (als 18 Ellen).*

Und die gewöhnlich unübersichtlichen Küstenformationen Norwegens führen zu weiteren Komplizierungen, wie z.B. aus Absatz 6 zu entnehmen ist: *Nu rekr hual i fjorđ inn, sua at skiota ma orfar odde vtt vm hual af huarutueggia lande, þa æignazst huarttueggia land hual. En ef hualr stendr grunn, ađr en menn uerđa uarer uiđ, oc þo at vttgrunt se, eđa i holma reki, þá eignizt landzdrottin hual oc skipti, sem ađr uar sagt. – Nun treibt ein Wal in einen Fjord hinein, so daß man mit einem Pfeil von beiden Ufern über ihn hinausschießen kann, da gehört der Wal beiden Ufern. Und wenn der Wal auf Grund gerät, bevor die Leute es gewahr werden, wenn es auch eine Untiefe weiter draußen ist oder wenn er auf eine Klippe treibt, da gehört der Wal dem Landeigentümer und man teile ihn, wie vorher gesagt ist.*

Treibt ein Wal auf einer Gemarkungsgrenze an, wird nach einem einfachen Verfahren vorgegangen: *Nu rekr hual a markreinu, þa er þat huar af hual, sem iorđ a vndir. – Nun treibt der Wal auf die Grenze (zwischen zwei Landgütern), da bekommt jeder von beiden so viel vom Wal, als von seinem Lande unter ihm liegt.* (§ 64.7)

Auch der Finder eines Wals hat gewisse gesetzliche Verpflichtungen. Wenn der Wal relativ sicher vor erneutem Abtreiben liegt, kann er sich darauf beschränken, dem Landeigner Mitteilung vom Wrack (Strandgut) zu machen und erhält trotzdem Finderspeck, einen halben Faden im Geviert, geschnitten von der Rückenfinne herunter (§ 64.14). Sonst ist der Anteil Finderspeck größer, aber der Wal muß auch anders gesichert werden; § 64.13 lautet: *Nu hittir mađr hual a lande eđa uiđ land, sua at huergi þarf at flytia til festingar, risti af festar oc festi hual međ oc hafi af finnanda spik fađms huernueginn. En ef hann þarf nockor at flytia til festingar, hafi af finnanda spik .II. fađma huern uegar. En ef hual rekr vtt oc liggia sumar festar a lande, þa er hann orsekr, oc ef hualr hittizt, hafi af finnanda spik sem ađr. En ef ecki er eptir af festum a lande, þa er huals uangætt oc giallde .IIII. merkr silfrs konungi. – Nun findet jemand einen Wal auf dem Lande oder am Lande, so daß es nicht nötig ist, ihn zur Festlegung weiter zu schaffen, (da) schneide er Riemenstreifen heraus und befestige den Wal damit, und er soll Finderspeck bekommen von einem Faden nach allen Richtungen. Aber wenn er ihn zur Festlegung etwas weiter schaffen muß, soll er vom Wal Finderspeck von zwei Faden nach allen Richtungen bekommen. Und wenn der Wal abtreibt und es liegen einige Festmacheleinen auf dem Lande, da ist er straflos, und wenn der Wal gefunden wird, soll der doch davon seinen Finderspeck wie sonst bekommen. Aber wenn von den Leinen nichts mehr auf dem Lande liegt, da ist der Wal schlecht gesichert gewesen, und der Mann soll mit vier Mark Silbers dem Könige büßen.*

Diese Verpflichtung – unter Strafandrohung! – zum anständigen Festmachen hat noch einen späten Nachklang bei Olaus Magnus, der berichtet, daß gestrandete Tiere nicht nur mit starken Tauen festgebunden, sondern auch durch Anker, die im Maul oder in den Blaslöchern festgehakt sind, vor dem erneuten Abtreiben gesichert werden.[19] Von dem rechtlichen Hintergrund weiß Olaus Magnus nichts mehr; doch galten im Mittelalter Wale, die nach der Strandung wieder ins Treiben gerieten, als Treibwal *(flutningshvalr)* und somit als herrenlos. Die

Flensen eines gestrandeten Wales, der mit einem Anker festgemacht ist. (Olaus Magnus, 1555)

Strafe für allzu sorgloses Befestigen, die übrigens in Magnus' »Stadtrecht« sogar fünfzehn Mark Silbers beträgt[20], scheint gerechtfertigt.

Von den 19 Absätzen des § 64 *Vm hualrekstra, ef finnr hual. – Über das Antreiben von Walen, wenn jemand einen Wal findet* behandeln drei den Hochseewalfang, fünf den Fjord- oder Buchtenwalfang und zwölf Rechtsvorschriften bei gestrandeten Walen (ein Absatz erwähnt zwei verschiedene Methoden). Dieses Verhältnis darf nun nicht in einem Sinne mißverstanden werden, als spiegele sich darin auch das zahlenmäßige Verhältnis zwischen den drei angesprochenen Arten der Beutegewinnung wider.[21] Es lassen sich lediglich Schlüsse ziehen auf die möglichen Rechtsstreitigkeiten, die bei der Waljagd bzw. dem Verwerten gestrandeter Wale entstehen können. Und da der auf dem offenen Meer erbeutete Wal dem Jäger gehört und beim Buchtenwalfang von vornherein die Bauernfischer eines Bezirks zusammenarbeiten und Anteile nach einem vorher festgelegten Verteilerschlüssel erhalten, gab es hier weniger Probleme als beim Gottesgeschenk eines gestrandeten Wals.

Auf Island werden die Verhältnisse zusätzlich kompliziert dadurch, daß nicht nur Landeigner und Finder bzw. Jäger Anrechte auf den Wal haben, sondern auch der Vorstrandsberechtigte *(fjöru-* oder *rekamaðr).* Die Definition dieses Vorstrandes, also des Streifens zwischen dem Land und der der Allgemeinheit gehörenden offenen See *(almenningr)* erwies sich als schwierig, denn die Grenzfestsetzung in Richtung auf die See – *der Abstand, in dem man vom Land aus einen gefleckten Dorsch im Wasser erkennen kann (rekamark)* – birgt die schönsten Anlässe zu Streitigkeiten schon in sich. Die zweite Linie, die am Ufer war, war die mittlere Hochwasserlinie.[22] Man darf dabei allerdings nicht übersehen, daß noch bis in unsere Tage hinein die Definition des Meeresstrandes im juristischen Sinne ihre Schwierigkeiten bereitet.[23]

Daß die vergleichsweise große Anzahl von Rechtsvorschriften über die Verteilung gestrandeter Wale – wie oben gesagt – eben durch die komplizierten Verhältnisse hervorgerufen worden ist und nicht durch einen übergroßen Anteil von Walstrandungen am Gesamtbeuteaufkommen, belegt ex negativo ein Blick auf Dänemark, wo im Mittelalter die Eigentumsrechte am Wrack einfacher geregelt waren, die Anzahl der vermutlichen Walstrandungen aber keineswegs geringer gewesen sein dürfte als in Norwegen.[24] Das jütische Recht (»Den Jyske Lov«), das 1241 angenommen worden war, bestimmt in einem einzigen Paragraphen, was mit gestrandeten Walen zu geschehen habe (Buch III, § 62): [...] *Aber Fische, die ein Mann tragen kann, wie es Tümmler und Robben und dergleichen sind, oder noch kleinere, das ist kein*

Wrack, ausgenommen allein Störe. Denn Wal und Delphin und Störe und alle großen Fische, die man nicht tragen kann, die sind alle Wrack und die gehören dem König (þæt æræ allæ wrag. oc þæm a koning.). Doch wer einen Wal zuerst findet, soll es, bevor er etwas davon nimmt, dem Amtmann sagen, und er habe für seine Mühe, wenn er zu Fuß ist, eine Tragelast, wenn er reitet, eine Pferdelast, wenn er fährt, eine Wagenlast. Aber wenn jemand mit dem Schiff kommt, habe er eine Schiffsladung, doch nicht bei größeren Schiffen als Sechsrudern, das heißt: mit drei Rudern an jeder Seite. ...[25] Der Rest gehört dem König. Warum in Dänemark ein Paragraph genügt, wo doch in Norwegen ein ganzes Bündel von Vorschriften nötig war, enthüllt § 61: *Wragh thær til landæ kommær. oc engi man fylghær æth kommær æftær. thæt a konnig. Forthy ath konning a allæ forstrandæ . oc thæt thær engi man a. thæt a oc koning.* – Wrack, das an Land geworfen wird und dem niemand folgt oder nachkommt, das gehört dem König, denn dem König gehört der ganze Vorstrand, und das, was keinem gehört, das gehört auch dem König.[26]

In Dänemark – und übrigens auch im Deutschen Reich, wo das Ufer im Mittelalter Reichsregal war – haben wir also eine ganz andere Situation vor uns als in Norwegen und Island; es waren die besonderen Eigentumsverhältnisse am Strande, die hier das komplizierte Regelwerk verlangten, nicht die sonst den Nordleuten (zu Recht) so gern nachgesagte Freude an Kasuistik. Die eingangs zitierten Auseinandersetzungen über die gestrandeten Wale hatten eine ihrer Ursachen demnach in dem eben geschilderten juristischen Sachverhalt, wenn auch die Schreiber der entsprechenden Sagastellen durchblicken lassen, daß in allen drei Fällen die Rechtslage eigentlich klar gewesen sei und das Recht schierer Gewalt habe weichen müssen.

Doch diese Auseinandersetzungen und die ganzen detaillierten Rechtsvorschriften sind natürlich nicht Selbstzweck; sie sind allein daraus zu erklären, daß die umstrittene Beute, der gestrandete Wal, ein großes Wertobjekt darstellte. Einen ersten Hinweis darauf geben schon die recht hohen Bußgelder, die beim fahrlässigen Verlust eines Wales zu zahlen waren. Doch wie wertvoll solch ein gestrandetes Tier für eine ganze Gruppe von Menschen sein konnte, kommt auch direkt in den schriftlichen Quellen zum Ausdruck. Die Grœnlendinga saga, eine der isländischen Sagas, die von der Entdeckung und den Besiedelungsversuchen Vínlands, d.h. Amerikas berichten, erzählt von der Unternehmung des Norwegers Þorfinn Karlsefni, der mit sechzig Männern und fünf Frauen auf nur einem Schiff von Grönland aus zu den Hütten fuhr, die Leif Eriksson in Vínland errichtet hatte: *Síðan heldu þeir í haf skipinu ok kómu til Leifsbúða með heilu ok hǫldnu ok báru á upp húðfǫt sín. Þeim bar brátt í hendr mikil fǫng ok góð, því at reyðr var þar upp rekin, bæði mikil ok góð; fóru til síðan ok skáru hvalinn; skorti þá eigi mat.* – Danach stachen sie mit dem Schiff in See, kamen glücklich und gesund nach Leifsbudir und trugen dort ihre Hängematten an Land. Ihnen geriet bald ein großer und guter Fang in die Hände, weil dort ein Wal [ein großer Furchenwal] angetrieben wurde, der groß und gut war. Da gingen sie denn hin und zerlegten ihn; so fehlte es ihnen dann nicht an Fleisch.[27]

Auch die Eiríks saga rauða, die Geschichte von Erik dem Roten, dem ersten Besiedler Grönlands, erzählt die Begebenheit von der Walstrandung während der Vínland-Expedition Þorfinn Karlsefnis, allerdings mit ganz anderem Ablauf: *Þeir hǫfðu áðr heitit á guð til matar, ok varð eigi við svá skjótt, sem þeir þóttusk þurfa. [...] Litlu síðar kom þar hvalr, ok fóru þeir til ok skáru, ok kenndi engi maðr, hvat hvala var; ok er matsveinar suðu, þá áttu þeir, ok varð ǫllum illt af.* – Vorher hatten sie zu Gott um Nahrung gebetet, aber es ging damit nicht so schnell, wie sie es für nötig hielten. [...] Etwas später kam ein Wal dorthin, und sie liefen hin und zerlegten ihn. Aber kein Mann wußte, was für ein Wal das war. Als die Köche das Fleisch kochten, aßen sie, und allen wurde schlecht davon.[28] Allerdings ist diese Darstellung weniger glaubhaft; die Eiríks saga rauða versucht nämlich, die Rolle des Leif Eriksson bei der Einführung des Christentums in Grönland überzubetonen, und der ungenießbare Wal wurde wegen des Rückfalls eines Begleiters in den Thorsglauben gesandt – kein Wunder also, daß er für die Christen unverträglich war. Sie handeln entsprechend, als sie von der Anrufung Thors erfah-

Walprodukte; oben: Gürtel und Jacke aus Haut, Flüssigkeitsbehältnis aus einem Hohlorgan, oleum als Lichtquelle; unten: Transieden, Wal- und Fischabfälle als Brennmaterial, eingesalzener Speck. (Olaus Magnus, 1555)

ren: *Ok er menn vissu þetta, báru þeir hvalinn allan á kaf ok skutu sínu máli til guðs.* – Als die Leute das wußten, warfen sie den ganzen Wal ins Meer und sandten ihre Gebete zu Gott.[29]

Zwei Dinge sprechen ganz ausdrücklich gegen die Version der Eiríks saga: eine Strophe in der Saga selbst und die Bemerkung, der ungenießbare Wal sei unbekannt gewesen. Der Skalde Þórhall veiðimaðr (der Jäger), eben der, der sich mit einem Bittgedicht an Thor gewandt hatte, will – im Gegensatz zu Karlsefnis Plänen – zurück nach Grönland. In einer entsprechenden Strophe nimmt er auch auf den Wal Bezug, jedoch ohne jeden Hinweis darauf, daß er etwa ungenießbar gewesen wäre:

> *Fǫrum aptr, þar es órir*
> *eru, sandhimins, landar,*
> *látum kenni-Val kanna*
> *knarrar skeið in breiðu,*
> *meðan bilstyggvir byggva*
> *bellendr ok hval vella*
> *Laufa veðrs, þeirs leyfa*
> *lǫnd, á Furðu-strǫndum.*

Laßt uns zurückfahren, dorthin, wo unsere Länder (= Grönland) sind; lassen wir das Prüf-Pferd des Sandhimmels (= das Schiff) die breite Rennbahn der Knörren (= Meer) erproben, während tatenfrohe Verursacher von Laufis (= Schwert des Helden Bjarki) Sturm (= Männer), die diese Länder loben, an den Wunderstränden leben und Wale kochen.[30]

Was die angebliche Unbekanntheit des Wales betrifft, so ist dies als Darstellung eines realen Sachverhalts völlig unglaubwürdig, zumal wenn der Schreiber einer Handschrift das noch bekräftigen zu müssen glaubt in der Formulierung *Karlsefni kunni mikil skyn á hvǫlum ok kenndi hann þó eigi* – Karlsefni hatte große Kenntnis von den Walen, und dennoch kannte er diesen nicht.[31] Der mittelalterliche Norden besitzt nämlich im »Königsspiegel« *(Konungs skuggsjá)* aus der Zeit um 1250 eine einzigartige Liste 22 verschiedener Wale, in der versucht wird, die einzelnen Arten zu beschreiben, natürlich nicht in der heutigen Weise, sondern durch Bemerkungen zu Gestalt und Eigenarten sowie Verhaltensweisen in einer Form, die völlig aus dem Rahmen sonstiger biologischer Arbeiten der Zeit fällt. Da zudem der »Königsspiegel« sich als Lehrbuch für all jenes Wissen gibt, das ein gebildeter junger Mann erwerben

Walknochen als Baumaterial. (Olaus Magnus, 1555)

muß, darf man auch die Kenntnisse der verschiedenen Walarten als zumindest nicht außergewöhnlich ansehen.³² So ist mir denn auch – außer in der tendenziösen Eiríks saga rauða – keine altnordische Belegstelle dafür bekannt, daß die Nutzung angetriebener Wale den Findern unbekannt gewesen wäre; im Gegenteil: In der angesprochenen Walliste des »Königsspiegels« ist die wichtigste Eigenschaft jeder der genannten Walarten die Eßbarkeit bzw. die Ungenießbarkeit.

Der Wert eines Wales für eine Gruppe von Menschen besteht also in erster Linie in den riesigen Mengen von Nahrung, die er bietet, ein Aspekt, der ja bis in unsere Tage den sogenannten Eingeborenenwalfang kennzeichnet.³³ *So fehlte es ihnen dann nicht an Fleisch,* formuliert die oben zitierte Grœnlendinga saga zu Recht. Fleisch (*hvalfjós* u.a.) und auch Speck *(spik)* wurden frisch genossen, wegen der leichten Verderblichkeit und zur Vorratshaltung aber vor allem eingesalzen und auch geräuchert.³⁴ Das Filetstück – das ist wohl die Bedeutung von altnordisch *þverst/þvest* – und die Zunge *(tunguhvalr)* galten dabei als besondere Delikatesse.

Doch begnügte man sich nicht damit, die für den menschlichen Verzehr geeigneten Teile des Wales zu gewinnen. Im mittelalterlichen Nordeuropa wurde der Wal fast völlig verwertet, in einer Art und Weise, die erst wieder im 20. Jahrhundert erreicht wurde und weit entfernt ist von der Verschwendung natürlicher Ressourcen, wie wir sie sowohl im sogenannten Grönlandwalfang als auch in der Südseefischerei finden. Hier sollen nur einige Verwendungsmöglichkeiten angedeutet werden, um einen Eindruck von der vielfältigen Nutzung zu vermitteln. Aus Fleisch und Speck ungenießbarer Wale, aber auch aus Knochen und allen anderen tranreichen Teilen wurde natürlich Waltran gewonnen, das im Mittelalter über ganz Europa verbreitete *oleum,* altnordisch *lýsi,* Hauptbeleuchtungsmittel, aber auch Ingredienz bei mancherlei Medizin und Schmiere. Barten und Zähne (*talkn/tákn* und *tannvara*) dienten zur Herstellung verschiedener Gerätschaften, Handwerkszeug, Schmuck, Waffen usw. Eine Sonderrolle spielte dabei der Zahn des Narwals. Hohlorgane wie den Magen brauchte man zur Aufbewahrung von Flüssigkeiten, wie z.B. des Trans; Sehnen taten als Schnüre gute Dienste; und daß aus der Haut – besser allerdings aus Walroßhaut – besonders belastungsfähiges Schiffstauwerk hergestellt werden konnte, ist anläßlich Óttars Bericht über seine Nordlandfahrt schon erwähnt worden. Am Rande sei auch noch auf das Einsammeln von Ambra hingewiesen, das – als Walsperma mißinterpretiert – in der Medizin eine gewisse Rolle spielte.

All diese Verwendungen kennt auch noch Olaus Magnus in der Mitte des 16. Jahrhunderts

– und noch einige mehr, für die es in der altnordischen Literatur keine Belegstellen gibt.[35] Dabei spricht oft der Kirchenmann aus ihm, so wenn der Hauptverwendungszweck des Waltrans seiner Meinung nach darin besteht, das Altarlicht zu unterhalten, und wenn er darauf hinweist, daß man aus Walhaut außer Schiffstauwerk, Gürteln und Bekleidung vor allem kräftige Glockenstränge herstellen könne. Ausführlich geht er sodann auf die Verwendung von Walrippen – eigentlich Walunterkieferknochen[36] – beim Errichten profaner und sakraler Bauwerke ein, eine Sitte, die zwar im arktischen Umkreis nachgewiesen werden kann, nicht aber in altnordischen Quellen, bei der es sich also wohl nicht um eine germanisch-skandinavische Tradition handelt. Allerdings ist der Gebrauch von Walrippen bei der Anlage von Slips in Sagas bezeugt *(hlunnar).*

Diese Hinweise haben – so hoffe ich – die Bedeutung des Wals für die einheimische Bevölkerung und deren Ökonomie hinreichend deutlich gemacht; hinzu kommt aber noch ein weiterer Aspekt, der »außenwirtschaftliche«. Viele der genannten Erzeugnisse wurden nämlich auch exportiert und gaben damit den Nordleuten ihrerseits die Möglichkeit, benötigte Güter zu importieren.[37] Die größte Rolle scheint bei der Ausfuhr von Walprodukten das schon erwähnte *oleum* gespielt zu haben – wobei nach den Quellen nicht sicher zwischen Waltran und Fischöl unterschieden werden kann –, dann aber auch Walfleisch und -speck; denn da die Wale zu den Fischen gerechnet wurden, konnte das Fleisch als Fastenspeise genutzt werden. Zwei Walprodukte seien noch besonders genannt, die zwar nicht in großen Mengen exportiert wurden, aber gerade deshalb hohen Gewinn abwarfen: Ambra und Narwalzähne.

Es wurde sowohl echtes (weißes) Ambra aus dem Kopf des Pottwals gesammelt als auch graues, das aus dessen Darm stammt und aus nicht verdauten, zusammengeklumpten Kalkplatten der verspeisten Tintenfische besteht. Ambra wurde – wie schon gesagt – fälschlich für Walsamen gehalten, dem man eine große medizinische Wirkung zutraute. Um 1350 vermerkt Konrad von Megenberg in seinem »Buch der Natur« z.B.: *Wan sô er geunkäuscht hât, sô swimt der sâm oben, den er gelâzen hât, den væht man denn und tuot in in klaineu fläschel, als trinkers fläschel sint, und den walsâm trinkt man nüchtern, wan er sterkt als gar wol und kreftigt vast und dar umb ist er gar schatzpær und teur* (248, 12).[38]

Der Narwalzahn schließlich war das wertvollste Walprodukt überhaupt, galt er doch dem mittel- und südeuropäischen Mittelalter als das Horn des mythenumwobenen Einhorns.[39] Um 1550 kostete ein solches »Horn« in Florenz das Zwanzigfache seines Gewichtes in Gold! Kein Wunder, daß der Diebstahl eines Narwalzahnes aus dem Dom von Nidaross (Trondheim) 1454 eine gewichtige Korrespondenz zwischen Rom und Trondheim nach sich zog. Die Nordleute wußten natürlich besser, was dies »Horn« eigentlich war. In der Walliste des »Königsspiegels« heißt es: *Er [der náhvalr] ist durchaus nicht wild, eher vermeidet er die Begegnung mit Fängern. Er hat Zähne im Kopfe, und zwar alle klein, außer einem großen, der steht im Oberkiefer vorn in seinem Kopfe, er ist schön und wohlgeformt und so grade wie ein Lauch, er ist 7 Ellen lang, wenn er am längsten werden kann, und ganz gedreht, als wäre er mit einem Werkzeuge verfertigt.*[40] Selbstverständlich hatten die Nordleute ein großes Interesse daran, diese profane Herkunft des doch so hoch bezahlten »Horns« zu verschweigen.

Die Ausfuhr von Walprodukten (Sammelbezeichnung *hvalkaup*), die nach Forschungen Osvald Martinsens zeitweise im Wert der Stockfischausfuhr gleichkam und deshalb ebenfalls durch gesetzliche Vorschriften geregelt war[41], soll hier nicht weiter verfolgt werden, da bei den eingangs zitierten Auseinandersetzungen über gestrandete Wale wohl kaum der Gedanke an Export eine Rolle gespielt haben dürfte. Hier ging es darum, für sich und seine Hausgenossen Vorrat anzulegen. Man hätte ja auch auf Island Walfleisch kaufen können, doch 20 Mark für eine Portion Blauwal von 5 Ellen (2–2,5 m), 2/3 Fleisch und 1/3 Speck, war eine Menge Geld. Auf dem Flensplatz direkt kostete es zwar nur die Hälfte, bestand dann aber auch nur je zur Hälfte aus Fleisch und Speck.

Wie hoch ein Wal eingeschätzt wurde, zeigt sich in Norwegen an den verhängten Geldbußen, wenn es auch fast unmöglich ist, den realen Kaufwert der angegebenen Summen zu berechnen: 15 Mark Silbers ist nach Magnus Hakonarsons »Stadtrecht für Bergen« die Strafe für einen Walverlust durch schlechte Befestigung, und das zu einer Zeit, als die Geldbuße für die Erschlagung eines Knechtes 40 Mark und für die Tötung eines Freien zwischen 60 und 100 Mark beträgt. Der Vergleich mag seltsam klingen; er soll jedoch lediglich noch einmal deutlich machen, um welche Werte es ging, wenn man sich entschloß, um die »Gabe Gottes« zu kämpfen – mit Schwert und Axt und notfalls auch mit Walspeck und -rippen.

Anmerkungen:
1 Eyrbyggia saga. Hrsgg. von Einar Ól. Sveinsson. In: Íslenzk Fornrit IV. Reykjavík 1935, Formáli, bes. S. XLIII-LVII.
2 Ebd., cap. 57, S. 158-160.
3 Die Geschichte vom Goden Snorri. Übertragen von Felix Niedner. (= Sammlung Thule, Band 7). Neuausgabe Düsseldorf, Köln 1964, S. 142-144. – Ich habe Niedners Übersetzung geringfügig geändert.
4 Hávarđar saga Ísfirđings. Hrsgg. von Guđni Jónsson. In: Vestfirđingar sǫgur = Íslenzk Fornrit VI. Reykjavík 1943, cap. 3, S. 300.
5 Geschichte von Havard aus dem Eisfjord. Übertragen von Friedrich Ranke. In: Fünf Geschichten von Ächtern und Blutrache. (= Sammlung Thule, Band 8). Neuausgabe Düsseldorf, Köln 1964, S. 143. Die Übertragung Rankes ist hier leicht verändert worden.
6 Grettis saga Ásmundarsonar. Hrsgg. von Guđni Jónsson. = Íslenzk Fornrit VII. Reykjavík 1936, cap. 12, S. 28-31.
7 Wahrscheinlich handelt es sich um die in der Landnámabók (Skarđsárbók) für die Zeit um 975 erwähnte Hungersnot. Vgl. Grettis saga (wie Anm. 6), S. 28, Anm. zur Stelle.
8 Die Geschichte von dem starken Grettir, dem Geächteten. Übertragen von Paul Herrmann. (= Sammlung Thule, Band 5). Neuausgabe Düsseldorf, Köln 1964, S. 22-25. – Die Übertragung Herrmanns ist leicht verändert worden; die Skaldenstrophe habe ich allerdings wegen einer größeren Genauigkeit in Prosa übersetzt.
9 Über Walfang und -nutzung im skandinavischen Mittelalter gibt es bisher keine ausführliche Gesamtdarstellung. Vgl. daher zum folgenden: Jón Bernström: Valar. In: Kulturhistorisk Leksikon for Nordisk Middelalder (KLNM). Bd. 19. Repr. 1973, Sp. 439-454; Arne Odd Johnson, Sverri Dahl, Magnús Már Lárusson: Hvalfangst. In: Ebd., Bd. 7, Sp. 160-172; Bjarne Aagaard: Den gamle hvalfangst. Oslo 1933; Richard Ellis: Men and Whales. New York 1991, S. 40-42, und – detaillierter – Klaus Barthelmeß: Auf Walfang – Geschichte einer Ausbeutung. In: Knuth Weidlich (Hrsg.): Von Walen und Menschen. Hamburg 1992, S. 4-44, bes. S. 11-13.
10 Cf. Grahame Clark: Whales as an Economic Factor in Prehistoric Europe. In: Antiquity 82, 2, 1947, S. 84-104; Siegfried Stölting: Vorgeschichtliche Wal-Darstellungen aus Skandinavien. In: Deutsches Schiffahrtsarchiv 11, 1988, S. 215-248; ders.: dass., 1. Nachtrag. In: Ebd., 13, 1990, S. 227-238.
11 Arne Odd Johnson et al. (wie Anm. 9); G. Clark (wie Anm. 10).
12 Uwe Schnall: Forschungsfahrt vor 1100 Jahren. Ottar umrundet das Nordkap. In: Deutsche Schiffahrt 1984, Heft 1, S. 14-16.
13 Cf. W.M.A. De Smet: Evidence of Whaling in the North Sea and English Channel During the Middle Ages. In: FAO (Hrsg.): Mammals in the Seas. Bd. 3. Rom 1981, S. 301-309.
14 Ebd., S. 304f.; K. Barthelmeß (wie Anm. 9), S. 12.
15 Arne Bøe: Magnus Lagabøtes landslov. In: KLNM, Bd. 11, Sp. 231-237.
16 Trygve Knudsen: Magnus Lagabøtes bylov. In: Ebd., Bd. 11, Sp. 228-231.
17 Magnús Már Lárusson: Jónsbók. In: Ebd, Bd. 7, Sp. 612-617.
18 Zitiert nach: Rudolf Meissner (Hrsg.): Landrecht des Königs Magnus Hakonarson. (= Germanenrechte, N.F.). Weimar 1941, S. 329-331.
19 Olaus Magnus: Historia de Gentibus Septentrionalibus. Rom 1555, Liber XXI, cap. 15.
20 Rudolf Meissner (Hrsg.): Stadtrecht des Königs Magnus Hakonarson für Bergen. (= Germanenrechte, N.F.). Weimar 1950, S. 420-423.
21 Uwe Schnall: Medieval Scandinavian Laws as Sources for the History of Whaling. In: Sandefjordmuseene, Årbok (1993) (im Druck); zur Technik vgl. auch: Ole Lindquist: Shore Whaling by Peasant

Fishermen in Norway, the Orkney, Shetland, Faeroe Islands and Iceland. A Comparison of the Medieval Legal Régimes and Hunting Methods. In: Ebd.
22 Vgl. Arne Odd Johnson et el. (wie Anm. 9), Sp. 169.
23 Die genaue Definition ist immer noch wegen des sog. Gemeingebrauchs wichtig; cf. z.B.: Werner Vogel: Der Gemeingebrauch am Meeresstrand im preußischen Recht. Diss. Kiel 1931, bes. S. 16-19.
24 Vgl. W.M.A. De Smet (wie Anm. 13), bes. S. 302f.
25 Peter Skautrup (Hrsg.): Den Jyske Lov. Aarhus, København 1941, III, § 62; Klaus von See: Das Jütsche Recht. Aus dem Altdänischen übersetzt und erläutert. Weimar 1960, S. 149f.; Stig Iuul: Jyske lov. In: KLNM, Bd. 8, Sp. 50f.
26 K. v. See (wie Anm. 25), S. 149.
27 Grœnlendinga saga. Hrsgg. von Matthías Þórðarson. In: Íslenzk Fornrit IV. Reykjavík 1935, cap. 7, S. 261; Die Grönländer Saga. Aus dem Altisländischen übersetzt von Bernhard Gottschling. In: Die Vinland Sagas. (= Altnordische Bibliothek, Band 2). Hattingen 1982, S. 88.
28 Eiríks saga rauða. Hrsgg. von Matthías Þórðarson. In: Íslenzk Fornrit IV. Reykjavík 1935, cap. 8, S. 224; Die Saga von Erik dem Roten. Aus dem Altisländischen übersetzt von Bernhard Gottschling. In: Die Vinland Sagas (wie Anm. 27), S. 43.
29 Ebd.
30 Eiríks saga rauða (wie Anm. 28), cap. 9, S. 226. – Die Strophe gilt als unecht, d.h. sie stammt aus der Schreibezeit. Sie fehlt in der Anm. 28 genannten Übersetzung. Ich habe, wie oben auch, auf die Übernahme der strophischen Übersetzung aus der Sammlung Thule verzichtet und stattdessen wegen der Genauigkeit und Verständlichkeit in Prosa übertragen.
31 Die Skálholtsbók AM 557, 4º. Vgl. Eiríks saga rauða (wie Anm. 28), S. 224, Anm. 6.
32 Finnur Jónsson (Hrsg.): Konungs skuggsiá. Kopenhagen 1920, cap. X; Rudolf Meissner (Hrsg.): Der Königsspiegel. Konungsskuggsjá. Aus dem Altnorwegischen übersetzt von R.M. Halle 1944.
33 *Ein einziger Wal würde genügen, uns und die Hunde einen ganzen Winter über zu ernähren*, heißt es in einem tschuktschischen Roman (Juri Rytchëu: Traum im Polarnebel. Deutsch von Arno Specht. Frankfurt 1991, S. 115). – Vgl. Gutorm Gjessing: Litt om sjøsamisk sel- og kvalfangst i gammel tid. In: Sameliv, Samisk Selskaps Årbok 1953-1955, S. 21-35; R. Ellis (wie Anm. 9), passim; K. Barthelmeß (wie Anm. 9), S. 39-42.
34 Vgl. zum folgenden besonders: Osvald Martinsen: Aktiv hvalfangst i Norden i gammel tid. In: Hval og hvalfangst, Vestfold-Minne 1964, S. 22-62, bes. S. 52ff.
35 Olaus Magnus (wie Anm. 19), bes. Liber XXI, cap. 18, 20-24.
36 Klaus Barthelmeß: Walkinnladen in Wanten. In: Deutsches Schiffahrtsarchiv 12, 1989, S. 243-264, bes. S. 244-247.
37 Ausführlicher zum Export von Walprodukten: W.M.A. De Smet (wie Anm. 13) und O. Martinsen (wie Anm. 34).
38 Die Walliste des »Königsspiegels« ist zwar bei der Nennung jener Krankheiten, gegen die Ambra als remedium brauchbar ist, genauer: *für die Augen, gegen Aussatz, Fieber, Kopfschmerz und überhaupt gegen alle Krankheiten, welche die Menschen bekommen können;* doch glaubt der Autor wohl nicht ganz daran, denn er beginnt die Aufzählung mit den Worten *Es wird auch erzählt* ... (R. Meissner [wie Anm. 32], S. 60).
39 Die Literatur zum Narwal/Einhorn ist – verglichen mit den Arbeiten zum mittelalterlichen Walfangrecht groß. Vgl. besonders: Jens Rosing: Havets enhjørning. Højbjerg 1986; Cäsar Claude: Vom Meer-Einhorn zum Narwal. Ausstellungsschrift des Zoologischen Museums Zürich. 1993, jeweils mit weiterführender Literatur.
40 Konungs skuggsjá (wie Anm. 32), cap. X; R. Meissner (wie Anm. 32), S. 59.
41 O. Martinsen (wie Anm. 34).

Anschrift des Verfassers:
Dr. Uwe Schnall
Deutsches Schiffahrtsmuseum
D-2850 Bremerhaven

BILDER EINER FANGFAHRT MIT DEM KRABBENKUTTER AN DER WURSTER KÜSTE

Von Gerth Schmidt (Text) und Eckhardt Kaiser (Photos)

Nördlich von Bremerhaven zieht sich ein kaum 30 km langer und recht schmaler Marschstreifen an der Küste entlang bis Berensch bei Cuxhaven. Marschland, Deiche, Watt, Dörfer und Höfe prägen das äußere Bild dieser alten Kulturlandschaft, des Landes Wursten (Abb. 1). Zu den Eigenheiten, die geradezu zum Kennzeichen der Region geworden sind, gehören die Krabbenhäfen und die Kutter. Die über Jahrhunderte bedeutsamen Wurster Frachthäfen sind längst verschwunden. Drei Kutter- und Freizeithäfen finden sich heute an den Tiefs, der seeseitigen Fortsetzung der Wasserlösen aus der Marsch. Die notwendige Entwässerung der Marschen erfolgte lange Zeit ausschließlich über Wasserläufe, die in Ost-West-Richtung auf den Deich zuführen. Das Wasser wird durch Schleusen im Deich – die Siele – in das Watt geleitet, wo es im Laufe der Zeit Priele in den Untergrund gespült hat. Diese Priele dienen den Schiffen als Fahrrinnen durch das Watt. Heute erfolgt die Entwässerung der Wurster Marsch hauptsächlich über den in Nord-Süd-Richtung laufenden Grauwall-Kanal. Die meisten Siele haben ihre Funktion verloren und sind zugeschüttet oder verschlickt. An drei Stellen blieben die typischen Sielhäfen erhalten: Wremen (Wremer Tief), Dorum-Neufeld (Dorumer Tief), Spieka-Neufeld. Sie dienen vor allem als Häfen für die Krabbenkutter.

Die Menschen haben das Watt immer zur Jagd und zum Fischfang genutzt, meist, um den eigenen Speiseplan zu bereichern, in Grenzen auch, um die Beute in der engeren Umgebung im Nebenerwerb zu verkaufen. Die Menschen nutzten das alte Wurster Fischereirecht, das, eingeschränkt durch die Nationalparkverordnung, bis heute besteht, durch das Aufstellen von Reusen und Stellnetzen (passive Fischerei), oder sie gingen mit der Sperrlade oder mit dem Schiebehamen ins Watt (Abb. 2).

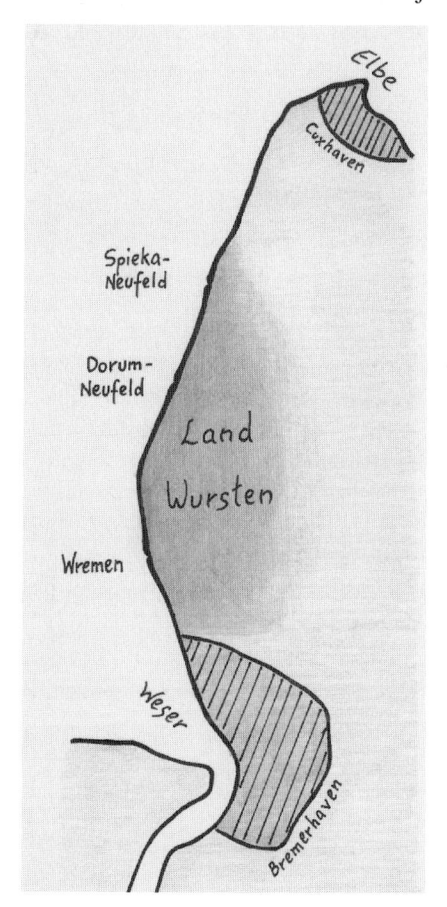

Abb. 1 *Zeichnung: D. Kühn*

Abb. 2   »*Krabbenfischer auf dem Wattenmeer bei Ebbezeit.*« *(Sammlung Gerth Schmidt)*

Vor gut hundert Jahren begann die Fischerei im Wattenmeer von Booten aus, meist mit Segelbooten und einem Baumnetz. Ihren kommerziellen Durchbruch erlebte die Wattenfischerei aber erst ab Beginn unseres Jahrhunderts mit der Motorisierung der Boote. Die Berufsfischerei verbreitete sich seit Ende des Ersten Weltkrieges an der Küste, und sie gehört neben der Landwirtschaft und dem Tourismus zu den bedeutsamen Wirtschaftszweigen des Landes Wursten.

Die Speisekrabben sind das Hauptprodukt der Wattenfischerei. Der Handelsname Krabbe ist allgemein geläufig, obwohl das kleine graue Tier – wissenschaftlich bezeichnet – eine Garnele ist (Abb. 3). Als Krabbe betitelt der Zoologe die Tiere, die landläufig Krebse genannt werden. Für die Speisekrabben ist auch die Bezeichnung Granat verbreitet. Andere Namen, wie der plattdeutsche Porre oder das Kraut, haben sich allgemein nicht durchgesetzt.

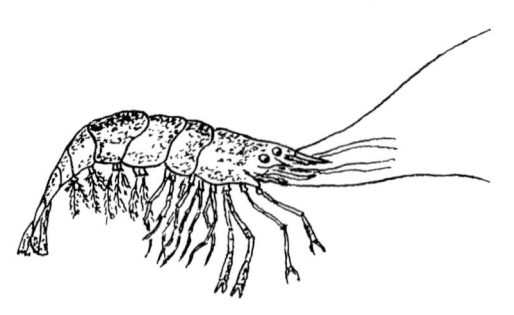

Abb. 3   *Zeichnung: D. Kühn*

Abb. 4

Die Fangfahrt

Die Arbeitszeit der Wattenfischer hängt ganz von Ebbe und Flut ab. Zum Verlassen der Sielhäfen muß der Wasserstand hinreichend hoch sein, die Heimkehr in den Hafen ist nur möglich, wenn noch ausreichend Wasser im Priel ist. So reicht die Fangreise von Flut zu Flut, also gut zwölf Stunden.

Die Kutterhäfen bieten meist ein eher ruhiges Bild (Abb. 4). Kurz vor dem Auslaufen wird es lebendig. Die Kutter werden von den Besatzungen startklar gemacht, die Dieselmotoren

Abb. 5

Abb. 6

laufen an. Die Netze, die noch vom Vortag zum Trocknen am Ladebaum hängen, werden vor der Ausfahrt an Deck gelegt und an der Bordwand festgelascht (Abb. 5, 6), Körbe und Kisten bereitgestellt. Am Dorumer Tief geht es etwa eine Stunde vor Hochwasser los. Deutlich sichtbar ist die Verschlickung des Hafens (Abb. 7). Seit das Wasser der Marsch hauptsächlich durch

Abb. 7

Abb. 8

den Grauwall-Kanal gen Süden abgeführt wird und nördlich vom Containerterminal Bremerhaven in die Weser fließt, fehlt die regelmäßige kräftige Spülung der Sielhäfen. Die Verschlickung bedeutet eine starke Beeinträchtigung für die Fischer. Aufwendige Ausbaggerungen sind immer wieder nötig.

Abb. 9

Abb. 10

Die Kutter brechen gemeinsam auf. Die Ladebäume steil am Mast aufgestellt, arbeiten sich die Schiffe durch das noch flache Wasser und fahren nacheinander in den gewundenen Priel ein (Abb. 7–11).

Abb. 11

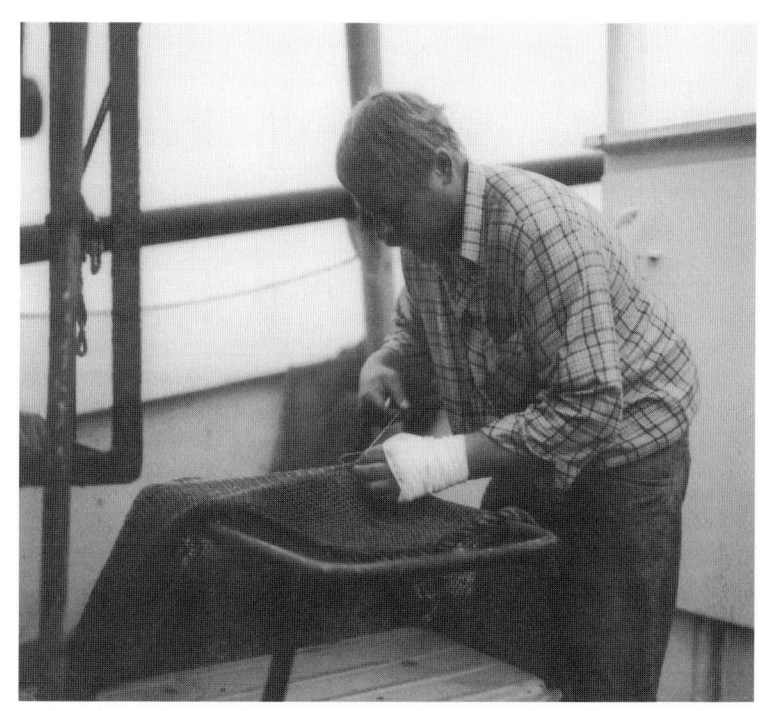

Abb. 12

Der Kutter ist ein alter Schiffstyp. Im 19. Jahrhundert entdeckte die deutsche Fischerei den segeltüchtigen Kutter für sich. Auch nach der Motorisierung der Fahrzeuge der Küstenfischerei – ab 1906 – hat sich der Grundtyp erhalten. Zwar wurde der Schiffskörper größer und schnittiger, einige Details änderten sich, und die Schiffe werden heute kaum noch aus Holz gebaut, aber auch die modernen Stahlkutter ähneln ihren Vorgängern augenfällig. Seit Ende der 40er Jahre tragen die Kutter ein festes Ruderhaus, das im hinteren Teil des Schiffes über der Maschine aufgebaut ist. Nur bei den an der deutschen Küste bisher eher seltenen Mehrzweckkuttern ist das Ruderhaus nach vorn gebracht worden. Sie ähneln so den Heckfängern der kleinen und großen Hochseefischerei.

Entschieden geändert hat sich in den letzten Jahren die Ausrüstung der Kutter: Motorwinde, motorgetriebene Siebe, Kühlräume, Radar, Funk, Echolot, computergestützte Navigationshilfen und Autopilot gehören heute zur Ausstattung. Zu den Traditionen der Schiffahrt in den Wattgebieten zählen die Pricken, Baumstämme, die an die Prielkante gesetzt sind und den Verlauf der Fahrrinne markieren (Abb. 11). Ihre Unterhaltung gehört zu den Gemeinschaftsaufgaben der Fischer.

Während der Ausfahrt zu den Fanggründen werden letzte Arbeiten an Bord erledigt (Abb. 12, 13). Zur Besatzung des Kutters gehören meist zwei Mann: der Fischmeister und Eigner fährt den Kutter in der Regel als Kapitän, ein Fischwirt erledigt fast alle sonstigen Arbeiten während der Fangfahrt. Mitunter ist auch noch ein Auszubildender an Bord. Bei der Ausreise liegt das Netz an Bord, der Baum in der Halterung über der Bordwand (Abb. 14). Der Gehilfe des Eigners knotet das Netzende – den Steert – mit einem Tau zu (Abb. 15).

Die Fischerei erfolgt überwiegend in den traditionellen Fanggründen, den Prielen, Flußmündungen – im Land Wursten der Weser – und an der Seekante bis zu einer Tiefenlinie von ca. 20 Metern. Ökonomischer Druck, rechtliche Veränderungen in der Europäischen Gemeinschaft und Schwankungen im Fangergebnis führen aber inzwischen auch zu Fang-

Abb. 13

fahrten außerhalb der angestammten Fanggebiete. Die Küstenfischerei steht unter starker ausländischer Konkurrenz, vor allem aus den Niederlanden, und muß die Abläufe rationeller organisieren und das teure Kapital besser nutzen.

Sind die Fanggründe erreicht, geht es an das Aussetzen der Netze. Die Krabbenkutter tra-

Abb. 14

Abb. 15

gen meist zwei Netze. Nur wenige, an der Wurster Küste zur Zeit ein Kutter, verfügen über drei Netze. Nach dem Anheben des Geschirrs fiert der Gehilfe des Eigners die Netze mit Hilfe von Winde und Ladebaum seitlich über die Bordwände aus (Abb. 16–18). Der Mitarbeiter läßt die Netze an der ca. 80 Meter langen Schleppleine, der Kurrleine, langsam ins Wasser

Abb. 16

Abb. 17

Abb. 18

Abb. 19

(Abb. 19). Diese alltägliche Prozedur erfordert große Geschicklichkeit und Erfahrung. Mit ausgefierten Netzen, also beim Aussetzen, während des Schleppens und beim Einholen, ist der Kutter in seiner Stabilität gefährdet.

Gefangen wird mit einem alten Netztypus, der sich nur in der Wattenfischerei gehalten hat, der Baumkurre (Abb. 17–19). Der Baum, heute aus Stahlrohr, spannt die Öffnung des Netzes. Auf zwei kufenartigen Bügeln, die an den Enden des Baumes angebracht sind, gleitet das Netz

Abb. 20

Abb. 21

Abb. 22

Abb. 23

über den Grund. Baumlänge und Netzgröße hängen von der Größe und Motorisierung des Fahrzeugs ab. Moderne Kutter sind bis zu 17 m lang, ihre Dieselmotoren leisten 180 bis 250 PS. Die Baumlänge beträgt dann ca. 10 m, das Gesamtnetz mit dem 3 m langen Steert erreicht eine Länge von ungefähr 15 m.

Die Unterkante des Netzes bildet eine Rollenkette mit über 30 Rollen. Sie ist nicht gespannt, so daß sie beim Schleppen hinter der Oberkante über den Boden läuft. Die Rollen

Abb. 24

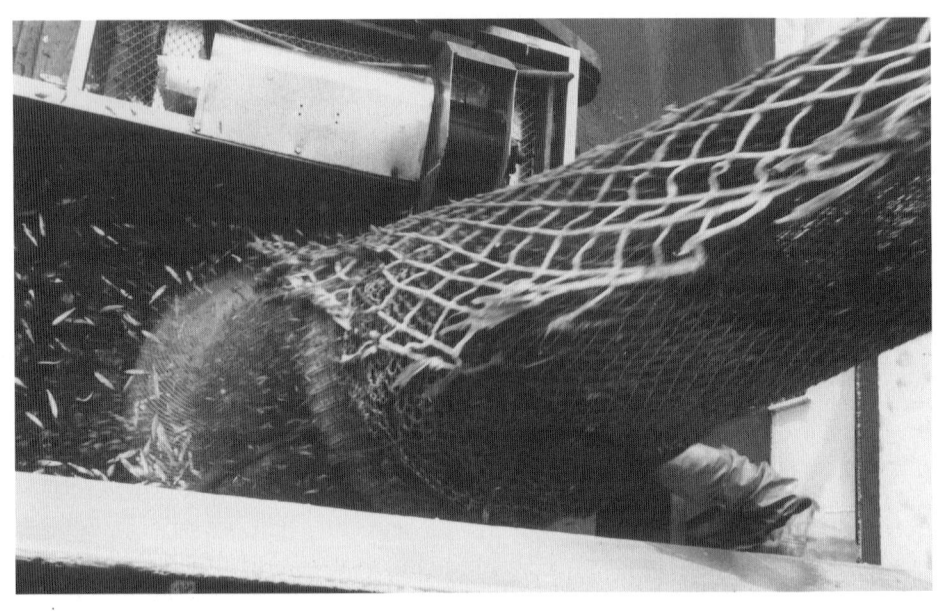

Abb. 25

erleichtern das Schleppen, sie führen das Netz über die meisten Hindernisse hinweg. Daneben sind sie beim Krabbenfang besonders nützlich: da sie erhebliche Geräusche und Erschütterungen verursachen, scheuchen sie die Garnelen vom Grund auf. Die aufgeschreckten Krabben fliehen nach oben, direkt in das Netz.

Ungefähr eine Stunde lang werden die Netze an den Kurrleinen mit der Gezeitenströmung an der Stromkante oder den Prielkanten entlang gezogen (Abb. 20). Während des Schleppens

Abb. 26

Abb. 27

ist höchste Konzentration geboten. Der Kapitän im Ruderhaus beobachtet mit Hilfe des Echolots den Grund. Weitere Hilfestellung bieten ihm dabei die Seekarten mit seinen persönlichen Eintragungen und seine Kenntnis des Reviers. Scharfe Kanten und auf dem Boden liegende große Objekte stellen eine Gefahr für Netze und Schiff dar. Verhakte Netze haben schon wiederholt zu Unfällen, manchmal zum Verlust von Mannschaft und Kutter geführt.

Ein spannender Moment ist das Hieven der Netze (Abb. 21, 22). Nun zeigt sich, ob der

Abb. 28

Abb. 29

Fang lohnend war. Nicht immer gibt es einen prallen Steert voller grauer Garnelen.

Der Mitarbeiter hebt das Netzende mit der Winde über die Bordwand und schwenkt den Steert über einen trichterartigen Aluminiumbehälter, der vor dem Ruderhaus steht (Abb. 23, 24). Mit einem Ruck öffnet er den Knoten im Tau, der das Netzende verschließt (Abb. 25, 26).

Abb. 30

Abb. 31

Der Fang ergießt sich in den Behälter: Krebse, kleine Plattfische, junge Kabeljaue und andere Jungfische – und vor allem Krabben. Es gibt immer etwas verwertbaren Beifang wie Schollen oder Seezungen, daneben aber auch Treibsel, Holzstücke, Algen, Steine, wenn man Glück hat, vielleicht ein Stück Bernstein.

Abb. 32

Abb. 33

Über ein Transportband kommt der Fang auf ein motorgetriebenes Rüttelsieb (Abb. 27, 28). Beifang und große Fremdkörper sammeln die Mitarbeiter per Hand aus dem Trichter (Abb. 27). Das obere weitmaschige Sieb (Abb. 29) hält die Krebse, Fische und Gegenstände zurück, die Rüttelbewegung der Maschine befördert sie nach rechts. Sie fallen an Deck und

Abb. 34

Abb. 35

werden wieder über Bord geworfen. Im unteren längsrilligen Sieb fangen sich die Speisekrabben. Auf der linken Seite des Siebes fallen sie in einen Plastikkorb (Abb. 30). Kleinere Garnelen geraten durch das Gitter auf eine Rutsche, sie gleiten an Deck, und ein Gehilfe schaufelt und spült sie zurück ins Meer (Abb. 31). Früher wurden sie als Viehfutter mit an

Abb. 36

Abb. 37

Land genommen. Die letzte Darre zum Trocknen der Futterkrabben ist in der Nähe von Wremen zwar noch erhalten, aber längst nicht mehr in Betrieb.

Der Fischer schüttet die Krabben jetzt in den mit Meerwasser gefüllten Kocher, der hinter dem Ruderhaus steht (Abb. 32, 33). Mindestens 50 Liter faßt der große Topf. Das Kochen der

Abb. 38

Abb. 39

Krabben und die zusätzliche Salzbeimengung gehören zu den Spezialaufgaben der Fischer. Gut gekochte Krabben schmecken besser, sind von höherer Qualität und lassen sich leichter schälen. Mit dem Kescher schöpft der Mitarbeiter den garen, dampfenden Granat aus dem Wasser (Abb. 34, 35). Die Krabben haben jetzt ihre typische bräunlich-rote Färbung und ihr

Abb. 40

Abb. 41

Abb. 42

Abb. 43

besonderes Aroma, einen kräftigen salzig-süßen Geschmack, der sie zu Recht berühmt macht und auch von ihren Artgenossen aus anderen Weltgegenden unterscheidet. Der Mitarbeiter schüttet den dampfenden Fang noch einmal auf ein Sieb (Abb. 36). Untermaßige Krabben gehen über Bord, die Möwen warten schon (Abb. 37). Per Hand sortiert der Fischer die Spei-

Abb. 44

Abb. 45

Abb. 46

Abb. 47

sekrabben ein letztes Mal (Abb. 38). Er sammelt Schalen, kleinere Fischreste, Muschelteilchen, Holzstückchen und Steine ab, die bis hier nicht ausgesiebt worden sind. Schließlich kommt der Fang in die auf dem Vorderdeck bereitstehenden Plastikschalen (Abb. 39).

Der Laderaum der Kutter ist heute eine moderne Kühlbox. Sind die Krabben abgedampft, kommen sie in die Kühlung (Abb. 40, 41). Ungefähr viermal pro Fangreise werden die Netze ausgesetzt. Mit halb hochgezogenen Netzen geht es dann auf die Heimreise. Das Geschirr ist fixiert, die Netzenden hängen ins Wasser, um zu verhindern, daß das Netz gegen die Bordwand schlägt (Abb. 42, 43). Die Heimfahrt nutzen die Fischer, um klar Deck zu machen (Abb. 44). Die Ankunft ist bereits über Funk angekündigt, beim Eintreffen im Hafen warten schon die Großhändler und übernehmen den Fang (Abb. 45, 46). Nur wenige Fischer vermarkten ihren Fang selbst. Die meisten arbeiten mit festen Großhändlern zusammen.

An der Küste werden Speisekrabben häufig ungeschält verkauft. Im Binnenland kommt überwiegend der gepulte Granat, das Krabbenfleisch, in den Handel. Das Krabbenpulen beschäftigte einst Hunderte von Menschen an der Küste. Behördliche Auflagen bezüglich der Ausstattung der Arbeitsräume, die Belastung durch die Arbeit und die relativ bescheidene Bezahlung sorgen dafür, daß diese traditionelle Heimarbeit immer weiter zurückgeht. Mittlerweile gibt es aber auch Schälmaschinen, die mit gutem Ergebnis arbeiten.

Die Situation der Krabbenfischer an der Nordseeküste ist problematisch. Die Krabbenbestände schwanken stark, was den Krabbenfang ökonomisch schwer kalkulierbar macht. Die deutschen Gesamtanlandungen betrugen 1990 ca. 2400 Tonnen mit einem Marktwert von 17,7 Mio. DM. 1991 wurden gut 4100 Tonnen Speisekrabben gefangen, für die 17,4 Mio. DM erlöst wurden. Diese knappen Zahlen zeigen eines der Hauptprobleme der Branche deutlich. Die in manchen Jahren starken Preisschwankungen erschweren die Etablierung des Produktes am Markt. Die Ursachen für die Bestandsschwankungen sind bislang schwer gewichtbar. Innerartliche und zwischenartliche Entwicklungen scheinen dabei momentan gravierender als Umweltbelastungen. Unter den Fischern wird eine freiwillige Fangpause in den Wintermonaten diskutiert, um die Bestände zu schonen.

Ein anhaltender Konflikt besteht zwischen den Naturschützern und den Fischern. Die Spannungen um den Schutz des einmaligen Naturraumes Wattenmeer und die berechtigten Interessen der Wattenfischer praktikabel zu entschärfen, ist nach wie vor eine anstehende Aufgabe der Politik.

Quellennachweis:
Das Fischerblatt, 2-6, 1991.
Detlefsen, Gert Uwe: Krabben. Husum 1984.
Dirksen, Rolf: Am Meer und hinter dem Deich. Hamburg 1981.
Lübbert, H., und E. Ehrenbaum (Hrsg.): Handbuch der Seefischerei Nordeuropas. Bd. VII, Heft 2. Stuttgart 1937.
Männer vom Morgenstern (Hrsg.): Land Wursten. Bremerhaven 1988.
Willer, A. (Hrsg.): Handbuch der Seefischerei Nordeuropas. Bd. III, Heft 2. Stuttgart 1938.

Verschiedene Gespräche mit Händlern, Fischern und dem Fischereiamt Bremerhaven; besonders mit dem Fischer und Kuttereigner Uwe Stelling aus Dorum-Neufeld, auf dessen Kutter POSEIDON auch die Fotos für den Beitrag entstanden.

Anschriften der Verfasser:
Gerth Schmidt   Eckhardt Kaiser
Mannteilsweg 13A   Auf den Jaden 31
D-2857 Langen   D-2850 Bremerhaven

NAVIGATION

DIE BEDEUTUNG DER KÜSTE IN DER NAVIGATION DES SPÄTMITTELALTERS

Von Albrecht Sauer

Einleitung

Ein Titel zur spätmittelalterlichen Navigation mag besonders im Kolumbusjahr mit der Erwartung gelesen werden, etwas über astronomische Verfahren und Geräte, über Besteckrechnung und Seekarten etc. bei Italienern, Portugiesen und Spaniern zu erfahren. Die Erinnerung an die spektakulären Fahrten der südeuropäischen Entdecker dieser Zeit verleitet in der Tat dazu, die gesamte zeitgenössische Nautik vorrangig unter dem Gesichtspunkt ihrer innovativen Kraft zur geographischen Entschleierung der Welt zu betrachten. Dabei wird jedoch leicht übersehen, daß die hiermit verbundenen astronomischen und geographischen Fortschritte nur einem kleinen Teil der seegehenden Großschiffahrt zugänglich, bekannt und überhaupt nützlich waren, während der nautische Standard der überwiegenden Mehrheit – insbesondere in der nördlichen Hälfte Europas – ein anderer war. Für diejenigen, die abseits der Entdeckerzentren, wie Palos, Lissabon, oder auch Bristol, auf immer wieder denselben Routen die europäischen Randmeere befuhren, waren die Ergebnisse der Astronomie und Geographie kaum von Bedeutung. Ihre Navigation basierte nicht auf wissenschaftlichen Erkenntnissen oder Hypothesen, sondern auf der revierbezogenen und mündlich weitergegebenen Erfahrung vieler vorangegangener Generationen. Das bedingte schon der Bildungsstand dieser Zeit, in dem Lesen, Schreiben und Rechnen in den meisten Fällen Privilegien von Adel und Klerus bzw. später auch des gehobenen städtischen Bürgertums blieben und allemal nicht bei Schiffern und Steuerleuten vorausgesetzt werden dürfen. Dennoch ist zuweilen erstaunlich, mit welchem Phantasiereichtum die Schiffer Verfahren ersannen, die ihnen die Navigation auf den nicht eben unkomplizierten atlantischen Randmeeren ermöglichten bzw. erleichterten, und mit welcher Virtuosität die vorhandenen Merkmale von ihnen genutzt wurden. Es nimmt nicht wunder, daß schon mittelalterliche Autoren wie Wolfram von Eschenbach (1170 – um 1220) und Oswald von Wolkenstein (um 1377 – 1445) ihnen das Attribut der Weisheit zuerkannten[1], obwohl es sich doch in der Regel um Angehörige des sonst so mißachteten Standes der Ungebildeten handelte. Der folgende Aufsatz sei einem Aspekt dieser navigatorischen »Weisheit« gewidmet, dem in der Navigation des Spätmittelalters zentrale Bedeutung zukommt: dem Stellenwert der Küste als Orientierungsmittel. Dabei wird –

der Kontext dieser Zeitschrift legt das nahe – die nördliche Hälfte Europas betrachtet und dementsprechend nur Quellenmaterial dieses Raumes herangezogen.

Schiffstypologische Voraussetzungen

Seit dem späten 12. Jahrhundert läßt sich in diesem Raum ein grundsätzlicher Wandel der Seeschiffahrt beobachten, der nicht zuletzt in den gesteigerten Bedürfnissen und Absatzmöglichkeiten des zunehmenden städtischen Handels seine Erklärung findet und in dessen Verlauf die verwendeten Schiffe erheblich an Größe zunehmen. Nachdem ehedem in der Hauptsache Luxusgüter in kleinen Mengen befördert wurden, tritt nun der Massengutverkehr hinzu, dessen Rentabilität in starkem Maße von der Größe der verwendeten Schiffe abhängt. Damit nimmt eine Entwicklung ihren Anfang, in der sich auf der Grundlage der verschiedenen lokalen Boots- und Schiffbautraditionen Großschiffstypen herausbilden. Diese Entwicklung sei nachstehend anhand dreier schiffstypologischer Grundtypen der Zeit[2] kurz umrissen. Die bildlichen Quellen, vor allem die Siegel, dokumentieren sie deutlich, wobei die Prägestempel der Siegel in vielen Fällen ein bis zwei Generationen älter sein dürften als ihr zufällig auf uns gekommener Abdruck.[3] An den Küsten des Ärmelkanals und der Nordsee tritt uns z.B. auf den Siegeln der Städte Dunwich 1199, Sandwich 1238 und Winchelsea 1274 der »Kiel« entgegen, die angelsächsische Variante eines Schiffstyps, der seine Entstehung aus dem geklinkerten, »auf Kiel« gebauten Wikingerschiff mit seinen geschwungenen, hochaufragenden Steven nicht verleugnen kann. Die seitdem verstrichene Entwicklung hat ihn jedoch nach den Siegelbildern zu einem großen, vorn und achtern mit Kastellen bzw. Kampfplattformen bewehrten einmastigen Fahrzeug werden lassen, dessen Rumpf von mächtigen, die Außenhaut durchstoßenden Querbalken stabilisiert wird. Die deutlich sichtbaren Köpfe der Querbalken dienen denn auch schon den Zeitgenossen als Unterscheidungskriterium großer und kleiner Schiffe, wie die Dammer Zollrolle von 1252 im Begriff der *magna navis trabeata* zeigt.[4] Auch das gut erkennbare große Bratspill zum Einhieven des Ankers auf dem Siegel von Winchelsea ist als Indiz für eine beträchtliche Größe zu sehen.

Durch derartige Balkenköpfe wird auch die Größensteigerung der Kogge, des Abkömmlings der kiellosen friesischen Fahrzeuge, in den Bildquellen augenfällig. Als Beispiel möge der Kontrast des Schiffes des Siegels von Damme 1275[6] zu den Kogge-Münzprägungen Haithabus aus dem 9. Jahrhundert gelten. Auch hier wird die Größe des Schiffes zusätzlich durch Vor- und Achterkastelle sowie ein Toppkastell unterstrichen. Außerdem verfügt es bereits achtern über ein erhöhtes Halbdeck. Schiffe dieses Grundtyps mit ihren geraden Steven, dem kräftigen Heckruder, den oft breiten geklinkerten Plankengängen und dem flachen, wenn auch wohl bereits nicht mehr kiellosen Boden, treten im 13. Jahrhundert auch im Ostseeraum auf, selbst wenn hier Kastelle erst mit dem Danziger Siegel der Wende zum 14. Jahrhundert nachweisbar sind.[7] Ein – freilich junger – Vertreter dieses Typs ist die 1962 in der Weser gefundene Kogge von 1380, die heute im Deutschen Schiffahrtsmuseum konserviert wird.

Um 1295 findet sich auf dem Siegel von New Shoreham schließlich auch der Holk, der dritte Grundtypus, zum Seeschiff entwickelt. Das Siegel stellt dabei die einzige mittelalterliche Bildquelle zur Schiffstypologie dar, aus der explizit der dargestellte Schiffstyp hervorgeht: *hoc hulci si(n)gno vocor os sic nomine d i(n)gno*.[8] In kleinerer Form kann der Holktyp bereits in karolingischer Zeit auf Münzen Dorestads und Quentovics sowie im 10. Jahrhundert in Ost-Anglia nachgewiesen werden.[9] Darüber hinaus ist er durch zwei Funde bei Utrecht dokumentiert, die zwar nach neuerer Forschung beide ins 11. bis 12. Jahrhundert datiert werden[10], aber strukturell durchaus den früheren Typus repräsentieren. Die charakteristischen Merkmale des hochmittelalterlichen Holks, vor allem der starke Sprung, die Rund-

Abb. 1   Siegel von Winchelsea, 1274.
(Nach H. Ewe: Schiffe auf Siegeln.
1971. Nr. 217)[5]

Abb. 2   Siegel von New Shoreham,
um 1295. (Nach H. Ewe: Schiffe auf
Siegeln. 1971. Nr. 127)

Abb. 3   Siegel von Damme, 1275.
(Nach H. Ewe: Schiffe auf Siegeln.
1971. Nr. 29)

Abb. 4   Siegel Maximilians als Präfekten von Burgund, 1493. (Nach
H. Ewe: Schiffe auf Siegeln. 1971.
Nr. 233)[16a]

kaffen an Bug und Heck und die auffallenden massiven Berghölzer am Rumpf sind beim New-Shoreham-Schiff beibehalten, auch wenn hier eine gewisse Anpassung an das Rund des Siegels offensichtlich ist. Der ausgehöhlte Einbaum dagegen, der das »Rückgrat« der kleineren Typen bildete, dürfte einer kräftigen Kielplanke gewichen sein. Die Berghölzer jedoch sind sogar noch um senkrechte ergänzt, und vorn und achtern besitzt auch dieses Schiff Kastelle, die sich durch die Rundkaffenkonstruktion leicht dem Schiffsrumpf eingliedern lassen und einen deutlichen Kontrast zu den sich zuweilen etwas ungestalt ausnehmenden Kastellen von Kogge und Kiel bilden.

Alle drei Grundlinien der Schiffsentwicklung wurden während des 14. und 15. Jahrhunderts unter mehr oder minder stetem Größenzuwachs weitergeführt, wobei besonders die Kogge-, später dann die Holktradition hervortraten. Es sind ausgeprägte gegenseitige Beeinflussungen und typologische Vermischungen feststellbar, die beim gegenwärtigen Stand der Schiffsarchäologie noch nicht endgültig aufgeklärt bzw. voneinander abzugrenzen sind, um die es hier aber auch nicht zu tun ist. Die Bildquellen allein, namentlich die Siegel, vermögen hierzu jedenfalls keine hinreichenden Informationen zu liefern.[11] Immerhin zeigen sie, daß sich in dieser Zeit sukzessive erstens das Stevenruder, zuerst nachweisbar am sogenannten »Schlachte-Schiff« aus dem Anfang des 13. Jahrhunderts (vgl. in diesem Band den Aufsatz von Per Hoffmann) und auf dem Siegel von Elbing 1242[12], zweitens eine zunehmende Integration der Kastelle in den Rumpf, drittens für Nordeuropa von der Bretagne ausgehend der Kraweelbau[13] und viertens die Unterteilung der Segelfläche auf mehrere, zumeist drei, später vier Masten durchsetzten[14], so daß vom Ende des 15. Jahrhunderts Schiffsbilder wie zum Beispiel die Miniaturen des verschollenen Hastings Ms.[15], die bekannte Titelminiatur des Hamburger Schiffrechts von 1497 oder auch das Siegel Maximilians als Präfekten von Burgund von 1493 erhalten sind.

Auf der Grundlage der bildlichen Quellen ist es unmöglich, dieser Entwicklung eine Vorstellung konkreter Schiffsgrößen, geschweige denn einer durchschnittlichen Schiffsgröße zu einem gegebenen Zeitpunkt beizulegen. Auch die Schriftquellen lassen in dieser Hinsicht manche Wünsche des Historikers offen, ermöglichen aber doch eine Groborientierung. Während im Früh- und früheren Hochmittelalter kaum jemals Warenmengen über 12 Last, d.h. ca. 24 t transportiert wurden[17], begegnen im Jahr 1212 an der südenglischen Küste zwei Schiffe mit jeweils 100 bzw. 120 Weinfässern an Bord, mithin – sofern sie voll beladen waren, was anzunehmen ist – einer Tragfähigkeit von 50 bzw. 60 Last.[18] In welchem Verhältnis diese Angaben zur durchschnittlichen resp. »normalen« Seeschiffsgröße stehen, mag dahingestellt sein. Es liegen in der Forschung zwar einige Rekonstruktionen noch größerer Tragfähigkeiten für dieses Jahrhundert vor[19], aber ihnen kommt doch meistens eine gewisse Unsicherheit zu. 1358 werden in einer Verfügung zum *tonneghelt* der Maasmündung Kauffahrteischiffe über 60 Last, seien es *cogghe*, *eever* oder *hulc*, mit einem 50prozentigen Aufschlag belegt.[20] Das darf wohl in dem Sinne gedeutet werden, daß sich ungefähr in diesem Größenbereich ein kleines von einem großen Schiff schied. Die Bremer Kogge von 1380 mit ihren ca. 45 Last[21] zählte hiernach zur unteren Mitte. Wo die Maximalgrenze der großen Schiffe in dieser Zeit lag, läßt sich kaum ausmachen. 1412 wird hanscherseits eine mit harten Maßnahmen bedrohte Größenbeschränkung neuer Schiffbauten auf 100 Last und 6 Ellen Tiefgang (3,8 m) ausgesprochen.[22] So verständlich diese Verfügung angesichts der seichten Häfen des Ostseeraumes und des Wattenmeeres ist, so unwahrscheinlich ist gerade hinsichtlich der westeuropäischen Konkurrenz ihre Einhaltung – zumal sie nie wiederholt wurde. Auch die mit dem Wechsel zum 15. Jahrhundert reicher werdenden Quellen sprechen dagegen. So zum Beispiel, wenn der dänische König Erik von Pommern 1429 im Zusammenhang mit dem Sundzoll darauf hinweist, daß die Schiffsgrößen im Laufe der Zeit von 40 bis 50 auf nunmehr oft 200 Last gewachsen seien.[23] Es schwingt hierin sicher eine gewisse Übertreibung mit, aber derartige Größen werden nun im Laufe des Jahrhunderts tatsächlich zunehmend häufiger. Zieht man die weitgehend erhaltenen urkundlichen Quellen Revals aus den Jahren 1425–1496 heran, so lassen sich anhand der Ladungsmenge für die *Ummelant*-Fahrt nach Westen Schiffe bis 350 Last nachweisen, wobei »das typische Schiff der Westeuropa-Route« zwischen ca. 80 und 250 Last Tragfähigkeit besitzt.[24]

Vor dem Hintergrund dieser Entwicklung werden die Probleme deutlich, die sich dem spätmittelalterlichen Navigator stellten. Hatte die normale Fahrzeuggröße des Früh- und frühen Hochmittelalters noch erlaubt, nur tagsüber und möglichst im Schutz der Küste zu fah-

Abb. 5   *Hafenszene. Miniatur aus dem Hamburger Stadtrecht von 1497.*[16b]

ren, während das Boot nachts verankert oder auf den Strand gezogen worden war[25], so mußte nach Herausbildung des Großschiffes, wie sie trotz des skizzenhaften Charakters der obigen Ausführungen deutlich geworden ist, von diesem tradierten Verhalten unbedingt Abstand genommen werden. Die Manövriereigenschaften dieser ausschließlich besegelten Fahrzeuge verboten geradezu eine zu große Annäherung an die Küste, um nicht wegen der mäßigen Fähigkeit, hoch am Wind zu segeln[26], bei umspringendem Wind auf Legerwall zu geraten, zumal das Rudern als Ersatzantrieb durch den hohen Freibord ohnehin nur noch zum Bugsieren und bei ruhigen Wetterverhältnissen in Frage kam. Auch mußte wegen der großen Masse und des erheblichen Tiefgangs der Großschiffe eine Grundberührung auf jeden Fall vermieden werden; nach einem Auflaufen freizukommen, war mit den Mitteln dieser Zeit nahezu unmöglich, zumal auf Hilfe der Küstenbewohner besser nicht gerechnet werden durfte.[27] Andererseits ist es durch die geographischen Verhältnisse der atlantischen Randmeere nicht – wie oft im Mittelmeer und der Ozeanfahrt – möglich, sich dem Verlauf der Küste vollständig zu entziehen, da es kaum Schiffswege gibt, auf denen vom Ausgangshafen der Zielhafen geradlinig angelaufen werden kann. Fast immer sind zwischengelagerte Landmassen oder Flachs in Küstennähe zu umfahren und damit zahlreiche Kursänderungen nötig. Zusätzlich erschweren die teilweise erheblichen Gezeitenströme die Navigation. Damit ist eine ständige genaue Positionsbestimmung unabdingbar, für die wiederum nur terrestrische Verfahren, d.h. im wesentlichen die Küste, als Orientierungsmittel in Frage kommen, da astronomische Verfahren – gar in dieser Zeit – zu ungenaue Ergebnisse liefern. Auch wird die astronomische Navigation durch die meteorologischen Verhältnisse von Nord- und Ostsee, Kanal und Biskaya nicht unbedingt begünstigt.

Grundlagen der Navigation

Die Schiffer spätmittelalterlicher Großschiffe bewegten sich somit in einem Spannungsfeld: Einerseits bestimmte die Küste ihren Weg, andererseits mußten sie sie als ihre größte, noch vor der Kaperei rangierende Gefahr meiden. Diesem Dilemma begegneten sie auf der einen Seite dadurch, daß sie die offene See auf möglichst immer denselben Schiffswegen, der *trade* bzw. dem *fairway* o.ä. befuhren, die sie auch dann wieder aufzufinden suchten, wenn sie aus meteorologischen oder sonstigen Gründen einmal versetzt wurden.[28] Ein Umstand, der besonders die Seeräuberei begünstigte. Auf der anderen Seite entwickelten die Schiffer in Küstennähe einen beachtenswerten Reichtum an Verfahren zur Nutzung der von weitem erkennbaren Merkmale der Küste, die großenteils bis weit in die Neuzeit hinein kaum an Bedeutung für die Küsten- bzw. Kleine Fahrt einbüßten.

Lotsenwesen und Segelanweisungen

Zunächst liegt auf der Hand, daß die konkrete Ortskenntnis, deren navigatorische Bedeutung in diesen Gewässern schon im frühen Hochmittelalter nachweisbar ist[29], für jeden Schiffer unverzichtbar war. Besaß er selbst oder ein Mitglied der Besatzung nicht die entsprechenden Kenntnisse, so wurde schon am Ausgangshafen ein Lotse angeheuert resp. vor Ort übernommen. Das bezieht sich nicht nur auf die Ansteuerung von Häfen, Reeden, engen Fahrwassern usw., sondern auch auf freie Seestrecken und die Routenführung in einem größeren Revier, wie die Regelungen der »Rôles d'Oléron« aus dem 13. Jahrhundert, dem Vorbild aller weiteren mittelalterlichen Seerechte, eindrucksvoll belegen.[30] Die Quellen solcher Ortskenntnis sind fraglos nicht in theorieorientierter Vermittlung zu suchen, sondern in der praktischen Erfahrung, der Befahrenheit des Schiffers, die im jeweiligen Revier in früheren Fahrten erworben oder – zumeist mündlich und schriftlos – vermittelt worden war. Später, wohl ungefähr seit dem 14. Jahrhundert, traten ergänzend schriftliche Segelanweisungen hinzu, die dem Schiffer halfen, ein größeres Revier zu erschließen, wenn sie auch freilich die Detailkenntnisse von Lotsen nicht zu ersetzen vermochten. Die Brügger Lotsenordnungen von 1448/49 und 1484 zeichnen hiervon ein lebendiges Bild.[31]

Für den Historiker stellen die schriftlichen Segelanweisungen als Spiegel der navigatorischen Verfahren ihrer Zeit eine Quelle von besonderem Rang dar. Dabei muß unterschieden werden zwischen Texten, die einen bestimmten Reise- oder Routenverlauf schildern und den Kreis ihrer Adressaten eher im Bereich der Gebildeten und geographisch Interessierten suchen, und Texten, deren Verfasser und Adressaten in der nautischen Praxis angesiedelt und mit ihr befaßt waren. Erstere seien im folgenden als »Seeitinerare« von letzteren, den eigentlichen Segelanweisungen, differenziert. Die Unterscheidung ist von grundlegender Bedeutung, da sie den Wert einer Quelle beleuchtet: In Seeitineraren werden nicht unbedingt alle den Nautiker interessierenden Fakten wiedergegeben, sondern nur eine mehr oder minder willkürliche Auswahl, je nach dem Zweck des Textes und dem Interesse des Verfassers. Freilich enthalten sie bisweilen Hinweise auf die Existenz nicht überlieferter mündlicher oder schriftlicher Segelanweisungen und sind auch durch ihre Angaben zur Routenführung usw. von Wert. Wirkliche Authentizität zur Beurteilung navigationsgeschichtlicher Entwicklung genießen aber nur die eigentlichen Segelanweisungen; nur sie repräsentieren den nautischen Standard ihrer Zeit. Ein wichtiges Kriterium zur Unterscheidung beider Kategorien bietet neben den wiedergegebenen inhaltlichen Informationen – z.B. Gezeitenverhältnisse, Untiefen, Entfernungen, Kurse, Ansteuerungshinweise, Reeden, Tiefen und Grundbeschaffenheiten – die Abfassungssprache. Seeitinerare sind überwiegend nicht in der Landessprache, sondern in Latein geschrieben, was den Gedanken an eine Nutzung durch Nautiker wohl von vornherein ausschließt. So ginge man zum Beispiel fehl, würde man vom bekannten Scholion 99 (96) von 1200/30 in der Hamburger Kirchengeschichte Adams von Bremen (um 1070)[32], das eine Fahrt von Ribe ins heilige Land wiedergibt, den navigatorischen Standard des frühen 13. Jahrhunderts ableiten wollen. Dasselbe gilt für die bekannte Passage aus dem »Liber Census Daniae« (um 1300)[33], die die Fahrt von Blekinge durch die Schären der schwedischen Ostküste nach Reval beschreibt. Freilich gibt es auch unter den Seeitineraren Beispiele, deren nautischer Detailreichtum dafür spricht, daß ihnen unmittelbar die Revierkenntnisse eines Lotsen oder lokalen Schiffers zugrunde liegen und die für die Navigationsgeschichte daher von großem Wert sind.[34]

Schriftliche Segelanweisungen im skizzierten Sinne des Wortes sind – anders als im mediterranen Bereich, wo die früheste auf uns gekommene Segelanweisung des Mittelalters, der sog. »Compasso de navegare« auf 1248/56 datiert wird[35] – in Nordwesteuropa erst aus dem 15., vielleicht in ihren frühesten Bestandteilen aus dem ausklingenden 14. Jahrhundert erhalten. Beispielhaft seien die beiden wichtigsten, bereits eine entwickeltere Form repräsentierenden Vertreter dieser Gruppe im folgenden kurz gewürdigt. Umfassendster Vertreter ist das sog. niederdeutsche »Seebuch«, das in drei unterschiedlich umfangreichen Manuskripten erhalten ist[36] und in 14 nach dem Inhalt geordneten Kapiteln bzw. Abschnitten Gezeitenangaben, Ansteuerungshinweise, Kurse, Tiefen, Grundbeschaffenheiten usw. eines Gebietes umreißt, das im Süden im westlichen Mittelmeer (Gibraltar resp. Cartagena) und im Norden in der nördlichen Ostsee (Reval) bzw. Süd-Norwegen (Skudenes, nordwestlich Stavanger) seine Grenzen findet und selbst die Westküste Englands berücksichtigt. Theoretische Unterweisungen oder Anweisungen zu navigatorischen Verfahren werden jedoch nirgends gegeben.

Die Überschriften der einzelnen Kapitel lauten in der vollständigen Version (Ms B)[37]:

I.   *Dyt sint de tyde van Calismains* (Cadiz) *unde alle de kost van Spannygen unde Poytowen unde Vranckryken bet int Swen* (Swin bei Sluis).

II. *Item hyr begynnen de lopelinge van den strome, alse in den Breitsunde* (Brest), *van der Seyms, van Heysand unde de kost van Bertanien unde Normandyen bet in dat Swen.*
III. *Item hirna volgen de tyde van Engelant langes de westkost went to den voerlande van Tent.*
IV. *Item hyr begynnen de lopelinge van den strome van der westkost van Engelant alle den rechten wech komende bet to den voerlande van Tent.*
V. *Item hirna volgen de havenen unde de reyde van Engelandesende bet to den vorlande van Tent.*
VI. *Item hir na volgen de lantsreckinge van de cape de Clare* (Cape Clear) *unde van alle de westkost van Engelant went to den vorlande van Tent.*
VII. *Item hir na volgen de haven unde de reyde van Bertannygen unde langhes de syden van Normedien bet in de Hovede* (Straße von Dover).
VIII. *Item hir na vinde gy de haven unde de reyde van Spannygen bet in de strate* (Straße von Gibraltar).
IX. *Item hir na volgen de streckinge van den landen, ten eyrsten in de straten, unde de vorscheydinge van den landen.*
X. Tiefen und Grundbeschaffenheiten von *Bordeus* bis *Abbewrak.* (L'Aberwrac'h/Bretagne).[38]
XI. Kurse und Ansteuerungsmerkmale von *Hilligelant* und der östlichen Nordsee bis *Ostende* (Ms. A).
XII. Kurse, Entfernungen und allgemeine Segelanweisungen von *Walcheren* zum Skagerrak, von dort durch die Ostsee bis *Revele* (Reval).
XIII. Allgemeine Segelanweisungen von *Swartenesse* (Cap Gris-Nez) über die Westküste Frankreichs und Spanien zurück bis *de Kamer* (Ms. A, ehem. Bucht bei Winchelsea).
XIV. Allgemeine Segelanweisung vom *Bruderdeyp* (The Wash) bis *de Duensse* (The Downs).

Die Bezeichnung »Seebuch« hat der Codex erst in späterer Zeit erhalten, sie ist aber in der Forschung üblich geworden.[39] Zeitgenossen im niederdeutschen Sprachraum hätten es wohl eher als *karte* bezeichnet.[40] Seiner Struktur nach ist das »Seebuch« ausgesprochen heterogen, was durch seine Genese als Kompilation von Kompilationen verschiedenster Lokalnachrichten verständlich wird. In der Forschung wurde verschiedentlich die Vermutung geäußert, daß es in seinen wesentlichen Bestandteilen auf südeuropäische, namentlich mediterrane Vorlagen zurückgehe.[41] Diese These hält einer näheren Betrachtung jedoch nicht stand. Bei der Verbreitung des »Seebuches« – oder seiner Vorlagen – mögen die Kapitäne mediterraner Schiffe eine Rolle gespielt haben, der Text selbst aber dürfte in seinen wesentlichen Bestandteilen auf Bemühungen genuin nordwesteuropäischer Provenienz zurückzuführen sein. Das belegt an vorderster Stelle die thematische Gliederung der Mehrheit seiner Kapitel, in der nacheinander z.B. zunächst alle Hoch- resp. Niedrigwasserzeiten, dann alle Gezeitenströme und schließlich sämtliche Ansteuerungshinweise für die Häfen eines Reviers geschildert und nicht die verschiedenen Informationen für einen bestimmten Hafen geschlossen und im Zusammenhang gegeben werden.[42] Diese – in der Praxis freilich wenig sachgerechte – Gliederung steht in krassem Widerspruch zu den üblichen Gepflogenheiten südeuropäischer Nautiker, die ihre ausgeprägten Systematisierungs-Bestrebungen bereits im »Compasso« von 1248/56 unter Beweis stellen, und findet sich dementsprechend in keinem mediterranen Portolan, es sei denn an der nordwesteuropäischen Küste.[43] Demnach beruhen die diese Küste betreffenden Textpassagen der Portolane auf dort vorgefundenen Unterlagen, die diese Gliederung aufwiesen, und der Mangel an Ortskenntnis führte zu deren unveränderter Übernahme. Auch wenn hier nicht weiter erörtert werden soll, woher die Kapitel resp. die verschiedenen Bestandteile im einzelnen stammen, ist festzuhalten, daß das »Seebuch« in seinen überwiegenden Bestandteilen durchaus als Dokument einer eigenständigen nordwesteuropäischen Entwicklung gelten

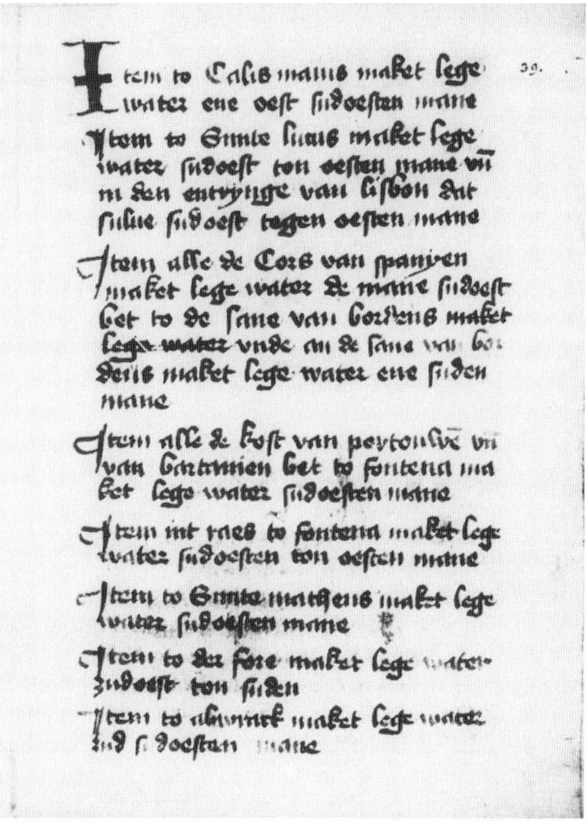

Item to Cales malis maket lege
water ene oest sudoesten mane
Item to Sunte lucas maket lege
water sudoest ton oesten mane vn
in den entvange van lisbon dat
sulue sudoest tegen oesten mane
Item alle de Cors van spanien
maket lege water de mane sudoest
bet to de sane van Bordeus maket
lege water vnde an de sane van bor
deus maket lege water ene suden
mane
Item alle de kost van peytouwe vn
van Britannien bet to fontena ma
ket lege water sudoesten mane
Item int races to fontena maket lege
water sudoesten ton oesten mane
Item to Sunte matheus maket lege
water sudoesten mane
Item to der fore maket lege water
zudoest ton suden
Item to albwarck maket lege water
zud s doestan mane

Abb. 6 *Seite mit Angaben der Niedrigwasser vor den iberischen Küsten aus dem niederdeutschen »Seebuch«. (Commerzbibliothek Hamburg)*

kann. Das bestätigen auch hydrographische Aspekte. Auf den Portolankarten des 15. Jahrhunderts, die sich auf den mallorquinischen Juden Petrus Roselli zurückführen lassen, läßt sich eine differenziertere Darstellung und Konfiguration der südlichen Nordseeküste nachweisen, als sie die früheren Portolankarten aufweisen. Das macht die Verwendung von nordwesteuropäischen Segelanweisungen in der Art des »Seebuches« oder seiner Vorlagen wahrscheinlich.[44]

Angesichts der Heterogenität des »Seebuches« liegt auf der Hand, daß Datierungsbemühungen des gesamten Manuskripts von vornherein nur mit einem gewissen Vorbehalt möglich sind. Zwar lassen sich für einzelne Passagen zeitliche Grenzen angeben, aber deren Gültigkeit ist kaum zu verallgemeinern. Im Forschungskonsens wird das Gesamtmanuskript bzw. die erhaltenen drei Manuskripte dem 15. Jahrhundert zugeschrieben, wobei einzelne Kapitel bzw. die Vorlagen des »Seebuches« vielleicht bis zu einem Jahrhundert früher angesetzt werden dürfen.

Aus England kommt eine weitere Segelanweisung, die nur dadurch der Nachwelt erhalten blieb, daß sie zufälligerweise Eingang in einen verschiedene Texte umfassenden, prachtvollen Codex fand; wie denn überhaupt die meisten schriftlichen Segelanweisungen dieser Zeit nur dann uns bewahrt blieben, wenn zufällige Umstände es verhinderten, daß eines ihrer Exemplare wie alle anderen durch den nautischen Alltag auf See – *worked to destruction*[45] – verschlissen wurde. Die wenig abgegriffenen Manuskripte des »Seebuches« bestätigen dies einmal mehr. Bei dieser Abschrift handelt es sich um einen wenige Seiten umfassenden Text innerhalb des Lansdowne Ms. 285 des Britischen Museums[46], für den zumindest ein terminus ante quem zu nennen ist, da er nachweisbar aus der Feder des William Ebesham, Schreiber in der Zeit Edwards IV. (1461–1483) stammt. Das Manuskript ist bei weitem nicht so umfangreich wie das »Seebuch«. Es beginnt an der englischen Ostküste (Berwick on Tweed), umwandert England im Uhrzeigersinn bis zur irischen See und bedenkt auch die kontinentale Küste sowie Spanien, Portugal und Irland mit Erwähnungen. Die thematische Gliederung der älteren Teile des »Seebuches« liegt hier also nicht vor. Auch bietet der Text bei weitem nicht dessen Übersichtlichkeit. Grundsätzlich werden die angeführten Hochwasserzeiten, Gezeitenströme, Ansteuerungshinweise, Tiefen und Grundbeschaffenheiten sowie Kurse nach geographischen Kriterien geordnet, wobei das Bemühen um Einheitlichkeit unverkennbar ist. Die Segelanweisung zeigt an einigen Stellen – obwohl ohne jeglichen Absatz geschrieben – in den Text eingefügte Überschriften, auch diese Segelanweisung ist folglich eine Kompilation mehrerer kleinerer Segelanweisungen. Hinsichtlich der angewandten navigatorischen Verfahren sind mit Blick auf das »Seebuch« keine Veränderungen zu erkennen, die auf die wohl etwas spätere Abfassungszeit der Segelanweisung des Lansdowne Ms. zurückzuführen wären. Allerdings wird eine ganze Reihe von Querkursen über den Westeingang des Kanals und die Biskaya nach Frankreich berücksichtigt, die in dieser Weise im »Seebuch« nicht enthalten sind.

Eine Segelanweisung sei noch erwähnt, obwohl sie bereits unverkennbar den Geist des 16. Jahrhunderts atmet und auch wegen der spanischen Herkunft ihres wahrscheinlichen Verfassers[47] im Zusammenhang dieses Aufsatzes mit einem quellenkritischen Vorbehalt versehen werden muß. Zwischen 1502 und 1510 erschien in Rouen die erste gedruckte Segelanweisung, der anonyme »Routier de la mer«.[48] Auf dieser Schrift baute der ab 1520 in zahlreichen Ausgaben bis 1643 erschienene »Grant Routtier et Pillotage et Encrage de la Mer« des Pierre Garcie, *dit Ferrande* auf.[49] In diesem voluminösen und sehr perfektionierten See-Handbuch wird auf handschriftliche Segelanweisungen des Garcie aus den Jahren 1483 und 1484 verwiesen[50], wodurch er wahrscheinlich auch als Verfasser des »Routier« zu betrachten ist. Der »Routier« wurde 1528 durch Robert Copland als »The Rutter of the See« ins Englische übersetzt[51], obwohl der vollständige und aktuellere »Grant Routtier« bereits acht Jahre existierte. Der »Routier de la mer« schöpft, das macht schon sein Aufbau deutlich, aus denselben Quellen, auf denen große Teile des »Seebuches« beruhen, ist aber nicht nur geographisch[52], sondern auch hinsichtlich seiner nautischen Unterweisungen erweitert; der Leser erfährt, in welcher Weise das Mondalter bei der Berechnung der Gezeiten zu berücksichtigen ist, und es sind – wie später üblich – die wichtigsten seerechtlichen Bestimmungen in den Druck aufgenommen. Der »Rutter of the See« enthält darüber hinaus[53] ab 1548 (?) »The newe Routter of the Sea, for the northe partyes, compyled by Rycharde Proude« von 1541, eine Neuredaktion der Segelanweisung des Lansdowne Ms.

An die Verbreitung derartiger Segelanweisungen und die Bedeutung ihrer Funktion als nautischen Hilfsmittels im Spätmittelalter dürfen wohl nicht zu große Erwartungen gesetzt werden, auf jedem Schiff werden sie kaum anzutreffen gewesen sein. Indes ist diese Frage in unserem Zusammenhang nicht von Bedeutung, da es hier letztlich um die Darlegung von Möglichkeiten in der Navigation der Zeit geht und alle Segelanweisungen in dieser Hinsicht beredte Zeugnisse sind. Als Spiegel navigatorischer Verfahren verweisen sie zudem über ihre nachweisbare Abfassungszeit hinaus auf die Navigation des 13. und 14. Jahrhunderts, in der die Bedingungen navigatorischer Erfordernisse und Möglichkeiten, namentlich durch die eingangs skizzierte Entwicklung von Großschiffstypen seit dem ausklingenden 12. Jahrhundert, keine anderen waren als zur Zeit der überlieferten Segelanweisungen. Das gilt freilich mit einer – folgenschweren – Einschränkung: Alle Verfahren, deren Anwendung einen mehr oder minder entwickelten Kompaß voraussetzen, können in der Frühzeit der Großschiffahrt nicht angenommen werden.

til ye come in to iiij. fadum deep and yf it be stremy grounde it is betwene hustfaut and tille in the entre of the chanel of flaundres and soo goo yowre course til ye have sixti fadum deep. than goo est northe est a longe the see. +℮

Abb. 7   Lotwurf. Miniatur aus dem Hastings Ms., 2. Hälfte des 15. Jahrhunderts.[59]

Lot

An gegenständlichen Hilfsmitteln sind aus den nautischen Quellen des Mittelalters in diesem Raum zunächst nur Leine und Lot nachweisbar. In Dorestad (zerstört 834) wurden bereits Bleilote gefunden, von denen eines mit 4 kg Gewicht mit großer Wahrscheinlichkeit als nautisches Lot angesprochen werden kann.[54] Im Hafengebiet Haithabus (zerstört 1066) wurde eine mit Blei gefüllte Dosenfibel geborgen, deren nautische Verwendung aber zweifelhaft erscheint, zumal sie neben einigen quaderförmigen Bleibarren lag.[55] Überzeugend sind aber die Darstellungen auf dem sog. Teppich von Bayeux (um 1066), auf dem an zwei Stellen lotende Seeleute gezeigt werden.[56] Die Belege reißen auch in der Folgezeit nicht ab. 1147 erkennt eine Kreuzfahrerflotte die Nähe der Bretagne an einer offenbar geloteten Wassertiefe von 75 Ellen (ca. 45 m)[56a], was die wesentliche Funktion der in den folgenden Jahrhunderten auf keinem Schiff fehlenden und gleich mehrfach mitgeführten *dieplode*[57] beleuchtet: Das Lot diente – als Handlot – einerseits zur Sicherung der erforderlichen Fahrwassertiefe, andererseits – in etwas größerer Ausführung – zur Festlegung von Wegpunkten auf offener See durch die Bestimmung der Wassertiefe und der Grundbeschaffenheit, was durch die durchweg geringe Tiefe der kontinentalen Randmeere begünstigt wurde. Es war damit das wichtigste Element der Navigation der Großschiffe, was schon daraus erhellt, daß es genügte, einem Schiffer *lyne und loth* zu nehmen, um ihn an der Weiterfahrt zu hindern.[58] Das Bild lotender Schiffe – besonders natürlich beim Landfall – war den Zeitgenossen entsprechend vertraut, wie eine englische Miniatur der zweiten Hälfte des 15. Jahrhunderts bestätigt.

Kompaß

Wesentlich später als das Lot, aber doch deutlich vor der hier betrachteten Zeit lassen sich magnetische Hilfsmittel in der Navigation der Nordeuropäer nachweisen. Zum ersten Mal 1187 bzw. 1190 als *acus* im Sinne einer Behelfs-Vorrichtung einfachster Art in Südengland erwähnt[60], finden sich in der Literatur des 13. Jahrhunderts immer wieder Hinweise auf die *aiguille*[61], den *meisterlichen zeige nach dem tremontane*[62] oder die *nâlde*[63]. Offenbar sorgte in diesem Fall die Faszination der scheinbar magischen Kraft der Magnetnadel und deren vortreffliche Verwendbarkeit als Metapher moralisch-ethischer Grundsätze dafür, daß sich auch einmal die Literaten den Gewohnheiten der Seefahrer zuwandten, während die Belange des Alltags sonst kaum jemals die Gebildeten interessierten. Die Vorrichtung wird in den Schilderungen zwar als Notbehelf, aber keineswegs als Neuigkeit oder gar etwas Ungewöhnliches dargestellt. Das wird in einem Brief des Pierre de Maricourt anläßlich der Beschreibung von Kompassen zur Zeitbestimmung durch die Bemerkung bestätigt, daß *in allen Teilen des nördlichen Meeres, nämlich der Normandie, Picardie* – woher Pierre stammt – *und Flandern*, Magnetsteine (Magnetit) gebraucht würden.[64] Während des 14. Jahrhunderts scheint sich diese Behelfsvorrichtung zu einem eigentlichen Kompaß einfacher Art entwickelt zu haben, dessen genaue Form jedoch nicht rekonstruierbar ist. In englischen Schiffsinventaren werden gelegentlich *sailing needles, sailing pierre, stones called adamants, called sail-stones* sowie *godettis* bzw. *fleyches* genannt[65], ohne daß deutlich wird, wie diese (magnetisierbaren) Nadeln und Magnetsteine beschaffen und gelagert waren resp. benutzt wurden.[66] Immerhin kann Geoffrey Chaucer 1390 vom *compasse* der Seeleute sagen, daß im Gegensatz zur gelehrten Teilung des Horizontes in 24 Stunden *shipmen rikne thilke partiez in 32*[67], was bereits an eine verhältnismäßig fortgeschrittene Ausführung, ähnlich vielleicht den einfachen Bootskompassen der Neuzeit, denken läßt. Die explizite Bezeichnung als *Kompaß* vom ital. *compasso* legt italienische Einflüsse nahe, die aber nicht mit Bestimmtheit zu verfolgen sind.[68] Gleichzeitig mit Chaucers Bemerkung wird auch im hansischen Bereich der *kompas* auf einem Schiff genannt.[69] In den folgenden Jahrzehnten sind immer wieder *seyling-needle, compasse* oder *boxe*[70], *segelsteyne* oder *compasszen* in Schiffsinventaren, Schadensklagen u.ä. zu finden, und in bezug auf die Islandfahrt – von Bristol aus – wird geradezu die Wichtigkeit betont, *by nedle and by stone* zu fahren.[71] Wenn daher 1434 Heinrich der Seefahrer in seinem bekannten Diktum von den »Flandernfahrern« behauptet, sie verständen nichts von Kompaß und Seekarte[72], dann zielt das weniger auf die bloße Existenz des *compasse* an Bord von Schiffen in der Nordeuropafahrt, sondern auf dessen mangelhafte Verwendung zur Koppelrechnung, die Zeitgenossen wie ihn geradezu schockieren mußte. Dennoch herrscht kein Zweifel, daß die Bedeutung des Instruments in der Navigation der Nordeuropäer ständig zunahm. Um 1475 heißt es in einer englischen Quelle:

> *The eldist man that is halde wisist among hem* (der Mannschaft) *sittithe and kepithe the rothir or sterne the ship, and seethe to the nedille for to gide the ship to all costis.*[73]

Die Passage offenbart die Entwicklung treffend. War die *sailing needle* ehedem nur Notbehelf, avancierte sie nun zu einem der vorrangigen Instrumente der Navigation. Das schlägt sich auch in gleichzeitigen Schiffsinventaren nieder, in denen vereinzelt bereits mehrere Kompasse an Bord zu verzeichnen sind, *a grett* (= great) *compas, a lodstone* (Magnetstein) und *a compas*[74], die wohl alle verschiedenen Zwecken dienen.

Bestimmung von Distanzen

Verhältnismäßig spät läßt sich das Aufkommen der Logge belegen. In Schiffsinventaren und Schadensanzeigen wird seit 1345 die Sanduhr als *orlogium vitreum*[75], *rennyng glass*[76], *glasen*[77] und *dial* oder *dyoll*[78] öfters erwähnt, wobei gelegentlich bezweifelt wurde, ob bei letzterer Bezeichnung nicht vielleicht eher an eine Sonnenuhr oder Peilscheibe zu denken ist. In den Segelanweisungen des Lansdowne Ms. wird aber einmal *smale diale sonde*[79] als Grundbeschaffenheit genannt, was *dial* in dieser Zeit und in nautischem Zusammenhang eindeutig als Sanduhr ausweist.[80] Indessen ist damit noch nicht die navigatorische Verwendung der Sanduhr erwiesen, denn im nördlichen Europa wird sie nur ein einziges Mal und erst im späten 15. Jahrhundert in einer Segelanweisung, dem Lansdowne Ms., auf das noch zu sprechen zu kommen sein wird, zu Zwecken der Navigation, wenn auch ziemlich vage, verwendet: *... than must ye go south a glas or two by cause of the rokke.*[81]

Das spricht für ein Stundenglas, die Glasenuhr, und auf keinen Fall für das Minuten- bzw. 15-Sekundenglas der Loggevorrichtung mit Leine und Logscheit, wie sie als *dutchman's log* in die Navigationsgeschichte der frühen Neuzeit eingegangen ist. Diese Vorrichtung wird in der praktischen Nautik zum ersten Mal 1574 von William Bourne beschrieben.[82] Die Existenz von Sanduhren darf deshalb nicht vorschnell dazu verleiten, ein Aufkommen von Loggevorrichtungen vor dem 16. Jahrhundert anzunehmen. Vor diesem Zeitraum behalf man sich in der Beurteilung, wie weit man mit seiner Fahrt bereits gediehen war, mit aus der Erfahrung gewonnenen Schätzungen, der »Gissung«, die freilich weniger eine Rechenmethode als wiederum ein Exempel konkreter Ortskenntnis war. Beim Gissen spielten die Wasserfarbe, Strömungen, die Dünung, das Auftreten bestimmter Fischarten, die Zugrichtung von Vögeln usw. eine dominierende Rolle.[83] Eine Rechenmethode in der Form der späteren Besteckrechnung konnte das Gissen schon deshalb nicht sein, da deren wesentliche Grundlage, großmaßstäbige Seekarten, erst seit der ersten Hälfte des 16. Jahrhunderts entwickelt wurden. Einige Teile des »Seebuches« enthalten dennoch Entfernungsangaben in *weke see, kenning* bzw. *myle*, die aber mangels entsprechender Meßinstrumente nur sehr vage bestimmbar sind. Die überwiegend im Ostseebereich auftretende *weke see* beträgt zwischen 2,7 bis 6,2 nm[84], die *kenning* 12 bis 18 nm.[85] Die *myle* schließlich, die bis auf wenige Ausnahmen letztlich auf die iberische *legua maritima* zurückgeht, ist nicht minder ungenau, sie mißt zwischen 1,6 und 6,5 nm.

Orientierung in Landnähe

Die umrissenen Voraussetzungen schiffsseitiger, geographischer und instrumenteller Art sind konstitutiv für die Schiffsführung der nordwesteuropäischen Schiffer. Besonders ist an das Spannungsfeld von Nähe und Distanz der Küste zu erinnern, das – gerade beim Landfall – schon weit vor der Küste eine genaue Orientierung erforderte. Daß dabei unter Umständen auch einmal naturgegebene signifikante Merkmale der See halfen, wurde bereits im Zusammenhang der Gissung erwähnt. Überwiegend aus der Segelanweisung geht hervor, welchen beachtenswerten Reichtum an Verfahren aber die *masters, scipher* oder *maitres* entwickelten und wie sie die Merkmale der angesteuerten oder vorbei passierenden Küste zu nutzen wußten, sobald sie einmal in Sicht war.[86] Dem Loten fiel dabei im freien Seeraum wie beim Landfall die dominierende Rolle zu. Lotungsangaben, die vor zu großer Annäherung an die Küste warnen, finden sich dementsprechend häufig: *Item sint gy an de cost van Leien* (nordwestliche Bretagne) *tusschen Heisant* (Ile d'Ouessant) *unde Westpalen* (Ile de Batz) *up 60 vadem, gy solt wesen by den lande uppe 2 myle na, unde komet dar nicht neger danne 50 vademe by nachte, wente gy sult sin bort an bort an de rudzen* (Klippen).[87]

Seezeichen
War eine weitere Annäherung aber beim Landfall oder aus anderen Gründen notwendig oder nicht vermeidbar, so wurde damals wie heute auf Seezeichen – im weitesten Sinne – zurückgegriffen.[88] Die einfachste Art, Objekte an der Küste zur Orientierung zu verwenden, besteht dabei im Rückgriff auf naturgegebene Besonderheiten, wie auffallend geformte Berge, Hügel oder Dünen, einzeln stehende Bäume, kleine vorgelagerte Inseln usw.[89] Hierfür gibt es zahlreiche Belege, was kaum erstaunt. Auch der Küste vorgelagerte charakteristische Klippen unter der Wasserlinie lassen sich entsprechend nutzen, sofern z.B. Brandung auf ihnen steht. Im Lansdowne Ms. findet sich die Beschreibung: *He* (eine Klippe) *lieth undir the watir but it brekith* (Brandung) *upon hym And the breche shewith, ...*[90]

Der spätmittelalterliche Schiffer war jedoch nicht nur auf Seezeichen dieser naturgegebenen Art angewiesen, sondern nutzte auch auffallende Artefakte, bei deren Errichtung nautische Belange nicht im Vordergrund standen, wie Kirchtürme, Kapellen am Ufer, Burgen, Windmühlen, Galgen usw., gleichsam in sekundärer Funktion als Seezeichen. Gerade die in der Regel hohen Kirchtürme von Hafenstädten, die bis weit in die See zu sehen sind, werden in den Segelanweisungen häufig genannt.[91] Diese Bedeutung offenbart selbst noch im 17. Jahrhundert das Verlangen holländischer Lotsen, der 1627 niedergebrannte Kirchturm von Oostvoorne in der Maasmündung müsse wieder errichtet werden, weil er ein *seer bequam ende nootsackelijck baecken voor alle visch ende coopvaerdijeschepen* gewesen sei.[92]

Neben diese, erst sekundär nautischen Zwecken dienenden Seezeichen traten bereits früh Baken bzw. besondere Zeichen, die ausschließlich der Orientierung der Seefahrer dienten. An den skandinavischen Küsten findet sich eine ganze Reihe von weiß getünchten Steinhaufen, Steinkreuzen und ähnlichen Objekten, die vermutlich seit dem 11. Jahrhundert als Seezeichen dienen.[93] Entsprechendes ist im hier untersuchten Raum nicht minder wahrscheinlich. Weiß getünchten Stein kennt auch das »Seebuch«: *Unde by norden deme berge dwers over dar licht en wit steen, unde dar beneven schal he setten* (ankern).[94]

Da einfache weiße Steine o.ä. naturgemäß erst spät erkannt werden, setzte sich seit dem 13. Jahrhundert die Aufstellung von Baken, d.h. zumeist hölzernen Gerüsten, durch, die möglicherweise schon seit dem 15. Jahrhundert mit aufgesetzten Tonnen[95] versehen wurden. Der Begriff der »Bake« wird aber im Spätmittelalter nur unpräzise und allgemein als »Zeichen« verwendet, so daß auch einmal von einer vertriebenen *baka* die Rede ist, womit es sich wohl um eine Pricke im Wattengebiet gehandelt haben wird[96], in Flandern als *rysbaken* oder *boom-*

Abb. 8   *Schiffe auf Reede; im Vordergrund eine* vurbake. *Miniatur aus dem Hastings Ms.,
2. Hälfte des 15. Jahrhunderts.*[103]

kin bezeichnet.[97] Selbst Türme werden gelegentlich als »Bake« bezeichnet. Über das genaue Aussehen mancher *baken* läßt sich daher mit Sicherheit nichts sagen. 1226 verlieh Kaiser Friedrich II. den Lübeckern ein Grundstück bei Travemünde *ubi signum eiusdem portus habetur*.[98] 1229 baten Lübecker Dominikaner bei Waldemar II. um die Erlaubnis, auf Falsterbo Riff ein *signum aliquod discretivum pro vitando periculo navigantium*[99] bauen zu dürfen. 1284 wird das erste Bakengeld in Holland erwähnt.[100] Im 14. Jahrhundert endlich werden die Nachrichten von *teeken*, wohl der allgemeinere Begriff, häufiger. Nachdem etwa die Stadt Kampen auf Terschelling 1323 ein Zeichen errichtet hatte[101], zogen auch die Bürger und *schipluyden* von Zierikzee auf Schouwen nach und erhoben von allen Schiffen, die die Schelde ansteuerten, ein *teekengeld*.[102]

Doch nicht nur einfache Baken wurden errichtet, sondern auch massive Steintürme, die seit Mitte des 13. Jahrhunderts vereinzelt sogar nachts beleuchtet wurden. Abgesehen von den römerzeitlichen Leuchttürmen, wie z.B. dem berühmten Turm von Boulogne[104], den Karl der Große wieder herrichten ließ[105], dem von Dover[106] und nicht zuletzt dem von La Coruña, auf den im »Seebuch« als Turm eigens für Navigationszwecke ausdrücklich hingewiesen wird[107], ist nach Thomas vielleicht auch auf den Scillies seit frühgeschichtlicher Zeit ein Leuchtfeuer unterhalten worden.[108] Sicherlich geht die Gewohnheit, erwarteten Schiffen bei schlechten Sichtverhältnissen durch Feuer am Ufer den Weg zu weisen, in sehr frühe Zeit zurück[109], aber ständig betriebene Feuer dürften doch angesichts ihrer schwierigen Befeuerung selten gewesen sein. In Winchelsea ist ein solches Feuer seit 1261 nachweisbar, für das jeder Schiffer mit zwei Pence zur Kasse gebeten wurde. Ebenso verhält es sich möglicherweise in Yarmouth.[110] 1280 empfing auch die Kirche von Den Briel an der Maas die Zustimmung zur Unterhaltung eines *vierboeten*, der wegen der Brandgefahr für die Kirche selbst schwerlich an ihrem eigenen Turm befestigt gewesen sein wird.[111] Die *vurbake* von Heyst wird selbst im »Seebuch« erwähnt.[112] 1299 schloß die Stadt Hamburg ein Abkommen mit den Herzogen vom Land Hadeln zur Errichtung eines *werc* auf der *nige o*, das, als es vermutlich 1312 bezogen wurde, mehr einer Festung denn einem Seezeichen glich.[113] Neuwerk scheint jedoch während des Mittelalters nicht befeuert gewesen zu sein, auch wenn es bereits vor dem Bau des Turmes Überlegungen in diese Richtung gegeben haben soll.[114] 1302 wurde auch ein massiver Turm an der Yzermündung bei Nieuwpoort errichtet.[115] 1306 wollte Stralsund auf Hiddensee ein Leuchtfeuer erbauen[116], 1316 wurde das bereits erwähnte *signum* von Travemünde offenbar befeuert, da ein *custos lucernae* erwähnt wird.[117] 1358 begegnet in einer Erklärung der Mechthild von Falkenberg die merkwürdige Einrichtung von *viertonnen*.[118] Allerdings sind befeuerte Tonnen, d.h. im heutigen Sprachgebrauch schwimmende Seezeichen, angesichts der damaligen Befeuerungsmöglichkeiten kaum zu unterhalten und deshalb wenig wahrscheinlich.[119] Ferber interpretiert die Stelle deshalb als »vier Tonnen«.[120] Wahrscheinlich wurden hier von einem unkundigen Schreiber *vierboeten*, d.h. Feuerbaken[121], und Tonnen verwechselt und zusammengebracht, was die in der Quelle folgende Differenzierung von *tonneghelt* und *vierboetghelt* bestätigt. Überhaupt war den durch Kerzen, Öllampen oder brennende Reisigbündel betriebenen Leuchtfeuern wohl wenig Erfolg beschieden, sie werden kaum jemals mehr als 3 bis 4 nm Tragweite besessen haben. Das sollte sich erst ändern, als man im 16. Jahrhundert dazu überging, offene Steinkohlenfeuer zu verwenden.

Obwohl Baken, Türme und Leuchtfeuer im 15. Jahrhundert, also dem terminus ante quem der sicheren Abfassungszeit von »Seebuch« und Lansdowne Ms., vielleicht nicht sehr verbreitet, aber doch bekannt waren, werden sie erstaunlicherweise kaum jemals erwähnt. Im »Seebuch« wird eine *bake* nur einmal[122], *vurbaken* zweimal erwähnt.[123] Das Lansdowne Ms. nennt solche Einrichtungen nirgends. Die indifferente Bezeichnung »Turm« wird allerdings in beiden Texten häufig als Marke herangezogen, z.B.: *... the toure of Watirforde* (Waterford) *and the toure of Velafade* (nach Morgan: Head of Kinsale) *north and south*.[124]

Ungefähr gleichzeitig mit der Erwähnung von befeuerten Seezeichen erscheinen in den Quellen auch die ersten schwimmenden Seezeichen, die Tonnen. Die geringe Tiefe der Küstengewässer der atlantischen Randmeere erleichterte ihre Auslegung, und so sind sie eine Eigentümlichkeit besonders der Nord- und Ostsee einschließlich des Kanals.[125] Sie erforderten naturgemäß einen erheblich größeren Unterhaltungsaufwand als feste Seezeichen an Land. Im Winter mußten sie wegen des Frostes, des Eisganges und der Stürme[126] geborgen werden, ihre hölzernen Schwimmkörper wurden neu geteert, ihre Ketten und Sinksteine ausgebessert. Auch vertrieben sie leicht, weshalb ihre richtige Position regelmäßig vom kundigen *bewarer* – wahrscheinlich selbst Lotse[127] – überprüft werden mußte. 1288 wird das erste *signum quod tunna dicitur* vor Warnemünde erwähnt.[128] Neben den bereits genannten Tonnen der Maasmündung, die 1358 erstmals ausgelegt wurden[129], wissen wir aus dem Jahr 1368 von den Bemühungen Dordrechts um die Auslegung von Tonnen[130], worauf die Stadt gegenüber den Hanseaten ausdrücklich hinweist. Tonnen waren demnach durchaus nicht selbstverständlich in den Fahrwassern der Städte an der Nordsee- und Kanalküste. Brügge etwa, das durch den versandenden Swin besonders zur Markierung seines Fahrwassers gezwungen war, scheint erst 1456 drei Tonnen ausgelegt zu haben.[131] Aus dieser Zeit sind die Nachrichten von Tonnen jedoch auch bei anderen Städten schon recht zahlreich. Amsterdam besaß bereits 60 (!) Tonnen in der Zuyder See[132], die Weser war seit 1410 mit einzelnen Tonnen bezeichnet[133], und die Elbe folgte um 1440/50.[134] Man wird also von der Mitte bis zum Ende des 15. Jahrhunderts Tonnen bereits als verbreitet annehmen dürfen. Dennoch schweigen auch hier sämtliche erhaltene Segelanweisungen des 15. Jahrhunderts. Nicht eine einzige Tonne wird im »Seebuch« oder im Lansdowne Ms. erwähnt. Vielleicht war das Wissen um die richtige Deutung und Nutzung der Tonnen Sache der Lotsen. Denn obwohl Tonnen und Baken es theoretisch ermöglicht hätten, in Flußläufe wie zum Beispiel die Maas von Tonne zu Tonne bis zur Bake bzw. zum Kirchturm von Vlaardingen einzulaufen[135], scheinen sich feste Regeln, etwa auf welcher Seite eine Tonne zu passieren sei, erst zu Beginn des 16. Jahrhunderts verbreitet zu haben. Der englische Schiffer John Aborowgh weist 1539 in seiner Segelanweisung für die Flotte Heinrichs VIII. extra einmal darauf hin, daß eine bestimmte Tonne in der Zuyder See an *larboard side* zu passieren sei[136], und die bekannte Elbkarte Melchior Lorichs von 1568[137] zeigt die meisten Tonnen an »einkommend Steuerbord«, während eine anonyme Karte des Swin um 1500[138] die Tonnen noch mitten im Fahrwasser abbildet.

Peilverfahren

Waren bei Annäherung an die Küste keine schwimmenden Seezeichen vorhanden, und das war wohl der Regelfall, verfügten die Schiffer des Spätmittelalters im unmittelbaren Sichtbereich der Küste bereits über eine Fülle von Orientierungsmöglichkeiten durch verschiedene Peilverfahren, bis heute die verläßlichste Grundlage der Standortbestimmung. Die Verfahren sind größtenteils nicht-instrumenteller Art, ihre Geschichte dürfte daher in entsprechend frühe Zeiten zurückgehen.[139] Dabei treten freilich nicht die neuzeitlichen Bezeichnungen in Erscheinung, sondern nur die Verfahren selbst, bzw. ein ihnen entsprechendes regelhaftes Verhalten. Dennoch seien zur Differenzierung der verschiedenen Verfahren moderne Begriffe verwendet.

Nutzung von Leitmarken
Die Methode, in einem Fahrwasser von einer bestimmten, möglichst festgelegten Position aus auf eine Landmarke zuzusegeln, ist ebenso einfach wie zuverlässig, wenn auch nicht sehr präzise. Dabei kann entweder eine natürliche oder künstliche Landmarke, aber auch ein vorgestellter Punkt benutzt werden:
Item de wil segelen in Dortmuden (Dartmouth), *de schal segelen up sunte Patrix kerke* ...[140]

Item de wil segelen in Pleymude (Plymouth), *de mot sin vorschip holden up de haven in den myddel van den golfen.*[141]
Derartige Anweisungen finden sich im »Seebuch«, dem Lansdowne Ms. und anderen Segelanweisungen häufig.

Deckpeilung und Richtmarken
Es ist nicht zu vermeiden, daß den Kursanweisungen durch Leitmarken eine gewisse Ungenauigkeit zukommt, die daher rührt, daß der Ausgangspunkt der Kurslinie im Verhältnis zur Leitmarke nicht exakt bestimmt werden kann. Dem helfen zwei hintereinander angeordnete Marken ab, die, zur Deckung gebracht, eine an Genauigkeit kaum zu übertreffende Kurslinie bezeichnen. Diese Linie wird in den Segelanweisungen einerseits verwendet, um Kursänderungspunkte oder Ankerplätze anzugeben:
Item de wil setten in de Hocges (St. Vaast-la-Hougue), *he sal verne schuwen den northoek, unde also he gepasset is den hoek, so sal he seen 2 kerken westwort van eme, de ene up dat hoge lant unde de ander benedden by dat water; wan he beyde kerken over en heft, so sal he setten up 6 vadem myt lege water* (Niedrigwasser), *unde myt hogen water up 9 ofte up 10 vadem.*[142]
Andererseits dienen die Marken auch als Richtmarken, also zur Festlegung einer Kurslinie:
Item de wil segeln in de vosse vor Keyaw (Cayeux), *de sal de mole und vurbake over en nemen.*[143]
Dabei zeigen die mittelalterlichen Schiffer in der Wahl der Richtmarken beachtliche Phantasie, indem sie z.B. fluchtend verlaufende Straßenzüge einer Stadt als Peilmarke heranziehen:
Item dar staet to Jermude (Yarmouth) *clene husekens dar de seken* (Siechen) *ynne wonen, unde wen sik de straten up don, so sole gy recht up Jermude segelen, unde segelen tusschen den knocken unde den holms* (Untiefen vor Yarmouth) *doer ...*[144]
Gelegentlich wird dieses Verfahren auch ausschließlich angewandt:
Item de wil segelen in Bertram (Brest), *de sal de moelen laten undecket van sunte Matheus* (Kloster St. Mathieu) *umme der rutzen* (Klippe) *willen, de men het de Henne, de licht under dat water.*[145]
Auch die Anweisung, zwischen den beiden Richtmarken einen bestimmten Abstand zu lassen, wird vielseitig verwendet:
Item wan gy komen vor Norwelle (River Orwell) *unde willen dar in wesen, so segelt so vere westwart, dat gy seyn enen groten bom, de staet by norden Herwyk* (Harwich) *over dat water; unde so staet an dat nortende van Herwyk en grot runt groff toren* (Turm) *den huke van der nortstede so na togader, dat men dar tusschen dor seyn mach, so sint gy in dat beste van den depe.*[146]
Sobald der offenzulassende Abstand der Marken größer wird, wird gern in »Linearmaß«[147] gemessen. Das heißt, es wird ein imaginäres Vergleichsobjekt herangezogen, daß dem Beobachter gewohnheitsmäßig in der gleichen Größe erscheint wie der offenzulassende Abstand.[148] Das »Seebuch« enthält nach der Größe geordnet: *en espinges* (Beiboot) *lank, enes (2) schepes lank, enen groten bogenschote.* Freilich werden dergleichen Größenangaben kaum jemals von zwei Personen gleich beurteilt werden, aber offenbar war den Schiffern – übrigens bis ins 19. Jahrhundert[149] – ein besseres Winkelmaß nicht bekannt resp. vertraut, denn an keiner Stelle der Segelanweisungen finden sich eigentliche Winkelangaben, die auf eine Verwendung des Kompasses als einfachsten Horizontalwinkelmessers, oder gar andere Instrumente der Winkelmessung schließen ließen. Das verwundert in bezug auf den Kompaß umso mehr, als Winkelangaben in Linearmaß mehrmals direkt bei Kursangaben stehen, die augenscheinlich auf der Grundlage der 32teiligen Kompaßrose entstanden sind, insofern also nicht angenommen werden kann, ein Kompaß sei nicht verfügbar gewesen. Gerade das Kapitel XIV des »Seebuches«, das durch seine genauen Ausführungen auffällt, verwendet gern das Linearmaß zu Horizontalwinkelmessungen:

Item de twe torne, de by westen sunte Edemunde (nach Koppmann: St. Edmunds-Spitze an The Wash) *staen, dat sint 2 lopere*[150]*, unde man sal se by westen sunte Edemundes capellen bringen enen groten bogenschote, alse men uthsegelt ...*[151]
Wahrscheinlich erlaubt dieser *grote bogenschote* immer noch eine objektivierbarere Vorstellung des einzuhaltenden Abstandes als die, zwei Landmarken *en espinges lank*[152] oder gar *twe schepes lenge*[153] zusammenzubringen.

Seitenpeilung und Quermarken
Ebenso einfach und ohne Hilfsmittel auszuführen ist die Anweisung, den Kurs zu ändern, zu ankern usw., wenn sich eine bestimmte Marke querab befindet bzw. wenn das Schiff zwei sich gegenüberliegende Landmarken passiert:
... unde denne (soll der Schiffer) segelen lank landes, bet dat he sud dat castel, unde also dat dwers van eme licht, so sal he setten up 6 ofte 7 vadem.[154]
Eine solche Angabe ist abhängig vom gesteuerten Kurs, was durch die Verdoppelung der Marken vermieden wird:
Item de wil insegelen, de mot vaste by den oesthaken (Osthuk) *insegelen, unde dar stat up elke syden up dat hoge lant ene kerke, unde also (er) twisschen beyden hoken is, so schal he henholden in de myddel van der haven ...*[155]

Abstandsbestimmung
Alle Angaben kürzerer Entfernungen und Abstände in den Segelanweisungen des Spätmittelalters beruhen wie die Distanz»messung« auf bloßer Schätzung resp. nicht-instrumenteller Festlegung.[156] Die verwendeten Einheiten sind dementsprechend ebenso ungenau wie phantasievoll. Nach der ungefähr anzunehmenden Größe geordnet ergeben sich:
»Bord an Bord« oder *vaste by* für sehr dichte Abstände:
Item eyn schip, dat bort an bort is an de Pleymark (Penmarch), *vaste by de rudzen, de gha westnortwest, de sal dubbleren* (umsegeln) *de Zeymys* (Ile de Sein) *...*[157]
Die »Bootslänge« ist in der Praxis wahrscheinlich kaum vom obigen Maß zu unterscheiden:
Unde by dem meylande (Insel) *dar licht ene rudze under waters ene botes lenge van dat land ...*[158]
Etwas länger sind wohl schon die »Schiffslänge« und der »Steinwurf«:
... unde he sal also insegelen, unde segelen ton halven water in het vor de stede; unde en stenworp van Kalsoppe (Sandbank Catchopo/Tejomündung) *van deme sande isset 7 vadem dep, unde an dat sant van der suder siden isset 14 vadem dep up en scheppes lank.*[159]
Der »Bogen-« und gar der »Büchsenschuß« sind bereits deutlich größer:
Item by westen Valemude (Falmouth) *dar licht de cape Lizart, unde is enen boghenschote wol in de see ...*[160]
Item dar men settet an de sutsyde vor nortosten wynde, dar is id deip 30 vademe enen guden bussenschote van dem lande.[161]
Auch die »Kabellänge« dürfte trotz ihrer modernen Normierung[162] recht unterschiedliche Längen bezeichnet haben:
Item de wil setten to Kredekans (vor St. Valéry-en-Caux), *de sal van deme lande van Seynehovede* (Seine-Mündung) *segelen 3 ofte 4 cabel lank umme der lyant* (Untiefe) *willen, de dar buten licht ...*[163]
Noch weitere Abstände werden treffend nach der Sichtweite beurteilt. Zunächst folgt die Landsicht vom Deck des Schiffes:
Item van Ollone (Les Sables-d'Olonne) *sudwest in de see up 32 vadem, sal he wesen van deme lande 7 mile, unde up 27 vadem sal he dat lant seen, isset klar.*[164]
Danach folgt die Sicht von der halben Masthöhe:

Item de is van Bellile (Belle Ile) *jegen deme myddel van den lande up 64 vadem, he sal dat eylant seen to halver mast to.*[165]
Die größte Sichtweite besteht naturgemäß von der Mastspitze aus, der Mars:
... depe gy buten Clare (Cape Clear), (sollt ihr) *vinden 80 vadem, de grunt sal wesen waseafftich* (schlammartig) *unde cleyne wyt sant dar under. Gy solen de cape van boven seen, isset clare ...*[166]
Auch die bereits in ihrer Bedeutung hervorgehobene Höhe von Kirchtürmen spielt in der Abstandsbestimmung eine Rolle. Ist die Küste selbst von der Mastspitze nicht mehr zu sehen, so sind hohe Kirchtürme immer noch zu erkennen. Sie sind es, die bei der Annäherung an die Küste zuerst an der Kimm erscheinen:
Item buten Heys (Ile d'Yeu) *in de see bynnen den sichte van deme torne van der kerken sal he vinden dep 48 vadem.*[167]
Darüber hinaus lassen sich Angaben von Abständen in *milen* finden, die ebenfalls nur auf Schätzung beruhen können, wenn es heißt:
... unde he sal dat kastel 4 mile verne myden ...[168]
Eine besondere Art der Abstandsbestimmung besteht in einem Verfahren, daß als Proportionalteilung angesprochen werden kann. Hierbei wird eine überschaubare Entfernung in bestimmte Proportionen in bezug auf den eigenen Standort geteilt. Genaue Ergebnisse lassen sich freilich auch hier kaum erwarten, und so nimmt es nicht wunder, daß im »Seebuch« lediglich Angaben im Verhältnis 1:2 bzw. 1:1 – die aber ausgeprochen häufig – enthalten sind:
Item de vort wil segelen vor de stede, de sal laten dat dordendel waters to den sudlande unde dat twedel van deme water to den nortlande, unde segelen so vort vor de stede ...[169]

Kompaßpeilung
Das einzige Verfahren der Segelanweisungen, das ein Instument voraussetzt, aber gleichzeitig – nach heutigem Ermessen – an Vielseitigkeit allen anderen Verfahren überlegen ist, ist die terrestrische Kompaßpeilung. Dennoch wird sie im »Seebuch« durch die vorgenannten Verfahren dominiert. Angaben wie die folgende sind zwar keine Seltenheit, aber die Häufigkeit, die eine moderne Bedeutungszumessung von Kompaßpeilungen erwarten lassen würde, besitzen sie bei weitem nicht:
Item de wil van sunte Elenen (St. Helens/Wight) *to Kalkesorde* (Calshot Point/Solent) *de schal nemen den torne boven Portesmuden* (Portsmouth) *nortnortwest van em ...*[170]
Vor allem läßt sich im »Seebuch« oder im Lansdowne Ms. nicht eine einzige Kreuzpeilung, d.h. zwei gleichzeitige Kompaßpeilungen zu zwei oder mehr verschiedenen Landmarken, durch die der genaue Ort bestimmt werden kann, ausmachen, obwohl die Verfasser des »Seebuches« sonst – wie gezeigt – in der Kombination der verschiedenen Peilverfahren ausgesprochen einfallsreich vorgehen. Vielleicht war die Handhabung dieses Instruments noch zu mühselig und umständlich, als das es möglich gewesen wäre, zwei gleichzeitige Peilungen vorzunehmen. Andererseits bestanden für die Schiffer, die für die entsprechenden Passagen verantwortlich zeichnen, offensichtlich keine Probleme, Kurse, das Azimut von Sonne und Mond und Stromrichtungen anzugeben. Doch darein wird schwerlich Licht zu bringen sein, ohne in Aporien zu enden.

Zusammenfassung

Die angeführten Verfahren vermitteln trotz des ausschnitthaften Charakters der Darlegung einen Eindruck von der Navigation nordwesteuropäischer Schiffer und Steuerleute im Spätmittelalter. Die prägenden Faktoren waren auf der einen Seite die geographischen Gegebenheiten der nördlichen atlantischen Randmeere und das Aufkommen von Großschiffstypen, das zur Aufgabe des bisherigen Verhaltens zwang, unmittelbar dem Verlauf der Küste zu folgen. Die Schiffer und Steuerleute begegneten diesem Aufgabenkomplex mit einer Fülle von Verfahren, in denen die Küste auch weiterhin konstitutives Moment blieb. Selbst außer Sicht des Landes wurde mit Hilfe des Lotes *with one foot on the bottom*[171], mithin terrestrisch navigiert. Das Bild, das die Segelanweisungen für das 15. und vielleicht das ausgehende 14. Jahrhundert zeichneten, kann mit Einschränkungen, besonders hinsichtlich der Verwendung des entwickelteren Kompasses, auf die vorangehende Großschiffnavigation übertragen werden, da deren Bedingungen sich qualitativ kaum veränderten. Die frühen *cogghen* und *hulcs* standen vor denselben Problemen wie die dreimastigen Kraweelschiffe der späteren Zeit, auf ihnen wurden die Verfahren der Großschiffnavigation dieses Gebiets entwickelt, die sich in den schriftlichen Segelanweisungen niederschlagen.

Auffällig ist dabei die Theorielosigkeit dieser Navigation. Alle Verfahren kommen ohne jeden Anflug von Arithmetik, Algebra, Geometrie oder Astronomie aus – im Sinne der mittelalterlichen *artes liberales* ohne *arismetrica*, *geometria* und *astrologia*. Das entspricht durchaus dem Geist der Zeitgenossen, die die *navigatio* als Teil der *artes mechanicae* auffaßten, die in keinerlei Bezug zu den *artes liberales* standen. Der Unterschied einer Navigation nach solchen Grundsätzen zu der Navigation der Südeuropäer, die auf den Entdeckungsfahrten praktiziert wurde und in der sich die *artes liberales* und *artes mechanicae* die Hand reichten, ist – trotz auch deren Mängel – offenbar.[172] Er wurde seit dem 16. Jahrhundert auch in Nordwesteuropa mit Verdruß zur Kenntnis genommen. Sei es, daß z.B. der englische Übersetzer des »Routier de la mer«, Robert Copland, im Vorwort seines »Rutters« mit Blick auf vorangegangene Zeiten den *maister maryner, or lodesman, not ygnoranntly trusting his own sensual reason* ermutigt, sich in *Arsmetrycke and geometrye* zu üben und fleißig *carde, cumpas(,) rutter, dyeall and other* zu benutzen[173]; sei es daß 1541 der deutsche Astronom Joachim Rheticus von Lauchen vorwurfsvoll formuliert:

Vil schiffer so auss Preussen in England und Portugal seglen, brauchen gemainklich nicht alain der latitudinibus nicht, sunder achten sey auch kainer see charten, noch rechtfertigen compas. Den sey beromen sich sey tragen die kunst alle im kopf. So lang es wol gereht, so geht es wohl hin, aber sey verlieren laider offt der kunst Im kopff, dass sey Ir in der nott nicht finden konen, und mit lewtt und gutt sitzen bleiben. Mich gedenkt es schade gar nicht, wan etlich schon mehr bescheids von denen dingen wisten. Das weiss ich wol, das die Portugaleser und Hispanier on der ›Eleuationibus poli‹, und rechten grund des compas, Ire gewaltige segelationes nicht hetten konden volfuren, auch nicht erhalten mochten.[174]

Und noch 1580, also lange nach den ersten Entdeckungsfahrten, setzt der Flame Michiel Coignet die *navigation grande* von der bloßen *navigation commune* ab.[175] Der Unterschied fiel auch den Südeuropäern auf. Die abfällige Äußerung Heinrichs des Seefahrers wurde bereits erwähnt. Auch der Venezianer Fra Mauro vermerkt 1458 auf seiner Weltkarte in einer Legende zwischen Gotland und Reval: *Per questo mar non se navegar cum carta ni bossolo* (Kompaß) *ma com scandaio* (Lot).[176] Und der Spanier Francisco de Eraso wundert sich in einem Brief von 1578/79, die Schiffer der Ostsee hätten weder Seekarte noch Kompaß, sondern nur ein kleines Buch gehabt, nach dem sie sich allein richteten.[177]

Dieses – wenn man so will – Süd-Nord-Gefälle verlor erst im 16. Jahrhundert mit dem Aufkommen der französischen, englischen und niederländischen Hydrographie an Neigung[178], wenn auch die Diskrepanz zwischen den navigatorischen Möglichkeiten einer Zeit und der »Kunst im Kopf« der Lotsen, Küstenfahrer, Fischer usw. – auch Südeuropas – bis in die jüngste Gegenwart fortbesteht. Die vorherige Navigation im nördlichen Europa aber fand einschließlich ihrer Akteure auch in der Forschung im Gleichklang mit den zitierten kritischen Stimmen wenig Lob. Das ist angesichts der Entwicklung im Süden verständlich. Sie findet im

Norden kein Äquivalent. Andererseits werden Attribute wie *unscientific gropers in darkness*[179] den Leistungen der damaligen Schiffsführer kaum gerecht, weil sie verkennen, daß gerade diese Gruppe im Spätmittelalter eminent zu der Prosperität der nördlichen Hälfte Europas beitrug, indem der florierende Seeverkehr der Anrainer von Biskaya, Kanal, Nordsee und Ostsee nicht zuletzt ihr zu verdanken ist. Daß es dabei »Pannen« gab, wie z.B. die Fahrt des *scipper Hornemann, de hadde 18 weken in der see gewest und hadde Island nicht finden kont,* worauf er nach Hamburg zurückkehrte[180], kann davon nur wenig ablenken.

Anmerkungen:
Der vorstehende Aufsatz stellt einen Aspekt der z.Z. entstehenden Dissertation des Verfassers zum »Seebuch« und der spätmittelalterlichen Navigation dar. Vieles, wie z.B. philologische Gesichtspunkte des »Seebuches« oder der Komplex der Gezeitenrechnung, konnte dabei gar nicht oder nur mangelhaft berücksichtigt werden und bleibt der Dissertation vorbehalten. Dem Verfasser ist jede Kritik und Anregung jederzeit höchst willkommen.

1 Wolfram, Parzival I, 19 (Ed. Bartsch 1875, S. 26): *wise und der maere;* Oswald, Lieder 17, 3 (Ed. Klein 1962), S. 46: *marner weise.*
2 Zum Frühmittelalter vgl. Ellmers 1972, S. 47–76.
3 Wiechell 1971, S. 26.
4 HUB I, S. 432. Vgl. Heinsius 1956, S. 43.
5 Aus Ewe 1971, Nr. 217, 127, 29.
6 Ewe 1971, S. 29.
7 Ewe 1971, S. 37 und Nr. 51f.
8 Mit diesem Bild eines Holk werde ich, die Mündung (des River Adur), mit so würdigem Namen bezeichnet. Fliedner 1969, S. 55.
9 Crumlin-Pedersen 1965, S. 96; Fenwick 1983, S. 174f.
10 Die frühere C14-Datierung des 1930 gefundenen Bootes im Utrechter Zentralmuseum auf 790 ± 40 (Philipsen 1965, S. 37) wurde durch Vlek 1987, S. 42f. in Frage gestellt. Zum zweiten, dem sog. Waterstraatboot, vgl. Hoekstra 1975, S. 290f.
11 Ich sehe hier von den nachweisbaren südeuropäischen Einflüssen ab. Auch sei im folgenden vom geographischen Aspekt der Typenverbreitung abgesehen.
12 Ewe 1971, Nr. 41. Das Heckruder (nicht Stevenruder) freilich ist bereits auf den Holkschiffen der Taufsteine von Zedelgem und Winchester (um 1180) abgebildet. Vgl. Brindley 1926, S. 212f. und 1927, S. 85. Zur Verdeutlichung der Vorrichtung vgl. die bei Sleeswyk/Lehmann 1982, 282f. wiedergegebenen Schiffe des 15. Jahrhunderts. – Auch ein jüngst in Bremen gefundenes Fragment einer Kogge (»Schlachte-Schiff«) aus dem Beginn des 13. Jahrhunderts zeigt schon Ruderösen am Achtersteven; vgl. Nordsee-Zeitung vom 4. März 1992.
13 Vogel 1915, S. 474f.
14 Auf einem Siegel erstmalig beim franz. Großadmiral Louis de Bourbon 1463 (abgeb. Ewe 1971, Nr. 242).
15 Abgedruckt bei Dillon 1900, Tafel III. Vgl. hier S. 259, 263.
16a Aus: Ewe 1971, Nr. 233.
16a Aus: Die Hanse 1989, I, S. 13.
17 Heinsius 1956, S. 94ff. Zur »Last« vgl. Vogel 1915, S. 493–495 und S. 553–560; Heinsius 1956, S. 82–84 sowie Wolf 1986, S. 24–29.
18 HUB I, Nr. 93. Zur Umrechnung vgl. Vogel 1915, S. 559.
19 Z.B. Bei Heinsius 1956, S. 88–103.
20 HUB III, Nr. 414.
21 Hoheisel 1988, S. 228.
22 HR 1/VI, Nr. 68 § 41.
23 Vogel 1915, S. 494.
24 Wolf 1986, S. 162.
25 Ellmers 1972, S. 228. Vgl. allgemein auch McGrail 1983.
26 Zum Nachbau der Kieler Kogge vgl. Hoheisel 1991, S. 23f., Hackmann-Wierig/Muhs 1991, S. 31–34.

27 Vgl. Krieger 1987, S. 261.
28 Vogel 1915, S. 523.
29 Falk 1912, S. 21f.; Schnall 1975, S. 45–48; Vogel 1907, S. 197f.
30 Kap. XIII und XXIV (ed. Krieger 1970), S. 135, 144f.
31 Degryse 1975, S. 64f. und 110f.
32 Gesta Hammaburgensis ecclesiae pontificum (ed. Trillmich/Buchner 1961), IV, 436f.
33 Jüngst ed. d. Westerdahl 1991, S. 327–330. Datierung ebd., S. 337f.
34 Z.B. das Itinerar Wilhelms von Worcester (ed. Nasmith 1778) 1223, S. 125f., 140, 147–149, 155, 178–180, 263 (15. Jh.) und mehr noch eine Aufzeichnung Willem Barentsz von 1594 (!), die auf Vorlagen des 14. bis 15. Jahrhunderts zurückgeht (ed. Burger 1928), S. 227–234.
35 Ed. Motzo 1947. Zur Datierung vgl. ebd. S. XXXIV bzw. La Roncière 1984, S. 16.
36 2 Exx. in einem Codex d. Hamburger Commerzbibliothek (ed. Koppmann 1876). Das 3. Ex. ed. v. G. Schmidt 1876, S. 80–82.
37 Koppmann benennt in seiner Ed. die Mss. mit »A« und »B«, wobei Ms. B das umfangreichere ist (ferner zit. in der Form »A VII, 15«).
38 Ab hier fehlen im Ms. die Überschriften.
39 Bis auf Henningsen 1984, S. 71, der die Bezeichnung in »niederländisches Seebuch« abgeändert wissen will.
40 HUB VII,1, Nr. 766 von 1441. Die niederländische Segelanweisungen des 16. Jahrhunderts wurden als *Leeskart* im Unterschied zur *Passkart*, der eigentlichen Seekarte, bezeichnet.
41 Fischer 1886, S. 71–75 und Dahlgreen 1897, S. 103, bzw. – mehr südwesteuropäisch orientiert – Kretschmer 1909, S. 176–181 gegen Behrmann 1906, S. 105. In der Folge vertraten auch Knudsen 1919, S. 348, Gernez 1950/51, S. 179 und Waters 1967, S. 10f. diese These.
42 Kap. 1–5, 7, 8 und 10 in Koppmanns Ed.
43 Übersicht (S. 199–232) und Edition bei Kretschmer 1909. Besondere Beziehungen zum »Seebuch« weisen die Portolane de Versi (vor 1445) und Rizo (1490) auf (ebd.).
44 Lang 1968, S. 3–8.
45 Waters 1967, S. 3.
46 Lansdowne Ms. 285, S. 136–140. Ed. Gairdner 1889 als »Sailing Directions for the Circumnavigation of England and for a Voyage to the Straits of Gibraltar« (ferner zit. als Lansdowne Ms.). Der Verbleib eines weiteren Ex. dieser Segelanweisung, ehemals im Besitz des Lord Hastings (vgl. Dillon 1900, S. 29–70, bes. S. 30) ist nach Waters 1967, S. 4, Anm. 3 ungeklärt.
47 Garcies Vater war erst kurz vor Pierres Geburt nach St-Gilles-Croix-de-Vie gekommen, und die Familie hatte insofern beste verwandtschaftliche Beziehungen nach Spanien. Vgl. Waters 1967, S. 35.
48 Ed. Waters 1967, S. 135–170. Wahrscheinlich ist die erhaltene (einzige) Auflage von 1502/1510 nicht die erste.
49 Ed. ebd. S. 205–400.
50 Pawlowski 1900, S. 135f. und S. 149. Die Manuskripte sind verloren und auch aus dem »Routier« nicht zu rekonstruieren.
51 Auflage von 1557 (?) ed. Waters 1967, S. 47–134.
52 Allerdings fehlen ihm die Gebiete nördlich und östlich der Linie North Foreland-Sluis.
53 Es fehlt ihm im Vergleich zum »Routier« nur dessen abschließendes Chanson.
54 Roes 1965, S. 36 und Tafel XV.
55 Hingst/Kersten 1955, S. 270.
56 La Tapisserie de Bayeux, S. 5 und 34.
56a Osbern, De expugnatione Lyxbonesi (ed. Stubbs 1864), I, CXLV.
57 HR I/III, Nr. 345. Die COQ JOHN versank 1414 mit vier Loten und einer Ersatzleine vor der Bretagne (Friel 1983, S. 47).
58 So geschehen 1149 in Plymouth (HUB VIII/1, Nr. 21), *lyne und loth* stehen dabei sicher für alle Lote an Bord.
59 Aus Dillon 1900, Tafel III. Zur Realistik der Abb. vgl. Moore 1919.
60 Alexander Neckham, De utensilibus (ed. Boncompagni 1868), S. 103 bzw. ders., De naturis rerum (ed. Wright 1863), S. 183. Vgl. May 1955, S. 283f.
61 Um 1206 bei Guiot de Provins, La bible (ed. Orr 1915), S. 29.
62 1272 im sog. Jüngeren Titurel des Albrecht von Scharfenberg (?) (ed. Hahn 1842), S. 202.
63 1252/55 bei Heinrich von Kröllwitz, Vaterunser-Bearbeitung (ed. Lisch 1839), S. 148. Vgl. Schück 1911–1915, S. 50f. Weitere Belegstellen: Ebd., S. 29–32, Vogel 1911, Mitchell 1932, S. 125–127, sowie Lippmann 1932, S. 21–30 sowie allgemein Hitchins/May 1952.

64 Epistola Petri Peregrini de Maricourt ..., in Hellmann (Ed.) 1898, S. 2.
65 Nicolas 1847, II, S. 180.
66 Die erste Konstruktionsbeschreibung eines Kompaß' – freilich Südeuropas – liefert Martin Cortes. »Breve Compendio de la sphera y de la arte de navegar«, Sevilla 1551, abgedr. in Wolkenhauer 1904, S. 216–218. Die Beschreibung läßt erahnen, welche sehr schlichten Vorstellungen man den nordeuropäischen, ein bis zwei Jahrhunderte älteren Vorrichtungen beilegen muß.
67 Treatise on the Astrolabe (ed. Skeat 1892), III, S. 214.
68 Die Rückführung des Kompasses auf einen Flavio Gioja aus Amalphi wurde schon durch die Arbeiten Bertellis (bes. 1893) als unhaltbar erwiesen. Vgl. zusammenfassend Ruge 1903, S. 86–88. Dennoch findet man sie auch in neueren Arbeiten (z.B. Kreutz 1973, S. 372). Zur Terminologie vgl. Metzeltin 1970, S. 40–52
69 1394: HR 1/IV, Nr. 201. 1398 ist in HR 1/VI Nr. 441 § 22, und Nr. 449f. die Rede von einem *kompasmaker*, der wahrscheinlich Schiffer war.
70 Nicolas 1847, II, S. 444f. aus Inventaren aus der Zeit Heinrichs V. (1413–1422).
71 Libell of Englishe Policye (1436) (ed. Hertzberg/Pauli 1878), S. 52f.
72 Vogel 1911, S. 26.
73 Boke of Noblesse (ed. Roxburghe Club 1860), S. 58, nach Marcus 1956, S. 22.
74 Inventar von 1485. Ebd. S. 24.
75 Nicolas 1847, II, S. 476.
76 Marcus 1956, S. 24.
77 HUB X, Nr. 459, Anm. 1 (von 1475).
78 Nicolas 1847, II, S. 180.
79 Lansdowne Ms. (ed. Gairdner 1889), S. 21.
80 Vgl. Naish 1954, S. 205–207 und Waters 1955, S. 153–165.
81 Lansdowne Ms. (ed. Gairdner 1889), S. 12.
82 Regiment for the Sea (ed. E.G.R. Taylor 1961), S. 237. Bourne schildert zwar ein übliches Verfahren *(some do use this ...)*, aber doch in einer Ausführlichkeit, die nahelegt, daß sie seinem Leser nicht vertraut ist.
83 Z.B. bei der bekannten Passage der »Landnámabók« (Sturlubók) (ed. Benediktsson 1968), S. 33, man solle sich soweit südlich der isländischen Küste halten, daß man von dort Vögel und Wale finde (um 1250). Selbst aus der Neuzeit liegen glaubhafte Beispiele für eine virtuose Nutzung solcher Merkmale vor. Siehe z.B. bei Binns 1980, S. 78f. Vgl. auch Oatley 1974, S. 863 oder Walton 1974, S. 10. Die aktive Verwendung von Seevögeln, wie sie dem Wikinger Flóki Vilgerđarson nachgesagt wurde (Lange 1968, S. 354–358), ist wohl eher der Ausnahmefall. Vgl. Schnall 1975, S. 73 und Binns 1980, S. 71f. zu Schücks Versuch, den Bedarf an Raben für die norwegische Shetlandfahrt zu berechnen (1912, S. 134).
84 Behrmann 1906, S. 113, S. 130f. Vgl. zur *ukœsio* des Liber Census Daniae Nørlund 1944, S. 64–68.
85 Breusing 1876, XLI.
86 Alle graphischen Darstellungen theoretischer Landsicht, wie sie Schüle 1980, S. 17 für das Mittelmeer und Haasum 1974, S. 18, für Nordeuropa geben, sind für die Praxis wenig wertvoll, da sie – nach der Formel für die Kimmentfernung berechnet, die aber für realistische Leuchtfeuerhöhen und deren Sichtweite konzipiert ist, also die optischen Brechungsverhältnisse nur der unteren Luftschichten voraussetzt – die meteorologischen Gegebenheiten nicht berücksichtigen.
87 »Seebuch« B X, 41.
88 Der moderne Begriff des »Seezeichens« als speziell für nautische Zwecke errichtetes Zeichen sei hier – wie in neuerer Literatur häufiger (Lang 1968; Schnall 1975, S. 57–59; Schnall 1977, S. 139–141) – auf natürliche (Hügel, Bäume, Felsen usw.) und künstliche, erst in sekundärer Verwendung nautischen Zwecken dienende Merkmale (Kirchtürme, Häuser, Galgen usw.) erweitert.
89 Vgl. Lang 1965, S. 18f. und Schnall 1977, S. 139–142.
90 S. 20. Auch das »Seebuch« enthält derartige Angaben.
91 Vogel 1915, S. 528 hält sogar dafür, daß nautische Gesichtspunkte für die hohen Kirchtürme der Hansestädte des Ostseeraumes mitentscheidend gewesen seien, so ist z.B. der Rostocker Petriturm mit 132 Meter Höhe vom Kastell eines Schiffes bei sehr guter Sicht aus ca. 30 nm Entfernung erkennbar.
92 Boelmans Kranenburg 1965, S. 251.
93 Morcken 1969, S. 15–33. Vgl. auch Schnall 1975, S. 57–59 und Ellmers 1976, S. 57f.
94 A V, 15.
95 Degryse 1975, S. 103.
96 Ferber 1913, S. 21.
97 Lang 1965, S. 23.

98 HUB I, Nr. 205.
99 Ellmers 1976, S. 59.
100 Ferber 1913, S. 4.
101 HUB II, Nr. 452, Anm. 1.
102 Boelmans Kranenburg 1965, S. 252.
103 Siehe Anm. 59.
104 Stevenson 1959, S. 21
105 Ann. Regni Franc., S. 811.
106 Naish 1985, S. 19.
107 A & B VIII, 4.
108 Thomas 1981, S. 114f.
109 Vgl. für die Wikingerzeit Schnall 1975, S. 58, selbst noch für das frühe 20. Jahrhundert Eglinton 1982, S. 1f.
110 Nicolas 1847, I, S. 237.
111 Boelmans Kranenburg 1965, S. 252.
112 A XI, 37.
113 Müller 1984, S. 23–25. Wahrscheinlich bestand der Turm von Anfang an wenigstens zum Teil aus Stein, was die Dimensionierung der Fundamente nahelegt. Vgl. Ferber 1909, S. 16–35, bes. S. 32.
114 Feldhaus 1931, S. 281 erwähnt (auf Lappenberg zurückgehend, vgl. Ferber 1909, S. 1f.), 1286 habe Erzbischof Giselbrecht von Bremen den Hamburgern das Recht erteilt, auf der *nige o* ein ständiges Licht zu unterhalten.
115 Lang 1965, S. 53f. Auch in Dunkerque, Oostende, Blanckenberghe, Westkapelle (Degryse 1975, 108f.) und an der englischen Küste, etwa am St. Catherine's Point/Wight (Naish 1985, S. 82) wurden im 14. Jahrhundert möglicherweise Leuchtfeuer unterhalten. Vgl. auch Stevenson 1959, S. 21–26.
116 Johansen 1955, S. 95.
117 Lüb. UB II, Nr. 1080.
118 HUB III, Nr. 414. Im Kommentar des HUB schlicht mit »Feuertonnen« übersetzt.
119 Lang 1965, S. 94 erwähnt jedoch schon vor dem 15. Jahrhundert vor gefährlichen Sänden verankerte Feuerschiffe, die vor dem Winter abwarteten, bis das letzte Schiff des entsprechenden Hafens zurückgekehrt war, und erst dann ihre Position verließen.
120 1913, S. 6.
121 Die m. W. früheste Abb. von Feuerbaken im hier untersuchten Raum findet sich im Hastings Ms. (siehe S. 12). Vgl. aber auch Hieronymus Boschs »Versuchung des hl. Anthonius« im Museo Nacional de Arte Antiga, Lissabon, abgedr. bei Stettner 1984, S. 188. Das Hastings Ms. ist aber in der Detailzeichnung genauer.
122 A & B XI, 19.
123 A VII, 15, bei Cayeux (s.S. 14). Im Ms. B steht hier verderbt *wurfake*. Daraus mag man entnehmen, wie ungewöhnlich und wenig verbreitet Leuchtfeuer waren. Zweiter Beleg s. Anm. 112.
124 Lansdowne Ms., S. 17. Die geographische Deutung Morgans (in Gairdners Ed.) ist fragwürdig, da die Orte in ca. 60° bzw. 240° zueinander liegen.
125 Ferber 1913, S. 5. Allerdings erwähnt der »Compasso« von 1296 in der Guadalquivirmündung Seezeichen, die Tonnen sein können.
126 Sie kamen dann in ein »Bakenhaus«, womit das rätselhafte *backhus* im Seebuch (A XII, 12) vielleicht auf Tonnen im Sund verweist.
127 Degryse 1975, S. 103f.
128 Mecklenb. UB III, Nr. 1977. Ferber (1913, S. 5) hält allerdings für möglich, daß es sich hier um eine Bake handelt.
129 HUB VI, Nr. 352.
130 HUB IV, Nr. 256.
131 Degryse 1975, S. 66–68 und S. 100–102.
132 HUB VIII, Nr. 144.
133 Thielecke 1980, S. 177. Stevenson 1959, S. 26 nennt die ersten Tonnen in der Weser für 1066 (ohne Quellenangabe).
134 HUB X, Nr. 538.
135 Boelmans Kranenburg 1965, S. 253.
136 Ed. Ruddock 1961, S. 411.
137 Ed. 1964.
138 Abb. bei Lang 1965, S. 39.

139 Die Deutung resp. »Re«-konstruktion des Fragmentes einer runden Holzscheibe vom grönländischen Unartoqfjord (Vebæk 1956, S. 121) als Peilscheibe (Sølver 1953, S. 294f.) ist wegen der geringen Größe und Ungenauigkeit des Fundstückes äußerst fragwürdig. Eher handelt es sich um einen durch Ornamentik verzierten Haushaltsgegenstand oder ein Spielzeug. (Schnall 1975, S. 85–88). Auch die jüngste Deutung als »Sonnenkompaß« (Vebæk/Thirslund 1992, bes. S. 20–49) widerlegt nicht die bisherigen Einwände.
140 »Seebuch« A V, 23. Alle folgenden Zitate sind nur als Beispiele zu verstehen. Die angeführten Verfahren treten in den Segelanweisungen mehrfach bis häufig auf. Dem »Seebuch« wird aber hier aus sprachlichen Gesichtspunkten der Vorzug gegeben.
141 Ebd. A V, 19.
142 Ebd. A VII, 12.
143 Ebd. A VII, 15.
144 Ebd. B XIV, 18.
145 Ebd. A VII, 4.
146 Ebd. B XIV, 30.
147 Breusing 1876, XLIII.
148 Das landläufige »Über-den-Daumen-peilen« (ca. 2°) oder andere Maße der Hand und des ausgestreckten Armes lassen sich nirgends im Spätmittelalter belegen.
149 Vgl. Breusing 1876, XLII.
150 D.h. sie stehen dem Schiff erheblich näher als das hinter ihnen liegende Land und »laufen« bzw. ändern ihre Peilung schnell.
151 »Seebuch« B XIV, 2.
152 Ebd. A VIII, 19.
153 Ebd. B V, 34.
154 Ebd. A VII, 10.
155 Ebd. A V, 10.
156 Hierzu zählen freilich nicht die mit dem Lot gemessenen Tiefenangaben in Fuß, Elle oder Faden.
157 »Seebuch« B IX, 52.
158 Ebd. B VI, 6.
159 Ebd. A VIII, 17.
160 Ebd. A V, 11.
161 Ebd. B VII, 3.
162 Obwohl bekanntlich auch heute nicht einheitlich: metrisch 185,2 m (1/10 nm), Großbritannien 183 m (100 fathom), USA 219,6 m (120 fathom).
163 »Seebuch« A VII, 13.
164 Ebd. A X, 6.
165 Ebd. A X, 15.
166 Ebd. B VI, 9.
167 Ebd. A X, 11.
168 Ebd. A VIII, 3.
169 Ebd. A VIII, 16.
170 Ebd. A V, 31.
171 Parry 1974, S. 42.
172 Der Begriff der *navigation* setzt sich überhaupt erst mit der Wende zum 16. Jahrhundert durch, während vorher von *pillotage* (Garcie 1520) usw. gesprochen wird, insofern finden sich in der Forschung an seiner statt Begriffe wie »Steuermannskunst« (Breusing).
173 »Rutter of the See« (ed. Waters 1967), S. 50–52.
174 Ed. Hipler 1876, S. 145.
175 »Instruction nouvelle ..., touchant l'art de naviguer«, S. 5.
176 Ed. Gasparrini-Leporace 1956, XXXV. Freilich ist der Kompaß 1462 in der Ostsee bereits bezeugt (HUB VIII, Nr. 1160 § 80), aber wohl nicht recht verbreitet.
177 Ed. in schwed. Übers. 1886, S. 10.
178 Deutschland stand überhaupt zurück. Das erste deutsche Lehrbuch der Navigation erschien erst 1578 (J. Alday) und war eine Übersetzung aus dem Englischen. Vgl. dazu Köberer 1983.
179 Clowes 1897–1901, S. 399.
180 Lappenberg 1861, S. 109.

Literaturnachweis:

Quellen:

Adam von Bremen: Gesta Hammaburgensis ecclesiae pontificum. (= Quellen des 9. und 11 Jh. zur Gesch. d. Hamburg. Kirche u. d. Reiches, ed. v. W. Trillmich u. R. Buchner; Ausgew. Quellen zur deutschen Geschichte des Mittelalters 11. Darmstadt 1961.
Alday, Jacob: Dith Bôkeschen wert genômet dat Instrument vnde Declinatie der Sûnnen ..., Lübeck 1578.
Annales Regni Francorum. Ed. v. F. Kurze. (= Monumenta Germaniae Historica, Scriptores rerum Germanicarum in usum scholarum 6). Hannover 1895.
Boke of Noblesse. (= Roxburghe Club) 1860.
Bourne, William: A Regiment for the Sea. Ed. v. E.G.R. Taylor. (= Hakluyt Society 2/121). London 1961.
Burger, C.P.: Een Werk van Willem Barents teruggevonden. In: Het Boek 17,8, 1928, S. 225–240.
Chaucer, Geoffrey: Complete Works. Ed. v. W.W. Skeat. London 1892.
Coignet, Michiel: Instruction nouvelle des poincts plus excellents & necessaires touchant l'art de naviguer. Amsterdam 1581.
Eraso, Francesco de: (Abdruck in schwed. Übers.): Johann III och Filip II. In: Historisk Tidskrift (Stockholm) 6, 1886, S. 1–25.
Fra Mauro: Il Mappamondo di Fra Mauro. Ed. v. T. Gasparrini-Leporace. Rom 1956.
Hanserecesse. Die Recesse und andere Akten der Hansetage. Leipzig 1870–1913.
Gairdner, J. (Ed.): Sailing Directions for the Circumnavigation of England and for a Voyage to the Straits of Gibraltar. (Hakluyt Society 79). London 1889.
Guiot de Provins: La Bible. In: Les Œuvres. Ed. v. J. Orr. (= Publ. de l'Univ. de Manchester, Ser. franc. 1). Manchester 1915.
Hellmann, G. (Ed.): Rara Magnetica 1269–1599. (= Neudrucke von Schriften und Karten über Meteorologie und Erdmagnetismus 10). Berlin 1898. ND: Nendeln 1969.
Hertzberg, W., und Pauli, R. (Ed.): Libell of Englishe Policye. Leipzig 1878.
Koppmann, K. (Ed.): Das Seebuch (= Niederdeutsche Denkmäler 1). Bremen 1876.
Kretschmer, K.: Die italienischen Portolane des Mittelalters. Ein Beitrag zur Geschichte der Kartographie und Nautik (= Veröffentlichungen des Instituts für Meereskunde und des Geographischen Instituts der Universität Berlin 13), Berlin 1909. ND: Hildesheim 1962.
Krieger, K.F.: Ursprung und Wurzeln der Rôles d'Oleron (= Quellen und Darstellungen zur hansischen Geschichte NF 15). Köln/Wien 1970.
Lappenberg, I.M. (Ed.): Hamburgische Chroniken in niedersächsischer Sprache. 1861. ND: Niederwalluf 1971.
Lisch, G.C.F. (Ed.): Bibliothek der gesamten deutschen National-Literatur von den ältesten bis auf die neuere Zeit. Quedlinburg/Leipzig 1839.
Lorichs, Melchior: Die Hamburger Elbkarte aus dem Jahre 1568. Hamburg 1964.
Motzo, B.R.: Il compasso da Navigare. Opera Italiana della metá del secolo XIII. (= Rei Nauticae Monumenta Italica 1; Annali della Facoltà di Lettere e Filosofia della Università di Cagliari 8). Cagliari 1947.
Nasmith, J. (Ed.): Itineraria Symonis Simeonis et Willelmi de Worcestre. o.O. 1778.
Neckham, Alexander: De naturis rerum. Ed. v. T. Wright (= Script. Rer. Brit. Med. Aevi 34). London 1863.
Neckham, Alexander: De utensilibus. Ed. v. B. Boncompagni. Rom 1868.
Oswald von Wolkenstein: Lieder. Ed. v. K.K. Klein. (= Altdeutsche Textbibliothek 55) Tübingen 1962.
Rheticus, Joachim (Georg Joachim von Lauchen): Chorographia tewsch. Ed. v. F. Hipler. In: Zeitschrift für Mathematik und Physik 21, 1876, S. 125–150.
Schmidt, G. (Ed.): Fragment des Seebuches. In: Korrespondenzblatt des Vereins für niederdeutsche Sprachforschung 4, 1876, S. 80–82.
Stubbs, W. (Ed.): Chronicles and memorials of the reign of Richard I. London 1864.
Tapisserie de Bayeux. Reproduction intégrale. Bayeux o.J.
Hansisches Urkundenbuch. 10 Bde., Halle/Weimar 1876ff.
Mecklenburgisches Urkundenbuch. Schwerin 1863f.
Urkundenbuch der Stadt Lübeck. Lübeck 1843ff.
Waters, D.W.: The Rutters of the Sea. The Sailing Directions of Pierre Garcie. New Haven 1967.
Wolfram von Eschenbach: Parzival. Ed. v. K. Bartsch. (= Deutsche Classiker des Mittelalters 9,1). Leipzig 1875.

Sekundärliteratur:

Behrmann, W.: Über die niederdeutschen Seebücher des 15. und 16. Jahrhunderts. In: Mitteilungen der Geographischen Gesellschaft Hamburg 21, 1906, S. 65–176. ND: Acta Cartographica 15, 1972, S. 20–136.
Bertelli, T.: Studi storici intorno alla bussola nautica. Revista Marittima (Iuglio 1893).
Binns, A.: Viking Voyagers. Then and Now. London 1980.
Boelmans Kranenburg, H.A.H.: Zeescheepvaart in Zuid-Holland. In: Zuid-Hollandse Studiën 11, 1965, S. 200–262.
Breusing, Arthur: Das Seebuch in nautischer Beziehung. In: Koppmann, K. (Ed.): Das Seebuch. (= Niederdeutsche Denkmäler 1). Bremen 1876, S. XXXV–LIII.
Brindley, H.H.: Mediaeval Rudders. In: The Mariner's Mirror 12, 1926, S. 211–216, und 13, 1927, S. 85–88.
Clowes, W.L.: The Royal Navy. A History from the Earliest Times to the Present. London 1897–1901.
Dahlgren, E.W.: Sailing Directions for the Northern Seas. In: Nordenskiöld, A.F.: Periplus. An Atlas on the Early History of Charts and Sailing Directions. Stockholm 1897. ND: New York 1964, S. 101–110.
Degryse, R.: Brugge en de organisatie van het loodswezen van het Zwin op het einde van de 15de eeuw. In: Handelingen van het Genootschap voor Geschiedenis. Société d'Emulation te Brugge 112, 1975, S. 61–130.
Dillon, H.A. Viscount: On a MS. Collection of Ordinances of Chivalry of the Fifteenth Century, belonging to Lord Hastings. In: Archaeologia 57 (2,7), 1900, S. 29–70.
Eglinton, E.: The Last of the Sailing Coasters. London 1982.
Ellmers, D.: Frühmittelalterliche Handelsschiffahrt in Mittel- und Nordeuropa. (= Schriften des Deutschen Schiffahrtsmuseums 3). Neumünster 1972.
Ders.: Das Hafenzeichen von Travemünde. In: Lübeck 1226. Reichsfreiheit und frühe Stadt. Hrsgg. v. O. Ahlers et al. Lübeck 1976, S. 57–61.
Ewe, H.: Schiffe auf Siegeln. Rostock 1971. ND: Bielefeld/Berlin 1972.
Falk, H.: Altnordisches Seewesen. In: Wörter und Sachen 4, 1912, S. 1–122.
Feldhaus, F.M.: Die Technik der Antike und des Mittelalters. (= Museum der Weltgeschichte). Potsdam 1931.
Fenwick, V.: A new anglo-saxon ship. In: International Journal of Nautical Archaeology 12,2, 1983, S. 174–175.
Ferber, K.: Der Turm und das Leuchtfeuer auf Neuwerk. In: Zeitschrift des Vereins für hamburgische Geschichte 14, 1909, S. 1–36.
Ders.: Die Entwicklung des Hamburger Tonnen-, Baken- und Leuchtfeuerwesens. In: Zeitschrift des Vereins für hamburgische Geschichte 18,1, 1913, S. 1–102.
Fischer, Th. (Ed.): Sammlung mittelalterlicher Welt- und Seekarten italienischen Ursprungs und aus italienischen Archiven. Venedig 1886. ND: Amsterdam 1961.
Fliedner, S.: Kogge und Hulk. In: Die Bremer Hanse-Kogge. (= Monographien der Wittheit zu Bremen 8). Bremen 1969, S. 39–122.
Friel, I.: Documentary Sources and the Medieval Ship. Some Aspects of the Evidence. In: International Journal of Nautical Archaeology 12, 1983, S. 41–62.
Gernez, D.: Esquisse de l'Histoire de l'Evolution des Livres d'Instruction Nautiques. In: Mededelingen van de Academie van Marine van België 5, 1950/51, S. 175–185.
Haasum, S.: Vikingatidens Segling och Navigation. (= Theses and Papers in North-European Archaeology 4). Stockholm 1974.
Hackmann-Wierig, C.-M., und Muhs, J.F.: Raumschiff. In: Yacht 88, 1991, S. 22/26–35.
Heinsius, P.: Das Schiff der hansischen Frühzeit. 2. erw. Aufl. (= Quellen und Darstellungen zur Hansischen Geschichte NF 12). (Weimar 1956) 1986.
Hingst, H., und Kersten, K.: Die Tauchaktion vor Haithabu im Jahre 1953. In: Germania 33, 1955, S. 265–271.
Hitchins, H.L., und May, W.E.: From Lodestone to Gyro-Compass. London 1952.
Hoekstra, T.J.: Note on ancient ships found at Utrecht. In: International Journal of Nautical Archaeology 4, 1975, S. 390f.
Hoheisel, W.-D.: Rekonstruktion der Bremer Hanse-Kogge. In: Jahrbuch der schiffbautechnischen Gesellschaft 82, 1988, S. 223–229.
Ders.: Erste Segelversuche mit dem Kieler Nachbau der Bremer Hanse-Kogge von 1380. In: Deutsche Schiffahrt 13/2, 1991, S. 23–25.

Johansen, P.: Umrisse und Aufgaben der hansischen Siedlungsgeschichte und Kartographie. In: Hansische Geschichtsblätter 73, 1955, S. 1–106.
Knudsen, J.: Styrmandskunstens Udvikling til omtrent 1600. In: Danmarks Søfart og Søhandel fra de ældste Tider til vore Dage. Hrsgg. v. B. Liisberg. Kopenhagen 1919, II, S. 295–386.
Köberer, W.: Ein niederdeutsches Navigationshandbuch aus dem 16. Jahrhundert. In: Deutsches Schiffahrtsarchiv 6, 1983, S. 151–173.
Kreutz, B.M.: Mediterranean Contributions to the medieval Mariner's Compass. In: Technology and Culture, Internat. Quarterly of the Soc. for the Hist. of Technology 14,3, 1973, S. 367–383.
Krieger, K.-F.: Die Anfänge des Seerechts im Nord- und Ostseeraum von der Spätantike bis zum Beginn des 13. Jahrhunderts. In: Der Handel der Karolinger- und Wikingerzeit. = Untersuchungen zu Handel und Verkehr der vor- und frühgeschichtlichen Zeit in Mittel- und Nordeuropa IV. Hrsgg. v. K. Düwel (= Abhandlungen der Akademie der Wissenschaften Göttingen, Phil.-Hist. Kl. 3/156). Göttingen 1987, S. 246–265.
Lang, A.W.: Entwicklung, Aufbau und Verwaltung des Seezeichenwesens an der deutschen Nordseeküste bis zur Mitte des 19. Jahrhunderts. Bonn 1965.
Ders.: Seekarten der südlichen Nord- und Ostsee. Ihre Entwicklung von den Anfängen bis zum Ende des 18. Jahrhunderts. Festschrift zum 100. Jahrestag der Gründung der Norddeutschen Seewarte Hamburg. (= Deutsche Hydrographische Zs., Ergänzungshft., Reihe B, 10). Hamburg 1968.
Lange, W.: Flokis Raben. Interpretation einer kleinen Erzählung aus der Landnámabók. In: Studien zur europäischen Vor- und Frühgeschichte. H. Jankuhn gewidmet. Hrsgg. v. M. Claus, W. Haarnagel u. K. Raddatz. Neumünster 1968, S. 354–358.
La Roncière, M. de, und Mollat, M.: Portulane. Seekarten vom 13. bis zum 17. Jahrhundert. München 1984.
Lippmann, E.O. von: Geschichte der Magnetnadel bis zur Erfindung des Kompasses (gegen 1300). (= Quellen und Studien zur Geschichte der Naturwissenschaften und Medizin 3,1). Berlin 1932.
Marcus, G.J.: The Mariner's Compass. Its Influence upon Navigation in the Later Middle Ages. In: History NS 41, 1956, S. 16–24.
May, W.E.: Alexander Neckham and the pivoted compass needle. In: Journal of the Institute of Navigation 8, 1955, S. 283f.
McGrail, S.: Cross-Channel Seamanship and Navigation in the Late First Millennium BC. In: Oxford Journal of Archaeology 2, 1983, S. 299–337.
Metzeltin, M.: Die Terminologie des Seekompasses. Basel 1970.
Mitchell, A.C.: Chapters in the History of Terrestrial Magnetism. In: Terrestrial Magnetism and Atmospheric Electricity 37,2, 1932, S. 105–146.
Moore, A.: Some XV. Century Ship Pictures. In: The Mariner's Mirror 5, 1919, S. 15–20.
Morcken, R.: Europas eldste sjømerker? In: Sjøfartshistorisk Årbok, Bergen 1969, S. 7–48.
Müller, H.-O.: Die Leuchtfeuer von Cuxhaven und Neuwerk. Herford 1984.
Nørlund, N.E.: De gamle danske Længdeenheder. Kopenhagen 1944.
Naish, G.P.: The »Dyoll« and the Bearing-dial. In: Journal of the Institute of Navigation 7, 1954, S. 205–207.
Naish, J.: Seamarks. Their History and Development. London 1985.
Nicolas, N.H.: A History of the Royal Navy from the earliest Times to the Wars of the French Revolution. London 1847.
Oatley, K.: Mental maps for navigation. In: New Scientist 64,928, 1974, S. 863–866.
Parry, J.H.: Discovery of the Sea. London 1974.
Pawlowski, A.: Les plus anciens hydrographes français (XVe–XVIe siècles). Pierre Garcie dit Ferrande et ses imitateurs. In: Bulletin de Géographie Historique et Descriptive 15, 1900, S. 135–173.
Roes, A.: Vondsten van Dorestad. (= Archaeologica Traiectina 7). Groningen 1965.
Ruddock, A. (Ed.): The earliest original English seaman's Rutter and pilot's chart. In: Journal of the Institute of Navigation 14, 1961, S. 409–431.
Ruge, S.: Wie der Erfinder des Kompasses – erfunden wurde. In: Marine-Rundschau 14, 1903, S. 86–88.
Sølver, C.V.: The Discovery of an Early Bearing-Dial. In: Journal of the Institute of Navigation 6, 1953, S. 294–296.
Schnall, U.: Navigation der Wikinger. Nautische Probleme der Wikingerzeit im Spiegel der schriftlichen Quellen. (= Schriften des Deutschen Schiffahrtsmuseums 6). Oldenburg 1975.
Ders.: Bemerkungen zur Navigation auf Koggen. In: Jahrbuch der Wittheit zu Bremen 21, 1977, S. 137–148.
Schück, A.: Der Kompaß. Hamburg 1911–1918.

Ders.: Gedanken über die Zeit der ersten Benutzung des Kompasses im nördlichen Europa. In: Archiv für die Geschichte der Naturwissenschaften und der Technik 3, 1912, S. 127–139.
Schüle, W.: Orce und Galera. Mainz 1980.
Sleeswyk, A.W., und Lehmann, L.T.: Pintle and Gudgeon and the Development of the Rudder. The two Traditions. In: The Mariner's Mirror 68, 1982, S. 279–304.
Stettner, H.: Schwankende Feuerkörbe an Pfählen. In: Deutsches Schiffahrtsarchiv 7, 1984, S. 187–206.
Stevenson, D.A.: The World's Lighthouses before 1820. London 1959.
Thielecke, G.: Ein Überblick über die Entwicklung des Schiffahrtszeichenwesens der Außenweser in den vergangenen 150 Jahren. In: Deutsches Schiffahrtsarchiv 3, 1980, S. 175–190.
Thomas, Ch.: The Lord of Goonhilly. In: National Trust Studies 1981, S. 109–120.
Vebæk, Ch.L.: Topographical and Archæological Investigations in the Norse Settlements in Greenland. A Survey of the Work of the last 10 Years. In: þridji Víkingafundur. Third Viking Congress. (= Árbók hins íslenzka Fornleifafélags 1958, Fylgirit). Reykjavík 1956, S. 107–122.
Vebæk, Ch. L., und Thirslund, S.: The Viking Compass guided Norsemen first to America. Skjern 1992.
Vogel, W.: Zur nord- und westeuropäischen Seeschiffahrt im frühen Mittelalter. In: Hansische Geschichtsblätter 34, 1907, S. 153–205.
Ders.: Die Einführung des Kompasses in die nordwesteuropäische Nautik. In: Hansische Geschichtsblätter 38, 1911, S. 1–32.
Ders.: Geschichte der deutschen Seeschiffahrt I: Von der Urzeit bis zum Ende des XV. Jahrhunderts. Berlin 1915. ND: Berlin 1973.
Walton, K.: A Geographer's view of the sea. In: Scottish Geographical Magazine 90,1, 1974, S. 4–13.
Waters, D.W.: Early Time and Distance Measurement at Sea: In: Journal of the Institute of Navigation 8, 1955, S. 153–173.
Westerdahl, Ch.: The maritime itinerary of the tax register of king Valdemar sejr of Denmark (1202–1241). In: Deutsches Schiffahrtsarchiv 13, 1990, S. 325–375.
Wolf, T.: Tragfähigkeiten, Ladungen und Maße im Schiffsverkehr der Hanse. Vornehmlich im Spiegel Revaler Quellen. (= Quellen und Darstellungen zur hansischen Geschichte NS 31). Köln/Wien 1986.
Wolkenhauer, A.: Beiträge zur Geschichte der Kartographie und Nautik des 15.–17. Jahrhunderts. In: Mitteilungen der Geographischen Gesellschaft zu München 1, 1904, S. 161–260. ND: Acta Cartographica 13, 1972, S. 392–498.

Anschrift des Verfassers:
Albrecht Sauer, M.A.
Südwestkorso 6
D-1000 Berlin 41

DIE FRÜHE CARLSBURG, DIE SEEINVASION VON 1675 UND WANGEROOGER LOTSEN

Von Burchard Scheper

Die Herzogtümer Bremen und Verden befanden sich seit 1645 unter schwedischer Herrschaft.[1] Das wurde durch den Frieden von Osnabrück 1648 sanktioniert. Die Herzogtümer blieben zwar Glieder des Reichs, doch erhielten die schwedischen Könige und ihre Nachfolger von Kaiser und Reich das Territorium zwischen Weser und Elbe als ewiges und unteilbares Reichslehen. Der schwedische König mußte als deutscher Reichsfürst dem Kaiser den Huldigungseid leisten, doch blieben die Einflußmöglichkeiten des Kaisers gering, wenn diese auch, wie die Zukunft lehren sollte, nicht unterschätzt werden durften. Der schwedische König war ein Erbherrscher, der durch Eroberung in den Besitz des Territoriums gelangt war, ein Faktum, das durch vertragliche Regelungen bestätigt, legitimiert und garantiert wurde. Die Herzogtümer galten fortan als Provinzen innerhalb des schwedischen Herrschaftsbereichs. Ihre Inkorporation in das schwedische Reich fand nicht statt. Daher besaßen die Stände in den Herzogtümern weder Sitz noch Stimme im schwedischen Reichstag. Eine relative Selbständigkeit der Herzogtümer war damit vorgegeben. Dieser Sonderstatus war von den Schweden gewollt und kam sogar ihren Absichten entgegen.

Die Herzogtümer sollten u.a. Schweden als Militär- und Finanzbasis dienen. Eine moderne Verwaltung wurde eingeführt. Diese führte die Herzogtümer aus den mittelalterlichen Verhältnissen heraus und wirkte noch lange nach.[2] Zweifelsohne war für die Schweden eine moderne Verwaltung unmittelbare Voraussetzung dazu, ihre Vorhaben realisieren zu können. Diese richteten sich nun keineswegs allein auf die Bereiche Finanzen und Militärwesen, sondern die Schweden hatten bereits seit längerem weitreichende handelspolitische und wirtschaftliche Ambitionen.[3] Es war offensichtlich, daß die Herzogtümer unter diesem Aspekt so etwas wie ein Körper ohne Kopf waren.

Bremen hatte 1646 durch ein kaiserliches Diplom die Reichsfreiheit erlangt.[4] Die Rechtmäßigkeit dieses Vorgangs wurde schwedischerseits bestritten. Mit vielen juristischen Argumenten stellte der berühmte, aus Norden gebürtige Helmstedter Gelehrte Hermann Conring (1606–1681) bereits 1652 in einer sehr umfangreichen Schrift die Legitimation der bremischen Reichsstandschaft in Frage.[5] Unmittelbarer Anlaß dazu war 1651 die bremische Weigerung gewesen, der Königin Christine zu huldigen. Bremen war damals eine wirtschaftliche und politische Potenz von beachtlichem Umfang.[6] Es besaß allerdings bei weitem nicht den Rang Hamburgs, das 1662 bereits 75 000 Einwohner zählte (1600 waren es lediglich 36 000 gewesen) und das nordeuropäische Finanz-, Wirtschafts- und Informationszentrum schlechthin war.[7] Hier wurden u.a. alle möglichen Geldgeschäfte abgewickelt. Die Selbständigkeit Hamburgs lag daher im wohlverstandenen schwedischen Interesse. Bremen hingegen befand sich in einer ganz anderen Situation. Der Besitz Bremens lag nicht nur im wirtschaftlichen und politischen Interesse Schwedens, sondern der erste schwedische Generalgouverneur der Herzogtümer, Graf Hans Christopher von Königsmarck, war auch persönlich motiviert, gegen Bremen vorzugehen. Ihm wurde nachgesagt, er habe verbreitet, Schweden müsse die Stadt haben, auch wenn es darüber die Herzogtümer verlieren sollte. Unter anderem versuchte er, die Handelswege Bremens abzuschneiden.[8]

Den juristischen Argumentationen und kriegerischen Absichten folgten 1654 die ersten militärischen Verwicklungen. Dieser erste Krieg Schwedens gegen Bremen wurde rasch eine europäische Angelegenheit. Nicht zuletzt dieser Umstand verhinderte die militärische Okkupation Bremens durch Schweden. Es gelang Schweden 1665/66 auch in einer zweiten großen Anstrengung nicht, Bremen in Besitz zu nehmen.

Die wenigen Zugeständnisse Bremens im Habenhauser Friedensvertrag vom 18. Mai 1667 fielen realpolitisch nur wenig ins Gewicht. Der mißlungene Versuch Schwedens, Bremens habhaft zu werden, war das Signal für die Umorientierung Schwedens. Der Gedanke gewann Raum, durch eine Stadtgründung den handelspolitischen, militärischen und finanzpolitischen Zielen Schwedens zu entsprechen. Schweden benötigte auf deutschen Boden ein Zentrum, um diesen Zielen gerecht zu werden und in die Offensive zu gehen. Die Herzogtümer waren auch als vorgeschobene Außenposten – Schweden befand sich damals in ständiger Auseinandersetzung mit Dänemark – zur Errichtung eines schwedischen Ostseereiches von Finnland bis Norddeutschland von Belang. 1669 riet der schwedische Merkantilist Johann Risingh in einer Schrift über den Kaufhandel zur Anlage von Handelsstädten auch im Bereich des Herzogtums Bremen.[9] Es lag auf der Hand, daß angesichts der damaligen kolonialen Ziele Schwedens und der Absicht, handelspolitisch in die Offensive zu gehen, die zu errichtende Stadt ein Seehandelsplatz sein mußte. Daher begannen schon bald nach dem Frieden von Habenhausen, spätestens jedoch 1669, konkrete Planungen zur Errichtung von Stadt und Festung Carlsburg auf dem Gebiet des heutigen Bremerhaven.[10]

Väter des Carlsburgprojektes waren der Reichsfeldmarschall Carl Gustav Wrangel (1613 bis 1676) und der Generalgouverneur der Herzogtümer, Feldmarschall Henrik Horn (1618 bis 1693). Planung und Bauleitung lagen bei Jean de Mell aus Dieppe.[11] Am 11. Juni 1672 erfolgte durch Henrik Horn der erste Spatenstich zur Gründung von Stadt und Festung, deren Aufbau allerdings nur zögernd voranging. Wir müssen es uns angesichts unserer Thematik versagen, an dieser Stelle näher auf die Anfänge der Carlsburg einzugehen. Kaum bekannt, jedoch außerordentlich bemerkenswert ist die Tatsache, daß offenbar auf Veranlassung des Reichsmarschalls Wrangel der bereits genannte Jean de Mell zwischen 1666 und 1669 Pläne entwarf, die darauf hinausliefen, Bremen buchstäblich das Wasser abzugraben und auszutrocknen.[12] Bei Achim sollte die Weser gestaut und deren Wasser durch einen Kanal zur Wümme geleitet werden. Über den Kanal und über die Wümme sollte dann an Bremen vorbei der Schiffsverkehr in die untere Weser geführt werden. Aus dem Plan wurde nichts; er teilte damit das Schicksal vieler Projekte aus der Schwedenzeit. Er machte jedoch die schwedische Absicht deutlich, die bremische Handelsstellung zu liquidieren. Die Bremer hingegen verfolgten die Gründung der Carlsburg nicht nur mit verständlichem Argwohn, sondern versuchten dieser zu begegnen.[13] Die Frontstellung Bremens gegen Schweden erlebte einen ihrer Höhepunkte in den Aktionen der bremischen Bürger gegen Statius Speckhan, früherer bremischer Bürgermeister und seit den 60er Jahren des 17. Jahrhunderts schwedischer Rat. Sein Haus in der Langenstraße zu Bremen wurde im November 1666 geplündert.[14] Die Stadt mußte sich bei Wrangel entschuldigen und sich zu einer Entschädigung von 800 Talern an Speckhan verstehen. Es ist jedoch in diesem Zusammenhang nicht ohne eine gewisse Pikanterie, daß das 1674 der Carlsburg von König Karl XI. verliehene, jedoch nie veröffentlichte Privileg von Statius Speckhan bearbeitet worden ist.[15]

Nicht nur die Gründung der Carlsburg, sondern auch Gründungen wie die von Glückstadt (1616) und der Christiansburg (1682) stießen auf erhebliche Vorbehalte innerhalb der seit dem hohen Mittelalter etablierten Städtelandschaft Norddeutschlands. Ebenso ablehnend wie

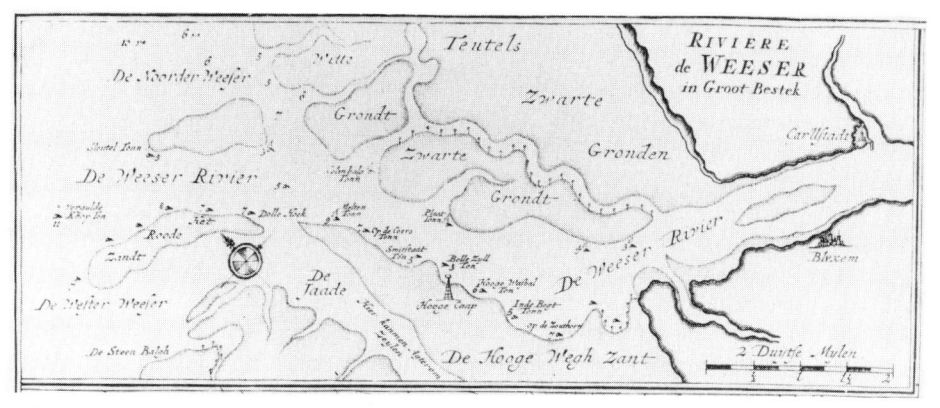

Abb. 1 *Mathurin Guitet: Wad- en Buyten-Kaart ... 1710. Detailkarte der Wesermündung.*

Bremen gegenüber der Carlsburg verhielt sich auch Hamburg gegenüber Glückstadt und Altona. Es wird von erheblichen Aufregungen berichtet, die es wegen der Gründung der Carlsburg und der Christiansburg gegeben habe.[16] Auch an Drohungen fehlte es offenbar nicht.

Diese Aufregungen und Drohungen gingen keineswegs nur von den nordwestdeutschen Städten aus. Auch die damaligen Territorialmächte des norddeutschen Raumes, vertreten durch den Bischof von Münster, den Kurfürsten von Brandenburg und die Herzöge von Braunschweig-Lüneburg sahen, jeweils differenziert nach ihrer Interessenlage, entweder kritisch oder gar feindselig auf den Seehandelsplatz Carlsburg, der, wie die Akten ausweisen, in den 70er und 80er Jahren des 17. Jahrhunderts ungewöhnlich großes öffentliches Interesse auf sich zog.[17] Das lag einerseits daran, daß an der Nordseeküste, nimmt man zu Glückstadt, Carlsburg und Christiansburg noch Friedrichstadt an der Treene hinzu, ein den alten Städten vorgelagertes jüngeres Städtesystem sich zu entwickeln begann, das einerseits aus wirtschaftspolitischen Gründen auf Ablehnung stieß, andererseits auch in machtpolitischer Hinsicht ein bedeutender Faktor werden konnte. Das mußte die Territorialstaaten tangieren und konnte von ihnen nicht hingenommen werden. Ganz unmißverständlich wird dieser Sachverhalt in einer landesherrlichen Instruktion vom 6. Oktober 1677 für die münsterischen Gesandten, die mit Braunschweig-Lüneburg zu verhandeln hatten, dargestellt. Es heißt dort: *Carlstatt were gefehrlich. Schweden konte meister zur see werden.*[18] Daher wurde gerade von den Territorialmächten und nicht von Dänemark nach der Kapitulation der Carlsburg die »Rasierung« dieses Ortes gefordert.

Die Carlstadt befand sich noch im Aufbau, ihre wirtschaftliche und handelspolitische Zukunft war noch ungewiß – nur wenige Interessenten hatten sich bisher hier niedergelassen –, als sie im Sommer 1675 in den Sog kriegerischer Verwicklungen geriet. Die Festung befand sich im September 1675 allerdings schon in durchaus verteidigungsfähigem Zustand. Öffentliche Gebäude gab es vornehmlich nur solche, die militärischen Zwecken dienten. Darunter befanden sich Kommandantenhaus, Schmiede, Pulverturm, Back- und Brauhaus, Weinkeller, ein Logement für zehn Offiziere, die Hauptwache, Wachthaus, eine lange Baracke für 1400 bis 1500 Soldaten etc.[19] Außerdem existierte noch eine Ziegelbrennerei, und es gab ein Provianthaus innerhalb der Befestigungsanlage der Carlsburg.[20] Artilleristisch war die Festung gut ausgerüstet und vorbereitet: Auf den Wällen standen 72 Stücke, drei große Kartaunen befanden sich in Reserve, ein Mörser zu 70 Pfund war jedenfalls bis zum Mai 1675 vorhanden. Unter Mells Kommando stand dessen Brigade, die sich aus insgesamt sechs Kompanien zusammensetzte, darunter zwei Kompanien Reiter. Ihre Stärke betrug zusammen ca. 600

Mann. Schweden hatte sich vornehmlich aus finanziellen Gründen – es war auf französische Subsidien angewiesen – auf die Seite Frankreichs geschlagen. Es hatte sich verpflichtet, gegen die Parteigänger der Niederländer militärisch vorzugehen. Frankreich wurde der Reichskrieg erklärt. Unter französischem Druck mußte Schweden von Pommern aus einen Entlastungsangriff gegen Brandenburg unternehmen, der am 18. Juni 1675 zur schwedischen Niederlage bei Fehrbellin führte.[21]

Dieser Angriff war der Anlaß – der schwedische König zählte ja zu den deutschen Fürsten –, Schweden zum Reichsfeind zu erklären. Die sogenannte »Reichsexekution« gegen die Herzogtümer übernahmen Truppen aus Celle-Wolfenbüttel, aus dem Bistum Münster, aus Dänemark und Brandenburg. Ein hervorragendes Ziel der Verbündeten neben der Einnahme Stades war die Eroberung der Carlsburg. Hier begannen unter dem Befehl des Obristen Mell im Sommer 1675 umfangreiche Verteidigungsvorbereitungen. Dazu zählten auch Proviantkäufe.[22] Käse wurde aus der Grafschaft Oldenburg angekauft. Auch mit Tabak und Pfeifen versorgte man sich. In Hadeln wurden im September 1675 über 150 Stück Schlachtvieh und 300 Last Korn erworben. Aus dem Lande Wursten wurde Getreide geliefert.[23] Munition aus Stade traf in der Festung ein.

Die alliierten Truppen, die einander häufig mit Mißtrauen begegneten, rückten von verschiedenen Seiten im September 1675 gegen die Carlsburg vor. Die münsterischen Truppen standen unter dem Befehl des Generalmajors Gustav Wilhelm von Wedel, die celleschen Einheiten wurden von Generalleutnant Jeremias Chauvet geführt. Generalleutnant Gustav Adolf von Baudissin war der Befehlshaber der Dänen. Ehe deren Truppen jedoch zum Einsatz gelangen konnten, kam es zur Invasion der Carlsburg von See her. Im Juli 1675 wurden holländisch-brandenburgische Kriegsschiffe in Rotterdam ausgerüstet. Diese Flotte stand unter dem Kommando des brandenburgischen Obersten Simon de Bolsey.[24] Am 16. September erschienen diese brandenburgischen, von Holland gemieteten Schiffe vor der Carlsburg. Es handelte sich um sieben Kriegsschiffe und fünf kleine Schiffe.[25] Diese benutzten zunächst das rechte Fahrwasser und hielten sich somit an der oldenburgischen Seite. Zwei Tage darauf, am 18. September, wechselte die Flotte zum linken Fahrwasser der Weser auf die schwedische Seite und warf Anker. Nun wurde das brandenburgische, in Rotterdam angeworbene Regiment in Schuten und Schaluppen an Land gesetzt. Die Truppen, etwa 600–900 Mann stark, versammelten sich auf dem Hof des Oberkämmerers Rosenacker, etwa vier Kilometer nördlich der Carlsburg.[26] Die Landung erfolgte bei ungünstigen Wetterverhältnissen. Am 19. September bei Tagesanbruch lichtete die Flotte, nachdem die Landungstruppen ihre Position eingenommen hatten, erneut die Anker und legte sich um die Carlsburg. Alsbald begann eine heftige Kanonade. Die Kriegsflotte schoß auf die Wälle und die Batterien der Carlsburg. Man wollte die Artillerie in der Festung außer Gefecht setzen und Breschen in die Verteidigungsanlagen schießen, damit der Infanterieangriff erfolgen konnte. Es sollen nach relativ übereinstimmenden Berichten etwa 3000–3500 Schüsse auf die Festung abgegeben worden sein.[27] Die Rauchentwicklung, der Donner und der Blitz, die nach den Berichten mit der Beschießung einhergingen, machten einen großen Eindruck auf die Zeitgenossen, wie das entsprechende Echo in den Quellen belegt. Über die Wirkung der Beschießung ist aus den Quellen kein einheitliches Bild zu gewinnen. Man wird jedoch davon ausgehen dürfen, daß diese nicht erheblich gewesen sein wird. Dem Tagebuch des Erich Johann Meck ist zu entnehmen, daß *die Baraquendächer ziemlich durchlöchert, einige Pferde und kühe erschossen und einem franzosen das bein abgeschossen* wurde.[28] Ob dieser Bericht der Realität entspricht, wird nach dem heutigen Erkenntnisstand dahingestellt bleiben müssen; er entspricht jedoch in der Tendenz anderen uns bekannten Berichten.[29] Einer der wesentlichen Gründe für den zweifelsohne geringen Erfolg der Beschießung dürfte darin liegen, daß in der Carlsburg wegen der geringen Zahl dort vorhandener Gebäude ein großflächiger Brand nicht entstehen konnte. Die

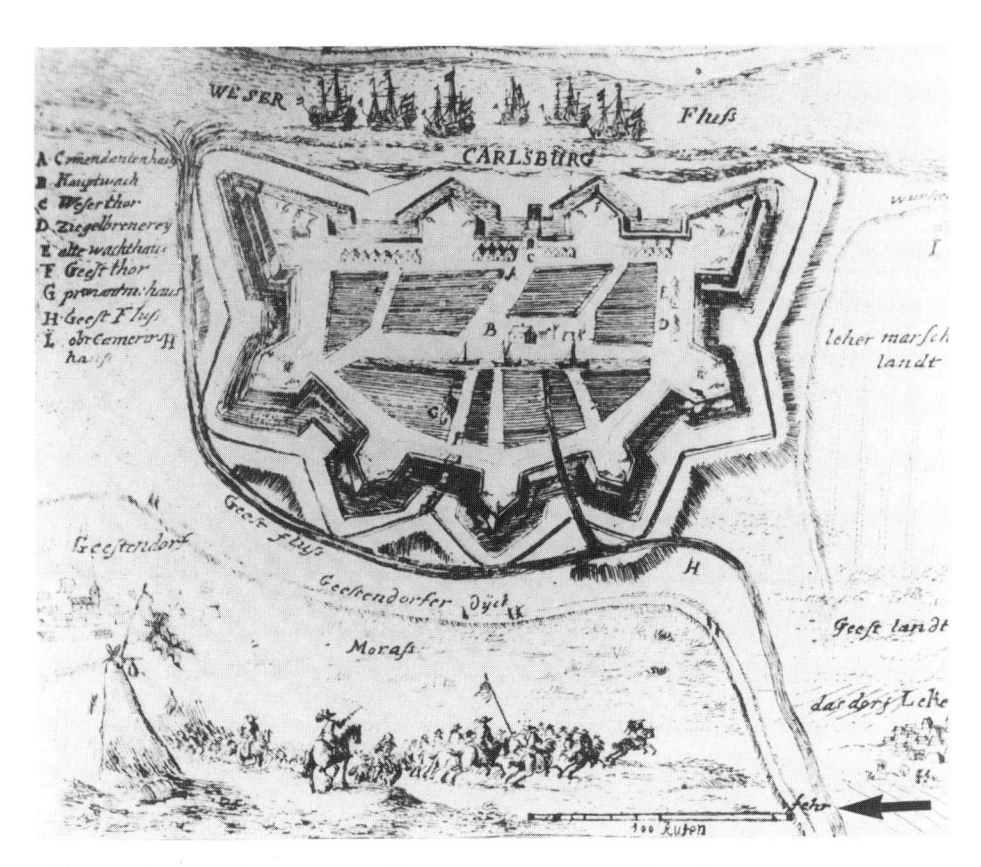

Abb. 2   *Belagerung der Festung Carlsburg 1675. Anonymer Kupferstich.*

Geschütze der Festung feuerten zurück. Das Hauptziel war die TROMMEL, das Schiff des Befehlshabers, nach den Quellen eine Fleute. Es handelte sich um ein großes Schiff, das *gleich ein Blockhaus* anzusehen war.[30]

Über die Wirkung des Geschützfeuers der Carlsburg wird man keine verbindlichen Aussagen wagen wollen. Es unterliegt jedoch keinem Zweifel, daß zumindest bis in den Anfang des 20. Jahrhunderts hinein Schiffsziele durch Küstenartillerie leichter zu bekämpfen waren als Landziele durch Schiffsgeschütze. Hölzerne Schiffe waren außerdem relativ leicht zu beschädigen oder gar in Brand zu schießen. Daher könnte der Bericht des bereits zitierten Meck, daß 60 Mann auf den Schiffen *blessiret undt erschossen* worden seien, durchaus der Wirklichkeit nahe kommen. Außer Zweifel steht jedenfalls, daß Schiffe beschädigt worden sind.[31] Während der Kanonade rückten die gelandeten »Marineinfanteristen« unter dem Kommando des ebenfalls an Land gegangenen Simon de Bolsey bis zum Leher Deich gegen die Carlsburg vor. Am 20. September forderte der brandenburgische Oberst durch einen Tambour schriftlich zur Kapitulation auf. Er bekam jedoch aus der Festung keine andere Antwort als »Pulver und Blei«. Der brandenburgische Oberst zögerte zunächst mit dem Angriff. Er warf Brustwehren auf und verharrte hinter der Deichlinie. Augenscheinlich zogen sich bald die Invasoren, nachdem sie wenig oder nichts ausgerichtet hatten, auf ihre alte Position wieder zurück. Die Carlsburger wagten jedenfalls einen Ausfall. Vermutlich trug dazu bei, daß Überläufer berichtet hatten, die Invasionstruppen bestünden aus kampfunwilligen Franzosen.

An dem Ausfall waren etwa 200–300 Festungssoldaten beteiligt. Er endete mit einer schweren Niederlage, die einem Fiasko gleichkam. Der Angriff stand unter dem Kommando der Kapitäne Dahlmann und Fröhlich. Der verwundete Dahlmann erlag seinen Verletzungen. Die Zahl der Carlsburger Toten soll nach Meck 20, die Zahl der Verwundeten 30 betragen haben.[32] Drei Geschütze gingen verloren. Die Brandenburger machten überdies 15 Gefangene.[33] Es gibt eine Überlieferung, die berichtet, daß auf der brandenburgischen Seite ein Kapitän, ein Fähnrich und 30 Gemeine geblieben seien.[34] Zweifelsohne waren die brandenburgischen Verluste geringer als die der Carlstädter. Die verschanzten Invasionstruppen befanden sich in der strategisch besseren Position, weswegen ihr Befehlshaber auch keinen Angriff erwartete. Das Gefecht dauerte fast drei Stunden.

Doch das Blatt wendete sich rasch. Sehr zur Überraschung des Obristen Bolsey griffen am 22. September die Obristen Sidon und Axel Wachtmeister mit über 2000 von Stade herangeführten Reitern und Dragonern an. Der brandenburgische Oberst hatte zunächst die »Zeitung« vom Heranrücken der schwedischen Reiterei zum Entsatz der Carlsburg überhaupt nicht glauben wollen.[35] Die schwedischen Reiter waren am 21. September abends in Debstedt angelangt. Sie verharrten dort, um sich auf den Angriff vorzubereiten. Einer Überlieferung zufolge wurde ihre Ankunft jedoch von einem Debstedter Bauern verraten.[36] Jedenfalls erhielt Bolsey Gelegenheit, vor dem Angriff mit der Wiedereinschiffung zu beginnen. Er *quittierte* sofort sein Lager. Die Einschiffung wurde durch einen heftigen Sturm außerordentlich behindert. Die schwedische Kavallerie begann in den frühen Morgenstunden des 22. September kurz nach Sonnenaufgang mit dem Angriff. Die Brandenburger hatten zu diesem Zeitpunkt ihr Lager bereits verlassen. Der Sturm verhinderte, daß die Schiffe der Brandenburger rasch das offene Fahrwasser gewinnen konnten. Diesen Umstand wußten die Schweden zu nutzen. Sie trieben die Brandenburger in das Wasser. Vermutlich ist es zu Gefechten auf den Schiffen selbst gekommen. Es muß dahingestellt bleiben, ob bei diesem Gefecht – wie berichtet wird – 200 unter brandenburgischem Kommando stehende Soldaten getötet und 400 gefangen worden sind. In jedem Fall war die Zahl der Toten hoch. Es kann auch davon ausgegangen werden, daß zumindest 300 Gefangene gemacht worden sind. Unter den Gefangenen befanden sich ein Oberstleutnant, drei Kapitäne und auch der Sohn des Obersten de Bolsey. Der Oberst selbst konnte sich retten. Es soll auch zu Kapitulationen auf den Schiffen gekommen sein.[37]

Die Schweden griffen nun auch erfolgreich die Dänen im Lande Wursten an und machten u.a. eine bemerkenswerte Zahl an weiteren Gefangenen, worauf an dieser Stelle jedoch nicht mehr eingegangen werden kann. Ähnliches gilt auch für die dänisch-niederländischen Seeaktivitäten in dieser Zeit.

Die Seeinvasion der Brandenburger war jedenfalls gescheitert. Das hatte u.a. zur Folge, daß Brandenburg bei den späteren Kapitulationen der Carlstadt und der Herzogtümer nicht mehr berücksichtigt wurde. Die brandenburgisch-niederländische Flotte zog sich nach diesen Ereignissen sofort von der Weser zurück und lief zunächst Glückstadt an der Elbe an.[38]

In den Quellen wird, wie dargestellt, von Flottenmanövern der brandenburgischen Schiffe vor und während der Beschießung der Carlsburg berichtet. Es stellt sich die Frage, wie es überhaupt möglich war, die nicht ganz einfachen Manöver durchzuführen. Bekannt ist, daß der Meeresstrom, der durch die Alte und Neue Weser hindurch in das Wurster Watt hineinströmt, durch die Jahrhunderte hindurch stark erodierend gewirkt hat und dadurch viele Veränderungen in der Flußlandschaft der Weser vonstatten gegangen sind.[39] Das wirkte sich selbstverständlich auch auf das Fahrwasser aus. Es ist indes trotz bemerkenswerter Arbeiten auf diesem Gebiet auch heute noch nicht möglich, über die Flußlandschaft der Außenweser vom 10. bis zum 17. Jahrhundert völlig gesicherte Aussagen zu machen, weil es, wie nicht anders zu erwarten, an den notwendigen kartographischen Aufnahmen fehlt.[40] Die damaligen Seeleute besaßen selbstverständlich Erfahrungswerte, die uns heute nur noch beschränkt zugänglich sind. Um in die Weser einzufahren, waren Kenntnisse der vielen Untiefen nötig, die häufig genug den Schiffen zum Verhängnis wurden. Das Fahrwasser war durch etliche Windungen gekennzeichnet. Man suchte daher die Fahrrinne durch Tonnen zu markieren. Schon 1066 soll bei Mellum in der Außenweser eine Fahrwassertonne ausgelegt worden sein.[41] Auf der Außenweser gab es 1541 bereits 14 Tonnen und neun Baken. Eine Weserkarte aus dem Jahr 1635 kennt elf Fahrwassertonnen. Auf Merians Weserkarte von 1635 sind 51 Tonnen und 44 Baken von Bremen bis zur See verzeichnet. Besondere Beachtung verdient die im April 1664 erstmals ausgelegte bremische Schlüsseltonne, mit der das Betonnungssystem vor der Wesermündung vorläufig abgeschlossen wurde.

Es war jedoch offenkundig, daß vor, während und nach den ersten Fahrwassermarkierungen auf der Weser ohne Lotsen nicht auszukommen war. Der Zeitpunkt des ersten Auftretens von Lotsen in der südlichen Nordsee liegt verständlicherweise im Dunkeln. Wir wissen jedoch, daß zur Zeit der Wikinger das Lotsenwesen längst eine feste Größe sowohl in der damaligen Küsten- als auch Fernfahrt war.[42] Nachrichten über das Lotsenwesen vor der deutschen Küste gibt es zuerst von den Helgoländer Lotsen seit dem 15. Jahrhundert. – Mit diesen wenigen Hinweisen mag es hier sein Bewenden haben, zumal seit kurzem eine umfängliche Geschichte der Lotsenbrüderschaften an der Außenweser und an der Jade vorliegt.[43]

Tatsächlich mußte, wie eine im Staatsarchiv Oldenburg verwahrte Akte ausweist, die brandenburgisch-holländische Flotte bei ihren Aktionen und Manövern gegen die Carlsburg auf Lotsen zurückgreifen.[44] Klagen um vorenthaltene Geldforderungen verdanken wir die schriftliche Fixierung dieser Nachricht. In diesem Fall war den Wangerooger Lotsen, um diese handelt es sich, ihr Lohn für geleistete Dienste nur teilweise ausgezahlt worden.

Die brandenburgisch-holländische Kriegsflotte war von holländischen »Piloten« bis zur Insel Wangerooge gelotst worden. Nach dem Bericht von Johann Eyleß aus Wangerooge geschah dieses ohne große Mühe und Arbeit.

Um die Wangerooger Lotsen zu gewinnen, war ihnen vorenthalten worden, daß sie sieben holländische Kriegsschiffe einlotsen mußten. Vielmehr war anläßlich des abgeschlossenen Kontraktes die Rede davon gewesen, daß es sich bei den Schiffen um Kauffahrteischiffe mit Waren handle. Diese wären lediglich einzulotsen. Die *4 arme piloten, wie sie auff die schiffe gekommen*, erlebten dann folgendes: Sie wurden von Oberst Bolsey und seinen Offizieren *angehalten*, bei ihnen zu bleiben. Fortan mußten die Lotsen fast täglich vor der Carlsburg die sieben Kriegsschiffe die Weser *auff und nieder* dirigieren. Die Lotsen hätten auch, so berichtet Eyleß, die Kriegsschiffe nach Glückstadt und sodann zweimal wieder in die offene See bringen müssen. Johann Eyleß, vielleicht so etwas wie ein Lotsenältester, jedenfalls in offiziellen Funktionen tätig, versäumt nicht, zu bemerken, daß die Lotsen *die große tiefgehende Schiffe, in solchen Kleinen reviren in leib und lebensgefahr unter den Stückkugeln* (Beschießung durch die Geschütze der Carlsburg) *ohntadelhafft wolbedienet haben*.

Man blieb den Lotsen ihren Lohn größtenteils schuldig. Deren Forderung für ihre Lotsendienste auf der Weser belief sich auf 134 Reichstaler. Darunter befand sich eine Tonne Bier zu vier Reichstalern. Da die Dienste der Lotsen über ihre bisherigen Dienstleistungen in der Weser hinaus von den Kriegsschiffen in Anspruch genommen wurden und die Lotsen die Schiffe ein zweites Mal in See bringen mußten, belief sich die Gesamtforderung der Lotsen auf 387 Reichstaler. Es ist aus den bisher bekannten Akten nicht ersichtlich, ob diese Summe je völlig entrichtet worden ist. Gezahlt wurde bis 1676 auf jeden Fall nur eine geringe Teilsumme. Johann Eyleß beklagt sich in einem Brief vom 28. August 1676 bei den seinerzeit in Bremen tagenden holländischen und brandenburgischen Gesandten, die augenscheinlich auch mit dieser Sache befaßt waren, sehr über diesen Umstand und bemerkt, daß wegen der fehlenden Zahlungen die Familien der Lotsen, die von ihm als arme und notleidende Leute apostrophiert werden, von ihm unterhalten werden müßten.

Eyleß weist ferner darauf hin, daß die »Piloten« nicht nur viel Mühe und Arbeit auf sich genommen hätten, nach seiner Ansicht bestünde auch die Gefahr, daß die Lotsen aufgrund ihrer negativen Erfahrungen sich künftigen Ansinnen, Lotsendienste zu übernehmen, verweigern könnten. Aus den Akten wird deutlich, daß nicht die brandenburgischen Offiziere zahlungsunwillig waren, sondern die schlechte Zahlungsmoral bei der brandenburgischen Regierung zu suchen war. Von Interesse ist schließlich noch, daß die Wangerooger Lotsen, wie die Akten eindeutig ausweisen, damals als ausgesprochene Kenner der Reviere auf der Weser und Elbe galten und entsprechenden Ruf genossen.

Die Seeinvasion zur Besetzung der Carlsburg war fehlgeschlagen. Das freilich schob das Schicksal der Festung nur hinaus. Die Landblockade der vereinigten Alliierten tat bald ihre Wirkung: Wasser und Proviant wurden knapp; Krankheiten dezimierten die Besatzung, so daß die Iststärke der Besatzung nur noch 290 Mann betrug. Munition war freilich noch genügend vorhanden. Daher wurden nach Einberufung eines Offiziersrates durch Mell am 7. Januar 1676 mit den Belagerern ein nicht unumstrittener Akkord geschlossen, der die Übergabe der Festung zum 22. Januar 1676 vorsah, was dann auch geschah.[45]

Mit dieser Kapitulation, die nicht mehr Gegenstand unserer Erörterungen sein kann, war die Geschichte der Carlsburg noch keineswegs beendet.[46] Der Gedanke eines Seehandelsplatzes blieb in verschiedenen Variationen erhalten. Abschließend sei noch bemerkt, daß der Große Kurfürst den Fortgang der politischen und militärischen Ereignisse um die Carlsburg und die Herzogtümer mit Wachsamkeit und großem Mißtrauen verfolgte. Als die schwedischen Truppen aus Carlstadt und Stade vereinbarungsgemäß über Lübeck-Travemünde verschifft werden sollten und die Absicht bestand, das mit lübeckischen Schiffen durchzuführen, wandte sich der Kurfürst mißbilligend und protestierend an den lübeckischen Rat.[47] Die Verwicklungen, die in dieser Angelegenheit entstanden, können hier nicht mehr erörtert werden, sondern verdienen eine eigene Darstellung.

Anmerkungen:
1 Dazu und dem folgenden Beate-Christine Fiedler: Die Verwaltung der Herzogtümer Bremen und Verden in der Schwedenzeit 1652–1712. (= Veröffentlichungen aus dem Stadtarchiv Stade, Bd. 7). Stade 1987, S. 35ff.
2 Richard Drögereit: An der Geestemündung zur Schwedenzeit. In: Niederdeutsches Heimatblatt, Nr. 160 (April 1963).
3 Burchard Scheper: Die Anfänge der Carlsburg bis 1674. In: Europäische Städte im Zeitalter des Barock. (= Städteforschung, Veröffentlichungen des Instituts für vergleichende Städtegeschichte in Münster, Reihe A, Bd. 28). Köln, Wien 1988, S. 370ff.
4 Herbert Schwarzwälder: Geschichte der Freien Hansestadt Bremen, Bd. 1. Bremen 1975, S. 344–347.
5 Dazu Burchard Scheper (wie Anm. 3), S. 367f. mit weiteren Literaturangaben.
6 Dazu Herbert Schwarzwälder (wie Anm. 4), S. 360ff. Man kann bei Bremen um die Mitte der 50er Jahre des 17. Jahrhunderts von einer Einwohnerzahl von knapp 20000 ausgehen.
7 Vgl. dazu Hans-Dieter Loose: Das Zeitalter der Bürgerunruhen und der großen europäischen Kriege. In: Hamburg – Geschichte der Stadt und ihrer Bewohner. Hrsgg. von Hans-Dieter Loose. Hamburg 1982, S. 265–270.
8 Vgl. dazu Herbert Schwarzwälder (wie Anm. 4), S. 360–371; Wilhelm von Bippen: Geschichte der Stadt Bremen, Bd. 3. Bremen 1904, S. 78ff.
9 Burchard Scheper (wie Anm. 3), S. 371; Henning Eichberg: Schwedenfestung und Idealstadt – Carlsburg an der Unterweser. In: Die historische Relativität der Sachen. Auf dem Weg zu einer kritischen Technikgeschichte. Münster 1984, S. 54.
10 Dazu Henning Eichberg: Militär und Technik. Schwedenfestungen des 17. Jahrhunderts in den Herzogtümern Bremen und Verden. (= Bochumer Historische Studien 7). Düsseldorf 1976, S. 74ff.; Burchard Scheper (wie Anm. 3), S. 371ff.

11 Zu Jean de Mell siehe Henning Eichberg: Festung, Zentralmacht und Sozialgeometrie: Kriegsingenieurwesen des 17. Jahrhunderts in den Herzogtümern Bremen und Verden. Köln 1989, S. 147–149, und Burchard Scheper: Er entwarf die Baupläne der Carlsburg. In: Niederdeutsches Heimatblatt, Nr. 507 (März 1992).
12 StA Stade Rep. 5a, Fach 420, Nr. 16; Henning Eichberg (wie Anm. 11), S. 147; Burchard Scheper (wie Anm. 11).
13 Vgl. dazu Wilhelm von Bippen (wie Anm. 8), S. 179 Anm. 3; auch Hermann Schröder: Geschichte der Stadt Lehe. Wesermünde 1927, S. 479.
14 Dazu Herbert Schwarzwälder (wie Anm. 4), S. 387–389; auch Burchard Scheper: Über Gründungsversuche der Carlsburg im Rahmen stadtgeschichtlicher Entwicklungen auf dem Gebiet der heutigen Stadt Bremerhaven. In: Civitatum Communitas. Studien zum europäischen Städtewesen. Festschrift Heinz Stoob zum 65. Geburtstag. (= Städteforschung, Veröffentlichungen des Instituts für vergleichende Städtegeschichte in Münster, Reihe A, Bd. 28). Köln, Wien 1984, S. 810.
15 Burchard Scheper (wie Anm. 14), S. 806–812.
16 Gustavi Raschii Equitis (Meditatio Politica) de Novis urbibus condendis. Bremae 1682, S. 59–61.
17 Vgl. dazu z.B. HptStA Hannover Cal. 16 Nr. 1371, Nr. 1386, Cal. Br. 16 B, Nr. 30; auch Celle Br. 13b, Nr. 22, Celle Br. 13, Nr. 69; ferner StA Wolfenbüttel 1 Alt 19, Nr. 682ff., 2 Alt 19493.
18 Wilhelm Kohl: Akten und Urkunden zur Außenpolitik Christoph Bernhards von Galen (1650–1678), Teil 3. (= Quellen und Forschungen zum Absolutismus in Westfalen, Bd. 1). Münster 1986, S. 480.
19 Vgl. hierzu und dem folgenden Henning Eichberg (wie Anm. 10), S. 80; auch Hermann Schröder (wie Anm. 13), S. 476f.
20 Dazu Lina Delfs: Zur Geschichte der Ziegeleien im Raum Bederkesa-Lehe. In: Jahrbuch der Männer vom Morgenstern 62, 1983, S. 106–109.
21 Jürgen Bohmbach: Die schwedische Herrschaft in Stade und den Herzogtümern Bremen und Verden. In: Die Schweden in Stade in Krieg und Frieden. (= Veröffentlichungen aus dem Stadtarchiv Stade, Bd. 12). Stade 1984, S. 108.
22 Henning Eichberg (wie Anm. 10), S. 81.
23 Erich von Lehe: Geschichte des Landes Wursten. Bremerhaven 1973, S. 337.
24 Vgl. hierzu Herbert Schwarzwälder: Die Carlsburg in Berichten von Zeitgenossen 1672 bis 1676. In: Jahrbuch der Männer vom Morgenstern 61, 1982, S. 165 und Anm. 103. – Schwarzwälder hat sich eingehend mit den Berichten der Zeitgenossen über die Carlsburg beschäftigt. Die Quellenstellen aus den Berichten der Zeitgenossen werden künftig nicht gesondert aufgeführt, sondern es wird grundsätzlich auf die zitierte Arbeit von Schwarzwälder verwiesen.
25 StA Stade Rep. 30 Tit. 31, Nr. 26. Über die Zahl der Schiffe gibt es in den Quellen einander widerstreitende Angaben. Man wird jedoch, abgesehen von den fünf kleinen Schiffen, von sieben Kriegsschiffen auszugehen haben, einer Zahl, die auch von Johan Eyleß aus Wangerooge bestätigt wird, der unmittelbarer Zeitzeuge war. Vgl. dazu Anm. 44.
26 Wahrscheinlich ist der Hof des Oberkämmerers Rosenacker mit dem späteren Brinkemahof identisch. Vgl. dazu Herbert Schwarzwälder (wie Anm. 24), S. 219 Anm. 97. – An dieser Stelle sei noch bemerkt, daß sämtliche Datierungen nach dem alten Stil erfolgen. Es müssen jeweils zehn Tage hinzugefügt werden, um die Daten des neuen Stils zu erhalten.
27 So z.B. auch die Leher Krönike im Stadtarchiv Bremerhaven.
28 Herbert Schwarzwälder (wie Anm. 24), S. 165.
29 Vgl. dazu die anderen bei Herbert Schwarzwälder (wie Anm. 24) aufgeführten Berichte.
30 StA Stade Rep. 30 Tit. 31, Nr. 26.
31 Herbert Schwarzwälder (wie Anm. 24), S. 182.
32 Ebd., S. 165.
33 HptStA Hannover Celle Br. 13b, Nr. 22.
34 StA Stade Rep. 30 Tit. 31, Nr. 26.
35 HptStA Hannover Celle Br. 13b, Nr. 22.
36 Herbert Schwarzwälder (wie Anm. 24), S. 209.
37 In den Quellen gibt es hinsichtlich der Kapitulation auf den Schiffen nicht immer übereinstimmende Angaben. Der Bericht über die Gefangennahme des Sohnes des Obristen Bolsey dürfte jedoch quellenmäßig gesichert sein. Vgl. dazu StA Stade Rep. 30 Tit. 31, Nr. 26.
38 StA Oldenburg Best. 20–44 Nr. 2, 3.
39 Dazu Hans Lüneburg: Neuere Erkenntnisse über die Natur der Wesermündungswatten. In: Jahrbuch der Männer vom Morgenstern 45, 1964, S. 87ff.

40 Vgl. Arend Lang: Das Wurster und Neuwerker Watt auf alten Karten. In: Jahrbuch der Männer vom Morgenstern 45, 1964, S. 94ff.
41 Vgl. hierzu und dem folgenden Günther Spelde: Geschichte der Lotsenbrüderschaften an der Außenweser und an der Jade. Bremen 1985, S. 20ff., und Uwe Schnall: Zeichen der Schiffahrt auf älteren Karten des Unterweserraumes. In: 5. Kartographiehistorisches Colloquium Oldenburg 1990. Hrsgg. von Wolfgang Scharfe und Hans Harms. Berlin 1991, S. 15–30.
42 Dazu Uwe Schnall: Navigation der Wikinger. Nautische Probleme der Wikingerzeit im Spiegel der schriftlichen Quellen. (= Schriften des Deutschen Schiffahrtsmuseums, Bd. 6). Oldenburg, Hamburg 1975, S. 44–48.
43 Günther Spelde (wie Anm. 41), S. 11ff.
44 StA Oldenburg Best. 20–44 Nr 2, 3.
45 StA Stade Rep. 5a 420, Nr. 11.
46 Hierzu Burchard Scheper (wie Anm. 14), S. 814ff.
47 HptStA Hannover Celle Br. 13, Nr. 51.

Anschrift des Verfassers:
Dr. Burchard Scheper
Richard-Cappelle-Weg 2
D-2850 Bremerhaven

PREUSSEN'S SEE-ATLAS
Der späte Beginn preußischer Seekartographie

VON GOTTFRIED LOECK

Auf ein speziell preußisches Seekartenwerk, das vornehmlich die eigenen Küsten zeigte, hatte man, verglichen mit den Aufnahmen der anderen Ostseeanrainer, ungewöhnlich lange warten müssen. Als erster kläglicher Versuch, auch in Preußen ein amtliches Seekartenwerk zu erstellen, wird in der Literatur[1] das von dem Generalfeldmarschall und bezeichnenderweise Oberbefehlshaber der Artillerie, Graf von Schmettau, 1749 in Berlin herausgegebene Seekartenwerk »Nouvel Atlas de Marine« angeführt, das jedoch für den Praktiker kaum Nutzen bot. Bestehend aus einer Weltkarte und zwölf Detailkarten, die vorwiegend arktische und ferne überseeische Gebiete enthielten, blieb für die eigenen Territorialgewässer kein Platz mehr. Da die ausschließlich großmaßstäbigen Karten zudem kaum nennenswerte Hinweise z.B. auf Untiefen, Fahrwasser, Seezeichen oder Landmarken enthielten, blieb ihr Wert als Navigationshilfe äußerst begrenzt.[2]

Im Gegensatz dazu waren die dänischen, schwedischen und russischen Seekarten der Ostsee vorrangig auf den praktischen Gebrauch für den Schiffsführer ausgerichtet. Selbst für das erst seit dem Ende des Nordischen Krieges endgültig bis zur Ostsee vorrückende Rußland ergab sich schon bald das Problem der Beschaffung zuverlässiger Seekarten für seine rasch wachsende Flotte. Insofern erscheint es nur konsequent, daß der Flottenkapitän ersten Ranges, Alexej Nagaev (1704–1781), bereits 1757 in St. Petersburg einen ersten russischen Seeatlas[3] veröffentlichte, der, wie Ulla Ehrensvärd nachgewiesen hat, in Teilen auf schwedische Vorlagen zurückgriff.

Etwa gleichzeitig gab es auch in Vorpommern einen ersten Ansatz einer planmäßigen staatlichen Neuaufnahme der schwierigen Küstengewässer. Die Umsetzung des 1756 gefaßten Beschlusses des schwedischen Reichsrates[4], alle schwedischen Küstenräume mit astronomischen und trigonometrischen Ortsbestimmungen nach rechtweisendem Kompaß neu zu vermessen, oblag Professor Andreas Mayer (* 8. Juni 1716, † 19. Dezember 1782). Das Ergebnis seiner bereits im Winter 1757/58 durchgeführten ersten Basismessungen auf dem Eis des Greifswalder Boddens war die erstmalig 1763 in Augsburg veröffentlichte Landkarte von Schwedisch-Pommern: POMERANIAE / ANTERIORIS / SVEDICAE / ac / PRINCIPATVS RVGIAE / TABVLA NOVA / Astronomicis Observationib[us] et Geometricis / Dimensionibus Superstructa / ILLVSTRIBVS AC SPEENDIDISSIMIS [sic!] / STATVS ORDINIBVS / in devotissimi atque gratissimi animi Tesseram / dicata / ab / ANDREA[S] MAYER / Prof[essor] Mathem[aticae] et Phys[icae] Exp[erimentalis] Reg[iae] Scient[iarum] Academiar[um] / Holmiens[is] Berol[inensis] atque Instituti Bonon[iensis] Socio. / atque excusa à / Tobia Conrado Lotter, Geogr[apho] Aug[usta] V[indelicorum] / CIƆIƆCCLXIII.« Da aber selbst diese Karte als Navigationshilfe unbrauchbar war, mußte man weiter in Ermangelung eigener Druckerzeugnisse auch im 18. Jahrhundert auf die vorwiegend an praktischen Notwendigkeiten orientierten Seekarten dänischer und schwedischer Autoren zurückgreifen.[5]

Neben Andreas Mayer ist Vizeadmiral Johan Nordenankar (1722–1812) zu nennen, der vom schwedischen Reichsrat 1772 mit der Gesamtleitung der Neuaufnahme aller schwedischen Küstenräume betraut wurde. Das Forschungsergebnis faßte er 1797 in einem neuen Seeatlas[6] zusammen, bei dem Eric af Klint (1732–1812) entscheidend mitwirkte. Die Seekarten des uns hier besonders interessierenden Gebiets sind darin jedoch nur großmaßstäbig ausgeführt. Im Kartuschentext der u.a. auch Pommern enthaltenden Seekarte wird betont, daß sämtliche Kartenblätter aufgrund neuester astronomischer Beobachtungen sowie trigonometrischer und hydrographischer Vermessungen mit rechtweisendem Kompaß entwickelt worden seien. Als Nullmeridian wurde der von Ferro, 17°39′46″ westlich Greenwich, gewählt. Das Atlasblatt »PASS CHARTA öfver / BÄLTERNE, SUNDET / och S. W[ä]stra delen af / ÖSTERSJÖN...«, das im Süden die langgestreckte pommersche Küste zeigt, wurde schon 1789 von Fredrik Akrel (1748–1804) gestochen. Mehrere handgezeichnete Vorarbeiten zu dieser und anderen Karten des Atlaswerkes befinden sich ohne Signatur im Stockholmer Kriegsarchiv. Auch wenn die Küstenfiguration der Karte Verbesserungen gegenüber den Vorläufern aufweist und der bogenförmige Verlauf des Küstenabschnittes zwischen Köslin und Leba oder die Vermessung des Raumes Peenemünde, Arkona, Darsser Ort im Vergleich zu früher veröffentlichten Seekarten den neuesten Wissensstand wiedergeben, wiederholen sich darin trotz genauerer mathematischer Berechnungen längst überholt geglaubte Fehler: Die Flußmündungstrichter der Ostseezuflüsse sind immer noch in der Art Willem Jansz. Blaeus[7] überzeichnet, die hinterpommerschen Strandseen sind in Wirklichkeit von der offenen See weitgehend abgetrennt. *Cösslin* hat allenfalls über den Jamunder See einen schmalen Zufluß zur Ostsee, Swine und Dievenow wirken unverändert überbreit. *Veneta* (Vineta) ist erneut nordwestlich Ahlbeck aufgeführt. Die auffällige Abnahme der Wassertiefenlotungen mit zunehmender Entfernung von der Odermündung ostwärts bestätigt wieder einmal alte schwedische Prioritäten. Wenn Vorpommern oder Rügen bei Nordenankar mit keiner Detailkarte, wie bei Petter Gedda, Erwähnung finden, so könnte der Grund im nachlassenden Interesse der Schweden begründet sein. Dafür spricht auch, daß Pommern nur bis etwa 17° östlicher Länge (Stolp) wiedergegeben wird. Eine »Special Charta öfver Carlshamns Hamn och Redd...« füllt das Gebiet Hinterpommerns aus.

In der Aufzählung schwedischer Seekartographen und ihrer Beiträge für die pommersche Kartographiegeschichte darf der Seeoffizier und Kapitän Gustaf af Klint (1771–1840) nicht fehlen. Seine umfangreichen Aktivitäten, die 1820 in Stockholm zur Herausgabe eines zweibändigen See-Atlanten[8] mit vielen Neuaufnahmen führte, konnten am Beispiel Pommerns nunmehr auch die preußischen Vermessungsergebnisse Gillys und Sotzmanns berücksichtigen. Hinsichtlich seiner Seekarte »Pommerska bukten« jedoch, die in »Sweriges Sjö-Atlas« enthalten ist, hat Klint sehr wahrscheinlich ausschließlich eigene Seevermessungen verwertet. Durch die von ihm 1805 neu ermittelten astronomisch bestimmten Koordinaten erreichte er dank größerer Genauigkeit inhaltliche Verbesserungen. Im 1816 erstmals in der Marquardschen Buchdruckerei in Stockholm erschienenen Segelhandbuch »Beschreibung von den Küsten an der Ostsee und dem Finnischen Meerbusen, zum Schwedischen Seeatlas gehörend von Gustaf af Klint« werden zwei seiner Pommern betreffenden Seekarten »Die Preussische Küste von der Oder bis Rixhöft« und »Pommersche Bucht und Bornholm« erläutert. Nach Ablauf von Klints Privileg wurde der Atlas 1849 und das Segelhandbuch 1848 und 1855 von staatlicher Seite neu aufgelegt. Die Zuverlässigkeit seiner Information, ohne die jede Schiffahrt erheblichen Gefahren ausgesetzt war, ermöglichte den großen Erfolg.

In Dänemark gab Seefahrtsschuldirektor Christian Carl Lous (1724–1804) mit seiner »Nyt Pas-Kaart over Sundet og begger Belterne«[9] eine erheblich verbesserte Seekarte heraus, die weitgehend auf den präzisen geodätischen Vermessungen des dänischen Astronomen T. Bugge beruhte. Der Karte waren mit der »Kieler Förde« und der »Zufahrt nach Stettin« zwei Sonder- bzw. Insetkarten beigegeben, die auf die beiden für Dänemark bevorzugten Handelsplätze verwiesen. Ähnliche Aktivitäten entwickelte nahezu zeitgleich der Direktor des Königlich dänischen Seekartenarchivs, der spätere Vizeadmiral Poul de Løwenørn (1751–1826). Seine neuen Seekarten von Teilen der Ostseeküsten konnten jedoch nicht veröffentlicht werden, weil der bald beginnende russisch-schwedische Krieg und die napoleonischen Eroberungen aus Gründen der Sicherheit eine Veröffentlichung ausschlossen.

Die Friedensbestimmungen des Wiener Kongresses legten u.a. fest, daß Schwedisch-Vorpommern einschließlich der Insel Rügen 1815 zur preußischen Provinz Pommern kam. Damit besaß Preußen eine Küstenlinie, die sich von Nimmersatt nördlich von Memel bis Ahrenshoop an der Grenze zu Mecklenburg erstreckte. Für diese lange Küstenstrecke standen damals ausschließlich ausländische Karten zur Verfügung, wenn man die kunstsinnigen handgezeichneten Unikate einzelner Teilräume außer acht ließ.[10] Die Landmacht Preußen hatte bis dahin den Seeinteressen seiner Bewohner nur wenig Beachtung geschenkt. Beeindruckt von den Arbeiten Løwenørns, empfahl der damalige preußische Gesandte in Kopenhagen, Graf zu Dohna, im Oktober 1815 den dänischen Hydrographen zu beauftragen, *durch eine Beschreibung der preußischen und pommerschen Häfen und ihrer Tiefe, der Ansichten der Küsten, der Leuchtfeuer und Warnungszeichen die Fahrt längs der diesseitigen Ostsee-Küsten bekannter und weniger gefährlich zu machen.*[11] Gegen die Beteiligung ausländischer Kartographen wandte sich jedoch schon wenig später Staatskanzler Fürst von Hardenberg. Seine Einwände entsprachen weitgehend militärischen Sicherheitsbedenken. Die Vermessung bzw. topographische Aufnahme strategisch interessanter Küstenbereiche erfüllte vorrangig die Militärs mit großer Sorge. Daher wurde die Initiative des Grafen Dohna schnell verworfen.

Mit der Errichtung einer »Navigations-Unterrichts-Anstalt« durch König Friedrich Wilhelm III. am 20. Juni 1817 in der ungenutzten Danziger St. Jakobi Kirche versprach man sich nicht nur eine deutlich verbesserte Ausbildung der Seeleute, sondern man erhoffte sich endlich auch die Erarbeitung eigener Seekarten. Die nach den Freiheitskriegen völlig daniederliegende preußische Schiffahrt bedurfte dringend der flankierenden Impulse. Der ersten staatlichen Navigationsschule in Danzig wurde mit dem 1816 bei J.J. Meyer in Stralsund auf Stapel gelegten bewaffneten Schoner STRALSUND[12] ein seetüchtiges Küstenwachschiff zugewiesen, mit dem die Seefahrtsschüler alljährlich während der Sommermonate mehrwöchige Navigationsbelehrungsfahrten durchführten. Zum Schulungsprogramm gehörten dabei regelmäßig auch Seevermessungen. Unter Führung von Ludolph Herrmann Tobiesen[13] wurden vorrangig preußische Hafenplätze angelaufen. König Friedrich Wilhelm III. hatte extra für den armierten Schoner eine besondere Flagge gestiftet, die neben dem preußischen Adler ein Eisernes Kreuz zierte. Zusätzlich zur Flagge durfte die STRALSUND noch einen langen Wimpel führen, der von den üblichen Hafengebühren befreite. Über die wissenschaftlichen Ergebnisse der Übungsfahrten wurde penibel Buch geführt, die Beobachtungen wurden in zahlreichen kleinmaßstäbigen Handzeichnungen umgesetzt. Als erstes Ergebnis solcher Expeditionen ließ Tobiesen 1819 eine Karte des Putziger Wieks anfertigen, die jedoch weit weniger Informationen bot als die bereits 1792 von Kapitän Lorenz Pettersen gezeichnete Karte mit dem Titel »Dieser Kleine Hydrographische Plan ist nach der (sic!) Schiffs-Compas oder itzige Wariation 16 gr[ad] N[ord] W[estlich] auf das König[lich] Preuss[ische] Wacht und Recognosc[ierungs] Schiff abgepeilt«.[14] Pettersens Beiname »Stuhrmann zu Neufahr Wasser« wies ihn als profunden Kenner der abgebildeten Seeräume aus.

Da Tobiesens Karteninhalt vom Geheimen Oberbaurat Cochius erneut als kartographischer Rückschritt angesehen wurde[15], man aber andererseits eigene Seekarten dringend benötigte, war schnelles Handeln notwendig. Kriegsminister von Boyen (1771–1848) richtete eine »Oberleitung der nautischen Arbeiten bei der Navigationsschule zu Danzig« ein, deren Hauptaufgabe es war, die zukünftig zu erstellenden Kartenblätter dem wissenschaftlichen Fortschritt anzupassen. Man konzentrierte sich zunächst auf die ostpreußischen Küstenabschnitte, für die mit der zwischen 1802 und 1810 herausgegebenen Schroetter'schen Landesaufnahme von Ost- und Westpreußen erstmals eine qualifizierte Arbeitsgrundlage vorlag[16], die einheitlich auf der trigonometrischen Vermessung zwischen 1796 und 1802 durch den Lieutenant Johann Christoph von Textor und den topographischen Aufnahmen des als Baurat bei der westpreußischen Kriegs- und Domänenkammer wirkenden Friedrich Bernhard Engelhardts beruhte. Mit einer weiteren Küstenkarte versuchte Tobiesen verlorene Zeit aufzuholen, aber auch weitgehend verspielte Anerkennung zurückzugewinnen.

Doch Tobiesen blieb wieder der Erfolg versagt. Da die von ihm 1810 eingereichte Küstenkarte von Ostpreußen allenfalls einen *Extract aus der Schroetterschen Karte* zeigte, zudem der Geheime Oberbaurat Cochius die Arbeit als *höchst mittelmäßig* bezeichnete[17], war Tobiesens Abschied vorprogrammiert. Er hinterließ der Danziger Navigationsschule 1810 weitere elf Küstenkartenentwürfe, deren Inhalt und Verbleib heute unbekannt sind. Möglicherweise sind die Unikate bei Kriegsende von den Polen als Kriegsbeute in Verwahrung genommen worden.[18]

Mehr Erfolg und bessere Kartenentwürfe versprach sich das Ministerium für Handel, Gewerbe und Bauwesen, dem seit 1817 die Königliche Oberbaudeputation unterstellt war, von dem in Finnland geborenen, vormalig schwedischen Marineleutnant Diedrich Johann Longé[19]. Quasi als Grundstock einer zukünftigen preußischen Marine stellte er am 23. Oktober 1815 sechs Kanonenschaluppen (Nr. 10, 17, 45, 48, 51 und 116), deren Besatzungen weitgehend vom Darß stammten, aus schwedischem Besitz unter die preußische Flagge. Dank seiner soliden und umfassenden Ausbildung in der schwedischen Marine galt sein Wort. Bereits im Winter 1820 bereiste er große Teile der preußischen Ostseeküste mit dem Ziel, vorrangig die auf Klints Seekarten verzeichneten Orte, Landmarken, terrestrischen Angaben schlechthin zu überprüfen. Die ungünstige Jahreszeit zwang zu Einschränkungen; sie begrenzte seine Aktivitäten weitgehend auf die drei Inseln Rügen, den Ruden und die Greifswalder Oie. Später verhinderten Zeitmangel, vor allem aber die Kosten eine Fortsetzung systematischer kartographischer Erfassung für ein »erstes« amtliches preußisches Seekartenwerk.

In dieser Phase allgemeiner Verunsicherung, wachsender Kosten und Untätigkeit entwickelte der Berliner Kartograph Heinrich Berghaus 1832 seinen Plan, in *Preüßen ein Institut zu gründen, welches den deütschen Seefahrer mit denjenigen nautisch-hydrographischen Hülfsmitteln versorge, die ihm auf seinen Reisen von Land zu Land, von Erdtheil zu Erdtheil ein unentbehrlicher Wegweiser sind.*[20] Unmittelbar nach Abschluß seiner Schulzeit, aber ohne spezielle Ausbildung, trat der Vierzehnjährige 1811 in das Straßen- und Brückenkorps des französischen Innenministeriums ein. Hier erwarb er sich reichlich Anerkennung dank seiner guten Vermessungs- und Kartierungsergebnisse. Zur Belohnung ernannte man ihn bereits 1812 zum Ingenieurgeographen. Aber schon nach der Niederlage Napoleons in der Völkerschlacht bei Leipzig wechselte Berghaus zur preußischen Seite. 1821 verließ er endgültig das Militär, um sich bei der Bauakademie zu bewerben, der er bis 1854 angehörte. Während seiner ungemein produktiven Berliner Tätigkeit reifte in ihm u.a. auch der Plan, als »Königlich privilegiertes hydrographisches Bureau« Seekarten herauszubringen, deren Blätter *durch einen vom Preußischen Adler beschirmten Schiffsanker*[21] gekennzeichnet waren. Er wollte zunächst mit hydrographischen Karten der Ostsee beginnen, später aber sein Vorhaben um die wichtigen internationalen Seerouten erweitern. Dabei wollte er aus Kostengründen auf die modernsten ausländischen Kartvorlagen zurückgreifen sowie die Schiffsjournale, Schiffstagebücher der Handelsschiffe auswerten, um deren Einsichtnahme er vorsorglich bei den Schiffskommissionen in Stralsund und Swinemünde und der Handelsdeputation in Königsberg nachsuchte. Aber im Kompetenzgerangel der unterschiedlichen Zuständigkeiten blieb auch dieser beachtenswerte Ansatz stecken. Mit dem knappen, aber unzweideutigen Hinweis, daß freie Meere, ferne internationale Seerouten kein vorrangiger Forschungsgegenstand preußischer Kartographen seien, wurde Berghaus' Vorschlag abgelehnt, noch ehe er mit der eigentlichen Arbeit begonnen hatte. Statt dessen empfahl Handelsminister von Schuckmann, einen ausschließlich der preußischen Küste gewidmeten Seeatlas herauszugeben.

Durch die Bearbeitung topograpischer Karten war Berghaus' Name in der Fachwelt schnell bekannt geworden. Weniger die Tätigkeiten an der Bauakademie brachten seinem Namen Ehre, als vielmehr die auf der Basis autodidaktisch erworbenen Selbststudiums angeeigneten Kenntnisse eines Kartographen. Bis zu 36 Verleger übernahmen seine höchst unterschiedlichen Arbeiten. Zu ihnen gehörte auch der Berliner Verleger G. Reimer, mit dem er einen »Allgemeinen See-Atlas« veröffentlichte, der konzeptionell seinen alten Vorstellungen entsprach. Die zehn Blätter der ersten und zugleich letzten Lieferung gingen inhaltlich nicht über Klints Seekartenwerk von 1798–1821 hinaus, obwohl seither elf Jahre vergangen waren. Besonders hinsichtlich der weitgestreckten pommerschen Küste griff Berghaus nur auf schwedische Vorlagen zurück. Trotzdem zeigen seine Karten eine unverwechselbare Handschrift. So werden z.B. auf den beiden großmaßstäbigen Ostseeblättern im Maßstab 1 : 520000 bzw. 1 : 518000 die Steilküsten duch betonte Schraffierung hervorgehoben. Wassertiefen sind durchgehend in Faden[22] angegeben, Untiefen topographisch bezeichnet. Auffällige Besonderheiten des Meeresgrundes sind erwähnt, Baken, Bugen und Bojen gekennzeichnet. Die weitgehend sandige Uferzone ist punktiert eingetragen, Leuchtfeuer sind farbig hervorgehoben.

Aber auch das preußische Ministerium für Handel und Gewerbeaufsicht verharrte nicht in Untätigkeit. Mit dem Reformer des preußischen Gewerbewesens, Peter Christian Wilhelm Beuth (1781–1853)[23], konnte ein engagierter Befürworter für ein die preußischen Seeräume wiedergebendes Seekartenwerk gewonnen werden, ohne daß dieser selbst kartographisch tätig wurde. Die Nachfrage nach neuestem Kartenmaterial versprach eine neue Einnahmequelle zu werden. Zur Umsetzung seines Plans griff Beuth erneut auf die Danziger Navigationsschule zurück, deren neuer Leiter der aus dänischen Diensten berufene, bis 1815 als Lotseninspektor von Helsingør tätige Michael von Bille[24] war. Dieser bezweifelte allerdings vehement, daß die Navigationsbelehrungsfahrten der STRALSUND allein ausreichten, um die weitläufige preußische Küste nach den neuesten Methoden kartographisch zu erfassen. Seine Zweifel wurden von dem damaligen Chef des Preußischen Generalstabes, Wilhelm Krauseneck (1775–1850), dem preußischen General und Inspekteur des militärischen Erziehungs- und Bildungswesens, August Rühle von Lilienstern (1780–1847), und Alexander von Humboldt (1769–1859) nachhaltig unterstützt.

Doch bevor man endlich 1833 zwischen Weichselmünde und Pillau/Lochstädt mit den planmäßigen Arbeiten einer schrittweisen Küstenaufnahme begann, vergingen Monate konträrer Diskussionen. Die vom Preußischen Generalstab betriebene Triangulation Ostpreußens und ihre Weiterführung durch Pommern bis zur mecklenburgischen Grenze machte die Errichtung von Baken bzw. trigonometrischen Meßpunkten erforderlich, die gleichzeitig auch für die kartographische Aufnahme der Küstenzone genutzt werden konnten. Als Bearbeiter der einzelnen Küstenabschnitte setzte man Offiziere ein, die auf Anforderung des Generalstabes von den verschiedenen preußischen Truppenteilen dafür freigestellt wurden. Abgesehen von den Leutnants von Borcke und Freiherr von Falckenstein, die sechs bzw. neun Kartenblätter anfertigten, waren es in der Regel nur drei Küstenabschnitte, die von den Offizieren vermessen und in eine Karte übertragen werden mußten, bevor sie zurück in ihre Heimatgarnisonen konnten. Die Aufnahmeteams arbeiteten gleichzeitig an verschiedenen Küstenabschnitten. Diese Arbeitsweise beschleunigte das Verfahren erheblich. Nachdem die zuerst vermessene ostpreußische Küste bereits 1834 in zahlreichen Einzelaufnahmen vorlag, begann man noch im gleichen Jahr mit der Vermessung der sich westwärts Zoppot daran anschließenden langgestreckten hinterpommerschen Ausgleichsküste bis zur Dievenow. Der westlich der Odermündung folgende Küstenabschnitt von Zinnowitz bis Ahrenshoop, der weitaus arbeitsaufwendiger war, konnte erst 1836 abgeschlossen werden. Daß sich die

Vermessungsingenieure gern auf verläßliche kartographische Vorläufer stützten, versteht sich von selbst. So stellten beispielsweise die Küstensektionen der zwischen 1796 bis 1802 erstellten Schroetterschen Landesaufnahme vielfältige Hilfen für ostpreußische Küstenabschnitte bereit, während man für die langgestreckte hinterpommersche Küstenzone gerne auf die Vermessungsergebnisse der sechsteiligen Pommern-Karte[25] von D. Gilly zurückgriff. Speziell für Rügen nutzten die Hydrographen den Wissensstand der 1829 herausgegebenen großflächigen Rügenkarte von Hagenow.

Die sich nur sehr zögerlich entwickelnde Küstenvermessung barg unerwartet viele Schwierigkeiten. Neues verlangt nicht nur ein Umdenken, sondern zugleich auch die Abstimmung von land- mit seegestützten Bemühungen. Hinzu kam, daß die wenigen für die Vermessung abgestellten Dienstfahrzeuge für eine solche Arbeit viel zu klein waren, so daß von Stettiner und Danziger Reedern gegen teures Geld monatelang Segelschiffe gechartert werden mußten. Chef der nautischen Vermessungsexpedition während der fünf Sommer zwischen 1834 und 1838 war der Danziger Navigationslehrer Michael Friedrich Albrecht[26], dem man nach Billes Ausscheiden die Leitung der seeseitigen Kartierung übertragen hatte. Unterstützung erhielt er von den Brüdern Paul und Johann Friedrich Domke[26a], die beide als see-erfahrene Patentinhaber zum Kollegium der Danziger Navigationsschule gehörten. Auch der später ebenfalls an die Danziger Navigationsschule berufene Kapitän Will[27] ist zu nennen, dem wir zahlreiche aufrißartige Küstenansichten, sogenannte Vertonungen, verdanken.

Um möglichst exakte Meßergebnisse zu gewinnen, ankerten die Vermessungsschiffe in flachem Wasser in Küstennähe, so daß sich problemlos kleine Ruderboote aussetzen ließen, die entweder in einem vorher festgelegten Zickzack-Kurs die Uferzone vermaßen oder auf strahlenförmig zur Küste ausgerichteten Kursen zahlreiche Lotungen vornahmen. Die exakte Ankerposition des Mutterschiffes wurde durch mehrfache ortsbestimmende Winkelmessungen ermittelt. Aus der Zusammenschau der vielen so gewonnenen Daten ergab sich schnell ein verläßliches Zustandsporträt der hydrographischen Verhältnisse im Küstenvorfeld, was für jede Küstenschiffahrt von größter Bedeutung war. Auf freier See zu navigieren, bereitet seltener Schwierigkeiten, problematisch für jede Schiffahrt ist stets der flachere, den Strömungen und damit der Landverdriftung besonders ausgesetzte Grenzbereich der Küstenzone. Um die erhaltenen Tiefenangaben vor der ostpreußischen und pommerschen Küste bzw. die gängigen wichtigen Segelkurse von und zu den preußischen Hafenplätzen zusätzlich zu überprüfen, fuhr der Danziger Schoner GLÜCKAUF im Sommer 1838 lange gerade Lotungslinien ab, deren Lotungspunkte zusätzlich astronomisch bestimmt wurden.[28] Bei schlechtem Wetter wich man beliebig auf die landgeschützten Haffs und Boddengewässer aus. So verlegte beispielsweise Michael Friedrich Albrecht im Sommer 1838, als ungewöhnlich starke Stürme tagelang jede Arbeit auf der offenen See unmöglich machten, in den Windschutz des Großen Jamunder Boddens.

In den Wintermonaten 1838 begann man mit der zeitraubenden Auslotung des Großen Oderhaffs.[29] Dabei konnte die Vermessungsexpedition auf die aktive Unterstützung der in Stralsund und Stettin eingerichteten Navigationsschulen bauen, deren Absolventen und Lehrkörper durch zahlreiche eigene »Beobachtungen« das Projekt unterstützten. Auch für die Vermessung des Frischen Haffs 1839 nutzte man die zuvor durchgeführten Vermessungen durch den Navigationslehrer Becker[30] aus Pillau. Ähnlich hilfreich erwiesen sich für das Kurische Haff die großartigen hydrographischen Vorarbeiten des Navigationslehrers Kulm[31] aus Memel. Ohne die genannten Zuarbeiter hätte sich die Vermessung der beiden ostpreußischen Haffs vermutlich noch über das Jahr 1841 hinaus hingezogen. Schließlich wies das Preußische Handelsministerium 1843 die Königlichen Regierungen in Stralsund, Stettin, Köslin, Danzig und Königsberg an, über ergänzende, korrigierende bzw. abweichende Peilungen und Lotungen an ihren Küstenabschnitten zu berichten.

295

Abb. 1   Die 1841 in Atlasform erschienenen Küstenansichten, die weitgehend von Kapitän C.A. Will stammen dürften, werden durch einen Bericht über die seehydrographischen Vermessungen und die Darstellung der obigen Leuchttürme ergänzt. Mit Arkona auf Rügen beginnend, ist ihre Reihenfolge bis Memel nach geograpischen Gesichtspunkten vorgenommen worden. Jeweils rechts sind aus Gründen besserer Vergleichbarkeit Höhenangaben vermerkt. (Bremerhaven, DSM)

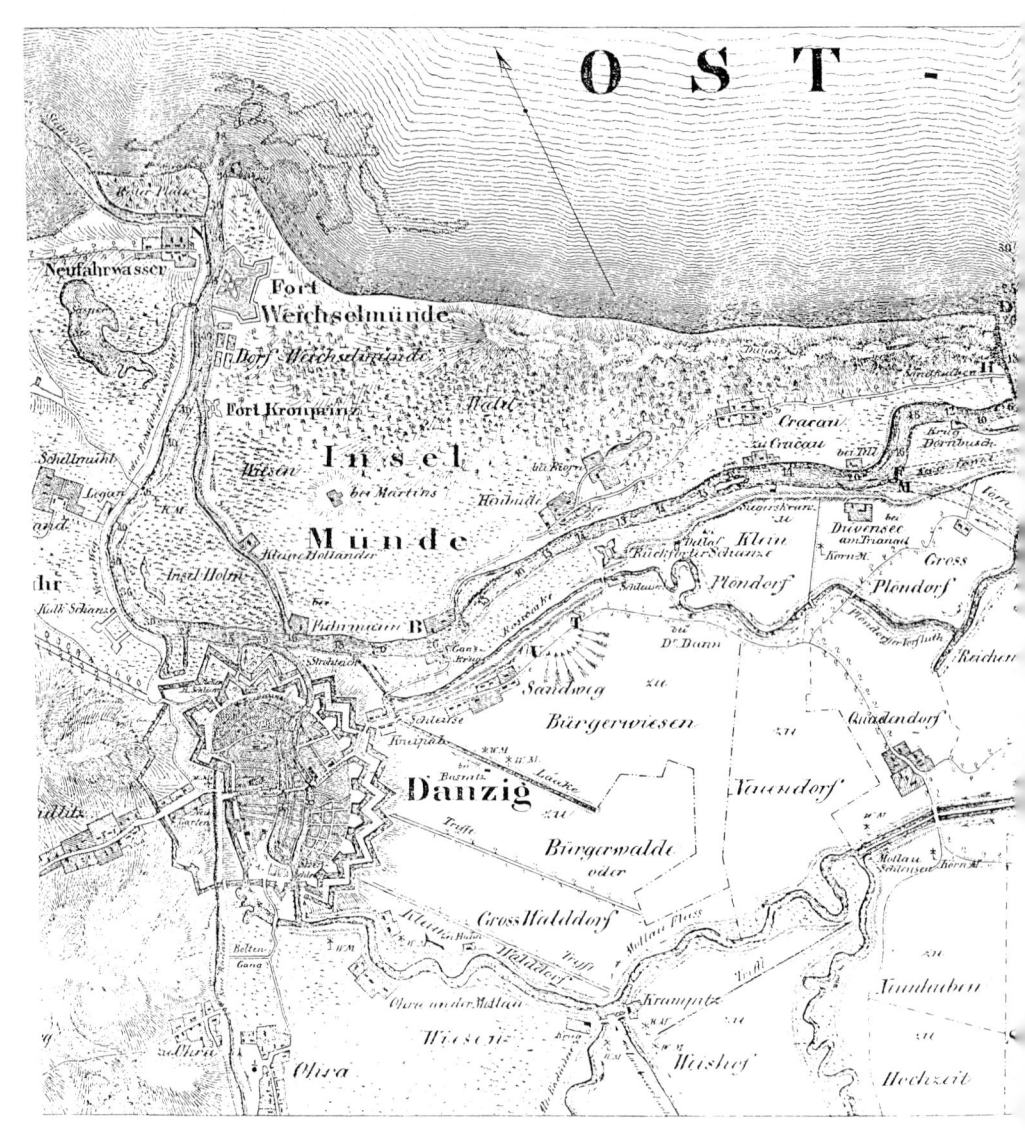

Abb. 2   Der Übersichtsplan des Königlichen Wasser-Bauinspektors Kossak zeigt den Dünendurchbruch der Weichsel westlich Neufähr sowie die natürliche Gestaltung der neuen Weichselmündung. Das Naturereignis machte die bereits fertige Küstenaufnahme dieses Abschnitts binnen Minuten zunichte. Aus: Atlas zur Zeitschrift für Bauwesen, Berlin 1892.

Als die Weichsel infolge wachsenden Eisdrucks in der Nacht vom 1. zum 2. Februar 1840 die niedrige Düne unweit Neufähr durchbrach und sich auf ca. 300 Meter Breite einen neuen Mündungstrichter in die Ostsee suchte, schien die Arbeit vieler Wochen vergeblich gewesen zu sein. Ein solches unvorhersehbares Naturereignis zwang zur Abänderung der eingeplanten Zeitvorgaben für die Herausgabe des Seekartenwerks. Aber schon am 20. Juli 1840 waren die ursprünglichen Kartenentwürfe überarbeitet und auf die veränderte Situation umgestellt worden. Damit lagen insgesamt 78 Peilungsblätter im Maßstab 1 : 25 000 vor[32], die in der

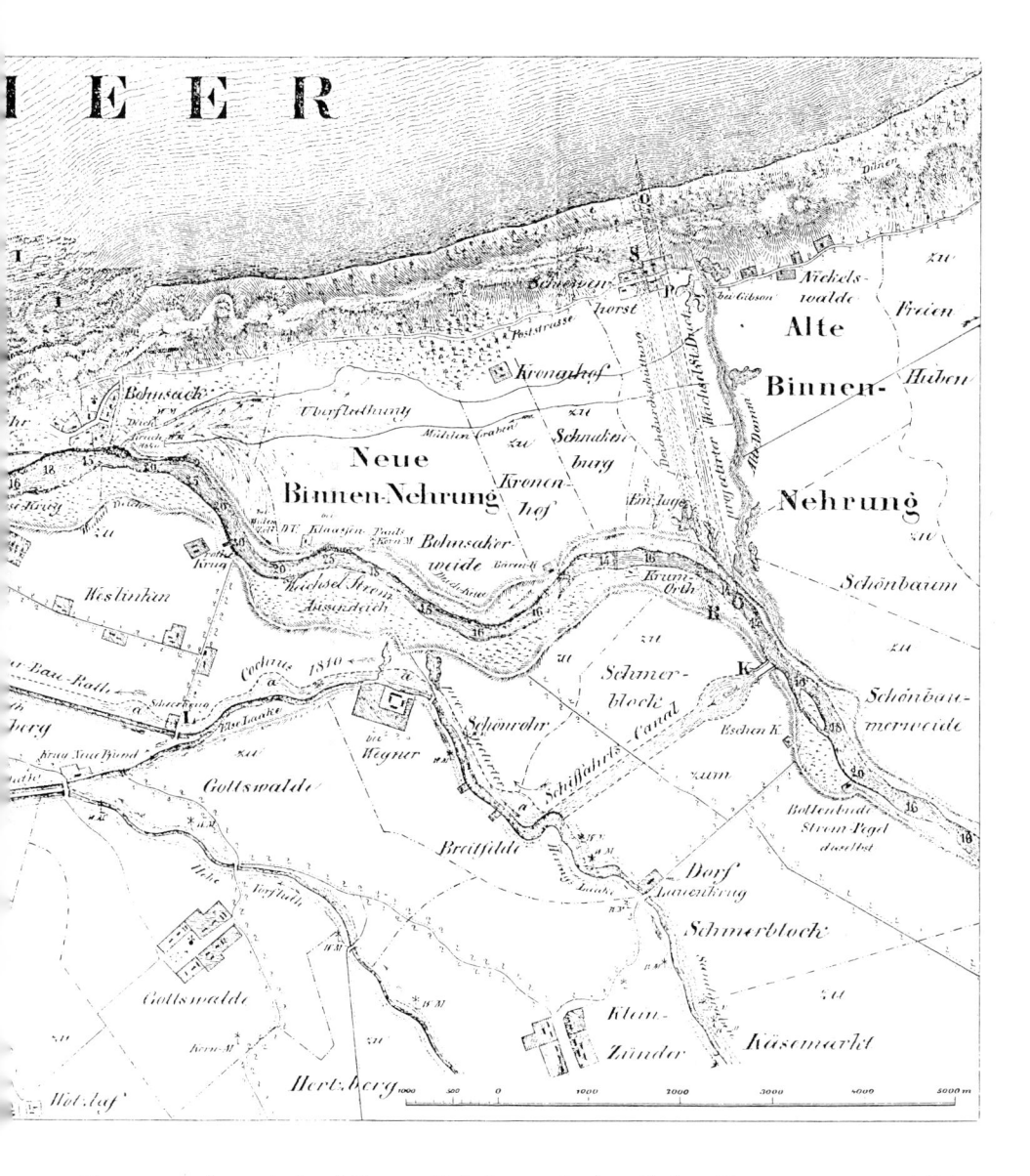

Zusammenschau mit den früheren dänischen und schwedischen Vermessungen speziell der pommerschen Küste eine umfassende Arbeitsgrundlage für die beabsichtigte Edition boten.

Auf sämtlichen Kartenentwürfen waren die Lotungsergebnisse in Faden vermerkt, gleiche Wassertiefen zu Isobathen verbunden. Demgegenüber waren die Tiefenangaben in Küstennähe und über Untiefen, die weniger als drei Faden Wassertiefe betrugen, in preußischen Fuß vermerkt.[33] Außerdem enthielten die Handzeichnungen mannigfaltige Hinweise auf die Beschaffenheit des Meeresgrundes. Mit Hilfe der Signaturen konnte man erkennen, wo feiner Sand, Kiesel, Steine, Fels, Schlick, Seegraswiesen u.a.m. sich befanden.

Der das Gesamtprojekt leitende Direktor der Danziger Navigationsschule, Michael von Bille, hatte die Kostenexplosion und den enormen Arbeitsaufwand für die Übertragung aller 76 handgezeichneten Blätter in die gleiche Anzahl von Seekarten richtig eingeschätzt. Deshalb

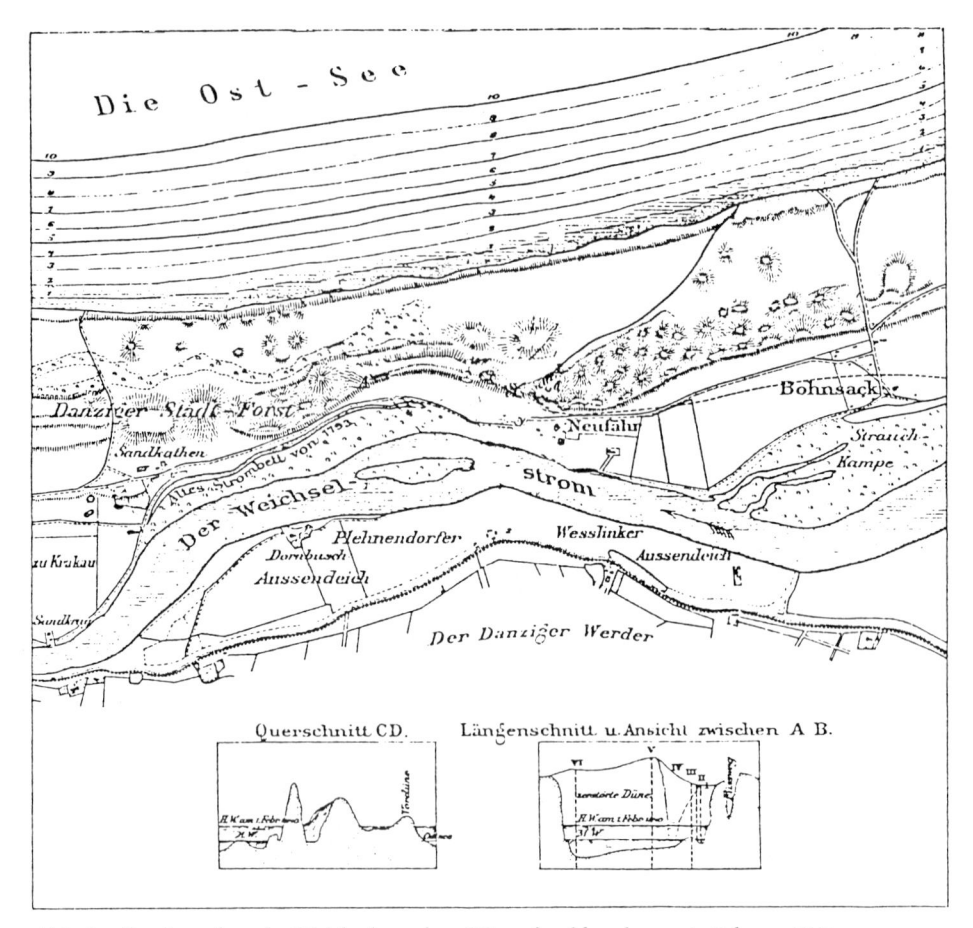

Abb. 3   *Das Strombett der Weichsel vor dem Dünendurchbruch vom 1. Februar 1840.*

empfahl er, zunächst sechs Küstenkarten im Maßstab 1 : 200 000 anzufertigen, die sich weitgehend an Klints Vorgaben orientierten. Wegen der beengten Arbeitsmöglichkeiten an Bord sollte der Rückgriff auf die weithin unhandlichen Maße vieler Seekarten jedoch vermieden werden. Bille versprach sich von der Idee, die neuen Karten des Preußischen Seeatlas zielgerichtet den Bordbedingungen anzupassen, neue Käuferschichten. Den Küstenkarten sollten zusätzlich Küstenaufrisse, Vertonungen, beigegeben werden, die sich als Navigationshilfe großer Beliebtheit erfreuten. Für die küstenferneren Seegebiete hielt er Übersegler im Maßstab 1 : 600 000 durchaus für ausreichend.

Gegen derartige Überlegungen wandte sich vor Beginn des Kartenstichs massiv der Praktiker Michael Friedrich Albrecht.[34] Als erfahrener Kapitän vermochte er richtig einzuschätzen, wo die Umsetzungsprobleme für den Seemann im Bordbetrieb lagen. Damit sich die Brauchbzw. Nutzbarkeit der Seekarten an Bord verbesserte, wollte er den Maßstab seiner Küstenkarten auf höchstens 1 : 100 000 begrenzt wissen, weil ein solcher Maßstab dem Schiffsführer noch ausreichend detaillierte Informationen lieferte, um unbekannte bzw. navigatorisch schwierige Gewässer relativ problemlos befahren zu können. Die auffällig stark befahrenen Seegebiete um Rügen, das Odermündungsgebiet und die Danziger Bucht wollte er vorrangig und besonders ausführlich bearbeiten lassen, die Zwischenräume und die der pommerschen

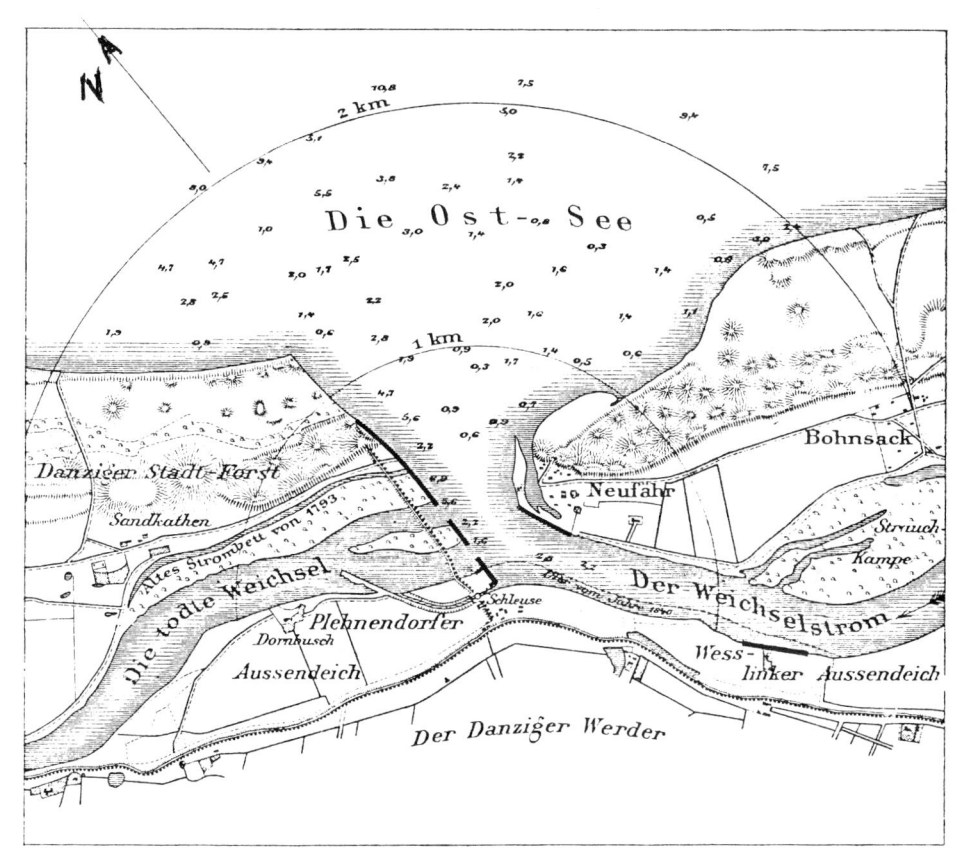

Abb. 4 *Das Ausmaß der Naturkatastrophe wird deutlich. Die von der Weichsel ins Meer verfrachteten Sand- bzw. Dünenmassen haben sich fächerartig vor die neue Mündung gelegt. Sie versperren größeren Schiffen jede Einfahrt. Im Umkreis von 2 km schwankt die Wassertiefe des Mündungstrichters zwischen 0,5 und 5,5 m. Beide Abbildungen aus: Atlas der Zeitschrift für Bauwesen, Berlin 1892, Blatt 19.*

und ostpreußischen Küste entfernteren Seegebiete jedoch zunächst mit Überseglern abdecken. Um den dänischen und schwedischen Seekartographen keine kostenfreie Hilfe bei der Überarbeitung ihrer zumindestens stellenweise überholten Übersegler zu verschaffen, die zudem eine nicht unbedeutende Konkurrenz zum Preußischen Seekartenwerk bedeutet hätten, glaubte Albrecht, mit zwei großmaßstäbigen Segelkarten im Maßstab 1 : 400 000 auszukommen, die er durch Reduktion mehrerer der 76 Peilungsblätter gewann.

Solche sich inhaltlich und konzeptionell widersprechenden Denkmodelle verzögerten das Projekt weiter. Die Entscheidung, für wessen Vorstellungen man sich entschließen sollte, fiel nicht leicht. Aber da auch Beuth mehr der von der Praxis bestimmten Konzeption Albrechts zuneigte, wurde im September/Oktober 1839[35] für die Herausgabe des Kartenwerks folgendes bestimmt: Der Seeatlas sollte zwei großmaßstäbige Segelkarten im Maßstab 1 : 400 000 und 20 Küstenkarten im Maßstab 1 : 100 000 enthalten. Die unterschiedlich großen Kartenblätter wurden in sieben Gebietssektionen unterteilt, deren Zählung im Westen begann und sich nach Osten fortsetzte. Manche Sektion wurde weiter in bis zu vier Einzelblätter unterteilt. Die von den Expeditionsmitgliedern Albrecht und Will gezeichneten Entwürfe wurden

PREUSSENS SEE-ATLAS.
Übersichts-Karte.
1840.

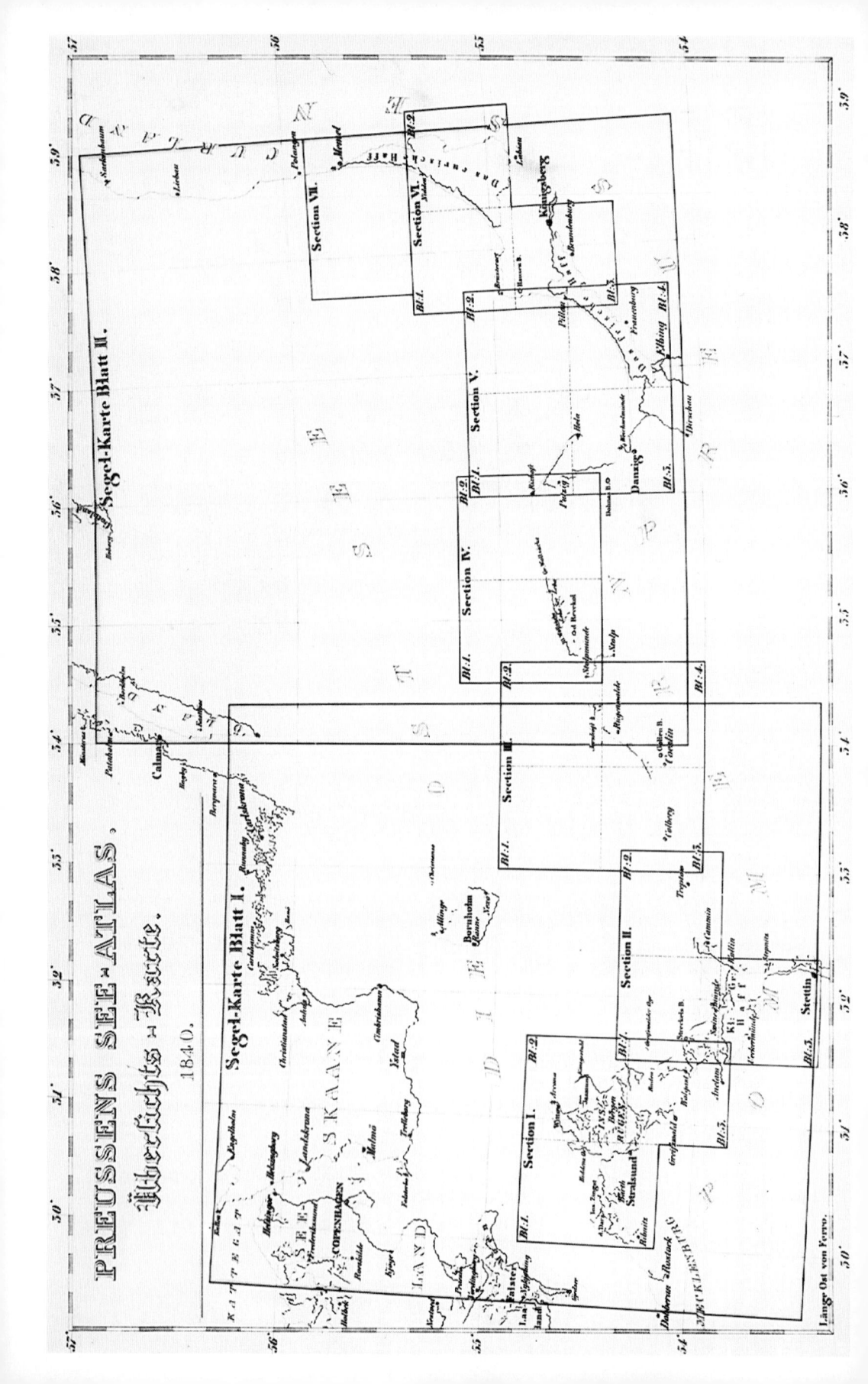

Segel-Karte Blatt I.
Segel-Karte Blatt II.

Section I.
Section II.
Section III.
Section IV.
Section V.
Section VI.
Section VII.

Länge Ost von Ferro.

anschließend von Heinrich Brose, Carl Ehricht, W. Jaeck und Carl Friedrich Wolff in Kupfer gestochen. Nebeneinandergelegt ergab die Zusammenschau die weitläufige preußische Ostseeküste. Aus nur zwei bis vier Seemeilen Entfernung zur Küste aufgenommen, dokumentierten die Angaben eine für die abgebildeten Seeräume selten zuvor erreichte Informationsdichte. Als Nullmeridiane wählte man die von Ferro und Berlin. Spätere Ausgaben berücksichtigen auch den Meridian von Greenwich. Dem Atlas war außerdem eine Netzkarte aller Segel- und Küstenkarten und ein Blatt mit allen Leuchttürmen zwischen Arkona und Memel beigegeben. Der Autor des letztgenannten Blattes war Biermann. Den Stahlstich besorgte J. Hasse.

Um die in den Jahren 1834 bis 1838 erzielten Vermessungsergebnisse möglichst schnell in druckfähige Vorlagen zu übertragen, schickte Albrecht am 3. September 1839 das zur Veröffentlichung bestimmte Material an die Plankammer des Handelsministeriums.[36] Die Schiffsjournale, Lotungsprotokolle und Erfahrungsberichte jedoch beließ er vorsorglich in der Danziger Navigationsschule. In Berlin fanden die Arbeitsergebnisse vielfältige Anerkennung. Lediglich die Militärs erhoben Sicherheitsbedenken gegen eine pauschale Übernahme bzw. Dokumentation sämtlicher Expeditionsergebnisse in die öffentlich vertriebenen Seekarten. Während die großmaßstäbigen Übersegler kaum nennenswerte Geheimnisse preisgeben konnten, waren es hauptsächlich die kleinmaßstäbigen Küstenaufnahmen, die den Militärs Sorgen bereiteten. Es entsprach den damaligen Spielregeln, bei einer derartig delikaten Entscheidung den König einzuschalten. Friedrich Wilhelm III. beriet sich mit seinen Ratgebern[37], ob derartig detaillierte kartographische Informationen möglicherweise leichtsinnig einen denkbaren Kriegsgegner Preußens begünstigten. Erst als der damalige preußische Finanzminister, Graf von Alvensleben, der übrigens im neu gedruckten Seekartenwerk eine *sprudelnde Einnahmequelle* erhoffte, seinen König daran erinnerte, daß die bereits 1829 *Seiner Königlichen Majestät ... allerunterthänigst zugeeignete Specialkarte der Insel Rügen* von Friedrich von Hagenow[38] einen doppelt so großen Maßstab (1 : 50000) wie die hier vorgelegten Küstenkarten habe, verflüchtigten sich schnell letzte Zweifel und Einwände. Mit Kabinettsorder vom 25. April 1840 wurde endlich die Druckgenehmigung erteilt. Damit kamen die mühevollen Vorbereitungen bis zur Drucklegung des Seekartenwerkes zu einem Abschluß.

Als Kupferstecher verpflichtete Beuth mit Brose, Jättnig und Wolff angesehene Kunsthandwerker, die zuvor für Heinrich Berghaus gearbeitet bzw. an dessen »Atlas von Asien« mitgewirkt hatten. Schon im September 1839 begannen Jättnig und Wolff mit dem Stich der Übersegler, während die umstrittenen Küstenkarten aus den obigen Gründen nicht vor Mai 1840 begonnen werden konnten. Als Jättnig überraschend die Mitarbeit aufkündigte, übernahmen Brose und mit Abstrichen Wolff die von Jättnig übernommenen Sektionen. Den Druck der Kupferplatten besorgte A. Prêtre in Berlin. Ihm gelang es, offensichtlich mit Zustimmung höchster Stellen, einen kreisrunden Prägestempel im Kartenbild unterzubringen, der neben dem preußischen Adler auch die Druckeradresse enthielt. Abgesehen von einer nur in zehn Exemplaren herausgebrachten Prachtausgabe, die nicht im Handel erschien, war die erste Auflage der Kupfer- bzw. Steindrucke auf jeweils 400 Blätter begrenzt.

Trotz intensiver Bemühungen Beuths und des Engagements der am Kartenwerk beteiligten Künstler konnte das vorgesehene Ausgabedatum nicht eingehalten werden. Mit welcher Sorg-

Abb. 5 *Darstellung der in den zwei Überseglern und den sieben Sectionen enthaltenen Seegebiete bzw. Küstenstreifen. Die weitere Unterteilung der Sectionen in bis zu vier Blätter ist durch gestrichelte Linien angedeutet. Die in der Kartusche oben links ausgewiesene Jahreszahl 1840 besagt lediglich, daß die Konzeption für das Kartenwerk abgeschlossen war. Die Fertigstellung der Seekarten hat sich jedoch aus den beschriebenen Gründen um weitere fünf Jahre verzögert. (FISM-Archiv Brennecke, Harmsdorf)*

Abb. 6   Der großmaßstäbige Übersegler, in der Kartenübersicht als »Segel-Karte Blatt I«
bezeichnet, zeigt die Küste von Elmenhorst westlich Warnemünde bis zum Leuchtturm Jershöft
östlich Rügenwalde. Deutlich wird, wie aufwendig die Seeräume um Rügen oder die Ansteuerung
von Swinemünde bzw. nach Stettin vermessen wurden, während die hafenfeindliche hinterpom-

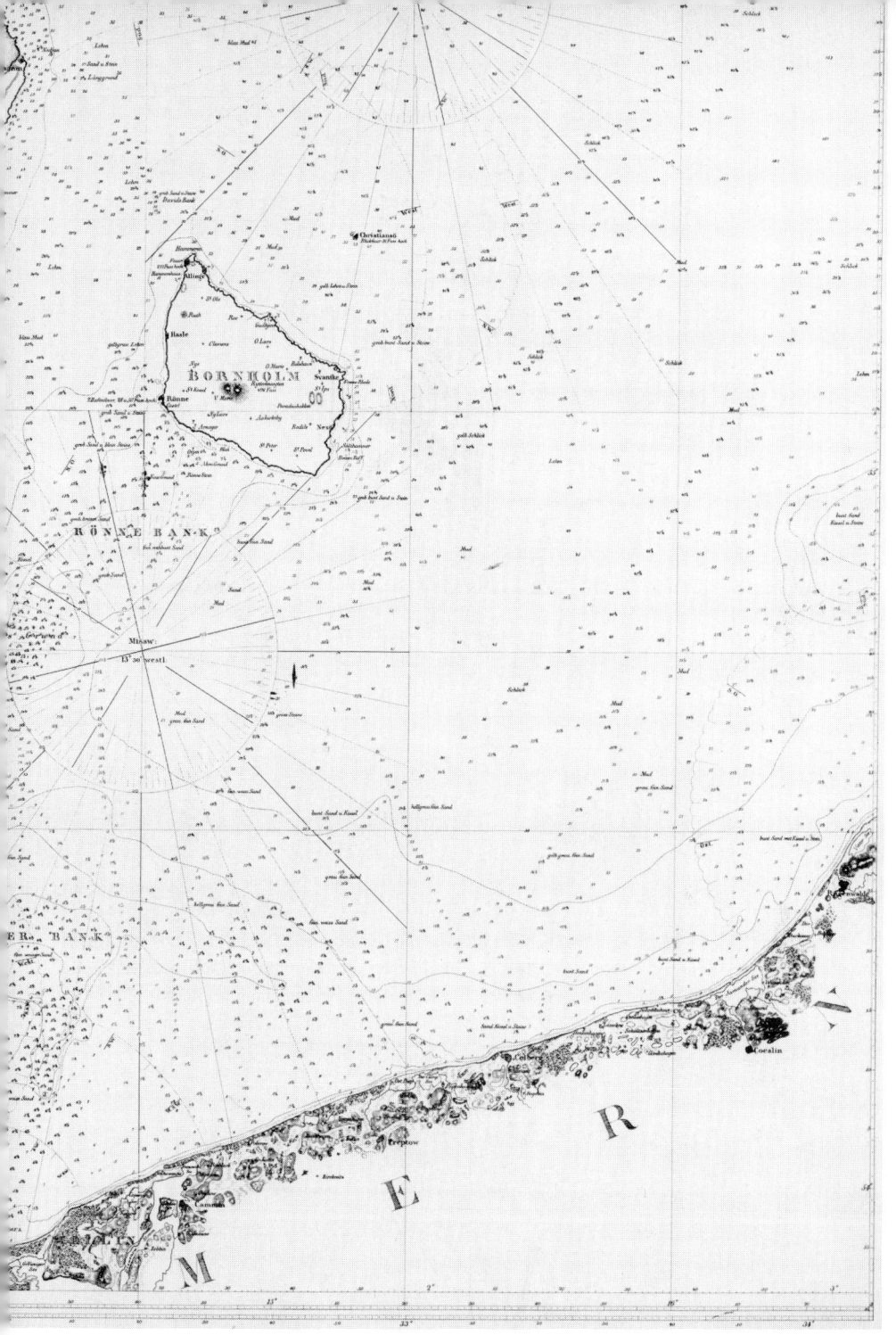

mersche Ausgleichsküste nur punktuell Angaben aufweist. Für die dänischen bzw. schwedischen
Seeräume ist auf fremde Untersuchungen zurückgegriffen worden. Entsprechende Informationen
für den Küstenbereich Mecklenburgs, das damals nicht zu Preußen gehörte, fehlen. (Pommerania-
Sammlung Loeck)

WIT
TOW
WIECKER
BODDEN
Tromper Wiek
Altenkirchen
Wieck
Breege
Bugen
Bodden
BRETZER
BODDEN
GROSSER
JASMUNDER
BODDEN
Tetzitzer
See
Koselower
See
KLEINER
JASMUNDER
BODDEN
Prorer Wiek

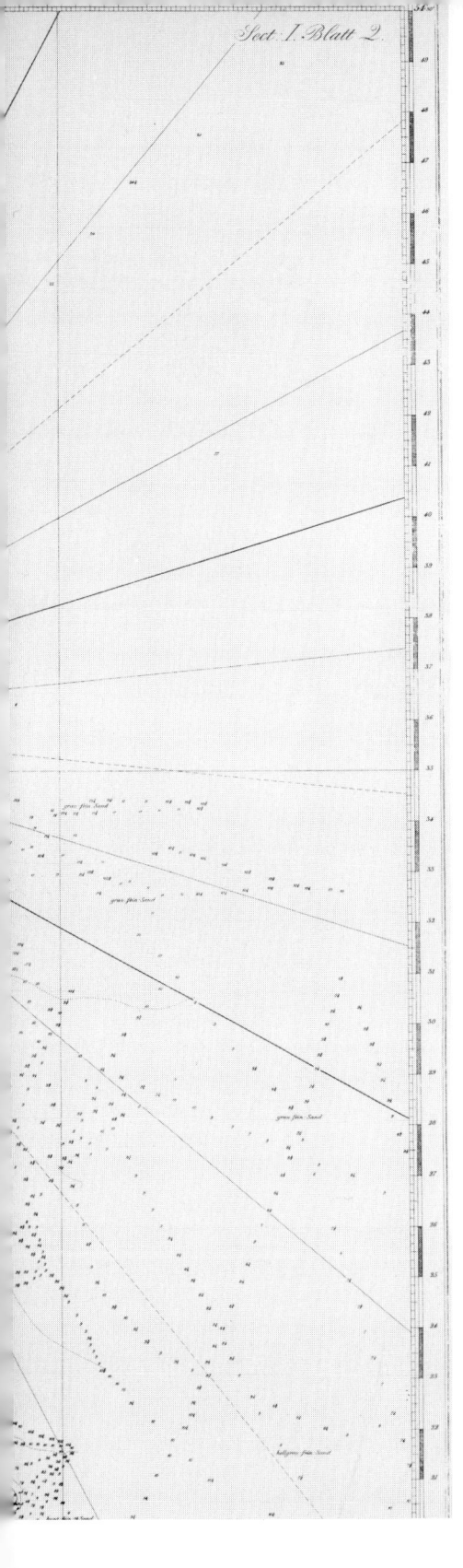

Abb. 7   Die Section I, Blatt 2 zeigt die Seegebiete des Tromper und Prorer Wieks, die durch die nasenartige Ausstülpung der Stubnitz unterteilt werden. Verlaufslinien und Angabenvielfalt lassen vermuten, daß man größten Wert auf eine möglichst sorgfältige Erschließung jener Seegebiete legte, die regen Schiffsverkehr bzw. andererseits erhebliche Gefahren durch Küstenabtrag aufwiesen. (Pommerania-Sammlung Loeck)

Preussens See-Atlas

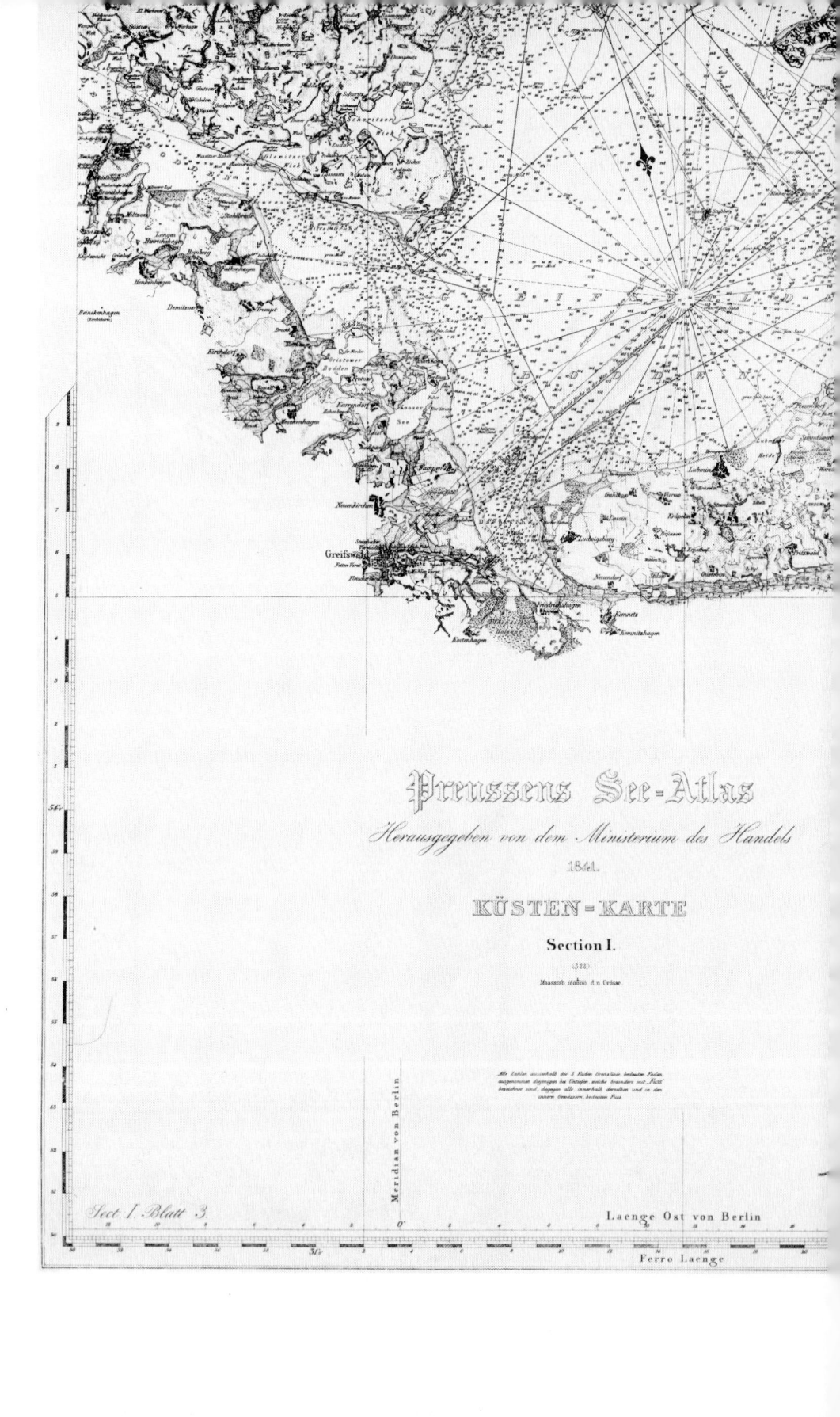

Herausgegeben von dem Ministerium des Handels

1841.

KÜSTEN-KARTE

Section I.

(3 Bl.)

Maasstab nach d. n. Grösse.

Meridian von Berlin

Sect. I. Blatt 3.

Laenge Ost von Berlin

Ferro Laenge

Abb. 8   *Noch informationsreicher wird das Bild der Küstenkarte der Section I, Blatt 3, die die sehr schwierigen Seeräume zwischen der Insel Usedom im Osten, der vorpommerschen Küste zwischen Wolgast und Mederhof im Süden sowie zwischen Mönchgut und Zudar auf Rügen im Norden zeigt. Der Untersuchungsschwerpunkt in der Bildmitte des rechten Bildrandes und die vielen Markierungen deuten auf Swinemünde hin. Die Ansteuerungskurse nach Stralsund, Greifswald und Wolgast weisen ausgesprochen viele Hinweise auf. (Pommerania-Sammlung Loeck)*

Preussens See-A[tlas]

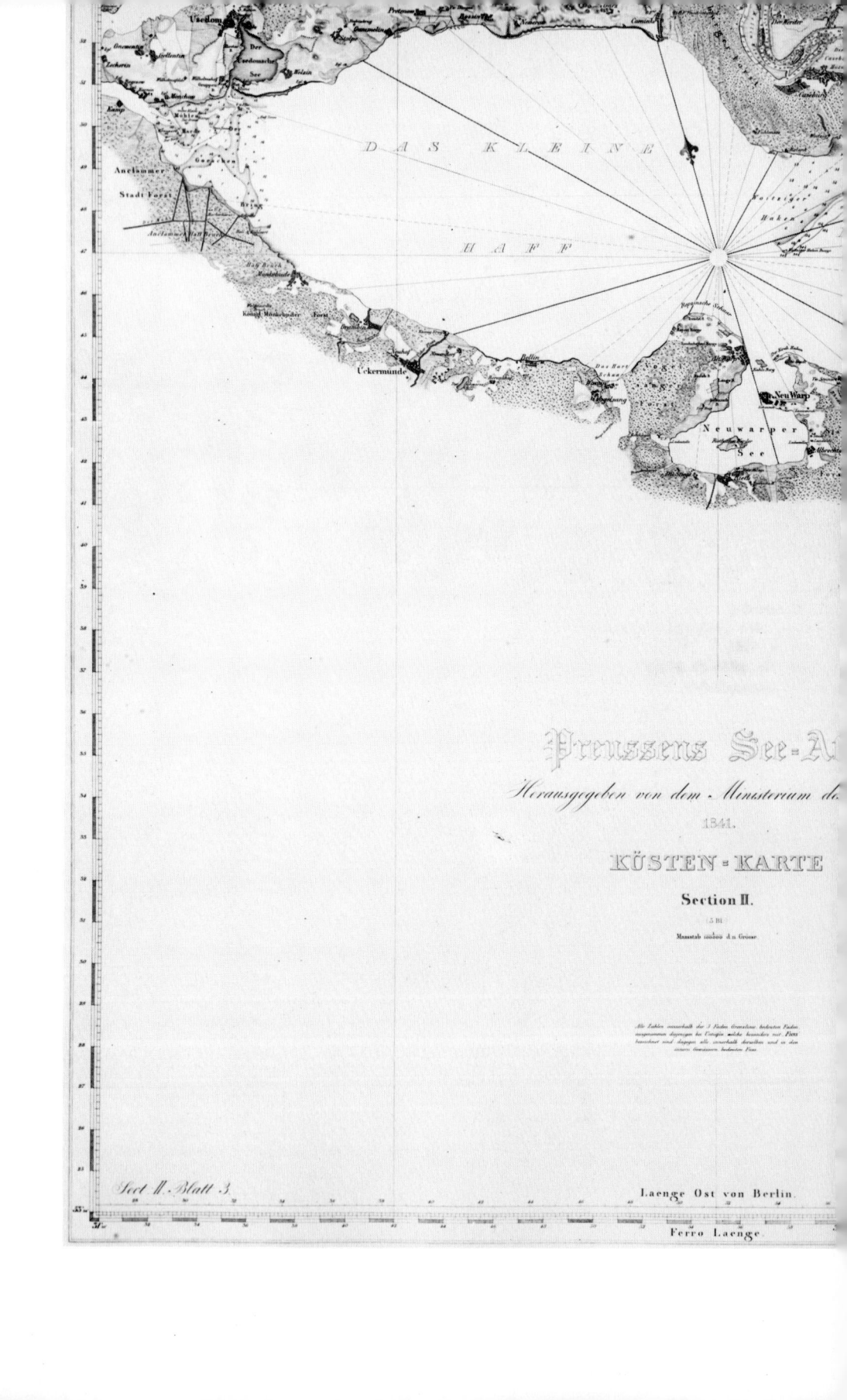

Herausgegeben von dem Ministerium de[s ...]

1841.

KÜSTEN-KARTE

Section II.

Maasstab ...

Sect. II. Blatt 3.

Laenge Ost von Berlin.

Ferro Laenge.

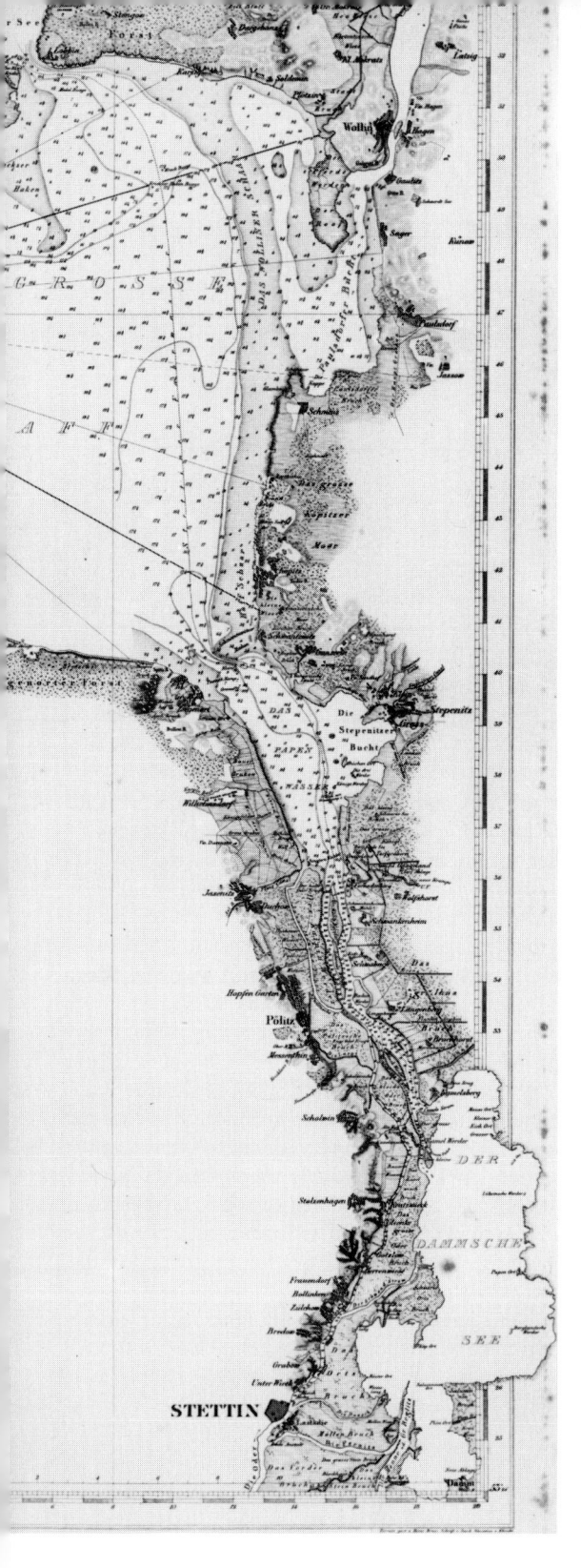

Abb. 9 Blatt 3 der Section II zeigt den Seeweg Stettin – Caseburg oderaufwärts. Während Oder, Mellin-Fahrt und die Zufahrt nach Usedom zahlreiche Lotungstiefen und Navigationshilfen aufweisen, bleibt das Kleine Haff weitgehend leer. Offensichtlich konzentrierte man die Untersuchungen auf die von der Schiffahrt bevorzugten Fahrrouten. (Pommerania-Sammlung Loeck)

falt die einzelnen Kupferstecher ans Werk gingen, zeigt die Tatsache, daß Jaeck ausschließlich für das Schriftbild und die Zahlen in der großmaßstäbigen Segelkarte West 4½ Monate benötigte.[39] Für den korrespondierenden Übersegler Ost, dessen Stich Wolff übernommen hatte, waren die Fristen ähnlich. Nachdem die Segelkarte Ost schließlich am 16. Juni 1840 gestochen war[40], vergingen weitere Monate bis zur Auslieferung. Weitaus schwieriger gestaltete sich zudem die Bearbeitung der Küstenkarten. Noch Ende 1844 hatte sich Jaeck verpflichtet, *so viel die sehr trüben Tage nur erlauben, allen Fleiß an[zu]wenden (sic!), um kommenden Januar auch mit dem letzten Blatte fertig zu werden.*[41] Erst im April war mit der Section VII – der Küste südlich und nördlich von Memel in einem Blatt – auch das letzte Kartenblatt druckfertig bearbeitet.[42]

Rechnet man nun die für den Druck erforderlichen Zeiten hinzu, so lag das erste amtliche Seekartenwerk des Preussischen Handelsministeriums vollständig vermutlich erst Anfang Juli 1845 vor. Das Ergebnis fand generell große Zustimmung. Die Royal Geographical Society of London feierte den Atlas *as a splendid and worthy work.* Da die sowohl landseitigen trigonometrischen Vermessungen des Preußischen Generalstabs als auch die hydrographischen Aufnahmen im Westen nur etwa bis Wustrow in Mecklenburg reichten, mußten für die westlich anschließenden Seeräume wie bisher dänische oder schwedische Seekarten verwandt werden.

Da die Topographie des Meeresgrundes z.B. vor Mündungstrichtern, bei Steilküsten oder nach Stürmen durchaus Veränderungen unterlag, war eine sporadische Überprüfung der im Kartenbild gemachten Angaben bzw. Navigationshilfen ratsam. Zur Überprüfung der im preußischen Seeatlas aufgeführten Vermessungsergebnisse war die 1843 bei Carmesin[43] in Stettin-Grabow gebaute Segelkorvette AMAZONE[44] vorgesehen. Als »Staatliches Schulschiff« war die AMAZONE der Navigationshauptschule in Danzig unterstellt bzw. zugeordnet.

Die bisherigen Ausführungen haben gezeigt, daß sich die Landmacht Preußen im Vergleich zu Dänemark, Schweden oder Rußland als letzter Ostseeanlieger besann, seine Küstengewässer kartographisch zu erschließen. Daß dies keineswegs auf die Ostseeküste beschränkt blieb, wies Lang[45] auch für die deutsche Nordseeküste nach. Trotz des vielstimmigen Lobes in bezug auf die Genauigkeit und Informationsdichte blieb der Gebrauch der unterschiedlich großen Einzelblätter für den Bordbetrieb häufig Einschränkungen unterworfen. Die Küstenzone war landeinwärts nur wenige Kilometer erschlossen, das sonstige Hinterland jedoch blieb leer. Der schmale, weitgehend gleichbreite, kartographisch erschlossene Küstenbereich Pommerns deckte sich weitgehend mit dem Kartenbild der großen sechsteiligen Pommern-Karte von David Gilly aus dem Jahre 1789.[46]

Legt man alle Kartenblätter nach Sektionen geordnet nebeneinander, so werden die unterschiedlichen Charaktere der aufgelockerten, buchtenreichen vorpommerschen Bodden-, der eher gleichmäßigen hinterpommerschen Ausgleichs- und der ostpreußischen Nehrungsküste im Kartenbild erkennbar. Ein Vergleich mit den etwa 250 Jahre älteren Seekarten des Niederländers Waghenaer[47] aus dem Jahr 1585 unterstreicht zum einen den kartographischen Fortschritt, zum andern aber auch den Verlust an Improvisation. In der Geschichte der deutschen Seekartographie gewann »Preussens [zweiter] See-Atlas« insofern eine besondere Bedeutung, als er erstmalig die Verwendung ausländischer Kartenproduktion für die heimischen Gewässer einschränkte. Zudem erweiterte Preußen seine bisherige, auf die Herausgabe eigener Landkarten beschränkte Kartenproduktion um eine seehydrographische Komponente. Als erstes amtliches deutsches Seekartenwerk[48], das nach modernen Vermessungsmethoden in Deutschland erarbeitet wurde, verdient das Kartenwerk weiterhin unser Interesse.

Bibliographie des Kartenwerks

Ministerium des Handels (Hrsg.): Preußen's See-Atlas. Berlin 1840, 1841
A. Segelkarte der südlichen Ostseeküste in zwei Blättern in Mercatorprojektion.
  Maßstab 1 : 400 000
  Blatt I: Warnemünde bis Rügenwalde mit Nebenkarte Christiansö im Maßstab 1 : 10 000 von 53°25' bis 56°20' nördlicher Breite und von 29°30' bis 34°20' Ferro Länge
  Blatt II: Rügenwalde bis Memel von 54°6' bis 57°0' nördlicher Breite und von 34°0' bis 39°0' Ferro Länge
B. 20 Küstenkarten im Maßstab 1 : 100 000 mit unterschiedlichen Größen (84 x 54 cm, 54 x 55 cm, 54 x 76 cm).
  Section I: Die Insel Rügen und deren Bodden bzw. umgebenden Seeräume in drei Blättern.
    Blatt 1: Die Küste von der Grenze Mecklenburgs bis Hiddensee von 54°10' bis 54°50' nördlicher Breite und 30°0' bis 30°50' Ferro Länge
  Section II: Die Swinemünder Bucht nebst dem Stettiner Haff in drei Blättern.
    Blatt 1 und 2: Die Swinemünder Bucht von 53°54' bis 54°24' nördlicher Breite und 31°30' bis 33°10' Ferro Länge
    Blatt 3: Das Große und Kleine Stettiner Haff nebst Papenwasser bis Stettin von 53°24' bis 53°54' nördlicher Breite und von 31°30' bis 32°20' Ferro Länge
  Section III: Die Küste zwischen Colberg und Stolpmünde in vier Blättern von 54°0' bis 55°0' nördlicher Breite und 33°0' bis 34°40' Ferro Länge
  Section IV: Die Küste von Stolpmünde bis Rixhöft in zwei Blättern von 54°30' bis 55°12' nördlicher Breite und 34°30' bis 36°10' Ferro Länge
  Section V: Die Danziger Bucht und das Frische Haff in vier Blättern von 54°8' bis 55°8' nördlicher Breite und 36°0' bis 37°40' Ferro Länge
  Section VI: Die Kurische Nehrung und das Kurische Haff in drei Blättern
    Blatt 1 und 2: Die Küste von Brüsterort, Kurische Nehrung bis Nidden von 54°53' bis 55°23' nördlicher Breite und 37°30' bis 39°10' Ferro Länge
    Blatt 3: Pillau und Königsberg von 54°23' bis 54°53' nördlicher Breite und 37°30' bis 38°20' Ferro Länge
  Section VII: Die Küste südlich und nördlich von Memel auf einem Blatt von 55°23' bis 55°53' nördlicher Breite und 37°40' bis 39°0' Ferro Länge

Anmerkungen:
1 Paul Heinsius: Der Weg zum Seekartenwerk der Kaiserlichen Marine. In: Nordost-Archiv 59/60, 1980, S. 1f.
2 Gottfried Loeck: Die pommersche Küste in der schwedischen Seekartographie bis zur Mitte des 19. Jahrhunderts. In: Deutsches Schiffahrtsarchiv 12, 1989, S. 214.
3 Atlas vsego baltiiskago morja s finskim i botničeskim zalivami, s škager-rakom, kategatom, zundom, i beltami. V general'nych morskich i specialnych kartach sostojaščei vkotorom vse baltijskago morja raznych sočinenej morskija karty sobrany, razsmotreny, i rossijskimi plavateli na istinnyja meždu mest kompasnyja rumby i distancii privedeny, i vymerennymi po prostranstvu morja, i uberegov glubinami, i vnov' najdennymi meljami, podvladeniem Eja Imperatorskago Veličestva sostojaščija. Po ukazu Eja Imperatorskago Veličestva iz gosudarstvennoj Admiraltejskoj kollegii nojabrja ot 11 dnja, 1746 goda vnov' opisany, vymereny, i v istinych položenija ich, i meždu mest kompasnyi rumbach i distancijach, na morskija karty, dlja bez-opasnejšago rossijskomu flotu plavanija postavleny, flota kapitanom pervago ranga Alexeem Nagaevym. – Vyrezyvaniem k pečati na doskach okončany 1752 goda. Pečatan pri Admiraltejskoj Kollegii v Typografii morskago šljachetnago Kadetskago korpusa Aprelja dnja 1757 goda.
[Atlas der ganzen Ostsee mit Finnischem und Bottnischem Meerbusen, mit Skagerrak, Sund und den Belten. In allgemeinen See- und Spezialkarten, in dem alle Seekarten der Ostsee aus den verschiedenen Werken erfaßt, durchgesehen und von russischen Seefahrern mit zuverlässigen Kompaßweisungen und Distanzen zwischen den Orten versehen und mit den ausgemessenen Meeresweiten, und mit den Tiefen bei den Küsten und neu entdeckten Untiefen vervollständigt, aber im finnischen Bogen die ganze Küste mit den Inseln, Schären, Reeden, Buchten, Häfen und Flußmündungen mit ihren Tiefen, und zwischen den Schären die Meeresfahrwasser mit vielen neu entdeckten Sandbänken, zusammengestellt während der Herrschaft Ihrer Kaiserlichen Hoheit. Auf Befehl Ihrer Kaiserlichen Hoheit aus dem staatlichen Admiralitätskollegium vom 11. November 1746 neu beschrieben, ausgemessen und in ihrer wahren Lage, mit Kompaßweisungen und Distanzen zwischen den Orten, erstellt für gefahrlosere Fahrten der russischen Flotte vom Flottenkapitän ersten Ranges Alexej Nagaev. – Gravierung zum Druck auf die Platten beendet im Jahre 1752. Gedruckt beim Admiralitätskollegium in der Druckerei des Seekadettenkorps am ... April 1757.] Großfolio.
4 Paul Heinsius (wie Anm. 1), S. 2; Gottfried Loeck (wie Anm. 2), S. 207; Arend W. Lang: Seekarten der südlichen Nord- und Ostsee. Hamburg 1968, S. 68.
5 Gottfried Loeck: Beiträge schwedischer Kartographen zur Seekartographie Pommerns bis 1815. In: Baltische Studien, NF 74, 1988, S. 113–128.
6 Johan Nordenankar: Sjö Atlas (12 Karten). Stockholm 1797.
7 Willem Jansz. Blaeu: Pascaarte van een deel der / Oost Zee tuß chen Bornholm / ende de Memel, vertonende de / ware gelegentheyt der Zeecusten / van Pruyßen, Caßouben, ende Po= / meren [...]. Vgl. dazu Cornelis Koeman: Atlantes Neerlandici. 5 Bde. Amsterdam 1967–1971, hier: Band IV, M.Bl. 11, S. 47 oder »'t Nieuwe Diep«, vgl. Cornelis Koeman (ebd.), Band IV, M.Bl. 28, S. 80 u.a.m.
8 Gustaf af Klint: Sweriges Sjö-Atlas. Stockholm 1820; siehe auch Arend W. Lang (wie Anm. 4), S. 69.
9 Arend W. Lang (wie Anm. 4), S. 68.
10 Stiftung Pommern (Hrsg.): Neuerwerbungen aus 20 Jahren – eine Auswahl. Kiel 1988, S. 36. Gemeint ist hier speziell das kunstsinnige Stammbuchblatt von D.B. Baltzar.
11 Gerhard Engelmann: Das preußische Seekartenwerk vor Gründung der Kriegsmarine. In: Deutsche Hydrographische Zeitschrift 24, Heft 4, 1971, S. 173.
12 Der in den Jahren 1816/17 bei J.J. Meyer in Stralsund gebaute und am 12. Februar 1817 in Dienst gstellte Schoner STRALSUND (Länge 24,38 m; Breite 7,31 m; Tiefe 2,44 m), ein eichener Querspant-Holzkraweelbau, wurde von Diedrich Johann Longé speziell für die Sicherung der weitläufigen preußischen Küsten bzw. Küstengewässer entworfen. Als Rahschoner getakelt, mit einer Segelfläche von 583 qm, zu der weitere 150 qm Leesegel gesetzt werden konnten, war der Schoner bis zu 13 Knoten schnell. Der wendige, leicht zu manövrierende Schnellsegler besaß selbst bei schwerem Wetter hervorragende Segeleigenschaften. Zur Bewaffnung gehörten zwei vierundzwanzigpfünder und acht achtzehnpfünder Bronzekanonen. Erst während der Bauzeit wurden die Uniformen der Besatzung festgelegt. In Ermangelung eines ausgebildeten Stammpersonals mußte noch bei der Indienststellung eine »wild zusammengewürfelte« Erstbesatzung angeheuert werden.
13 Ludolph Herrmann Tobiesen war Navigationslehrer in Altona. Von 1817 bis 1819 war er Navigationsdirektor der Danziger Navigationsschule. Seine 1818 in Danzig herausgebrachte Schrift: Kurze Nachricht von der in Danzig errichteten Königlich[en] nautischen Lehranstalt, informiert in geraffter Form über den Schulbetrieb.

14 Heinz Lingenberg: Das Putziger Wiek in der alten Kartographie bis zum Beginn des 19. Jahrhunderts. In: Nordost-Archiv 91/92, 1988. Abb. der Karte S. 195.
15 Gerhard Engelmann (wie Anmerkung 11), S. 174.
16 Eckhard Jäger: Prussia-Karten 1542–1810. Geschichte der kartographischen Darstellung Ostpreußens vom 16. bis zum 19. Jahrhundert. Entstehung der Karten-Kosten-Vertrieb-Bibliographischer Katalog. Weißenborn 1982, S. 214f.
17 Cochius Votum von 1815 findet sich unter den Archivbeständen des vormaligen Preußischen Handelsministeriums, die in Merseburg lagern. Hier: Akte A, Band I, 4.
18 Im 1985 von Zofia Szopowska herausgegebenen Bestandskatalog »Plany Gdanska, Oliwy, Sopotu i Gydyni w zbiorach kartograficznych Biblioteki Gdanskiej Polskiej Akademi Nauk« finden sich leider keinerlei Hinweise auf diese Bestände.
19 Diedrich Johann Longé (1779–1863), der einstige schwedische Marineoffizier, wurde nach Übernahme in den preußischen Militärdienst Vorsteher des Marinedepots in Stralsund.
20 Schriftwechsel Heinrich Wilhelm Berghaus an von Schuckmann vom 7. März 1832. Nachzulesen in der Akte D des früheren Preußischen Handelsministeriums in Merseburg. Siehe auch Gerhard Engelmann (wie Anm. 11), S. 175. Zu C.H.W. Berghaus siehe auch den Beitrag von Manfred Reckziegel in: Gothaer Geographen und Kartographen. Beiträge zur Geschichte der Geographie und Kartographie. Gotha 1985.
21 Wie Anm. 20.
22 Ein englischer Faden (fathom) betrug früher 1,8288 m. Er war in sechs Fuß (feet) zu je 0,3048 m teilbar. 120 Faden entsprachen einer Kabellänge (cable) oder 240 Yards. In Preußen zum Beispiel entsprach ein Faden 164 cm, in Schleswig-Holstein 172 cm und in Rußland 213 cm. Heute entspricht ein Faden $1/1000$ Seemeile = 1,85 m.
23 Peter Christian Beuth (* 28. Dezember 1781 zu Cleve – † 27. September 1853 zu Berlin) wurde durch sein Wirken als Geheimer Obersteuerrat im Finanzministerium und nach 1814 als Direktor der Abteilung für Handel und Gewerbe zum Begründer des preußischen Gewerbewesens. Trotz seiner hervorgehobenen Stellung war sich Beuth keineswegs zu schade, 1813 als Gemeiner in die Kavallerie des Lützowschen Freikorps einzutreten. Ihm zu Ehren wurde 1861 ein bronzenes Standbild auf dem Berliner Schinkelplatz enthüllt. Den Preußischen See-Atlas förderte er nachhaltig.
24 Michael v. Bille (* 1769) war dänischer Seeoffizier, der 1815 als Lotseninspektor von Helsingør aus dem aktiven Seedienst ausschied, um sich der Wissenschaft zu widmen. 1821–1838 war er in preußischen Diensten Direktor der Navigationsschule in Danzig.
25 Gottfried Loeck: Die Beiträge David Gillys für die Kartographiegeschichte Pommerns. In: Baltische Studien NF 76, 1990, S. 134–148.
26 Michael Friedrich Albrecht (* 23. Oktober 1811 in Hohenstein bei Stolpmünde, † 24. November 1883 in Danzig) war zunächst Schiffskapitän, dann Lehrer an der Navigationsschule zu Danzig und seit 1838 deren Direktor. Zusammen mit C.S. Vierow gab er 1854 im Auftrag des Königlich Preußischen Ministeriums für Handel, Gewerbe und öffentliche Arbeiten ein »Lehrbuch der Navigation« heraus, das mehrfach neu aufgelegt wurde. – Siehe auch: E. Schumann: Geschichte der naturforschenden Gesellschaft in Danzig 1743–1892. Danzig 1893, S. 99, und Christian Krollmann: Altpreußische Biographie. Marburg 1974, S. 8.
26a Johann Friedrich Domke (* 14. September 1802 in Stolpmünde, † 20. Januar 1887 in Danzig) war zunächst Schiffer, dann Schiffskapitän. 1829 erhielt er die Stelle eines Hilfslehrers, 1840 die Stelle eines »ordentlichen« Lehrers an der Navigationsschule in Danzig, zu deren Lehrkörper er bis zu seiner Pensionierung 1875 gehörte. Die von ihm verfaßten Bücher »Nautische, astronomische und logarithmische Tafeln zum Gebrauch für die preußischen Navigationsschulen«, Berlin 1852 und das im Auftrag des preußischen Handelsministeriums herausgebrachte »Verzeichnis der Seeleuchten und Leuchtfeuer der Erde«, Berlin 1860, wurden bis 1879 bzw. 1872 mindestens sieben- bzw. dreimal neu aufgelegt. – Siehe auch: E. Schumann (wie Anm. 26), S. 99, und Christian Krollmann (wie Anm. 26), S. 146.
27 C.A. Will war Kapitän in der Handelsmarine. 1834–1838 arbeitete er als Zeichner bei der nautischen Küstenvermessung für »Preußen's See-Atlas«. Danach war er an der Danziger Navigationsschule angestellt.
28 Schreiben M.F. Albrechts an P. Beuth von Bord der GLÜCKAUF vor Greifswald vom 22. August 1838, nachzulesen in den Archivalien des Preußischen Handelsministeriums, Akte A IV, Blatt 7 und 8.
29 Die Lotungen wurden auf dreierlei Art vorgenommen: Entweder lotete man vom segelnden Schiff direkt. Zur exakten Ortsbestimmung wurden hierbei bei jeder zweiten Lotung wenigstens zwei ortsstimmende Winkelmessungen vorgenommen. Oder man lotete von kleineren, vom Hauptschiff ausgesetzten Ruderbooten im Abstand von $1/4$ oder $1/2$ Seemeile Abstand zum ankernden Schiff. Auf strah-

lenförmig zur Küste abgesteckten Kursen, deren Endpunkte durch Winkelmessung exakt zu bestimmen waren, konnten die kleinen Boote bei gutem Wetter eine Vielzahl von Lotungen vornehmen. Drittens lotete man den ca. ¹/₄ sm breiten, weitgehend flachen Strandstreifen von zwei getrennt operierenden Ruderbooten aus, die einen rechtwinkligen Zickzackkurs fuhren (siehe Karteninhalt zum Beispiel vor Rowe, Vitte, Rügenwaldermünde, Dievenow u.a.m.).

30 Siehe Briefwechsel P. Beuth mit der Königlichen Regierung in Königsberg vom 25. September 1839. In: Archivbestände des früheren Preußischen Handelsministeriums A VI, 73.
31 Siehe Briefwechsel P. Beuth mit der Königlichen Regierung in Königsberg, Berlin, den 25. Februar 1842. In: Archivbestände des Deutschen Zentralarchivs in Merseburg, Historische Abteilung II, Akte A, Band VI, 73.
32 Mitteilung M.F. Albrechts an P. Beuth, Danzig, 6. und 17. Oktober 1838. Archivbestände des früheren Preußischen Handelsministeriums, Akte A, Band IV, S. 8 und S. 13, 14.
33 Altes Längenmaß, abgeleitet von der Länge des menschlichen Fußes = 12 Zoll = 25–39 cm. Erhebliche regionale Unterschiede. In Preußen 31,4–37,8 cm. In Pommern 29,2 cm.
34 Schreiben M.F. Albrechts an P. Beuth, Danzig, 27. Mai 1839. Archivbestände des früheren Preußischen Handelsministeriums, Akte A, Band IV, S. 62–63.
35 Über die Dienstreisen C.A. Wills und M.F. Albrechts nach Berlin vom 5. bis 31. September bzw. am 16. Oktober 1839, bei denen es um die praktische Durchführung der Herausgabe des Kartenwerkes ging, sind entsprechende Belege in den Archivalien des früheren Preußischen Handelsministeriums in Band IV, S. 97–102 vorhanden.
36 Gerhard Engelmann (wie Anm. 11), S. 179.
37 Kabinettsorder König Friedrich Wilhelms III. von Preußen an von Alvensleben vom 25. April 1840.
38 Ilse Gudden: Zum 125. Todestag von Karl Friedrich von Hagenow. In: Ostdeutsche Gedenktage 1990. Bonn 1989, S. 182f.
39 Schriftstück Jättnig an Beuth vom 30. April 1840. Archivbestände des Deutschen Zentralarchivs in Merseburg, Akten des Handelsministeriums, Band IV, S. 205.
40 *Es ist mir durch sieben Monate des angestrengtesten Fleißes gelungen, die Arbeit in der festgesetzten Zeit ... zu vollenden.* Briefwechsel Wolff an Beuth vom 16. April 1840. Archivbestände des Deutschen Zentralarchivs in Merseburg, Akten des Handelsministeriums, Band V, S. 9.
41 Bericht Jaecks an Beuth vom 20. Juli 1844. Archivbestände des Deutschen Zentralarchivs in Merseburg, Akten des Handelsministeriums, Band VII, S. 80.
42 Gerhard Engelmann (wie Anm. 11), S. 181.
43 Luise Carmesin: Das Geschlecht Carmesin aus Scholwin (Odermünde) in Pommern. Neustadt a.d. Aisch 1976, hier speziell Peter Heinrich Carmesin, S. 98f.
44 Hans Hildebrand u.a.m.: Die Deutschen Kriegsschiffe – ein Spiegel der Marinegeschichte von 1815 bis zur Gegenwart. Band 1. Herford ²1989, S. 90f.
45 Arend W. Lang (wie Anm. 4), S. 76.
46 Gottfried Loeck (wie Anm. 25).
47 Gottfried Loeck: Hinterpommerns Küstenregion. Vor 400 Jahren nachgezeichnet vom Holländer Lucas J. Waghenaer. In: Schiff und Zeit 18, 1983, S. 49.
48 Max Eckert: Die Kartenwissenschaft, Forschungen und Grundlagen zu einer Kartographie als Wissenschaft. Band II, Leipzig 1925, S. 25.

Anschrift des Verfassers:
Gottfried Loeck
Krückkamp 4
D-2430 Beusloe

VOLKSKUNDE

SEEMANNSBEKLEIDUNG AUS SECHS JAHRHUNDERTEN

Eine kommentierte Bildquellen-Auswahl für etwa 1250 bis 1800

VON HEINRICH STETTNER

> Bei drohender Strandung im Sturm: »*Ich sah Matrosen, die ihre Hände rangen, aber die meisten legten nur still ihre Jacken und Schuhe ab, um bessere Chancen der Rettung zu haben...*«. (Freie Übersetzung aus Kapitän Frederick Marryat, 1792–1848, »Peter Simple«, I, 15)

Im Jahrbuch (Årbog) 1979 des dänischen Handels- und Seefahrtsmuseums (Handels- og Søfartsmuseet) zu Kronborg/Helsingør hat der damalige dortige Direktor Henning Henningsen S. 7ff. mit »Seemannskleidung« (»Sømandens Tøj«, Summary »Sailor's Dress«) text- und bildlich ein Thema aufgenommen, das in der schiffahrtshistorischen Fachliteratur sonst meist vernachlässigt oder nur randständig behandelt wird, obwohl es für das einstige individuelle Dasein wie das soziale Leben an Bord von Bedeutung war und somit noch von maritim-volkskundlichem Interesse ist. Auf diese qualifizierte, illustrierte Arbeit Henningsens nimmt der vorliegende Beitrag ausdrücklich Bezug, und sie soll hier lediglich ergänzt werden, zumal einiges Bildmaterial nebst Hinweisen des Verfassers 1979 von Henningsen aus Termingründen wenig bzw. nicht mehr berücksichtigt werden konnten[1]; inzwischen sind weiteres Material und neue Erkenntnisse hinzugekommen.

Vorauszuschicken ist der Ergänzung indes noch folgendes:
– Die Zusammenstellung nachstehender, ausgewählter Bilder ist nicht stets das Ergebnis einschlägiger systematisch-ikonografischer Forschung, sondern schließt zum Teil unerwartete Funde anderen, etwa archäologischen Genres ein. Bei der nicht einfachen Quellenlage gerade für ältere Wiedergaben von Seemannsbekleidung wurde dergleichen sehr gern in Kauf genommen, und die recht unterschiedliche Art wie Herkunft der Abbildungen sind mit dadurch bedingt. Einen Entwicklungsprozeß für Seemannstrachten aufzuzeigen, der geschichtliche Kontinuität und gar Allgemeingültigkeit ergäbe, hat der Verfasser nie vorgehabt, zumal die Erwartung solcher Ergebnisse historischer Erfahrung widerspräche. Alles, was nachstehend gezeigt und ausgeführt wird, sind punktuell (und nicht einmal immer präzis) belegbare Erkenntnisse dessen, was verschiedene Seeleute verschiedenen Ranges bei verschiedenen Gelegenheiten verschiedenen Orts zu verschiedenen Zeiten trugen: Resultate

wissenschaftlicher »Mosaiksteinsuche« (Spötter sprachen mit Recht von »Stoffhuberei«) – mehr nicht. Ob sich unter anderem daraus später einmal ein geschichtlich eindeutiges Gesamtbild der Entwicklung seemännischer Kleidung schaffen läßt, bleibt äußerst zweifelhaft.

– Die Bildfolge ist in der (ausnahmebestätigten) Regel chronologisch, und zwar begrenzt auf die Zeit von ca. 1250–1800 n.d.Z.
– Als (abermals ausnahmebestätigte) Regel wird »naheliegendes« Bildmaterial aus der nordwesteuropäischen, vorwiegend niederländischen und britischen Schiffahrt geboten. Zeitgenössisch-authentische, reproduktionsfähige Abbildungen spezifisch deutscher alter Seemannstrachten sind sehr rar, und es besteht Grund zu der Annahme, daß bei der internationalen Orientiertheit schon der frühen Seeschiffahrt sowie infolge des dominierenden Einflusses der großen ausländischen Seemächte auch auf maritime Gebräuche anderer Nationen sich deutsche Besonderheiten in der Seemannsbekleidung kaum herausbildeten.
– Uniformen – ohnedies beispielsweise für Offiziere der dänischen Kriegsmarine erst ab 1722, für Offiziere der britischen gar erst ab 1748, für Mannschaftsgrade verschiedenster Kriegsmarinen überhaupt erst seit etwa Mitte des 19. Jahrhunderts belegt[2] – bleiben schon aus Platzgründen ausgespart. Es geht hier nur um die Seemannstrachten in der älteren Handels- und Passagierschiffahrt sowie um entsprechende Kleidung in Kriegsmarinen vor Einführung offizieller Uniformen, wobei sich Kriegs- und Handelsschiffahrt meist umso weniger eindeutig trennen lassen, je länger beide zurückliegen.

Den einzelnen hier reproduzierten, lediglich mit ungefähren Zeitangaben versehenen Bildern seien zum besseren Verständnis die nachstehenden Kommentare und Hinweise auch auf Details beigegeben:

Nur wenige wissen heute noch etwas von dem (oder auch der) Gugel, jener Kapuze mit daransitzendem, mehr oder minder langem Schulterkragen, die in Mantelform als namengebender *cucullus* unter anderem schon in den römischen Rheinprovinzen durch keltische Schiffer als einigermaßen wetterfeste (Loden?) Bekleidung genutzt[3] und in Kurzform zu einer Art Vorläufer des »Südwesters«[4] wurde. Im Mittelalter und Jahrzehnte danach waren Gugeln nach wie vor oder erneut Bestandteile der Männerkleidung, nun häufig als modische Accessoires, aber auch als Witterungsschutz etwa bei Bauern und Jägern.[5] Daß Gugeln damals ebenfalls wieder in der Schiffahrt als Schutzbekleidung gegen Regen, Gischt und Wind dienten, belegen neben manchen anderen mittelalterlichen Darstellungen **Abb. 1–3**. Gugeln sowohl

Abb. 1   *Mitte 13. Jahrhundert*   Abb. 2   *Zweite Hälfte 13. Jahrhundert*

Abb. 3 *Ende 15. Jahrhundert*

des Typs mit geradem als auch des Typs mit abgeknicktem Zipfel[6] tragen in Abb. 1–2 auf lübischen maritimen Stadtsiegeln von 1256 (zeitlich zweites Siegel) und von 1281 (zeitlich viertes Siegel) jeweils die achtern sitzenden Schiffer, welche anstelle des normalerweise eben steuerbord benutzten Steuerruders backbord einen »Firrer« führen.[7] Abb. 3 stammt von 1496, ist mithin mehr als 200 Jahre jünger und zeigt noch immer eine gugelähnliche, zipfelige Tracht des Seemannes, der auf der Großrah seines mittelmeerischen, schwer zu identifizierenden, jedenfalls christlichen Schiffes »reitend« Segel anschlägt oder löst (die den Füßen Halt gebenden Taue = »Pferde, Peerden, Paarden« waren noch längst nicht üblich). Eine zwar zipfellose, sonst aber eindeutige seemännische Oelzeug-Gugel gar aus den 40er Jahren unseres Jahrhunderts hat Henningsen in seinem einleitend genannten Aufsatz (S. 53r.) fotografisch dokumentiert.

Anders als im Hoch- und Spätmittelalter bieten im 16. Jahrhundert und danach die nun rasch selten werdenden Gugeln ikonografisch keine Indizien mehr, in ihren Trägern möglicherweise Seeleute zu sehen. Die zahlreicher verfügbaren Bildquellen lassen recht unterschiedliche maritime Habits erkennen, wobei eine dieser Quellen vielleicht besondere Beachtung und kritisches Betrachten verdient: **Abb. 4**. Denn bei der 1568 erschienenen Vorlage dafür handelt es sich um eine der frühesten bekannten, sogar durch Begleittext bestätigten berufsspezifischen Darstellungen eines »Schiffmannes« in offenbar typischer Kleidung. Freilich wird nicht klar, welchem Stand innerhalb welcher Bordhierarchie der Abgebildete zuzurechnen ist. Mit seiner hohen, zotteligen (Pelz?)Mütze und dem verzierten, dolchscheidenähnlichen Behälter an der weiten, rundgenähten Hose wirkt er nicht gerade ärmlich, doch ist der (nur Schiffsdienst symbolisierende?) Riemen in der Rechten sicher kein Zeichen höheren Ranges, wie es etwa ein Navigationsgerät wäre. Zu welchem der im Mittelgrund sichtbaren Schiffe (links eine Art Galeone) der Seemann gehört, ist auch nicht auszumachen. Ob und gegebenenfalls woher Jost Ammann als in Süddeutschland wirkender, also binnenländischer Künstler einen »Schiffmann« kannte, als er die Bildvorlage schuf, muß offen bleiben, und es ist nicht auszuschließen, daß er sich auf eine bereits vorliegende Darstellung von anderer Hand verlassen oder gar nur nach dem »Hörensagen« gearbeitet hat.

15 bis 20 Jahre später: »Kleine Leute« sind es nicht, die sich in den **Abb. 5–7** teils neben den buchtitelrahmenden, kaminartigen Renaissance-Podesten mit Loten, teils auf den Podesten mit Globen beschäftigen. Es dürfte sich mit einiger Sicherheit um Lotsen, um (nicht nur im Zeitalter der Entdeckungen gelegentlich zur Schiffs-Stammbesatzung gehörende) Navigato-

Abb. 4 *Zweite Hälfte 16. Jahrhundert*

ren, um Steuerleute und um Schiffer (letztere im – zumeist späteren – Sinne von Kapitänen[8]) handeln, keinesfalls aber um Bootsgesellen oder -knechte (wie damals Matrosen[9] überwiegend noch genannt wurden). Denn primär zur Benutzung durch die vorbezeichnete Gruppe von Schiffsoberen war natürlich das navigatorische Standardwerk vorgesehen, dem die drei wiedergegebenen Titelseiten zur jeweils 1. niederländischsprachigen Ausgabe von 1584/85, zur englischsprachigen Ausgabe von 1588 und zur deutschsprachigen Ausgabe von 1589 entnommen sind: L.I. Waghenaers berühmter »Spieghel der Zeevaerdt ...«. Dieser früheste gedruckte, nautische Karten und Texte verbindende See-Atlas war ein qualifiziertes, kostenträchtiges Buch, dessen Verkauf mit gefördert werden konnte, wenn man die potentiellen Käufer gleich am Anfang wirklichkeitsnah und eindrucksvoll konterfeite. Allerdings: Innerhalb von nur fünf Jahren erschienen die genannten, freilich örtlich verschiedenen Ausgaben dieses einen Werkes, und doch differieren die Seemannstrachten in den sonst recht einheitlich mit navigatorischen Emblemen überladenen Titelkupfern zum Teil beträchtlich. Konservativ-würdig erscheinen die Lotenden in Abb. 5 und 7, wo auch Mäntel und erneut (vgl. Abb. 4) weite lange Hosen getragen werden; fast stutzerhaft wirken die mantellos kniebehosten »Engländer« in Abb. 6. Auch die Kopfbedeckungen weichen weitgehend voneinander ab. Als Fazit

Abb. 5 Zweite Hälfte 16. Jahrhundert

bleibt nur wenig Übereinstimmendes, gar spezifisch Maritimes in der vorzugsweise individuell gestalteten Bekleidung jener Herren Nautiker des ausgehenden 16. Jahrhunderts zu registrieren – sozialgeschichtlich im Zeitalter der Renaissance nicht eben überraschend.

Abb. 6 Zweite Hälfte 16. Jahrhundert

Abb. 7 *Zweite Hälfte 16. Jahrhundert*

Was beim »Schiffmann« in Abb. 4 deutlich, bei manchen der Nautiker gerade auf den Podesten in den Abb. 5–7 indes nicht präzis genug zu erkennen ist, wird in einigen der noch folgenden Abbildungen wiederkehren: Kappen oder Mützen aus zotteligem Material. Auf solche an Seeleuten im 16. und 17. Jahrhundert häufiger zu bemerkenden, modisch, bisweilen gar typisch gewordenen Kopfbedeckungen, die allerdings – zumal eher wasseraufsaugend als -abstoßend – an Deck, in der Takelage oder im offenen Boot wenig praktisch gewesen sein dürften, sei hier an Hand der **Abb. 8–10** etwas näher eingegangen. 1596 versuchte eine niederländische Expedition unter Van Heemskerck, Rijp und Barentsz., den nordöstlichen Seeweg nach China und Indien zu finden; sie blieb erfolglos, wie zwei vorherige, und kam nur bis Nowaja Semlja, wo man höchst strapaziös überwintern mußte und von dort nach Schiffs- und

Abb. 8 *Ende 16. Jahrhundert*

Abb. 9   Ende 16. Jahrhundert

Abb. 10   Anfang 17. Jahrhundert

Menschenverlusten erst im folgenden Herbst heimkehren konnte. Der ersten gedruckten Ausgabe des entsprechenden Berichtes aus der Feder eines der Überlebenden, Gerrit de Veer, wurden bereits 1598 Illustrationen beigefügt, von denen die Abb. 8–9 bestimmte, datierbare Geschehnisse wiedergeben, zwischen denen mehr als ein Jahr liegt. Abb. 8 zeigt im Vordergrund, daß einige Besatzungsmitglieder der weiter hinten liegenden Expeditionsschiffe (wohl frühe Pinassen) in ihren beiden Booten vor der Überwinterung noch die besagten zotteligen Kappen tragen, die vielleicht aus Woll-Filz oder -Flausch oder auch aus Fell angefertigt sind – im rechten Boot ist überdies noch eine Art später Gugel zu sehen. Die niederländischen schiffbrüchigen Seeleute hingegen, die in Abb. 9 rechts auf Einheimische links treffen, haben einheitliche, breite Mützen aus Pelzen von während des arktischen Winters erlegten Füchsen: besondere, atypische Kopfbedeckungen also, die im Berichtstext eigens hervorgehoben sind und nur Ersatz auch für die mehrfach erwähnten, zotteligen Kappen waren.[10] Letztere sind in Abb. 10 wieder dargestellt, diesmal im Titelkupfer eines niederländischen Geschichtswerkes aus dem frühen 17. Jahrhundert, und zwar als Kopfbedeckung von »Bootsgesellen«, die nach ihren Attributen (Papageien, Affe, Kaffee[?]zweig, malaiischer Kris) nun auf Tropenkurs fuhren. Aber auch hier wie bei allen anderen abgebildeten Kappen dieser Art – Henningsen[11] hat außer einer nach Vecellio englischen von 1598 noch eine dänische sogar aus der zweiten Hälfte des 19. (!) Jahrhunderts zeichnerisch dokumentiert – läßt sich die Frage nach dem zur Herstellung benutzten Material nicht eindeutig beantworten.[12]

Der textliche Hinweis »AQUIS INTERIORIBUS« in **Abb. 11** berechtigt zu der Annahme, daß dort die beiden Männer, welche das den lateinischen Buchtitel tragende Segel mittels zweier Bootshaken spannen, aus der Binnen- und Küsten- (überwiegend Watten-), nicht aus der Großschiffahrt kommen. Jedenfalls handelt es sich beim vom Titelkupfer eingeleiteten Werk um eine Serie entsprechender Stiche von Fahrzeugen der holländischen Kleinschiffahrt aus dem dritten Jahrzehnt des 17. Jahrhunderts. Die Kleidung des Bärtigen links mit zotteliger Mütze und (noch) nicht sehr pluderiger Kniebundhose erscheint für damaliges Bordpersonal

Abb. 11 *Erste Hälfte 17. Jahrhundert*

»normal«, die Tracht des rechts Stehenden nicht. Hat letzterer einen eigenartigen Vorläufer des »Südwesters« auf? Die Kleinschiffahrt war bisweilen nur ein Nebenerwerb – vielleicht hat die seltsame Tracht mit Spitzenkragen gar keine Verbindung zu ihr, doch was soll dann solche Aufmachung im Titelblatt mitten unter den vielen Schiffsgerätschaften? Ein Befrachter vielleicht, ein Fischhändler? Fragen, die offenbleiben.

Obere aus der maritimen Hierarchie, in den Erläuterungen zu Abb. 5–7 bereits näher bezeichnet, posieren erneut in den **Abb. 12–14**, wo auch angehende oder sich fortbildende »nautische Offiziere« (modernen Jargons) in einer Art Navigationsschule – Abb. 12 unten –

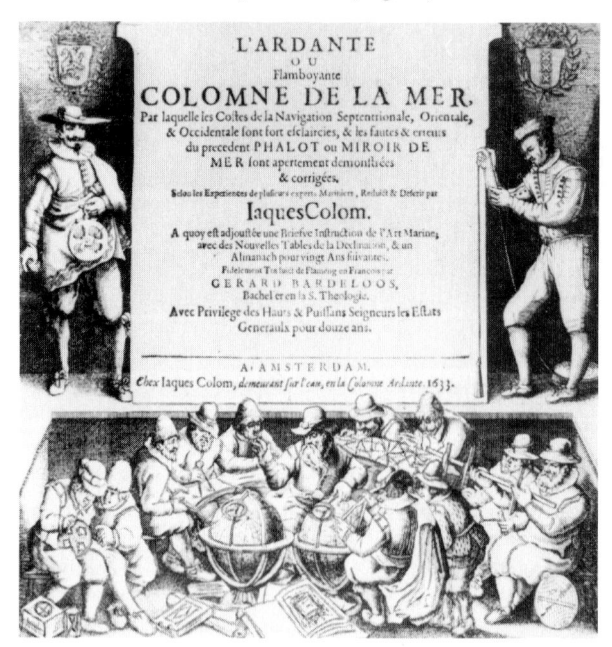

Abb. 12 *Erste Hälfte 17. Jahrhundert*

Abb. 13   *Erste Hälfte 17. Jahrhundert*

Abb. 14   *Mitte 17. Jahrhundert*

Wissen gewinnen. Ähnlich wie in diesen Bildbeispielen aus dem vierten bis sechsten Jahrzehnt des 17. Jahrhunderts zieren Konterfeis von Standesgenossen der Genannten viele nicht nur niederländische Titelkupfer von See-Atlanten und manchmal auch Kartuschen von Seekarten des erwähnten wie des folgenden Jahrhunderts, und man mag Details wie Vielfalt der mitunter reichen, dann wahrscheinlich »landfeinen« Bekleidung registrieren, ja bestaunen. Daß Janmaaten in der Regel anders aussahen, klang schon einmal an.

Was **Abb. 15–17** in drei verschiedenen Versionen und jeweils auf eine Puppe montiert wiedergeben (wamsartiges Hemd über der Pumphose getragen; Hemd hineingezogen; ebenso, aber von hinten gesehen), sei die Arbeitskluft eines »Matrosen des 17. Jahrhunderts«, wird in populärwissenschaftlicher Fachliteratur etwas leichtfertig behauptet.[13] Diese Zuordnung kann, muß aber nicht stimmen, und eine Nachfrage im Museum of London[14], wo die Tracht verwahrt wird, ergab, daß man auch dort *not totally convinced about the attribution of the suit*

Abb. 15 *Erste Hälfte 17. Jahrhundert*    Abb. 16 *Erste Hälfte 17. Jahrhundert* 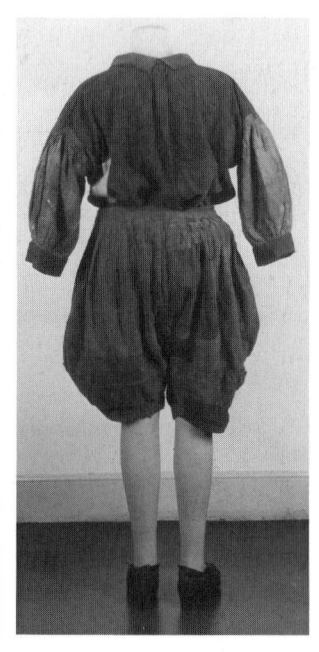   Abb. 17 *Erste Hälfte 17. Jahrhundert*

to a sailor ist und meint, es könne sich ebenso um einen anderweitig genutzten, zeittypischen Arbeitsdress handeln.[15] Wie dem auch sei: Hemd und Hose sind Originale und stammen in einer bedeutenden Hafenstadt aus der ersten Hälfte des 17. Jahrhunderts, als es eben – wie noch lange danach – nur selten spezifische textile Unterscheidungsmerkmale zwischen einfachen Arbeitern an Bord und solchen an Land gab; darum sei auf die Abbildungen hier nicht verzichtet. Der ehemalige Träger der Kluft dürfte nicht nur ein »einfacher«, sondern überdies ein sehr armer Mann gewesen sein. Dafür spricht der Zustand der braunen Hose, die dermaßen mit Flicken versehen ist, daß sich das ursprüngliche Leinen-Baumwoll-Gewebe nur noch mit Mühe herausfinden läßt. Immerhin besser intakt ist das ähnlichfarbige Leinenhemd mit helleren Einsätzen unter den Ärmeln, mit Manschetten und mit Umlegekragen. Wieso haben gerade diese zwei nun wahrlich nicht üppigen Kleidungsstücke die Jahrhunderte überdauert?

Als im August 1628 des Schwedenkönigs Gustav II. Adolf neuestes und größtes maritimes Machtinstrument, das 64-Kanonen-Prachtschiff WASA, nach Verlassen des Ausrüstungskais noch im Stockholmer Hafenbereich sank, waren außer Besatzungsmitgliedern nebst einigen weiblichen und kindlichen Angehörigen wahrscheinlich auch Werftmitarbeiter an Bord; von etwa 18 Menschen fand man 1959–61 bei der Bergung aus ca. 32 Metern Tiefe Skelette und Skelettreste. Es ist also nicht sicher, daß die Bestandteile des aus **Abb. 18** ersichtlichen, wieder auf eine Puppe montierten Habits im Stockholmer Vasa-Museet nur aus seemännischem Besitz kommen, zumal diese Sachen von verschiedenen Stellen des WASA-Wracks zusammengetragen wurden, die Gewandung mithin eine in unserer Zeit nachempfundene Kombination ist. Schuhe und Handschuhe beispielsweise lagen zusammen in einer gut erhaltenen (See?) Kiste, die wollenen Stoffstrümpfe in einem Kästchen mit kunstvollem Schloß; die lediglich als Teile bewahrt gebliebenen Beinlinge gehören zwei ähnlichen Hosen an, während das mit kurzem Schoß ausgestattete Knopf-Wams nur wenig restauriert werden mußte.[16] Der wohl her-

Abb. 18 *Erste Hälfte 17. Jahrhundert*

Abb. 19 *Erste Hälfte 17. Jahrhundert*

Abb. 20 *Zweite Hälfte 17. Jahrhundert und später*

unterzuklappende Rand der Kappe mag zum Schutz der Ohren, auch allgemein à la »Südwester« als Schutz gegen Regen, Gischt und Wind bestimmt gewesen sein. Genaueres über die dunkle Farbgebung aussagen zu wollen, dürfte die lange Lagerung im allerdings nicht sehr salzkonzentrierten Ostseewasser verbieten. Relikte eines maritimen Dramas vor mehr als 360 Jahren ...

Wenige, nur als Beispiel gewählte textile und lederne Bodenfunde aus einer im übrigen großen Zahl zeigen **Abb. 19–21**: körperbedeckende Utensilien beziehungsweise deren Reste, die vor ca. 370–200 Jahren durch Besatzungsmitglieder von Walfangschiffen getragen worden sind. Geborgen wurden diese Objekte auf Spitzbergen – norwegisch: Svalbard – bei archäologischen Ausgrabungen, welche die damals noch interfakultäre Arbeitsgruppe »Arctisch Centrum« der Rijksuniversiteit Groningen unter Beteiligung anderer Institutionen 1979–81 unternahm. Ziel war primär die Erforschung[17] der etwa von 1615–60 auf Amsterdamøya (NW Spitzbergen) betriebenen, »Smeerenburg« genannten (und sinngemäß mit »Transtadt« zu übersetzenden) niederländischen Walfängerstation und Trankocherei, doch galten Untersuchungen auch der weiter nordöstlich gelegenen, späteren Station und Kocherei »Zeeusche Uijtkijck« (»Zeeländischer Ausguck«) auf Ytre Norskøya, wo sich außer Einzelgräbern ein ganzes Gräberfeld mit 185 Bestattungen durchaus nicht nur niederländischer Provenienz aus der zweiten Hälfte des 17. wie aus dem folgenden Jahrhundert fand. Von Amsterdamøya kommen und damit vorzugsweise der ersten Hälfte des 17. Jahrhunderts zuzurechnen sind der mit Kordel umlegte, breitrandige Filzhut in Abb. 19 sowie der mehrfach geflickte Fausthandschuh, das Gewebestück mit Lilienmuster und die – zum Teil geschlitzten – Lederschuhe in Abb. 21 rechts. Die nun (anders als noch in Abb. 18) gestrickten, an Sohlen und Fersen unterlegten Binde-Strümpfe in letzterer Abb. links stammen aus den im Mittel nur 40 cm tiefen Grablagen des kalten Bodens von Ytre Norskøya und sind somit auf später zu datieren; dies gilt ebenso für die gewirkte, abgetragen-verfilzte, aber kaum je zottelig gewesene Mütze in Abb. 20.[18] Abgesehen von gewissen anthropologisch-medizinischen Gegebenheiten ist eine

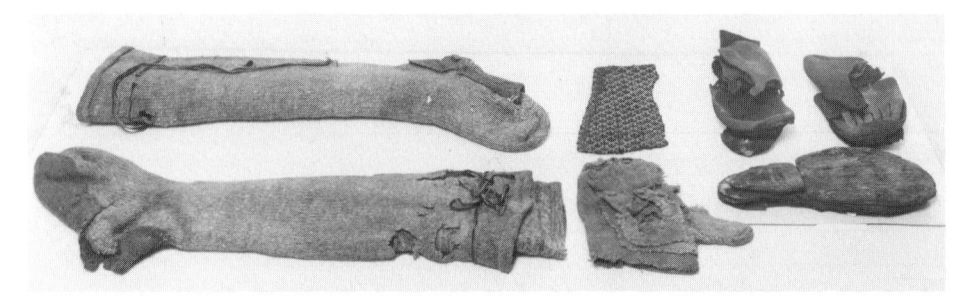

Abb. 21   *Erste Hälfte 17. Jahrhundert und später*

genauere Bestimmung einstiger, inzwischen skelettierter Träger von Fundobjekten nicht möglich, zumal beschriftete Holzkreuze von Gräbern bis auf Reste vergangen waren, auch wohl von Andenkenjägern mitgenommen worden sind.

Wie der WASA-Wrackfund aus dem Wasser der Ostsee, der in Abb. 18 zu sehen ist, sind auch die Schuh-Fragmente in **Abb. 22–23** Wrackfunde, doch wurden sie nicht mehr aus dem Wasser geholt: Die künstliche Trockenlegung weiter Teile der niederländischen Zuiderzee – deren Rest heute Ijsselmeer heißt – machte es möglich. Seit Beginn der dortigen Einpolderungen 1930 wurden mehr als 350 vergangene Schiffe aufgespürt und ab 1954 durch eine eigene staatliche archäologische Fachinstitution[19] erfaßt, bisweilen geborgen oder (neuerdings) wenigstens unter dem Grundwasserspiegel konserviert. Wracks im Noordoostpolder (dem zweitältesten, trockengefallen 1942) gaben die ledernen Reste frei, die hier wiederum nur als wenige Beispiele für viele Zuiderzee-Bekleidungsfunde und überdies abgebildet sind, weil das originale Schuhwerk in Abb. 18 und 21 schlechter zu erkennen ist. Die Datierung ist diesmal schwieriger. Das Schuhfragment in Abb. 22 könnte gar noch dem späten Mittelalter zuzurechnen sein; das geschlitzte in Abb. 23 (vergleiche hierzu Abb. 21 rechts oben) paßt wohl ins 17. Jahrhundert.[20] Anhaltspunkte für die Zeitbestimmungen bieten unter anderem weitere Bordgegenstände, wobei Münzen besondere Bedeutung zukommt.

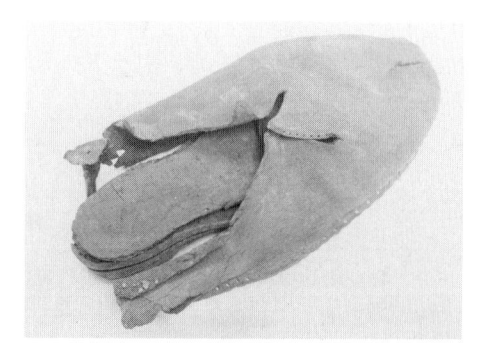

Abb. 22   *15. Jahrhundert (?)*   Abb. 23   *17. Jahrhundert*

Da sind sie wieder, jene im 17. und frühen 18. Jahrhundert verbreiteten Männer-»Anzüge« mit Pluder-Kniehosen und Wämsern, die in verschiedenartigen Ausführungen auf vielen zeitgenössischen Bildern nicht nur niederländischen Genres[21] vorkommen und gemäß **Abb. 24** eben auch ins Seemanns-Milieu passen, wie die trachtergänzenden, zotteligen Kappen, die ganze Kai-Szene und der lateinische Text erweisen. Hut und Mantel des »besseren Herrn« im Vordergrund gehören offenbar auch dazu, nun aber als Attribute eines Reeders, Befrachters (man beachte die Kaufmannsmarken nebst Numerierung auf den Frachtkisten), vielleicht

Abb. 24 *Mitte
17. Jahrhundert*

auch Schiffers oder nur Steuermanns. Wenzel Hollar, gebürtiger Böhme, schuf diese eindrucksvoll komponierte Radierung als Titelblatt einer erstmals 1647 erschienenen Serie maritimer Motive, wobei er weder eine Fleute (links) noch den Pinassen verwandte Schiffstypen mit flachem Spiegel und Stückpforten vergaß.

Nach dem bisher insbesondere zu Abb. 15–17 und 24 Ausgeführten kann die in der Fachliteratur mehrfach wiederholte Behauptung[22], es handele sich bei dem in **Abb. 25** angelehnt Stehenden um einen Seemann, wohl als nicht mehr so sicher gelten. Im 17. Jahrhundert, aus

Abb. 25 *Mitte bis zweite
Hälfte 17. Jahrhundert*

dem die im Nationaal Scheepvaart Museum zu Antwerpen verwahrte, anonyme Handzeichnung stammt, hatten eben keineswegs nur Janmaaten dergleichen Kleidung, wobei auch der schmalrandige Hut kaum als maritimes Indiz zu betrachten ist. Was der Mann am Leibe trägt, dürfte verschiedenen ikonografischen Vergleichen gemäß eine ziemlich allgemein verbreitete (Arbeits)Kluft ähnlich jener in Abb. 15–17 gewesen sein, wie sie in beiden Fällen halt ebenfalls an Bord häufig war.

Von ikonografischen Vergleichen war im Vorabsatz die Rede. Aus der relativ großen Zahl der für solche Vergleiche wichtigen Marinemaler und -zeichner des 17./18. Jahrhunderts, auf deren Bildern mehr oder minder realistisch immer wieder einmal Seeleute in unterschiedlichen Situationen dargestellt sind, ragen die beiden (Vater und Sohn) Willems van de Velde nicht nur in künstlerischer Hinsicht heraus. Sie tun es auch in allgemein- wie kunsthistorischer Beziehung, weil beide im Winter 1672–73 (der Vater mit ca. 60, der Sohn mit ca. 40 Jahren) aus den Niederlanden nach England übersiedelten und so Eindrücke von zwei der damals bedeutendsten maritimen Kulturen Europas hinterlassen konnten. Der Ältere wurde besonders durch seine Grisaillen (Federzeichnungen eigener Art) berühmt, der Jüngere für seine Ölgemälde, doch schufen sie weiteres Maritimes von Rang, so daß eine europäisch orientierte schiffahrtshistorische Forschung auf beider Werk nicht verzichten kann. Diesem »Weiteren« entstammen **Abb. 26 und 27**. Es sind Wiedergaben vorstudienhafter Federskizzen des älteren Van de Velde vielleicht von 1655, also noch aus den Niederlanden, und zum Beweis des maritimen Genres braucht man kaum auf die vereinzelten zotteligen Mützen wie darauf hinzuweisen, daß der Genannte eben Marinemaler und -zeichner par excellence war. Die Menschen dieser vermutlichen Ufer- oder Hafenszenen strahlen Ruhe aus, man plauscht, beobachtet; Frauen sind dabei. In Abb. 27 werden Pfeifen geraucht wie auf so manchen Seemannsbildern (Beispiel: Abb. 24 vorn links, 28, 36 vorn links, 37)[23] – eine um die Mitte des 17. Jahrhunderts noch einigermaßen junge, aus Amerika herübergekommene Sitte. Bei den Trachten ist wenig Neues zu erkennen. Soweit sie Hüte bevorzugen, schienen die hier skizzierten »einfachen Leute« jener Zeit nun ebenfalls breitere Krempen zu schätzen, wie vorher schon lange die besser »Betuchten«.

Abb. 26 *Mitte bis zweite Hälfte 17. Jahrhundert*

Abb. 27
Mitte bis zweite Hälfte 17. Jahrhundert

Obwohl das etwa 300 Jahre alte niederländische Buch, dem **Abb. 28** entnommen wurde, nach Maßgabe seines Titels über bäuerliche Bekleidung unterrichten will, ist es gerade keine solche, die der Abgebildete anhat. Denn letzterer ist durch Bildunterschrift extra als »Oost

Abb. 28   *Ende 17. Jahrhundert / um 1700*

Indise Bootsgezel« ausgewiesen, mithin als Seemann höchstwahrscheinlich im Dienst der einst das entsprechende Fahrt- und Handelsmonopol ausübenden niederländischen Ostindischen Compagnie (was seine bäuerliche Herkunft nicht ausschließt). Mit geschmücktem Hut, Überjacke, Leibbinde, Knopfweste, gefälteltem Hemd inclusive Kragenknöpfen und mit wohlgefüllter Seekiste sieht er geradezu wohlhabend aus; vermutlich hat er als »Heer van zes weken« seine (manchmal jahrelang aufgelaufene) Heuer kassiert und teilweise in der für »Jan Compagnie« ansonsten zu üppigen Aufmachung festgelegt.[24] Daß er außer seinen von der Reise mitgebrachten exotischen Tieren immer noch Geld übrig hat, lassen die erotischbegehrlichen Zeilen oben im Bild annehmen: Er brennt darauf, mit der potentiellen Adressatin dieser Verse zu schlafen.

Nicht ohne erotische Aspekte ist ebenfalls die (übrigens dort genau lokalisierbare Alt-) Amsterdamer Hafenszene in **Abb. 29**. Allerdings soll es auch schon anderswo vorgekommen sein, daß ein von der Fahrt zurückgekehrter Seemann, wie der mit breiter zotteliger Kappe im Vordergrund links, gleich von zwei Frauen jeweils mit Kleinkind auf den Armen empfangen

Abb. 29 *Ende 17. Jahrhundert/ um 1700*

und somit an seine Amouren vor der Ausreise erinnert wurde. Die Hunde rechts davor dürften vom Künstler mit einigen Hintergedanken so in der Nähe plaziert worden sein. Der soziale Unterschied zwischen dem Janmaaten und den sich im Mittelgrund unterhaltenden »besseren Herren« wird außer durch die Textilien noch durch die Allongeperücken bei zwei der letzteren betont. Ludolf Bakhuizen (auch Backhuysen), aus Emden stammender, seinerzeit sehr geschätzter, berühmter niederländischer Marinemaler und -zeichner, schuf im Alter von ca. 70 Jahren diese Milieu-Radierung für eine erstmals 1701 erschienene maritime Serie.

Die holzgeschnitzte Figur in **Abb. 30** stelle einen Admiral dar, wird angenommen. Sie schmückte wahrscheinlich, in der Rechten ein verloren gegangenes Teleskop haltend, mit anderem Zierat das Heck eines hamburgischen Konvoischiffes, vielleicht das der 1691 in Dienst gestellten ADMIRALITÄT VON HAMBURG.[25] Mit der Wiedergabe dieser von unbekannter Künstlerhand[26] gefertigten Statue, welche sich heute im Museum für Hamburgische Geschichte befindet, ist vorliegende Bildquellen-Auswahl bis in die obersten Ränge maritimer Hierarchie gelangt, doch muß Einschränkendes dazu bemerkt werden. Denn die insbesondere an Galions wie Heckaufbauten von Schiffen jener Zeit angebrachten, barocken Schnitzgestalten und -köpfe sind nicht selten Fantasiegebilde; man denke an die oft verwendeten mythologischen oder allegorischen Motive. Auch die hier abgebildete Admiralsfigur dürfte eher allegorisch zu verstehen sein, und ihre Gewandung wirkt selbst für einen Hochgestellten des 17. Jahrhunderts bühnenmäßig überzogen. Immerhin: Admirale gab es damals außer bei den Kriegsmarinen gelegentlich und auf Zeit sogar in der Handelsschiffahrt, wenn etwa Einheiten der letzteren im Verband fuhren. Eine hamburgische (zunächst als Seekriegsgericht fun-

Abb. 30
Ende 17. Jahrhundert

gierende, dann neben anderem mit Konvoiwesen befaßte) Admiralität bestand seit 1623 – ein Hamburger Ad hoc-Admiral indes, soweit man überhaupt von einem solchen als Person sprechen konnte, war doch wohl weniger aufwendig gekleidet als sein hölzerner Kollege in Abb. 30.

Mit **Abb. 31**, die von dem Niederländer Caspar Luyken und aus einem 1698 erschienenen, moralisierenden Werk über Berufsstände stammt, bleiben wir noch in der obersten maritimen Hierarchie. Aber das barocke Habit des Admirals in Gefechtspose – angehender Dreispitz, Justaucorps mit Litzen, großen aufgesetzten Taschen und weiten Ärmelaufschlägen, Schärpe(n), Spitzenjabot, Culottes – erscheint wirklichkeitsnäher als das in Abb. 30. Führte der Admiral nicht anstelle des an Land üblichen langen, schmalen Degens einen kurzen, breiten (Enter-)Säbel, und tobte nicht hinter ihm eine Seeschlacht, wäre er kaum von einem General oder gut gestellten Feldobristen jener Zeit zu unterscheiden, wie ikonografische Vergleiche bestätigen.

Abb. 31   Ende 17. Jahrhundert

Das für Abb. 31 genannte Quellenwerk ist auch dasjenige von **Abb. 32 und 33**, wobei Abb. 33 mit einiger Sicherheit, Abb. 32 wahrscheinlich wieder durch Caspar Luyken gefertigt wurden, welcher in letzterem Fall auf eine frühere Gemeinschaftsarbeit mit seinem Vater Jan zurückgegriffen hat. Gravierende inhaltliche Gegensätze nicht allein in puncto Seemannskleidung werden zwischen beiden Radierungen deutlich. Der wohl schon ältere Schiffer (im Sinne von Kapitän) mit ruhig-bestimmt hinweisender Geste im Vordergrund von Abb. 32 erscheint einfach, puritanisch-konservativ angezogen, und der darüber stehende fromme Text korrespondiert damit. Der vermutlich jüngere Bootsknecht (im Sinne von Matrose) vorn in Abb. 33 dokumentiert angetrunken, ebenso modisch wie schlampig, dazu mit Messer bewaffnet, das

Abb. 32   Ende 17. Jahrhundert

Abb. 33   Ende 17. Jahrhundert

Gegenteil, ist typologisch etwa dem bei Abb. 28 beschriebenen Menschenschlag zuzurechnen, und auch die moralisierend-warnende Überschrift entspricht dem wieder.

Was bei der rückwärtigen Seitenansicht des Schiffers in Abb. 32 als höchstwahrscheinlich angenommen werden konnte, ist beim Steuermann im Vordergrund von **Abb. 34** sicher auszumachen: die Einfachheit, Schmucklosigkeit, geradezu Bescheidenheit der Tracht. Die zottelige Mütze ist diesmal durch einen schmalrandigen Hut ersetzt, hinzu kommen wieder Wams mit Schößen (Jacke), an den Knien gebundene Pumphose, Strümpfe[27] und Schuhe; außerdem ist ein Hemd mit Bindekragen zu erkennen. Ohne die Navigationsgeräte – Jakobsstab, Kompaß, Seekartenrolle – wäre der Steuermann leicht mit einem simplen Janmaaten der biederen Sorte zu verwechseln. Die Radierung vermutlich aus dem frühen 18. Jahrhundert könnte eine Arbeit wieder von oder eher nach Caspar Luyken sein (wie etwa ein Vergleich der beiden Bootsszenerien jeweils im Mittelgrund rechts von Abb. 34 und 32 nahelegt).

Abb. 34 *Erste Hälfte 18. Jahrhundert*

Vornehmlich die Gestaltung des Schiffshecks mit seinem niedrig-breiten oberen Spiegel links in **Abb. 35** (man vergleiche damit vorher wiedergegebene Heckpartien in Abb. 5, 14, 24, 29 und 34) erlaubt es, den auslaufenden, bestückten Dreimaster und damit auch die Beinahe-Schattenrisse der im Vordergrund rechts zum Schiff blickenden Seeleute in die Mitte bis in die zweite Hälfte des 18. Jahrhunderts zu datieren. Die Lebensdaten des Künstlers Cornelis van Noorde, der offenbar ein damals einigermaßen modernes Schiff radieren wollte oder sollte, bekräftigen das. Aus dieser zeitlichen Zuordnung folgt, daß sich die Seemannsbekleidung (wie die der handarbeitenden Bevölkerung generell) in vielen Jahrzehnten, wohl gar in knapp zwei Jahrhunderten, nur wenig verändert haben dürfte.

Abb. 35   *Zweite Hälfte 18. Jahrhundert*

1795 in London erschien die mit **Abb. 36** gezeigte ovale Aquatintaradierung, wie ein sie ergänzender (hier fortgelassener) Text besagt. Mit dieser Jahreszahl steht nicht recht in Einklang, was die beiden Seeleute am Körper tragen und was ihnen ein etwas altmodisches Aussehen gibt (man vergleiche Abb. 36 etwa mit Abb. 27). Wahrscheinlich handelt es sich um eine Genre-Szene bereits historisierender Art: Vor einer Küsten-Kneipe, am Tisch unter dem Wirtshausschild, sind der eine Seemann mit seiner Tabakpfeife, der andere mit seinem Mädchen, beide mit Trinken beschäftigt, und letzterer weist am Turm (mit ausgestecktem Feuerkorb = Seezeichen) vorbei auf die im Hintergrund liegende, bald auslaufende Flotte. Ein Hauch von Abschied, damals ... – so könnte es gemeint sein.

Abb. 36   *Ende 18. Jahrhundert (wohl historisierend)*

Der eine lange Tonpfeife rauchende »Matelot Hollandois«, also holländische Matrose in **Abb. 37** mit breitrandigem, bebänderten Hut, Halsbinde, Weste, Jacke mit Manschetten, faltiger Hose, Strümpfen und Schnallenschuhen sieht für einen Matrosen recht wohlhabend, sehr »landfein« aus, ist auch nicht mehr der jüngste. Seine bemerkenswerte Hose ist nicht etwa ein ungewöhnlich weit geschnittenes und entsprechend tiefbauschiges Kniebund-Modell, sondern gehört zu den knielangen, unten offenen »petticoat breeches« (»Unterrock-Hosen«), welche – nur ? – von Seeleuten besonders in England schon in den letzten Jahrzehnten des 16. Jahrhunderts, dann bisweilen in den Niederlanden und schließlich gar noch um 1820 durch Elb-Lotsen getragen worden sind.[28] Zugrunde liegt Abb. 37 eine wohl französische, farbige Radierung aus der Zeit um 1800.

Abb. 37 *Um 1800*

Was vorstehend in Bezug auf alte seemännische Kleidung an Bild- wie an archäologischem Fundmaterial aus mehreren Jahrhunderten in 37 Abbildungen wiedergegeben und kommentiert werden konnte, bestätigt voll eine grundsätzliche Erkenntnis auch Henningsens[29]: Die einstige Seemannstracht im Westen und Norden Europas folgte der an Land üblichen, wich nicht oder nur wenig davon ab, ohne daß damit die Entwicklung einiger spezifischer maritimer Charakteristika ausgeschlossen worden wäre.

Bildliche Differenzierungen bei früher Seemannsbekleidung werden mit durch die Notwendigkeit für das Bordpersonal begründet, mancherlei nicht nur berufstypischen Situationen in unterschiedlichem »Zeug« gerecht zu werden oder das wenigstens zu versuchen, wobei halt individueller, meist vom Land übernommener Geschmack seine Rolle spielte. Begriffs-Gegensätze wie die folgenden mögen andeuten, wie variabel die Abbildungs-Möglichkeiten etwa sein können und zum Teil auch hier waren:

Arbeitskluft[30] einschließlich entsprechendem Wetterschutz – »Landfein«-Aufmachung (manchmal besonders abhängig vom Zeitpunkt der Heuer-Auszahlung);
Kleidung in witterungsgemäßigten Zonen – Tropen- oder Bekleidung für polare Breiten;
»Janmaaten-Plünnen« – »Offiziers«-Tracht;
von Jüngeren bevorzugter, oft neumodischer »Dress« – überkommene, vorzugsweise von Älteren getragene Sachen.

Andererseits aber gab es eben doch die oben erwähnten wenigen, aber einigermaßen verbreiteten maritimen Kleidungs-Spezifika (wie etwa die zotteligen Kappen oder die »petticoat breeches«), welche entweder ganz simpel modebedingt waren oder als zweckmäßig galten, wobei sie auf dem Seewege rasch andere Länder erreichen und sich bisweilen – sei es auch nur regional – lange halten konnten. Trugen sie zur Annahme einer wenigstens relativen Einheitlichkeit alter Seemannstracht bei, so wurde diese Vorstellung noch dadurch bestärkt, daß Janmaaten großer Schiffe während langer Fahrenszeiten gelegentlich selbst Bekleidungsstücke aus bordeigenen Segeltuchresten (canvas) zuschnitten, vom Segelmacher schneidern ließen oder auch aus einem vielleicht vom Bootsmann mitgeführten »Konfektions«-Vorrat käuflich erwarben[31], was natürlich Ähnlichkeiten des Äußeren begünstigte. Solche Ähnlichkeiten folgten überdies aus dem verwandten oder gar gleichen Textil- und Schuhangebot der Seemannsläden und Schiffsausrüster in den Hafenorten. »Janmaat«, »Jack Tar« und »Teerjacke«[32] waren dann schon kenntlich, auch an Land, wenngleich keineswegs nur der Kleidung wegen. Erst in unserer Zeit änderte sich das gründlich.

Anmerkungen:
1 Schreiben H. Henningsen vom 12.6.1979 an Verf.
2 H. Henningsen: Sømandens Tøj. In: Årbog Handels- og Søfartsmuseet 1979, S. 16 und 63. J. Munday: Waffen, Orden, Uniformen – Zeugnisse aus dem Leben der Seeleute. In: B. Greenhill (Hrsg.): National Maritime Museum – Das Britische Schiffahrtsmuseum in Greenwich bei London. Dt. Ausgabe München 1982, S. 129.
   Militärähnliche, rangbetonende Uniformen sind den in puncto Kleidung erst einmal witterungsorientierten Seeleuten nie eigentlich wesensnah gewesen; auch ohne Uniform-»Kennung« wußte man in der Regel früher an Bord selbst größerer Schiffe, wem man begegnete, wer welche Funktionen auszuüben und wer dabei das »Sagen hatte«. Erst mit dem Aufkommen von »Großkampfschiffen« (etwa im Sinne der Linienschiffe) mögen sich den Landstreitkräften angenäherte Uniformen als nützlich und nicht zuletzt als dekorativ-begehrenswert erwiesen haben, doch auch diese Uniformen behielten oft ein ziviles Aussehen, als die an Land üblichen.
3 So D. Ellmers: Die Entstehung der Hanse. In: Hansische Geschichtsblätter 103, 1985, S. 23.
4 Zur Erinnerung: Südwester = »Schifferhut mit breiter Krempe von geöltem Leinen zum Abhalten des Schlagregens und der Spritzwellen« (F. Kluge: Seemannssprache. Halle/S. 1911, S. 770). Aus Leder gefertigt, läßt sich der Südwester bis ins 17. Jahrhundert zurückverfolgen (Henningsen a.a.O. [siehe oben Abs. 1], S. 52 und 64); neuere, noch vom Verf. getragene Exemplare waren aus Plastikmaterial.
5 L. Kybalová u.a.: Das große Bilderlexikon der Mode – Vom Altertum zur Gegenwart. Prag 1966; ostdt. Lizenzausgabe Dresden 1981, S. 362 und 556.
6 Ebd., S. 128.
7 Zur stadt-, hanse-, wirtschafts- und schiffahrtshistorischen Bedeutung der eigentümlichen Schwurszenen wie zum Gebrauch des Firrers auf alten lübischen Stadtsiegeln siehe D. Ellmers (wie Anm. 3), S. 3ff., insbes. S. 11ff.
8 Die romanischen Sprachen entlehnte Rangbezeichnung Kapitän = Hauptmann gelangte erst über die Landheere und die Kriegsmarinen in die Handelsschiffahrt. Näheres bei F. Kluge (wie Anm. 4), S. 422f.
9 Näheres bei F. Kluge (wie Anm. 4), S. 574f.
10 Einen ersten, wesentlichen Hinweis hierzu lieferte J. van Beylen, früherer Direktor des Nationaal Scheepvaartsmuseums, Antwerpen, mit Schreiben vom 8.5.1979 an Verf.
11 Henningsen (wie Anm. 2), S. 11 – Abb. 6 – und 43.
12 So im Ergebnis auch Van Beylen laut Schreiben gemäß Anm. 10. Hennigsen erwähnt in seinem Anm. 1 genannten Schreiben Filzkappen, »die mit langen wollenen Fäden zottig wie Pelzmützen gemacht waren (englisch: thrummed caps)«.
13 So B.G.J. Elias: de Tachtigjarige Oorlog. Haarlem/Bussum 1977, S. 128 (Bildunterschrift).
14 Historisches Stadtmuseum (nicht zu verwechseln mit dem British Museum).
15 Schreiben vom 2.7.1979 an Verf.
16 Laut Schreiben Vasa-Museet vom 6.12.1991 an Verf.
17 Siehe L. Hacquebord: Smeerenburg – Het verblijf van Nederlandse walvisvaarders op de westkust van Spitsbergen in de zeventiende eeuw. Amsterdam 1984 (Gesamt-Forschungsbericht, Diss.). Ders.: Smeerenburg – Zeugnisse vom frühesten Spitzbergen-Walfang im 17. Jahrhundert. Bremerhaven 1988 (Begleitschrift zur gleichnamigen Ausstellung im DSM).

18 Fundstellen-Lokalisierung und Datierung laut Schreiben des gen. Arctisch Centrums vom 10.12.1991 an Verf. – Die Bekleidungsfunde von Smeerenburg auf Amsterdamöya sind ausführlicher behandelt und bilddokumentiert bei L. Hacquebord (wie Anm. 17) im erstgenannten Buchtitel (1984) S. 203ff. und 214ff. Beachte auch das z. T. weiterreichende Bild- und Textmaterial bei Hacquebord u.a.: Textielvondsten op Spitsbergen. Amsterdam 1988/90 (Kongreßbericht), sowie beim in Anm. 17 zweitgenannten Buchtitel (1988) S. 54 und 57ff.

   Der vorgenannte Sammelband Textielvondsten ... (Kongreßbericht) bietet S. 73ff. im Schlußbeitrag von E. Dubuc (Sixteenth Century Basque Whalers' Clothing from Red Bay, Labrador) auch noch Text- und Bildmaterial zu den wahrscheinlich frühesten Funden europäischer Kleidung in Nordamerika, sämtlich aus Wolle, getragen von baskischen Walfängern im späteren 16. Jahrhundert und 1984/86 bei Ausgrabungen durch Archäologen der Memorial University of Newfoundland geborgen.

19 Beim Rijksdienst voor de Ijsselmeerpolders, damit inzwischen aufgegangen in der Directie Flevoland von Rijkswaterstaat, beide Lelystad, mit Museum voor Scheepsarcheologie in Ketelhaven.

20 Fundstellen-Lokalisierung und Datierung laut Schreiben des in Anm. 19 genannten Rijksdienstes/ Museums vom 20.10.1982 an Verf. Fotos gen. Rijksdienst.

21 An einigen Plätzen der Niederlande haben sich dergleichen Trachten recht lange gehalten, auf der Insel Marken in der ehemaligen Zuidersee bis in unser Jahrhundert; vergleiche hierzu die Zeichnungen der Pluderhosen bei Hacquebord u. a.: Textielvondsten ... (siehe Anm. 18), S. 65 – Abb. 23 (Marken) – und 51 – Abb. 6 c/d (Smeerenburg).

22 Pars pro toto J. van Beylen: Schepen van de Nederlanden – Van de late middeleeuwen tot het einde van de 17e eeuw. Amsterdam 1970, Abb. vor S. 233, S. 311. G. M. W. Acda: Voor en achter de mast – Het leven van de zeeman in de 17de en 18de eeuw. Bussum 1976, Frontispiz und S. 10 (Bildunterschrift).

23 Allerlei Fotos von Seeleuten und Freizeit-Kapitänen unserer Tage scheinen zu erweisen, daß qualmende oder auch nur »kalt gerauchte« Pfeifen noch immer als ikonografische Kennzeichen »kerniger Seemänner« gelten (sollen).

24 »Heer van zes weken« – »Herr für die Dauer von sechs Wochen« nach Rückkehr aus Übersee, bis das verdiente Geld und Gut vertan war – nannte man spöttisch bisweilen den Janmaaten gerade aus dem Dienst der Ostindischen Compagnie, welcher im übrigen auch wohl als »Jan Compagnie« bezeichnet wurde. Was er vor Fahrtantritt und in beträchtlichem Vorgriff auf seine Heuer vom zudem schiffsdienstvermittelnden »Zakenman« (»Sachenmann«, »Seelenverkäufer«, Schlaf- oder Heuerbaas) als kaum zureichende Bordkluft vertraglich in etwa erhalten hatte, berichtet Van Beylen (wie Anm. 22), S. 234: Zwei Paar Schuhe, Schnürsenkel, zwei Paar Strümpfe, zwei Leinenhosen, drei blaue Hemden, zwei Wämser, zwei Halstücher und eine Mütze. Tröstlich, daß vertragsgemäß unter anderem auch noch ein mit »Fingerhut« umschriebener (Schnaps)Becher zur persönlichen Ausstattung gehörte...

25 So J. Bracker: Wappen von Hamburg (III) – ein schwimmender Barockpalast. In: Hamburg-Porträt 1/1976, S. 6 und Abb. 14.

26 Aus der Werkstatt Christian Prechts d. Ä.?

27 Die an den Beinen erkennbaren Schleifen können auch solche von Knie-Strumpfbändern sein, wie es sie damals gab; siehe auch Abb. 21 links.

28 H. Henningsen (wie Anm. 2), S. 10, 35 und 63 sowie S. 15 – Abb. 12 – und 21 – Abb. 20.

29 Ebd., S. 8 und 63.

30 In der Arbeitskluft, günstigenfalls in der Unterwäsche (soweit vorhanden), wurde oft auch geschlafen, um für die nächste Wache und – vor allem bei schwerem Wetter – für plötzliches »All hands ...!« rasch parat zu sein. Dies geschah teils auf Weisung, teils freiwillig, und manche Janmaaten blieben bei diesem nicht eben hygienischen Verhalten auch, wenn es gar nicht nötig war, selbst an Land. Hierzu H. Hanke: Seemann, Tod und Teufel. Rostock 1966; westdt. Lizenzausgabe Hamburg 1986, S. 151 und 155, ferner J. van Beylen (wie Anm. 22), S. 250.

31 Hierzu H. Henningsen (wie Anm. 2), S. 61 und 64; H. Hanke (wie Anm. 30), S. 151; D. Macintyre u.a.: Abenteuer der Segelschiffahrt 1520–1914. London 1970; dt. Lizenzausgabe Gütersloh und Wien 1971, S. 126 (Bildunterschrift).

32 Obige letzten beiden Spottbezeichnungen für einen Seemann – die alte englische und die weit jüngere deutsche – weisen noch auf die Zeiten vor Aufkommen des Ölzeugs zurück, als man für den Bordgebrauch sogar Kleidungsstücke mit Teer als isolierender Schutzschicht gegen Feuchtigkeit imprägnierte.

Abbildungs-Quellen und -Nachweise*:
Abb. 1–2 Genaue Nachzeichnungen lübischer Stadtsiegel von 1256 und 1281 durch den ortsansässigen Kunstmaler C. J. Milde (1803–75). Archiv der Hansestadt Lübeck. Fotos Damaschke.
Abb. 3 Unsign. Holzschnitt »Nauis Christianorum oppugnatur per viginti triremes Thurcorum« aus G. Caoursin: Obsidionis Rhodiae urbis descriptio ... 1496 (Bericht über die türkische Belagerung von Rhodos). Ausschnitt. Marit. Sammlung des Verf. im DSM. Foto Ihnken.
Abb. 4 Unsign. Holzschnitt, vorgezeichnet und vielleicht auch geschnitten durch Jost Ammann (1539–1591), »Nauta. Der Schiffmann.« aus der latein. Ausgabe: Panoplia omnium ... artium genera ... des (mit Texten von Hans Sachs ausgestatteten) »Ständebuches«. Frankfurt/M. 1568. Marit. Sammlung des Verf. im DSM. Foto Ihnken.
Abb. 5 Sign. Titelkupfer von Ioannes van Doetecum zum ersten Teil von L.I. Waghenaer: Spieghel der Zeevaerdt ... Leiden 1584/85 (erste gedruckte systematische Kombination von Seekarten und Segelanweisungen, damit erster See-Atlas überhaupt). Marit. Archiv des Verf. Foto Ihnken.
Abb. 6 Sign. Titelkupfer von Théodore de Bry zu Ashleys englischsprachiger Ausgabe (Teil ?) des unter Abb. 5 genannten Werkes. O.O. 1588. Ausschnitt. Marit. Archiv des Verf. Foto Ihnken.
Abb. 7 Unsign. Titelkupfer zum zweiten Teil von Claussohns (C. Claesz.) deutschsprachiger Ausgabe des unter Abb. 5 genannten Werkes. Amsterdam 1589. Ausschnitt. Marit. Archiv des Verf. Foto Ihnken.
Abb. 8–9 Unsign. Radierungen aus G. de Veer: Waerachtighe Beschryvinghe Van drie seylagien ... Amsterdam 1598 (Expeditionsbericht). Ausschnitt. Marit. Archiv des Verf. Fotos Ihnken.
Abb. 10 Sign. Titelkupfer zu J.J. Orlers und H. van Haesten: Warhafftige Beschreibung ... aller Züge vnd VICTORIEN ... des ... MAVRITS von NASSAV ... / Der newe verbesserte Nassawische Lorberkrantz ... Leiden 1617 (erste deutschsprachige, im übrigen wohl dritte Ausgabe des entsprechenden niederländischen Werkes von 1610). Ausschnitt. Marit. Archiv des Verf. Foto Ihnken.
Abb. 11 Unsign. Titelkupfer, wohl vorgezeichnet durch Ian Porcellis und ausgeführt durch Claes Iansz. Visscher, zu: ICONES VARIARUM NAVIUM HOLLANDICARUM ... Amsterdam 1627 (zwölfteilige Bildserie verschiedener holländischer Binnen- und Küstenschiffstypen), spätere Ausgabe o.J. Ausschnitt. Nach I. de Groot und R. Vorstman: Zeilschepen ... Maarssen 1980, S. 24.
Abb. 12 Unsign. Titelkupfer zur französischen Ausgabe: L'ARDANTE ... COLOMNE DE LA MER ... von I.A. Colom: De Vyerige Colom ... Amsterdam 1633 (Seekartenwerk mit Segelanweisungen). Ausschnitt. Nach L.M. Akveld, S. Hart und W.J. van Hoboken (Red.): Maritieme geschiedenis der Nederlanden, deel 2. Bussum 1977, S. 176.
Abb. 13 Unsign.Titelkupfer wohl von Johannes van Loon zur französisch neu betitelten Ausgabe: LE NOUVEAU FLAMBEAU DE LA MER ..., Amsterdam 1650, von J. Janssonius: Het nieuw vermeerde / Licht ... ende Vierighe Colom / des / Grooten Zeevaerts. Amsterdam 1634 (Seekartenwerk mit Segelanweisungen). Ausschnitt. Marit. Archiv des Verf. Foto Ihnken.
Abb. 14 Sign. Titelkupfer zu Th. Jacobsz.: 't Nieuwe en Vergroote Zee-Boeck / Dat is ... Loots-Mans Zee-Spiegel ... Amsterdam 1657 (Seekartenwerk mit Segelanweisungen). Nach A.W. Lang: Seekarten der südlichen Nord- und Ostsee. Hamburg, Berlin/Stuttgart 1968, S. 47.
Abb. 15–17 Wahrscheinlich Londoner Werkkleidung eines einfachen Seemannes oder (Hafen?)Arbeiters aus der 1. Hälfte des 17. Jahrhunderts. The Museum of London. Fotos gen. Museum.
Abb. 18 Im Stockholmer Wrack der 1628 gesunkenen WASA an verschiedenen Stellen gefundene, erst nach der Bergung zu einer Tracht kombinierte Bekleidungsstücke. Vasa-Museet, Stockholm. Foto gen. Museum.
Abb. 19–21 Auf Spitzbergen/Svalbard im 17./18. Jahrhundert durch Besatzungsmitglieder von Walfangschiffen getragene Kleidungsteile, geborgen bei archäologischen »Smeerenburg«-Ausgrabungen. Arctisch Centrum der Rijksuniversiteit Groningen. Fotos gen. Centrum
Abb. 22–23 Fragmente von auf Zuiderzee- (heute: Ijsselmeer-) Schiffen im späten Mittelalter (?) und im 17. Jahrhundert benutztem Schuhwerk; Wrackfunde A 77 und R 1 Noordoostpolder. Ehem. Rijksdienst voor de Ijsselmeerpolders, Lelystad/Ketelhaven. Fotos gen. Rijksdienst.
Abb. 24 Sign. Titelkupfer, gezeichnet und radiert durch Wenceslaus Hollar (1607–77), zu dessen: NAVIUM Variae Figurae ... Amsterdam 1647 (zwölfteilige maritime Bildserie), spätere Ausgabe Haarlem o.J. Ausschnitt. Marit. Sammlung des Verf. im DSM. Foto Ihnken.
Abb. 25 Unsign. Bleistiftzeichnung. Ausschnitt. Nationaal Scheepvaartmuseum, Antwerpen. Nach J. van Beylen (wie Anm. 22), Abb. vor S. 233. Foto Veroft.

* soweit zu ermitteln.

Abb. 26–27 Sign. Skizzen (Federzeichnungen, zum Teil laviert, über Bleistift) von Willem van de Velde dem Älteren (1611–93), 1655 ? Ausschnitte. National Maritime Museum, Greenwich. Nach G. Kaufmann (Hrsg.): Zeichner der Admiralität ... Herford 1981 (Ausstellungskatalog des Altonaer Museums in Hamburg), S. 51 und 45. Fotos erstgenanntes Museum.
Abb. 28 Verlagssign. Radierung »Oost Indise Bootsgezel / MATELOT révenu des INDES.« aus C. und A. Allard: Dragten der Boeren en Boerinnen. Leiden ca. 1700, Nr. 5. Ausschnitt. Marit. Archiv des Verf. Foto Ihnken.
Abb. 29 Sign. Radierung, gezeichnet und geätzt duch Ludolf Bakhuizen (auch Backhuysen, 1631–1708) aus dessen: D' Y Stroom, en Zeegezichten ... Amsterdam 1701 (zehnteilige maritime Bildserie) mit auch späteren Ausgaben, Nr. 9. Ausschnitt. Marit. Sammlung des Verf. im DSM. Repro Verf.
Abb. 30 Unsign. holzgeschnitzte, nicht mehr ganz vollständige Figur wohl aus der Heckzier eines hamburgischen Konvoischiffes, möglicherweise der 1691 in Dienst gestellten ADMIRALITÄT VON HAMBURG. Museum für Hamburgische Geschichte. Nach J. Bracker (wie Anm. 25), Abb. 14. Foto gen. Museum.
Abb. 31 Sign. Radierung »Der See-Admiral.«, gezeichnet und geätzt durch Caspar Luyken (1672–1708) aus Ch. Weigel: Abbildung Der Gemein-Nützlichen Haupt=Stände ... Regensburg 1698. Marit. Sammlung des Verf. im DSM. Foto Ihnken.
Abb. 32 Unsign. Radierung »Der Schiffer.« wahrscheinlich von Caspar Luyken (1672–1708) nach älterer Vorlage aus Ch. Weigel (wie Abb. 31).
Abb. 33 Sign. (»C L« auf Deckel der Seekiste) Radierung »Der Boots=Knecht.« von Caspar Luyken (1672–1708) aus Ch. Weigel (wie Abb. 31).
Abb. 34 Unsign. Radierung »OP EEN STUURMAN.« vielleicht von oder eher nach Caspar Luyken (1672–1708) aus einem durch den Verf. noch nicht identifizierten niederländischen Werk vermutlich des frühen 18. Jahrhunderts. Marit. Sammlung des Verf. im DSM. Foto Ihnken.
Abb. 35 Unsign. Radierung »Op 't Zien van een Schip.« von Cornelis van Noorde (1731–95) aus: HET OVERVLOEIJEND HERTE, durch den Verf. noch nicht näher identifiziertes niederländisches (religiös-moralisierendes ?) Werk des späteren 18. Jahrhunderts. Marit. Sammlung des Verf. im DSM. Foto Ihnken.
Abb. 36 Sign. Aquatintaradierung, datiert 1.II.1795, aus einem durch den Verf. noch nicht identifizierten englischen Werk. Marit. Sammlung des Verf. im DSM. Foto Ihnken.
Abb. 37 Unsign. farbige Radierung »Matelot Hollandois« wohl französischer Herkunft, dem Verf. nur als bisher nicht näher identifiziertes Einzelblatt bekannt. Um 1800. Ausschnitt (konturenverstärkt). Marit. Archiv des Verf. Foto Ihnken.

Anschrift des Verfassers:
Dr. Heinrich Stettner
Klein-von-Diepold-Straße 10, App. 96
D-2970 Emden

SCHIFFERVOLKSKUNST IM STROM-REVIER ZWISCHEN ODER UND ELBE

Von Wolfgang Rudolph

Teil 3:
Schiffervereinsfahnen

Neben ihren älteren und für längere Zeit auch noch wichtigeren kulturellen Gemeinschaftszeichen – Zunftlade und Schafferholz – schufen sich die in Gilden zusammengeschlossenen Kahnschiffer unserer Region zu Beginn des 19. Jahrhunderts ein neues Kennzeichen ständischer Macht und Würde: die Fahne. Woher der Anstoß dazu kam, wissen wir nicht. Man darf jedoch annehmen, daß in der erfrischenden Aufbruchstimmung unmittelbar nach den Befreiungskriegen von 1813/1815 ein Ereignis maßgeblich dazu beigetragen hat: nämlich die Schaffung der preußischen Nationalflagge (in Erlassen von 1816, 1817, 1818). Sie mußten alle jene Schiffsfahrzeuge führen, die staatshoheitliche Aufgaben auszuführen hatten: also auch die Post- und Ausbildungsschiffe. Auch die Binnenschiffe im grenzüberschreitenden Flußverkehr waren zum Führen der Landesflagge angehalten – beispielsweise beim Passieren der Zollstellen auf Rhein, Elbe und Havel. Eine Nationalflagge für Seeschiffe gab es in Europa erstmals, seit sich die Generalstaaten der Niederlande im Westfälischen Frieden von 1648 ihre Unabhängigkeit erkämpft hatten. Militärische Truppenfahnen mit einheitlicher Verbindlichkeit hinsichtlich Größe, Material, Farbgebung und gestaltender Symbolik waren etwas jünger: in Preußen kannte man sie seit 1713, in Österreich seit 1765.[1]

Die älteste Schiffervereinsfahne unseres Untersuchungsgebietes – von 1821 – blieb im märkischen Dörfchen Kappe (am Rande der Schorfheide) erhalten. Sie braucht jedoch nicht unbedingt die älteste hiesige Schiffervereinsfahne überhaupt gewesen zu sein; möglicherweise hat es in Pritzerbe an der Havel bereits 1818 eine Fahne der Schiffergilde gegeben. Der von U. Buchholz dazu als Beweis angeführte Brief des Fahnenmalers (von 1852) erlaubt jedoch unterschiedliche Deutungen.[2] Für diese Untersuchung der Schifferfahnen im Stromrevier zwischen Ostseeküste, unterer Oder und unterer Elbe wurden insgesamt 62 Fahnen aus den folgenden (43) Orten herangezogen:

Altenplathow	Garz	Marienwerder
Arneburg	Genthin	Michelsdorf
Beetz	Glashütte	Mönkebude
Bittkau	Grunewald	Müllrose
Brandenburg	Hohensaaten	Nahmitz
Bredereiche	Kappe	Neubrück
Brettin	Ketzin	Neuzittau
Burgwall	Kremmen	Prieros
Dömitz	Lauenburg	Ravensbrück
Eldena	Lehnin	Sachsenhausen
Friedrichsthal	Malz	Sandfurth
Fürstenberg/Havel	Marienthal	Schmergow

Warnau   Woltersdorf   Zehdenick
Werben   Zabelsdorf   Zerpenschleuse
Wittenberge

Von diesen wichtigen »Insignien« der Schiffergemeinschaften können elf Exemplare zu einer älteren Gruppe zusammengefaßt werden, die man als »Gildefahnen« bezeichnen sollte (Abb. 1). Wir analysieren sie im Hinblick auf ihre Hersteller, auf das Fahnenmaterial und die Fertigungstechnik, auf Größe und Farbgebung sowie auf die verwendeten Zentral- und Nebenmotive der Bildgestaltung. Ein Hersteller ist von keiner dieser elf Fahnen bekannt. Als Material wurden Woll- oder Leinenstoffe verwendet. Die von den Schiffern ausgewählten Bildzeichen hat man überwiegend aufgemalt, lediglich in drei Fällen aufgestickt. Einige alte Fahnen erweisen sich als ausgesprochen groß: allen voran die Fürstenberg-Ravensbrücker mit mehr als drei Metern Länge, Lauenburg mit 210 x 245 cm, Lehnin mit 235 x 250 cm. Andererseits mißt die älteste Kapper Fahne nur 120 x 120 cm, die dort dann nächstfolgende aus dem Jahre 1843 hat 160 x 160 cm. Die Müllroser (von 1858) weist ein Breiten/Längenverhältnis von 90 x 120 cm auf. Fünf Exemplare bestehen aus einfarbigem Tuch (weiß bzw. hellblau) (Abb. 2), die sechs anderen wurden nach Art von Schiffahrts-Nationalflaggen aus schwarz-weiß-schwarzen (1858, 1862, 1864) bzw. schwarz-weiß-roten (1873, 1876) Streifen zusammengenäht. Sämtliche elf Gildenfahnen sind lediglich einseitig verziert. Als Hauptmotiv der Bildsymbolik erscheint sechsmal der Preußenadler (in Fürstenberg-Ravensbrück, Grunewald, Kappe, Lehnin, Müllrose und Woltersdorf) (Abb. 3). Segelnde Kaffenkähne wurden dreimal abgebildet: 1840 und 1865 in Lauenburg, 1864 in Fürstenberg-Ravensbrück. Als ein Berufszeichen des Schifferstandes erkennt man je einmal die gekreuzten (klaren) Anker (Ravensbrück 1862) sowie eine Kreuzkombination aus Anker und Stakrudel (Lehnin 1873). Als florale Nebenelemente wurden Eichen- und Lorbeerzweige verwendet, als Eckornamente treten unklare Kahnanker zweimal auf, und in Lauenburg einmal das herzogliche Herrschermonogramm. Alle elf Gildenfahnen wurden mit gemalten bzw. aufgestickten Datierungen versehen. Bei sechs Exemplaren finden sich aufgebrachte Sinnsprüche wie: Es leben die Schiffer, Es blühe die Schiffahrt, Vivat, es blühe die Schiffahrt, Gott mit uns. Ganz besondere Beachtung verdient das Unikat der Allianzfahne der »Vereinigten Schiffer Gesellschaft zu

Abb. 1 *Älteste Fahne der Schiffer zu Kappe (1821)*

Abb. 2 *Schifferfahne von Grunewald (1846)*

Rechte Seite: *Die Sandfurther Fahne (oben) und Fahne von Grunewald (unten)*

Schiffer-Verein „Fortuna"

Sichregen bringt Segen

1908

Sandfurth.

Gott segne die

Schifffahrt.

Abb. 3   *Fahne der Schiffergilde Woltersdorf (1876)*

Abb. 4   *Allianzfahne von Fürstenberg-Ravensbrück (1864)*

Fürstenberg und Ravensbrück 1864«. Diese beiden eng benachbarten Ortschaften gehörten damals zu zwei verschiedenen deutschen Bundesstaaten: Fürstenberg war eine mecklenburgische Hafenstadt, Ravensbrück ein preußisches Schifferdorf. Interessant ist nun, welche Emblematik die dort in einer gemeinsamen Gilde vereinigten Handelsschiffer für ihr grenzübergreifendes Flaggenzeichen ausgewählt haben: als Grundtuch nahmen sie die Farben der Preußen-Nationale jener Zeit. Der im Bildzentrum stehende Wappenadler des weißen Fahnenfeldes wird jedoch von zwei zur Bildmitte segelnden Kaffenkähnen umrahmt, von denen jeder seine eigene Nationale am Mast zeigt. Das untere schwarze Fahnenfeld trägt – unter dem Preußenadler – das Gildezeichen der gekreuzten klaren Anker (Abb. 4).

Die Analyse des äußeren Erscheinungsbildes der ältesten Fahnen in unserm Stromrevier erlaubt nun eine annähernd sichere Feststellung im Hinblick auf die Einflüsse, die auf die Brauch-Novation der Schiffervereinsfahne eingewirkt haben müssen. Das Material (Leinen- und Wollstoffe), die Einseitigkeit der Bildgestaltung sowie Farbgebung und Symbolik (schwarz-weiß-schwarz; schwarz-weiß-rot; Preußenadler) deuten auf maritimen Einfluß aus Richtung der Schiffahrts-Nationale. Dafür spricht auch die Größe einiger dieser frühen Gildefahnen. Zum Vergleich: für preußische Truppenfahnen war das Format 140 x 140 cm vorgeschrieben, wohingegen die (vom Berufsstand her verwandte) Fahne des Greifswalder Fischeramtes 190 x 235 cm maß. Als ein ganz starkes Argument für die Vorbildwirkung der Schiffahrts-Nationale muß die einzigartige Gestaltung der Fürstenberg-Ravensbrücker Allianzfahne angesehen werden. Ein solcher Dekor dürfte für eine Truppenfahne schwer vorstellbar gewesen sein. Was einen anderen, durchaus im Bereich des Möglichen liegenden Einfluß von Seiten des alten Zunftwesens angeht, so liegen für eine Diskussion darüber leider zu wenig datierte Zunftfahnen aus mecklenburgisch-vorpommerschen bzw. nordbrandenburgischen Museen vor, um Vergleichsschlüsse ziehen zu können.

Nach 1890 treten bei unseren Schifferfahnen derartig erhebliche formale und inhaltliche Veränderungen auf, daß es erlaubt sein sollte, erst jetzt vom Typus der eigentlichen Vereinsfahne zu sprechen. Viele davon wurden in Fahnenfabriken hergestellt, was durch eingenähte bzw. am Fahnenstock angenagelte Metallplaketten nachweisbar ist. Diese verweisen auf die Bonner Fahnenfabrik sowie auf die Fahnenfabriken G. Lidde in Magdeburg, F. Gollert in Neuruppin, R. Ritter und R. Herzog in Berlin sowie auf die Kunststickereien von P. Bessert-

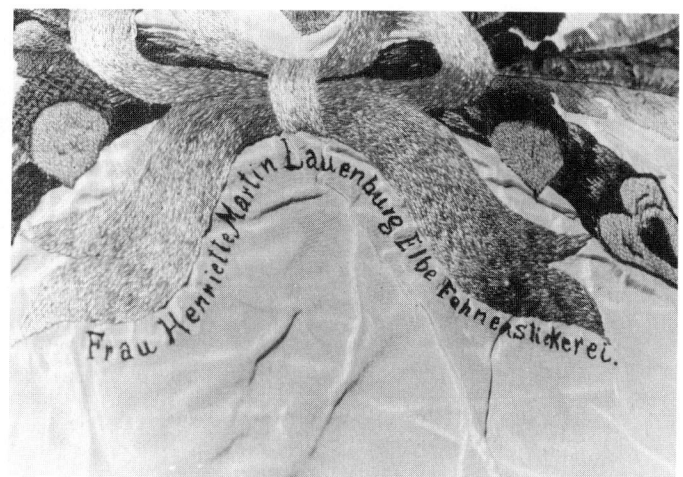

Abb. 5, 6 *Herstellerhinweise Firma Bessert-Nettelbeck, Berlin, und der Stickerei Martin, Lauenburg*

Nettelbeck in Berlin, H. Martin (Lauenburg) und eine nicht näher bezeichnete »Kunst Stickerei Anstalt« in Coburg (Abb. 5, 6). Als Material diente seither fast ausschließlich appretierte (sog. geschwerte) Fahnenseide; nach 1900 kamen auch Halbseiden-Atlasgewebe häufiger vor. Nur noch vier von 51 Exemplaren bestanden aus Woll- bzw. Leinentuch. Verändert wurden auch die Fahnengrößen. Am häufigsten (nämlich 23mal) erscheint – der Militärtradition angepaßt – ein Format von 120 x 140 cm. 14mal gibt es Stücke mit Breiten von 100 bis 115 cm. Lediglich eine Minderzahl weist Abmessungen auf, die über 140 cm bzw. unter 100 cm Breite liegen. Ein gravierender Wandel tritt auch bei der Farbgestaltung in Erscheinung. Einseitig gearbeitet sind lediglich noch sieben Exemplare, die sich von 1886 bis 1899 datieren lassen. Drei davon (Burgwall und Brettin) sind nach Art der Nationalen aus schwarz-weiß-roten Tuchstreifen genäht, zwei bestehen aus blauem (Bittkau, Eldena), zwei aus weißem einseitig bemaltem Stoff, – von letzteren eine (aus Bredereiche) mit schwarz-weiß-roter Längskantenbemalung, während die andere (von Prieros) blau-gelb-blaue Stoffkanten hat. Etwa 85%, also die Mehrheit unserer Exemplare, besitzt zweiseitigen Dekor, der aber nur noch selten gemalt, sondern überwiegend gestickt wurde und gelegentlich auch als Metallfadenapplikation auftritt. Vier der zweiseitig dekorierten Fahnen (von Ketzin, Michelsdorf, Neubrück und Schmergow) zeigen die schwarz-weiß-rote Streifung der Nationale. Die Gegenseiten sind ebenfalls schwarz-weiß-rot bzw. grün oder blau-weiß-blau. Ansonsten treten in unserm Revier folgende Farbkombinationen auf: blau und weiß, grün und weiß, rot und weiß, blau und gelb, blau und grün. Auch beide Tuchseiten können blau bzw. weiß sein. Die Kombination aus blau und weiß stellt mit 26 Exemplaren mehr als die Hälfte der zweiseitigen Stücke, wobei in 16 Fällen weiß die Farbe der spruchverzierten Rückseite ist.

Nach dieser Analyse der Farbgestaltung sollen nun die Motive des Fahnenbildschmucks einer näheren Betrachtung unterzogen werden. Die Bilder finden sich sowohl auf der vorderen Seite, die den Vereinsnamen präsentiert, als auch auf der spruchgeschmückten Rückseite. Ob und auf welche Weise – etwa an Hand von Angebotskatalogen – die Bildmotive von den Männern der Vereinsvorstände oder von den Fabrikvertretern ausgewählt worden sind, war hier nicht mehr zu ermitteln. Die Bilder sollen zunächst ohne Rücksicht auf ihre Fahnenseitenverteilung behandelt werden. Am häufigsten finden sich Darstellungen von Binnenschiffen sowie emblematische Darstellungen von Schiffsgerät, welchem der Charakter berufsstän-

Abb. 7   *Kaffenkahnbild in der Fahne von Bittkau (1900)*

discher Wahrzeichen zukommt. Beide Motivgruppen sind mit 29 : 31 Vorkommen annähernd gleich stark verteilt. Unter den Bildern der Wasserfahrzeuge überwiegt vor dem Ersten Weltkrieg die wirklichkeitsgetreue Darstellung des Kaffenkahns als des zeittypischen Schiffsgefäßes jener Periode (Abb. 7). Für die Zeit danach wird sein Abbild dann zum Gegenstand nostalgischer Betrachtungsweise. Doch gesellen sich nunmehr zu den Bildern der segelnden Kaffenkähne zunehmend schon Wiedergaben von Dampfschleppern, von modern gebauten eisernen Finowmaßkähnen (noch mit Mast und Sprietsegel) sowie von Motorkähnen (Abb. 8 und 9). Gelegentlich bildeten diese Fahrzeuge einen zentralen Bestandteil von ostmitteldeutschen Flußlandschaftsprospekten aus jener Zeit. In Pommern weist man in den Fahnen seine dreimastigen Haffkähne mit ihrer speziellen Spriettakelung vor, deren technische Details den Fahnenmalern jedoch offensichtlich nicht genügend vertraut waren (Abb. 10). Insgesamt vier-

Abb. 8   *Bild eines Finowmaßkahnes von Bredereiche (1931)*

Abb. 9   *Motorkahn in der Schifferfahne von Zabelsdorf (1929)*

mal (in Kremmen, Wittenberge, Deutsch Usch und Zerpenschleuse) wurden Kaffenkähne mit gelegtem Mast gezeigt (Abb. 11). Eine Seltenheit sind die unrealistischen Schiffsbilder von Malz und Müllrose, ein Einzelfall blieb die (an sich gute) Darstellung eines für die obere Havel untypischen Gefäßes: des Besanevers CATHARINA von Neuhof. Besondere Beachtung erfordert wiederum das unike Allianz-Schiffsbild in der Vereinsfahne der mecklenburgischen Elbschiffer von Dömitz: aus der Ufersicht des Stadthafens betrachtet, segelt im Fahnenbild ein

Abb. 10   *Pommerscher Haffkahn der Fahne von Mönkebude (1899)*

Abb. 11   *Kahn mit gelegtem Mast (Zerpenschleuse 1905)*

Abb. 12   *Allianzflagge des Schifferclubs Dömitz (1925)*

Kahn mit wehender Preußenflagge stromab, dem ein zu Berg fahrender ausgeflaggter Mecklenburger begegnet (Abb. 12). Von allen diesen Schiffsbildern zieren 15 die jeweilige Vorderseite, 14 die Gegenseite.

Nach 1890 wurde für die Darstellung der Berufsgruppen-Wahrzeichen wesentlich mehr Schiffsgerät herangezogen als in den Jahrzehnten davor. Während man in der Periode der Gildenfahnen lediglich die Kahnanker dazu verwendete, dienten später auch Rettungsringe, gekreuzte Stakruder (Rudel), gekreuzte Bootshaken, gekreuzte Handruder (hier Pootschen genannt) und gekreuzte preußische und deutsche Fahnen sowie Verbindungen von Mast und Rah, Takel und Block dazu (Abb. 13 bis 16). Als jüngstes zeichenhaft verwendetes Schiffsgerät tritt das Steuerrad hinzu – hier mit Datierungen von 1929 und 1938. Diese Dinge wurden

Abb. 14 *Emblem der Schiffer von Zerpenschleuse (1905)*

Abb. 13 *Berufszeichenkombination der Fahne von Nahmitz*

Abb. 16 *Emblem der Kapper Schifferfahne von 1906*

Abb. 15 *Zeichenkombination in der Sandfurther Fahne (1908)*

oft sehr aufwendig angeordnet: beispielsweise in Kombinationen aus Anker, Steuerrad und Handrudern / Anker, Bootshaken und Handrudern / Anker, Rettungsring, Handrudern, Bootshaken / Anker, Rettungsring, Handruder, Bootshaken, sechszackiger Stern, Mast und Rah. Interessant ist in der Fahne des Ketziner uniierten Schiffer- und Kahnbauervereins die Zeichenallianz aus Anker und Rettungsring nebst gekreuztem Dechsel und Blattbeil (Abb. 17). Ähnlich verfuhr man bei der Fahnengestaltung der Wittenberger Schiffer- und Fischerinnung: links vom zentral angeordneten Kahnbild wurde ein Anker mit zwei Stakrudern gekreuzt, rechts ein großer Weißfisch mit Handkahnrudern und Kescher (Abb. 18). Zeitlich zunehmend wurden Anker, Rettungsringe, gekreuzte Bootshaken bzw. Pootschen sowie Ankerbojen auch für die Gestaltung der Eckornamentik dieser Fahnen verwendet, desgleichen Tauwerkfigurinen.

Abb. 17 *Berufszeichenallianz der Schiffer/ Kahnbauer von Ketzin*

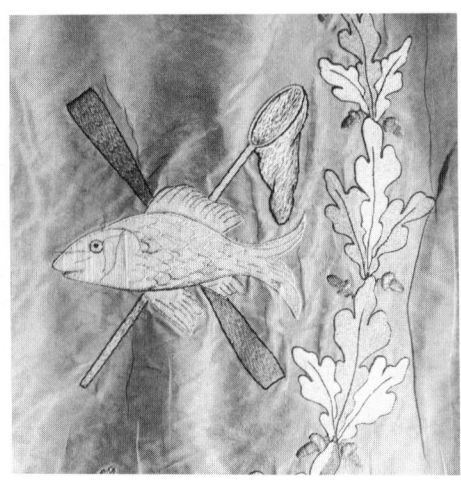

Abb. 18 *Zeichen der Fischer in der Fahne von Wittenberge*

Abb. 19 *Allegorie der Hoffnung (Zabelsdorf 1928)*

Die dritte Gruppe des Zeichenvorrates der Schiffervereinsfahnen wird – insgesamt 21mal vertreten – von Allegorien und Symbolfiguren gestellt: da gibt es eine schwebende Fortuna mit dem Füllhorn, eine Fortuna, die auf dem Erdglobus steht, eine Schiffer-»Hoffnung«, barfüßig auf rundgewaschenem Flußbettgestein, die mit ihrer Rechten einen gewaltigen Anker stützt, während die Linke ein Kranzgebinde emporhält, und schließlich die vom Niederwalddenkmal entlehnte Germania als Symbol der deutschen Nationalstaatlichkeit (Abb. 19 und 20) – nicht zu vergessen die seit alters her beliebte allegorische Dreiheit von Glaube, Liebe und Hoffnung, sowie das Sinnzeichen der verschränkten Hände, die brüderliche Einigkeit bedeuten sollen (Abb. 21).

Abb. 20 *Die Germania von Mönkebude* (1899)

Abb. 21 *Verschränkte Brüderhände (Fahne Marienthal, 1927)*

Übergehend zu der noch kleineren Gruppe der Hoheitszeichen finden sich Stadtwappendarstellungen in Arneburg, Dömitz und Lehnin. Nach 1890 wurde der bei den staatlichen Hoheitszeichen früher so beliebte Preußenadler vom Kaiseradler des deutschen Reichswappens (Fahnen von Friedrichsthal und Zerpenschleuse, Abb. 22), 1938 schließlich (in der Fahne von Altenplathow) vom Hakenkreuz verdrängt. Diese politisch brisante Artikulation haben

Abb. 22 *Der Reichsadler von Zerpenschleuse* (1889)

Abb. 23 *Fahnenbild von Altenplathow* (1938)

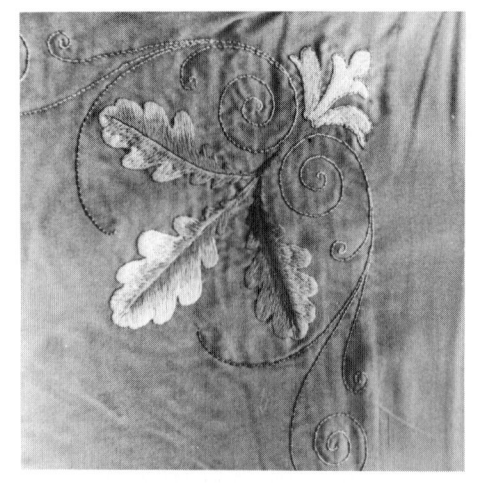

Abb. 24a *Eichenblätter*

Abb. 24b *Lilie*

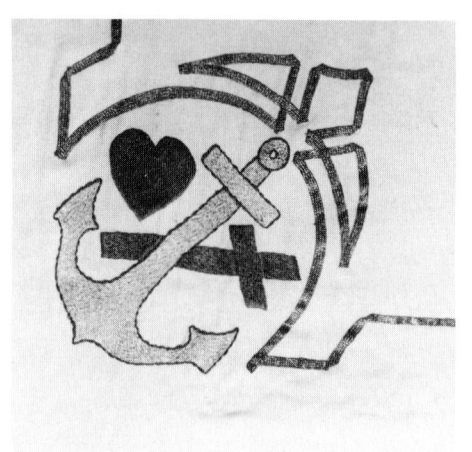

Abb. 24c *Glaube Liebe Hoffnung*

Abb. 24d *Anker*

Abb. 24e *Teichrose*

Abb. 24f *Efeublätter*

Abb. 25 *Delphinbild der Fahne von Neubrück (1904)*

Abb. 26, 27 *Tischstander des Schifferclubs Dömitz*

die dortigen Havelschiffer nach 1945 dann auf unkomplizierte Weise durch Heraustrennen des nationalsozialistischen Zeichens korrigiert, das vom Gestalter in eine Anker/Steuerrad-Kombination eingepaßt war (Abb. 23). Da Altenplathows Schifferverein – wie alle anderen in der sowjetischen Besatzungszone – zwangsaufgelöst worden war, trennte man bei der Fahnenumschrift die ersten vier Buchstaben des Wortes VEREIN ebenfalls mit heraus, so daß ein neutrales IN übrigblieb, das der Besatzungsbehörde unverdächtig erscheinen mußte.

Gegen Ende des 19. Jahrhunderts änderten sich schließlich auch die floralen Dekorelemente, für die früher nur Eichen- und Lorbeerzweige bzw. -blätter Verwendung gefunden hatten. Fortan wurden sie ergänzt durch Jugendstil-Kastanien- und Efeublätter sowie durch Gebinde aus Teichrosen (Nymphäa) und Rohrkolben (Typha) (Abb. 24 a–f). Als einziges zoomorphes Dekorelement tritt in unserem Gebiet eine Delphingruppe in Erscheinung, welche in der Neubrücker Schifferfahne die Vereinsnamensbeschriftung umrahmt (Abb. 25).

Erst die Verbindung von Verbalelementen mit dem Bildschmuck kennzeichnete nach barocker Anschauungsweise ein in sich geschlossenes allegorisches Gebilde. Diesem Grundsatz huldigte man bei der Fahnenherstellung bereits in der Schiffergildenperiode: in Müllrose beispielsweise 1858 in der Verbindung von Nationalfarben und Wappenadler mit dem Spruch: Vivat! Es blühe die Schiffahrt. 1890 ließen sich die Müllroser Kahneigner eine neue Fahne anfertigen. Diese zeigte, von Efeu umrankt, die ineinandergreifenden Hände der Freundschaft sowie das Motto »Eintracht macht stark«. Von volkskundlichem Interesse ist es, hier einmal – statt subjektiv ausgewählter Beispiele – den Gesamtbestand des Fahnenspruchgutes einer geschlossenen Region zu publizieren. In unserm Gewässerrevier kamen folgende Denksprüche bzw. Devisen auf den Schifferfahnen vor:

    Arbeit und Fleiß ziert Jüngling und Greis
    Einigkeit macht stark
    Einig und stark, deutsch bis ins Mark
    Eintracht macht stark
    Es blühe die Schiffahrt
    Gott mit uns
    Gott segne die Schiffahrt
    Gut Fahrt
    Hand in Hand für unsern Stand
    In Sturm und Wetter ist Gott unser Retter
    In Stürmen und Not beschütze uns Gott
    Kraft, Mut und Besonnenheit sind des Schiffers treu Geleit
    Mit Gott für Kaiser und Reich
    Mit vereinten Kräften
    Mut, Kraft und Besonnenheit sind des Schiffers treu Geleit
    Ob zu Wasser, ob zu Land, alle Zeit in Gottes Hand
    Ohne Fleiß kein Preis
    Reicht euch die Hand, ob zu Wasser und zu Land
    Scheiden ist unser Loos, Wiedersehen unsre Hoffnung
    Seid einig
    Sich regen bringt Segen
    Vereinter Kraft gar oft gelingt, was Einer nicht zu Stande bringt
    Vorsicht und Mut fährt sicher und gut
    Wir reichen uns die Bruderhand
    Zu Wasser und zu Land sind treu wir unserm Stand.

Anschließend sei hier noch kurz darauf hingewiesen, daß es außer den beim Schifferfestzug umgetragenen, beim Schifferball dann im Saal aufgehängten und bei Beerdigungen im Trauergeleit mitgeführten »großen« Vereinsfahnen vielerorts auch entsprechend gestaltete kleine Tischstander gegeben hat, deren Abmessungen bei 15 x 20 cm lagen. Sie wurden auf dem Vorstandstisch wie eine Standarte an einem Querstab mittels Kordel an eine Standvorrichtung aus Messing oder poliertem Holz gehängt. Auch diese fahnenartigen Gebilde waren aus Seide oder Halbseide und zeigten als Dekor auf farbigen Vorder- und Rückseiten Verbindungen von Bildern (in Dömitz: Segelkähne in Nymphäa/Typha-umkränztem Oval) und verbalen Elementen: in Zabelsdorf zum Beispiel *Zum 100jährigen Bestehen gewidmet vom Schiffer Verein Einigkeit von Zehdenick und Umgebung.* Am Untersaum waren diese Tischstander häufig – wie übrigens auch viele der großen Vereinsfahnen an allen drei Außenkanten – mit goldfadendurchwirkten Fransenborten verziert (Abb. 26 und 27).

Die in unserm Stromrevier vorhandenen älteren Gildefahnen blieben ohne originale Fahnenstöcke erhalten. Mithin läßt sich kein präziser und allgemeingültiger Schluß ziehen, auf welche Weise die Tücher befestigt waren. Überkommen sind bei einigen Fahnen lediglich Leinenbändsel, paarig am Stocksaum festgenäht. Gegen Ende des 19. Jahrhunderts wurde es dann wohl mehr und mehr üblich, die Seidenfahnen mittels kleiner Messingringe auf einen etwa 5 mm starken metallenen Rundstab zu reihen, der am Fahnenstock angeschraubt war. Daneben hat es auch noch Bändselbindung gegeben, ebenso wie eine direkte Aufreihung mit Hilfe festgenähter Metall- oder Holzringe von 50 mm Durchmesser. Die schweren Fahnenstöcke von 270 bis 290 cm Länge – zweiteilig, mittels Metallhülsen verbunden – hat man offenbar zusammen mit dem Tuch von den Fahnenfabrikanten bezogen. Anders wäre das Anbringen von Metallmarken der Hersteller (z.B. Bessert-Nettelbeck) nicht zu erklären.

Schon seit dem 18. Jahrhundert galt die hohe Wertschätzung der Truppenfahnen dem Gesamt-Kultobjekt, das üblicherweise aus dem Fahnentuch samt Fahnenstock bestand, einschließlich Fahnenstockspitze, Fahnennägeln und Fahnenschleifen. Diese Anschauung muß

Abb. 28 *Fahnenspitze von Marienthal*   Abb. 29 *Fahnenspitze von Sandfurth*

Abb. 30 *Fahnenspitze von Kappe*

sich dann im ausgehenden 19. Jahrhundert auch bei den Vereinen, die die militärische Symbolik kopierten, durchgesetzt haben. In den vorangegangenen Zeiten der Schiffergilden war der Schmuck des Fahnenzubehörs offenbar weniger aufwendig gehalten. Einige der überkommenen Fahnenspitzen aus den achtziger, neunziger Jahren weisen lediglich gedrechselte Holzspitzen auf; Fahnennägel sowie Fahnenschleifen aus der Zeit vor 1870 fehlen gänzlich. Das hierzulande für den Dekor der 20 bis 30 cm langen, 9 bis 15 cm breiten Messingspitzen am häufigsten verwandte Zeichen war der Anker (Abb. 28), und zwar in klarer ebenso wie in unklarer (mit Tauwerk versehener) Version. Mitunter ragt er ohne jedes Beiwerk aus der kugeligen Verdickung der Schraubtülle; häufiger allerdings wurde er von stabgefaßten

Abb. 31 *Stocknagel von Zehdenick*

Abb. 32 *Stocknagel von Bittkau*

Abb. 33 *Stocknagel von Zerpenschleuse*

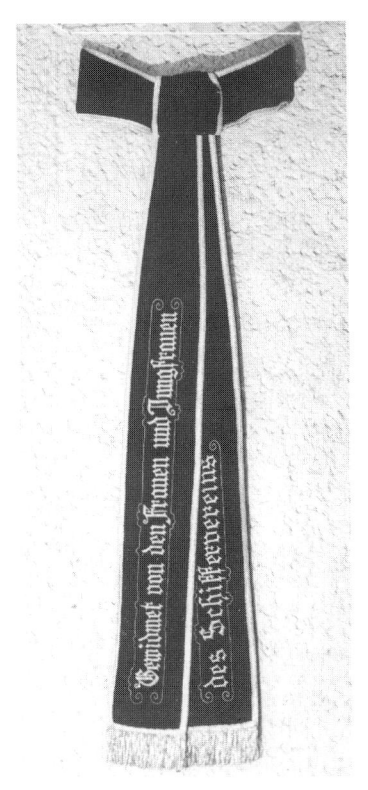

Abb. 34 *Fahnenschleife von Zabelsdorf* 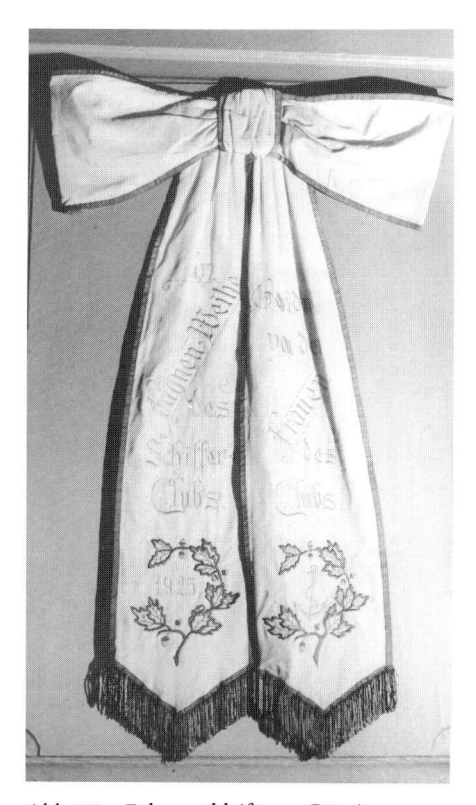   Abb. 35 *Fahnenschleife von Dömitz*

Eichen- oder Lorbeerzweigen umrahmt. Es kommen auch Kombinationen mit anderen zeichenhaften Dekorelementen vor: in Hohenwutzen beispielsweise eine Verbindung von Delphin, unklarem Anker und gekreuzten Handrudern, in Friedrichsthal von einem stehenden Bootshaken und zwei gekreuzten Stakrudern, in Sandfurth aus klarem Anker und Zahnrad, umkränzt von Eichen- und Lorbeerzweigen (Abb. 29). In Wittenberge hat man den Anker mit einem Flügelpaar (unterhalb des Ankerstocks) gekreuzt, was entweder auf enge Vereinsbeziehungen zum örtlichen Eisenbahnbetriebswerk oder zum Verband der deutschen Trans-

Abb. 36 *Ringkragen des Fahnenträgers von Lehnin*

portversicherer deuten könnte. In zwei Fällen lassen sich Hoheitszeichen als Fahnenspitzen nachweisen: im märkischen Kappe ein apart gestalteter Preußenadler (Abb. 30), im pommerschen Mönkebude der deutsche Reichsadler. Warnau wählte einen Dreizack als Spitzendekor, Zehdenick eine Lanzenspitze. Auch bei den 50 bis 80 mm langen metallenen Fahnennägeln, die eigentlich Widmungsschildchen darstellen, dominiert als Dekor der unklare Anker, gern in Wappenkombination mit der Kaiserkrone verwendet (Abb. 31). Preußen- und Kaiseradler erscheinen aber auch unkombiniert (Abb. 32 und 33). Derlei Nägel wurden meist von den Vereinen der Nachbarschaft gestiftet und trugen stereotype Gravuren dieser Art: *Gewidmet vom Schiffer Verein Germania Havelberg 16.1.09.* Es kamen aber auch Stiftungen von Firmen vor, die mit dem Schiffahrtsbetrieb verbunden waren, sowie von Privatpersonen: *Gewidmet von dem früheren Schiffseigener W. Schwabe Cappe 30.1.1906.*

Für preußische Truppenfahnen sind Stiftungen von Fahnenschleifen aus breitem, kunstvoll besticktem Seidenband mit Goldfadenkanten und Fransenborten seit den zwanziger Jahren des 18. Jahrhunderts belegt. Häufig wurden sie von königlichen Prinzessinnen gestiftet, die zu Regimentspatinnen bestimmt waren. An unsern Schiffervereinsfahnen dürften Fahnenschleifen, die dem Truppenbrauchtum nachgestaltet waren, erst im Jahrzehnt vor 1900 üblich geworden sein, und zwar wohl überwiegend als Stiftung einer Gruppe ortsansässiger Damen zur Fahnenweihe: *Der Schiffer Innung Ketzin gewidmet von den Frauen und Jungfrauen.* Die atlasbindigen Seiden- oder Mischgewebeschleifen wurden mittels Karabinerhaken in einen Ring unterhalb der Fahnenspitze eingehängt. Ihre nach unten hängenden beiden Enden sind üblicherweise 15 bis 20 cm breit und etwa meterlang. Das Ketziner Exemplar wurde in der Sächsischen Fahnenfabrik G. Lange & O. Kneiss in Leipzig hergestellt, andere stammen von Bessert-Nettelbeck in Berlin. Als Dekorfarbe herrscht blau bzw. blau-weiß vor, bei Fahnen der Schiffersterbekassen hingegen die Trauerfarbe schwarz. Als aufgesticktes Dekorelement dominiert wiederum der Anker, nicht selten kombiniert mit Rettungsringen sowie mit gekreuzten Stakrudern bzw. Bootshaken. Eichen- und Lorbeerzweige sowie Gebinde aus Teichrosen/Rohrkolbenranken bilden den zeittypischen Floralschmuck (Abb. 34 und 35). Die Webkanten wurden durch eingearbeitete Metallfäden, die beiden herabhängenden Enden der Schleifen durch Fransenborten verziert.

Abbildungsnachweis:
Hartmut Hilgenfeldt, Brandenburg: Abb. 13
alle anderen Fotos vom Verfasser

Anmerkungen:
1 Stein, Hans-Peter: Symbole und Zeremoniell in deutschen Streitkräften vom 18. bis zum 20. Jahrhundert. Herford ²1991; Vanja, Konrad: Vivat–Vivat–Vivat! Widmungs- und Gedenkblätter aus drei Jahrhunderten. (= Schriften des Museums für Deutsche Volkskunde, 12). Berlin 1985.
2 Buchholz, Ulrich: Die Schiffergilde in Pritzerbe. In: Rathenower Heimatkalender 27, 1983, S. 52–60.

Anschrift des Verfassers:
Dr. phil. Wolfgang Rudolph
Hermsdorfer Straße 107
D (O)-1413 Schildow bei Berlin

... INSEIPT, AFRASIERT UN RIN NA'T KÜBEN!
Linientaufen auf deutschen Schiffen von der Mitte des 19. bis zur Mitte des 20. Jahrhunderts

Von Wolfgang Steusloff

Die volkskundliche Sammlung des mecklenburgischen »Volksprofessors« Richard Wossidlo (1859–1939), seiner beruflichen Tätigkeit nach Oberlehrer für Latein und Griechisch am Gymnasium in Waren, ist als einzigartige und umfangreichste niederdeutsche Erzählsammlung sowohl der Volkskunde und der Sprachwissenschaft als auch einer großen regionalen Bevölkerungsgruppe wohlbekannt. Letzteres geht insbesondere darauf zurück, daß die von Wossidlo auf etwa zwei Millionen kleiner Zettel »vor Ort« notierten Auskünfte seiner Gewährsleute (Bauern, Tagelöhner, Handwerker, Fischer, Seeleute und deren Ehefrauen) nicht nur archiviert, sondern zu erheblichem Teil auch publiziert worden sind.

Im maritimen Bereich gilt das für ein volkskundliches Standardwerk, dessen Ursprung in einer zunächst beabsichtigten seemännischen Wortsammlung liegt, das aber letztlich das Alltagsleben an Bord der mecklenburgischen Segelschiffe in gesamter Breite widerspiegelt – selbstverständlich mit den Worten der alten Fahrensleute. Gemeint ist der von Richard Wossidlo vorbereitete Band »Reise, Quartier, in Gottesnaam«.[1] Das Erscheinen und den großartigen Erfolg dieses Sammelwerkes sollte der »Volksprofessor« jedoch nicht mehr erleben; es wurde 1940/43 von Paul Beckmann, einem Mitglied des Wossidlo-Kuratoriums, ediert.[2]

Doch bei weitem nicht alle schiffahrtsbezogenen Zettelnotizen und auch nicht alle volkskundlich relevanten Themen fanden Aufnahme in diese Edition: Vermutlich beruht ersteres in einer beabsichtigten Einschränkung vielfacher Wiederholungen, die zwar unter wissenschaftlichem Aspekt quantitativ aufschlußreich wären, wohl aber zugleich den größeren Leserkreis ermüdet hätten, und letzteres in der gewählten thematischen Abgrenzung »Marine und Dampfer scheiden aus«. Unerklärlich bleibt jedoch, warum ein wesentliches, keineswegs nur das Bordleben auf Marinefahrzeugen und Dampfschiffen betreffendes Kapitel seemännischer Brauchhandlungen völlig unbeachtet geblieben ist; gemeint sind die »Äquatortaufen« oder – in der älteren seemännischen Bezeichnung – die »Linientaufen«. Darüber existieren immerhin 45 Zettel mit Angaben von 35 Seeleuten, die insbesondere das letzte Drittel des 19. Jahrhunderts betreffen.

Wie ähnliche Handlungen am Polarkreis, an nautisch-markanten Küstenpunkten oder an Seegebietsgrenzen und einst auch am nördlichen Wendekreis sind die Äquatortaufen den Übergangs- oder Aufnahmebräuchen der Seefahrer zuzuordnen.

Unter dem Terminus »Rites de passage« (»Übergangsriten«) faßte erstmals Arnold van Gennep Anfang des 20. Jahrhunderts all jene rituellen Handlungen zusammen, die in jeder Gesellschaft und in allen sozialen Gruppen praktiziert werden, um räumliche, soziale und zeitliche Übergänge von Angehörigen zu begleiten, zu gewährleisten und zu kontrollieren.[3]

Die thematische Breite dieser vergleichenden Untersuchung erlaubte van Gennep jedoch keine tiefergreifenden räumlichen, sozialen und zeitlichen Spezifizierungen. Damit fehlte aus maritim-ethnographischer Sicht weiterhin eine detaillierte Untersuchung dieser Bräuche in seefahrenden Berufsgruppen; und genau das war in den 50er Jahren das Thema einer Habilitationsschrift: Henning Henningsen, damals Kustos am Handels- og Søfartsmuseum in Helsingør, analysierte in bester Weise umfangreiche schriftliche Überlieferungen und gelangte damit 1961 zu dem schiffahrtsgeschichtlich wie volkskundlich verdienstvollen Werk »Crossing the Equator«.[4] Zeitlich reicht es von den ältesten bekannten Nachrichten aus dem 16. Jahrhundert bis zur Mitte des 20. Jahrhunderts.

Für die zweite Hälfte des 19. Jahrhundert werden Henningsens Ergebnisse durch die bislang unveröffentlichten Wossidlo-Notizen vortrefflich bestätigt und darüber hinaus in seemännischem Wortlaut ergänzt. Der äußerst geringe Bekanntheitsgrad dieser Aufzeichnungen, zudem die Überlegung, daß Henningsens englischsprachige Publikation von 1961 nur einem relativ kleinen Insider-Kreis bekannt sein dürfte, sowie jüngste Forschungsergebnisse begründen ein erneutes Aufgreifen des Themas »Linientaufe«. Dabei sollen – nach einer generellen Einordnung dieses Brauches und nach einem Resümee von Henningsens Arbeit als historischer Abriß – die Wossidlo-Notizen sowie die Überlieferungen und Berichte, die diese seemännischen Initiationshandlungen innerhalb des gewählten Zeitrahmens auf deutschen Handelsschiffen betreffen, bevorzugte Beachtung finden.

Nach Henningsen gehen die Taufhandlungen am nördlichen Wendekreis, am Äquator und am Polarkreis sehr wahrscheinlich auf die Übertragung eines wesentlich älteren Brauches in nordeuropäischen Gewässern zurück, der wiederum in enger Verbindung mit mittelalterlichen Aufnahmebräuchen der Kaufleute, Handwerker, Studenten und anderer sozialer Gruppen gestanden haben dürfte. Die Funktion dieses Brauches ist die Aufnahme eines Neulings bzw. eines Fremden in eine Gemeinschaft (das »Hansen«, »Einhansen«, »Hänseln«), oft nach einer vorausgegangenen Prüfung bzw. Mutprobe. Aufnahme, Anerkennung und gegenseitige Versicherung der Zusammengehörigkeit wurden durch die Ausgabe und Annahme einer Spende (»Hänselgeld«, »Einstand«) und einen gemeinsamen Trunk besiegelt.

Dementsprechend gehört diese Handlung unter Seeleuten zeitlich an den Beginn einer Reise, wie es mitunter bis in die Gegenwart als »Einstand« (Bier) praktiziert wird. Allerdings trennt auch nach erfolgtem »Einstand« eine gruppeninterne Hierarchie den weitgereisten Fahrensmann vom Neuling; eine Abstufung, die nicht nur nach der Fahrenszeit, sondern auch nach dem Erlebnishorizont, mithin nach erfolgten Passagen nautisch-markanter Küstenpunkte, Seegebietsgrenzen und geographischer Koordinaten, ausgerichtet ist. In der Funktion ist damit das frühere Hänseln (beispielsweise während der ersten Passage des Øresunds, Skagens, der Berlengas oder Gibraltars) identisch mit den Taufen am Äquator[5], am Polarkreis und einst am nördlichen Wendekreis: Keinesfalls handelt es sich dabei – wie allgemein angenommen wird – um eine Parodie auf die christliche Taufe, sondern alle Handlungen symbolisieren nach einer Spende, nach einer kleinen Neckerei[6] oder gar nach einer rituellen Handlung die Aufnahme eines Neulings in den Kreis der weiter- oder weitgereisten Seeleute.

Die Linientaufen sind bis in das Zeitalter der Entdeckungsreisen, also bis zum Beginn regelmäßiger Äquatorpassagen, zurückverfolgbar. Als älteste bekannte Nachricht nennt Henningsen eine 1529 datierte Überlieferung: Danach erfolgte auf einem französischen Schiff die Aufnahme der Novizen durch den von Hofe kopierten und an Bord nachgespielten »Ritterschlag«. Weit häufiger aber war bis zur Mitte des 18. Jahrhunderts das Tauchen von der Rahnock, wobei der Täufling, an einer Leine hängend, dreimal in die See getaucht wurde. Eine solche Handlung, wiederum an Bord eines französischen Schiffes, fand erstmals 1557 Erwähnung.

Abb. 1   *Richard Wossidlo im Gespräch mit zwei Gewährsleuten, Wismar 1933. (Foto K. Eschenburg, Warnemünde)*

Abb. 2, 3, 4   *Drei Wossidlo-Notizen zu den Linientaufen.*

Anfang des 17. Jahrhunderts verlagerten die Seeleute auf französischen Schiffen ihre Tauf- und Tauchhandlungen komplett an Deck, während englische und portugiesische Seefahrer noch bis zur Mitte des 18. Jahrhunderts das Tauchen außenbords von der Rahnock aus beibehielten oder auch beides miteinander verbanden.

Insgesamt erforderten solche Inszenierungen eine repräsentative und autoritative Figur, die den ordnungsgemäßen Brauchablauf kontrollierte. Das übernahm zunächst ein älteres Besatzungsmitglied in der Rolle eines *Richters*. In dessen Nachfolge weist Henningsen zwei unterschiedliche, sich aber gegenseitig beeinflussenden Entwicklungen nach: Während auf französischen Schiffen die erdachte Figur des *Bonhomme la Ligne*, eines alten, in Schafsfell gehüllten Mannes, gewissermaßen die »Linie« bzw. den Äquator personifizierte (erste Erwähnung 1752), war es in dieser Funktion auf englischen Schiffen die Gestalt des römischen Meeresgottes *Neptun* (erste Erwähnung ebenfalls 1752).

Beide Figuren waren stets von einem bunten Gefolge umgeben. Dazu gehörten insbesondere ein *Priester* (seit Ende des 17. Jahrhunderts, zuerst auf französischen Schiffen), ein *Barbier* (seit der zweiten Hälfte des 18. Jahrhunderts, zuerst auf englischen Schiffen, nach 1830 auch auf französischen Schiffen), ein *Doktor* und ein *Astronom* (seit Anfang des 19. Jahrhunderts). Des weiteren erschienen Neptuns Königin *Amphitrite* (auch mit Kindern), *Ordnungshüter*, *Sekretäre*, *Boten* (abends zuvor) und andere Teilnehmer, die in einer Prozession über Deck zogen.

Viele dieser Figuren hatten ihre Vorbilder an Land: So ist *Neptun* historischen Festzügen und Bühnenstücken, wie sie während des Barocks und der Renaissance bei Hofe populär waren, entlehnt worden. *Priester*, *Barbier* und *Doktor* entstammen hingegen brauchtümlichen Handwerkerzeremonien, aber sie erschienen auch in Bühnenstücken und volkstümlichen Festbräuchen.

Im Laufe der Jahrhunderte erfuhren in Verbindungen mit den dargestellten Figuren auch die Handlungen an Bord manche Veränderungen, wobei es sich zumeist um Erweiterungen sowie um Verflechtungen der englischen und der französischen Version handelt. Dazu gehörten im wesentlichen Scheinverhör, Predigt, Schwur, Rasur, Reinigung, ärztliche Untersuchung und Tauchbad.

Als Beglaubigung bzw. als Nachweis der Teilnahme an einer Taufe fand erst gegen Ende des 19. Jahrhunderts der Taufschein (Urkunde) allgemeine Verbreitung, und nur in diesem Zusammenhang etwas später auch die Namensgebung der Täuflinge. Zuvor galt mitunter eine

Abb. 5 *Deutsche Ansichtskarte von etwa 1900, geschrieben 1906 an Bord des Hamburger Passagierschiffes* AMERIKA *auf der Reede von Krautsand (Elbe) – Linientaufe um 1900 an Bord eines Passagierschiffes. Hier ist bereits ein Bassin installiert worden, auf dessen Rand die »Rasur« erfolgt.*

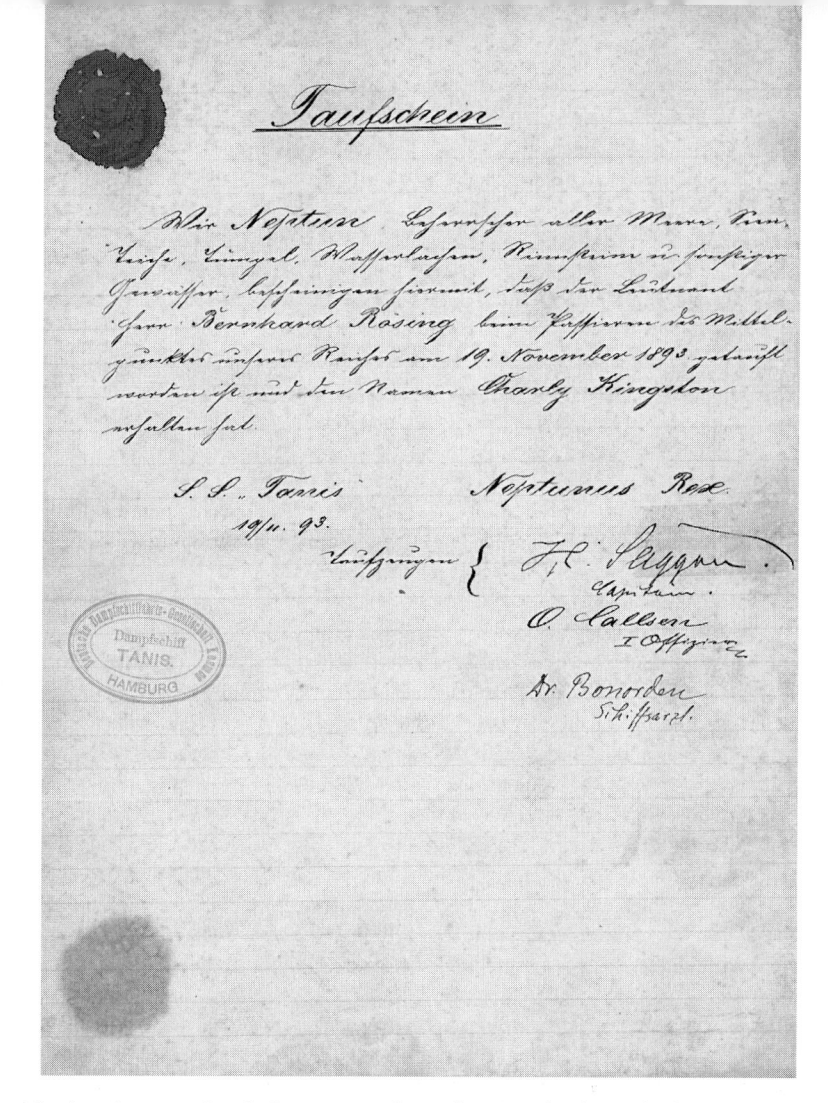

Parole, die nur den bereits Getauften bekannt war, als Nachweis, oder die Teilnahme an einer früheren Taufe mußte auf einer Seekarte beschworen werden.

Wie schon erwähnt, wurde von Seeleuten entweder die französische Version (Bonhomme, Astronom, Priester, Chorjungen, Teufel) oder die englische Version (Neptun, Barbier, Doktor, Bären als Handlanger) auch auf Schiffe anderer Seefahrtsnationen übertragen. So erschien beispielsweise auf dänischen Fahrzeugen noch bis in die Mitte des 19. Jahrhunderts *Bonhomme* als zentrale Figur – also bis zu der Zeit, in der *Neptun* gegenüber *Bonhomme* allgemein favorisiert wurde.

Die älteste Nachricht von einer Linientaufe auf einem deutschen Schiff nennt den preußischen Chinafahrer BURG VAN EMDEN 1752. Dort wurde mit der Gestalt des römischen Meeresgottes die englische Version praktiziert, die bis in die Gegenwart auf deutschen Schiffen beibehalten worden ist.[7]

Während der zweiten Hälfte des 19. Jahrhunderts scheinen die Linientaufen – zumindest auf deutschen Handelsschiffen – in verhältnismäßig milder Form abgelaufen zu sein. Das belegen insbesondere die 45 Notizzettel von Richard Wossidlo mit den Angaben von 35 Gewährsleuten, die auf den Zeitraum etwa zwischen 1860 und 1910 Bezug nehmen.[8] Aus dieser Zeit stammt auch eine ausführliche Tagebucheintragung des Schiffsjungen Franz von

Wahlde über eine Äquatortaufe, die er 1884 auf der Elsflether Bark PALLAS miterlebte. Übereinstimmend geht aus diesen Überlieferungen hervor, daß die Taufen zu jener Zeit im wesentlichen aus dem »Einseifen« des auf einem Brett oder auf einer Handspake über einem wassergefüllten Gefäß (zumeist der Deckwaschbalje) sitzenden Täuflings, aus einer angedeuteten Rasur mit einem überdimensionierten hölzernen Rasiermesser (oder einem Mattensäbel[9]) und einem anschließenden Tauchbad durch plötzliches Wegziehen des Sitzes bestand. Als besonders unangenehm dürfte dabei wohl nur die Zusammensetzung der »Rasierseife«, die aus Hühner- und Schweinekot sowie aus Teer, Fett, Ruß, Asche und Petroleum bestehen konnte, empfunden worden sein. Aber auch eine nicht gerade sanfte Behandlung mit dem hölzernen Rasiermesser, mit dem sich weder Haarschnitt noch Rasur tatsächlich durchführen ließ, war zu erdulden. Mitunter begnügten sich die Seeleute mit einem vereinfachten Ablauf: Es genügte ein Wasserguß aus mehreren Eimern (Notiz-Nr. 12, 41, 42; Bark TALISMAN 1849).

Recht selten haben Wossidlos Gewährsleute von Taufscheinen, und in keinem Fall von Taufnamen berichtet, was Henningsens Chronologisierung und Datierung dieser Brauchentwicklung unterstreicht.

Des weiteren fällt auf, daß weder in den Beschreibungen Gerstäckers und von Wahldes noch in den Wossidlo-Notizen die Verabreichung von »Pillen«, die spätestens seit den zwanziger Jahren dieses Jahrhunderts unvermeidlich zu den Taufen gehört, erwähnt worden ist.

Das Durchkriechen eines langen Segeltuchschlauches, eines Windsackes[10], ordnet Henningsen vornehmlich den Äquatortaufen auf deutschen Schiffen zu. Zwar bestätigen das Wossidlos Gewährsleute für das Ende des 19. Jahrhunderts in sieben Angaben, aber immerhin sind vier davon ausdrücklich auf »Maneworrs« (engl. »Men of War«), also auf Kriegsschiffe der Kaiserlichen Marine, bezogen (Notiz-Nr. 27, 28, 32, 38). Überhaupt scheinen dort – entsprechend der militärischen Derbheit und sicher auch aufgrund der erheblich höheren Besatzungsstärken – die Äquatortaufen nicht nur aufwendiger, sondern auch drastischer abgelaufen zu sein (Neptun im Wagen über Deck, Notiz-Nr. 27; Offiziere tauften sich unter sich, Notiz-Nr. 28; großer vorabendlicher Aufzug, behängtes Achterschiff, Erschrecken des Täuflings im Windsack mit einem Ferkel vom anderen Ende her, Notiz-Nr. 32; Stülpen einer Schale mit rohen Eiern über den Kopf des Täuflings, Notiz-Nr. 14).

Eine zunehmende Verrohung dieses Brauches an Bord von deutschen Handelsschiffen zeichnet sich deutlich in den zwanziger und dreißiger Jahren unseres Jahrhunderts ab, wozu auch oder insbesondere die Übertragung von Erlebnissen während der Marinezeit der Seeleute beigetragen haben könnte. Gemeint ist im wesentlichen die Verabreichung von »Pillen« aus Schweinekot und Schlemmkreide, die eingenommen werden mußten, zudem der kaum noch angedeutete, sondern tatsächlich erfolgte »Haarschnitt« resp. die Frisurverunstaltung sowie – insbesondere seit den dreißiger Jahren – das Durchkriechen des Windsacks. Am Beginn der Taufe stand allgemein ein Verhör und die Beichte der eigenen Missetaten während des bisherigen Reiseverlaufs. Auf dem Hamburger Vollschiff PINNAS wurde 1924 während der Taufprozedur sogar Urin verabreicht, und 1938 erfolgte auf der zur selben Reederei gehörenden Viermastbark PRIWALL bereits am Abend vor der Äquatortaufe eine »Tampenjagd«, eine Art Spießrutenlauf der angehenden Täuflinge im Dunkeln an Deck, wobei statt »Spießruten« Tauwerk Verwendung fand. Auch vom Zusammentreiben der Täuflinge mit Peitschen und vom Einsperren in den Schweineställen des Schiffes berichtet der als Passagier zu Studienzwecken mitgereiste Malerprofessor Kay H. Nebel. Mit der Mäßigung von zwei beabsichtigten Handlungen wird zugleich die sonst übliche Praxis bestätigt: Der Kapitän der PRIWALL wies an, daß kein »Schweinedreck«, sondern nur Eßwaren mit Gewürzen zur Herstellung der »Pillen« Verwendung zu finden haben und daß die Haare der Täuflinge nicht so zu verunstalten seien, wie sonst üblich: *In Chile hätten die Kadetten Deutschland zu repräsentieren, er wolle nicht einer Horde von Tollhäuslern begegnen.*[11]

Bestätigung.

Wir Neptun, Alleinherrscher aller Meere und Stifter des hohen Ordens vom goldenen Dreizack

tun hiermit kund und zu wissen, daß der am

4. Mai 1889

zu Oberhammelwarden i/Oldenburg geb.

Dr. Arnold Schumacher

die Linie zum 1. Male auf 30° westlicher Länge passiert hat. Wir befehlen allen Uns unterworfenen Meeresgottheiten den Obengenannten zu jeder Zeit unbehindert die Linie passieren zu lassen.

So geschehen an Bord Vermessungsschiff

„Meteor"

Atlantischer Ozean, den 11. Mai 1925 auf der Reise nach BUENOS AIRES.

Neptun

Fr.

Solche Polarisation innerhalb der Trägergruppe ist nicht ungewöhnlich: Den aktiven Teil bildet im allgemeinen nämlich die Mannschaft – nicht die Offiziere. Die Entscheidung, ob eine Äquatortaufe erfolgt, liegt jedoch beim Kapitän, der aufgrund der Tradition dieser Handlung zumeist zustimmt und der dann üblicherweise auch – wenigstens bei der Begrüßung von Neptun und Gefolge – auf dieses Spiel eingeht. Wie sensibel die Akteure mitunter reagieren, wird in Nebels Schilderung deutlich: Danach wäre 1938 auf der Viermastbark PRIWALL die bereits vorbereitete Taufe beinahe ausgefallen, weil die Akteure (Matrosen) verärgert waren, da ihnen nicht die übliche Beachtung gezollt wurde *(wurden nicht gebührend empfangen, mußten immer hinter dem Kapitän herlaufen).*[12] Hingegen war 1928 auf dem Vollschiff PARMA der Kapitän verärgert, und zwar über die schlechte Seemannschaft mehrerer »Schoner-Matrosen«. Er untersagte aus diesem Grund die Linientaufe, die aber auf der Rückreise dann doch noch durchgeführt wurde.[13]

Hinsichtlich der Brauchkontinuität zeichnen sich in der ersten Hälfte des 20. Jahrhunderts unterschiedliche Entwicklungen ab. Während auf den Langreisen der Segelschiffe in den ruhigen äquatorialen Breiten die Taufe nahezu bei jeder ersten Passage durchgeführt wurde, war das an Bord der maschinengetriebenen Handelsschiffe nicht unbedingt so: Ein Gewährsmann erlebte zwischen 1932 und 1939 auf fünf Handelsschiffen der HAPAG während neun Reisen mit Äquatorüberquerungen keine Äquatortaufe, bezeichnenderweise jedoch eine Polartaufe auf dem Passagierschiff RELIANCE während einer Nordlandreise 1937.[14]

1938 bezweifelt der Kapitän der Hamburger Viermastbark PRIWALL, daß die neuen, zuvor auf Dampfschiffen gefahrenen Matrosen an Bord (die »Dampfermatrosen«) bereits eine Äquatortaufe mitgemacht haben.[15]

Ein weiterer Gewährsmann, der in den 30er Jahren auf Handelsschiffen der DDG »Hansa« gefahren ist, berichtete hingegen, daß zwar die meisten Reisen durch den Suezkanal führten, wenn aber der Äquator passiert wurde, auch die Taufe erfolgte: *Daß man sagte, wir machen das nicht, das gab's nicht. Da hätten sich wahrscheinlich vielzuviele Leute gegen gesträubt.*[16]

Die Bewahrung der Äquatortaufe (und natürlich auch der Polartaufe) durch die seefahrende Trägergruppe erfolgte bis in die heutige Zeit stets ohne »fördernde« Manipulationen »von außen«, also ohne die an Land bekannten folkloristischen oder »volkstümelnden« Animationsbemühungen. Damit sind diese Taufhandlungen reiner, unverfälschter Seefahrerbrauch geblieben. Als eine wesentliche Ursache dafür kann der Handlungsort angesehen werden, denn die Ausübung des Brauches erfolgt unter den Schiffsbesatzungen auf hoher See, fernab von einem fremden, schaulustigen Publikum.

In klarer Abgrenzung dazu besteht an Bord von Passagierschiffen eine grundsätzlich andere Situation, auf die hier nur am Rande hingewiesen sei. Dort dient diese Handlung als »Schaubrauch« der allgemeinen Belustigung und Unterhaltung der Passagiere, die, wenn sie denn daran teilnehmen, aufgrund ihrer Position (gewissermaßen als gewinnbringende »Ladung« des Schiffes) auch die Garantie haben, mit größerer Behutsamkeit behandelt zu werden.

Die ursprüngliche F u n k t i o n dieses Brauches ist die Reglementierung und Steuerung der Aufnahme eines Neulings in eine Arbeits- und Reisegemeinschaft. In logischer Konsequenz würde diese Handlung somit an den Beginn einer Seereise gehören. Die frühe Verlagerung an immer entferntere Küstenpunkte, Seegebiete oder geographische Koordinaten kennzeichnet ebenso wie die Gruppe der Akteure nicht nur Variationen und Erweiterungen, sondern deutet zugleich auch auf wesentliche M o t i v e :

Ganz offensichtlich erschien der Trägergruppe die Ausübung dieses Brauches zu keiner Zeit als unangenehme Pflicht – im Gegenteil: Es verbindet sich damit die seltene Gelegenheit eines ausgelassenen Treibens, einer allgemeinen Belustigung und eines kleinen Umtrunks auf Kosten der Täuflinge. Letzterer konnte aber auch bis zum nächsten Hafen ausgesetzt werden, denn Alkohol war an Bord streng rationiert (Notiz-Nr. 6, 12).

Des weiteren bietet sich den Akteuren die Gelegenheit, sich für erduldete Behandlungen während der eigenen Taufe zu revanchieren. Auch ein erzieherisches Motiv wird deutlich, und zwar bereits weit im Vorfeld der eigentlichen Taufhandlung: Schreckensberichte von Äquatortaufen und besondere Behandlungsandrohungen wirken auf die Psyche der angehenden Täuflinge und dienen als wirksames Mittel zur gruppeninternen Erziehung, denn tatsächlich findet während der Taufe auch das frühere Verhalten der Täuflinge Beachtung (Verhör, Beichte, ggf. Sonderbehandlung, Notiz-Nr. 28; Vollschiffe PINNAS 1924, OLDENBURG 1927 und Viermastbark PARMA 1928).

Im arbeitsreichen Bordalltag auf See und in einer Langreisen-Monotonie kann der Äquatortaufe auch als emotionales Ventil eine gewisse Bedeutung zugesprochen werden.

Zur Teilnahme an einer Taufe dürften die Täuflinge – ganz im Unterschied zu den Akteuren in Neptuns Gefolge – nicht sonderlich motiviert gewesen sein, abgesehen vielleicht von der Gewißheit, künftig in einer anderen Position dabeisein zu dürfen. Allerdings bot sich ohne Verlust des Ansehens kaum eine Alternative, um eine Linientaufe herumzukommen. Nur einmal berichtete ein Gewährsmann, daß ein Matrose sich freikaufen konnte (Notiz-Nr. 26). Auf der PARMA war es 1928 der Dritte Offizier, dem für zehn Flaschen Bier die Taufe erspart blieb.

Aus der allgemeinen Verbreitung der Taufscheine zu Beginn des 20. Jahrhunderts, die sich als Zeugnis der eigenen Taufe einer hohen individuellen Wertschätzung erfreuten, ergab sich letztlich ein weiteres Motiv: Viele Seeleute wünschten, wenn sie schon den Äquator passierten, auch eine Äquatortaufe, um den attraktiven Taufschein zu erhalten, der mit den Unterschriften »Neptuns«, des »Pastors« und des Kapitäns die eigene Taufe beurkundet. Das wiederum bedeutet eine Interessenübereinstimmung zwischen den beiden agierenden Gruppen, zwischen den Täuflingen und den Taufenden.

Erst in der Komplexität dieser Motive und der Besonderheiten des Bordlebens ist die Antwort auf die Frage zu finden, warum nur unter den Seeleuten eine sehr alte Aufnahmezeremonie – die früher ähnlich auch in Arbeitsgemeinschaften an Land üblich war – als einzige ihrer Art bis in die heutige Zeit von der Trägergruppe rege bewahrt und darüber hinaus sogar weiterentwickelt worden ist.

Wossidlo-Notizen   Kasten »Bräuche«   Konvolut »Taufe«

Gewährsmann	Ort	Datum
01 Schrof	Damgarten	4.8.09

Dejenig ward öwer'n Küben sett (Brett unter), rasiert, inseipt mit'n Quast von Taugot, mit'n höltern Metz rasiert, Brett ünner'n Liw wegtreckt, föll rin na't Küben.

| 02 Topp | Rostock | 20.12.13 |

Bi't Sünnenlining würden se anteert.

| 03 Pankow | Ribnitz | 9.8.18 |

Warden inseipt mit Asch un Fett un bäten Teer. Een utkledt as Neptun, von Manilla 'n groten Boort – möt barbiert (warden) mit'n groten hölten Säbel – Brett wegtreckt – na'n Küben rin.

| 04 A. Nagel | Ribnitz | 11.8.18 |

Dat is'n Spälspill. ... lütt Sägel setten (vorher), dat dat Schipp nich in Gefohr kümmt.

| 05 A. Zander | Ribnitz | 2.1.20 |

Ick bünn de Lien ok passiert.

06   Zander   Ribnitz   2.1.20
Hänseln wenn de Lien passiert ward.
Poor Buddel Bier nachher im Hafen ausgegeben.

07   Lange   Wustrow ri   15.5.24
Insmeert mit Teer, Balj vull Water, up'n Fallbrett em mit'n höltern Metz – inseept – afrasiert – wegtreckt – na't Küben rin.

08   Dade   Althagen ri   17.5.24
Toletzt kümmt he dörch'n Windsack: dat is'n Sack, de is bäten rund und hett an de Siden Fluchtens, üm den Wind to fangen (de ward upheisst, wenn man de Rüme drögen will, wenn dor Kurn rinsall). Dor mößt he dörchkrupen. Denn kümmt de Boosmann mit ne Druckpump un gütt em natt. Dor geit he jo (von de) nördliche Halbkugel in de südliche (öwer), dat he rein ankümmt in de anner Welt.

09   Kroepelin   Warnemünde   26.6.25
Bäten anteert, de Stäbenpump (wier vörn inlaten), dor würden de Jungens ranstäken.

10   Harms jun.   Warnemünde   30.6.25
Sünnenlinie – een hett Neptun spält, groten grisen Boort – Rasiermetz von Holt – Tuppen vull Water henstellt – Handspak öwerleggt, un Neptun hett twee Dieners. De Jung möt sik splinternakt dor upsätten, ward inseept met Rattenschiet un Swienschiet (un Heunerschiet, wo dat an Buurd is). Neptun rasiert em, dann ward de Handspak ruttreckt, denn schutt he perdang na de Balj rin. De Dötz ward ok noch vull Water gaten. Neptun hett'n Taufschien schräben, den kriggt he dann.

11   Langandries   Dierhagen   16.7.25
Döpt mit Water – Balj henstellt, een hadd sick utkleed as Klabatersmann (= Neptun)

12   Röder   Wismar   23.7.25
Ick wier all verheirat, mit mi sehgen se ne Gelegenheit, 12 Pützen würden henstellt, dor würd ick mit öwergaten, un ick heff na' ünnerschräben müsst, wenn ick na Shanghai henkeem (wi wullen na Shanghai), dat ick 10 Mark betalen ded.

13   Röder/Bichfeld   Wismar   23.7.25
Dat Schipp würd ok döfft – würd natt gaten, denn güng de Klock. (Neptun hölt ne Räd), de Kaptain müsst ok Geld antalen.

14   Zuweis Marine   Wismar   23.7.25
Ganze Back vull roh Eier würd mi öwern Kopp stülpt.

15   Oesten (?)   Wismar   30.7.25
Denn warden lütt Sägel makt, dat nichs passiert.

16   Roschlaub   Brunshaupten   31.8.25
Wenn een up'n Kauffahrteischipp döfft is, ward he uppe Marine nich miehr döfft.

17   Wiencke   Rostock   2.9.25
Son Verfat as den Disch. Up de Balj, (mit) Höhnerschiet und Hunnschiet inbalsamiert, (rin) na de Stäbenbalj, döpt. Hooftschipp.

18   x   Rostock   2.9.25
Taufbreef utschräben, von Kapt. unterschrieben
»*Ich, Neptun, Beherrscher der Meere, Seen, Flüsse und Morasten, reinige hiermit N. N. von de Süsswassern (?).*«

SCHULSCHIFF "OLDENBURG"

·TAUFSCHEIN·

o Wir Neptun o Beherrscher aller Meere o

o tun kund o dass der Junge o

__Claus Hederich__

o Beim Passieren der Linie auf den Namen o

__Flockenfisch__

o getauft wurde o Gegeben in Unserem o
o Schlosse am Äquator o den 15.III. 1927

Kapitän o Neptun o Pastor

15.3.27.

19 Pries   Rostock   7.9.25
Weck as Negers – Polizist – Barbier mit Wittelquast, Kell vull an den Mund slagen.

20 Wiening   Damgarten   27.9.25
Wi führten mal na Pernambuk – hadden een Passagier an Buurd, de müsst ok rin na de Bütt. Een as Neptun hadd ne grote Kapp von Manillaend (dat de Troddeln so dallhängen deden) un hadd'n groten Mantel öwer un 'n groten höltern Mattensäbel (de to'n schamfielen brukt warden, as wenn de Wiewer wäben deiht) mit Swart ut'n Schosteen wurd de insmeert, inseipt. Nahn möten se dörch'n Windsack krupen. (Up'n Damper ward em dat Druckwark vör'n Noors sett, so möt he dörchkrupen).

21 Wiening   Damgarten   27.9.25
Wi hadden eens 'n Jungen ut Damgoren an Buurd, de wier 'n bäten mall, denn hett Neptun 'n Döpschien utschräben (wi säden em, denn müss he vörwisen).

22 Dreier   Wismar   30.5.27
*Ik bün mit Swienschiet un gröön Seep (dat wier tosammen) dormit bünn ik rasiert up Sägelschipp.
Dat Grootboot wier vull Water laten, ne Handspak dwas öwerleggt, dor müsst ik upsitten. As ik noog rasiert wier, würd ik öwerstött, dat ik in't Water fallen ded.*

23 Dreier   Wismar   30.5.27
Ick wier up'n Manewoor, dor keem Neptun mit sien Ollsch an Buurd – auf'n Boot keem he oewer mit sien Ollsch.

24 Westphal   Wismar   1.6.27
Dor an de ollen Schäpen wieren jo grote Rösten langssiet, dor gung he (Neptun) sitten, denn keem he oewer. In de Spöölballj wurd he insett (un) mit een Mattensäbel rasiert. Denn kreg de Kock den Swapper her, de wurd in den Schosteen von de Kambüs hen un her treckt, datt he ornlich vull Raut wier, dor seep he em mit in. Dann ward he trüggoors rinstött in de Balj.

25 Schröder   Kirchdorf   7.6.27
Würd bekannt makt, dat Neptun kamen ded – so up Deck döfft.

26 Schwarz   Kirchdorf   9.7.27
De Rösten hebben butenbuurds 'n Enn frie (ca. 1/2 Meter). Abend vörher würd he (Neptun) anmeldt. He hadd'n langen Boort bet an de Ierd, un sien Gefolg bi sick – Schriwers un'n Barbier ... (etc.) De Madros künn sick fri köpen. De Barbier hedd 'n groten Pott, dor wier Hunnschiet un Teer un Fett (in), dor würd he mit inseipt – weck würd ok 'n Tähn uttreckt mit 'n groten Haken. Naher möt he dörch'n Windsack krupen ... ward mit Pützen natt gaten. Toletzt kriggt he sinen Geburtsschien, Döpschien.

27 Wöst   Weitendorf/Poel   11.7.27
Neptun kümmt (in'n) Wagen antoführen (up Manewor ELISABETH heff ik dat mitmakt), poor Mann tröcken em längsdeck ... De müssten dörch'n Windsack krupen.

28 Hamm   Weitendorf/Poel   11.7.27
Wenn wi up Nullgrad wiren, würden alle upropen, dee nich'n Aequator passiert hadd (de Offiziers döpen sik unner sik). Neptun hett 'n Preester un Polizisten un Barbier bi sik. 'n Ding mit Water ward henstellt, mit Slammkriet warden se insmeert un 'ne Lunt instippt in Pottlot (so seggen wi to den Russ ut'n Aben). Mit de Lunt ward he mit afdrögt. Denn kreeg he dat Spraakrohr vör de Mund un würd fragt na dat Schippsnaam. Dann würd dat Brett unner'n Noors ruthaalt, denn seet he in de Balg.

Wenn sik weck setten deden un widerspanstig wirn, keem dat Kommando: de süllen in'n Windsack. Dee (is) 20–22 Foot lang. Dor wurd dann mit de Spritz achtern an spritzt (de Polizisten kregen em faat), de annern stunnen klor an de Pump, dor würd de Spritz anleggt. De Preester säd »Im Namen Gottes Gambrinius un dessen Großmutter Amen.« (Dee hadd 'n ornlich langen Kittel an un'n Book in de Hand) (Dat wier bi de Marine up en Sägelschipp, dee had bloot een Hülpsmaschien).

29   R. Schröder   Kirchdorf   12.7.27
Wenn een flunkern ded un säd, he hadd all passiert, un se krägen dat rut, de wurd extra döfft.

30   P. Grahmkow   Kirchdorf   13.7.27
Stüermann hett ropen »Schipp hoi! Hebben ji Neptun sien Füerschipp nich sehn?« Nee. Dor hett he ne Teertunn anstäken, de hebben se dicht bi't Schipp daallaten. De vörn wiren sungen ut »Neptun Füerschipp!« Dat würd so hell brennen. »Hefft ji Lüd an Buurd, dee noch nich de Lien passiert hebben?« »Ja plenty!« »All right ... denn kam ick mit an Buurd. (... son Lüd un wüsten nich, dat dat Ulk wier.) Twee hadden sik mit'n Hinnelsten tosammbunnen un 'n Küssen twischen leggt in't Mittel as Sadel, da he riden kunn. Dat wier de Äsel. Sin Fru hadd de Kron up'n Kopp, de wir utknippst. He hadd grot lang Kleed (ik wüsst selbst nich, dat dat een von uns Lüd wier). He mit sinen Äsel up jede Siet ne Polizei (de deden em dat to Willen)

Dor säden se to den Kopmann »De Ogen müssen tobunnen warden« »Ne ...«. »Je, dunn wier de Döp nich güllig.« Wat he denn dorvör krigen ded, de Sägelmaker säd 20 Mark. Twee Mann hadden se von't Brett wegtreckt ... wüssten nich, wo se wiern. Se dachten ihrst, se hadden se to Water smäten. So würd de Tweete ok döfft.
(Dat wir) ornlich zackig dat Rasiermetz.
As se fri wiren (un de beiden Kierls dat nich to weiten!) De Stüermann säd »Son Dummen heff'k noch nich drapen, denk di dor mal rin – Neptun mit sien Geschirr!«
Up jede Reis würd döpt.

31   Hamm   Weitendorf/Poel   16.7.27
Neptun hett 8 swart Mohren bi sik. De een fächert em mit 'ne Buddel Brammwien, denn nimmt he mit 'n höltern Oktanten de Sünn:
»Ich beschwöre es bei meinem Bart – es ist fürwahr der nullige Grad.«

32   Gruenberg   Kirchdorf   17.7.27
1900 heff ik dat mitmaakt up de BRANDENBURG, *Hinnerschipp wier behängt. Nachts Klock 12 keem Neptun ... (wier keen Krüsel up't Water) ... unkennbar wiern se all – 12 Mann hadd he bi sik, he ded sik anmelden, Klock 8 süll't losgahn.*
Se hadden 'ne Tunn mit Oel anstäken up't Water un säden, Neptun wier in 'n Füerklumpen to Water gahn. Dat hebben wi naher ihrst spitz krägen, dat se de Tunn vörher trecht makt hadden.
Twee wiern as Barbier. In den Windsack würd'n lütt Farken up (de) anner Siet stäken.
Weck hadden sik drückt – up goden Sünndag würden dee nattgaten.

33   P. Grahmkow   Kirchdorf   22.7.27
Passagiers ... een is Koopmann, een studiert as Preester. De Sägelmaker wier all früher Tiden dor rundkamen – köfft in England rod Kleedertüg – frögen all immer, ob wi ran wiren (an de Lien).
Middag kömen wi (an) de Lien. »Schipp hollen! – Hier Schipp ... To Morning kaam ik mit mien Fru an Buurd – hebben ji Neptun sien Füerschipp nich seihn? Laten Teertunn daalswimmen, (dat) wier'n groten Blass. Wat dat 'n Wunnerwark wier!
Morgens wurd sik ümkleed as Äsel, Noors un Noors tohoop, dat hei 'n Gesäss hadd. Neptun

seet baben up'n Äsel. Twee hadden sick swatt maakt, Polizei vorn her. (De) Sägelmaker rasiert. (Dann gung) heesterkopp na'n Küben rin, oh Gott. Neptun hadd ne Kron up. Wo de groot Ballje stahn deden dükert em noch ornlich ünner. Dat de beiden Kierls sik nich vorn Kopp slagen, wat se för Ossen wiren.
Döpschien – Schipper müsst stempeln mit sinen Stempel.
Äsel würd africkt ... wi möten lütt Sägel maken.
Engelschen Puurter ... (De Passengiers) frögen gor nich, wo Neptun afbläben wier, se reisen to Land ut.

34 Möller   Warnemünde   4.8.27
Ik bün 7mal Neptun wäst, Boort van Wark, Näbelhuurn in de Hand, Mapp unnern Arm. Frög, ob weck dor wiren ... Swartels ut de Kombüs würd mit Petroleum anrührt, dor würd he mit inbalsamiert. Neptun drank Wien.

35 Möller   Warnemünde   4.8.27
Wenn een sagen hadd, he hadd all passiert, dee wurd an de Stäbenpump krägen, dat wier Hauptakt. Neptun hedd sik verstäken unner de Galljoon.

36 A. Ohlerich   Warnemünde   10.8.27
Ward alles dicht refft, Bramstengen an Deck.

37 Wilcken   Warnemünde   7.10.30
Dee de Lien noch nich passiert hebben, ward döfft (auf Manewor) in Schüerprahm, dor gahn ca. 4 Mann rin (de is flackborn), de ward bruukt, wenn dat Kopper wedder blank schüert warden soll. De ward vullpumpt voll Soltwater. Dor ward'n Brett oewerleggt. Denn kümmt een Mann, de em mit Kalk inquästert mit'n Quast (wo Wand mit quastert warden).

38 Wilcken   Warnemünde   7.10.30 (Fortsetzung)
Denn mööt deejenege sik up Brett hensetten, dat ward wegtreckt. Bautz föllt he in't Water. Dann krigen em vier Mann faat an Arm und Been un schoelen em hen un her.
Denn mööt he dörch Windsack krupen. De Offizier röppt »Er muß durch den Windsack kriechen« Denn ward ne Tied lang mit Druckwark Water gäben achtern. Een anner höllt vorn ne Tied lang to, dat he nich rut kann (naher ward apenmakt, dat he nich stickt), so geiht dat wider mit de annern, ok de Offiziere. Wi stünnen in de Wanten un keken to.

39 Krugmann   Wustrow   25.9.32
Bi'n Aequator keem de Klabatersmann – een rasiert mit'n höltern Metz (etc.)

40 R. Fretwurst   Dändorf   12.10.32
Sien Fru is bi em (Neptun) un 'n Dokter.
Neptun hadd ne sülwern Gabel (Dreizack).

41 Gallas   Dierhagen   5.3.35
Wenn wi unner de Lien kamen, ward Sägel hentreckt. Dor müßt he rin (de Jung). De Waterspann stünnen kloor. Wenn he sien Bad hadd, wier't goot.

42 Düwel   Dierhagen   5.3.35
Bi de Lien würden se (de Jungens) dööpt mit 'ne Pütz vull Water.

43 Düwel   Dierhagen   5.3.35
Wenn de Sünnenlien passiert würd, würd döfft.

44 Dreyer   Wismar   6.9.36
(Mit) Swienschiet (un) grön Seep warden wi döfft unner de Lien (wenn Swien an Buurd wiren).

Wir Poseidon der Einzige, Chronos Sohn,
Dreizackfürst,
rechtmässiger Beherrscher der veilchen-
blauen Meerflut, Erdumgürter u. Erderschütterer
haben allergnädigst dem p.p. staubgeborenen

Herrn Franz von Rexroth

an Bord des Uns befreundeten Dampfers

"Resolute"

der Hamburg-Amerika Linie

Erlaubnis zum vorsichtigen Überschreiten Unseres Äquators erteilt.
Die in Unseren Meergesetzen vorgeschriebene Linientaufe ist geziemend
vollzogen und überstanden worden.

Gegeben am 8. 3. 1931.

Poseidon

45   Hafenmeister Peters   Ribnitz
(Notiert und R. Wossidlo maschinenschriftlich mitgeteilt vom Lehrer Suhr, Ribnitz 1937)
Äquatortaufe: Abends keem Triton an Burd un säd Bescheid, dat an'n annern Morgen Neptun mit sin Gefolge inrücken würd, üm dei Döp vörtaunähmen, »um sie vom Staub der nördlichen Halbkugel zu reinigen« (Auf der Reise vom Süden zum Norden gab es keine Taufe). *Triton drög ne Kron up'n Kopp un ein Fischisen as Zepter in dei Hand. Sien Hoor un sien Bort wieren ganz lang. Dei Barbier ut sien Gefolge drög ein grotes höltern Rasiermetz un ein Spann mit Seipenschum (dat wier aewer dei reine Dreck) un einen groten Quast tau'n Inseipen. Ein anner harr dei List von dei Täuflinge. Werrer ein anner wier Doktor, dei mit ein grote Tang dei Tähn uttrecken süll. Den annern Morgen würr up dat Verdeck ein Bassin ut Sägeldauk bugt von ungefiehr 1 1/2 m Deipte. In dissen Bassin set ein von Neptun sien Gehilfen. Aewer den'n Bassin leg ein Brett. Wenn nu Neptun keem, müßten alle Passagiere un Mannschaften naheinanner up dat Brett sitten gahn. Jeder würr gehörig inseipt un kreg dorbi orrig 'n poor mit'n Quast ümt Mul. Denn würr em dat Brett unner den'n Hinnelsten wegräten, so dat hei in Water föll. Neptun sien Handlanger grep nu tau un dümpelte em noch fix en poor Mal unner. Wer sick drücken wull, würd von Neptun sien Polizei mit Gewalt vörführt. Dei Frugens kemen gelimplicher af, sei würrn nich rasiert, blot 'n bäten nattspritz.*
(Auskunft offenbar auf Passagierschiffahrt bezogen, W.St.)

Exzerpte und Interviews:

Bark TALISMAN (Bremer Auswanderersegler), 15./22. April 1849:
Wir näherten uns jetzt scharf dem Äquator, und am Sonntag, den 15. April, kam auch schon die Anmeldung des unausweichlichen Neptun, und zwar durch seine eigene Gemahlin Amphitrite, die mit einem Begleiter – »Neptuns sein Barbier«, wie ihm auf dem Rücken stand, zu uns an Bord stieg.
Sie frugen bei dem Capitän, nach üblicher Sitte, an, wann Neptun selber erscheinen dürfe, seinen Tribut einzufordern, und wurden auf den nächsten Sonntag, an dem wir uns der Linie ziemlich nah befinden mußten, beschieden. [...]
Sonntag den 22. April, ziemlich unter dem Aequator, kam der schon vorher angemeldete Neptun mit Frau Gemahlin und »Barbier«; er wurde vom Capitän freundlich empfangen. Der Gott, der übrigens beiläufig gesagt ein wenig »ruppig« aussah, sprach sich mit dem Capitän in der englischen Sprache – ihm wahrscheinlich die geläufigste – zuerst aus, und wandte sich dann an die ihn etwas ängstlich gespannt umstehenden Passagiere.
Die ganze Ceremonie ist bekannt genug und kann hier füglich unbeschrieben bleiben, das Ganze ist auch auf Passagierschiffen nur ein harmloser Scherz, von dem sich keiner der Passagiere – wenn er nicht wirklich krank ist – ausschließen kann, also deßhalb auch gar keinen solchen Versuch machen sollte. Man wird einfach mit einem Eimer Seewasser – ein ganz angenehmes Gefühl in der Hitze – begossen, und läßt sich von der Seeseife, die in schwarzer Farbe besteht, durch das Unterzeichnen eines freiwilligen Beitrags, der auf unserem Schiffe von zwei Dollar bis 1/3 Dollar niederlief, freisprechen.[...]
(Friedrich Gerstäcker: Reisen. 1. Band (Südamerika). Stuttgart/Tübingen 1853, S. 23/30)

Bark PALLAS (Elsfleth), 23. August 1884:
Die Sonne liegt hinter uns, wir sind auf der südlichen Halbkugel, denn Nachts haben wir die Linie passiert. Abends fand mit großem Pomp die Taufe der Neulinge statt, die uns in das Reich

Neptuns *aufnahm. Erlaubnis, diesen Vorgang Nachmittags vor sich gehen zu lassen, wurde versagt, so mußte es des Abends nach 6. Uhr geschehen. Die Wache zur Koje bereitete dann allerhand Costüme und Geräthschaften in heimlicher Weise vor. Wir Jungs mußten auf der Back Ausguck nach der Linie halten. Um 5³/₄ Uhr kam dann ein Mann mit einem Fernrohr und zeigte uns die Linie. Er hatte ein Haar vor das Glas gezogen, das sollte dann die Linie sein. Nunmehr mußten wir in das Logis. Plötzlich hieß es* »PALLAS ho« »Heda voraus what is the Matter« (engl. »Was gibt's?«) *Da stiegen aber schon* Neptun *von der Back herab,* Julius *war es, angethan mit einem phantastischen Gewand, an den Füssen hatte er Bretter, in der Hand einen Dreizack.* Äolus *in ähnlicher Tracht folgte ihm, darauf kamen dann noch einige Meerjungfrauen mit großem Rasier-Messer und einem Henkeltopf. Eine blies ein großes Muschelhorn. Die Leute nahmen uns Neulinge in die Mitte und so marschierten wir in feierlichem Zuge nach dem* Quarterdeck *wo der* Capitän *des Gottes harrte. Dieser begrüßte den Schiffsführer mit schwunghaften Worten, in denen auf die Verwandtschaft zwischen* PALLAS *und* Äolus, *und* Neptun *angespielt (wurde). Under der Mannschaft wären aber viele, die noch nie den Aequator passiert hatten. Er fragte, ob es gestattet sei, mit diesen nach herkömmlicher Art zu verfahren. Der Capitän erlaubte es, aber die Leute sollten es nicht zu schlimm machen. Nun wurden wir Täuflinge in langsamen Zuge nach vorn gebracht. Da war die Deckwaschbalje voll Wasser und 10 Pützen desgleichen. Der Zimmermann stand an der Regeling grinsend, bereit, die Balje wieder aufzufüllen. Ich wurde als erster hergenommen,* Aeolus *nahm mich am Kragen und setzte mich recht fest auf ein über der Balje liegendes Brett.*

Sofort ward dieses fortgezogen, ich ward hinunter in das Wasser gedrückt, Kopf und Bein alles war verschwunden. Einen Moment ließ man mich so, als ich dann pustend, speiend auftauchte, stürtzten endlose Schauer über mich. Mein Atem ging mir fast weg. Endlich wurde ich von den Armen Neptuns *aufgefangen, dann kam* Aeolus *mit einem Pinsel, tunkte ihn in den von der Meerjungfer gehaltenen Henkeltopf und beschmierte mich damit. Es war ein ekelhaftes Gemisch von Ruß, Öl u.s.w. und roch scheußlich. Nun ward ich rasirt, daß mir das Gesicht schmerzte. Endlich war es vorbei, ich durfte mich reinigen. So kam einer nach dem anderen.*
[...]
(Franz von Wahlde: Ausgebüxt. Bordtagebuch eines Schiffsjungen 1884–1886. Hamburg/Rostock 1989, S. 52–54)

Bark NÜRNBERG (Hamburg) 1901:
[...] *Neptun begrüßt uns Täuflinge mit rauher Stimme, hält uns eine gepfefferte Standpauke und teilt uns mit, daß wir die größte Rasselbande seien, die jemals versucht habe, von Norden her ungetauft den Äquator zu überschreiten. Wir müßten nun also, bevor wir in das himmlische Reich des Südens eintreten dürften, gründlich gereinigt werden.*

Jetzt forderte Neptun seinen Astronomen auf, festzustellen, ob das Schiff schon an der Linie angekommen sei. [...] *Der Astronom hantiert mit seinem Holzsextanten, schneidet komische Grimassen dazu und sagt laut einige Gradzahlen vor sich hin, ehe er meldet: »Jawoll, heilige Majestät von denn Atlantik und von all dat annere Woter und de Tümpels und Latrinen, mien Recknung stimmt, wi sünd sowiet, man mutt de Lien all sehn können.«*

Nach diesen Worten nimmt er seinen großen Kieker und sieht hinein. Der Kieker ist aus zwei nebeneinandergebundenen klaren Flaschen hergestellt, über deren Böden ein Segelgarn gespannt ist. Das Segelgarn, das man sieht, wenn man in die Flaschen blickt, ist der Äquator.

Nachdem der Astronom einen Blick in seinen Kieker getan hat, ruft er laut: »Jawoll, Majestät, ick seh se, de Lien is in Sicht.« [...]

Nach dem Astronomen müssen wir Jungen durch den Kieker gucken und den Äquator bewundern. Dann bekommt der Pastor von Neptun den Befehl, seine Predigt zu halten. Feierlich schreitet er zu seinem Podium, legt seine gewaltige, aus Holz gefertigte Bibel zurecht, stellt sich als Himmelslotse vor und hält eine markerschütternde Predigt. Diese richtet sich aber keineswegs nur an die Adresse der Schiffsjungen. Im Gegenteil: die Taufpredigt ist eine gute Gelegenheit, dem Kapitän und den Steuerleuten ganz unverblümt und so urwüchsig wie möglich zu sagen, was sich Janmaat an Bord anders wünscht. Auf diese Weise werden den »Achtergästen« Lob und Tadel in spaßhafter Form und doch mit ernstem Hintergrund verpaßt, und der Kapitän hört hier sozusagen die Stimme des Volkes. Der Pastor der Linientaufe ist so etwas wie der Hofnarr, der Seiner Majestät dem Kapitän und seinem Gefolge, den Steuerleuten, die Wahrheit sagen darf.

Wenn das geschehen ist, verteilt Neptun seine Orden an die eben gelobten oder gerügten Achtergäste. Sie sind, je nach der Beliebtheit der Ausgezeichneten, groß oder klein, mit hübschem Tauwerk oder mit anzüglichen Sprüchen und Zeichnungen verziert. Kapitän Wachtendorf, der bei der Mannschaft beliebt war, bekam einen großen Sonnenorden. [...]

Jetzt konnte die eigentliche Taufe beginnen. Wir Schiffsjungen wurden ins Zimmerhock eingesperrt und kamen, von den Polizisten geholt, einer nach dem andern an die Reihe. Das Taufbecken bestand aus einem großen Wasserbad, das in einem Holzgestell aus einem Persennig gemacht worden war. An der Vorkante lag, quer darüber, ein Brett, auf das sich der Täufling mit verbundenen Augen setzten mußte.

Nun begann der Arzt mit seinen Untersuchungen. Neben ihm stand der Barbier, der in der Rechten einen großen Pinsel und in der Linken einen Topf mit einer Mischung aus Teer, Öl, und – Schweinedreck hielt. Der Arzt fragte den Täufling: »Wo up de elende nördliche Welt büst du geborn?« Öffnete man den Mund zur Antwort, so schlug einem der Barbier einen

Abb. 6   *Nach der Taufe auf der Hamburger Viermastbark* LISBETH *1915 (DSM).*

Quast mit der elenden Sauce in den Mund. Als dies überstanden war, wurde ich (und nach mir Georg und Hein) mit dem großen Kalfathammer abgeklopft, um festzustellen, ob Herz und Lunge in Ordnung wären. Sie waren es, aber auf Schultern und Rücken hatte ich nachher blaue Flecken.

Hernach wurde mir mit der großen Weckuhr der Puls gezählt und dann mit einem überdimensionalen Trichter das Herz abgehört. Während das »Publikum« zu den Witzen, die diese »Untersuchungen« begleiteten, herzlich lachte, war mir von der fürchterlichen Schleimbrühe im Mund ganz übel geworden. Aber die Taufhandlung hatte ja eben erst begonnen.

»Mien Söhn«, sagte der Arzt jetzt mit sonorer Stimme zu mir, »du häst de nordatlantische Bullerkrankheit, ick war di ene Kur geben.«

Und was für eine Kur! Der Barbier überreichte dem Arzt Pillen, die aus einer Mischung von Mehl und Katzen- und Hundedreck gebacken waren. Sie wurden einer großen Schachtel entnommen, die den Aufdruck »Pupspillen« trug. Der Arzt nahm die Pillen entgegen und sagte streng: »Mok de Snut up, mien Söhn!« Da ich mit dem Mundaufmachen schon mißtrauisch geworden war und deshalb unmerklich zögerte, sagte der darauf vorbereitete Arzt: »Ah, de lüttje, söte Mundklemm hett he ok, ober dorför heff ick ok en Middel.« Nach diesen Worten wurde mir langsam der große Zeh gedreht, bis ich vor Schmerz: »Au!« schrie. Im Augenblick des »Au« wurden mir die Pillen in den Mund gesteckt und dieser fest zugedrückt.

»So, mien Söhn«, sagte der Arzt feierlich dazu, »nu langsam, ganz langsam und good kaun.« Mir wurde schlecht, aber der Arzt fuhr ungerührt fort: »So, so, du warst slecht, dor helpt am besten de allens kurierende Äquatordruppen.« Diese Äquator-Tropfen waren in einer großen Flasche enthalten, an der ein meterlanger, schmaler Papierstreifen befestigt war. Auf dem Streifen stand in großen Buchstaben geschrieben: »Medizin«.

Dieser See-Elefanten-Saft, wie ihn einige Matrosen nannten, war aus Rizinusöl und Schweine-Urin gemixt. Mit einem gewaltigen Löffel wurde mir das Sauzeug zwischen die Zähne geschüttet, kam aber sofort in hohem Bogen zurück.

»Aharr, aharr«, stellte der Arzt trocken fest, »de Medizin wirkt; der Bullerkrankheit flücht boben rut.«

Die Mannschaft krümmte sich vor Lachen; aber einigen wurde vom bloßen Zugucken übel. Indessen fuhr der Arzt fort: »Und nu noch de goode Massage und dat Klistier.« Das war für den Barbier das Zeichen, mich mit seinem Quast von unten bis oben mit der Teerbrühe anzuschmieren. In die Hose achtern bekam ich einen Trichter gesteckt, in den ebenfalls die Teersauce hineingeschüttet wurde.

Dann wurde ich rasiert. Für diese Rasur waren drei verschiedene Rasiermesser verfügbar, ein scharfes, ein stumpfes und ein gezacktes. Ich durfte wählen, mit welchem Messer ich rasiert sein wollte. Mit dem gezackten kostete es drei, mit dem stumpfen fünf und mit dem scharfen zehn Mark. Mit diesem Geld wurde später beim Kapitän aus der Schlappkiste Tabak gekauft und unter der Mannschaft verteilt.

Ich opferte zehn Mark, also eine ganze Monatsheuer, da ich keine Lust hatte, die Qual einer Rasur mit dem gezackten Messer zu erdulden. Die Rasur bestand darin, daß mir der vorher hingeschmierte Teerschleim mit dem Rasiermesser abgeschrappt wurde, wobei es dem Barbier auf ein bißchen Haut nicht ankam.

Nachdem auch diese Prozedur überstanden war, wurde mir plötzlich das Brett unter dem Achtersteven weggerissen, so daß ich rücklings ins Wasser fiel. Dann wurde ich im Wasser so lange auf- und untergetaucht, bis ich dem Ertrinken nahe war. Wer hierbei anfing, zu jammern oder zu brüllen, wurde als Schlappje betrachtet und von neuem drangenommen.

Ja, die Linientaufen waren rauh und grausam. Die Matrosen wollten ihren Spaß haben und wollten sehen, ob die Schiffsjungen auch Murr in den Knochen hatten und ob sie so viel aushalten konnten, daß sie für ihren Beruf geeignet schienen. So hatte auch diese erbarmungslose Pro-

Abb. 7 *Auf dem Hamburger Dreimastschoner* HEDWIG *fand noch 1921, während einer Südamerika-Reise, mit dem Wasserguß ein älteres Brauch-Element Anwendung. (Slg. E. Pieplow)*

zedur, wenn sie nicht gar zu sehr ausartete, ihren tieferen Sinn, und es wäre falsch, den Maßstab verfeinerter Sitten an sie anzulegen.

Nachdem ich das grausame Bad hinter mir hatte, war ich frei. Man nahm mir die Binde von den Augen, und ich durfte nun meinerseits zusehen, wie die anderen getauft wurden. An Bord der NÜRNBERG war außer uns drei Schiffsjungen noch ein Leichtmatrose dabei, der bisher nicht über den Äquator gekommen war. Als wir alles überstanden hatten, mußten wir uns bei Neptun melden. Er gratulierte uns und überreichte uns den Taufschein, der von Neptun und vom Kapitän unterschrieben war. Nun hatten wir sozusagen unseren Ritterschlag erhalten und gehörten erst richtig zu den Tiefwasser-Seeleuten.

Der Taufakt wurde mit einer humorvollen Rede des Pastors beschlossen, wobei wir Täuflinge einiges an Lob und Tadel über unser Benehmen während der Taufe abbekamen. Dann ging's mit Musik noch einmal über das ganze Großdeck. Hinter der Musik zogen wir fürchterlich beschmierten Täuflinge her, dann folgten Polizei, Neptun (mit Thetis eingehakt) und sein Gefolge.

Die Achtergäste hatten sich inzwischen in die Kajüte begeben, und vor dem Achterdeck ging der Zug langsamer. Da zeigte es sich, daß Kapitän Wachtendorf ein Herz für Janmaat hatte. Er hielt mittschiffs, oben an der Quer-Reeling stehend, eine kurze Ansprache und bedankte sich bei Neptun und seinem Gefolge. Dann rief der Zweite laut über Deck: »Besahnschot an!« Hernach bekamen alle einen großen Schnaps, auch wir Schiffsjungen; die Musik gab einen bumsenden Tusch, und Neptun rief: »Three cheers för denn Kaptein un de Stürlüt!« Und brausend antwortete die Mannschaft: »Hurray! Hurray! Hurray!«

Weiter ging's mit Musik ins Logis, wo sich der Zug auflöste. So war die einzigartige, barbarische Feier vorbei, und wir Jungs waren stolz darauf, sie mit einigem Anstand durchgemacht zu haben. [...] Der Nachmittag war frei, und beim Wachwechsel gab's nochmal: »Besahnschot an!« Es hat Wochen gedauert, bis ich den letzten Teer aus meinen Ohren bekam.
(Carl Kircheiß: Wasser, Wind und weite Welt. Als Schiffsjunge um die Erde. Hamburg 1953, S. 88–92)

Vollschiff PAMPA (Hamburg) 1907, Viermastbark ALSTERBERG (Hamburg) 1909:
(PAMPA) ... *Wir hatten wieder eine gute Reise. Als wir über die Linie kamen, wurde da für uns Jungens eine Taufe gemacht, aber das war bloß Ulk. Auf der ersten Reise wurde gar nichts gemacht, da waren ja alles Ausländer an Bord. Wenn wir später mal Passagiere hatten, wurden die auch getauft, gutes Wetter war ja meistens. Auf der* ALSTERBERG *tauften wir auch einen Matrosen, der hatte vorher nur auf Dampfern von Hamburg aus gefahren und war noch nicht über die Linie gekommen. Da wurde man denn mit Teer eingeschmiert und in eine Wasserbalje gesteckt, und hinterher mußte man sehen, wie man den Kram wieder abkriegte.*
(Als Junge und Matrose auf Hamburger Rahseglern, Erinnerungen des Warnemünder Kap Hoorniers Paul Holtz. Aufgezeichnet von Wolfgang Steusloff, in: DSA 11/1988, S. 172)

Vollschiff SEEADLER (Hilfskreuzer der Kaiserl. Marine) 1917:
Von ihnen wäre uns bei der Linientaufe ums Haar einer ums Leben gekommen. Auf dem Hilfskreuzer SEEADLER *mußte der Täufling zuletzt durch einen langen Windsack krabbeln, hinter ihm wurde mit der Deckwaschspritze ein dicker Strahl hineingespritzt. Nun muß der Windsack so voll Wasser gewesen sein, daß der Täufling keine Luft mehr bekam. Als er sich nicht mehr bewegte, meinten einige, er wollte sich nur ausruhen, und gaben ihm mit dem Tampen einige Schläge auf den hochstehenden Achtersteven. Da er sich auch jetzt nicht bewegte, bekamen wir es mit der Angst zu tun und schnitten den Windsack mit einem Ratsch auf. Wir stellten fest, daß der Ärmste völlig besinnungslos und schon ganz blau angelaufen war, und brauchten zehn Minuten, bis wir ihn ins Leben zurückgeholt hatten.*
(Carl Kircheiß: Wasser, Wind und weite Welt. Als Schiffsjunge um die Erde. Hamburg 1953, S. 92)

Vollschiff LANDKIRCHEN, 7. Oktober 1922:
Am Abend zuvor kam Triton, Stellvertreter Neptuns, an Bord; ließ sich Liste der Täuflinge vorlegen; kurzes Gespräch mit dem Alten und Empfang der Gebühren (Flasche Weinbrand); Verlassen des Schiffes, symbolisch angedeutet durch Überbordwerfen eines brennenden Teerfasses achtern.
Am nächsten Tag kamen Neptun und seine Gattin zur eigentlichen Taufhandlung und zur Begrüßung des Kapitäns an Bord. Beim Empfang des Meeresgottes und seiner Trabanten und während der Amtshandlungen spielte die aus Schifferklavier und Teufelsgeige bestehende Bordkapelle muntere Weisen.
In Begleitung des Herrscherpaares erschien der Aktuar mit einem blassen, vom Aktenstaub mehligen verfärbten Gesicht. Er trug einen Frack, dessen Schöße fast den Boden berührten, dazu karierte Hosen und einen hohen Zylinder. Weiterhin gehörten Hofarzt, Hofbarbier und mehrere »Ehrenjungfrauen« zum Gefolge. Den Abschluß bildeten zwei wild gestikulierende stämmige Neger, deren Haarschmuck aus Federn beim Tanz hin und her geschüttelt wurde.
Zuerst mußte sich jeder Täufling vom Hofarzt untersuchen lassen, um danach mit undefinierbaren Pillen traktiert zu werden. Die weiteren Reinigungsaktionen übernahm der bereits

Abb. 8   Die »Neger« aus Neptuns Gefolge; nach der Taufe auf dem Hamburger Vollschiff
PINNAS 1924. V.l.n.r.: Jungmann Wolfgang André (Prerow), Leichtmatrose Ludwig Noack
(Husum), Jungmann Max Müller (Warnemünde); vorn: Leichtmatrose Wolfgang Piepowarski
(Mönchengladbach). (Slg. M. Müller)

wartende Hofbarbier. Für das Einseifen wurde ein Handfeger und für die anschließende
Rasur ein großes hölzernes Rasiermesser benutzt. Die letzte und gründlichste Reinigung
erfolgte durch die beiden kräftigen Neger. Erst wenn der letzte »Kot« der nördlichen Halbkugel beseitigt war, überreichte der Meeresgott jedem der frisch getauften Seeleute einen Taufschein. Abschließend nahm Neptun die Gelegenheit war, um für sich und seine Hofstaat den
ihm zustehenden flüssigen Tribut vom Kapitän zu empfangen.
(Hans von Petersson: Mit vollen Segeln um die Welt. Rostock 1984, S. 41/42)

Vollschiff PINNAS (Hamburg) 1924–1927, Viermastbark PADUA (Hamburg) 1928:
Also das erste ist ja, daß man vorher schon Androhungen kriegte, also »Täuw man af, bet wi
an'n Äquator sünd, dann wirst du dien Glück erleben« ... – also wir war'n schon eingestimmt.
Und denn wurde an Deck so'n großes Bassin aus Segeltuch, aus Persenning, gemacht und schön
voll Wasser. Das waren meistens so 5–6 Täuflinge, die da an der Reihe waren. Denn war auch
der Doktor da, der seine Pillen gedreht hatte, der Friseur, der dir die Haare erst mal geschnitten hatte. [...]
   Die Pillen, die hatte der Koch fertig gemacht: Schweinescheiße, Schlemmkreide und denn
in'n Backofen – schön knusprig gebacken. Und was wir denn zu trinken bekamen, hinterher,
man mußte ja, wenn man das runterschlucken sollte, hieß das: »Ja, denn nimm man ierst mal
'n Schluck ut de Buddel«. Und denn gab's aus der Flasche irgendwie so'n Saft oder so, jedenfalls
'n wohlschmeckendes Getränk – na ja, Gott sei Dank. Und denn bekamst du wieder 'ne Pille,

und bei der nächsten wieder »Komm, nun drink mal 'n Schluck«. Das war die gleiche Art von Flasche, aber in der Flasche war nicht das gleiche drin, da hatten sie nämlich reingepinkelt.

Da haben wir denn erst mal geschluckt – das war das erste. Denn wurdest du nachher erst mal in das Becken reingeschubst, du saßt da ja, hintenüber reingeschubst, untergetaucht, ja, und denn wurd'st du nach all den Sachen gefragt, ob dir das leid tut, ob du das wiedermachen wirst, ... – also du solltest beichten. Na ja, denn hatten wir auch gebeichtet, und denn kam der Friseur, der hat denn erstmal die Haare geschnitten – mein Kopf war kahlgeschnitten worden.«
(Wassersack) *»Nee, Wassersack das wurde nicht gemacht. Ich war noch einigermaßen glimpflich (von abgekommen), aber es waren auch welche, die sind ganz schön rangenommen worden, nicht nur zwei, drei Mal getaucht, die wurden 'ne ganze Weile unter Wasser gehalten. Das waren denn welche, die sich wirklich unbeliebt gemacht hatten. [...] Wir mußten uns verpflichten, für die Gang, die also die ganze Sache abwickelte, 'ne Runde zu zahlen. Aber an Bord gab's ja noch kein Bier, Bier in Dosen und so weiter gab's ja noch nicht. Aber irgendwie – der Alte spendierte denn 'ne Buddel Rum und denn – so Art »Besanschot an« – bekam jeder sein Schlückchen. Das wurde uns denn aber wohlweislich von der Heuer abgezogen.*

Den Taufschein haben wir schon nächsten Tage gekriegt, die waren alle schon vorbereitet. Da war'n wir ja stolz drauf.

Die Taufe fand jede Reise statt. Ich weiß ja, Neptun, der kam denn erst mal mit seinem ganzen Stab über'n Klüverbaum an Bord – vorher lagen sie wahrscheinlich im Netz – wenn ich jetzt aber sagen sollte, welche Uhrzeit das war, das kann ich nicht; das spielte sich meistens vormittags ab.

(Ankündigungen abends zuvor?) *Na ja, was heißt Ankündigung – also wir wußten, daß nächsten Tag der Äquator passiert wurde und daß denn die Äquatortaufe sein sollte – also, geschlafen hatten wir denn nicht mehr, da hatten wir alle so'n bißchen Angst gehabt.*

Auf der PADUA *da hatten wir Kadetten an Bord, und da wurde das mehr oder weniger – da war denn irgendeiner abgeteilt, der war Ausbilder für die Kadetten, der hatte denn die ganze Sache gemanaged, daß das mehr oder weniger so Art Schauspiel war. Da haben wir uns als Stammbesatzung gar nicht mehr dran beteiligt. Da haben wir mehr im Hintergrund gestanden und uns das angeguckt.*

Auf den Hansa-Dampfern wurde auch getauft. Ja, das war überhaupt die Zeit nachher, in den 30er Jahren, als ich denn nachher bei der Hansa angefangen hatte. Und da wurde denn – also wie gesagt wie fuhr'n ja bei der HANSA *nicht über'n Äquator – meistens gingen die ja durchs Mittelmeer, Suezkanal usw., aber die Reisen, die wir dann machten von Hamburg rüber nach'm Mexikanischen Golf (Galveston, Houston) und von dort nach Kalkutta, Bombay, Karachi, aber ums Kap der Guten Hoffnung, da wurden denn auch Äquatortaufen gemacht. [...]*

Das war vielleicht 'n bißchen anders, vielleicht 'n bißchen verfeinerter, nicht mehr ganz so rabiat; insofern, daß du keine Schweinescheiße mehr bekamst, sondern wirklich was Vernünftiges, und auch der ganze Umgang, der ganze Umgangston im allgemeinen war besser – war'n all keine Segelschiffsmenschen mehr, das waren eben sonne Dampferfahrer. Wir wurden langsam kultiviert.
(Kpt. Max Müller, Hamburg; Auszug einer aufgezeichneten Unterhaltung mit dem Verfasser im April 1992, Sammlung Steusloff)

Vollschiff OLDENBURG (Bremen), 20. März 1927:
... Diejenigen der Besatzung, die schon einmal den Äquator passierten, trafen alle Vorbereitungen für die kommende Taufe. Aus Persenningen bauten sie ein Bassin an Deck auf und errichteten einen Podest, auf dem während der Taufe Neptun mit seiner Frau Thetis Platz

nahm. Wir Täuflinge warteten, nur mit Badehose bekleidet, unter der Back, wurden zu Neptuns Thron gerufen. Auf Knien hatten wir unsere Untaten der bisherigen Reise zu berichten. Tat man das nicht, packten Neptuns Gehilfen kräftig zu, verdrehten etwas die Arme des Täuflings und gaben ihm ein paar freundliche Stöße in die Rippen, daß man zusammensackte und willig seine Missetaten gestand. Nach der Beichte wartete schon der »Arzt« auf jeden von uns. Höhepunt seiner Behandlung waren Pillen aus Farbe, Teer und Schweinemist. Seine Gehilfen öffneten mir mit Gewalt den Mund, er steckte seine Medizin hinein und stopfte sie mit einem Holzstab tief in den Rachen. Ehe ich mich versah, war ich – noch an der Wundermedizin würgend – beim Friseur gelandet. Der seifte mein Gesicht mit Schmierseife ein, daß ich kaum noch atmen konnte. Danach nahm er seine Holzmesser, haute links und rechts auf den Schaum ein, um ihn wieder herunterzubekommen. Zu guter Letzt gab mir der »Pastor« mit seiner Holzbibel einen Schlag auf den Kopf, daß ich hinterrücks in das Becken fiel, wo sich Neptuns Trabanten meiner annahmen. Sie tauchten mich mehrmals unter und beförderten mich dann mit Schwung an Deck. Unter dem Hallo der anderen kroch ich auf allen Vieren unter die Back, wo die Taufe ihren Anfang genommen hatte. Ich will heute noch offen gestehen, eine zweite Äquatortaufe dieser Art möchte ich nicht mitmachen. Einem Täufling hatten sie den verlängerten Rücken mit Teer verkleistert, aus Rache, weil er sich zu sehr wehrte. Wir konnten nichts weiter tun, als bei der Reinigung zu helfen. Abends hieß es »Besanschot an« – aber nicht für uns Täuflinge!
(Gerhard Großmann: In dreißig Tagen um Kap Hoorn. In: Poseidon 4/1979, S. 29/30)

Viermastbark PARMA (Hamburg), 1928:
Die Linientaufe wird eigentlich auf der Ausreise gemacht, und alldieweil der Kapitän mit seiner Besatzung nicht zufrieden war – wir hatten viele »Schonerleute« an Bord, wenig Rahsegel-Befahrene – hatten wir auf Ausreise keine gemacht, erst auf der Heimreise. Und die wurde dann eigentlich in zünftiger Form gemacht, denn das ist ja so, daß – also am Tag vorher – Triton kommt. In der Dämmerstunde vorne auf der Back, und denn stampft da einer mit 'ner Laterne längsdecks auf dem Laufgang oben – was sonst ja nur für die Achtergäste erlaubt war – und denn kündigt er dem Kaptän an, daß Neptun am nächsten Tage mit seinem Gefolge erscheinen würde, sich die Ehre geben würde und so weiter, und daß er eigentlich sehr erbost wäre, er (der Kapitän) hätte ihm doch im Kanal genau den Anker auf den großen Zeh geschmissen (In Bezug auf die Ausreise, während der bei einem Ankermanöver auf den Downs ein Anker mit Kette verloren wurde.) Das war Triton, der kam ja mit vier Trabanten an. [...] Und denn zog er eben nach achtern und wurde vom Kap'tän empfangen und kriegte denn einen eingeschenkt, so ordentlich einen, na ja, und denn »Up een Been kann ik nich stahn« und so. Und dann wurden natürlich drohende Reden an das Volk gehalten, erst mal schon von wegen »Morgen kommt Neptun, paß bloß up!« Während wir jungen Leute alle so andächtig standen oder interessiert standen, hatten die alten – einer oder mehrere von den alten Matrosen – schon mal 'ne Pütz voll Wasser genommen und denn gabs mal 'n Husch drüber. [...]
Na, und denn zogen sie wieder ab. Dann wurde ein kleines Holzfaß mit Werg gefüllt und Teer und so weiter, angesteckt und außenbord geschmissen. Das war dann die Bootslampe, die noch lange Zeit in Sicht war.
Am nächsten Tag wurden wir Täuflinge erst mal alle vorn in den Schweinekoben gesperrt – so gegen Mittag – oder irgendwo anders eingesperrt und nachher Neptun vorgeführt.
Den Einzug haben wir miterlebt mit Neptun und Thetis, und er hatte einen Astronomen mit, und der Astronom, der ging denn auf's Peildeck und machte Peilungen und so weiter ...
»Ja, da kommt sie, da kommt sie (die Linie)! Alle Mann! Alle Toppen besetzten!« Denn mußte vorne auf'n Klüverbaum und auf jeden Mast mußte einer rauf, da mußte denn die Linie über-

Abb. 9 *Neptun (II. Ingenieur Brand) und Gattin während der Linientaufe am 24.4.1931 an Bord des Dampfschiffes* LIEBENFELS *(DDG »HANSA«) auf der Reise von der USA-Ostküste und dem Golf von Mexiko um Afrika nach Indien. (Slg. E. Pieplow)*

Abb. 10 *Neptun und Gefolge beim musikalischen Umgang. DS* LIEBENFELS *1931. (Slg. E. Pieplow)*

geworfen werden [...] Damit wir nicht ausreißen konnten, wurden wir erst mal eingesperrt. Und denn ging ja nachher die große Zeremonie los – also am Vormittag war das große Taufbecken gebaut zwischen Luke und Reling. [...] Was sonst vorher schon war, davon haben wir nichts gesehen. Das haben die befahrenen, die getauften Matrosen, die haben das denn vorbereitet. [...]

Und denn wurden sie (die eingesperrten Täuflinge) langsam rangeholt, und denn kamen immer wieder die Trabanten an – das waren nur Neger, die waren nur schwarz angemalt, und Thetis mit langem wallenden Kabelgarnshaar – und zerrten, und denn kamen sie hin zum Doktor, und der untersuchte dann. Also bei mir stellte er beispielsweise fest: Blinddarm. Und dann: Messer – ratsch – auf der linken (!) Seite den »Blinddarm operiert«, und 'n Schlag Mennige drauf (das mußte doch »bluten«), und denn zur Beruhigung die dicke Pille (furchtbares Zeug, fast Walnußgröße) und Medizin ('n unheimliches Gesöff) – wer weiß, was die da zusammengebraut hatten. [...]

Und denn wurd natürlich rasiert – mein Gott, Haare geschnitten! Richtig mit der Maschine so eine Bahn mitschiffs durch, genau über'n Kopf nach hinten durch; die »Linie« reingeschnitten. Das war noch 'ne verteufelte Sache, Menschenskind, das waren anderthalb Monate von Europa. Auf Ausreise wär das nicht schlimm gewesen, da hätte man gesagt hinterher, komm, ratzekahl, aber so war's ja schlechter. Na ja, das wurde ja nun individuell gemacht, je nach dem; das ging ja beim Friseur nach dem Ansehen des Delinquenten. Wenn er dich leiden mochte, dann hat er dich doch 'n bißchen sanfter behandelt. Dann der Wassersack, da sind wir auch durchgekrochen und schließlich landetet wir eben im Taufbecken. (Zuvor:) Du mußtest auf'm Rand sitzen, mit'm Rücken zum Taufbecken, und denn wurdest du rasiert, erst die Haare geschnitten und denn rasiert mit ordentlich Schaum und mit so'm 50 Zentimeter langen Rasiermesser aus Holz und denn – hopp – wierst weg. Und da waren denn die Trabanten und de hemm die ja ornlich stükert. [...]

Die Taufscheine hatte der Funkermatrose (gemacht), der hatte so'ne zeichnerische Ader, der hatte sehr hübsche Taufscheine gemacht: Da kommt also ein Rahsegler an und im Wasser steht Triton und der hat einen großen dicken Handschuh, 'n Arbeitshandschuh an und stoppt das Schiff ab. Und dann dieser übliche Rees »Neptun von Gottes Gnaden« und was weiß ich ..., »bestätigen dann den Namen »Tintenfisch«.

Ja, dann wurde aufgeklart. Wir waren ja in den Tropen, also das war ja still, ruhiges Wetter, dann wurde aufgeklart und denn gab's auch 'n kleinen Drink. Und unser Dritter Offizier, der war auch noch nicht getauft, der mußte sich freikaufen, der mußte sich mit 10 großen Flaschen Bier freikaufen. Und das war das erste und einzige Mal, daß der Alte an die Mannschaft hat Bier ausgegeben. Und es gab an dem Nachmittag (der Koch hatte Kuchen gebacken, Panzerplatte wie üblich) und zum Abend gab's auch Punsch, also Glühwein, also 'n bißchen was ... wurde richtig 'n bißchen gefeiert.

(Kpt. Georg Schommartz, Rostock; Auszug einer aufgezeichneten Unterhaltung mit dem Verfasser im Juni 1992, Sammlung Steusloff)

Motorschiff CLAIRE HUGO STINNES I (Hamburg), 1936:
... und dann sind wir noch mal ins Dock gegangen in Bremerhaven, noch mal nachgeguckt, Bodenanstrich noch mal, und dann gings in Ballast runter zum La Plata. Das war 1936. (Taufe wie auf der PARMA oder Unterschiede?) *Im Grunde genommen wurd' das alles so gemacht wie auf der* PARMA *– ja, nichts mit über die Toppen schmeißen, und brennendes Faß auch nicht mehr.*
(Kpt. Georg Schommartz, Rostock; wie zuvor)

Dampfschiff POSEIDON (Hamburg), um 1936:
Musik von der Back, Aufzug.
[...] *Neptun war an Bord gekommen, mit einem wimmelnden Gefolge, einem ganzen Fürstenhof.*

Voran gingen zwei Polizisten mit feschen Schnurrbärten und hübschen, blauen Uniformen, unmittelbar hinter ihnen kamen zwei kohlschwarze Neger, die jeder eine Riesentrommel traktierten. Dann folgten andere Musikanten mit Mundharmonikas, Banjos, Trompeten und selbstverfertigten Universalinstrumenten, und als allerletzter in der Schar erschien Seine Majestät selbst, mit Königin, Geistlichen und einem teuflisch aussehenden Barbier, der zusammen mit Neptuns festgeschmücktem Arzt kam. [...] Dann kam Neptuns Vortrab und packte ihn, um ihn nebst einem Dutzend Mann von der Besatzung im Triumph ums Schiff zu führen.
[...]
Die Taufe fand auf Luk I statt, wo man einen Thron für Neptun errichtet hatte, eine Persenning ausgespannt und mit Seewasser gefüllt hatte.

In dieses Bassin kletterten die Neger hinein und legten sich, gieriger als Haie, auf die Lauer, bereit, den ersten, der zu ihnen hinabgeworfen würde, zu greifen. Ihre Hautfarbe färbte im Wasser nicht ab, denn es war Schuhwichse. Dafür färbte sie ganz brav auf das weiße Unterzeug der Getauften ab.

Mein Reisegefährte war der erste, teils weil er Passagier war, teils weil Arzt, Barbier und die Neger ihn mit ganz frischen Kräften zu behandeln wünschten.

Er wurde vom Arzt untersucht, der bedenklich den Kopf schüttelte und von Fettherz sprach, er aß die herrlichsten, aus Pfeffer, Senf, englischer Sauce und Ingwer gedrehten Pillen, die er mit einem tüchtigen Schluck Salzwasser aus einer Whiskyflasche hinunterspülte, und er wurde eingeseift und mit einem sägezahnigen, hölzernen Messer von einem Meter Länge rasiert.

Dann schlug ihn der Geistliche dreimal hart und herzlich mit einem Malerpinsel auf den Kopf und gab ihm den Namen »See-Elefant«, worauf er von den beiden Polizisten hintenüber gestürzt wurde und ein paar Meter tief in das Bassin fiel, wo die Neger mit ausgebreiteten Armen warteten. [...]

Kurz, der Äquator wurde unter Beobachtung aller alten Zeremonien passiert, die POSEIDON *empfing ihren leiblichen Bruder Neptun, wie es sich gebührt, obendrein hatte man eine neue Variante eingeführt, indem man das Opfer fragte, ob es vor der Taufe einen letzten Wunsch hätte, während ihm der Steward gleichzeitig demonstrativ das bekannte kleine Gebetbuch vor die Nase hielt. Im Buche stand »drei Bier« geschrieben – denn jedem zum Tode verurteilten standen drei Wünsche frei – und der Delinquent brauchte nichts zu tun, als seinen Namen unter die Bestellung zu setzen. Damit war seine Aufgabe erfüllt, denn des Bieres nahmen sich Neptun und sein Hof später, als die Taufe überstanden war und die Täuflinge ihre Taufscheine erhalten hatten, ganz allein an.*

Es dauerte jedoch eine Woche, ehe es den Negern gelungen war, sich die Schuhwichse abzuwaschen.
(Hakon Mielche: Reise ans Ende der Welt. München/Wien/Leipzig o.J. (um 1937), S. 41–44)

Viermastbark PRIWALL (Hamburg), 18. Januar 1938:
[...] *Am Montagabend war die Tampenjagd. Da kommt Triton mit seinen Gehilfen an Bord, er kommt von außen mit einer großen Fackel und meldet dem Kapitän, daß er an Bord gekommen sei, um die Unbefahrenen zu sehen und sie vorzubereiten für die Überschreitung der Linie. Es wurden nun alle zusammengetrieben, und ich wurde vom Kapitän als schon getauft ausgegeben, damit ich die Tampenjagd nicht mitzumachen brauchte, denn es ist ein Spießrutenlaufen im Dunkeln, und es wird vom Tampen ordentlich Gebrauch gemacht, und nach*

einer Jagd über das ganze Schiff werden alle auf die Poop gejagt und dann unter die Poop geschickt, um von hier einzeln aufgerufen zu werden und zu zweien vom Triton empfangen. Er steht mit seinen Gehilfen unter dem Bootsgalgen, und indem die Opfer in Zerknirschung vor ihm knien mit dem Kopf am Boden und gefalteten Händen, müssen sie obiges Gebet aufsagen, während Triton ihnen mit einem Besen eifrigst den Kopf fegt – und plötzlich kommen von oben ganze Kübel Wasser auf die Ahnungslosen, und wenn sie nun im Gebet stocken, so müssen sie immer wieder beten. Die ganze Sache ist eine ernste Handlung, und Lachen wird schwer bestraft. – Heute früh aber wollten die Matrosen die Taufe nicht machen, und es war sehr dicke Luft. Ich fand es ungerecht, den Jungen gegenüber, und ebenso fand ich es töricht, wie ein Kind zu maulen. – Man war entrüstet, daß der Kapitän sie nicht würdig empfangen habe, sie hätten dauernd hinter ihm herlaufen müssen, und er habe bei den neuen Dampfermatrosen die Taufe angezweifelt usw. Na, es gelang mir, sie zu überreden, denn eine Spannung ist nicht schön auf so einem Schiff. Ein Hauptgrund war noch, daß der Kapitän nicht wünschte, daß Schweinedreck in die Pillen käme, es hätten nur reine Eßwaren mit Gewürzen in Benutzung zu kommen, ferner wünschte er nicht, daß die Haare so verunstaltet würden durch Neptuns Barbier, wie es sonst üblich gewesen, denn in Chile hätten die Kadetten Deutschland zu repräsentieren, er wolle nicht einer Horde von Tollhäuslern begegnen.

Nun liegt es aber, scheint mir, im Menschen, Rache für Erlittenes am Nachfahren zu nehmen, anstatt es besser zu machen. Na, es ging auch, ihnen das klar zu machen. So wurde dann auf dem Vordeck das große Bad gebaut, und man sagte mir, daß ich als erster dran käme. Aber es schien so, als könnten sie einfach ihre eigensten Ideen von der Taufe nicht aufgeben. Nachdem sie vier Stunden gepumpt hatten, also schönes, reines Atlantikwasser im Bassin war, da holten sie die zwei Schweine und diese wurden mit viel Hallo und Persil darin gewaschen, und dabei ließen sie auch alles mögliche von sich, das nun im Wasser schwamm. [...]

Warum ist es nur so schwer, den Menschen von solcher niedrigen Einstellung zu bekehren? Aber merkwürdigerweise sind die Jungs trotz des Ekels, den sie empfinden, nachher besonders stolz, gerade wenn es wüst war. – Man muß bedenken, daß jeder Täufling von zwei starken Kerlen, die im Bad sind, in Empfang genommen wird, nachdem sie vorher von Neptuns Ärzten mirabellengroße Pillen schlucken mußten, die, weil sie sehr trocken und mit schärfsten Gewürzen, gepfeffert wie toll, nicht rutschen können, dabei noch auf dem Rücken liegend und mit einer Fahrradpumpe immer Seewasser in den Hals gespritzt bekamen, das meiste dieser eklen Pillen im Munde haben, wenn sie rückwärts mit Schwung ins Bad befördert werden, um sogleich von den zwei Kerlen, über und über mit Teerschmiere, als Neger gedacht, untergetaucht zu werden. Jeder muß dreimal untergetaucht werden, und zwar so lange, bis er Wasser schluckt. Jeder wehrt sich verzweifelt, aber es hilft nichts. Ich war auch mit Mennigfarbe und Transchmiere eingeschmiert, aber nur milde, und beim Rasieren seitens der Neptunbarbiere konnte ich feststellen, daß auch Ölfarbe dabei war. Die Täuflinge mußten zuvor in den Schweineställen untergebracht werden, und zwar so eng, daß es unmöglich war, noch eine Katze hineinzubringen. Ich blieb davon verschont, wurde einzeln im Waschraum eingesperrt. Übrigens waren manche Jungs dreckig wie Schweine, weil sie sich wochenlang nicht waschen, und gerade die aus guten Familien. Und Neptun sieht mit gewissem Recht darauf, daß jeder einmal gründlich an Säuberung denken muß nach seiner Behandlung. Dies ist wohl auch der tiefere Sinn in der Exkrement-Mitbenutzung. Dann müssen alle durch einen 20 m langen Windsack kriechen, während sie unterwegs genügend angetrieben werden, um am Ende mit Wasser über dem Kopf empfangen zu werden. Beim Priester des Neptun muß man sich von seinen Sünden reinigen und gemeinsam beten. Dann kommt jeder einzeln dran. So auch ich. Der Priester sagte mir sehr salbungsvoll, daß ich als dreckiges Landschwein es nur seiner besonderen Fürsprache zu danken habe, wenn Neptun mich seine Linie passieren lassen wolle, aber ich wäre eine Begabung im Dienste der Seefahrt, nun sollte ich beten. Also der Priester sagt: »So

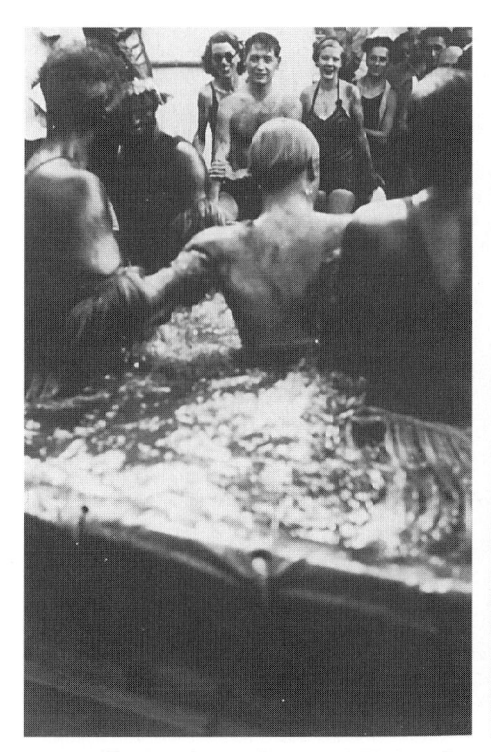

Abb. 11, 12   *Äquatortaufen für die Passagiere an Bord des HAPAG-Schiffes* RELIANCE *um 1937.*
(Slg. P. Oelrichs)

laßt uns denn beten: Neptun, unser ...«, und nun sollte ich doch kniend mit gefalteten Händen mit dem Kopf am Boden beten. Ich aber sagte immer nur, was der Priester mir vorsagte, und so entstanden große Pausen, denn dabei stellte sich heraus, daß der Priester sein eigenes Gedicht nicht kannte, und es gab für ihn eine recht peinliche Verlegenheit und bei der Mannschaft das größte Vergnügen, weil er nämlich kein Segelschiffsmatrose war.

Neptun nahm mich gnädig auf, und ich brauchte nicht seiner Gemahlin mit Teer und Farben geschwärzten schwarzen nackten Fuß zu küssen. Er sagte nur: »Dann sage ein Gedicht auf, mein Sohn!« Ich sagte dann: »Aveanletschubali und Aveanletschumali« auf, und Neptun konnte schwer seine Würde wahren. Dann wurde ich von den Ärzten behandelt ohne Pillen und von den Barbieren, und dabei bekam ich zwei Kübel Wasser über den Kopf, und somit war ich endgültig getauft auf den Namen »Goldmakrele«. Nun durfte ich erst wieder das Hochdeck betreten, von dem ich zuvor von Neptuns Negern und Rothäuten mit der Peitsche vertrieben worden war.

Am Abend gab es Bowle für alle, und ich hatte Kapitän und Offiziere zum Whisky eingeladen. So saßen wir auf dem Hochdeck unter den Riesensegeltürmen im herrlichsten Mondschein, den reinen Sternenhimmel über uns und dabei eine schöne frische Abendluft. Der Kapitän hatte seine Elektrola angestellt, und wir waren sehr vergnügt. Zwar haben wir heute morgen einen schweren Kopf. Die Linie haben wir immer noch nicht. [...]
(Kay H. Nebel: ... rund Kap Horn! Tagebuch einer Segelreise mit dem Hamburger Viermaster PRIWALL 1937/38. Gesellschaft für Schleswig-Holsteinische Geschichte / DSM Bremerhaven 1978, S. 19–21)

Anmerkungen:
1 Wossidlo, Richard: Reise, Quartier, in Gottesnaam. Rostock 1940/43.
2 Bis 1988 folgten 10 Nachauflagen.
3 Gennep, Arnold van: Les rites de passage. Paris 1909; als deutschsprachige Erstausgabe: Übergangsriten. Frankfurt/Main, New York, Paris 1986.
4 Henningsen, Henning: Crossing the Equator. Kopenhagen 1961.
5 Diese Übereinstimmung spiegelt sich mitunter sogar in der Terminologie der Fahrensleute wider: *Hänseln wenn de Lien passiert ward.* (Notiz-Nr. 6).
6 Dazu gehörte mitunter eine Grußerweisung durch Abnehmen der Mütze vor einer fiktiven Person, z.B. vor dem »Dragörschen Schulten«, den Leitbaken von Dragør beim Einsegeln in den südlichen Teil des Øresunds, oder ausgehend vor der »Jungfrau von Kullen« auf dem Vorgebirge Kullen, der nordöstlichen Begrenzung des Øresunds.
7 Henningsen (wie Anm. 4), S. 21/22.
8 Wossidlo hat zwar die Namen seiner Gewährsleute sowie Ort und Datum der Aufzeichnung notiert, leider aber nicht den Bezug der Auskünfte (Schiff, Jahr) erfragt.
9 Säbelförmig geschnitztes Holzstück von 80 bis 90 cm Länge; diente zum Zusammenschlagen von zu Matten geflochtenem Tauwerk; vergl. Wossidlo, Richard/Teuchert, Hermann: Mecklenburgisches Wörterbuch Bd. 4. Berlin/Neumünster 1965.
10 Der Windsack ist ein Segeltuch-Schlauch mit seitlichen Flügeln, der – augeheißt und in den Wind gedreht – zur Belüftung der Laderäume dient. Siehe dazu auch Wossidlo-Zettel Nr. 8.
11 Nebel, Kay H.: ... rund Kap Horn. Tagebuch einer Segelreise mit dem Hamburger Viermaster PRIWALL 1937/38. In: Nordelbingen, Jg. 41, 1972, S. 87–140; separat Bremerhaven 1978.
12 Ebd.
13 Nach Auskunft von Herrn Kpt. Georg Schommartz, Rostock; aufgezeichnet am 4.4.1990: *Taufe haben wir erst auf Rückreise gemacht. Der Alte hatte sich so geärgert über uns – wir waren meist »Schonerleute« an Bord [...], in der Doverstraße 36 Stunden gekreuzt, der Alte hatte nicht gewagt, über Stag zu gehen, [...] jedes Mal 'ne Meile verloren.*
14 Nach Auskunft von Herrn Kpt. Werner N. Matthiesen, Flensburg; aufgezeichnet am 1.4.1992.
15 Nebel, Kay H. (wie Anm. 11).
16 Nach Auskunft von Herrn Kpt. Max Müller, Hamburg; aufgezeichnet am 22.4.1992.

Anschrift des Verfassers:
Wolfgang Steusloff
Institut für Volkskunde
in Mecklenburg-Vorpommern
– Wossidlo-Archiv –
Thomas-Mann-Straße 6
D (O)-2500 Rostock

SCHIFFSTAUFEN, EIN MARITIMES RITUAL

Stapellauffeierlichkeiten bei Kriegsschiffen im Wilhelminischen Zeitalter

VON PETER KUCKUK

Bei Schiffen, die auf Helgen gebaut werden, ist der Stapellauf eine technische Notwendigkeit; er bildet die Zäsur zwischen dem Bau des Schiffsrumpfes auf dem festen Land und der Einrichtung und Ausrüstung des Schiffes am Ausrüstungskai. Die Übergabe des schwimmfähigen Schiffes an das nasse Element wird mit der Schiffstaufe begangen. Eine zeitgenössische Darstellung aus dem Kaiserreich formulierte: *Der Stapellauf ist für das Schiff der eigentliche Geburtstag, an dem es seinem Elemente nach Abschluß eines bestimmten Bauabschnittes übergeben wird.*[1] – *Das Zuwasserlassen des Schiffes geschieht mit besonderer Feierlichkeit. Das Schiff erhält dabei seinen Namen und wird mit Champagner durch Zerschellen einer Flasche am Bug des Schiffes getauft.*[2]

Dieser Brauch, eine Flasche Champagner vor dem Stapellauf des Schiffes an dessen Bug zu zerschlagen und dabei den Namen des Schiffes auszusprechen, soll in Deutschland spätestens in der Mitte des 19. Jahrhunderts von Großbritannien übernommen worden sein.[3] Der Ablauf einer Schiffstaufe soll bei der Gründung des Deutschen Kaiserreichs *bereits etabliert* gewesen sein und sich *nur unwesentlich vom heutzutage gebräuchlichen Ritual unterschieden haben.*[4] Kaiser Wilhelm II. hatte kurz vor der Jahrhundertwende den Stapellauf als einen *feierlichen Akt* bezeichnet, bei dem *ein Stück schwimmender Wehrkraft des Vaterlandes seinem Element übergeben* werden konnte.[5]

Diesem maritimen Brauch soll hier nicht etwa unter volkskundlichen Aspekten nachgegangen[6] oder die technische Dimension des Stapellaufes problematisiert werden.[7] Vielmehr möchte ich lediglich am Beispiel einiger Stapelläufe von Kriegsschiffen, die im letzten Jahrzehnt vor dem Ersten Weltkrieg vor allem auf der Actien-Gesellschaft »Weser« in Bremen stattgefunden haben[8], dieses Ritual mit seinem organisatorischen Vorlauf darstellen und damit auch einen – zugegeben – beschränkten, aber reizvollen und manchmal auch recht amüsanten Einblick in die gesellschaftlichen Verhältnisse des Wilhelminischen Kaiserreichs vermitteln. Dabei sollen die einzelnen Aspekte der Tauffeierlichkeiten anhand von Quellen dokumentiert werden, um so einen quasi idealtypischen Ablauf zu rekonstruieren. Anhand der Taufreden sollen Hinweise auf das zeitgenössische Geschichtsbild gegeben werden. Um dem Leser einen direkteren Zugang zum damals obwaltenden »Zeitgeist« zu ermöglichen, werden einige Passagen wörtlich dokumentiert.

Das Zeremoniell bei den Stapelläufen von Kriegsschiffen der Kaiserlichen deutschen Marine war – abgesehen von früheren Bestimmungen[9] – durch *Allerhöchste Ordre* Kaiser Wilhelms II. vom 6. Oktober 1900 geregelt und im Marineverordnungsblatt veröffentlicht.[10] Aufschlußreich ist, wer nach dem schriftlichen Entwurf des Kaisers für das Taufzeremoniell als

Person oder Mitglied einer gesellschaftlichen Gruppe des kaiserlichen Deutschland in Erscheinung trat. Zwischen den beiden gesellschaftlichen Polen, der kaiserlichen Majestät (mit der zeitgenössischen Großschreibung der Personalpronomina) und dem ordinären namenlosen Publikum, sind die anderen Akteure und Statisten einzuordnen: Die (nicht direkt genannte) Direktion der jeweiligen Bauwerft, die an den An- und Abmarschwegen Spalier bildenden Truppen, sowie die Ehrenwache; dienstfreie Offiziere sowie Einheiten von Marine und Heer hatten an der Feier teilzunehmen. Den Offizieren und Mannschaften wurde die Festkleidung vorgeschrieben.[11]

CEREMONIELL BEI STAPELLÄUFEN VON SCHIFFEN MEINER MARINE
1. *Wer die Taufe eines Meiner Schiffe vollziehen soll, werde Ich bestimmen.*
2. *Zur Taufe ist eine Ehrenwache in Stärke einer Kompagnie mit der Fahne (Standarte) und Musik zu stellen.*
3. *Die Ehrenwache wird gestellt: In Reichskriegshäfen von der Marineinfanterie, sonst von den Truppen der Garnison. Die Bezeichnung des betreffenden Truppentheils behalte Ich Mir vor.*
4. *Während des Ablaufens präsentirt die Ehrenwache, die Musik spielt die Nationalhymne. Bei Stapelläufen, denen Ich anwohne, feuern Meine im Hafen anwesenden Schiffe einen Salut von 21 Schuß. Beim Eintreten des Schiffes ins Wasser werden 3 Hurrahs ausgebracht.*
5. *Bei Schiffen, welche nach der Taufe nicht ablaufen, sondern aufschwimmen oder abgeschleppt werden, werden die Ehrenbezeugungen im Anschluß an die Taufrede erwiesen. Die Ehrenbezeugung der Wache endet mit dem Ausklingen der Nationalhymne.*
6. *Die dienstfreien Offiziere sowie Deputationen der Marine- und Truppentheile wohnen der Feier bei. Zeit und Ort der Aufstellung sowie Stärke der Deputationen bestimmt nach Angabe der betheiligten Werften, Marine- und Truppentheile in den Reichskriegshäfen der Stationschef, in allen anderen Häfen der Kommandant bzw. der Garnisonälteste.*
7. *Anzug für Offiziere der Marine – Dienstanzug mit Orden, Mannschaften – Paradeanzug. Anzug für Offiziere der Armee – Dienstanzug mit Orden[12], Mannschaften – Ordonnanzanzug.*
8. *Dem Publikum ist die Anwesenheit bei der Feier, soweit es die Verhältnisse gestatten, zu ermöglichen.*[13]

Diese Vorschrift regelte das eigentliche Zeremoniell der Stapelläufe, und beim Reichsmarineamt (RMA)[14] lag ein »Spickzettel« für die Ablaufplanung, d.h. die einzelnen Maßnahmen, die im organisatorischen Vorfeld der Schiffstaufen zu vollziehen waren, vor. Dieser »Spickzettel« stellt offenbar ein altväterliches Pendant zum heutigen Netzplan für die Strukturierung organisatorischer Abläufe dar.

Das organisatorische Vorspiel in Berlin

Der ganze Vorgang begann mit einer Immediatsnotiz über Ablauftermin und Taufpaten an den Kaiser. Zudem war festzustellen, ob der Kaiser selbst beim Stapellauf anwesend sein würde, was u.a. ein Salutschießen erforderlich gemacht hätte. Dann mußten der Marinestation, der Bauwerft sowie dem zuständigen Geschwader Ablauftermin und Taufpate mitgeteilt werden. Die Werft wurde um den Entwurf eines Stapellaufprogramms ersucht, das an *Allerhöchster Stelle* zur Genehmigung vorzulegen war. Beim zuständigen Hofmarschallamt mußten die Standarten angefordert werden. Das Gefolge des Kaisers, die Begleitung des Taufpaten sowie die Vertreter des Reichsmarineamtes waren zu ermitteln. Dann konnte das Sta-

Taufe der Kreuzerkorvette ALEXANDRINE *auf der Kaiserlichen Werft in Kiel am 7. Februar 1885 durch Prinz Wilhelm von Preußen. (Aus: von Henk: Zur See. Um 1895)*

pellaufprogramm mit den Angaben über die gewünschte Kleidung allen Gästen zugesandt werden. Die Marine-Station, die Bauwerft, die Kommandantur, der Bürgermeister, das Korpskommando sowie die Eisenbahndirektion mußten anschließend über alle Reisedispositionen, d.h. vor allem die Ankunfts- und Abfahrtszeiten der zu erwartenden *Höchsten Herrschaften,* unterrichtet werden. Konnten die Absperrmaßnahmen auf Kaiserlichen Werften durch eigene Kräfte getroffen werden, so war hierfür bei den Privatwerften die Polizei einzuschalten. In den Hansestädten als *Nichtmarinegarnisonen* mußte das Generalkommando besonders wegen des Präsentierens vor den Bürgermeistern gesondert angeschrieben werden.[15] Für den Transport sowie die Bewirtung und Unterbringung allerhöchster Personen und sämtlicher Gäste war für die Quartier- und Wagengestellung zu sorgen. Station und Werft hatten für das Diner mit ca. 25 Gedecken eine Liste der Teilnehmer aufzustellen, die noch genehmigt werden mußte. Der »Spickzettel« enthielt eine Checkliste der Gesandten, Oberpräsidenten, Polizeipräsidenten, Oberbürgermeister und weiterer Amtspersonen, die für die Teilnahme am Diner in Frage kamen. Nachdem die Hotels um die Vorlage eines Menu-Vorschlages ersucht waren, konnten die Tischkarten angefertigt und die Tischordnung aufgestellt werden.

Bei diesem Vorbereitungsstand ließen sich dann die Reiseverfügungen treffen, wozu die Bestellung von Kupees bzw. Kurswagen bei der Eisenbahndirektion gehörte. In den Hotels wurden Zimmer reserviert und Wagen bestellt. Nach dem eigentlichen Taufakt war dann über dessen erfolgreichen Vollzug ein Telegramm an den Kaiser sowie das Reichsmarineamt zu senden. Auch ein Telegramm des Taufpaten an den Kaiser mußte bereitgehalten werden. Zudem waren Schreiben an den Reichskanzler, den Admiralstab sowie den zuständigen Stationschef rechtzeitig vorzubereiten. Zuletzt war der Eisenbahndirektion der Rückfahrttermin mitzuteilen, auch konnten die Wagen zum Abtransport vom Bahnhof bestellt werden.[16]

Der Kaiser bestimmte im Jahre 1903, daß die Einladungen für die Schiffstaufen *(Vollziehung eines Taufaktes)* an fürstliche Personen und die Oberhäupter der Hansestädte durch das Marine-Kabinett[17], an minderrangige Personen durch den Staatssekretär des Reichsmarineamtes vorgenommen werden solle.[18] Durch diese Regelung erfolgte in organisatorischer Hinsicht eine Komplizierung, in gesellschaftlicher Hinsicht aber eine Hierarchisierung der Einladungen.

Die Benennung des Taufredners und die Aufstellung des Programms

Nach dem organisatorischen Vorlauf in Berlin war der vorgesehene Taufpate von der ihm widerfahrenen Ehre zu unterrichten, damit er sich auf seine verantwortungsvolle Aufgabe vorbereiten und insbesondere seine Taufrede verfassen konnte.

Im Hinblick auf den bevorstehenden Stapellauf des Kleinen Kreuzers »L«[19] sandte der Staatssekretär des Reichsmarineamtes, Vizeadmiral und Staatsminister v. Tirpitz, am 22. April 1903 an den Bremer Bürgermeister Dr. Pauli ein Schreiben, worin er diesem mitteilte, daß der Kleine Kreuzer, der am 9. Juli 1903 auf der Actien-Gesellschaft »Weser« vom Stapel laufen sollte, den Namen BREMEN erhalten[20] und Pauli als Bürgermeister der Hansestadt den Taufakt vollziehen solle.[21] Tirpitz bat darum, die Mitteilung des Namens vertraulich zu behandeln, *da derselbe bis zum Taufakt selbst geheim gehalten werden muß*. Abgesehen von diesem Hinweis war das ganze Schreiben ohnehin als *Ganz geheim!* deklariert.[22]

Am 30. Mai ließ Tirpitz dann die Direktion der A.G. Weser ersuchen, ihm baldmöglichst einen Programmentwurf für diesen Stapellauf mit einem *erläuternden Situationsplan* zuzusenden. Vorsichtshalber fügte das Reichsmarineamt eine Musterkarte als Vorlage bei.[23] Nach der Genehmigung des Programms sollte dieses der Direktion wieder zugeschickt werden, damit es dort als Doppelkarte gedruckt werden konnte. Das Reichsmarineamt teilte der Direktion zugleich mit, daß *einem Allerhöchsten Befehl zufolge* Bürgermeister Dr. Pauli den Taufakt des Kleinen Kreuzers vornehmen solle.[24] Die Direktion der Werft antwortete postwendend und legte einen Programmentwurf sowie den gewünschten *Situationsplan* bei.[25] Das Reichsmarineamt ergänzte diesen Programmentwurf um Anweisungen über die Kleidung der Stapellaufgäste und die Bitte, die Plätze erst dann zu räumen, wenn der Bremer Bürgermeister den Taufplatz verlassen habe.[26] In dieser Form wurde das Programm dann für die Stapellauffeier gedruckt und den Gästen als Einladung zugeschickt.

Für die Taufrede des Großen Kreuzers »C«[27], erbaut auf der neu errichteten Großwerft in Gröpelingen und der bis dahin größte Kriegsschiffauftrag der Actien-Gesellschaft »Weser«[28], der den Namen GNEISENAU erhalten sollte, hatte der Kaiser mit sicherer Hand Generaloberst Graf v. Schlieffen[29] bestimmt.[30] Mit dem ehemaligen Chef des Generalstabs hatte er einen kompetenten Taufredner gewonnen, der seine Rede zudem in militärischer Knappheit absolvieren sollte.

Mit der »Ersatz SACHSEN«[31] baute die Actien-Gesellschaft »Weser« ihr erstes Linien- und damit ihr erstes »richtiges« Großkampfschiff und war dadurch in den Kreis der wichtigsten Kriegsschiffswerften des deutschen Kaiserreiches aufgerückt. Nach dem Willen des Kaisers sollte das Schiff den Namen der preußischen Provinz Westfalen tragen, die Fürstin Salm-Horstmar auf Schloß Varlar den Taufakt vornehmen und der Oberpräsident der Provinz, Dr. Freiherr v. der Recke v. der Horst[32], die Taufrede halten.[33] Dies wurde der Werftdirektion am 2. Juni 1908 mitgeteilt mit der Bitte, das übliche Stapellaufprogramm mit einer Skizze in doppelter Ausfertigung *baldgefälligst hierher gelangen lassen zu wollen.* Da das Reichsmarineamt aus Anlaß des Stapellaufs in Hillmanns Hotel ein Diner geben wollte, sollte die Werftdirektion eine Liste der einzuladenden Personen vorlegen.[34]

Am 13. Juni erhielt der vorgesehene Taufredner die Nachricht von der ihm zugedachten Ehre und wurde gebeten, den Wortlaut seiner Rede dem Reichsmarineamt vorher mitzuteilen. Die Begründung für diese Bitte lautete, *daß erfahrungsgemäß die Wiedergabe offizieller Reden in der Tagespresse häufig Irrtümern und Entstellungen ausgesetzt ist;* diesen könne das Nachrichtenbüro des Reichsmarineamtes vorbeugen bzw. entgegentreten, *wenn ihm der Wortlaut der Rede zur Verfügung steht.*[35] Gleichzeitig wurde dem Oberpräsidenten vorsichtshalber angeboten, ihm vorher Einsicht in frühere Stapellaufreden zu geben, die ihm auf Wunsch zugesandt werden sollten.[36] Ob nun der Oberpräsident seine Stapellaufrede mit Hilfe von Vorlagen oder nach eigenem Konzept hielt, ist nicht überliefert.

Recht kompliziert gestaltete sich die Ablaufplanung für die Stapellauffeierlichkeiten des Linienschiffs »Ersatz BEOWULF«, das den Namen THÜRINGEN erhalten sollte.[37] Gab es doch im deutschen Kaiserreich keinen einheitlichen Bundesstaat gleichen Namens, sondern gerade Thüringen stellte ein Musterbeispiel deutscher Kleinstaaterei mit – nicht gerechnet die preußischen Gebietsanteile – acht Fürstentümern dar.[38] Der Kaiser bestimmte an Bord seiner Yacht HOHENZOLLERN am 19. Juli 1909 in Bergen, daß die Taufe des neuen Linienschiffes *die im Range höchste Fürstin der Thüringischen Staaten* vornehmen und Seine Königliche Hoheit, der Großherzog von Sachsen, die Taufrede halten sollten. Bei allen thüringischen Fürsten sollte angefragt werden, ob sie Interesse hätten *(geneigt sein würden),* am Stapellauf selbst teilzunehmen oder durch wen sie sich gegebenenfalls vertreten lassen würden. Der Kaiser hatte für den Fall der persönlichen Anwesenheit mehrerer Fürsten vorgesehen, sich durch den Kronprinzen vertreten zu lassen. Die Anfragen in dieser Angelegenheit sollten durch das Auswärtige Amt[39] übermittelt werden.[40] Angesichts des Großaufgebots fürstlicher Persönlichkeiten ordnete der Kaiser *für Ankunft und Abreise seiner Kaiserlichen und Königlichen Hoheit des Kronprinzen sowie der anderen Höchsten Herrschaften* einen *kleinen Empfang* an. Bei der An- und Abreise dieser Personen hatten sich der Staatssekretär des Reichsmarineamtes, der Kommandierende General des IX. Armeekorps sowie der Garnisonsälteste von Bremen bei diesen zu melden.[41]

Die Senatskommission für Reichs- und auswärtige Angelegenheiten bedankte sich am 27. Oktober 1909 bei Tirpitz für die Mitteilung über den vorgesehenen Stapellauf. Der Senat hatte bereits aufgrund *ganz vertraulicher Mitteilungen* durch die Actien-Gesellschaft »Weser« beschlossen, *die zu erwartenden Fürstlichkeiten, unter denen in erster Linie auch ein Vertreter Seiner Majestät des Kaisers sich befindet, zu einem Festmahle auf dem Rathause einzuladen, sowie selbstverständlich mit Euerer Excellenz auch die anderen in Frage kommenden Herren der Marine und die bei dem Stapellauf beteiligten hiesigen Herren.* Da das Reichsmarineamt *dem Herkommen entsprechend* in der Regel ein solches Mahl veranstaltete, erlaubte sich der Senat *die ergebenste Anfrage, ob auf die Verwirklichung derselben vielleicht verzichtet werden könne, um dem Senat dadurch die Möglichkeit zu verschaffen, die als naheliegende Pflicht empfundene Bewirtung der hohen Gäste zu übernehmen.*[42] Mit diesem Vorschlag scheint sich das Reichsmarineamt einverstanden erklärt zu haben.

Blumen für die Damen

Spezifische Probleme bei Stapellauffeierlichkeiten sind von der Kruppschen Germaniawerft dokumentiert. Als das Reichsmarineamt das Stapellaufprogramm für das Jahr 1907 prinzipiell genehmigt hatte, trat für die Leitung der Germaniawerft die Frage auf, wie es mit der Überreichung eines Blumenstraußes an Ihre Majestät gehalten werden sollte. Direktor G. Baur bat Gustav Krupp, sich in Berlin danach zu erkundigen. Er ging davon aus, daß die Gemahlin des Konzernchefs das Bouquet überreichen würde, doch war er unsicher, ob es notwendig sei, dies vorher mit den maßgebenden Hofpersönlichkeiten zu regeln. Baur klagte, man könne in Kiel wohl kaum einen schönen Strauß anfertigen lassen. Bisher seien die Bouquets von Blumen-Schmidt (Berlin, Unter den Linden) geliefert worden. Diese Firma habe auch entsprechende Winke über die Lieblingsblumen der allerhöchsten Herrschaften gegeben. Für das Band schlug Baur die schleswig-holsteinischen Landesfarben blau-weiß-rot vor.[43] Krupp telegraphierte umgehend an die Germaniawerft, er werde sich selbst um alles kümmern.[44]

Probleme ganz anderer Art schienen sich zu ergeben, als die Fürstin Radolin, Gattin des deutschen Botschafters in Paris, das Linienschiff »Ersatz BADEN« in Kiel taufen sollte.[45] Direktor Baur wandte sich hilfesuchend an Krupp. Er habe vom Leiter der Kaiserlichen Werft in Kiel erfahren, daß – wie dieser wiederum gehört habe – *die Fürstin Radolin ein Fußleiden habe, das die Fürstin im Gehen und insbesondere beim Treppensteigen stark behindere.* Da die Taufkanzel bei den neuen Linienschiffen die beträchtliche Höhe von etwa sechs Metern habe, würde der Fürstin das Besteigen der Treppe *jedenfalls Mühe machen.* Baur bat Krupp darum, Erkundigungen einzuziehen, damit die Germaniawerft gegebenenfalls entsprechende Maßnahmen treffen könne.[46] Der Konzernchef fragte wegen der angeblichen Gehbehinderung der Fürstin in Paris beim Botschafter Fürst Radolin an.[47] Dieser bedankte sich handschriftlich für die Fürsorge gegenüber seiner Frau und versicherte Krupp, daß bei einer Treppe ohne Geländer *ein Schwindel erfolgen könnte.*[48] Krupp konnte darauf der Germaniawerft mitteilen, daß beim Treppenaufstieg *nur gegen Schwindelgefahr Vorsorge zu treffen* sei und empfahl daher *festes, ganz geschlossenes Seitengeländer und verdeckte, nicht durchsehbare Treppenstufen.*[49]

Fürst Radolin seinerseits hatte wiederum ein ganz anderes Problem. Er wußte nicht, ob er beim Stapellauf Uniform anlegen solle, und bat Krupp um einen Rat. Direktor Baur konsultierte deswegen den Oberwerftdirektor der Kaiserlichen Werft in Kiel. Dieser hielt es für richtig, daß der Fürst nicht in Uniform komme.[50]

Das Problem der Blumen für die Damen war offenbar ein Dauerbrenner, denn es stellte sich für die verantwortlichen – und in dieser Frage recht hilflosen – Herren wieder beim Stapellauf der »Ersatz BRANDENBURG« im Jahre 1914. Direktor Baur fragte beim Konzernchef an, ob dieser die der Taufpatin zu überreichenden Blumen aus Essen mitbringen wolle oder aber ob sie von Kiel aus in der Reichshauptstadt bestellt werden sollten. Immerhin hatte der Werftdirektor sich bereits nach den Lieblingsblumen Ihrer Kaiserlichen Hoheit erkundigt und von seinem Gewährsmann rosa Nelken genannt bekommen. Doch war sein Informant nicht ganz sicher und wollte noch den Prinzen Adalbert, wenn dieser von See zurückgekommen sei, vorsichtshalber darüber befragen. Für Baur stellte sich zudem die Frage, welche Farben das Band für das Bouquet tragen solle, ob schwarz-weiß oder schwarz-weiß-rot. Er glaubte, daß das Letztere richtiger sei, *aber eventuell könnte man ja auch eine neutrale Farbe nehmen.*[51] Krupp ließ durch sein Privatsekretariat nach Kiel mitteilen, daß er für die Kronprinzessin einen Strauß rosa Nelken benötige und für die Prinzessin Heinrich vielleicht Orchideen, für die er ein rot-weißes Band vorgesehen hatte. Die Blumen sollten durch einen besonderen Boten nach Kiel geschickt werden.[52] Doch Direktor Baur erhielt vom Hofmarschallamt *privatim* die Information, die Kronprinzessin liebe rosa Nelken und rote Rosen.[53] Krupp bat also – offenbar leicht resignierend – darum, *eine dieser Blumen bzw. beide für den Strauß zu nehmen.*[54]

Das fürstliche Aufgebot

Bereits am Vortage des Stapellaufes des Linienschiffes THÜRINGEN hatte Hillmanns Hotel geflaggt und war dessen Portal geschmückt. Zwei Schilderhäuschen waren für einen Doppelposten des Regiments »Bremen« aufgestellt. Der Hotel-Direktor empfing das Herzogspaar im Vestibül.[55] Für die Fahrt von Hillmanns Hotel, wo die hohen Herrschaften untergebracht wurden, zur Werft waren insgesamt 16 Wagen für diese und ihre Begleitung vorgesehen.[56] In *amtlicher Eigenschaft* waren anwesend: S.K.H.[57] Prinz Eitel Friedrich von Preußen, S.K.H. der Großherzog von Sachsen, der Herzog von Sachsen-Altenburg mit seiner Frau, der Herzog von Sachsen-Coburg und Gotha sowie Prinz Friedrich von Sachsen-Meiningen, Herzog zu Sachsen. Ein Hofmarschall oder Oberhofmarschall, ein persönlicher Adjutant oder Flügeladjutant, ein Kammerherr und ein Ordonnanzoffizier oder bei weiblichen Adligen eine Hofdame begleiteten jeweils diese fürstlichen Personen. Vom Reichsmarineamt – ebenfalls in amtlicher Funktion – waren Admiral von Tirpitz als Staatssekretär sowie verschiedene Konteradmirale und niedrigere Dienstgrade, außerdem diverse Staatsminister der thüringischen Fürstenhäuser anwesend. Auch die thüringischen Verbände des Deutschen Flottenvereins hatten mehrere Vertreter entsandt.[58]

Der Stapellauf war auch Anlaß zu Ordensverleihungen. Die Liste der Ordensvorschläge umfaßte allein 34 Namen, darunter vor allem Offiziere, Beamte und Personen der Baubeaufsichtigung von seiten des Reichsmarineamtes, höheres Personal der Bauwerft Actien-Gesellschaft »Weser« u.a.m.[59]

Eine Bremer Tageszeitung schilderte das Ambiente der Feierlichkeiten im Jahre 1906 anläßlich der Taufe der SCHARNHORST folgendermaßen:

Früh schon ward es heute morgen auf dem weiten Werftterrain in Gröpelingen lebendig und die dorthin führenden Straßen zeigten zu ungewohnter Stunde ein außerordentlich belebtes Bild. Fußgänger und Radfahrer, Autos, Droschken, Taxameter und elegante Equipagen eilten schon um die neunte Stunde und früher dem Eingange der Werft zu, die im schönsten Festschmuck dalag, und die Elektrische konnte trotz aller Extrawagen dem kolossalen Verkehr nicht gerecht werden (...)

Feiertagsstimmung herrschte überall in den mächtigen Werkstätten, die sonst von nervenbetäubendem Getöse erfüllt sind. Kein Hammer rührte sich, die Maschinen standen still und auch die Arbeiter hatten Feiertag, soweit sie nicht bei dem Ablauf des Schiffes beschäftigt sein mußten. Reicher Flaggen- und Guirlandenschmuck zierte die viele hunderte von Personen fassenden Tribünen, die unmittelbar vor der Backbordseite des Schiffes entlang erbaut waren und vom oberen Rande des haushoch emporstrebenden, in seiner Größe einen geradezu imposanten Eindruck erzeugenden, eher schlank als massig zu bezeichnenden Schiffsrumpf hingen ebenfalls Guirlanden in gefälligen Bogen herab.

Etwa um $9^{1}/_{2}$ Uhr traf bereits zu Schiff die vom Infanterieregiment »Bremen« gestellte Ehrenkompagnie mit Musikkorps und Fahne unter Führung des Hauptmanns Claus ein und nahm seitwärts von der Schlosserei mit der Front nach der nordwestlichen Seite der Schiffsbauwerkstatt Aufstellung. (...)[60]

Inzwischen rollte Wagen auf Wagen heran und die geladenen Gäste nahmen die ihnen eingeräumten Plätze auf den Tribünen ein, die, wie immer, neben den Vertretern des Senats, der Herren Bürgermeister Barkhausen und Dr. Marcus, der Bürgerschaft, der Zivil- und Militärbehörden, der Dampfschiffahrtsgesellschaften, usw. ein reicher Flor lieblicher Damen zierte, deren lichte Toiletten im Verein mit den bunten Uniformen der Offiziere des Heeres und der Marine wesentlich zur Belebung des festlichen Bildes beitrugen.

Dann ertönten plötzlich Kommandorufe. Die Ehrenkompagnie nahm Paradeaufstellung. – »Achtung« – »Präsentiert das – Gewehr!« – und nun setzten die wuchtigen Klänge des Präsen-

Taufe und Stapellauf S. M. Panzerkreuzer I. Classe „Fürst Bismarck"
am 25. September 1897.

(Archiv DSM)

tiermarsches ein: *Der vom Kaiser mit der Taufe des Kreuzers beauftragte Generaloberst Graf v. Schlieffen näherte sich in Begleitung des Vertreters des Staatssekretärs des Reichsmarineamts, Vizeadmiral v. Ahlefeld, des Vorsitzenden des Aufsichtsrats der Aktiengesellschaft »Weser«, Herrn Gustav Pagenstecher, sowie der Mitglieder des Aufsichtsrats und der Direktion der Werft und anderer Herren seinem Täufling. Nachdem die Front der Ehrenkompagnie abgeschritten war, bestieg Se. Exzellenz mit den Herren Vizeadmiral v. Ahlefeld, Pagenstecher, Direktor Zeltz und den Adjutanten die hoch bis über den Rammsporn des Kreuzers hinwegreichende Taufkanzel, um von dort aus die nachstehende Taufrede zu halten.*[61]

Die Schiffstaufe als technisches Problem

Preußische Gründlichkeit und deutscher Perfektionismus feierten auch beim Stapellauf ihre Triumphe. Im Januar 1909 wandte sich das Reichsmarineamt an die Direktion der Stettiner »Vulcan«-Werft und wies darauf hin, daß es in den letzten Jahren *wiederholt* vorgekommen sei, *daß bei dem Taufakt das Zerschlagen der Sektflasche nicht funktionierte* und ersuchte deswegen darum, *in Zukunft stets zwei Sektflaschen bereitzuhalten, welche mit zwei verschiede-*

nen Apparaten in Bewegung gesetzt werden, so daß beim Versagen der einen sofort der zweite Apparat in Funktion treten kann. Im Rahmen seiner obrigkeitsstaatlichen Fürsorge wies das Reichsmarineamt darauf hin, nach den bisherigen Erfahrungen *besonders auf genaue Führung der Flasche, genügende Fallhöhe und Anbringung von Guirlanden zu achten, welche, oft noch im letzten Moment aufgehängt, leicht den Weg der Flasche sperren.*[62] Doch die Direktion des Stettiner »Vulcan« wies darauf hin, daß es ihr bis zum bevorstehenden Stapellauf *ganz unmöglich* sei, eine zweite Vorrichtung zum Zerschlagen der Sektflasche anzubringen. Diese zweite Vorrichtung sei auch nicht erforderlich, *da die seit einer langen Reihe von Jahren bei uns zur Anwendung gebrachte Vorrichtung vollständig sicher funktioni(e)ren muß.* Bei dieser seit 1851 existenten Werft mit der längsten Tradition im deutschen Eisenschiffbau[63] wurde *stets etwa 1 Stunde vor dem Taufakt eine Probeflasche (mit Wasser gefüllte Sektflasche) am Bug des Schiffes zerschellt,* um jede Panne auszuschließen. Kooperativ und durchaus im Sinne einer Forcierung des Technologie-Transfers erklärte sich die Direktion gerne bereit, dem Reichsmarineamt *eine Zeichnung unserer Vorrichtung zur Kenntnisnahme zu übersenden.*[64]

Taufrede und Taufe

Anläßlich des Stapellaufes des Linienschiffes THÜRINGEN hielt der Großherzog von Sachsen die folgende Taufrede:
*Seine Majestät der Kaiser hat die Gnade gehabt, für das neue mächtige Linienschiff, das heute seiner Bestimmung übergeben werden soll, einen uns Thüringer Fürsten und unsere Länder gleich ehrenden Namen zu wählen und mir die ehrenvolle Aufgabe erteilt, in Gemeinschaft mit Ihrer Hoheit der Frau Herzogin von Sachsen-Altenburg den Taufakt zu vollziehen.
Für diese uns bewiesene Huld danke ich zugleich im Namen der übrigen Thüringer Fürsten Seiner Majestät dem Kaiser aus aufrichtigem Herzen.
Das Land, dessen Namen zu tragen das Schiff berufen ist, durch seine Lage im Herzen Deutschlands und durch seine politische Zusammensetzung vor anderen Ländern ausgezeichnet, hat in der nationalen Geschichte ebenso, wie in der allgemeinen Entwickelung der Kultur schon oft eine bedeutsame Rolle gespielt.
Seine häufig wechselnden Schicksale weckten die schlummernden Kräfte in dem regsamen Volke, stählten seine Energie, erweiterten seinen Unternehmungsgeist. Die Interessen der Bevölkerung blieben keineswegs innerhalb der Grenzen des Thüringer-Landes eingeschlossen, sondern suchten auch im weiteren Vaterland und im Ausland nach Betätigung, wo es galt, deutschen Erwerbsfleiß zu fördern, deutsche Wehrkraft zu stärken.
So wie mancher auf fernhinsegelnden Schiffen stolz aufragende Mast aus Bäumen geschnitten wurde, die in Thüringens dunklen Forsten wurzelten und sich im Sturm bewährten, so hat auch mancher Sohn unserer Länder im Dienste der deutschen Marine seine Kraft schon erprobt.
Auch fernerhin werden Söhne unserer engeren Heimat, in der für die Entwickelung der deutschen Seemacht in allen Kreisen der Bevölkerung ein weitgehendes Interesse lebendig ist, an der Seite ihrer Stammesbrüder von Nord und Süd dem Vaterlande zur See dienen und treu ihren angestammten Fürstenhäusern, wie bisher in manchen ernsten Zeiten, so auch für alle Zukunft in vollster Hingabe für Kaiser und Reich einstehen.
Dem neuen Linienschiff möge es vergönnt sein, als machtvoller Schutz unseres Vaterlandes deutsches Wesen und deutsche Kraft im friedlichen Wettstreit mit anderen Nationen zu Ehren zu bringen. Eine starke Waffe in der Hand eines aufstrebenden Volkes sollst Du, mächtiges Schiff, neben Deinen Schwesterschiffen in Krieg und Frieden zu Deutschlands Ruhm und Ehre Deine Flagge über das Weltmeer tragen.*[65]

(Hier ist zunächst durch die Herzogin von Sachsen die Taufe auf den Namen THÜRINGEN *vollzogen worden.)*[66]
(Diesem Wunsche geben wir Ausdruck, indem wir rufen:)[67]
Seine Majestät der Kaiser
Hurra! Hurra! Hurra!*[68]
Den weiteren Verlauf schilderte die »Weser-Zeitung« folgendermaßen:
Hierauf ergriff die Herzogin von Sachsen-Altenburg die an einer Schleuder hängende Flasche deutschen Schaumweines[69]*, zerschmetterte sie mit kräftigem Wurfe an den stählernen Platten und taufte dabei im Auftrage des Kaisers das Schiff* THÜRINGEN.
Rasch wurden jetzt die letzten Fesseln, die das schwere Bauwerk auf seiner Gleitbahn noch hielten, gelöst, der hydraulische Antrieb trat in Funktion, und nun kam ganz langsam Bewegung in den Koloß. Eine Weile ringsum atemlose Stille, so packend und tief ist stets der Eindruck dieses Moments. Dann, während sich das stolze Schiff schneller und schneller seinem Element nähert, langsames Aufatmen; schließlich laute Hurras vom hohen Deck, die sich brausend über Land fortpflanzen, während THÜRINGEN *sich den hochaufschäumenden Wassern der Weser, die es später hinaustragen sollen auf seine Wacht fürs Vaterland, vermählt. (...)*[70]

Die Taufrede war neben dem Ablaufen des Schiffes der eigentliche Höhepunkt der Stapellauffeierlichkeiten. Die Texte der Taufreden umfassen weniger als zwei Schreibmaschinenseiten, d.h. die Dauer der jeweiligen Rede muß bei ca. fünf Minuten gelegen haben. Das Thema war durch das Genre und durch die kaiserliche Namensgebung weitgehend vorbestimmt. Im Rahmen dieser Vorgaben bewegte sich die gestalterische Freiheit der Redner.

Am Anfang der Taufrede stattete jeder Redner zunächst seinen Dank an den Souverän ab, indem er sich in mehr oder weniger unterwürfigen Formulierungen für die Ehre, die Taufrede halten zu dürfen, bedankte:
Durch den gnädigen Entschluß Seiner Majestät des Kaisers ist mir der ehrenvolle Auftrag geworden, dieses Schiff, welches hier auf dem Helgen vor uns steht, mit dem Namen zu versehen, den Seine Majestät bestimmt haben.[71]

Auch zum Schluß seiner Rede mußte der Taufredner wieder auf den Kaiser kommen, um das Kaiser-Hoch ausbringen zu können. Der eigentliche Inhalt seiner Rede hatte sich auf den Namen des Schiffes zu beziehen. Dabei war es sicherlich einfacher, sich zu einer historischen Persönlichkeit zu äußern, wie z.B. zu Gneisenau, als zu einer Stadt (Bremen) oder zu einer Provinz (Westfalen) oder aber zu einer historischen Region (Thüringen). In jedem Falle stiegen die Redner tief in die geschichtliche Dimension ihres Themas ein, um diese – mehr oder weniger elegant – mit der Gegenwart und den Aufgaben des Schiffes – im Frieden und im Krieg – zu verknüpfen.

Bei der Taufe des Kleinen Kreuzers BREMEN wies Dr. Pauli darauf hin, daß an der Weser seit dem Mittelalter ungezählte Schiffe vom Stapel gelaufen seien, und rühmte die Glanzzeiten der Hanse, *die die Königin genannt war auf den nordischen Meeren. Doch sei die Macht der Hanse durch den Aufstieg der westlichen Seemächte geschwunden, denn sie hatte kein Reich und keinen Kaiser hinter sich, die schützend für sie eintraten. Das Reich ahnte nichts von der Bedeutung des Meeres und die Kaiser hatten andere Sorgen. Sie schauten hinaus nach dem Süden über die Alpen und vergaßen des, wie sie meinten, unwirtlichen Nordens.* Den Übergang zur Gegenwart schaffte Dr. Pauli mit den Worten: *Wie herrlich anders ist das dagegen geworden!* Paulis Rede gipfelte in der Huldigung an Kaiser Wilhelm II.: *Und ein Kaiser ist da an der Spitze einer Kriegsflotte, ein Kaiser, der diese Kriegsflotte in seiner kräftigen Hand gebraucht, um den Frieden zu fördern auf dem Meere und um zu schützen die Hansa und ihre Flotte und ein Kaiser, der dieser Hansa, wie sie heute ist, seine Huld und sein warmes Interesse zugewandt hat, wofür wir danken mit Treue und mit Verehrung.*[72]

Der Oberpräsident der Provinz Westfalen, v.d. Recke v.d. Horst, rühmte deren *reiche*

399

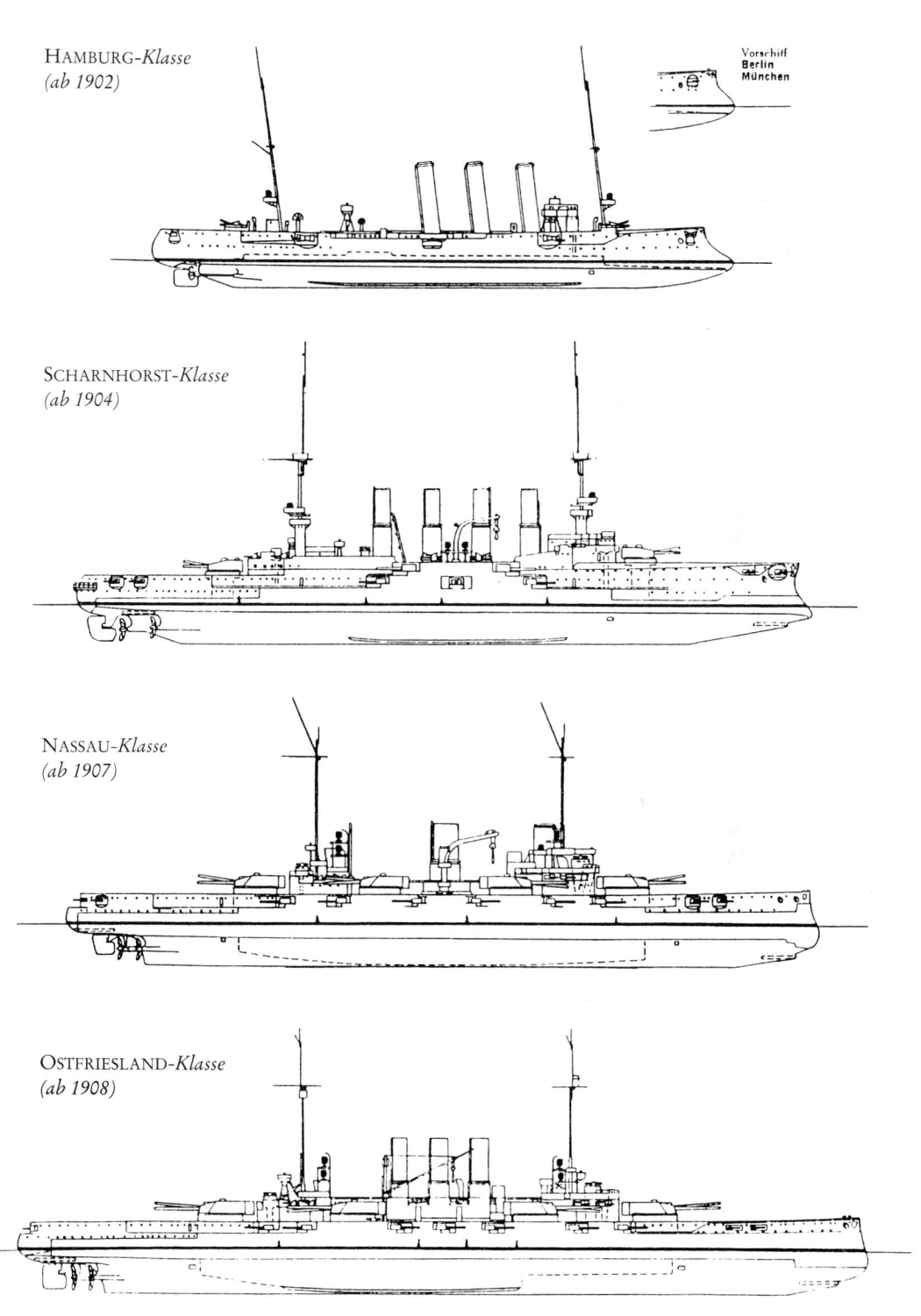

HAMBURG-*Klasse*
(ab 1902)

Vorschiff
Berlin
München

SCHARNHORST-*Klasse*
(ab 1904)

NASSAU-*Klasse*
(ab 1907)

OSTFRIESLAND-*Klasse*
(ab 1908)

(Aus: Erich Gröner: Die deutschen Kriegsschiffe 1815–1945. 1982)

Bodenschätze, die *Tüchtigkeit ihrer Bevölkerung* und vor allem die *landesväterliche Fürsorge ihrer erhabenen Herrscher* und pries sie als eine *der schönsten Perlen in der preußischen Krone.* Er griff dann bis auf Karl den Großen zurück, und, da dieser ja bedauerlicherweise kein Mitglied des Hauses Hohenzollern war, führte er noch den Großen Kurfürsten an:
Der Name Westfalen soll dir, du stolzes Schiff, eine gute Vorbedeutung sein. Er ruft in die Erinnerung zwei Helden in der deutschen Geschichte, Kaiser Karl den Großen, den Begründer deutscher Herrlichkeit, und den Großen Kurfürsten, den Schöpfer der ersten preußischen Seemacht. Karl der Große war es, der Westfalen dem Deutschen Reich einfügte, der Große Kurfürst gewann die ältesten Bestandteile des jetzigen Westfalens der preußischen Monarchie.
Seine Rede schloß mit den Worten: *So ziehe denn deine Pfade, schirme in Frieden auf allen Meeren, in allen Zonen die Erzeugnisse deutschen Fleißes, schütze mit mächtiger Hand deutsches Schaffen, deutsche Taten, sei ein Freund aller Hilfsbedürftigen und Bedrängten. Wenn aber der Ruf deines Kaisers dich zu noch ernsterer Arbeit bestimmt, so wirst du, dessen bin ich gewiß, gleich den alten sieggewohnten westfälischen Regimentern ein Schrecken deiner Feinde sein und deine Pflicht tun, hart wie westfälischer Stahl und zähe wie die westfälischen Eichen, treu deinem Kaiser, Ihm getreu bis in den Tod.*[73] *Das walte Gott!*[74]

Zur Funktion des getauften Kriegsschiffes äußerte sich Graf v. Schlieffen in seiner Taufrede der GNEISENAU[75] am eindeutigsten: *Jetzt leben wir in tiefem Frieden. Rings herum am weiten Horizont ist kein Feind zu entdecken. Keine Gefahr bedroht die Ausfahrt dieses Schiffes. Ein goldenes Zeitalter nur friedlichen Wettkampfes scheint uns bevorzustehen. Aber wenn nun doch einmal das Morgenrot blutig anbrechen, wenn doch einmal der Tag des Zornes erscheinen sollte, so wünsche ich dir, edles Schiff, daß du würdig deines Namens das erste bist beim Angriff und daß du erst, nachdem die Nacht sich herabgesenkt auf die schwarze Flut, wenn auch zerschossen und aus vielen Wunden blutend, das letzte bist, welches von der Verfolgung absteht. (...)*[76]

Der Umgang mit der Geschichte in den Taufreden ist zeittypisch. Daß die Taufredner von dem zeitgenössischen Geschichtsverständnis geprägt waren und die herrschende Ideologie als Ideologie der Herrschenden wiedergaben, sollte nicht verwundern. Ihr nationalistisches Geschichtsbild versuchte, *die Vergangenheit für gegenwärtige Bedürfnisse zu benutzen. Die Verehrung der »vaterländischen Geschichte« sollte die traditionellen Tugenden, die als Ursache der preußisch-deutschen Erfolge im 19. Jahrhundert galten, wahren und fördern.*[77]

Das nationalistische Denken geht davon aus, *daß Männer Geschichte machen.*[78] Die großen Männer der o.a. Taufreden waren Karl der Große, der Große Kurfürst, Gneisenau sowie Napoleon, der aber als »unteutscher Unhold« nicht mit Namen genannt, sondern als *übermächtiger, Riese* und *Koloß* umschrieben wurde.[79] Dagegen pries Generaloberst Graf v. Schlieffen Gneisenau als den Mann, der *vor 100 Jahren in der schwersten Zeit, die das Vaterland durchzumachen gehabt hat, als Alles verzagt, und verzweifelt war, den Mut nicht (hat) sinken lassen* und Napoleon Widerstand geleistet habe.[80]

Für die Überzeugung von der Gerechtigkeit der Weltgeschichte, die Unrecht nur kurzfristig dulde, bringen die Taufreden zwei Beispiele. Graf v. Schlieffen feierte den Widerstand Gneisenaus gegen Napoleon und seinen Sieg über ihn. Bürgermeister Pauli beklagte den Untergang der Hanse durch den Aufstieg der westlichen Seemächte und die Italien-Orientierung der deutschen Kaiser.[81] Doch durch das kaiserliche Streben nach Seegeltung und den deutschen Drang nach Übersee sei dieser Trend zum Positiven umgekehrt worden.

Die Bewirtung der Taufgesellschaft

Nach dem Stapellauf des Linienschiffes THÜRINGEN gestaltete sich der sog. Werftimbiß auf der Actien-Gesellschaft »Weser« folgendermaßen: *Die von der Werft hierzu besonders gela-*

denen Gäste verfügen sich in den Festsaal des Verwaltungsgebäudes, um bei einem Glase Wein und kleinem kalten Imbiß auf den glücklichen Vollzug des Stapellaufes anzustoßen. Hierbei nahm Herr Pagenstecher das Wort, um auf die Bedeutung des Tages und den Namen des neuen Schiffes als den des schönsten deutschen Gaues hinzuweisen. Er dankte auch dem Reichsmarineamt für den der Werft erteilten Auftrag, gelobte, daß dies Schiff ebenso see- und kriegstüchtig abgeliefert werden solle, wie sein Vorgänger WESTFALEN und toastete auf eine glückliche Zukunft des neuen Friedensschützers, des Linienschiffes THÜRINGEN.
Es antwortete Admiral Rollmann vom Reichsmarineamt, indem er die alten guten Beziehungen der Marine zur Aktiengesellschaft »Weser« hervorhob und die Hoffnung aussprach, daß dies noch lange nicht der letzte Schiffbauauftrag sein werde, den die Werft von der Marine erhält. Sein Hoch galt der bewährten Erbauerin des neuen Linienschiffes.
Der Direktor der Werft, Vizeadmiral a.D. v. Ahlefeld, begrüßte dann die Gäste, besonders dankend die von weither herbeigeeilten. Zu diesen gehören besonders die Vertreter der thüringischen Verbände des Deutschen Flottenvereins. Redner legte des näheren und stellenweise an

Programm

zur Feier des Stapellaufs S. M. Kreuzer „L" am 9. Juli 1903 auf der Werft der Actien-Gesellschaft „Weser", Bremen.

Nachmittags 4 Uhr 10 Min.: Versammlung der Gäste auf den Tribünen.
Nachmittags 4 Uhr 20 Min.: Empfang Seiner Magnificenz des Herrn Bürgermeisters Dr. Pauli und des Vertreters des Herrn Staatssekretärs des Reichs-Marine-Amts, Seiner Excellenz des Herrn Vize-Admirals Sack, durch die Mitglieder des Aufsichtsrates und der Direktion der Actien-Gesellschaft „Weser" am Eingange der Werft.

Beim Betreten des Festplatzes präsentiert die Ehrenwache. Die Musik spielt den Präsentiermarsch. Seine Magnificenz der Herr Bürgermeister Dr. Pauli, Seine Excellenz der Herr Vize-Admiral Sack, sowie der Vorsitzende des Aufsichtsrates Herr Pagenstecher und Schiffbau-Direktor Zelts betreten die Taufkanzel.

Seine Magnificenz der Herr Bürgermeister Dr. Pauli hält die Taufrede und vollzieht die Taufe.

Nach vollzogener Taufe des Schiffes begeben sich die genannten Herren von der Taufkanzel nach dem auf der Tribüne reservierten Platz, worauf der Ablauf des Schiffes erfolgt. Während des Ablaufes präsentiert die Ehrenwache. Die Musik spielt die Nationalhymne. Beim Eintreten des Schiffes in das Wasser werden drei Hurras ausgebracht.

Hierauf erfolgt der Vorbeimarsch der Ehrenwache.

Es wird gebeten, die Plätze erst dann zu verlassen, wenn Seine Magnificenz der Herr Bürgermeister den Festplatz verlassen hat.

Anzug für Offiziere: Dienstanzug mit Orden. Marineoffiziere: weisse Mütze.
Für Herren vom Zivil: Gesellschaftsanzug.
Für Damen: Promenadentoilette.

(Bundesarchiv-Militärarchiv, Freiburg)

Aufsichtsrat und Vorstand
der
Actien-Gesellschaft „Weser"
beehren sich

Herrn

zu dem

Stapellaufe S. M. Kreuzer „L"

am Donnerstag, den 9. Juli, nachmittags pünktlich 4½ Uhr, und nach dem Stapellaufe zu einem Glase Wein im Verwaltungsgebäude ganz ergebenst einzuladen.

Bremen, im Juli 1903.

(Bundesarchiv-Militärarchiv, Freiburg)

humorvollem Beispiel dar, wie gerade die Flottenvereinsverbände Thüringens am treuesten und energischsten für ihre Sache gewirkt, den Flottengedanken populär gemacht haben. Seiner Aufforderung, den Thüringischen Flottenvereinen dafür ein Hoch auszubringen, wurde freudig nachgekommen.

Dann noch eine zwanglose halbe Stunde angeregter Unterhaltung in den künstlerisch geschmückten Räumen, und es verließen auch diese Gäste die Werft. Die Fürstlichkeiten und Ehrengäste waren schon nach dem Stapellauf, nachdem sie den Vorbeimarsch der Ehrenkompagnie entgegengenommen und sich von der Werftleitung verabschiedet hatten, zum Hotel zurückgefahren.[82]

Denn schließlich fand abends noch das Festmahl im Rathaus statt, zu dem der Bremer Senat eingeladen hatte. Hierüber berichtete die »Weser-Zeitung«: *Die Halle bot in ihrem Lichterglanz und dem Blumenschmuck einen herrlichen Anblick, und die Gäste gaben ihrer Freude über sie wiederholt Ausdruck. Die Teilnehmer versammelten sich in dem Vorzimmer, dem vorderen Teil der Halle, der durch eine leichte Wand von dem Festsaale abgetrennt war und mit seinem roten Grundton ebenfalls äußerst stimmungsvoll wirkte. Muntere Weisen unserer Militärkapelle riefen die Gäste bald nach sieben Uhr zur Tafel.*[83]

Aussagekräftig im Hinblick auf die gesellschaftliche Rangordnung ist die anläßlich dieses Festmahls gedruckte Sitzordnung für das Essen mit insgesamt 90 Teilnehmern in der oberen Rathaushalle. In der U-förmigen Tischordnung präsidierte der einladende Präsident des Bremer Senats, Bürgermeister Dr. Marcus. Ihm zur Rechten war als Vertreter des Kaisers dessen zweitältester Sohn Prinz Eitel Friedrich von Preußen als ranghöchster Gast plaziert, während der Großherzog von Sachsen als Taufredner zu seiner Linken saß. Ihnen schlossen sich als die wenigen Vertreterinnen des weiblichen Geschlechts in dieser sonst ausschließlichen Männergesellschaft die Frau von Bürgermeister Dr. Marcus und die Herzogin von Sachsen-Altenburg als Taufpatin an. Während die Senatoren in bunter Reihe unter den Festgästen verteilt waren, saßen die Senatssekretäre jeweils an den beiden Enden des U und waren damit am untersten Ende der Tischordnung plaziert.

Nach der Suppe erhob sich der präsidierende Bürgermeister Dr. Marcus als Gastgeber zu einer Begrüßungsansprache, nach dem zweiten Gang brachte der Staatssekretär des Reichsmarineamtes, Admiral v. Tirpitz, einen Toast aus, nach dem folgenden Gang toastete der Herzog von Altenburg auf Bremen und im Verlauf des – allein schon wegen der zahlreichen Reden – mehrgängigen Menus ließ es sich auch Se. Königliche Hoheit Prinz Eitel Friedrich von Preußen nicht nehmen, eine Rede zu halten.[84]

Stapellauffeiern als finanzielles Problem

Die Kosten der Stapellauffeierlichkeiten entwickelten sich im Verlauf des Vorkriegsjahrzehnts zunehmend zu einem Problem.[85] Denn es steigerten sich *die Opulenz von Taufkanzeln, Pavillons und Tribünenbauten*, die zur Feier des Stapellaufs errichtet und mit Laub, Girlanden, Fahnen, Tuchbahnen und Baldachinen geschmückt wurden.[86] Vom Chef der Admiralität waren 1876 *Bestimmungen, betreffend das Arrangement und Zeremoniell bei dem Stapellauf eines S.M.Schiffe oder Fahrzeuge auf Kaiserlichen Werften* erlassen[87], nach denen *für gewöhnlich aller kostspielige Aufwand* vermieden werden sollte. Doch hatten – wie der Rechnungshof des Deutschen Reiches am 17. Oktober 1908 feststellen sollte – die Kosten für Stapellauffeiern *trotzdem in neuerer Zeit eine ganz beträchtliche Höhe erreicht*.[88]

Vor allem die Heeresvermehrungen sowie die Flottengesetze hatten dazu geführt, daß die Reichsfinanzen immer mehr angestrengt worden waren. Die Reichsverschuldung war von 1 Mrd. Mark (1890) auf 3,8 Mrd. Mark im Jahre 1905 gewachsen.[89] Auch die 1906 vom Reichstag verabschiedete Steuerreform änderte nichts Entscheidendes an der defizitären Entwicklung der Reichsfinanzen.[90] Andererseits war der Übergang zum Dreadnoughtbau auch in Deutschland mit einer erheblichen Kostensteigerung verbunden.[91] Die Reichsverschuldung stieg sogar von 4,1 Mrd. Mark (1906) auf 5,1 Mrd. Mark (1909) weiter an. Die Sanierung der Reichsfinanzen war 1909 *zu einem Gebot der nationalen Vernunft geworden*.[92] Schatzsekretär Stengel hatte im Hinblick auf den unausgeglichenen Etat für 1908 resignierend sein Amt niedergelegt. Die *greuliche Stellung* (v. Holstein) als Schatzsekretär übernahm nach einer Zwischenlösung schließlich Adolf Wermuth. Nach dessen Einschätzung befanden sich die Reichsfinanzen in einem *gefährdeten, ja fast unhaltbaren Zustand*, und er verlangte *ein kraftvolles Zurückschrauben der Ausgaben*.[93] Tirpitz sollte sich noch in seinen Erinnerungen darüber beklagen, daß die Reichskasse fortan *mit Stacheldraht umgeben* war.[94]

Bereits am 10. März 1906 hatte im Reichsmarineamt ein Aktenvermerk über die Kosten des Festessens in Hillmanns Hotel im Anschluß an den Stapellauf des Kleinen Kreuzers BREMEN am 9. Juli 1903 angefertigt werden müssen, denn der Rechnungshof hatte die Erläuterungen einiger Positionen der Hotelrechnung über 433,50 Mark verlangt.[95] Der Rechnungshof beklagte gegenüber dem Reichsschatzamt das Anwachsen der Ausgaben für Stapellauffeierlichkeiten[96] und regte die Aufstellung von diesbezüglichen Grundsätzen an. Der Staatssekretär des Reichsschatzamtes räumte ein, daß tatsächlich vielfach Aufwendungen gemacht worden seien, *die einer wesentlichen Einschränkung fähig und bedürftig erscheinen*. In der Regel hätten die Kosten des Diners sich pro Person (einschließlich Wein usw.) auf ca. 25 Mark, teilweise auch auf 31 bis 32 Mark und in einem Ausnahmefall sogar auf rund 36 Mark belaufen.[97] In Zukunft sollten Wagen nur noch für die Fahrt zum eigentlichen Taufakt gestellt werden, und das Reichsschatzamt widersprach grundsätzlich einer Übernahme von Hotelkosten der Festgäste aus Reichsmitteln. Es argumentierte: *Eine so weitgehende Gastfreundschaft auf fiskalische Kosten* ließe sich nicht rechtfertigen und könnte bei Personen, die zu Stapelläufen geladen seien, *umsoweniger erwartet werden, als sie den oberen Gesellschaftskreisen anzugehören pflegen*. Grundsätzlich vertrat das Reichsschatzamt die Auffassung, in den Kostenanschlägen für Schiffsneubauten eine besondere Position für die Kosten von Stapellauffeierlichkeiten einzurichten. Es bat das Reichsmarineamt, sich mit diesen Vorschlägen einverstanden zu erklären und es über die beabsichtigten Maßnahmen zu informieren.[98]

Das Reichsmarineamt stellte dazu fest, daß die insbesondere monierten Kosten für Wagen und Mahlzeiten in den letzten Jahren möglichst eingeschränkt worden seien. Bei den Schiffstaufen der letzten Kleinen Kreuzer seien auch die Einladungen zu den Stapellaufessen reduziert worden. In Zukunft könnten die Ausgaben für die Mahlzeiten herabgesetzt werden; die vom Reichsschatzamt vorgeschlagenen Kosten von 15 bis 20 statt 25 bis 30 Mark pro Person seien im allgemeinen einzuhalten. Es ließe sich jedoch nicht umgehen, die vom Reichsmarineamt eingeladenen Vertreter des Taufgastes *auch im Hotel als Gäste zu betrachten.* Das Reichsmarineamt widersprach der Auffassung, *daß diese Gäste stets der höchsten Gesellschaftsklasse* angehörten und führte Stadtvorsteher als einziges Gegenbeispiel an. Aber auch allerhöchsten Personen könnten die Kosten *unbequem* sein. Allerdings sollten die Vertreter des Flottenvereins für ihre Ausgaben selbst aufkommen.

Beim sogenannten Werftimbiß entstünden Ausgaben, die im allgemeinen die der gesamten übrigen Repräsentation überstiegen. Vom Standpunkt des Reichsmarineamtes aus *könnte diese Sitte ganz fallen gelassen werden.* Für die Ausschmückung des Stapellaufplatzes seien von den Kaiserlichen Werften private Firmen herangezogen worden. Es sei zu überlegen, ob dies nicht die Werften selbst übernehmen könnten. Abgesehen von diesen Sparmaßnahmen *könnte auch eine grundsätzliche Änderung der herkömmlichen Art der Stapellauffeiern vorgenommen werden.* Der Moment sei *infolge der allgemeinen Sparsamkeitsbestrebungen besonders günstig* und die vor zehn Jahren für die Ausdehnung der Stapellauffeiern geltenden Gründe seien *nicht mehr stichhaltig.* Im Gegenteil erfordere die derzeitige politische Lage[99] *die größtmögliche Zurückhaltung und Einschränkung sowohl nach innen als auch nach außen.* Es gebe zwei Wege für eine entscheidende Änderung:

1. Nur solche Schiffsnamen zu wählen, die *in keiner Beziehung zu Behörden oder Personen stehen, wie Flüsse, Sagengestalten, Gebirge, Gestirne usw.* und die Festlichkeiten beim Stapellauf der jeweiligen Bauwerft zu übertragen, um ihr damit *den Charakter einer internen Werftfeier* zu geben.
2. *Die in der heutigen Zeit etwas veraltete Sitte der feierlichen Namensgebung ganz auf(zu)geben,* wie dies bei den meisten Schiffen der Handelsmarine bereits geschehe, und nach der Indienststellung des Schiffes *die zu dem Namen in Beziehung stehenden Personen zu einer mit einer bescheidenen Feier verbundenen Fahrt* einzuladen. Abschließend merkte das Reichsmarineamt an, daß zu diesen grundsätzlichen Änderungen *die Allerhöchste Genehmigung* erforderlich sei.[100]

Doch zu solch einer umwälzenden Neuerung des Stapellaufzeremoniells von Kriegsschiffen der Kaiserlichen Marine sollte es nicht kommen; denn der Kaiser entschied, *daß vorläufig bei der Wahl der Schiffsnamen keine Änderung eintreten soll.*[101] Deswegen sollten zunächst in einem internen Klärungsprozeß innerhalb des Reichsmarineamtes Überlegungen über eine Einschränkung der Stapellaufkosten angestellt werden, *ohne der Feier ihren bisherigen Charakter zu nehmen.*[102]

Am 18. Juni 1909 hielt das Reichsmarineamt die Kaiserlichen Werften und diejenigen Privatwerften, die im Kriegsschiffbau engagiert waren, noch einmal schriftlich zu einer Kostenminderung bei Stapellauffeiern an. Danach sollte der Werft-Imbiß fortfallen und Zuschauertribünen nicht mehr errichtet werden. Allerdings sollten Ausnahmen *in besonderen Fällen,* d.h. bei der Teilnahme Allerhöchster oder Höchster Herrschaften, möglich sein. Die Ausschmückung des Festplatzes und des ablaufenden Schiffes war auf ein Mindestmaß zu beschränken. Zudem wurden die Kaiserlichen Werften aufgefordert, unter Berücksichtigung dieser Einschränkungen die Kosten für Stapellauffeiern für große (Linienschiffe und Große

Kreuzer) sowie kleine Schiffe (Kleine Kreuzer) zu ermitteln und dem Reichsmarineamt das Ergebnis dieser Recherchen mitzuteilen.[103]

Die Kaiserliche Werft in Danzig errechnete für den Stapellauf eines Kleinen Kreuzers Gesamtkosten von 1224 Mark.[104] Die Kaiserliche Werft in Wilhelmshaven brauchte für die Stapellauffeier eines Linienschiffes etwa 7250 Mark und schätzte die entsprechenden Kosten eines Kleinen Kreuzers auf etwa 6000 Mark. Darin waren allerdings Arbeitslohn und Betriebskosten sowie Lohnkosten für die Freigabe der beteiligten Werftarbeiter nach dem Stapellauf für den Rest des Tages enthalten.[105] Und die Kaiserliche Werft in Kiel glaubte – nach der verordneten Einschränkung – bei den Stapelläufen von großen Schiffen mit ca. 2500, bei kleinen Schiffen mit ca. 1400 Mark auskommen zu können.[106] Angesichts der Gesamtkosten für ein Kriegsschiff – der Preis für das Linienschiff WESTFALEN betrug rund 22,25 Mio., für die gesamte Bewaffnung 19,28 Mio. Mark, zusammen also gut 36,5 Mio. Mark [107] – handelte es sich um lächerlich niedrige Summen. Aber wie oft in politischen Diskussionen um finanzielle Belastungen scheint sich auch hier die Kritik auf die niedrigste Summe konzentriert zu haben.

Als die beiden Wehrressorts 1911 für die nächsten fünf Jahre Forderungen von über 1 Milliarde Mark erhoben, lehnte Staatssekretär Wermuth diese als nicht verantwortbar ab und bat um seine Entlassung.[108] Durch mehrfache Rücktrittsdrohungen gelang es ihm, die finanziellen Forderungen von Heer und Marine in Grenzen zu halten.[109] Denn Adolf Wermuth verfolgte als Staatssekretär im Reichsschatzamt einen *strikten Sparkurs, um den Reichshaushalt ins Gleichgewicht zu bringen und die Reichsverschuldung spürbar abzubauen*.[110] Deshalb bot der Haushalt keinen Spielraum für neue Rüstungsprogramme; Tirpitz mußte versuchen, *die Sparpolitik Wermuths zu unterlaufen*.[111] Vermutlich, um seine großen Zielsetzungen nicht zu gefährden, zeigte er sich zu Zugeständnissen in Kleinigkeiten – und dazu gehörten die Stapellauffeierlichkeiten – bereit. Er wies Ende 1911 dem Flottenverein gegenüber darauf hin, daß die Stapellauffeiern in letzter Zeit aber *aus allgemeinen politischen Gründen klein gehalten worden seien*.[112] So hatten die Sparmaßnahmen immerhin die Konsequenz, daß z.B. für die Stapelläufe von Kleinen Kreuzern auf der Germaniawerft Ende 1912 bei der Einholung von Menuvorschlägen darauf hingewiesen wurde, *daß der Preis des nassen Gedecks (einschließlich Zigarren, Likören, Bier, Mokka, Druck von Menukarten) 20 Mark nicht überstehen darf*.[113]

Zusammenfassung

Die Stapellauffeierlichkeiten für Kriegsschiffe waren im Kaiserreich gesellschaftliche Ereignisse, bei denen im Rahmen eines streng reglementierten Rituals die beteiligten Personen und gesellschaftlichen Gruppen die ihnen zugewiesenen Plätze einzunehmen und Rollen zu spielen hatten. Wer – abgesehen vom Militär, den eingeladenen politischen Spitzen, den Top-Managern der Werften sowie den Teilnehmerinnen aus den führenden Gesellschaftsschichten – nicht dazugehörte und auch auf den Tribünen keinen Platz erhalten hatte, gehörte auf die Stehplätze oder gar als Zaungast auf das andere Weserufer. Beim Stapellauf der THÜRINGEN waren neben der Taufkanzel, die nur von den Taufrednern und den prominentesten Personen betreten werden durfte, und einem besonderen Fürstenzelt verschiedene Tribünen errichtet, differenziert in solche für *eingeladene Damen und Herren* sowie für Beamte der Werft, und weitab war ein Platz für die Werftarbeiter vorgesehen.[114] Einige Jahre zuvor war bei der Taufe der GNEISENAU neben der Taufkanzel eine *reservierte Tribüne* für die Prominenz errichtet worden, der sich eine weitere mit reservierten Plätzen für Offiziere und eingeladene Herren und eine besondere »Damentribüne« anschlossen.[115]

Fuhren die Fürstlichkeiten anläßlich der Schiffstaufe des Linienschiffes THÜRINGEN *in glänzendem Wagenzuge auf der Werft ein*[116], so demonstrierten sie mit ihrem prunkvollen Aufzug ihre Machtposition und betonten ihre Zugehörigkeit zur gesellschaftlichen Elite des Wilhelminischen Kaiserreiches.

Obwohl die Technik, insbesondere die Wehrtechnik, noch heute eine ausschließlich männliche Domäne darstellt, bedarf die Demonstration der männlichen Stärke als Kontrast auch des Gegenpols weiblicher Schwäche, erfordert das martialische Schauspiel militärischer Potenz auch die weiblichen Farbtupfer, um sich in diesen – sich selbst bestätigend – zu spiegeln. Zwar erscheint die Rolle der Frauen bei Stapellauffeierlichkeiten als ausgesprochen marginal, denn als Gruppe waren sie isoliert auf der sog. Damentribüne, als Individuen traten sie lediglich als Gattinnen bedeutender männlicher Persönlichkeiten oder aber als Taufpatinnen in Erscheinung. Dann aber waren die Frauen als das vorgeblich *schwache Geschlecht* Objekte männlicher Hilflosigkeit, und ein Werftdirektor zerbrach sich den Kopf über die Lieblingsblumen der Dame. Taufredner waren bei Kriegsschiffen grundsätzlich Männer, Frauen mußten sich mit der Rolle der Taufpatin begnügen.[117]

Die Taufreden waren geprägt vom zeitgenössischen *vaterländischen* Geist und von Hohenzollernverehrung. Was bei den eigentlichen Stapellauffeiern nicht zum Ausdruck kommt, wird dagegen im Schriftverkehr der Reichsbehörden ansatzweise deutlich: Das Reichsmarineamt legte gar nicht so großen Wert auf das Stapellaufritual in seiner damals praktizierten aufwendigen Form, auch wenn es gegenüber dem Reichsschatzamt aus Ressortgesichtspunkten die entstehenden Kosten zu verteidigen suchte. Der Staatssekretär des Reichsmarineamtes äußerte sich beim Stapellauf des Kleinen Kreuzers »Ersatz SCHWALBE« der Germaniawerft gegenüber sogar dahingehend, von dem Stapellauf eines Kleinen Kreuzers *solle nicht so viel Aufhebens gemacht werden.*[118] Während sich das Reichsmarineamt bereit erklärte, das traditionelle Taufzeremoniell weitgehend aufzugeben, und sich damit als Vertreter einer modernen Zweckrationalität zeigte, hielt der Kaiser an den überkommenen traditionellen Formen fest.

Wenn Röhl auf das komplizierte Einladungsverfahren bei den von Kaiser Wilhelm II. veranstalteten Hoffesten[119] und Festessen hinweist, bei denen diffizile Rangfragen zu beobachten waren, und bei letzteren sowohl der Ober-Zeremonienmeister, der Ober-Hof- sowie der Haus-Marschall bei den *Placements bei den am Königlichen Hofe stattfindenden Tafeln* involviert waren[120], so drängen sich hier gewisse – allerdings im bescheideneren Maßstab – Parallelen zu den Stapellauffeierlichkeiten auf. Diese sind als ein integraler Bestandteil der politischen und gesellschaftlichen Kultur des Wilhelminischen Deutschland zu begreifen. Sie sind ein maritimer Ableger eines *prunkhafte(n) Luxurieren(s) einer neoabsolutistischen Hofkultur*[121] jener Epoche.

Der spätere Generalstabschef von Moltke hatte wohl nicht so ganz unrecht, wenn er von einem im Februar 1905 stattfindenden Hofball bemerkte: *Es macht mir immer einen ganz merkwürdigen Eindruck, wenn ich den Einzug des Hofes in den Weißen Saal sehe, der Kaiser bringt immer so ein Stück Mittelalter hinter sich her (...); es ist, als ob die Toten auferstehen mit Zopf und Puder.*[122]

Anmerkungen:
1 Georg Neudeck u. Heinrich Schröder: Das kleine Buch von der Marine. Ein Handbuch alles Wissenswerten über die deutsche Flotte nebst vergleichender Darstellung der Seestreitkräfte des Auslandes. Kiel/Leipzig 1907, S. 247.
2 Ebd., S. 251.
3 Clas Broder Hansen: Schiffstaufen. In: Volker Plagemann (Hrsg.): Übersee. Seefahrt und Seemacht im deutschen Kaiserreich. München 1988, S. 140. Auf die Ursprünge dieses Brauches kann hier nicht eingegangen werden.

4 Ebd. S. 140. Zwischen Reichsgründung und Ausbruch des Ersten Weltkrieges sind nach seinen Untersuchungen *keine wesentlichen Veränderungen der Gebräuche beim Stapellauf festzustellen.* (S. 141).
5 Beim Stapellauf des Linienschiffes KAISER KARL DER GROSSE am 18.10.1899 in Hamburg, zit. nach Hans Wilderotter: Unsere Zukunft liegt auf dem Wasser. Das Schiff als Metapher und die Flotte als Symbol der Politik des wilhelminischen Kaiserreichs. In: H. Wilderotter u. K.-D. Pohl (Hrsg.): Der letzte Kaiser. Wilhelm II. im Exil. Gütersloh/München 1991, S. 64.
6 Clas Broder Hansen wollte diese Thematik im Rahmen einer Dissertation an der Universität Hamburg untersuchen, hat aber seine Arbeit daran inzwischen eingestellt. Im Rahmen seiner Untersuchung zur öffentlichen Festkultur im Wilhelminischen Deutschland, dargestellt am Beispiel Hamburgs, behandelt v. Elsner auch Schiffstaufen. Er geht u.a. auf die Stapellauffeierlichkeiten von Schiffen der »Imperator«-Klasse ein. Vgl.: Tobias v. Elsner: Kaisertage. Die Hamburger und das Wilhelminische Deutschland im Spiegel öffentlicher Festkultur. Frankfurt/M. 1991, insbes. S. 498ff.
7 Zur technischen Dimension des Stapellaufes aus zeitgenössischer Sicht vgl.: Neudeck u. Schröder (wie Anm. 1), S. 247–251.
8 Dabei handelt es sich um die Stapelläufe des Kleinen Kreuzers BREMEN (1903), des Großen Kreuzers GNEISENAU (1906) und der beiden Linienschiffe WESTFALEN (1908) und THÜRINGEN (1909).
9 So z.B. die vom Chef der Admiralität erlassenen *Bestimmungen, betreffend das Arrangement und Zeremoniell bei dem Stapellauf eines S.M. Schiffe oder Fahrzeuge auf Kaiserlichen Werften.* In: Marine-Verordnung-Blatt (M.V.Bl.) Nr. 2 für 1876, S. 15f.
10 Bundesarchiv-Militärarchiv Freiburg (BA-MA), RM 3/V 154, Schreiben an Reichskanzler aus Jagdhaus Rominten vom 27.9.1900. (Abschrift). Im ursprünglichen Entwurf waren noch weitere Detailregelungen enthalten, so erwartete der Kaiser z.B. vor jedem Stapellauf die Vorlage einer Skizze für die An- und Abfahrtswege auf der Bauwerft.
11 Ebd.
12 Handschriftliche Korrektur; im ausgedruckten Original heißt es: Gesellschaftsanzug.
13 Marineverordnungsblatt XXXI. Jahrg., Nr. 22 (13. Oktober 1900), S. 397f., in: BA-MA, RM 3/V 117, Bl.3f.
14 Das Reichsmarineamt als oberste Reichsbehörde für die Verwaltung der Kaiserlichen Marine war für alles zuständig, was die Einrichtung, Erhaltung und Entwicklung der Marine betraf. Es unterstand einem eigenen Staatssekretär.
15 § 9 der Militärkonvention zwischen Preußen und Bremen vom 27.6.1867 bestimmte: *Dem Senate bleiben alle Ehrenrechte und die freie Verfügung in betreff der Verwendung der Garnison zum inneren Dienste vorbehalten.* Vgl. dazu BA-MA, RM 3/V 117, Bl. 41ff. sowie RM 3/V 118, Bl. 41–64.
16 BA-MA, RM 3/V 117, Bl. 1f.
17 Kaiser Wilhelm II. hatte neben dem Oberkommando der Marine und dem Reichsmarineamt 1889 das Marinekabinett als persönliches Sekretariat geschaffen, das mit den Personalfragen des Offizierskorps und der Vermittlung der kaiserlichen Befehle an die Marine beauftragt war.
18 BA-MA, RM 3/V 118, Schreiben an das RMA vom 9.6.1903.
19 Kleiner Kreuzer BREMEN: Bau-Nr. 135; Bauzeit 1902–1904; Baukosten: 4,746 Mio. Mark; Wasserverdrängung: 3278 ts; Länge über alles: 111,1 m; Breite: 13,3 m; Tiefgang: 5,53 m; PS: 12100; Geschwindigkeit: 23,3 kn. Nach Erich Gröner: Die deutschen Kriegsschiffe 1815–1945. Bd. 1. München 1982, S. 129.
20 Der Leiter der Abteilung M des RMA, Admiral Pohl, hatte am 5. April 1903 dem Staatssekretär im RMA eine Notiz zum Immediatvortrag bezüglich der kaiserlichen Befehle für die Taufpaten der im Verlauf des Jahres 1903 vom Stapel laufenden Schiffe vorgelegt, der eine Liste der Schiffe, Stapellaufdaten und vorgeschlagenen Taufpaten beigefügt war. Danach standen für 1903 acht Stapelläufe an, darunter der des Kleinen Kreuzers »H« auf der A.G. Weser. BA-MA, RM 3/V 118, Notiz zum Immediatvortrag vom 5.4.1903 und Anlagen.
21 Dabei beging der Staatssekretär den Fauxpas, in der Anrede Pauli als den Bürgermeister der *freien und Hansestadt Bremen* anzusprechen, wobei er einen Partikel verwandte, der in Bremen – im Unterschied zu den beiden anderen Hansestädten Hamburg und Lübeck – nicht üblich war und ist.
22 BA-MA, RM 3/V 130, Staatssekretär RMA an Bürgermeister Dr. Pauli vom 22.4.1903 (Abschrift).
23 Das RMA legte das Programm für den Stapellauf des Kleinen Kreuzers »H« vom 22.4.1902 auf der A.G. Weser bei.
24 BA-MA, RM 3/V 130, Entwurf des Schreibens RMA an AGW vom 30.5.1903.
25 Ebd., AGW an RMA vom 8.6.1903.
26 Ebd., Programmentwurf.
27 Großer Kreuzer GNEISENAU: Bau-Nr. 144; Bauzeit: 1904–1908; Baukosten: 19,243 Mio. Mark; Was-

serverdrängung: 11616 ts; Länge über alles: 144,6 m; Breite: 21,6 m; Tiefgang: 8,37 m; PS: 30396; Geschwindigkeit: 23,6 kn. Gröner (wie Anm. 19), Bd. 1, S. 78.

28 Der noch auf der alten Werft gebaute Kreuzer VICTORIA LOUISE, der 1898 abgeliefert worden war, hatte lediglich 5650 ts.

29 Alfred Graf von Schlieffen (1833–1913), Generalstabsoffizier in den Kriegen 1866 und 1870/71, Chef des Generalstabs (1891–1905), Urheber des sog. Schlieffen-Plans (1905), 1911 preußischer Generalfeldmarschall.

30 BA-MA, RM 3/V 145, Schreiben RMA an AGW vom 11.5.1906.

31 Linienschiff WESTFALEN: Bau-Nr. 163; Bauzeit: 1907–1909; Baukosten: 37,615 Mio. Mark; Wasserverdrängung: 18873 ts; Länge über alles: 146,1 m; Breite: 26,9 m; Tiefgang: 8,57 m; PS: 26792; Geschwindigkeit: 20,2 kn. Gröner (wie Anm. 19), Bd. 1, S. 46.

32 Gustav Eberhard Freiherr von der Recke von der Horst, westfälischer Uradel der Grafschaft Mark, Reichsfreiherrnstand seit 1677, (geb. 2.4.1847 in Berlin, gest. 16.2.1911 in Münster), evangelisch. Jurastudium, Landrat in Eckernförde (1877–1881), Arbeit im Innenministerium (1881–1885), Regierungspräsident in Königsberg (1885–1889) und in Düsseldorf (1889–1895), Innenminister (1895–1899), Oberpräsident von Westfalen (1899–1911). Mitglied des preußischen Abgeordnetenhauses. Nach: R. Schütz: Oberpräsidentenlisten. In: K. Schwabe (Hrsg.): Die preußischen Oberpräsidenten 1815–1945. Deutsche Führungsschichten in der Neuzeit, Boppard 1985, Bd. 15, S. 303, und Dietrich Wegmann: Die leitenden staatlichen Verwaltungsbeamten der Provinz Westfalen 1815–1918. (= Veröffentlichungen der Historischen Kommission Westfalens, Bd. XXIIa). Münster 1969, S. 318.

33 BA-MA, RM 3/V 154, Admiral v. Müller an Tirpitz vom 9.5.1908.

34 Ebd., Staatssekretär RMA an AGW vom 2.6.1908.

35 Ebd., RMA an Oberpräsident der Provinz Westfalen vom 13.6.1908. Diese Form der Vorzensur wird kaum bei den Stapelläufen fürstlicher Persönlichkeiten geübt worden sein und war auch nicht im »Spickzettel« vorgesehen. Dabei waren die preußischen Oberpräsidenten Mitglieder einer »Verwaltungselite«, für deren Zugang zum höheren Verwaltungsdienst und beruflichen Aufstieg neben den fachlichen Voraussetzungen weitere Qualifikationen wie Herkunft, Beziehungen, Konfession und seit den 80er Jahren auch die politische Beurteilung *nicht nur erforderlich, sondern oft entscheidend* (waren). Vgl. Bernhard vom Brocke: Die preußischen Oberpräsidenten 1815 bis 1945. Sozialprofil einer Verwaltungselite: Eine Bilanz. In: K. Schwabe (wie Anm. 32), S. 253.

36 BA-MA, RM 3/V 154, RMA an Oberpräsident der Provinz Westfalen vom 13.6.1908.

37 Linienschiff THÜRINGEN: Bau-Nr. 166; Bauzeit: 1908–1911; Baukosten: 46,314 Mio. Mark; Wasserverdrängung: 22808 ts; Länge über alles: 167,2 m; Breite: 28,5 m; Tiefgang: 8,68 m; PS: 34944; Geschwindigkeit: 21 kn. 1919 in Scapa Flow selbst versenkt und später dort verschrottet. Gröner (wie Anm. 19), Bd. 1, S. 48.

38 Die verschiedenen Wappen der thüringischen Fürstentümer wurden dementsprechend auf der Einladung zum Stapellauf abgebildet.

39 Vgl. das schon erwähnte Schreiben an das RMA vom 9.6.1903 (BA-MA, RM 3/V 118).

40 BA-MA, RM 3/V 166, Admiral v. Müller an Tirpitz vom 19.7.1909.

41 Ebd., Schreiben vom 19.10.1909.

42 Ebd., Senatskommission an Tirpitz vom 27.10.1909.

43 Historisches Archiv (HA) Krupp FAH 4 C 55: Privatbüro Dr. Gustav Krupp von Bohlen und Halbach: Germaniawerft, Stapellauf verschiedener Schiffe 1906–1914, Direktor Baur an Krupp vom 9.12.1906.

44 Ebd., Telegramm vom 11.12.1906.

45 Ebd., Schreiben vom 12.11.1908.

46 Ebd., Schreiben vom 23.11.1908.

47 Ebd., Schreiben vom 25.11.1908.

48 Ebd., Schreiben vom 1.12.1908.

49 Ebd., Handschriftl. Notiz, undatiert.

50 Ebd., Schreiben vom 25.11.1908.

51 Ebd., Schreiben vom 11.2.1914.

52 Ebd., Schreiben vom 12.2.1914.

53 Ebd., Schreiben vom 16.2.1914.

54 Ebd., Schreiben vom 17.2.1914.

55 Weser Zeitung (WZ), 27.11.1909.

56 BA-MA, RM 3/V 166, Liste.

57 Seine Königliche Hoheit.

58 BA-MA, RM 3/V 166, Liste der Teilnehmer.
59 Ebd., Ordens-Vorschläge, Bl. 43.
60 Auf dem Helgen der Werft lagen mehrere Schiffe in unterschiedlichen Baustadien: zwei für Norderney bestimmte Feuerschiffe, der Frachtdampfer THÜRINGEN und der Reichspostdampfer GOEBEN des NDL sowie der Minendampfer »A« für die Kaiserliche Marine.
61 WZ, 14.6.1906.
62 BA-MA, RM 3/V 118, RMA an Direktion der »Vulcan«-Werft vom 16.1.1909.
63 Vgl. zur Geschichte dieser Werft: Armin Wulle: Der Stettiner Vulcan. Ein Kapitel deutscher Schiffbaugeschichte. Herford 1989.
64 BA-MA, RM 3/V 118, »Vulcan«-Werft an RMA vom 21.1.1909.
65 Indienststellung: 27.11.1909. Am 10.9.1911 zur Flotte. Als französische Kriegsbeute am 29.4.1920 in Cherbourg ausgeliefert. Zielschiff der französischen Flotte. 1923 abgewrackt (wie Anm. 19).
66 Handschriftlicher Einschub in den maschinegeschriebenen Text.
67 Maschinenschriftlicher Text gestrichen, im Zeitungsbericht jedoch ausgeführt. (WZ, 28.11.1909).
68 BA-MA, RM 3/V 166, Bl. 145f. sowie WZ, 28.11.1909.
69 Beim Stapellauf des Kleinen Kreuzers BREMEN wird erwähnt, daß die Flasche *an einer schwarz-weiß-roten Schnur* befestigt war. (WZ, 10.7.1903).
70 WZ, 28.11.1909.
71 Bürgermeister Dr. Pauli anläßlich der Taufe des Kleinen Kreuzers BREMEN am 9.7.1903. (WZ, 10.7.1903).
72 WZ, 10.7.1903.
73 Indienststellung 1.7.1908. Am 16.11.1909 zur Flotte. Ab 1.9.1918 Artillerie-Schulschiff. Am 5.8.1920 an Großbritannien ausgeliefert und 1924 abgewrackt. Gröner (wie Anm. 19), Bd. 1, S. 47.
74 BA-MA, RM 3/V 154, Bl. 77 sowie WZ, 2.7.1908.
75 Indienststellung: 14.6.1906. Am 6.3.1908 zur Flotte. 1910 ins Ausland. Am 8.12.1914 durch Artilleriefeuer der britischen Schlachtkreuzer INVINCIBLE und INFLEXIBLE bei den Falkland-Inseln versenkt. 598 Tote. Gröner (wie Anm. 19), Bd. 1, S. 80.
76 BA-MA, RM 3/V 145, Stapellaufrede (Abschrift), Bl. 55 sowie mit leichten Abweichungen: WZ, 14.6.1906.
77 Thomas Rohkrämer: Der Militarismus der »kleinen Leute«. Die Kriegervereine im Deutschen Kaiserreich 1871–1914. München 1990, S. 175.
78 Ebd., S. 183.
79 BA-MA, RM 3/V 145, Stapellaufrede (Abschrift), Bl. 55.
80 Ebd.
81 BA-MA, RM 3/V 130, (Abschrift), Bl. 48f.
82 Ebd.
83 WZ, 28.11.1909. (2. Morgen-Ausgabe).
84 Ebd.
85 Hansen (wie Anm. 3), S. 141.
86 Vgl. hierzu Peter-Christian Witt: Reichsfinanzen und Rüstungspolitik 1898–1914. In: Marine und Marinepolitik, hrsg. vom Militärgeschichtlichen Forschungsamt durch Herbert Schottelius und Wilhelm Deist, Düsseldorf 1972, S. 146–177 und ders.: Die Finanzpolitik des Deutschen Reiches von 1903 bis 1913. Eine Studie zur Innenpolitik des Wilhelminischen Deutschland. (Historische Studien, Heft 415) Lübeck/Hamburg 1970.
87 M.V.Bl. Nr. 2 für 1876, S. 15f.
88 Ba-MA, RM 3/V 118, Rechnungshof vom 17.10.1908. Beispiele von Verschwendung und unkorrektem Umgang mit staatlichen Finanzmitteln in der Kaiserlichen Marine bringt: L. Persius: Menschen und Schiffe in der Kaiserlichen Flotte. Berlin 1925, S. 98ff.
89 Rudolf Kroboth: Flottenbau, Finanzkrise und Reichssteuerreform (1898 bis 1914). In: Volker Plagemann (Hrsg.): Übersee. Seefahrt und Seemacht im deutschen Kaiserreich. München 1988, S. 38.
90 Ebd.
91 Witt (wie Anm. 86), S. 157; Die Kosten für Linienschiffe und Große Kreuzer hatten sich zwischen den Etatjahren 1905 und 1909 von 24 bzw. 21,3 auf 47,1 bzw. 44 Mio. Mark, d.h. jeweils um rund 100 Prozent erhöht.
92 Kroboth (wie Anm. 89), S. 38.
93 Witt (wie Anm. 86), S. 165. Wermuth betrieb eine Finanzpolitik nach dem Motto: »Keine Ausgabe ohne Deckung!« Er war seit dem Antritt seines Amtes entschlossen, zur Durchsetzung seiner Finanz-

politik das Abschiedsgesuch als »einzige Waffe des Reichsschatzsekretärs« einzusetzen. Vgl. Adolf Wermuth: Ein Beamtenleben. Berlin 1922, S. 276.
94 Ebd., S. 166.
95 BA-MA, RM 3/V 118, Aktenvermerk des RMA vom 10.3.1906.
96 Ebd., Schreiben vom 17.10.1908.
97 Ebd., Staatssekretär Reichsschatzamt an RMA vom 24.11.1908.
98 Ebd.
99 Der Reichstag stand vor der Verabschiedung eines neuen Steuerkonzeptes, das er im Sommer 1909 beschließen sollte. Kroboth (wie Anm. 89), S. 38.
100 BA-MA, RM 3/V 118, RMA betr. Einschränkung der Stapellaufkosten vom 3.12.1908.
101 Ebd., Internes Schreiben des RMA vom 22.12.1908.
102 Ebd. Nachdem der Staatssekretär des Reichsschatzamtes am 21. Dezember 1908 gegenüber dem RMA festgestellt hatte, *daß die Gastlichkeit zu Lasten der Reichskasse auf ein Festessen in der Kostengrenze von 15 bis 20 M für die Person beschränkt, Fuhrwerk aus fiskalischen Mitteln nur für die Fahrt zum und vom Taufakte gestellt, die Übernahme der Hotelkosten für die geladenen Gäste aus fiskalischen Fonds aber überhaupt unterlassen wird* (BA-MA, RM 3/V 118, Staatssekretär Reichsschatzamt an RMA vom 21.12.1908), beklagte er sich am 3. Februar 1909 beim RMA, daß noch keine (neue) Antwort bezüglich der Regelung der Kosten für Stapellauffeierlichkeiten erfolgt sei (Ebd., Schr. vom 3.2.1909). Das RMA entschloß sich daraufhin, zusammen mit den Werften Vorschläge zur Reduzierung der Stapellaufkosten zu machen. Eine Beantwortung der Anfrage des Reichsschatzamtes wurde bis dahin zurückgestellt (BA-MA, RM 3/V 118, ebd. handschriftliche Marginalien). Dabei hatte offenbar das RMA am 9. Januar 1909 bereits intern eine Einschränkung der Kosten beim Stapellauf auf den Kaiserlichen Werften verfügt, wonach die Bestimmungen vom 21.1.1903 geändert wurden (BA-MA, RM 3/V 118, Bl. 124). Am 10. März 1909 folgte die Anweisung an die privaten Werften – d.h. die Schichau-Werft in Danzig, den Stettiner »Vulcan«, die A.G. »Weser« sowie Blohm & Voss in Hamburg (BA-MA, RM 3/V 118, Schreiben des RMA vom 18.6.1909).
103 BA-MA, RM 3/V 118, Schreiben des RMA vom 18.6.1909.
104 Ebd., Schreiben vom 29.7.1909.
105 Ebd., Schreiben vom 12.8.1909.
106 Ebd., Schreiben vom 26.8.1909.
107 WZ, 2.7.1908.
108 Witt (wie Anm. 86), S. 170.
109 Ebd., S. 170f.
110 Kroboth (wie Anm. 89), S. 39.
111 Ebd.
112 BA-MA, RM 3/V 118, Schr. RMA an Präsidenten des Flottenvereins vom 19.9.1911.
113 BA-MA, RM 3/V 179, Schreiben vom 22.10.1912.
114 BA-MA, RM 3/V 166, Bl. 156.
115 BA-MA, RM 3/V 145, Bl. 20.
116 BA-MA, RM 3/V 166, Bl. 148, Presseber. vom 27.11.1909.
117 Die Rollenverteilung zwischen männlichem Taufredner und weiblicher Taufpatin sollte im einzelnen auf einer umfangreicheren Materialbasis untersucht werden.
118 HA Krupp FAH 4 C 55, Schreiben vom 26.5.1909.
119 John C.G. Röhl: Kaiser, Hof und Staat. Wilhelm II. und die deutsche Politik. München 1987, S. 99.
120 Ebd., S. 100.
121 Ebd., S. 78.
122 Helmuth von Moltke: Erinnerungen, Briefe, Dokumente 1877–1916. Stuttgart 1922, S. 316, zitiert nach Röhl (wie Anm. 119), S. 103.

Anschrift des Verfassers:
Prof. Dr. Peter Kuckuk
Hochschule Bremen,
Projekt Schiffbaugeschichte
Neustadtswall
D-2800 Bremen

Deutsches Schiffahrtsmuseum
Jahresbericht 1991

Der Auftrag des DSM, die deutsche Schiffahrtsgeschichte auf allen ihren Gebieten
1. in historischen Beständen zu sammeln,
2. zu erforschen und
3. der Öffentlichkeit darzustellen,

wurde 1991 folgendermaßen wahrgenommen:

1. Sammeln

Die wichtigste Erwerbung für den Freilichtbereich war eine Walther-Antriebsanlage für U-Boote, die z.Z. mit Unterstützung durch das Technikmuseum U-Boot WILHELM BAUER e.V. für die Aufstellung im Freien hergerichtet wird. Wichtigstes Exponat für die neue Abteilung »Geschichte der Meeresforschung« war die Gezeitenrechenmaschine der DDR aus Rostock. Für die Mittelalter-Abteilung wurde das große, im eigenen Hause angefertigte Kogge-Modell im Maßstab 1 : 10 fertiggestellt und aufgestellt. Für die Abteilung »Frühe Neuzeit« wurden drei Segelschiffsmodelle gestiftet und zahlreiche schiffahrtsgeschichtliche Grafiken des 16. bis 18. Jahrhunderts erworben. Die Navigations-Abteilung wurde als Beispiel für nichteuropäische Navigations-Hilfsmittel um zwei seltene Stabkarten aus der Südsee ergänzt. Die Schatzkammer erhielt ein neues Gesicht durch künstlerische Metallarbeiten maritimer Thematik aus dem 18. bis 20. Jahrhundert, darunter die bronzene Vorstudie für die Groß-Plastik »Der Seehandel« am Gebäude der Kgl. Preußischen Seehandlung in Berlin (Stephan Walter, 1903). Die Sonderausstellung »Maritimes Silber« wurde weiterhin aus Besucherkreisen um neue Stücke ergänzt, darunter ein silbernes Torpedoboots-Modell (Offiziersgeschenk). Die wichtigste Gemälde-Erwerbung war das Ölportrait eines Steuermanns aus Pommern, der auf einem amerikanischen Clipper 1851 im Pazifik untergegangen war. Seine Eltern hatten daraufhin ihrer Kirche eine Orgel mit diesem Portrait gestiftet. Als Leihgaben des Hauses Seefahrt in Bremen hat sich die Zahl der großen Wandgemälde, die Arthur Fitger um 1870 für den großen Saal geschaffen hatte, in dem die Schaffermahlzeit stattfand, auf drei erhöht (Allegorien der Erdteile Europa, Asien und Australien). Wichtigster Zuwachs der Sportboot-Abteilung war der Porzellanteller, den die amerikanische Werft anläßlich der Taufe von Kaiser Wilhelms II. Yacht METEOR III im Jahre 1902 den Ehrengästen überreicht hatte. Der wertvolle Teller wurde dem DSM von dem uns freundschaftlich verbundenen Kendall Whaling Museum in Sharon, Mass., USA, geschenkt. Für die Abteilung Binnenschiffahrt wurde eine volkskundliche Privatsammlung aus den neuen Bundesländern erworben.

Das Archiv hat unter 260 Inventarnummern ca. 3900 Einzelposten neu aufgenommen, darunter zwei umfangreichere Fotosammlungen von Schiffsbildern aus den 1930er bis 1950er Jahren, mehrere Schiffsjournale des 19. Jahrhunderts, Karten des 17. und 18. Jahrhunderts und Plakate vor allem zur Sozialgeschichte der Schiffahrt im 20. Jahrhundert. Geschenkt wurde dem Museum eine Privatsammlung von 6500 Briefmarken mit Schiffsmotiven aus aller Welt. Überhaupt beruhte der Zuwachs der Sammlungen auch 1991 wieder zu einem großen Teil auf Stiftungen und Geschenken aus allen Kreisen der Bevölkerung.

Der Förderverein Deutsches Schiffahrtsmuseum e.V. stellte durch seine Spenden u.a. die Finanzierung der aufwendigen Konservierung des Bremer Schiffsfundes von 808 sicher. Für diese vielfältige Unterstützung sei auch an dieser Stelle herzlich gedankt.

Der langjährige ehrenamtliche Mitarbeiter des Archivs, Ernst-Erich Rinke, starb Mitte 1991. Seine Arbeit wird seit Ende 1991 ehrenamtlich fortgeführt von Lothar Wolf. Bereits seit Mitte 1990 ist Walter Wiebe kontinuierlich als Aushilfsbeschäftigter im Archiv tätig.

Für die Bibliothek wurden 2427 Bände inventarisiert, davon 628 Zeitschriftenbände. Zusammen mit den Mikrofiches betrug der Gesamtbestand Ende 1991 49770 Bände.

Der Personalengpaß in der Bibliothek konnte 1991 noch nicht behoben werden: Bis zum 30.09. nahm Ina Heuer die Mutterschaftsvertretung für die Bibliotheksassistentin wahr. Fest besetzt wird diese Stelle erst wieder zum 1.3.1992. Als Aushilfsbeschäftigte arbeitet seit Herbst 1991 Karin Poltrock-Zier in der Bibliothek. Zur Inventarisierung der Druckwerke der Documenta maritima Heberlein ist seit dem 1.7.1991 Jutta May in einem Drittmittelprojekt der DFG in der Bibliothek tätig. Dieses Projekt ist zugleich der Einstieg in die Verwendung der EDV für die Bibliothek.

Bei der Pflege des Sammelgutes gab es weiterhin zwei Schwerpunkte:
1. Im Freilichtbereich konzentrierten sich die Bemühungen auf folgende Schiffe: Bei der SEUTEN DEERN wurden der Laderaum (Restaurant) instandgesetzt, bei der ELBE 3 der Innenausbau fortgesetzt und bei der KRANICH Rumpf und Aufbauten restauriert. Weiter wurden beim Schlepper STIER der Rumpf restauriert, die Restaurierung des Betonschiffes PAUL KOSSEL beendet. Der Halbportalkran wurde konserviert; die Restaurierungsarbeiten an der hölzernen Donaufähre wurden begonnen.
2. Die schiffsarchäologischen Konservierungsarbeiten an der Bremer Hansekogge, den Hölzern der Lübecker Kaufmannskeller und den übrigen Bootsfunden wurden fortgesetzt und für den ersten Teil der Lübecker Hölzer zum Abschluß gebracht. Ab Mitte 1990 konnten die meisten Konservierungs- und Restaurierungsarbeiten an den Booten nicht weitergeführt werden, weil der Archäologie-Restaurator in Konstanz Werkstattleiter wurde. Die Stelle kann erst zum 1.4.1992 wiederbesetzt werden.

2. *Forschen*

Mit zehn Monographien, dem 442 Seiten starken Band der wissenschaftlichen Zeitschrift »Deutsches Schiffahrtsarchiv« und zahlreichen wissenschaftlichen Aufsätzen hat das DSM wieder in besonders umfangreichem Maße Ergebnisse seiner Forschungstätigkeit veröffentlicht. Die verstärkte Redaktionsleistung war nur möglich, weil Ursula Feldkamp M.A. über ABM zusätzlich bis Ende 1991 vollzeitlich in der Redaktion arbeitete. Die im folgenden Bericht angegebenen Namen verweisen auf das Verzeichnis der Veröffentlichungen S. 420ff.

Schiffsarchäologie
– Grundlagenforschung hat sich in mehreren Beiträgen zur Schiffsarchäologie am Rhein, zu Fähren und zu den Schiffen auf Felsbildern niedergeschlagen (Ellmers). Zum Stichwort »Kogge« wurde ein Lexikonartikel erarbeitet (Schnall).
– Feldforschung widmete sich skandinavischen Felsbildern mit Darstellungen von Fischen und Fischfang (Stölting).
– Bearbeitung einzelner Funde: Für den Dokumentationsband zur Bremer Hansekogge wurde ein Forschungsbericht mit Bibliographie erstellt. Der Band wird 1992 erscheinen. Zwei neu aufgefundene Schiffsdarstellungen, eine auf einer burgundischen Gürtelschnalle von ca. 700 n.Chr. und eine auf einer bemalten Fensterscheibe um 1575 aus Kiel, wurden publiziert und interpretiert (Ellmers). Einen Bericht über den Fund eines Binnenschiffes von ca. 808 in Bremen erstellten Hoffmann/Ellmers.
– Experimentelle Schiffsarchäologie: Der Kieler (Baykowski; Hoheisel) und der Bremerhavener (Publikation in Vorbereitung) Nachbau der Bremer Hansekogge machten erste Segelversuchsfahrten in der Ostsee.
– Schiffsarchäologische Beratung erfolgte für neue Funde in Bremen, Rostock und Xanten.
Zu hafenarchäologischen Forschungen vgl. unter Hafengeschichte.

Holzkonservierung
Abgeschlossen wurden die Entwicklung einer 2-Stufen-PEG-Tränkung von archäologischem Naßholz (gefördert von der VW-Stiftung) und die Untersuchungen zur Gefriertrocknung schwer zu stabilisierender Naßholzfunde (Hoffmann/Fortuin).

Fortgeführt wurden Untersuchungen
– zur Stabilisierung von Naßhölzern mit Zucker (European Laboratories Network-ELN-Projekt; Hoffmann),

– zur Stabilisierung fossilen Naßholzes,
– zum Abbau von Holz durch Salzlauge,
– zum Fortgang der Konservierung der Kogge, eines Torfschiffes vom Teufelsmoor, Lübecker Bauhölzer von Kaufmannskellern und des Bremer Schiffsfundes von 808.
Neu aufgenommen wurden Untersuchungen
– zur Eignung von Bioziden bei der Zuckertränkung,
– zur Eindringgeschwindigkeit von Zucker,
– zur Auswaschbarkeit von PEG aus getränktem Holz,
– zur Konservierung von mittelalterlichem Tauwerk aus Moos,
ferner die Planung und Überwachung der Konservierung eines neolithischen Brunnens von Erkelenz-Kückhoven (in Zusammenarbeit mit dem Institut für Ur- und Frühgeschichte der Universität Köln) und des mittelalterlichen Bodensee-Schiffes von Immenstaad (in Zusammenarbeit mit dem Landesamt für Bodendenkmalpflege Baden-Württemberg).

Als Kongreßband vorgelegt wurden die Referate der 4. internationalen Konferenz, die die ICOM-Group on Wet Organic Archaeological Materials 1990 in Bremen gehalten hatte (Hoffmann, Hrsg.). Dr. Per Hoffmann wurde in den Vorstand des ICOM-Committee for Conservation gewählt. Er hat zahlreiche Archäologen, Restauratoren, Museen und Privatpersonen zur Konservierung von Naßholzfunden beraten.

Volkskundliche Feldforschung
Die flößereigeschichtliche Forschung wurde fortgesetzt mit einer durch das DSM geplanten Tagung in Altensteig/Schwarzwald (in Zusammenarbeit mit dem dortigen Flößerverein). Zum Stadtjubiläum von Achim, Niedersachsen, wurde eine Ausstellung »Flößerei im Weserraum« erarbeitet, die noch in mehreren anderen Orten an Werra und Weser gezeigt werden soll. Eine Monographie gleichen Titels erschien als Begleitpublikation. Zur Rheinflößerei wurde ein Aufsatz ebenfalls für eine Begleitpublikation für eine Ausstellung angefertigt (Keweloh).

Über DFG-Mittel wurde eine Zeichnerin eingestellt für die Weiterführung der Zeichnungsarbeiten aus dem Inventarisierungsprojekt für vorindustrielle Boote an der Donau. Erschienen ist ein Beitrag zu der Problematik, die in der Feldforschung gemachten Beobachtungen zu generalisieren und in historische Tiefe zurückzuverfolgen (Sarrazin). Zur Inventarisation vorindustrieller Wasserfahrzeuge an der Weser konnte Dipl.-Ing. Friedrich-Wilhelm Brandt als ehrenamtlicher Mitarbeiter gewonnen werden. Unter Anleitung von Dr. Wolfgang Rudolph, Berlin, setzte die 1989 gebildete Arbeitsgruppe zur Erfassung der maritimen Kultur ihre Arbeit an der Schlei fort. Die Darstellung der Schiffervolkskunst zwischen Oder und Elbe wurde weitergeführt durch einen Aufsatz über Amtsladen und Bartücher, Umtragemodelle und Stifterbänder (Rudolph). Seefahrer-Mitbringsel von der Baltikum- und der Weißmeerfahrt behandelte Wolfgang Steusloff, und Kai Kähler gab einen Arbeitsbericht über die Inventarisierung des Werkzeugbestandes einer Bootsbauwerft auf Finkenwerder.

Industriearchäologische Feldforschung
Die Inventarisation der schiffahrtsbezogenen Bauten und Anlagen an der Ostseeküste wurde begonnen, und zwar mit zahlreichen Leuchttürmen aus preußischer Zeit in Nordschleswig (Dänemark) und Aufnahmen an Flensburger Förde und Schlei. Über den Bestand und Zustand der Denkmäler in Mecklenburg-Vorpommern wurden ein erster Überblick gewonnen und Gespräche mit den Personen vor Ort geführt. Für 1992 wurde eine Ausstellung über »Industriekultur in Bremerhaven« vorbereitet (Peters).

Für zahlreiche Objekte an Nordseeküste, Elbe und Steckenitzfahrt wurden Gutachten erstellt und Beratungen gegeben (Peters).

Hafengeschichte
Zur musealen Darstellung des wikingerzeitlichen Hafens Haithabu bei Schleswig äußerte sich Hans-Walter Keweloh. Mit einem Stipendium der Fritz-Thyssen-Stiftung hat Ulrich Weidinger seine historischen Hafenstrukturanalysen für kleinere Häfen in Norddeutschland fortgesetzt. Über seine entsprechenden Forschungen zur historischen Hafenstruktur Bremens von den Anfängen bis um 1800 ist ein dreibändiger Studienbrief der Fernuniversität Hagen erschienen.

Die Rolle der Binnenschiffahrt für die Entstehung mittelalterlicher Städte wurde herausgearbeitet (Ellmers). Über Hafenarbeit in Hamburg von ca. 1850 bis 1945 ließ Dirk Peters eine Magisterarbeit schreiben

(Universität Hannover). Harald Hückstädt setzte seine Geschichte der Fährverbindung Warnemünde-Gedser fort. Zwei Monographien befaßten sich mit Aspekten des Hamburger Hafens: »Hamburg, wie hast Du Dich verändert« (Kludas) und die Geschichte der Hamburger Feuerlöschboote (Gihl/Braun).

Schiffbaugeschichte
Der Nachbau der Bremer Kogge von 1380 in Kiel wurde in einer Monographie dokumentiert (Baykowski). Die politischen Hintergründe der Auftragserteilung zum Bau des ersten deutschen Doppelschrauben-Schnelldampfers wurden dargestellt (Rook) und ein umfassender Literaturbericht zur Geschichte des modernen deutschen Schiffbaus bis 1945 gegeben (Krützfeldt). Kleinere Beiträge erschienen zu Schiffbau und Schiffahrt des Emslandes (Kiedel) und zu einer Bootswerft von Finkenwerder (Kähler).

Navigationsgeschichte
Über die ersten Segelversuche mit dem Kieler Kogge-Nachbau wurde berichtet (Hoheisel). Lexikonartikel zu den Stichworten »Kompaß« und »Leuchtturm« wurden erarbeitet. Die navigationstechnischen Voraussetzungen der Entdeckungsfahrten im 15. Jahrhundert wurden ebenso behandelt wie die Hochseenavigation zur Zeit des Columbus und die Zeichen der Schiffahrt auf älteren Karten des Unterweserraumes (Schnall). Dirk Peters inventarisierte die preußischen Leuchttürme in Nordschleswig.

Geschichte der Binnenschiffahrt
Die Ergebnisse schiffsarchäologischer Forschungen am Rhein wurden zusammengefaßt, die neu gefundene Darstellung eines Binnenschiffes mit Sprietsegel von der oberen Rheine (ca. 700) und der Neufund eines Binnenschiffes aus Bremen (ca. 808) wurden vorgestellt (Ellmers; Hoffmann). Wolfgang Rudolph setzte seine Darstellung der Schiffervolkskunde im Stromgebiet zwischen Oder und Elbe fort, Lars U. Scholl gab eine zusammenfassende Darstellung der Seilschleppschiffahrt auf dem Rhein, und Hans-Walter Keweloh stellte das Schiffahrts- und Schiffbaumuseum der Stadt Wörth am Main vor. Im übrigen sei auf die volkskundlichen Feldforschungen verwiesen, die größtenteils der Binnenschiffahrt galten.

Geschichte der Seeschiffahrt
Der langjährige freie Mitarbeiter des DSM, Kpt. Heinz W. Burmester, dem wir zahlreiche Beiträge zur Schlußphase der Segelschiffahrt verdanken, ist gestorben. Im DSA 14 ist seine zusammenfassende Darstellung der Petroleumsegler erschienen. Weiter wurde der Lebenslauf eines kleinen Handelsseglers zwischen 1861 und 1875 dargestellt (Kuhne).
Zu maschinengetriebenen Seeschiffen erschienen vier Monographien, und zwar über die großen Passagierschiffe der Welt (Kludas; Neuausgabe 1991), über die Seeschiffe des Norddeutschen Lloyd, Bd. 1, 1857–1920 (Kludas), über die Nordlandfahrten Kaiser Wilhelms II. (Marschall) und über die Flettner-Rotorschiffe (Wagner). Harald Hückstädt hat seine Geschichte der Fährverbindung Warnemünde-Gedser fortgesetzt, und Arnold Kludas wurde in eine Kontroverse über die Beurteilung der Schnelldampfer BREMEN und EUROPA verwickelt.
Vgl. hierzu auch die unter »Schiffbau« und »Sozialgeschichte der Schiffahrt« aufgeführten Arbeiten.

Geschichte der Erforschung der Meere
und der Nutzung ihrer Ressourcen
Reinhard Hoheisel-Huxmann hat seinen neuen Forschungsschwerpunkt in einem Überblicksartikel vorgestellt und für die Bremer Vertretung in Brüssel eine kleine Ausstellung zur Polarforschung für Anfang 1992 vorbereitet. 1993 soll eine Wanderausstellung »125 Jahre deutsche Polarforschung« im DSM stattfinden.
Zur Verstärkung dieses Schwerpunktes wurde am DSM eine Doktorandenstelle aus HSP II-Mitteln eingerichtet und ab August innerhalb des von Uwe Schnall geleiteten Forschungsprojekts » W a l f a n g « mit Klaus Barthelmeß besetzt für eine Dissertation (Universität Köln) über die deutschen Interessen am Walfang im 19. und 20. Jahrhundert. Bereits erarbeitet hat er eine dreiteilige Monographie über Wale und Walstrandungen in der Druckgraphik des 16. Jahrhunderts (zusammen mit Joachim Münzing), einen umfangreichen Beitrag zu Hamburger Kapital in einer norwegischen Döglingsfangreederei (zusammen mit Erich Reupke) und einen kleinen Beitrag zum privaten Schiffsgeld für das Walfangmutterschiff WALTER RAU.

Abb. 1 *Präzisions-Großmodell (M 1:10) der Hanse-Kogge von 1380, erbaut von Karl-Heinz Haupt, dem Modellbauer am DSM. (Foto: E. Laska / DSM)*

Johannes-Hendrik Sonntag setzte seine Geschichte des Emder Walfangs fort, Hans Ney beleuchtete die Krankenbehandlung auf Wal- und Robbenfängern, Cornelis de Jong stellte eine Scrimshaw-Arbeit aus Südafrika vor, und Lars U. Scholl behandelte das Verhältnis Norwegen-Deutschland in der Walfangfrage in den 1930er Jahren.

Die Walfanggeschichte stand so sehr im Zentrum der diesjährigen Bemühungen, daß daneben die Fischereigeschichte nur mit zwei Beiträgen bedacht werden konnte: Siegfried Stölting setzte seine Dokumentation skandinavischer Felsbilder mit Darstellungen von Fischen und Fischfang fort und stellte ein Projekt zum Transport lebender Fische um 1930 vor.

Sozialgeschichte der Schiffahrt
Die Herausgabe und vorsichtige Kommentierung der Selbstzeugnisse von Seeleuten und Schiffsreisenden wurde fortgesetzt durch briefliche Mitteilung über die bisher früheste bekannte Vergnügungsreise nach Helgoland im Jahre 1773 (Preuß), das Tagebuch der Geschwister Schreiber von 1852 an Bord eines Auswandererseglers (Feldkamp), handschriftliche seemännische Liederbücher auf deutschen Segelschiffen 1860–1900 (Müns), Erlebnisse und Fotos eines Seemanns auf Fischdampfern und Frachtschiffen 1946–1962

(Monographie, hrsgg. von K.-P. Kiedel) und den Bericht eines Kapitäns über seinen »Job an Land« seit 1987 (Wulff).

Uwe Schnall stellte die Disziplinarmaßnahmen auf Langreisen im 16. Jahrhundert dar, durch die es zu Dezimierungen der Mannschaft kam, Hans Ney die Krankenbehandlung auf Wal- und Robbenfängern des 19. Jahrhunderts und Jenny Sarrazin ein untaugliches Gerät zur Rettung Schiffbrüchiger 1843. Die Monographie über Kaiser Wilhelms II. Nordlandreisen behandelt ein eminent aufschlußreiches Kapitel der Sozialgeschichte zur See (Marschall). Klaus-Peter Kiedel berichtete über die Vorarbeiten zu der von ihm für 1992 konzipierten Sonderausstellung »Seeleute – Fotografien vom Alltag an Bord« und Detlev Ellmers über die Darstellung der Rolle der Frau in der Schiffahrt in der Ausstellung des DSM. Wolfgang Rudolph setzte seine Darstellung der Schiffervolkskunst zwischen Oder und Elbe fort, und Wolfgang Steusloff behandelte die Seefahrer-Mitbringsel von der Baltikum- und Weißmeerfahrt im 19. und 20. Jahrhundert.

Schiffahrtsbezogene Kunstgeschichte
Zur Bearbeitung vor- und frühgeschichtlicher Schiffs- und Fischdarstellungen vgl. unter Schiffsarchäologie.

Als neues Drittmittelprojekt (ABM) wurde die Bearbeitung der Schiffahrtsszenen auf dem Teppich von Bayeux aus der Zeit kurz nach 1066 durch Dr. Wolfgang Grape ins Programm aufgenommen. Klaus Barthelmeß und Joachim Münzing legten eine motivkundliche Untersuchung zu Waldarstellungen in der Druckgraphik des 16. Jahrhunderts in drei Teilen vor, und Lars U. Scholl setzte seine Malermonographien mit einem Band über den 1924 geborenen Marinemaler Hans Peter Jürgens fort und erläuterte Konzepte für die Sonderausstellungen über die Maler Felix Schwormstädt (1870–1938) und Otto Bollhagen (1861–1924). Zu den Schiffsbildern von Conrad Schwormstädt (1892–1977) äußerte sich Anja Stangl.

Modellbauforschung
Im April fand die dritte Tagung zum Schiffsmodellbau aus Papier im DSM statt. Karl-Heinz Haupt, Modellbauer des DSM, stellte das von ihm in zweijähriger Arbeit gebaute Modell der Bremer Kogge von 1380 vor (M. 1:10).

Bibliographie
Erschienen sind die jährliche kommentierte Bibliographie »Schiffahrt und Schiffbau« in den Hansischen Geschichtsblättern (Ellmers/Keweloh/Schnall) und ein Literaturbericht zur Geschichte des modernen deutschen Schiffbaus bis 1945 (Krützfeldt).

Fachtagungen und Kongresse im DSM
27.–28. 4.   3. Tagung zum Schiffsmodellbau aus Papier.
29. 4.   Restauratorenfortbildung zum Thema »Naßholzkonservierung«.
24. 5.   Fachkolloquium der am Europäischen Museumsnetzwerk (EMN) beteiligten Museen.
12. 9.   Sprechtag der Schiffbautechnischen Gesellschaft zum Thema »Physikalische Basis für die Diagnose von Schiffsbetriebsanlagen«.
18.–20. 9.   Abschluß-Kolloquium des internationalen Biomass-Programms (10 Jahre Krillforschung) unter Federführung des AWI.
27.–29. 9.   13. Maritime Filmtage zum Thema »Hafenleben«.
24.–25.10.   Jahrestagung der Hafenbautechnischen Gesellschaft.

3. *Darstellen*

Lehrveranstaltungen an Hochschulen
Folgende Wissenschaftler des DSM führten Lehrveranstaltungen an Hochschulen durch:
Prof. Dr. D. Ellmers: Vorlesung »Transportgeschichte« an der Hochschule Bremerhaven (WS 90/91, SS 91, WS 91/92).
Dr. P. Hoffmann: Seminar zur Naßholzkonservierung an der Fachhochschule Köln (3.–5.12.).
Dr. D.J. Peters   betreute folgende Magisterarbeiten am Historischen Seminar der Universität Hannover: Jörg Känemann: Die erste deutsche Antarktisexpedition mit dem Forschungsschiff GAUSS 1901–1903; Daniela Drinkuth: Hafenarbeit in Hamburg von der Mitte des 19. Jahrhunderts bis zum Zweiten Weltkrieg.

Abb. 2   *Schiffbau und -reparatur. Anonymer Kupferstich, Ende 17. / Anfang 18. Jahrhundert, aus der neuerworbenen Grafik-Sammlung Stettner. (Archiv DSM)*

Dr. L.U. Scholl: Vorlesung »Schiffahrt und Schiffbau in Deutschland in den 1920er Jahren« an der Universität Hamburg.
Dr. U. Weidinger: Die insgesamt drei Studienbriefe zum Thema »Historische Hafenstrukturanalyse Bremens von den Anfängen bis an die Schwelle der Industrialisierung« sind an der Fernuniversität Hagen erschienen.

Wissenschaftliche Vorträge
Außer bei Ausstellungseröffnungen, Tagungen und Kongressen sowie bei anderen Sonderveranstaltungen wurden im DSM folgende Vorträge gehalten:
21.02. Dipl.-Ing. W.-R. Kannowski, Brake: »Geschichte des Eisbrechers« mit Beiträgen über die Dampfeisbrecher STETTIN und WAL.
26.02. Dipl.-Ing. W. Gieleßen, Bremen: »Die Senatorlinie und das Konzept ihrer Containerdienste«.
24.04. A. Kludas, Bremerhaven: »Geschichte der deutschen Passagierschiffahrt«.
24.09. Prof. Kapt. F. van Dieken, Bremerhaven: »Die Schädigung der Meeresumwelt und die Folgen aus strafrechtlicher, verwaltungsrechtlicher und zivilrechtlicher Sicht«.
17.10. Podiumsdiskussion: »Die Marine und die Wiedervereinigung«, zusammen mit dem Nautischen Verein Bremerhaven.
12.11. Hubert Pohl, Oldenburg: »Irland«.
18.11. Dr. Schmidt, Oldenburg: »Forschungen in der Antarktis«.
27.11. Podiumsdiskussion: »Wirtschaft und Außenhandel«, zusammen mit dem CDU-Landesverband Bremen.
03.12. Silvia Kluve M.A., Bremerhaven: »Schiffahrt spielerisch vermittelt«.
   Die Wissenschaftler des DSM hielten Vorträge schiffahrtsgeschichtlichen Inhalts in der Bundesrepublik und im Ausland, und zwar in: Achim, Bremen, Bremerhaven, Cuxhaven, Dresden, Emden, Esbjerg (DK), Hamburg, Köln, Lübeck, Münster, Oldenburg, Papenburg, Rostock, Stade, Weißenhäuser Strand und Wilhelmshaven.

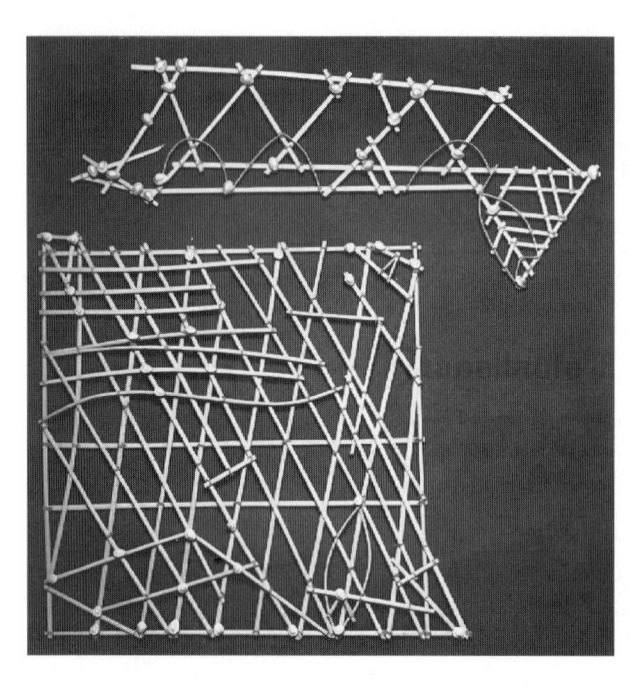

Abb. 3 *Raritäten der Navigationsgeschichte: Stabkarten von den Marschall-Inseln, 19. Jahrhundert. (Foto: P. Sellmann / DSM)*

Publikationen
Das DSM gab 1991 folgende Publikationen heraus:
Wissenschaftliche Monographien-Serie
- Birgit Marschall: Reisen und Regieren. Die Nordlandfahrten Kaiser Wilhelms II. (= Schriften des DSM 27). Hamburg: Kabel 1991. 270 S., ill. (Redaktion U. Schnall).
- Manfred Gihl und Harry Braun: Feuerwehr im Hafen. Die Geschichte der Hamburger Feuerlöschboote. (= Schriften des DSM 28). Hamburg: Kabel 1991. 175 S., ill. (Redaktion U. Schnall und U. Feldkamp).
- Klaus Barthelmeß und Joachim Münzing: Monstrum horrendum. Wale und Walstrandungen in der Druckgraphik des 16. Jahrhunderts und ihr motivkundlicher Einfluß. (= Schriften des DSM 29). Hamburg: Kabel 1991. 222 S., ill. (Redaktion U. Schnall und U. Feldkamp).

Wissenschaftliche Zeitschrift
- Deutsches Schiffahrtsarchiv 14, 1991, 442 S., 227 Abb., davon 12 in Farbe (Redaktion U. Schnall und U. Feldkamp).

Weitere Publikationen des DSM
- Claus D. Wagner: Die Segelmaschine. Der Flettner-Rotor: Eine geniale Erfindung und ihre mögliche Renaissance. Hamburg: Kabel 1991. 213 S., ill. (Redaktion U. Schnall).
- Deutsches Schiffahrtsmuseum Bremerhaven. = museum 1/77. 5., verbesserte Aufl. Braunschweig: Westermann 1991. 130 S., ill. (Überarbeitung U. Schnall).

Modellbaubogen des DSM
- Bark SEUTE DEERN von 1919 nach Umbau 1938 (Redaktion S. Stölting).

Publikationen des Fördervereins DSM
- Deutsche Schiffahrt 1/91 und 2/91 (Redaktion K.-P. Kiedel).

Sonderausstellungen
im DSM
06.05.90–Ende 91 »Maritimes Silber im Industriezeitalter« (mit Begleitpublikation).
16.08.90–12.11.91 »Arbeit an Bord der Rahsegler – Vergnügen in der Hafenstadt«.
16.09.90–Ende 91 »Schiffsmodelle und alte nautische Instrumente«, gesammelt von Prof. Matković.
21.09.90–27.01.91 »Über 100 Jahre Eisenbahn-Fährschiffbau Schichau Seebeckwerft AG.« (mit Begleitpublikation).

08.12.90–10.02.91 »Künstler und Künstlerinnen in Bremerhaven 1827–1990« (mit Begleitpublikation).
02.03.91–11.08.91 »Felix Schwormstädt (1870–1938), Marinemaler – Pressezeichner – Illustrator, und der Maler Conrad Schwormstädt (1892–1977)« (mit Begleitpublikation).
07.09.91–12.01.92 »Schiffahrt im Spiel«.
22.11.91–05.01.92 »Stettin – Szczecin. Ansichten aus fünf Jahrhunderten«. Wanderausstellung, zusammengestellt vom Museum Ostdeutsche Galerie Regensburg und dem Institut Nordostdeutsches Kulturwerk Lüneburg (mit Begleitpublikation).

außerhalb des DSM
Die Sonderausstellung »Schiffe aus Papier« (mit Begleitpublikation) wurde vom DSM (S. Stölting) weiterhin gezeigt in: Amsterdam (30.11.90–17.2.91), Bonn (28.2.–22.3.91), Carolinensiel (27.3.–21.5.91), Duderstadt (28.5.–28.8.91), Rostock (10.9.–28.11.91), Pforzheim (8.12.91–26.1.92). Die Ausstellung wandert 1992 weiter.

Die ebenfalls komplett vom DSM (D. Ellmers) zusammengestellte Sonderausstellung »Maritimes Silber im Industriezeitalter« (mit Begleitpublikation) wurde vom 9.7. bis 31.10.91 im Schiffahrtsmuseum Rostock gezeigt.

Die Sonderausstellung »Flößerei im Weserraum« (mit Begleitpublikation) wurde in Zusammenarbeit des DSM (H.-W- Keweloh) mit der Stadt Achim und anderen Leihgebern erstellt und im September in Achim gezeigt. Sie wandert 1992 weiter nach Hann. Münden, Wernshausen u.a.m.

Außerdem beteiligte sich das DSM mit einzelnen Exponaten und Katalogbeiträgen an den Sonderausstellungen:
– »Experimentelle Archäologie in Deutschland« in Münster, Hildesheim, Kesthely (Ungarn) und Szeged (Ungarn). Die Ausstellung wandert 1992 weiter.
– »Stettin – Szczecin. Ansichten aus 5 Jahrhunderten« in Regensburg 25.7.–8.9.), Kiel (24.9.–3.11.), Bremerhaven (22.11.91–5.1.92). Die Ausstellung wandert 1992 weiter nach Lüneburg, Stettin und Greifswald.

Besucherbetreuung
Der Führungsdienst des DSM (12 speziell geschulte Damen für Führungen von Gruppen in deutscher, englischer, französischer und plattdeutscher Sprache) wurde nach wie vor auf Voranmeldung stark in Anspruch genommen. Während der Sommerferien wurden wie schon 1990 Führungen ohne Voranmeldung angeboten und weiterhin gut angenommen. Die Aktion wird 1992 weitergeführt.

Abb. 4 *Ehrenteller zum Stapellauf der Kaiseryacht* METEOR. *Geschenk des Kendall Whaling Museum, Sharon, Mass., U.S.A. (Foto: E. Laska / DSM)*

Neben der medialen Vermittlung hat die Museumspädagogik über Honorarkräfte die persönliche Betreuung von Kindern als Mitmachmuseum erfolgreich weitergeführt.

Das 1989 begonnene Drittmittelprojekt »Europäisches Museumsnetzwerk« (unterstützt von der EG und vom Land Bremen), bei dem der Einsatz von Computern zur Erschließung von Ausstellungen für das Publikum erarbeitet werden soll, wurde fortgesetzt (Gardner-McTaggart, Hantsche, Kaiser).

Besucherzahlen	1991	1990	1989
Gesamtbesucher	285 488	290 772	284 907
davon Schüler in Klassen	19 730	25 271	25 151

Der Rückgang um etwa 5000 Besucher gegenüber 1990 ist allein auf den Rückgang der Schüler in Klassenverbänden zurückzuführen. Beim Schulklassenbesuch macht sich über viele Jahre hin die Abnahme der Schülerzahlen deutlich bemerkbar. Innerhalb dieses langfristigen Trends gibt es natürlich von Jahr zu Jahr Schwankungen, deren Ursachen schwer feststellbar sind. Wir werden diesem Punkt erhöhte Aufmerksamkeit widmen.

Öffentlichkeitsarbeit

Die gute Zusammenarbeit mit den Medien war nach wie vor die wichtigste Stütze der Öffentlichkeitsarbeit des DSM, wobei Ausstellungseröffnungen, Kongresse und andere Veranstaltungen willkommene Anlässe boten. Die regelmäßige Versendung von Pressetexten (z.T. mit Fotos) durch den Bremerhavener Journalisten Hans Petersen (unterstützt von den Fördervereinen des DSM) wurde erfolgreich fortgesetzt. Im »Talk op Platt« war das DSM mit zwei Interviews vertreten. Auf den Kalendern des Verbandes deutscher Reeder und der Schichau Seebeckwerft AG war das DSM das ganze Jahr über mit ausgewählten Exponaten präsentiert. Die Tourismusgesellschaft Bremerhaven stellte wieder Prospekte in deutscher und englischer Sprache zur Verfügung. Auch die Fahrten der beiden Kogge-Nachbauten haben für das DSM geworben.

Detlev Ellmers

Veröffentlichungen der Mitarbeiter des DSM 1991

(Zusammengestellt nach Angaben der Autoren)

(E = Einzelveröffentlichung, auch Museumsmaterialien; A = Aufsatz, auch im Rahmen der Öffentlichkeitsarbeit; B = Besprechung)

Klaus Barthelmeß
E (zusammen mit Joachim Münzing) Monstrum horrendum. Wale und Walstrandungen in der Druckgraphik des 16. Jahrhunderts und ihr motivkundlicher Einfluß. (= Schriften des DSM 29). Hamburg: Kabel 1991. 221 S., ill.
A Privates Schiffsgeld für WMS WALTER RAU. In: Fluke, 4. Jg. 1990/91, H. 1–4, S. 341–344.
A (zusammen mit Erich Reupke) A/S Oceana. Hamburger Kapital in einer norwegischen Döglingsfangreederei. In: DSA 14, 1991, S. 263–318.
B von: Daniel Francis: A History of World Whaling. 1990. In: International Journal of Maritime History, 2, 1991, S. 176f.; Sieben Besprechungen in: Fluke, 4. Jg. 1990/91, H. 1–4, u.a. von: Elisabeth Vestergaard (Hrsg.): Whaling Communities (= North Atlantic Studies, Jg. 2, 1990, H. 2–3) (S. 348); Vaagekvalen og den norske smaakvalfangst (= Ottar, Jg. 1991, Nr. 184) (S. 349); Arne Kalland und Brian Moeran: Endangered Culture. Japanese Whaling in Cultural Perspective. 1990 (S. 349f.); Ches Stubbs: I Remember ... Memoirs of a Whaling Skipper. o.J. (1989) (S. 350).

Detlev Ellmers
A Schiffsarchäologie am Rhein. In: Ulrich Löber (Hrsg.): 2000 Jahre Rheinschiffahrt. Begleitpublikation zur Ausstellung des Landesmuseums Koblenz und des Rhein-Museums e.V. Koblenz 1991, S. 29–47.
A Die Schiffszeichnung auf der Kölner Leobodus-Schnalle. In: Kölner Jahrbuch für Vor- und Frühgeschichte 23, 1990, S. 291–295.
A Die Rolle der Binnenschiffahrt für die Entstehung der mittelalterlichen Städte. In: Frühgeschichte der europäischen Stadt. (= Schriften zur Ur- und Frühgeschichte Bd. 44). Berlin 1991, S. 137–147.
A Fähre. Archäologisches. In: Reallexikon der Germanischen Altertumskunde. Bd. 8. Berlin-New York 1991, S. 94–99.
A (zusammen mit Willi Kramer) Eine Fensterscheibe mit aufgemalter Schiffsdarstellung des 16. Jahrhunderts aus Kiel. In: Archäologische Nachrichten aus Schleswig-Holstein. Mitteilungen der Archäologischen Gesellschaft Schleswig-Holstein e.V. Heft 2, 1991, S. 78–84.
A (zusammen mit Per Hoffmann) Ein Frachter aus der Zeit Karls des Großen. In: Bremer Archäologische Blätter, Neue Folge '90/91, 1991, S. 33–37.
A Deutsches Schiffahrtsmuseum [Beitrag zur Darstellung der Rolle der Frau in der Schiffahrt im DSM]. In: Frauen ins Museum? Tagungsdokumentation der Bremischen Zentralstelle für die Verwirklichung der Gleichberechtigung der Frau. Bremen 1991, S. 59–63.
A Frühe Boote, Teil 5. Das Rätsel der Felsbilder ist gelöst: Rindenboote in Skandinavien. In: Brückenbuch der See-Segler. Mitteilungsblatt der Segelkameradschaft »Das Wappen von Bremen«. Hochseeseglerabend 1991, S. 52–54.
B Besprechung von: Torsten Capelle: Archäologie der Angelsachsen. 1990. In: Das Historisch-Politische Buch, Jg. 1991, Heft 39/6, S. 166. – Schiffahrt und Schiffbau (kommentierte Bibliographie). In: Hansische Geschichtsblätter 109, 1991, S. 109–124.

Ursula Feldkamp
A Von »deutschen Indianern«, »häßlichen Negerschnuten« und einem »fixen Aesculap«. Das Tagebuch der Geschwister Schreiber von 1852 an Bord des Auswandererseglers GOETHE. In: DSA 14, 1991, S. 9–68.

Karl-Heinz Haupt
A Ein neues Kogge-Modell für das DSM. In: Deutsche Schiffahrt, 13. Jg., H. 2, 1991, S. 19–22.

Per Hoffmann
E (Hrsg.) Proceedings of the 4th ICOM-Group on Wet Organic Archaeological Materials Conference. Bremerhaven 1991. 369 S., ill.
A Sucrose for the stabilization of waterlogged wood – some investigations into anti-shrink-efficiency (ASE) and penetration. In: Ebd., S. 317–328.
A (zusammen mit Georg Fortuin) An evaluation study of the freeze-drying of waterlogged wood. In: Ebd., S. 331–347.
A (zusammen mit Kwang-Nam Choi) The 14th century Shinan Ship. Progress in conservation. In: International Journal of Nautical Archaeology 20, 1991, S. 59–64.
A (zusammen mit Ralf Riens und Dieter Eckstein) Zur Gefriertrocknung schwer zu konservierender Naßhölzer. In: Arbeitsblätter für Restauratoren 1991, S. 193–205.
A (zusammen mit Detlev Ellmers) Ein Frachter aus der Zeit Karls des Großen. In: Bremer Archäologische Blätter, N.F. 90/91, 1991, S. 33–37.

Wolf-Dieter Hoheisel
A Erste Segelversuche mit dem Kieler Nachbau der Bremer Hanse-Kogge von 1380. In: Deutsche Schiffahrt, 13. Jg., H. 2, 1991, S. 23–25.

Reinhard Hoheisel-Huxmann
A Das Schiffahrtsmuseum geht in die Tiefe. In: Deutsche Schiffahrt, 13. Jg., H. 1, 1991, S. 23–25.

Hans-Walter Keweloh
E (zusammen mit Nicola Borger-Keweloh) Flößerei im Weserraum. Leben und Arbeiten in einem alten Gewerbe. Bremen: Hauschild 1991. 180 S., ill.
A Flösserei auf dem Rhein. In: Scheepsarchaeologie: prioriteiten en lopend onderzoek. Inleidingen gehou-

den tijdens de glavimans symposia in 1986 en 1988. Red. Reinder Reinders und Rob Oosting (= flevobericht Nr. 322). Lelystad 1991, S. 127–132.
A Die rheinische Lotsenschaluppe. In: Bouwtraditie en Scheepstype. Inleidingen gehouden tijdens het vierde Glavimans symposion. Groningen 1991, S. 78–82.
A Flöße und Floßholzhandel auf dem Rhein. In: 2000 Jahre Rheinschiffahrt. Begleitpublikation zur Ausstellung des Landesmuseums Koblenz und des Rhein-Museums e.V. (= Veröffentlichungen des Landesmuseums Koblenz, Nr. 40). Koblenz 1991, S. 143–156.
A Das Wikinger-Museum Haithabu. In: Deutsche Schiffahrt, 13. Jg., H. 1, 1991, S. 33–35.
A Das Schiffahrts- und Schiffbaumuseum in der Stadt Wörth am Main. In: Ebd., H. 2, 1991, S. 36–38.
A (zusammen mit Nicola Borger-Keweloh) Ganze Dörfer waren auf das Flößen spezialisiert. Flößerei im Weserraum. In: Zwischen Elbe und Weser. Zeitschrift des Landesverbandes der ehemaligen Herzogtümer Bremen und Verden, Jg. 10, Nr. 3, 1991, S. 1–4.

Klaus-Peter Kiedel
E (Hrsg.) Gottfried Hilgerdenaar: Seemann will ich werden ... Erlebnisse auf Fischdampfern und Frachtschiffen 1946–1962. Bremen: Temmen 1991. 128 S., ill.
A Schiffbau und Schiffahrt des Emslandes. In: Nordland Papier – Ein Vierteljahrhundert Papier aus dem Emsland. Dörpen 1991, S. 39–42.
A Seeleute. Fotografien vom Alltag an Bord. Sonderausstellung im DSM vom 1. Februar bis 29. August 1992. In: Deutsche Schiffahrt, 13. Jg., H. 2, 1991, S. 13–15.
E Kalender Nautik Historie 1992. Viermastbark PASSAT. Hamburg 1991.

Arnold Kludas
E Die großen Passagierschiffe der Welt. Neuausgabe 1991. Herford: Koehler 1991. 185 S., ill.
E Die Seeschiffe des Norddeutschen Lloyd. Band 1, 1857–1920. Herford: Koehler 1991. 166 S., ill.
E Hamburg, wie hast Du Dich verändert. Hamburg: Kabel 1991. 120 S., ill.
A BREMEN und EUROPA. Kritisches zu einer »Kritischen Studie«. In: DSA 14, 1991, S. 133–138.

Uwe Schnall
A »... vnnd ein jeden vermahnet / ein Exempel daran zu nemen.« Bemerkungen zur Dezimierung der Besatzungen durch Disziplinarmaßnahmen auf Langreisen des 16. Jahrhunderts, besonders während der Weltumsegelung des Olivier van Noort 1598 bis 1601. In: DSA 14, 1991, S. 357–372.
A Zeichen der Schiffahrt auf älteren Karten des Unterweserraumes. In: Wolfgang Scharfe und Hans Harms (Hrsg.): 5. Kartographiehistorisches Colloquium, Oldenburg 1991 (recte 1990). Vorträge und Berichte. Berlin 1991, S. 15–30.
A Navigationstechnische Voraussetzungen der Entdeckungsfahrten im 15. Jahrhundert. In: Anzeiger des Germanischen Nationalmuseums Nürnberg 1991, S. 41–44.
A Kogge. In: Lexikon des Mittelalters, Band V, Lfg. 6, 1991, Sp. 1247f.
A Kompaß. In: Ebd., Sp. 1292f.
A Leuchtturm. In: Ebd., Lfg. 9, Sp. 1918.
A Im Büchermeer. Als Stipendiat an der John Carter Brown Library in Providence, R.I., USA. In: Deutsche Schiffahrt, 13. Jg., H. 1, 1991, S. 13–16.
A Hochseenavigation zur Zeit des Columbus. In: Brückenbuch der Seesegler, Hochseeseglerabend 1991. Mitteilungsblatt der Segelkameradschaft DAS WAPPEN VON BREMEN 1991, S. 2f.
A Das Gold des Øresundes. Mittelalterlicher Heringfang und Heringsmarkt in Schonen. In: Nordsee-Nachrichten, Werkzeitschrift der »Nordsee« Deutsche Hochseefischerei GmbH 1991, H. 4, S. 12f.
B Vier Rezensionen in: Hansische Geschichtsblätter 109, 1991, und zwar u.a. von Rudolf Simek: Altnordische Kosmographie. Studien und Quellen zu Weltbild und Weltbeschreibung in Norwegen und Island vom 12. bis zum 14. Jahrhundert. 1990 (S. 115f.); Maria Winkler: Isländersagas und ihre Übersetzungen. Ein Beitrag zu den Themen Translation und Rezeption von Sagaliteratur im deutschsprachigen Raum von den Anfängen im 19. Jahrhundert bis zur Gegenwart. 1989 (S. 117f.).

Lars U. Scholl
E Felix Schwormstädt 1870–1938. Maler, Pressezeichner, Illustrator. Herford: Koehler 1990. 140 S. ill. Ausstellungskatalog.
E Der Marinemaler Hans Peter Jürgens. Herford: Koehler 1991. 163 S., ill.

A Zwischen Kooperation und Konfrontation. Deutschland, Norwegen und die Walfangfrage in den 1930er Jahren. In: Sjøfartshistorisk Årbog 25, 1990 (erschienen 1991), S. 161–184.
A Whale Oil and Fat Supply: The Issue of German Whaling in the Twentieth Century. In: International Journal of Maritime History III, No. 2, 1991, S. 39–62.
A Eine Art Eisenbahn mit beweglicher Schiene im Wasser. In: U. Löber und Claus Rost (Hrsg.): 2000 Jahre Rheinschiffahrt. Koblenz 1991, S. 99–112.
A Felix Schwormstädt – Große Sonderausstellung eröffnet. In: Deutsche Schiffahrt, 13. Jg., H. 1, 1991, S. 17f.
A Otto Bollhagen 1861–1924. In: Ebd., H. 2, S. 16–18.
B von: Kriegstagebuch der Seekriegsleitung 1939–1945. Hrsg. Werner Rahn u.a. Band 15–16. 1990. In: Das Historisch-Politische Buch 39, 1991, S. 53f.; Kriegstagebuch der Seekriegsleitung 1939–1945. Hrsg. Werner Rahn u.a. Band 17–18. 1991. In: Ebd., S. 242; Günter Stavorinus: Die Geschichte der Königlichen/Kaiserlichen Werft Danzig 1844-1918. 1990. In: Ebd., S. 351f.; Robert A. Buchanan: The Engineers. A History of the Engineering Profession in Britain. 1750–1914. 1989. In: Archives Internationales d'Histoire des Sciences 40, 1990, S. 355f.

Siegfried Stölting
A Fische und Fischfang auf skandinavischen Felsbildern. In: DSA 14, 1991, S. 199–222.
A Neue Lesungen für Skavberg I und III. In: adoranten. Scandinavian Society for Prehistoric Art, Årbok 1990, S. 42–45.
A Schiffahrt im Spiel. Vorbereitungen für eine neue Ausstellung. In: Deutsche Schiffahrt, 13. Jg., H. 1, 1991, S. 22f.

Weitere Mitarbeiter an Publikationen des DSM und des Fördervereins DSM:
E Uwe Baykowski, Kiel: Die Kieler Hansekogge. Der Nachbau eines historischen Segelschiffes von 1380. Kiel: RKE 1991. 91 S., ill.
E Harry Braun, Hamburg – siehe unter Manfred Gihl und Harry Braun.
A Heinz Burmester †: Petroleumsegler. In: DSA 14, 1991, S. 79–98.
E Manfred Gihl, Hamburg, und Harry Braun, Hamburg: Feuerwehr im Hafen. Die Geschichte der Hamburger Feuerlöschboote. (= Schriften des DSM 28). Hamburg: Kabel 1991. 176 S., ill.
A Herbert Haardt, Bremen: Bundesmarine macht Dampf bei der Abrüstung. In: Deutsche Schiffahrt, 13. Jg., H. 2, 1991, S. 3–6.
A Harald Hückstädt, Leverkusen: »Reiset nach dem Norden«. Zur Geschichte der Fährverbindung Warnemünde – Gedser. 2. Teil: Von der Eröffnung der Fährlinie bis zu ihrem Ende im Zweiten Weltkrieg. In: DSA 14, 1991, S. 99–132.
A Cornelis de Jong, Pretoria, Süd-Afrika: Scrimshaw auf dem Unterkiefer eines Pottwals in Bloemfontein, Südafrika. In: Ebd., S. 257–262.
A Kai Kähler, Bremerhaven: Von Rabatten, Mops und Regenschirm. Die Geschichte einer Bootsbauwerft und die Inventarisierung ihres Werkzeuges am DSM im Rahmen eines Praktikums. In: Deutsche Schiffahrt, 13. Jg., H. 2, 1991, S. 31–35.
A Gustav A. Klahn †: Lebend-Fisch für Berlin. Eine Transport-Idee aus der Zeit von 1927 bis 1936. In: DSA 14, 1991, S. 319–356.
A Lutz Krützfeld, Bremen: Literaturbericht zur Geschichte des modernen deutschen Seeschiffbaus bis 1945. In: Ebd., S. 157–198.
A Holger Kuhne, Geversdorf: Der Schoner »Johanne«. Lebenslauf eines kleinen Handelsseglers von 1861 bis 1875. In: Ebd., S. 69–78.
E Birgit Marschall, Frankfurt: Reisen und Regieren. Die Nordlandfahrten Kaiser Wilhelms II. (= Schriften des DSM 27). Hamburg: Kabel 1991. 270 S., 16 Taf.
A Heike Müns, Rostock: Handschriftliche seemännische Liederbücher auf deutschen Segelschiffen. In: DSA 14, 1991, S. 373–388.
E Joachim Münzing, Hamburg (zusammen mit Klaus Barthelmeß): Monstrum horrendum. Wale und Walstrandungen in der Druckgraphik des 16. Jahrhunderts und ihr motivkundlicher Einfluß. (= Schriften des DSM 29). Hamburg: Kabel 1991. 222 S., ill.
A Hans Ney, Hooksiel: Krankenbehandlung auf Wal- und Robbenfängern im 19. Jahrhundert. In: Deutsche Schiffahrt, 13. Jg., H. 1, 1991, S. 8–12.
A Hans Petersen, Bremerhaven: Gute Nachrichten. Bericht zur Mitgliederversammlung des Fördervereins. In: Ebd., S. 26–28.

A Ders.: Im Sommer wieder täglich: Führungen durch das DSM. In: Ebd., S. 31f.
A Gerhard Preuß, Bielefeld: Eine Vergnügungsreise nach Helgoland im Jahre 1773. In: Ebd., H. 2, 1991, S. 7–10.
A Erich Reupke, Hamburg (zusammen mit Klaus Barthelmeß) A/S Oceana. Hamburger Kapital in einer norwegischen Döglingsfangreederei. In: DSA 14, 1991, S. 263–318.
A Hans-Joachim Rook, Bergholz-Rehbrücke: Der erste deutsche Doppelschrauben-Schnelldampfer AUGUSTA VICTORIA. Hintergründe der Auftragserteilung an die Stettiner Vulcan-Werft. In: Ebd., S. 139–156.
A Wolfgang Rudolph, Schildow: Schiffervolkskunst im Stromrevier zwischen Oder und Elbe. Teil 2: Amtsladen und Bartücher, Umtragemodelle und Stifterbänder. In: Ebd., S. 389–408.
A Jenny Sarrazin, Darfeld: Rettung per Regenschirm? In: Deutsche Schiffahrt, 13. Jg. H. 2, 1991, S. 11f.
A Dies.: Binnenschiffbau: Forschung mit Hindernissen. In: Das Logbuch 27, 1991, S. 104–106.
A Johannes-Hendrik Sonntag, Münster-Hiltrup: Der Emder Walfang im 18. Jahrhundert (1766–1799). Teil II. In: DSA 14, 1991, S. 223–256.
A Anja Stangl, Reute/Freiburg i.Br.: Conrad Schwormstädt (1892–1977). In: Deutsche Schiffahrt, 13. Jg. H. 1, 1991, S. 19f.
A Wolfgang Steusloff, Rostock: Seefahrer-Mitbringsel von der Baltikum- und der Weißmeerfahrt. In: DSA 14, 1991, S. 409–428.
E Claus D. Wagner, Hamburg: Die Segelmaschine. Der Flettner-Rotor: Eine geniale Erfindung und ihre mögliche Renaissance. Hamburg: Kabel 1991. 213 S., ill.
A Peter Wulff, Hamburg: Der Job an Land. Als Operator in der Tramp- und Charterschiffahrt. In: Deutsche Schiffahrt, 13. Jg., H. 1, 1991, S. 3–7.